喻海松　著

刑事诉讼法修改与司法适用疑难解析

作者简介

喻海松

1980年生,湖南新邵人。法学学士(2003年,西北政法学院)、法学硕士(2005年,中国人民大学法学院)、法学博士(2008年,中国人民大学法学院)。曾在德国马普外国刑法暨国际刑法研究所研修。现从事刑事司法工作,兼任中国刑法学研究会常务理事、副秘书长。获第十届"全国杰出青年法学家"提名奖。独著《刑法的扩张》(人民法院出版社2015年版)、《文物犯罪理论与实务》(法律出版社2016年版)、《环境资源犯罪实务精释》(法律出版社2017年版)、《网络犯罪二十讲》(法律出版社2018年第1版、2022年第2版)、《刑事诉讼法修改与司法适用疑难解析》(北京大学出版社2021年版);编著《侵犯公民个人信息罪司法解释理解与适用》(中国法制出版社2018年版)、《实务刑法评注》(北京大学出版社2022年版);发表论文近八十篇。

目 录

凡例 ………………………………………………………………… 001

引言 2018年刑事诉讼法:立法修改与司法适用 ………………… 001

上编 刑事诉讼法立法修改与司法适用

第一章 关于人民检察院侦查职权的调整 ………………………… 015
  第一节 深化国家监察体制改革与刑事诉讼法修改 ………… 015
    一、国家监察体制改革与《监察法》的制定 ………………… 015
    二、《刑事诉讼法(修正草案)》的研拟 ……………………… 016
  第二节 关于调整人民检察院侦查职权 ……………………… 020
    一、审议过程 …………………………………………………… 020
    二、司法适用 …………………………………………………… 021
  第三节 关于修改有关程序规定 ……………………………… 024
    一、审议过程 …………………………………………………… 024
    二、司法适用 …………………………………………………… 026
  第四节 关于监察与刑事诉讼的衔接机制 …………………… 029
    一、审议过程 …………………………………………………… 029
    二、司法适用 …………………………………………………… 031

第二章 关于刑事缺席审判制度的建立 …………………………… 032
  第一节 刑事缺席审判制度的提出 …………………………… 032

一、国际追逃追赃的重大进展与刑事缺席审判程序的
　　　　提出 ·· 032
　　二、中止审理和被告人死亡案件的缺席审判 ······················ 033
　　三、《刑事诉讼法（修正草案）》的研拟 ······························· 034
　第二节　关于犯罪嫌疑人、被告人在境外的缺席审判程序 ······ 039
　　一、审议过程 ··· 039
　　二、司法适用 ··· 047
　第三节　关于中止审理和被告人死亡案件的缺席审判程序 ······· 057
　　一、审议过程 ··· 057
　　二、司法适用 ··· 058

第三章　关于刑事案件认罪认罚从宽制度的完善和速裁程序
　　　　的增加 ·· 063
　第一节　试点工作经验总结与刑事诉讼法修改 ······················ 063
　　一、认罪认罚从宽与速裁程序试点 ··································· 063
　　二、认罪认罚从宽与速裁程序试点经验总结 ··················· 065
　　三、《刑事诉讼法（修正草案）》的研拟 ····························· 065
　第二节　关于认罪认罚从宽的原则与程序规定 ······················ 071
　　一、审议过程 ··· 071
　　二、司法适用 ··· 081
　第三节　关于速裁程序 ·· 087
　　一、审议过程 ··· 087
　　二、司法适用 ··· 091

第四章　关于法律衔接规定的修改 ··· 098
　第一节　关于与《刑法修正案（九）》的衔接修改 ···················· 098
　　一、《刑法修正案（九）》对有关刑罚执行程序的修改 ······· 098
　　二、审议过程 ··· 101
　　三、司法适用 ··· 102

第二节 关于与《律师法》《公证法》的衔接修改 ············ 106
  一、《律师法》《公证法》关于终身禁止从事法律执业制度
    的规定 ··· 106
  二、审议过程 ··· 107
  三、司法适用 ··· 108
第三节 关于与《监察法》的衔接修改 ···················· 109
  一、《监察法》关于政务处分的规定 ···················· 109
  二、审议过程 ··· 110
  三、司法适用 ··· 112
第四节 关于与《人民陪审员法》的衔接修改 ·············· 113
  一、《人民陪审员法》关于人民陪审员参加审判的规定 ······· 113
  二、审议过程 ··· 115
  三、司法适用 ··· 116
第五节 关于与《关于中国海警局行使海上维权执法职权
    的决定》的衔接修改 ······························ 122
  一、《关于中国海警局行使海上维权执法职权的决定》
    关于中国海警局执法职权的规定 ···················· 122
  二、审议过程 ··· 124
  三、司法适用 ··· 125

下编 刑事诉讼司法实务与疑难解析

第一章 证据的一般规定 ·································· 129
  一、庭审质证的原则与例外 ···························· 130
  二、证据全案移送规则 ································ 132
  三、讯问过程录音录像调取规则 ························ 133
  四、行政证据的使用 ·································· 135
  五、见证人的范围 ···································· 140

第二章　证据的分类审查与认定 …… 143
一、证人证言审查与认定的有关问题 …… 143
二、被告人供述审查与认定的有关问题 …… 149
三、鉴定意见审查与认定的有关问题 …… 155
四、勘验、检查、辨认、侦查实验等笔录审查与认定的有关问题 …… 163
五、技术调查、侦查证据审查与认定的有关问题 …… 168

第三章　电子数据的审查与认定 …… 174
一、电子数据的法定地位确立 …… 174
二、电子数据的一般规定 …… 176
三、电子数据的收集与提取 …… 182
四、电子数据的移送与展示 …… 191
五、电子数据的审查与判断 …… 194

第四章　证人、鉴定人、有专门知识的人出庭 …… 201
一、证人、鉴定人出庭作证 …… 201
二、证人、鉴定人、被害人保护 …… 209
三、有专门知识的人出庭 …… 213

第五章　庭前会议的有关问题 …… 219
一、庭前会议的案件范围和适用条件 …… 219
二、庭前会议的参与主体 …… 220
三、庭前会议的具体任务 …… 222
四、庭前会议的权责 …… 223
五、庭前会议的具体程序 …… 225

第六章 公诉案件第一审普通程序 ……………………………… 226
一、公诉案件审查与处理的问题 …………………………… 226
二、庭前准备的有关问题 …………………………………… 231
三、法庭调查的有关问题 …………………………………… 235
四、法庭辩论的有关问题 …………………………………… 242
五、一审程序的其他问题 …………………………………… 245

第七章 自诉案件的审理程序 …………………………………… 249
一、自诉案件的审查受理 …………………………………… 249
二、自诉案件的审理 ………………………………………… 252
三、自诉案件的调解、和解和撤回自诉 …………………… 255
四、自诉案件的中止审理与缺席审判 ……………………… 258
五、自诉案件的反诉 ………………………………………… 259
六、第二审自诉案件当事人自行和解、申请撤诉的处理 … 260
七、自诉案件审理过程中自诉人死亡情形的处理 ………… 261

第八章 单位犯罪案件的审理程序 ……………………………… 262
一、单位犯罪诉讼代表人的确定 …………………………… 263
二、单位犯罪案件的辩护人 ………………………………… 267
三、未作为单位犯罪起诉的单位犯罪案件的处理 ………… 269
四、审判期间被告单位终结的处理 ………………………… 270
五、单位犯罪案件审理程序的其他问题 …………………… 272

第九章 第二审程序 ……………………………………………… 275
一、关于对准许撤回起诉、终止审理等裁定可以上诉的问题 … 275
二、关于上诉期满要求撤回上诉的处理规则 ……………… 276
三、关于抗诉期满要求撤回抗诉的处理规则 ……………… 277
四、关于二审开庭范围问题 ………………………………… 278
五、关于上诉不加刑原则的把握 …………………………… 278

六、关于对上诉发回重审案件的处理 …………………… 282
七、关于二审案件部分发回的规则 …………………… 283
八、关于对附带民事部分提出上诉的处理规则 ………… 284

第十章 刑事审判程序其他实务疑难问题 …………………… 286
一、管辖的有关问题 …………………………………… 286
二、回避的有关问题 …………………………………… 293
三、辩护与代理的有关问题 …………………………… 296
四、强制措施的有关问题 ……………………………… 300
五、刑期计算规则与报请延长审限 …………………… 303
六、提交审委会讨论决定的刑事案件范围 …………… 304
七、在法定刑以下判处刑罚复核程序的有关问题 …… 305
八、死刑复核程序的有关问题 ………………………… 307
九、审判监督程序的有关问题 ………………………… 311
十、刑事执行程序的有关问题 ………………………… 313

外编 刑事诉讼法立法资料与规范集成

第一章 刑事诉讼法修改立法资料 ……………………………… 319
关于《中华人民共和国刑事诉讼法(修正草案)》的说明
——2018年4月25日在第十三届全国人民代表大会常务
委员会第二次会议上 ……………………………… 319
中华人民共和国刑事诉讼法(修正草案)(一次审议稿) …… 324
全国人民代表大会宪法和法律委员会关于《中华人民共和国
刑事诉讼法(修正草案)》修改情况的汇报
(2018年8月27日) ………………………………… 330
中华人民共和国刑事诉讼法(修正草案)(二次审议稿) …… 333

全国人民代表大会宪法和法律委员会关于《中华人民共和国
刑事诉讼法(修正草案)》审议结果的报告
(2018年10月22日) ……………………………………… 339
全国人民代表大会常务委员会关于修改《中华人民共和国
刑事诉讼法》的决定(草案)(三次审议稿) ……………… 342
全国人民代表大会宪法和法律委员会关于《全国人民代表
大会常务委员会关于修改〈中华人民共和国刑事诉讼法〉
的决定(草案)》修改意见的报告
(2018年10月26日) ……………………………………… 349
全国人民代表大会常务委员会关于修改《中华人民共和国
刑事诉讼法》的决定
(2018年10月26日第十三届全国人民代表大会常务委员会
第六次会议通过) ………………………………………… 351

第二章 刑事诉讼相关规范集成 ……………………………… 358

中华人民共和国刑事诉讼法
(2018年10月26日第三次修正) ………………………… 358
中华人民共和国监察法
(2018年3月20日通过) ………………………………… 405
全国人民代表大会常务委员会关于《中华人民共和国刑事诉讼
法》第七十九条第三款的解释
(2014年4月24日通过) ………………………………… 416
全国人民代表大会常务委员会关于《中华人民共和国刑事诉讼法》
第二百五十四条第五款、第二百五十七条第二款的解释
(2014年4月24日通过) ………………………………… 417
全国人民代表大会常务委员会关于《中华人民共和国刑事诉讼法》
第二百七十一条第二款的解释
(2014年4月24日通过) ………………………………… 418

最高人民法院关于适用《中华人民共和国刑事诉讼法》的解释
（法释〔2021〕1号） ··· 419

人民检察院刑事诉讼规则
（高检发释字〔2019〕4号） ··· 527

公安机关办理刑事案件程序规定
（2020年7月20日修正） ·· 650

最高人民法院、最高人民检察院、公安部、国家安全部、司法部、
全国人大常委会法制工作委员会关于实施刑事诉讼法若干
问题的规定
（2012年12月26日） ·· 712

最高人民法院、最高人民检察院、公安部关于办理刑事案件
收集提取和审查判断电子数据若干问题的规定
（法发〔2016〕22号） ·· 721

最高人民法院、最高人民检察院、公安部、国家安全部、司法部
关于办理刑事案件严格排除非法证据若干问题的规定
（法发〔2017〕15号） ·· 727

最高人民法院、最高人民检察院、公安部、国家安全部、司法部
关于适用认罪认罚从宽制度的指导意见
（高检发〔2019〕13号） ·· 733

最高人民法院、最高人民检察院、公安部关于办理信息网络
犯罪案件适用刑事诉讼程序若干问题的意见
（法发〔2022〕23号） ·· 746

最高人民法院、最高人民检察院、公安部、国家安全部
关于取保候审若干问题的规定
（公通字〔2022〕25号） ·· 751

代后记　司法实务理念探究与刑诉工具书的定位 ················ 759

凡 例

一、法律

1. 1997年3月14日第八届全国人民代表大会第五次会议修订的《中华人民共和国刑法》,简称《刑法》。

2. 《中华人民共和国刑法修正案(×)》,简称《刑法修正案(×)》。例如:2015年8月29日第十二届全国人民代表大会常务委员会第十六次会议通过的《中华人民共和国刑法修正案(九)》,简称《刑法修正案(九)》。

3. 1979年7月1日第五届全国人民代表大会第二次会议通过的《中华人民共和国刑事诉讼法》,简称《1979年刑事诉讼法》。

4. 根据1996年3月17日第八届全国人民代表大会第四次会议《关于修改〈中华人民共和国刑事诉讼法〉的决定》第一次修正的《中华人民共和国刑事诉讼法》,简称《1996年刑事诉讼法》。

5. 根据2012年3月14日第十一届全国人民代表大会第五次会议《关于修改〈中华人民共和国刑事诉讼法〉的决定》第二次修正的《中华人民共和国刑事诉讼法》,简称《2012年刑事诉讼法》。

6. 2018年10月26日第十三届全国人民代表大会常务委员会第六次会议通过的《关于修改〈中华人民共和国刑事诉讼法〉的决定》,简称《刑事诉讼法修改决定》。

7. 根据2018年10月26日第十三届全国人民代表大会常务委员会第六次会议《关于修改〈中华人民共和国刑事诉讼法〉的决定》第三次修正的《中华人民共和国刑事诉讼法》,简称《刑事诉讼法》;与《2012年刑事诉讼法》对照时,简称《2018年刑事诉讼法》。

8.《全国人民代表大会常务委员会关于司法鉴定管理问题的决定》,简称《司法鉴定管理决定》。

二、司法解释

1.《最高人民法院关于执行〈中华人民共和国刑事诉讼法〉若干问题的解释》(法释〔1998〕23号)(已失效),简称《1998年刑诉法解释》。

2.《最高人民法院关于复核死刑案件若干问题的规定》(法释〔2007〕4号)(已失效),简称《复核死刑规定》。

3.《最高人民法院关于适用〈中华人民共和国刑事诉讼法〉的解释》(法释〔2012〕21号)(已失效),简称《2012年刑诉法解释》。

4.《最高人民法院关于刑事裁判涉财产部分执行的若干规定》(法释〔2014〕13号),简称《财产执行规定》。

5.《中华人民共和国人民法院法庭规则》(法释〔2016〕7号),简称《法庭规则》。

6.《最高人民法院关于适用刑事诉讼法第二百二十五条第二款有关问题的批复》(法释〔2016〕13号),简称《死刑批复》。

7.《人民检察院刑事诉讼规则》(高检发释字〔2019〕4号),简称《刑诉规则》。

8.《最高人民法院关于适用〈中华人民共和国刑事诉讼法〉的解释》(法释〔2021〕1号),简称《2021年刑诉法解释》。

三、规范性文件

1.《最高人民法院、最高人民检察院、公安部、国家安全部、司法部、全国人大常委会法制工作委员会关于实施刑事诉讼法若干问题的规定》,简称《"六部委"规定》。

2.《最高人民法院、最高人民检察院、公安部关于办理网络犯罪案件适用刑事诉讼程序若干问题的意见》(公通字〔2014〕10号),简称《2014年网络犯罪程序意见》。

3.《中共中央办公厅、国务院办公厅关于进一步规范刑事诉讼涉案财物处置工作的意见》(中办发〔2015〕7号),简称《中办、国办涉案财物处置意见》。

4.《最高人民法院、最高人民检察院、公安部关于办理刑事案件收集提取和审查判断电子数据若干问题的规定》(法发〔2016〕22号),简称《电子数据规定》。

5.《最高人民法院、最高人民检察院、公安部、国家安全部、司法部关于在部分地区开展刑事案件认罪认罚从宽制度试点工作的办法》(法〔2016〕386号),简称《认罪认罚从宽试点办法》。

6.《最高人民法院、最高人民检察院、公安部、国家安全部、司法部关于办理刑事案件严格排除非法证据若干问题的规定》(法发〔2017〕15号),简称《非法证据排除规定》。

7.《人民法院办理刑事案件庭前会议规程(试行)》,简称《庭前会议规程》;《人民法院办理刑事案件排除非法证据规程(试行)》,简称《非法证据排除规程》);《人民法院办理刑事案件第一审普通程序法庭调查规程(试行)》,简称《法庭调查规程》;合称"三项规程"。

8.《最高人民法院关于健全完善人民法院审判委员会工作机制的意见》(法发〔2019〕20号),简称《审委会意见》。

9.《最高人民法院、最高人民检察院、中国海警局关于海上刑事案件管辖等有关问题的通知》(海警〔2020〕1号),简称《海上刑事案件管辖通知》。

10.《最高人民法院、最高人民检察院、公安部、国家安全部、司法部关于适用认罪认罚从宽制度的指导意见》(高检发〔2019〕13号),简称《认罪认罚意见》。

引言 2018年刑事诉讼法：
立法修改与司法适用

刑事诉讼法是规范刑事诉讼活动的基本法律，是侦查机关和司法机关办理刑事案件的重要依据。我国现行《刑事诉讼法》制定于1979年，先后于1996年和2012年作过两次较大幅度修改。2018年10月26日第十三届全国人民代表大会常务委员会第六次会议通过《关于修改〈中华人民共和国刑事诉讼法〉的决定》（以下简称《刑事诉讼法修改决定》），自公布之日起施行。这是继1996年和2012年刑事诉讼法修改后，对中国特色刑事诉讼制度的再一次重要改革与完善。

一、2018年刑事诉讼法修改的背景与任务

2018年刑事诉讼法修改的主要背景，是党中央在深化国家监察体制改革、反腐败追逃追赃、深化司法体制改革等方面作出了一系列重大决策部署，取得了重大成果和进展，亟须刑事诉讼制度调整跟进。具体而言，"一是为保障国家监察体制改革顺利进行，需要完善监察与刑事诉讼的衔接机制；二是为加强境外追逃工作力度和手段，需要建立刑事缺席审判制度；三是总结认罪认罚从宽制度、速裁程序试点工作经验，需要将可复制、可推广的行之有效做法上升为法律规范，在全国范围内实行"①。可见，此次刑事诉讼法修改主要是落实中央有关决策部署，指向明确、内容特定，这就决定了其修改幅度有限。因此，在审议和征求意见过程中提出的其他一些修改完善意见，特别是将以审判为中

---

① 《关于〈中华人民共和国刑事诉讼法（修正草案）〉的说明——2018年4月25日在第十三届全国人民代表大会常务委员会第二次会议上》，载中国人大网（http://www.npc.gov.cn/zgrdw/npc/xinwen/2018-10/26/content_2064462.htm），访问日期：2021年1月28日。

心刑事诉讼制度改革的成果和经验通过刑事诉讼法加以确立,未获采纳。2018年8月27日,全国人大宪法和法律委员会在汇报《中华人民共和国刑事诉讼法(修正草案)》[以下简称《刑事诉讼法(修正草案)》,后文审议条文对比时简称"一次审议稿"]的修改情况时专门提及:"在常委会审议和征求意见过程中,有的常委委员、地方、部门和社会公众还提出了其他一些修改完善刑事诉讼法的意见。宪法和法律委员会对这些意见都认真进行了研究。考虑到这次修改主要是落实中央有关决策部署,指向明确、内容特定;对于这些意见,有的属于具体执行中的问题,可通过进一步完善工作机制处理;有的可继续探索研究,总结经验。这次暂不作修改。"①此后,全国人大宪法和法律委员会亦有类似说明。②

二、2018年刑事诉讼法修改的大致历程

(一)《刑事诉讼法(修正草案)》研拟与提请审议③

本次刑事诉讼法修改起步较早,酝酿谋划时间较长。2015年以来,全国人大常委会法制工作委员会密切关注有关司法改革试点工作进展情况,及时总结试点经验;深入研究有关诉讼理论,借鉴国外法律规定和有益做法;广泛开展调研,深入听取各方面对修改刑事诉讼法的意见;加强沟通协调,会同中央纪委、中央政法委、最高人民法院、最高人民检察院、外交部、公安部、司法部有关方面在工作层面反复共同研

---

① 《全国人民代表大会宪法和法律委员会关于〈中华人民共和国刑事诉讼法(修正草案)〉修改情况的汇报(2018年8月27日)》,载中国人大网(http://www.npc.gov.cn/npc/xinwen/2018-10/26/content_2064436.htm),访问日期:2018年11月3日。

② "在审议过程中,有的常委委员还提出其他一些修改完善刑事诉讼法的意见。宪法和法律委员会对这些意见都认真进行了研究。考虑到这次修改主要是落实中央有关决策部署,指向明确、内容特定,这些意见有的属于具体执行中的问题,可通过进一步完善工作机制处理;有的可继续探索研究,总结经验。这次暂不作修改。"参见《全国人民代表大会宪法和法律委员会关于〈全国人民代表大会常务委员会关于修改〈中华人民共和国刑事诉讼法〉的决定(草案)〉修改意见的报告(2018年10月26日)》,载中国人大网(http://www.npc.gov.cn/npc/xinwen/2018-10/26/content_2064504.htm),访问日期:2018年11月3日。

③ 参见《关于〈中华人民共和国刑事诉讼法(修正草案)〉的说明——2018年4月25日在第十三届全国人民代表大会常务委员会第二次会议上》,载中国人大网(http://www.npc.gov.cn/zgrdw/npc/xinwen/2018-10/26/content_2064462.htm),访问日期:2021年1月28日。

究,并多次听取有关专家学者的意见,在各方面基本形成共识的基础上,形成了《刑事诉讼法(修正草案)》。经委员长会议讨论,于2018年4月将《刑事诉讼法(修正草案)》提请第十三届全国人大常委会第二次会议初次审议。

一次审议稿共24条,包括以下主要内容:(1)完善与《监察法》的衔接机制,调整人民检察院侦查职权。为落实《宪法》有关规定,做好与《监察法》的衔接,保障国家监察体制改革顺利进行,拟对《刑事诉讼法》作以下修改补充:删去人民检察院对贪污贿赂等案件行使侦查权的规定,保留人民检察院在诉讼活动法律监督中发现司法工作人员利用职权实施的非法拘禁、刑讯逼供、非法搜查等侵犯公民权利、损害司法公正的犯罪的侦查权;相应修改有关程序规定;对人民检察院审查起诉监察机关移送的案件、留置措施与刑事强制措施之间的衔接机制作出规定。(2)建立刑事缺席审判制度。拟在《刑事诉讼法》第五编特别程序中增设缺席审判程序一章,建立犯罪嫌疑人、被告人潜逃境外的缺席审判程序;同时,根据司法实践情况和需求,增加对被告人患有严重疾病中止审理和被告人死亡案件可以缺席审判的规定。(3)完善刑事案件认罪认罚从宽制度和增加速裁程序。总结刑事案件速裁程序试点工作和认罪认罚从宽制度试点工作中行之有效的做法,拟对刑事诉讼法作以下修改补充:在《刑事诉讼法》第一编第一章中明确刑事案件认罪认罚可以依法从宽处理的原则;完善刑事案件认罪认罚从宽的程序规定;增加速裁程序;加强对当事人的权利保障。(4)对与法律衔接的规定作出相应修改。为与《刑法修正案(九)》《律师法》《公证法》《人民陪审员法》等法律相衔接,拟对《刑事诉讼法》关于死缓执行、罚金执行、不得担任辩护人的情形、人民陪审员参加审判的有关规定作出相应修改。

(二)全国人大常委会初次审议与修改完善①

第十三届全国人大常委会第二次会议对一次审议稿进行了初次审

---

① 参见《全国人民代表大会宪法和法律委员会关于〈中华人民共和国刑事诉讼法(修正草案)〉修改情况的汇报(2018年8月27日)》,载中国人大网(http://www.npc.gov.cn/npc/xinwen/2018-10/26/content_2064436.htm),访问日期:2018年11月3日。

议。会后,全国人大常委会法制工作委员会将草案印发各省、自治区、直辖市和部分较大的市人大常委会、中央有关部门及部分高等院校、研究机构、基层立法联系点征求意见,在中国人大网全文公布草案征求社会公众意见。全国人大常委会法制工作委员会还到一些地方进行调研,听取意见;并就草案的有关问题与中央纪委国家监委、中央政法委、全国人大监察和司法委员会、最高人民法院、最高人民检察院、外交部、公安部、国家安全部、司法部交换意见,共同研究。各方面认为,草案贯彻党的十九大精神和党中央深化国家监察体制改革、反腐败追逃追赃、深化司法体制改革等重大决策部署,体现了宪法修正案的精神,对进一步完善中国特色刑事诉讼制度,深化司法体制改革,推进国家治理体系和治理能力现代化,具有重要意义。总体上赞同草案。全国人大宪法和法律委员会于 2018 年 7 月 26 日召开会议,根据常委会组成人员的审议意见和各方面意见,对草案进行了逐条审议。全国人大监察和司法委员会、中央纪委国家监委、中央政法委有关负责同志列席了会议。8 月 20 日,全国人大宪法和法律委员会召开会议,再次进行了审议。

一次审议稿主要问题的修改情况如下:(1)一次审议稿第四条中规定,值班律师的职责是为犯罪嫌疑人、被告人提供法律咨询,程序选择建议,代理申诉、控告,申请变更强制措施,对案件处理提出意见等辩护。有的常委委员、地方、部门和社会公众提出,值班律师的职责与辩护人不同,主要应是为没有辩护人的犯罪嫌疑人、被告人提供法律帮助,这样定位符合认罪认罚从宽制度改革试点方案以及有关部门关于开展值班律师工作的意见要求,试点情况也表明较为可行。全国人大宪法和法律委员会经研究,建议将值班律师提供"辩护"修改为提供"法律帮助"并删去"代理申诉、控告"的内容,同时在相关条文中对人民检察院审查起诉案件听取值班律师意见、犯罪嫌疑人签署认罪认罚具结书时值班律师在场作出规定。(2)一次审议稿第十二条中规定,对于监察机关采取留置措施的案件,人民检察院应当对犯罪嫌疑人先行拘留,留置措施自动解除,并对人民检察院决定采取强制措施的期限作了规定。有的常委委员和地方提出,人民检察院采取先行拘留措施是在案件移送前还是移送后,表述不清楚。为进一步做好与《监察法》的衔接,规范和保障强制措施的采取,建议明确在监察机关将案件移送后,人民检察院即应当采取先行拘留措施。有的地方、部门和社会公众建议规定人民检察院决定采取强制措施的期间不计入审查起诉期限。全国人大宪法和法律委员会经研究,建议采纳上述意见,对草案作出相应修改。(3)一次审议稿第十六条对人民检察院提出量刑建议作了规定,第二十条对人民法院采纳量刑建议作了规定。有的常委委员、地方和社会公众提出,为鼓励犯罪嫌疑人认罪认罚,落实宽严相济刑事政策,对认罪认罚的案件,人民检察院应当依法提出量刑建议,并适当限制人民检察院调整量刑建议和人民法院不采纳量刑建议的权力。对于其他案件,人民检察院可根据具体情况决定是否需要提出量刑建议。全国人大宪法和法律委员会经研究,建议对相关条文作出以下修改:一是明确犯罪嫌疑人认罪认罚的,人民检察院应当提出量刑建议。二是明确人民法院经审理认为量刑建议明显不当,或者被告人、辩护人对量刑建议提出异议的,人民检察院可以调整量刑建议。人民检察院不调整量刑建议或者调整量刑建议后被告人、辩护人仍有异议的,人民法院应当依法作出判决。(4)一次审议稿第二十一条中规定,适用速裁程序审理案件,不受送达期限的限制,不进行法庭调查、法庭辩论,但在判决宣告前应当听取被告人的最后陈述意见。有的地方、部门和社会公众提出,为切实保障被告人的辩护权和速裁程序的公正有效进行,建议对于适用速裁程序审理的案件,人民法院在宣判前还是要听取辩护人的意见。全国人大宪法和法律委员会经研究,建议采纳这一意见,对草案作出相应修改。(5)一次审议稿第二十四条中规定,缺席审判适用于犯罪嫌疑人、被告人潜逃境外的贪污贿赂等犯罪案件。有的常委委员、地方、部门和社会公众建议根据实际需要,适当扩大缺席审判的适用范围。全国人大宪法和法律委员会、全国人大常委会法制工作委员会会同有关部门进行认真研究认为,建立缺席审判制度是从反腐败追逃追赃角度提出的,但可不仅限于贪污贿赂案件,其他重大案件确有必要及时追究的,在充分保障诉讼权利的前提下,也可以进行缺席审判。

但考虑到这是一项新制度,尚缺乏实践经验,且有的缺席审判案件,文书送达和判决执行可能需要外国协助,在制度设计上需考虑到国际影响和外国通行做法,对贪污贿赂犯罪之外的其他案件,还是应当严格限制适用范围并规定严格的核准程序,根据国内国际大局和个案实际情况灵活掌握,稳妥实施。据此,建议将缺席审判的适用范围修改为"贪污贿赂犯罪案件,以及需要及时进行审判,经最高人民检察院核准的严重的危害国家安全犯罪、恐怖活动犯罪案件"。

按照上述意见作了修改,同时作了一些文字修改,形成了《刑事诉讼法(修正草案)》(二次审议稿)(以下简称"二次审议稿")。全国人大宪法和法律委员会建议提请第十三届全国人大常委会第五次会议继续审议。

(三)全国人大常委会二次审议与修改完善①

第十三届全国人大常委会第五次会议对二次审议稿进行了二次审议。会后,全国人大常委会法制工作委员会召开座谈会,征求有关部门和部分专家学者的意见,在中国人大网上向社会公开征求意见。各方面认为,草案贯彻中央重大决策部署,充分吸收常委会审议意见和各方面的意见,积极回应人民群众的关切,与《监察法》的衔接更加紧密,对境外追逃追赃更具有推动力,更好地体现了惩治犯罪与尊重保障人权相结合,更加成熟。全国人大宪法和法律委员会于2018年9月25日召开会议,根据常委会组成人员的审议意见和各方面意见,对草案进行了逐条审议。全国人大监察和司法委员会、中央纪委国家监委、中央政法委有关负责同志列席了会议。10月16日,全国人大宪法和法律委员会召开会议,再次进行审议。全国人大宪法和法律委员会认为,为贯彻中央深化国家监察体制改革、反腐败追逃追赃、深化司法体制改革等方面的决策部署,有针对性地对《刑事诉讼法》作出适当的修改补充,是必要的。草案经过两次审议修改,已经比较成熟。同时,提出以下主要修改意见:(1)二次审议稿第二十二条中规定了不适用速裁程序的情形。有

---

① 参见《全国人民代表大会宪法和法律委员会关于〈中华人民共和国刑事诉讼法(修正草案)〉审议结果的报告(2018年10月22日)》,载中国人大网(http://www.npc.gov.cn/npc/xinwen/2018-10/26/content_2064466.htm),访问日期:2018年11月3日。

的常委会组成人员、部门和专家学者提出,审理未成年人刑事案件,实践中通常采用有利于关护帮教未成年人的审判方式,并对未成年人进行法庭教育,速裁程序不进行法庭调查、法庭辩论,且一般采取集中审理、集中宣判的形式,不利于开展关护帮教和法庭教育,难以充分体现教育感化挽救的方针,建议增加规定,被告人是未成年人的,不适用速裁程序。全国人大宪法和法律委员会经研究,建议采纳上述意见,增加相应规定。(2)二次审议稿第二十二条中规定,人民法院在适用速裁程序审理过程中,发现有被告人违背意愿认罪认罚、被告人否认指控的犯罪事实或者其他不宜适用速裁程序审理的情形的,应当按照有关普通程序的规定重新审理。有的常委会组成人员建议增加"被告人的行为不构成犯罪或者不应当追究其刑事责任"的情形。全国人大宪法和法律委员会经研究,建议采纳上述意见,作出相应修改。(3)二次审议稿第二十五条中规定,对于人民检察院提起公诉要求缺席审判的案件,人民法院进行审查后,对于起诉书中有明确的指控犯罪事实的,应当决定开庭审判。有的常委会组成人员和专家学者提出,缺席审判程序是刑事诉讼中的特别程序,法院在案件入口审查上应严格把关。除审查起诉书是否具有明确的指控犯罪事实外,还应当对是否符合缺席审判程序适用条件进行审查。全国人大宪法和法律委员会经研究,建议采纳上述意见,在人民法院决定开庭缺席审判的条件中增加相应规定。(4)二次审议稿第二十五条中对被告人及其近亲属、辩护人就缺席判决提出上诉作了规定。有的常委会组成人员提出,根据《刑事诉讼法》的有关规定,人民检察院认为人民法院的判决确有错误的,应当向上一级人民法院提出抗诉,建议增加人民检察院对缺席判决提出抗诉的规定。全国人大宪法和法律委员会经研究,建议采纳上述意见,增加相应规定。(5)2018年6月,全国人大常委会第三次会议通过了《全国人民代表大会常务委员会关于中国海警局行使海上维权执法职权的决定》,规定中国海警局履行海上维权执法职责,执行打击海上违法犯罪活动、维护海上治安和安全保卫等任务,行使法律规定的公安机关相应执法职权;同时要求在条件成熟时修改有关法律。中央军委法制局和一些社会公众提出,为做好与决定的衔接,保障依法打击海上犯罪活动,建议在《刑事诉讼法》中增加相应规定,明确中国海警局的侦查主体地位。全国人大宪法和法律委员会经与中央军委法制局、武警部队、中国海警局共同研究,建议采纳上述意见,在《刑事诉讼法》附则中增加规定,中国海警局履行海上维权执法职责,对海上发生的刑事案件行使侦查权。中国海警局办理刑事案件,适用刑事诉讼法的有关规定。此外,还对二次审议稿作了一些文字修改。

10月11日,全国人大常委会法制工作委员会召开会议,邀请部分地方纪检监察、法院、检察院、公安、司法行政机关的工作人员和律师、专家学者等方面的代表,就草案中主要制度规范的可行性、法律出台时机、法律实施的社会效果和可能出现的问题等进行评估。总的评价是:草案贯彻党的十九大精神和党中央相关重大决策部署,充分体现了深化国家监察体制改革和司法体制改革的成果和经验,内容特定,指向明确,有利于完善与《监察法》的衔接机制,保障国家监察体制改革的顺利进行,加大反腐败追逃追赃工作力度,推进司法体制改革,推进国家治理体系和治理能力现代化。草案规定的主要制度规范坚持法治思维,遵循诉讼规律,符合司法实践需求,科学合理,针对性和可操作性强,是可行的,已基本成熟,应尽早出台。有的与会人员还对草案提出了一些具体修改意见,有的意见已经被采纳。

全国人大宪法和法律委员会按照上述意见提出了《全国人民代表大会常务委员会关于修改〈中华人民共和国刑事诉讼法〉的决定(草案)》(后文审议条文对比时简称"三次审议稿")。全国人大宪法和法律委员会建议,将该决定草案提交第十三届全国人大常委会第六次会议审议通过。

(四)全国人大常委会三次审议与表决通过[①]

第十三届全国人大常委会第六次会议于2018年10月23日上午对三次审议稿进行了分组审议,普遍认为,草案已经比较成熟,建议进

---

① 参见《全国人民代表大会宪法和法律委员会关于〈全国人民代表大会常务委员会关于修改《中华人民共和国刑事诉讼法》的决定(草案)〉修改意见的报告(2018年10月26日)》,载中国人大网(http://www.npc.gov.cn/npc/xinwen/2018-10/26/content_2064504.htm),访问日期:2018年11月3日。

一步修改后,提请本次会议通过。同时,有些常委会组成人员和列席人员还提出了一些修改意见。全国人大宪法和法律委员会于10月23日下午召开会议,逐条研究了常委会组成人员的审议意见,对草案进行了审议。全国人大监察和司法委员会、中央纪委国家监委、中央政法委有关负责同志列席了会议。全国人大宪法和法律委员会认为,草案是可行的;同时,提出以下修改意见:(1)三次审议稿第二十一条中规定,人民法院经审理认为量刑建议明显不当,或者被告人、辩护人对量刑建议提出异议的,人民检察院可以调整量刑建议。人民检察院不调整量刑建议或者调整量刑建议后被告人、辩护人仍有异议的,人民法院应当依法作出判决。有的常委委员提出,人民检察院调整后的量刑建议,仍然存在明显不当的,在被告人、辩护人未对该量刑建议提出异议的情况下,人民法院也应当依法作出判决。全国人大宪法和法律委员会经研究,建议采纳上述意见,作出相应修改。(2)三次审议稿第二十五条中规定,缺席审判的案件,由犯罪地或者被告人离境前居住地的中级人民法院审理。有的常委委员提出,为适应对缺席审判案件的审理需要,除由犯罪地或者被告人离境前居住地的中级人民法院进行审理外,必要时也可以由最高人民法院指定管辖。全国人大宪法和法律委员会经研究,建议采纳上述意见,增加最高人民法院指定中级人民法院进行审理的规定。此外,根据常委会组成人员的审议意见,还对修改决定草案作了个别文字修改。按照上述意见作了修改,形成了草案建议表决稿,全国人大宪法和法律委员会建议审议通过。10月26日,第十三届全国人大常委会第六次会议审议通过了《刑事诉讼法修改决定》。①

---

① 《刑事诉讼法》属于基本法律,于1979年制定,后分别于1996年和2012年作了两次较大的修改,都是由全国人民代表大会审议通过的。经研究认为,本次修改,指向明确、内容特定、幅度有限,不涉及对刑事诉讼法基本原则的修改,根据宪法和立法法有关规定,拟参照以往修改民事诉讼法、行政诉讼法的做法,由全国人大常委会对刑事诉讼法进行部分补充和修改,不需提请全国人民代表大会审议。参见《关于〈中华人民共和国刑事诉讼法(修正草案)〉的说明——2018年4月25日在第十三届全国人民代表大会常务委员会第二次会议上》,载中国人大网〈 http://www.npc.gov.cn/zgrdw/npc/xinwen/2018-10/26/content_2064462.htm〉,访问日期:2021年1月28日。

三、《刑事诉讼法》的司法适用

《刑事诉讼法修改决定》自 2018 年 10 月 26 日公布后即施行。① 法律的生命在于施行。《刑事诉讼法修改决定》不少新增或者修改规定的贯彻实施,给刑事司法实务带来新的问题。为确保《刑事诉讼法》的正确、统一施行,最高人民法院、最高人民检察院、公安部和其他中央有关部门修订发布相关司法解释和规范性文件,对刑事诉讼的具体问题作出进一步明确。《最高人民法院关于适用〈中华人民共和国刑事诉讼法〉的解释》(法释〔2021〕1 号,以下简称《2021 年刑诉法解释》)是人民法院全面正确施行《刑事诉讼法》,规范刑事审判工作的基本规范依据。② 基于此,本书上编"刑事诉讼法立法修改与司法适用"在回顾《刑事诉讼法修改决定》相关条文修法过程的基础上,依据《2021 年刑诉法解释》及相关规定,对本次《刑事诉讼法》修改所涉及的监察与刑事诉讼衔接、刑事缺席审判程序、刑事案件认罪认罚从宽制度、速裁程序以及其他相关问题的司法适用进行探讨。

应该说,《刑事诉讼法修改决定》解决了一些长期困扰司法机关且无法通过司法解释和规范性文件解决的难题,应当予以充分肯定。例如,根据司法实践情况和需求,增加对被告人患有严重疾病中止审理和

---

① 《刑事诉讼法修改决定》自公布之日(2018 年 10 月 26 日)起施行,显然是为了与刑事案件认罪认罚从宽制度的试点工作相衔接。2016 年 9 月 3 日第十二届全国人民代表大会常务委员会第二十二次会议通过《关于授权最高人民法院、最高人民检察院在部分地区开展刑事案件认罪认罚从宽制度试点工作的决定》,授权最高人民法院、最高人民检察院在部分地方开展刑事案件认罪认罚从宽制度试点工作。试点期限为二年,自试点办法印发之日起算。2016 年 11 月 11 日,最高人民法院、最高人民检察院、公安部、国家安全部、司法部印发《关于在部分地区开展刑事案件认罪认罚从宽制度试点工作的办法》。这就意味着刑事案件认罪认罚从宽制度试点到 2018 年 11 月 10 日到期,如果此前《刑事诉讼法修改决定》不能施行,认罪认罚从宽制度的适用就缺乏法律依据。而这一时间点距《刑事诉讼法修改决定》公布之日只有半个月左右的时间,遵循以往惯例,也不宜规定《刑事诉讼法修改决定》在公布后半个月再施行。

② 最高人民法院通过一部司法解释系统规范刑事诉讼法实施,始于为施行《1996 年刑事诉讼法》而颁行的《最高人民法院关于执行〈中华人民共和国刑事诉讼法〉若干问题的解释》(法释〔1998〕23 号,该部解释自 1997 年 1 月 1 日起试行,后经修改后重新公布,自 1998 年 9 月 8 日起施行),而后系为施行《2012 年刑事诉讼法》而颁行的《最高人民法院关于适用〈中华人民共和国刑事诉讼法〉的解释》(法释〔2012〕21 号)。

被告人死亡案件可以缺席审判的规定。但是，整体而言，受本次刑事诉讼法修改的背景和任务所限，多数司法实务难题未能进入修法视野，而多项重要的司法改革成果和经验也未来得及总结入法。特别是，《2012年刑事诉讼法》和《2012年刑诉法解释》施行以来，以审判为中心的刑事诉讼制度改革对刑事诉讼程序产生了重大影响，但在《刑事诉讼法修改决定》中未能得到体现。这不得不说是重大遗憾。《2021年刑诉法解释》的起草认真梳理了近些年来司法改革，特别是推进以审判为中心刑事诉讼制度改革的成果与经验，坚持问题导向，直面《2012年刑事诉讼法》和《2012年刑诉法解释》施行以来刑事审判过程中的突出问题，积极予以回应和解决。基于此，本书下编"刑事诉讼司法实务与疑难解析"选取了本次刑事诉讼法修改未予涉及但司法实务中关注度较高的若干问题进行探讨分析，涉及证据一般规定、证据分类审查与认定、电子数据的审查与认定、庭前会议、一审程序、二审程序、自诉案件的审理程序、单位犯罪案件的审理程序等诸多方面的问题。

为便于了解本次刑事诉讼法修改背景和过程，同时为便于适用《刑事诉讼法》，本书外编"刑事诉讼法立法资料与规范集成"第一章"刑事诉讼法修改立法资料"收录了《刑事诉讼法修改决定》审议过程的相关资料，包括历次审议稿和修法背景材料；第二章"刑事诉讼相关规范集成"收录了《刑事诉讼法》和三个立法解释，以及最高人民法院、最高人民检察院和公安部等为贯彻执行《刑事诉讼法》颁布的配套司法解释、规范性文件，考虑到刑事诉讼与监察调查的衔接，特别是对相关刑事案件的审查需要，一并收录了《监察法》。

总之，在《刑事诉讼法》已经施行的背景下，在继续关注修法问题、研究修法过程的同时，更要关注《刑事诉讼法》的施行问题，更要进一步促进司法实务中公检法机关充分发挥刑事诉讼职能，更要通过更加优质高效的刑事诉讼活动确保法律的正确、统一施行，确保法律修改的目的、目标充分实现，确保刑事诉讼更为有效地惩罚犯罪、保护人民。

上 编

刑事诉讼法立法修改与司法适用

第一章　关于人民检察院侦查职权的调整

《刑事诉讼法修改决定》为与2018年3月第十三届全国人大第一次会议审议通过的《宪法修正案》和《监察法》相衔接,对人民检察院侦查职权作出调整,完善与《监察法》的衔接机制。主要涉及三方面的内容:(1)删去人民检察院对贪污贿赂等案件行使侦查权的规定,保留人民检察院对在诉讼活动法律监督中发现的司法工作人员利用职权实施的非法拘禁、刑讯逼供、非法搜查等侵犯公民权利、损害司法公正的犯罪的补充侦查权。(2)修改有关程序规定,在关于侦查期间辩护律师会见经许可、指定居所监视居住、采取技术侦查措施的规定中,删去有关贪污贿赂犯罪的内容。(3)对人民检察院审查起诉监察机关移送的案件、留置措施与刑事强制措施之间的衔接机制作出规定。

第一节　深化国家监察体制改革与刑事诉讼法修改

一、国家监察体制改革与《监察法》的制定

党的十八大以来,党中央坚持反腐败无禁区、全覆盖、零容忍,以雷霆万钧之势,坚定不移"打虎""拍蝇""猎狐"。在深入开展反腐败斗争的同时,深化国家监察体制改革试点工作积极推进。根据党中央决策部署,2016年12月,第十二届全国人大常委会第二十五次会议通过《全国人民代表大会常务委员会关于在北京市、山西省、浙江省开展国家监察体制改革试点工作的决定》，经过一年多的实践，国家监察体制改革在实践中迈出了坚实步伐，积累了可复制可推广的经验。根据党的十九大精神，在认真总结三省市试点工作经验的基础上，2017年11月，第十二届全国人大常委会第三十次会议通过《全国人民代表大会常务委员会关于在全国各地推开国家监察体制改革试点工作的决定》，国家监察体制改革试点工作在全国有序推开，省、市、县三级监察委员会全部组建成立。根据上述试点决定，暂时调整或者暂时停止适用刑事诉讼法关于检察机关对直接受理的案件进行侦查的有关规定。

2018年3月，第十三届全国人大第一次会议审议通过了《宪法修正案》和《监察法》。《监察法》第十一条规定："监察委员会依照本法和有关法律规定履行监督、调查、处置职责：……（二）对涉嫌贪污贿赂、滥用职权、玩忽职守、权力寻租、利益输送、徇私舞弊以及浪费国家资财等职务违法和职务犯罪进行调查……"这就要求对《2012年刑事诉讼法》关于人民检察院侦查职权的相关规定作出调整，同时相应修改刑事诉讼法有关程序规定，完善监察与刑事诉讼的衔接机制。

二、《刑事诉讼法（修正草案）》的研拟

在《宪法修正案》和《监察法》通过施行在即的背景下，落实《宪法》有关规定，做好与《监察法》的衔接，调整人民检察院侦查职权，成为必然要求。因此，在《刑事诉讼法（修正草案）》研拟过程中，围绕"完善与监察法的衔接机制，调整人民检察院侦查职权"有关问题进行了深入研究。主要涉及三个方面的问题，即调整人民检察院侦查职权、修改有关程序规定和作出衔接性规定。

（一）调整人民检察院侦查职权

《2012年刑事诉讼法》第十八条第二款规定："贪污贿赂犯罪，国家工作人员的渎职犯罪，国家机关工作人员利用职权实施的非法拘禁、刑讯逼供、报复陷害、非法搜查的侵犯公民人身权利的犯罪以及侵犯公民民主权利的犯罪，由人民检察院立案侦查。对于国家机关工作人员利

用职权实施的其他重大的犯罪案件,需要由人民检察院直接受理的时候,经省级以上人民检察院决定,可以由人民检察院立案侦查。"这是关于人民检察院对贪污贿赂等案件行使侦查权的规定。细究起来,人民检察院的侦查职权可以分为如下四种具体情形:(1)贪污贿赂犯罪,即《刑法》分则第八章规定的贪污贿赂犯罪及其他章中明确规定依照第八章相关条文定罪处罚的犯罪案件。(2)国家工作人员的渎职犯罪,即《刑法》分则第九章规定的渎职犯罪案件。(3)国家机关工作人员利用职权实施的侵犯公民人身权利和民主权利的犯罪案件,包括非法拘禁罪、非法搜查罪、刑讯逼供罪、暴力取证罪、虐待被监管人罪、报复陷害罪、破坏选举罪。(4)国家机关工作人员利用职权实施的其他重大犯罪案件,此类案件需要由人民检察院直接受理的时候,经省级以上人民检察院决定,可以由人民检察院立案侦查。

根据《监察法》第十一条第二项的规定,监察委员会对涉嫌贪污贿赂、滥用职权、玩忽职守、权力寻租、利益输送、徇私舞弊以及浪费国家资财等职务违法和职务犯罪进行调查。在《监察法》施行后,对于如何协调人民检察院的侦查权与监察委的调查权的关系,即人民检察院的侦查权是不是全部移交给监察机关,人民检察院还要不要保留对部分犯罪的侦查权,存在不同认识:(1)第一种意见认为,人民检察院的侦查权应当全部移交监察机关,不再保留任何侦查权。(2)第二种意见认为,人民检察院应当保留对部分犯罪的侦查权,其中又分为两种观点:第一种观点主张,《监察法》没有明确列举的犯罪的侦查权全部留给人民检察院,主要包括国家机关工作人员利用职权实施的非法拘禁、刑讯逼供、报复陷害、非法搜查的侵犯公民人身权利的犯罪以及侵犯公民民主权利的犯罪,人民检察院在履行法律监督职责过程中发现的执法、司法人员犯罪,以及人民检察院认为需要由自己侦查的国家机关工作人员利用职权实施的其他重大的犯罪;第二种观点主张,人民检察院只保留监所内发生的职务犯罪的侦查权。(3)第三种意见认为,人民检察院只保留机动侦查权,即需要由自己侦查的国家机关工作人员利用职权实施的其他重大的犯罪。

《刑事诉讼法(修正草案)》研拟中,经慎重研究,各方逐级形成了由人民检察院保留部分侦查权的共识,即保留人民检察院诉讼监督中发现的司法工作人员利用职权实施相关犯罪的补充侦查权和对公安机关立案侦查案件的机动侦查权。主要考虑如下:关于补充侦查权,主要是考虑到人民检察院的法律监督地位并未改变,只有保留对此类案件的侦查权,法律监督才能有刚性。关于机动侦查权,实际适用不多,考虑到可能出现的特殊情况,留而备用效果更好。此后,根据《监察法》第一条规定的"国家监察全面覆盖"原则,进一步强调人民检察院的侦查权只是补充和例外,故强调"可以"由人民检察院立案侦查。基于此,《刑事诉讼法(修正草案)》(一次审议稿)第二条将《2012 年刑事诉讼法》第十八条第二款作了调整,保留人民检察院的两部分侦查职权:(1)对监察的补充侦查权,即在对诉讼活动实行法律监督中发现司法工作人员利用职权实施的非法拘禁、刑讯逼供、非法搜查等侵犯公民权利、损害司法公正的犯罪,可以由人民检察院立案侦查;(2)对公安机关管辖案件的机动侦查权,即对于公安机关管辖的国家机关工作人员利用职权实施的其他重大的犯罪案件,需要由人民检察院直接受理的时候,经省级以上人民检察院决定,可以由人民检察院立案侦查。

(二)完善有关程序规定

与人民检察院侦查职权的调整相衔接,《刑事诉讼法(修正草案)》研拟过程中,立法工作机关组织有关部门研究了《刑事诉讼法》的相关程序规定的完善问题。具体而言,在《刑事诉讼法》关于侦查期间辩护律师会见经许可、指定居所监视居住、采取技术侦查措施的规定中,删去有关贪污贿赂犯罪的内容,并完善《刑事诉讼法》关于"侦查"定义的表述。

关于人民检察院是否需要保留使用技术侦查措施的权力,存在不同看法:(1)一种意见认为,既然保留了人民检察院的补充侦查权和机动侦查权,就没有理由取消其技术侦查权,技术侦查权应当保留。(2)另一种意见认为,2012 年刑事诉讼法修改,赋予人民检察院批准决定采取技术侦查措施的权力,是基于侦办重大贪污贿赂犯罪案件的需要。而根据《刑事诉讼法(修正草案)》的规定,贪污贿赂犯罪案件不再由人民检察院立案侦查,人民检察院仅对诉讼活动实行法律监督中发现的部分犯罪具有立案侦查权。从性质、类型、特点看,对上述犯罪采取常规侦查措施即可,不存在采取技术侦查措施的必要性。最终,前一种意见被采纳。

(三)规定衔接机制

《刑事诉讼法(修正草案)》研拟过程中,立法工作机关组织有关部门研究了监察与刑事诉讼机制的衔接问题,即对人民检察院审查起诉监察机关移送的案件、留置措施与刑事强制措施之间的衔接机制作出规定。明确人民检察院对于监察机关移送起诉的案件,依照《刑事诉讼法》和《监察法》的有关规定进行审查;认为需要补充核实的,应当退回监察机关补充调查,必要时可以自行补充侦查;对于监察机关采取留置措施的案件,人民检察院应当对犯罪嫌疑人先行拘留,留置措施自动解除,人民检察院应当在十日以内作出是否逮捕、取保候审或者监视居住的决定。在特殊情况下,决定的时间可以延长。

研拟过程中,有意见认为,检察院收到监察机关移送的案件后,应当有一个审查期限,以决定是否逮捕等。监察调查的时间与刑事诉讼的时间应当分开,检察机关审查批捕不应当占用监察机关的调查时间。同时应当明确,这个期限届满后,监察机关采取的相关措施自动解除。根据上述意见,规定对于监察机关采取留置措施的案件,人民检察院应当对犯罪嫌疑人先行拘留,留置措施自动解除。人民检察院应当在拘留后的十日以内作出是否逮捕、取保候审或者监视居住的决定。但是,对于先行拘留审查的时间是否占用监察的时间,未予明确。

基于上述考虑,对《刑事诉讼法》的相关程序规定作出完善,同时对监察机关调查终结将案件移送到人民检察院进行审查起诉等的程序性机制作出规定,形成了《刑事诉讼法(修正草案)》的相关条文。

第二节　关于调整人民检察院侦查职权

一、审议过程

一次审议稿	二次审议稿	三次审议稿
二、将第十八条改为第十九条，第二款修改为："人民检察院在对诉讼活动实行法律监督中发现司法工作人员利用职权实施的非法拘禁、刑讯逼供、非法搜查等侵犯公民权利、损害司法公正的犯罪，可以由人民检察院立案侦查。对于公安机关管辖的国家机关工作人员利用职权实施的其他①重大的犯罪案件，需要由人民检察院直接受理的时候，经省级以上人民检察院决定，可以由人民检察院立案侦查。"	二、将第十八条改为第十九条，第二款修改为："人民检察院在对诉讼活动实行法律监督中发现司法工作人员利用职权实施的非法拘禁、刑讯逼供、非法搜查等侵犯公民权利、损害司法公正的犯罪，可以由人民检察院立案侦查。对于公安机关管辖的国家机关工作人员利用职权实施的重大犯罪案件，需要由人民检察院直接受理的时候，经省级以上人民检察院决定，可以由人民检察院立案侦查。"	二、将第十八条改为第十九条，第二款修改为："人民检察院在对诉讼活动实行法律监督中发现的②司法工作人员利用职权实施的非法拘禁、刑讯逼供、非法搜查等侵犯公民权利、损害司法公正的犯罪，可以由人民检察院立案侦查。对于公安机关管辖的国家机关工作人员利用职权实施的重大犯罪案件，需要由人民检察院直接受理的时候，经省级以上人民检察院决定，可以由人民检察院立案侦查。"

在《刑事诉讼法（修正草案）》审议和征求意见过程中，基本赞成保留人民检察院的补充侦查权和机动侦查权，认为这是保障检察机关行使宪法所赋予的法律监督权所必需的手段。但是，对于具体表述提出了进一步完善建议。有委员提出，"利用职权实施的非法拘禁、刑讯逼供、非法搜查等侵犯公民权利"中的"公民权利"是个新词，建议慎用。《刑法》分则第四章是"侵犯公民人身权利、民主权利罪"，该章所有犯

---

①② 表格中各列内容有差异的，删除的或修改前的内容，加删除线；增加的或修改后的内容，字体改为楷体。

罪可以分为侵犯公民人身权利和侵犯公民民主权利两类犯罪。如果只概括为"公民权利",表述上似乎有范围过大的问题。而且,刑事诉讼法中对于检察机关技术侦查措施的适用案件范围仍然表述为"侵犯公民人身权利"。那么,刑事诉讼法修正案创设的"侵犯公民权利犯罪"到底范围如何把握,能否涵括《刑法》分则第四章的罪名,是值得斟酌的。征求意见过程中,有关方面也建议对人民检察院的立案侦查权以列举具体罪名的方式作出明确规定,以更好完善监察与刑事诉讼衔接机制,避免理解、适用中产生认识分歧,影响法律统一、有效实施。

由于各种原因,上述意见未获采纳,关于人民检察院补充侦查权的具体范围交由修法后通过其他方式予以明确。二次审议稿仅对表述作了进一步完善,将"公安机关管辖的国家机关工作人员利用职权实施的其他重大的犯罪案件"调整为"公安机关管辖的国家机关工作人员利用职权实施的重大犯罪案件"。三次审议稿进一步完善了表述,在"司法工作人员利用职权实施的……犯罪"之前增加了一个"的"字。《刑事诉讼法修改决定》最终沿用了草案三次审议稿的写法。

二、司法适用

《2012年刑事诉讼法》	《2018年刑事诉讼法》
第十八条 刑事案件的侦查由公安机关进行,法律另有规定的除外。	**第十九条** 刑事案件的侦查由公安机关进行,法律另有规定的除外。
~~贪污贿赂犯罪,国家工作人员的渎职犯罪,~~国家机关工作人员利用职权实施的非法拘禁、刑讯逼供、~~报复陷害~~、非法搜查的侵犯公民人身权利的犯罪以及侵犯公民民主权利的犯罪,由人民检察院立案侦查。对于国家机关工作人员利用职权实施的其他重大的犯罪案件,需要由人民检察院直接受理的时候,经省级以上人民检察院决定,可以由人民检察院立案侦查。 自诉案件,由人民法院直接受理。	人民检察院在对诉讼活动实行法律监督中发现的司法工作人员利用职权实施的非法拘禁、刑讯逼供、非法搜查等侵犯公民权利、损害司法公正的犯罪,可以由人民检察院立案侦查。对于公安机关管辖的国家机关工作人员利用职权实施的重大犯罪案件,需要由人民检察院直接受理的时候,经省级以上人民检察院决定,可以由人民检察院立案侦查。 自诉案件,由人民法院直接受理。

根据修改后《刑事诉讼法》第十九条的规定,人民检察院的侦查权包括补充侦查权和机动侦查权。具体而言:

1.补充侦查权,即人民检察院在对诉讼活动实行法律监督中发现的司法工作人员利用职权实施的非法拘禁、刑讯逼供、非法搜查等侵犯公民权利、损害司法公正的犯罪,可以由人民检察院立案侦查。根据《关于人民检察院立案侦查司法工作人员相关职务犯罪案件若干问题的规定》(2018年11月24日)的相关规定,需要注意下列问题:

(1)案件管辖范围。人民检察院在对诉讼活动实行法律监督中,发现司法工作人员涉嫌利用职权实施的下列侵犯公民权利、损害司法公正的犯罪案件,可以立案侦查:非法拘禁罪(《刑法》第二百三十八条);非法搜查罪(《刑法》第二百四十五条)(非司法工作人员除外);刑讯逼供罪(《刑法》第二百四十七条);暴力取证罪(《刑法》第二百四十七条);虐待被监管人罪(《刑法》第二百四十八条);滥用职权罪(《刑法》第三百九十七条)(非司法工作人员滥用职权侵犯公民权利、损害司法公正的情形除外);玩忽职守罪(《刑法》第三百九十七条)(非司法工作人员玩忽职守侵犯公民权利、损害司法公正的情形除外);徇私枉法罪(《刑法》第三百九十九条第一款);民事、行政枉法裁判罪(《刑法》第三百九十九条第二款);执行判决、裁定失职罪(《刑法》第三百九十九条第三款);执行判决、裁定滥用职权罪(《刑法》第三百九十九条第三款);私放在押人员罪(《刑法》第四百条第一款);失职致使在押人员脱逃罪(《刑法》第四百条第二款);徇私舞弊减刑、假释、暂予监外执行罪(刑法第四百零一条)。

(2)级别管辖和侦查部门。相关案件由设区的市级人民检察院立案侦查。基层人民检察院发现犯罪线索的,应当报设区的市级人民检察院决定立案侦查。设区的市级人民检察院也可以将案件交由基层人民检察院立案侦查,或者由基层人民检察院协助侦查。最高人民检察院、省级人民检察院发现犯罪线索的,可以自行决定立案侦查,也可以将案件线索交由指定的省级人民检察院、设区的市级人民检察院立案侦查。

相关案件,由人民检察院负责刑事检察工作的专门部门负责侦查。

设区的市级以上人民检察院侦查终结的案件,可以交由有管辖权的基层人民法院相对应的基层人民检察院提起公诉;需要指定其他基层人民检察院提起公诉的,应当与同级人民法院协商指定管辖;依法应当由中级人民法院管辖的案件,应当由设区的市级人民检察院提起公诉。

(3)案件线索的移送和互涉案件的处理。人民检察院立案侦查相关犯罪时,发现犯罪嫌疑人同时涉嫌监察委员会管辖的职务犯罪线索的,应当及时与同级监察委员会沟通,一般应当由监察委员会为主调查,人民检察院予以协助。① 经沟通,认为全案由监察委员会管辖更为适宜的,人民检察院应当撤销案件,将案件和相应职务犯罪线索一并移送监察委员会;认为由监察委员会和人民检察院分别管辖更为适宜的,人民检察院应当将监察委员会管辖的相应职务犯罪线索移送监察委员会,对依法由人民检察院管辖的犯罪案件继续侦查。人民检察院应当及时将沟通情况报告上一级人民检察院。沟通期间,人民检察院不得停止对案件的侦查。监察委员会和人民检察院分别管辖的案件,调查(侦查)终结前,人民检察院应当就移送审查起诉有关事宜与监察委员会加强沟通,协调一致,由人民检察院依法对全案审查起诉。

人民检察院立案侦查本规定所列犯罪时,发现犯罪嫌疑人同时涉嫌公安机关管辖的犯罪线索的,依照现行有关法律和司法解释的规定办理。

(4)办案程序。①人民检察院办理本规定所列犯罪案件,不再适用对直接受理立案侦查案件决定立案报上一级人民检察院备案,逮捕犯罪嫌疑人报上一级人民检察院审查决定的规定。②对本规定所列犯罪案件,人民检察院拟作撤销案件、不起诉决定的,应当报上一级人民检察院审查批准。③人民检察院负责刑事检察工作的专门部门办理本规定所列犯罪案件,认为需要逮捕犯罪嫌疑人的,应当由相应的刑事检察部门审查,报检察长或者检察委员会决定。④人民检察院办理本规定所列犯罪案件,应当依法接受人民监督员的监督。

---

① 这一规定体现了《监察法》对国家公职人员管辖全覆盖这一原则,检察机关的侦查只是对监察机关调查的补充,即上述案件"可以"由人民检察院立案侦查,而如果监察机关进行调查的,应当坚持监察机关调查优先原则。

2. 机动侦查权，即对于公安机关管辖的国家机关工作人员利用职权实施的重大犯罪案件，需要由人民检察院直接受理的时候，经省级以上人民检察院决定，可以由人民检察院立案侦查。通常而言，机动侦查权的行使属于极其特殊的情形，应当限于由公安机关侦查无法保证查明案件事实和依法公正处理的情形。

第三节　关于修改有关程序规定

一、审议过程

一次审议稿	二次审议稿	三次审议稿
五、将第三十七条改为第三十九条，第三款修改为："危害国家安全犯罪、恐怖活动犯罪案件，在侦查期间辩护律师会见在押的犯罪嫌疑人，应当经侦查机关许可。上述案件，侦查机关应当事先通知看守所。"	五、将第三十七条改为第三十九条，第三款修改为："危害国家安全犯罪、恐怖活动犯罪案件，在侦查期间辩护律师会见在押的犯罪嫌疑人，应当经侦查机关许可。上述案件，侦查机关应当事先通知看守所。"	五、将第三十七条改为第三十九条，第三款修改为："危害国家安全犯罪、恐怖活动犯罪案件，在侦查期间辩护律师会见在押的犯罪嫌疑人，应当经侦查机关许可。上述案件，侦查机关应当事先通知看守所。"
六、将第七十三条改为第七十五条，第一款修改为："监视居住应当在犯罪嫌疑人、被告人的住处执行；无固定住处的，可以在指定的居所执行。对于涉嫌危害国家安全犯罪、恐怖活动犯罪，在住处执行可能有碍侦查的，	六、将第七十三条改为第七十五条，第一款修改为："监视居住应当在犯罪嫌疑人、被告人的住处执行；无固定住处的，可以在指定的居所执行。对于涉嫌危害国家安全犯罪、恐怖活动犯罪，在住处执行可能有碍侦查的，经	六、将第七十三条改为第七十五条，第一款修改为："监视居住应当在犯罪嫌疑人、被告人的住处执行；无固定住处的，可以在指定的居所执行。对于涉嫌危害国家安全犯罪、恐怖活动犯罪，在住处执行可能有碍侦查的，经

（续表）

一次审议稿	二次审议稿	三次审议稿
经上一级公安机关批准，也可以在指定的居所执行。但是，不得在羁押场所、专门的办案场所执行。"	上一级公安机关批准，也可以在指定的居所执行。但是，不得在羁押场所、专门的办案场所执行。"	上一级公安机关批准，也可以在指定的居所执行。但是，不得在羁押场所、专门的办案场所执行。"
八、将第一百零六条改为第一百零八条，第一项修改为："（一）'侦查'是指公安机关、人民检察院等机关对于刑事案件，依照法律进行的收集证据、查明案情的工作和有关的强制性措施"。	八、将第一百零六条改为第一百零八条，第一项修改为："（一）'侦查'是指公安机关、人民检察院对于刑事案件，依照法律进行的收集证据、查明案情的工作和有关的强制性措施"。	八、将第一百零六条改为第一百零八条，第一项修改为："（一）'侦查'是指公安机关、人民检察院对于刑事案件，依照法律进行的收集证据、查明案情的工作和有关的强制性措施"。
十、将第一百四十八条改为第一百五十条，第二款修改为："人民检察院在立案后，对于利用职权实施的严重侵犯公民人身权利的重大犯罪案件，根据侦查犯罪的需要，经过严格的批准手续，可以采取技术侦查措施，按照规定交有关机关执行。"	十、将第一百四十八条改为第一百五十条，第二款修改为："人民检察院在立案后，对于利用职权实施的严重侵犯公民人身权利的重大犯罪案件，根据侦查犯罪的需要，经过严格的批准手续，可以采取技术侦查措施，按照规定交有关机关执行。"	十、将第一百四十八条改为第一百五十条，第二款修改为："人民检察院在立案后，对于利用职权实施的严重侵犯公民人身权利的重大犯罪案件，根据侦查犯罪的需要，经过严格的批准手续，可以采取技术侦查措施，按照规定交有关机关执行。"

在《刑事诉讼法（修正草案）》审议和征求意见过程中，各方基本赞同上述修改，基本未提出不同意见。仅仅是针对侦查的主体，二次审议稿对表述作了调整，从"公安机关、人民检察院等机关"调整为"公安机关、人民检察院"，以使表述更为严谨。

二、司法适用

《2012 年刑事诉讼法》	《2018 年刑事诉讼法》
第三十七条　辩护律师可以同在押的犯罪嫌疑人、被告人会见和通信。其他辩护人经人民法院、人民检察院许可，也可以同在押的犯罪嫌疑人、被告人会见和通信。 辩护律师持律师执业证书、律师事务所证明和委托书或者法律援助公函要求会见在押的犯罪嫌疑人、被告人的，看守所应当及时安排会见，至迟不得超过四十八小时。 危害国家安全犯罪、恐怖活动犯罪、特别重大贿赂犯罪案件，在侦查期间辩护律师会见在押的犯罪嫌疑人，应当经侦查机关许可。上述案件，侦查机关应当事先通知看守所。 辩护律师会见在押的犯罪嫌疑人、被告人，可以了解案件有关情况，提供法律咨询等；自案件移送审查起诉之日起，可以向犯罪嫌疑人、被告人核实有关证据。辩护律师会见犯罪嫌疑人、被告人时不被监听。 辩护律师同被监视居住的犯罪嫌疑人、被告人会见、通信，适用第一款、第三款、第四款的规定。	第三十九条　辩护律师可以同在押的犯罪嫌疑人、被告人会见和通信。其他辩护人经人民法院、人民检察院许可，也可以同在押的犯罪嫌疑人、被告人会见和通信。 辩护律师持律师执业证书、律师事务所证明和委托书或者法律援助公函要求会见在押的犯罪嫌疑人、被告人的，看守所应当及时安排会见，至迟不得超过四十八小时。 危害国家安全犯罪、恐怖活动犯罪案件，在侦查期间辩护律师会见在押的犯罪嫌疑人，应当经侦查机关许可。上述案件，侦查机关应当事先通知看守所。 辩护律师会见在押的犯罪嫌疑人、被告人，可以了解案件有关情况，提供法律咨询等；自案件移送审查起诉之日起，可以向犯罪嫌疑人、被告人核实有关证据。辩护律师会见犯罪嫌疑人、被告人时不被监听。 辩护律师同被监视居住的犯罪嫌疑人、被告人会见、通信，适用第一款、第三款、第四款的规定。
第七十三条　监视居住应当在犯罪嫌疑人、被告人的住处执行；无固定住处的，可以在指定的居所执行。对于涉嫌危害国家安全犯罪、恐怖活动犯罪、特别重大贿赂犯罪，在住	第七十五条　监视居住应当在犯罪嫌疑人、被告人的住处执行；无固定住处的，可以在指定的居所执行。对于涉嫌危害国家安全犯罪、恐怖活动犯罪，在住处执行可能有碍侦

(续表)

《2012年刑事诉讼法》	《2018年刑事诉讼法》
处执行可能有碍侦查的,经上一级人民检察院或者公安机关批准,也可以在指定的居所执行。但是,不得在羁押场所、专门的办案场所执行。 　　指定居所监视居住的,除无法通知的以外,应当在执行监视居住后二十四小时以内,通知被监视居住人的家属。 　　被监视居住的犯罪嫌疑人、被告人委托辩护人,适用本法第三十三条的规定。 　　人民检察院对指定居所监视居住的决定和执行是否合法实行监督。	查的,经上一级公安机关批准,也可以在指定的居所执行。但是,不得在羁押场所、专门的办案场所执行。 　　指定居所监视居住的,除无法通知的以外,应当在执行监视居住后二十四小时以内,通知被监视居住人的家属。 　　被监视居住的犯罪嫌疑人、被告人委托辩护人,适用本法第三十四条的规定。 　　人民检察院对指定居所监视居住的决定和执行是否合法实行监督。
第一百零六条　本法下列用语的含意是: 　　(一)"侦查"是指公安机关、人民检察院在办理案件过程中,依照法律进行的专门调查工作和有关的强制性措施; 　　(二)"当事人"是指被害人、自诉人、犯罪嫌疑人、被告人、附带民事诉讼的原告人和被告人; 　　(三)"法定代理人"是指被代理人的父母、养父母、监护人和负有保护责任的机关、团体的代表; 　　(四)"诉讼参与人"是指当事人、法定代理人、诉讼代理人、辩护人、证人、鉴定人和翻译人员; 　　(五)"诉讼代理人"是指公诉案件的被害人及其法定代理人或者近亲	**第一百零八条**　本法下列用语的含意是: 　　(一)"侦查"是指公安机关、人民检察院对于刑事案件,依照法律进行的收集证据、查明案情的工作和有关的强制性措施; 　　(二)"当事人"是指被害人、自诉人、犯罪嫌疑人、被告人、附带民事诉讼的原告人和被告人; 　　(三)"法定代理人"是指被代理人的父母、养父母、监护人和负有保护责任的机关、团体的代表; 　　(四)"诉讼参与人"是指当事人、法定代理人、诉讼代理人、辩护人、证人、鉴定人和翻译人员; 　　(五)"诉讼代理人"是指公诉案件的被害人及其法定代理人或者近亲

(续表)

《2012年刑事诉讼法》	《2018年刑事诉讼法》
属、自诉案件的自诉人及其法定代理人委托代为参加诉讼的人和附带民事诉讼的当事人及其法定代理人委托代为参加诉讼的人; （六）"近亲属"是指夫、妻、父、母、子、女、同胞兄弟姊妹。	属、自诉案件的自诉人及其法定代理人委托代为参加诉讼的人和附带民事诉讼的当事人及其法定代理人委托代为参加诉讼的人; （六）"近亲属"是指夫、妻、父、母、子、女、同胞兄弟姊妹。
第一百四十八条　公安机关在立案后,对于危害国家安全犯罪、恐怖活动犯罪、黑社会性质的组织犯罪、重大毒品犯罪或者其他严重危害社会的犯罪案件,根据侦查犯罪的需要,经过严格的批准手续,可以采取技术侦查措施。 　　人民检察院在立案后,对于重大的贪污、贿赂犯罪案件以及利用职权实施的严重侵犯公民人身权利的重大犯罪案件,根据侦查犯罪的需要,经过严格的批准手续,可以采取技术侦查措施,按照规定交有关机关执行。 　　追捕被通缉或者批准、决定逮捕的在逃的犯罪嫌疑人、被告人,经过批准,可以采取追捕所必需的技术侦查措施。	第一百五十条　公安机关在立案后,对于危害国家安全犯罪、恐怖活动犯罪、黑社会性质的组织犯罪、重大毒品犯罪或者其他严重危害社会的犯罪案件,根据侦查犯罪的需要,经过严格的批准手续,可以采取技术侦查措施。 　　人民检察院在立案后,对于利用职权实施的严重侵犯公民人身权利的重大犯罪案件,根据侦查犯罪的需要,经过严格的批准手续,可以采取技术侦查措施,按照规定交有关机关执行。 　　追捕被通缉或者批准、决定逮捕的在逃的犯罪嫌疑人、被告人,经过批准,可以采取追捕所必需的技术侦查措施。

根据《2018年刑事诉讼法》的规定,包括贪污、贿赂在内的职务犯罪案件由监察委员会进行调查。因此,《2012年刑事诉讼法》关于特别重大贿赂犯罪案件侦查期间辩护律师会见应当经人民检察院许可、特别重大贿赂犯罪案件可以指定居所监视居住以及重大的贪污、贿赂犯罪案件经检察机关批准采取技术侦查措施等规定不再适用。需要注意的是,人民检察院仍然保留了采取技术侦查措施的职权,但只能针对利用职权实施的严重侵犯公民人身权利的重大犯罪案件。

司法适用中需要注意《刑事诉讼法》与《监察法》的具体衔接问题。虽然《刑事诉讼法》未在附则部分明确规定"监察机关调查职务犯罪,适用《监察法》的相关规定",但这应当系不言而明之理。对于监察机关调查职务犯罪,应当适用《监察法》的相关规定。故而,在相关案件进入刑事诉讼程序之后,也应当根据《监察法》而非《刑事诉讼法》的规定审查调查阶段的相关活动是否合法。当然,《监察法》如果明确要求适用刑事诉讼标准的除外。例如,《监察法》第三十三条规定:"监察机关依照本法规定收集的物证、书证、证人证言、被调查人供述和辩解、视听资料、电子数据等证据材料,在刑事诉讼中可以作为证据使用。""监察机关在收集、固定、审查、运用证据时,应当与刑事审判关于证据的要求和标准相一致。""以非法方法收集的证据应当依法予以排除,不得作为案件处置的依据。"该条明确了监察机关依据《监察法》收集的证据材料具有刑事证据资格,同时要求取证适用刑事审判的标准和要求。因此,《2021年刑诉法解释》第七十六条规定:"监察机关依法收集的证据材料,在刑事诉讼中可以作为证据使用。""对前款规定证据的审查判断,适用刑事审判关于证据的要求和标准。"

第四节 关于监察与刑事诉讼的衔接机制

一、审议过程

一次审议稿	二次审议稿	三次审议稿
十二、增加一条,作为第一百七十条:"人民检察院对于监察机关移送起诉的案件,依照本法和监察法的有关规定进行审查。人民检察院经审查,认为需要补充核实	十二、增加一条,作为第一百七十条:"人民检察院对于监察机关移送起诉的案件,依照本法和监察法的有关规定进行审查。人民检察院经审查,认为需要补充核实	十二、增加一条,作为第一百七十条:"人民检察院对于监察机关移送起诉的案件,依照本法和监察法的有关规定进行审查。人民检察院经审查,认为需要补充核实

(续表)

一次审议稿	二次审议稿	三次审议稿
的,应当退回监察机关补充调查,必要时可以自行补充侦查。 "对于监察机关采取留置措施的案件,人民检察院应当对犯罪嫌疑人先行拘留,留置措施自动解除。人民检察院应当在拘留后的十日以内作出是否逮捕、取保候审或者监视居住的决定。在特殊情况下,决定的时间可以延长一日至四日。"	的,应当退回监察机关补充调查,必要时可以自行补充侦查。 "对于监察机关移送起诉的已采取留置措施的案件,人民检察院应当对犯罪嫌疑人先行拘留,留置措施自动解除。人民检察院应当在拘留后的十日以内作出是否逮捕、取保候审或者监视居住的决定。在特殊情况下,决定的时间可以延长一日至四日。人民检察院决定采取强制措施的期间不计入审查起诉期限。"	的,应当退回监察机关补充调查,必要时可以自行补充侦查。 "对于监察机关移送起诉的已采取留置措施的案件,人民检察院应当对犯罪嫌疑人先行拘留,留置措施自动解除。人民检察院应当在拘留后的十日以内作出是否逮捕、取保候审或者监视居住的决定。在特殊情况下,决定的时间可以延长一日至四日。人民检察院决定采取强制措施的期间不计入审查起诉期限。"

在《刑事诉讼法(修正草案)》审议和征求意见过程中,有关方面对上述衔接规定作了进一步完善。对一次审议稿,有关方面主要提出两方面意见:(1)有的常委委员和地方提出,人民检察院采取先行拘留措施是在案件移送前还是移送后,表述不清楚。为进一步做好与《监察法》的衔接,规范和保障强制措施的采取,建议明确是在监察机关将案件移送后,人民检察院即应当采取先行拘留措施。(2)有的地方、部门和社会公众建议规定,人民检察院决定采取强制措施的期间不计入审查起诉期限。全国人大宪法和法律委员会经研究,建议采纳上述意见,对草案作出相应修改,形成二次审议稿的写法。①《刑事诉讼法修改决定》最终沿用了二次审议稿的写法。

---

① 参见《全国人民代表大会宪法和法律委员会关于〈中华人民共和国刑事诉讼法(修正草案)〉修改情况的汇报(2018年8月27日)》,载中国人大网(http://www.npc.gov.cn/npc/xinwen/2018-10/26/content_2064436.htm),访问日期:2018年11月3日。

二、司法适用

《2012年刑事诉讼法》	《2018年刑事诉讼法》
	第一百七十条 人民检察院对于监察机关移送起诉的案件,依照本法和监察法的有关规定进行审查。人民检察院经审查,认为需要补充核实的,应当退回监察机关补充调查,必要时可以自行补充侦查。 对于监察机关移送起诉的已采取留置措施的案件,人民检察院应当对犯罪嫌疑人先行拘留,留置措施自动解除。人民检察院应当在拘留后的十日以内作出是否逮捕、取保候审或者监视居住的决定。在特殊情况下,决定的时间可以延长一日至四日。人民检察院决定采取强制措施的期间不计入审查起诉期限。

根据《刑事诉讼法》的规定,对于监察机关移送起诉的案件的审查,人民检察院应当坚持《刑事诉讼法》和《监察法》并重,依据两部基本法律的规定进行审查判断。经审查认为需要补充核实的,应当退回监察机关补充调查,必要时可以自行补充侦查。

特别是,要依法妥当把握留置措施与刑事强制措施之间的衔接。对于监察机关移送起诉的已采取留置措施的案件,人民检察院应当对犯罪嫌疑人先行拘留,留置措施自动解除。在采取拘留措施后,人民检察院应当及时作出是否逮捕、取保候审或者监视居住的决定。人民检察院决定采取强制措施的期间不计入审查起诉期限。

第二章　关于刑事缺席审判制度的建立

《刑事诉讼法修改决定》适应新时代反腐败和国际追逃追赃工作的需要,在系统总结刑事审判经验和难题的基础上,增设"缺席审判程序"专章,对犯罪嫌疑人、被告人潜逃境外的缺席审判程序的适用范围、程序具体设置、诉讼权利保障以及中止审理和被告人死亡案件的缺席审判程序等相关问题作出系统规定。具体而言,《刑事诉讼法》增设的缺席审判程序包括两类:一是犯罪嫌疑人、被告人在境外的缺席审判程序,即对于贪污贿赂犯罪案件,以及需要及时进行审判,经最高人民检察院核准的严重危害国家安全犯罪、恐怖活动犯罪案件,犯罪嫌疑人、被告人在境外,犯罪事实已经查清,证据确实、充分,符合缺席审判程序适用条件的,可以缺席审判。二是中止审理和被告人死亡案件的缺席审判程序,即被告人患有严重疾病中止审理和被告人死亡案件,符合条件的,可以缺席审判。

第一节　刑事缺席审判制度的提出

一、国际追逃追赃的重大进展与刑事缺席审判程序的提出

缺席审判是相对于对席审判而言的。我国《民事诉讼法》和《行政诉讼法》均规定了在对席审判原则之下作为例外的缺席审判程序。《民事诉讼法》第一百四十四条规定:"被告经传票传唤,无正当理由拒不到庭的,或者未经法庭许可中途退庭的,可以缺席判决。"《行政诉讼法》第五十八条规定:"经人民法院传票传唤,原告无正当理由拒不到庭,或者未经法庭许可中途退庭的,可以按照撤诉处理;被告无正当理由拒不到

庭,或者未经法庭许可中途退庭的,可以缺席判决。"《2012年刑事诉讼法》增设犯罪嫌疑人、被告人逃匿、死亡案件违法所得的没收程序,对于贪污贿赂犯罪、恐怖活动犯罪等重大犯罪案件在犯罪嫌疑人、被告人逃匿或者死亡情况下的涉案财产处置问题作了明确。但是,违法所得的没收程序只能处置涉案财产,不能针对涉案犯罪嫌疑人、被告人作出处理。

党的十八大以来,国际追逃追赃工作取得重大进展,得到人民群众的广泛拥护。近年来,有关部门不断加大境外追逃力度,缉捕外逃人员人数不断上升,引渡、遣返工作不断取得新进展。随着反腐力度的加深,建立刑事缺席审判制度显得日益重要和必要。从境外经验来看,俄罗斯、英国、法国、德国、意大利、西班牙、澳大利亚等国家明确规定了一定条件下的刑事缺席审判制度;美国、加拿大、日本、土耳其等国家不承认刑事缺席审判制度,但同时规定了被告人未到庭的审判程序;新西兰、新加坡、马来西亚等国家则完全不允许在被告人缺席的情况下进行刑事审判。① 实践中,因为我国与世界大多数国家没有签订引渡条约,只能通过谈判达成协议,但是很多国家都要求将请求引渡目的国终审判决作为引渡条件。《联合国反腐败公约》所确立的原则也要求请求国应当向被请求国提供发生法律效力的终审判决作为请求返还已被没收资产的条件。我国刑事缺席审判制度可以对在逃罪犯以刑事司法评价起到预防犯罪的作用。综合考虑上述情况,在刑事诉讼法中建立缺席审判制度,只要严格适用范围和程序规定,符合国际通行做法,也完全可以防止被滥用导致对权利保障不力,且可以加强国际追逃追赃工作,通过"以审促返"加大劝返力度。

二、中止审理和被告人死亡案件的缺席审判

《2012年刑事诉讼法》在总结审判经验的基础上,吸收有关司法解释的规定,在第二百条(《2018年刑事诉讼法》第二百零六条)对中止审

---

① 参见王爱立、雷建斌主编:《〈中华人民共和国刑事诉讼法〉释解与适用》,人民法院出版社2018年版,第544页。

理的情形和有关问题作了专门规定。其中,第一款第一项规定,在审判过程中,被告人患有严重疾病,无法出庭,致使案件在较长时间内无法继续审理的,可以中止审理。然而,司法实践中,有的被告人因患严重疾病,短期内无法治愈,一直无法出庭,但其本人或者近亲属因为特定的原因,希望法院能够恢复审理。例如,"有的被告人因严重疾病难以治愈,一直无法出庭,但希望案子能有个了结;有的被告人成为精神病人或者失去知觉的'植物人',短时间内无痊愈可能,但其法定代理人、近亲属或相关人希望案件能有个结果;有的案件涉及财产的处理,被告人及其法定代理人、近亲属或相关利害关系人希望案件能早有定论,以便尽早依法对财产作出处理。"[1]基于这一实际需要,有必要对因被告人患有严重疾病的长期中止审理案件建立非典型的缺席审判制度,以有效保障各方合法权益。

此外,近年来再审的聂树斌案等反映出一个突出的程序难题,即被告人已经死亡,无法受审,但根据刑事诉讼法相关规定,死刑案件必须开庭审理。这实际上使得此类案件再审面临程序障碍。[2] 因此,有意见建议增设再审案件的缺席审判制度,规定对于被告人已经死亡,拟改判无罪的再审案件可以缺席审判。

三、《刑事诉讼法(修正草案)》的研拟

根据有关方面的建议,在《刑事诉讼法(修正草案)》研拟过程中,围绕刑事缺席审判程序的有关问题进行了深入研究。主要涉及四方面的问题:(1)建立犯罪嫌疑人、被告人在境外的缺席审判程序,明确缺席审判的案件范围和开庭审判的条件。(2)规定犯罪嫌疑人、被告人在境外的缺席审判的具体程序。(3)充分保障缺席审判被告人委托辩护和获取法律援助、上诉以及对判决、裁定提出异议获得重新审理的权利。(4)规定对被告人患有严重疾病中止审理和被告人死亡案件可以缺席审判。

---

[1] 王爱立、雷建斌主编:《〈中华人民共和国刑事诉讼法〉释解与适用》,人民法院出版社 2018 年版,第 562 页。

[2] 参见胡云腾:《聂树斌案再审:由来、问题与意义》,载《中国法学》2017 年第 4 期。

(一)刑事缺席审判程序的体系位置

研拟过程中,曾提出将缺席审判程序规定在一审程序中。对此,有关方面提出,鉴于缺席审判程序与普通程序具有较大差异,建议在第五编"特别程序"中增加一章,对缺席审判程序作出专门规定。经研究,采纳上述意见,最终形成了《刑事诉讼法(修正草案)》的写法。

(二)刑事缺席审判程序的适用范围和开庭审判的条件

缺席审判程序的适用范围,特别是案件范围,可以谓之为缺席审判程序立法过程中讨论时间最长的问题。在《刑事诉讼法(修正草案)》研拟过程中,对于缺席审判程序的适用范围,存在不同认识:(1)关于案件范围。对于"贪污贿赂等犯罪案件"的表述是否需要保留"等"字,有意见认为,目前设立缺席审判制度主要是基于反腐败斗争的现实需要,可以删去"等";也有意见认为,可以保留"等"字,但目前考虑是不作等外解释,确需等外解释的,通过司法解释等方式进行;还有意见认为,缺席审判程序应当明确扩充到贪污贿赂犯罪以外的其他案件类型,如危害国家安全犯罪、恐怖活动犯罪等案件。(2)关于地域范围。对于"犯罪嫌疑人、被告人潜逃境外"的表述,有意见认为不应限于潜逃境外的情形,对于犯罪嫌疑人、被告人在境内长期隐匿的,也可以适用缺席审判程序。《刑事诉讼法(修正草案)》增设的第二百九十一条第一款规定:"对于贪污贿赂等犯罪案件,犯罪嫌疑人、被告人潜逃境外,监察机关移送起诉,人民检察院认为犯罪事实已经查清,证据确实、充分,依法应当追究刑事责任的,可以向人民法院提起公诉……"可见,对缺席审判程序的适用范围规定为"贪污贿赂等犯罪案件",只适用于犯罪嫌疑人、被告人潜逃境外的情形,不包括在境内长期隐匿的情形。

对于人民检察院提起公诉的缺席审判案件的条件和人民法院是否应当进行实质审查,存在不同认识。对于"人民检察院认为犯罪事实已经查清,证据确实、充分,依法应当追究刑事责任的,可以向人民法院提起公诉。人民法院进行审查后,对于起诉书中有明确的指控犯罪事实的,应当决定开庭审判"的表述,有意见认为,缺席审判案件数量不多,性质特殊,人民法院在立案时宜进行实质审查,即参照《1979年刑事诉讼法》第一百零八条的规定,对于犯罪事实清楚、证据充分的,应当开庭审判;对于主要事实不清、证据不足的或者具有其他情形的,可以视情况要求人民检察院撤回起诉或者退回人民检察院。此外,对于无管辖权的案件,也应设置处理程序,以避免案件长期"滞留"在人民法院。故而,一方面,建议人民检察院在对缺席审判程序案件提起公诉前应当查明犯罪嫌疑人实际居住地,否则,起诉至人民法院,因传票和起诉书副本无法送达,无法开展缺席审判;另一方面,明确人民法院对提起公诉的缺席审判程序案件认为事实明显不清、证据明显不足,或者本院没有管辖权的,可以退回人民检察院。《刑事诉讼法(修正草案)》增设的第二百九十一条第一款规定:"……人民检察院认为犯罪事实已经查清,证据确实、充分,依法应当追究刑事责任的,可以向人民法院提起公诉。人民法院进行审查后,对于起诉书中有明确的指控犯罪事实的,应当决定开庭审判。"可见,上述意见未获采纳。

(三)刑事缺席审判程序的具体程序操作

由于刑事缺席审判程序无可以借鉴的先例,故在具体程序设计上经过了反复探索。最为复杂的当属传票和起诉书副本的送达。对于人民检察院提起公诉的缺席审判程序案件,人民法院决定开庭审判的,应当将传票和人民检察院的起诉书副本送达被告人。然而,由于被告人潜逃境外,如何送达就是亟须解决的现实问题。研拟过程中,有意见认为,境外送达极为困难复杂,可能存在无法送达的情形。对于通过有关国际条约中规定的司法协助方式、外交途径或者受送达人所在国法律允许的其他方式,均无法将传票和人民检察院的起诉书副本送达被告人的,应当允许人民法院将案件退回人民检察院。《刑事诉讼法(修正草案)》增设的第二百九十二条规定:"人民法院应当通过有关国际条约中规定的司法协助方式或者受送达人所在地法律允许的其他方式,将传票和人民检察院的起诉书副本送达被告人。被告人收到传票和起诉书副本后未按要求归案的,人民法院应当开庭审理,依法作出判决,并对违法所得及其他涉案财产作出处理。"可见,上述意见未获采纳,对无法送达传票和起诉书副本的处理问题未作出明确。

(四)刑事缺席审判程序的权利保障

在《刑事诉讼法(修正草案)》研拟过程中,拟对缺席审判程序的权利保障问题作了明确规定:(1)辩护权保障。拟规定:人民法院缺席审判案件,被告人有权委托辩护人,被告人的近亲属可以代为委托辩护人。被告人及其近亲属没有委托辩护人的,人民法院应当通知法律援助机构指派律师为其提供辩护。(2)上诉权。拟规定:人民法院应当将判决书送达被告人及其近亲属、辩护人。被告人或者其近亲属不服判决的,有权向上一级人民法院上诉。辩护人经被告人或者其近亲属同意,可以提出上诉。(3)重新审判权。拟规定:在审理过程中,被告人自动投案或者被抓获的,人民法院应当重新审理。罪犯在判决、裁定发生法律效力后归案,对判决、裁定提出异议的,人民法院应当重新审理。

研拟过程中,对于在审理过程中,被告人自动投案或者被抓获的,人民法院应当重新审理,各方意见一致。但是,对于罪犯在判决、裁定发生法律效力后到案,罪犯对判决、裁定提出异议的,是否一律应当重新审理,存在明显分歧:(1)一种意见认为,应当与《2012年刑事诉讼法》第二百四十二条(《2018年刑事诉讼法》第二百五十三条)关于普通程序重新审判的条件保持一致,或者与缺席审判程序与犯罪嫌疑人、被告人逃匿、死亡案件违法所得的没收程序的相关规定保持一致,如对缺席审判程序案件的生效裁判在罪犯归案后对判决、裁定提出异议的一律重新审理,既无必要,亦会极大浪费司法资源;(2)另一种意见认为,对缺席审判案件的重新审判不宜增加过多的限制条件。对缺席审判的罪犯不引渡是国际引渡实践的一贯做法,但也有例外,主要是给予罪犯出庭接受审判的机会或者承诺改判较轻刑罚。我国《引渡法》第八条规定,请求国根据缺席判决提出引渡请求的,应当拒绝引渡,但请求国承诺在引渡后对被请求引渡人给予在其出庭的情况下进行重新审判机会的除外。与此相一致,对缺席审判案件的重新审判以罪犯提出异议为条件,可以解释为上述规定的重新审判机会,是可行的,但不宜再增加其他限制条件。经慎重研究,《刑事诉讼法(修正草案)》采纳了第二种意见,增设的第二百九十五条第一款、第二款规定:"在审理过程中,被告人自动投案或者被抓获的,人民法院应当重新审理。""罪犯在判决、裁定发生法律效力后归案的,人民法院应当将罪犯交付执行刑罚。交付执行刑罚前,人民法院应当告知罪犯有权对判决、裁定提出异议。罪犯对判决、裁定提出异议的,人民法院应当重新审理。"

(五)中止审理和被告人死亡案件的缺席审判

为解决审判实践的难题,确保刑事审判顺利进行,《刑事诉讼法(修正草案)》在对犯罪嫌疑人、被告人潜逃境外的缺席审判程序作出专门规定的基础上,一并对中止审理和被告人死亡案件的缺席审判程序等相关问题作出规定。

1. 中止审理案件的缺席审判程序。研拟过程中,对于因被告人患有严重疾病,无法出庭而中止审理的案件,最初拟规定恢复审理程序,设置在普通程序之中。此外,还有意见建议扩大恢复审理程序的适用范围,建议对被告人上诉后下落不明,致使二审程序中止审理超过六个月,人民法院经审查认为被告人不构成犯罪的,或者应当改判较轻刑罚的,或者被告人仅就量刑问题提出上诉,经审查认为应当维持原判的,也应当允许恢复审理。① 后经慎重研究,鉴于上述恢复审理实际上是缺席审判,故将其调整纳入缺席审理程序,规定在特别程序中;同时,考虑到缺席审判程序是特别程序,适用范围不宜过大,故限制为因被告人患有严重疾病,无法出庭而中止审理的案件。根据上述考虑形成了《刑事诉讼法(修正草案)》的写法。

2. 被告人死亡案件的缺席审判程序。具体包括审判过程中被告人死亡案件的缺席审判程序和再审被告人死亡案件的缺席审判程序两类。

研拟过程中,曾提出在第二百条之后增加一条,规定:"被告人死亡的,人民法院应当裁定终止审理;但有证据证明被告人无罪,人民法院

---

① 主要考虑如下:其一,新增规定适用的主要是一审裁判存在错误的情形,允许二审缺席审判,实体上对被告人有利;被告人仅就量刑问题上诉的,其不在案并不影响案件审查,二审维持原判对其也并无不利。其二,相关案件如不允许缺席审判,恐会"久拖不决",不利于社会矛盾及时化解。其三,相关案件总量不大,不会形成大量适用的局面。

审理确认无罪的,依法作出判决。"对此,有意见认为:(1)上述内容在《2012年刑事诉讼法》第十五条(《2018年刑事诉讼法》第十六条)实际已作规定,是否有必要单独增加一条,建议斟酌。(2)无罪判决不应仅适用于有证据证明被告人无罪的案件。对于被告人已经死亡,但现有证据不能认定被告人有罪的"疑罪"案件,根据疑罪从无原则,应当宣告被告人无罪。对于此类"疑罪"案件,在一审已作出有罪判决的情况下,二审仅裁定终止审理,被告人的亲属往往反映强烈,要求以明确的判决结果还被告人以"清白"。经研究认为,上述情形实际上是在因被告人死亡而终止审理基础上的进一步缺席审判;由于被告人死亡,未必一定能够查明被告人无罪,一律要求作出无罪判决与现行刑事诉讼法终止审理的规定不相一致,而通过终止审理结案从实践来看并无问题,故《刑事诉讼法(修正草案)》增设的第二百九十七条第一款规定:"被告人死亡的,人民法院应当裁定终止审理;但有证据证明被告人无罪,人民法院经缺席审理确认无罪的,依法作出判决。"

研拟过程中,对于再审被告人死亡案件的缺席审判程序,提出增设第二百九十七条第二款,规定:"人民法院按照审判监督程序重新审判的案件,被告人死亡的,人民法院可以缺席审理,依法作出判决。"对于上述写法,各方基本持赞成态度,从而吸收为《刑事诉讼法(修正草案)》的内容。

第二节 关于犯罪嫌疑人、被告人在境外的缺席审判程序

一、审议过程

一次审议稿	二次审议稿	三次审议稿
二十四、第五编增加一章,作为第三章:	二十五、第五编增加一章,作为第三章:	二十五、第五编增加一章,作为第三章:

(续表)

一次审议稿	二次审议稿	三次审议稿
"**第三章 缺席审判程序** "**第二百九十一条** 对于贪污贿赂等犯罪案件,犯罪嫌疑人、被告人潜逃境外,监察机关移送起诉,人民检察院认为犯罪事实已经查清,证据确实、充分,依法应当追究刑事责任的,可以向人民法院提起公诉。人民法院进行审查后,对于起诉书中有明确的指控犯罪事实的,应当决定开庭审判。 "前款案件,由犯罪地或者被告人居住地的中级人民法院组成合议庭进行审理。"	"**第三章 缺席审判程序** "**第二百九十一条** 对于贪污贿赂犯罪案件,以及需要及时进行审判,经最高人民检察院核准的严重的危害国家安全犯罪、恐怖活动犯罪案件,犯罪嫌疑人、被告人潜逃境外,监察机关、公安机关移送起诉,人民检察院认为犯罪事实已经查清,证据确实、充分,依法应当追究刑事责任的,可以向人民法院提起公诉。人民法院进行审查后,对于起诉书中有明确的指控犯罪事实的,应当决定开庭审判。 "前款案件,由犯罪地或者被告人居住地的中级人民法院组成合议庭进行审理。"	"**第三章 缺席审判程序** "**第二百九十一条** 对于贪污贿赂犯罪案件,以及需要及时进行审判,经最高人民检察院核准的严重的危害国家安全犯罪、恐怖活动犯罪案件,犯罪嫌疑人、被告人潜逃境外,监察机关、公安机关移送起诉,人民检察院认为犯罪事实已经查清,证据确实、充分,依法应当追究刑事责任的,可以向人民法院提起公诉。人民法院进行审查后,对于起诉书中有明确的指控犯罪事实,符合缺席审判程序适用条件的,应当决定开庭审判。 "前款案件,由犯罪地或者被告人离境前居住地的中级人民法院组成合议庭进行审理。"
"**第二百九十二条** 人民法院应当通过有关国际条约中规定的司法协助方式或者受送达人所在地法律允许的其他方式,将传票和人民检察院的起诉书副本送达被告人。被告人收到传票和起诉书副本后未按要求归案的,人民法院应当开庭审理,依法作出判决,并对违法所得及其他涉案财产作出处理。"	"**第二百九十二条** 人民法院应当通过有关国际条约中规定的或者外交途径提出的司法协助方式,或者受送达人所在地法律允许的其他方式,将传票和人民检察院的起诉书副本送达被告人。传票和起诉书副本送达后,被告人未按要求到案的,人民法院应当开庭审理,依法作出判决,并对违法所得及其他涉案财产作出处理。"	"**第二百九十二条** 人民法院应当通过有关国际条约中规定的或者外交途径提出的司法协助方式,或者被告人所在地法律允许的其他方式,将传票和人民检察院的起诉书副本送达被告人。传票和起诉书副本送达后,被告人未按要求到案的,人民法院应当开庭审理,依法作出判决,并对违法所得及其他涉案财产作出处理。"

(续表)

一次审议稿	二次审议稿	三次审议稿
"第二百九十三条 人民法院缺席审判案件,被告人有权委托辩护人,被告人的近亲属可以代为委托辩护人。被告人及其近亲属没有委托辩护人的,人民法院应当通知法律援助机构指派律师为其提供辩护。"	"第二百九十三条 人民法院缺席审判案件,被告人有权委托辩护人,被告人的近亲属可以代为委托辩护人。被告人及其近亲属没有委托辩护人的,人民法院应当通知法律援助机构指派律师为其提供辩护。"	"第二百九十三条 人民法院缺席审判案件,被告人有权委托辩护人,被告人的近亲属可以代为委托辩护人。被告人及其近亲属没有委托辩护人的,人民法院应当通知法律援助机构指派律师为其提供辩护。"
"第二百九十四条 人民法院应当将判决书送达被告人及其近亲属、辩护人。被告人或者其近亲属不服判决的,有权向上一级人民法院上诉。辩护人经被告人或者其近亲属同意,可以提出上诉。"	"第二百九十四条 人民法院应当将判决书送达被告人及其近亲属、辩护人。被告人或者其近亲属不服判决的,有权向上一级人民法院上诉。辩护人经被告人或者其近亲属同意,可以提出上诉。"	"第二百九十四条 人民法院应当将判决书送达被告人及其近亲属、辩护人。被告人或者其近亲属不服判决的,有权向上一级人民法院上诉。辩护人经被告人或者其近亲属同意,可以提出上诉。 人民检察院认为人民法院的判决确有错误的,应当向上一级人民法院提出抗诉。"
"第二百九十五条 在审理过程中,被告人自动投案或者被抓获的,人民法院应当重新审理。 "罪犯在判决、裁定发生法律效力后归案的,人民法院应当将罪犯交付执行刑罚。交付执行刑罚前,人民法院应当告知罪犯有权对判决、裁定提出异议。罪犯对判决、裁定提出异议的,人民法院应当重新审理。 "依照生效判决、裁定对罪犯的财产进行的处理确有错误的,应当予以返还、赔偿。"	"第二百九十五条 在审理过程中,被告人自动投案或者被抓获的,人民法院应当重新审理。 "罪犯在判决、裁定发生法律效力后到案的,人民法院应当将罪犯交付执行刑罚。交付执行刑罚前,人民法院应当告知罪犯有权对判决、裁定提出异议。罪犯对判决、裁定提出异议的,人民法院应当重新审理。 "依照生效判决、裁定对罪犯的财产进行的处理确有错误的,应当予以返还、赔偿。"	"第二百九十五条 在审理过程中,被告人自动投案或者被抓获的,人民法院应当重新审理。 "罪犯在判决、裁定发生法律效力后到案的,人民法院应当将罪犯交付执行刑罚。交付执行刑罚前,人民法院应当告知罪犯有权对判决、裁定提出异议。罪犯对判决、裁定提出异议的,人民法院应当重新审理。 "依照生效判决、裁定对罪犯的财产进行的处理确有错误的,应当予以返还、赔偿。"

在《刑事诉讼法(修正草案)》审议和征求意见过程中,各方均赞成增设缺席审判程序,但围绕案件范围、开庭审理条件、具体程序操作等问题提出了修改完善意见。根据各方意见,二次审议稿和三次审议稿作了修改完善,最终形成了《刑事诉讼法修改决定》的规定。

1. 缺席审判程序的适用范围。一次审议稿增设的第二百九十一条第一款规定:"对于贪污贿赂等犯罪案件,犯罪嫌疑人、被告人潜逃境外,监察机关移送起诉,人民检察院认为犯罪事实已经查清,证据确实、充分,依法应当追究刑事责任的,可以向人民法院提起公诉……"可见,一次审议稿对缺席审判程序的适用范围规定为"贪污贿赂等犯罪案件",只适用于犯罪嫌疑人、被告人潜逃境外的情形,不包括在境内长期隐匿的情形。

在草案一次审议稿的审议和此后征求意见过程中,各方对于缺席审判程序的适用范围、特别是案件范围,仍然存在较大认识分歧。有意见认为,刑事缺席审判的适用范围是重大问题,立法应当作出明确规定,以便司法实践具体运用,避免认识分歧或者不当适用。建立缺席审判制度的目的,是为了加强境外追逃;同时考虑缺席审判尚欠缺实践经验,建议将其适用范围明确限制为贪污贿赂犯罪案件。未来如认为有必要、条件已成熟,再视情通过立法而不是司法解释扩大适用范围。也有意见认为,应当根据实际需要,适当扩大缺席审判的适用范围。全国人大宪法和法律委员会、全国人大常委会法制工作委员会会同有关部门进行认真研究认为,建立缺席审判制度是从反腐败追逃追赃角度提出的,但可不仅限于贪污贿赂案件,其他重大案件确有必要及时追究的,在充分保障诉讼权利的前提下,也可以进行缺席审判。但考虑到这是一项新制度,尚缺乏实践经验,且有的缺席审判案件,文书送达和判决执行可能需要外国协助,在制度设计上需考虑到国际影响和外国通行做法,对贪污贿赂犯罪之外的其他案件,还是应当严格限制范围并规定严格的核准程序,根据国内国际大局和个案实际情况灵活掌握,稳妥实施。据此,建议将缺席审判的适用范围修改为"贪污贿赂犯罪案件,以及需要及时进行审判,经最高人民检察院核准的严重的危害国家安全犯罪、恐怖活动犯罪案件"①。基于此,二次审议稿作了较大调整,将缺席审判程序适用的案件范围规定为两类:(1)贪污贿赂犯罪案件;(2)需要及时进行审判,经最高人民检察院核准的严重的危害国家安全犯罪、恐怖活动犯罪案件。应该说,与草案一次审议稿相比,二次审议稿关于缺席审判程序适用案件范围的规定更加明确,较之《刑事诉讼法》施行后再行通过司法解释予以扩大,更加符合程序法定原则的要求,符合人权保障的基本要求。② 但是,在二次审议稿和三次审议稿审议中,一些人大常委会委员仍建议进一步扩大缺席审判程序的适用范围。③④《刑事诉讼法修改决定》最终基本沿用二次

---

① 《全国人民代表大会宪法和法律委员会关于〈中华人民共和国刑事诉讼法(修正草案)〉修改情况的汇报(2018 年 8 月 27 日)》,载中国人大网(http://www.npc.gov.cn/npc/xinwen/2018-10/26/content_2064436.htm),访问日期:2018 年 11 月 3 日。

② 对此,有常委会委员认为:"该规定从程序上限定为经最高人民检察院核准,这对于防止省级以下司法机关随意启动缺席审判程序是有益的。"参见《让缺席审判适用范围更明确更公平——全国人大常委会组成人员热议刑诉法修正草案》,载中国人大网(http://www.npc.gov.cn/npc/cwhhy/13jcwh/2018-08/30/content_2060033.htm),访问日期:2018 年 11 月 3 日。

③ 在二次审议稿审议中,有常委会委员认为,目前的规定使缺席审判案件的适用范围过窄,不便于司法实务操作。至少"危害公共安全犯罪"不应该从缺席审判案件范围中排除出去。而且,还应考虑其他一些犯罪,比如毒品犯罪,目前的形势非常严峻,许多地方已经上升为年刑事犯罪案件排名榜的第四位甚至第三位,这样的省市已经有十个以上。有的大毒枭潜逃境外,适用缺席审判程序对于打击此类犯罪是有益的。再比如,电信诈骗犯罪,这种犯罪行为严重危害人民群众利益,老百姓对此深恶痛绝,也应当严厉打击。综上,建议修改为"对于贪污贿赂犯罪案件,以及需要及时进行审判,经最高人民检察院核准的严重的危害国家安全犯罪、恐怖活动犯罪以及其他严重刑事犯罪案件,犯罪嫌疑人、被告人潜逃境外,监察机关、国家安全机关、公安机关移送起诉,人民检察院认为依法应当追究刑事责任的,可以向人民法院提起公诉"。也有常委会委员认为,一些重大经济犯罪案件嫌疑人出逃,其影响比贪污贿赂案件对国内经济秩序的影响和其他财产权的侵犯更严重,也应当纳入缺席审判程序的适用范围。参见《全国人大常委会分组审议刑诉法修正草案 建议进一步扩大缺席审判范围》,载中国人大网(http://www.npc.gov.cn/npc/cwhhy/13jcwh/2018-08/30/content_2060027.htm),访问日期:2018 年 11 月 3 日。

④ 在三次审议稿审议中,仍有多位常委会委员建议扩大缺席审判程序的适用范围。例如,有委员建议:在充分保障诉讼权利的前提下,可以根据实际需要,有条件地适当扩大缺席审判的适用范围,将上述犯罪案件纳入其中。具体文字修改可以表述为"经最高人民检察院核准的严重危害国家安全犯罪、恐怖活动犯罪等严重刑事犯罪案件",从而可以把毒品犯罪、金融诈骗犯罪、电信诈骗犯罪以及扫黑除恶专项斗争中的严重刑事犯罪案件都放进去。也有委员认为,目前草案确定的缺席审判适用范围与全面依法治国,确保国家经济安全和社会安全的形势发展需求还是有差距的。"近些年来,经济犯罪和毒品犯罪猖獗,不少犯罪分子出逃或本身处境外,这类毒品案件和经济犯罪案件,它的涉及面、破坏力和影响都很大,不能让这些相关的罪犯一跑了之,逍遥法外。"参见《常委会委员分组审议刑诉法修正草案时建议适当扩大缺席审判范围》,载中国人大网(http://www.npc.gov.cn/npc/cwhhy/13jcwh/2018-10/24/content_2063502.htm),访问日期:2018 年 11 月 3 日。

审议稿的写法,仅对表述作了微调。①②

2. 缺席审判程序案件的管辖。一次审议稿和二次审议稿规定为"由犯罪地或者被告人居住地的中级人民法院组成合议庭进行审理",三次审议稿进一步完善为"由犯罪地或者被告人离境前居住地的中级人民法院组成合议庭进行审理"。审议过程中,有的常委委员提出,为适应对缺席审判案件的审理需要,除由犯罪地或者被告人离境前居住地的中级人民法院进行审理外,必要时也可以由最高人民法院指定管辖。全国人大宪法和法律委员会经研究,建议采纳上述意见,增加最高人民法院指定中级人民法院进行审理的规定。③ 基于此,《刑事诉讼法修改决定》最终规定为"由犯罪地、被告人离境前居住地或者最高人民法院指定的中级人民法院组成合议庭进行审理"。

3. 对缺席审判程序案件的审查。一次审议稿增设的第二百九十一条第一款规定:"……人民检察院认为犯罪事实已经查清,证据确实、充分,依法应当追究刑事责任的,可以向人民法院提起公诉。人民法院进行审查后,对于起诉书中有明确的指控犯罪事实的,应当决定开庭审判。"据此,人民法院对缺席审判程序案件的审查,仍然是形式审查。在草案一次审议稿和二次审议稿的审议及此后征求意见过程中,就人民法院对提起公诉的缺席审判程序案件的审查,仍然存在较大认识分歧。有的常委会组成人员和专家学者提出,缺席审判程序是刑事诉讼中的特别程序,法院在案件入口审查上应严格把关。除审查起诉书是否具有明确的指控犯罪事实外,还应当对是否符合缺席审判程序适用条件进行审查。宪法和法律委员会经研究,建议采纳上述意见,在人民法院

---

① 考虑到犯罪嫌疑人、被告人既可能是"潜逃境外",也可能是因为其他原因"在境外未归",故《刑事诉讼法修改决定》对草案三次审议稿的表述作了微调,将"潜逃境外"修改为"在境外"。

② 此外,在审议过程中,也有常委会委员建议进一步研究缺席审判程序是否可以扩大至犯罪嫌疑人、被告人在境内逃匿的情形,但这一建议最终未获采纳。

③ 参见《全国人民代表大会宪法和法律委员会关于〈全国人民代表大会常务委员会关于修改〈中华人民共和国刑事诉讼法〉的决定(草案)〉修改意见的报告(2018年10月26日)》,载中国人大网(http://www.npc.gov.cn/npc/xinwen/2018-10/26/content_2064504.htm),访问日期:2018年11月3日。

决定开庭缺席审判的条件中增加相应规定。① 基于此,草案三次审议稿作了适当调整,规定"人民法院进行审查后,对于起诉书中有明确的指控犯罪事实,符合适用缺席审判程序适用条件的,应当决定开庭审判"。可见,人民法院对提起公诉的缺席审判程序案件决定开庭审判的,在此前审议稿规定的"起诉书中有明确的指控犯罪事实"条件的基础上增加了"符合适用缺席审判程序适用条件"的条件。《刑事诉讼法修改决定》最终沿用草案三次审议稿的写法,未再作出调整。

4. 缺席审判程序的权利保障。一次审议稿对缺席审判程序的辩护权、上诉权等权利保障问题作了明确规定,二次审议稿维持上述写法。在一次审议稿和二次审议稿的审议及此后征求意见过程中,有关方面对上述写法基本赞同,仅针对缺席审判案件应否纳入法律援助范围,存在不同认识。有意见认为,缺席审判案件不宜纳入法律援助的范围②,主要考虑如下:缺席审判程序与犯罪嫌疑人、被告人逃匿、死亡案件违法所得的没收程序相近,但后者并无直接纳入法律援助范围的规定;对于缺席审判程序案件,即使通知法律援助机构指派律师为其提供辩护,由于辩护人见不到被告人,法律援助的意义也不大。基于对缺席审判程序案件被告人的辩护权的特别保障,未采纳上述意见。此外,有的常委会组成人员提出,根据刑事诉讼法的有关规定,人民检察院认为人民法院的判决确有错误的,应当向上一级人民法院提出抗诉,建议增加人民检察院对缺席判决提出抗诉的规定。全国人大宪法和法律委员

---

① 参见《全国人民代表大会宪法和法律委员会关于〈中华人民共和国刑事诉讼法(修正草案)〉审议结果的报告(2018年10月22日)》,载中国人大网(http://www.npc.gov.cn/npc/xinwen/2018-10/26/content_2064466.htm),访问日期:2018年11月3日。

② 例如,在一次审议稿审议中,即有常委会委员提出:"法律援助的对象是法律有规定的,法律援助条例明确规定,法律援助是为了保障经济困难的公民获得必要的法律服务。并专门规定了哪些人、哪些案件可以申请国家法律援助。可以申请国家法律援助的案件一般都是以国家或者政府机关为义务方的,比如请求国家赔偿,或因主张见义勇为产生的民事权益等。涉及追逃追赃的刑事犯罪嫌疑人,他不出席审判不是因为没有钱、没有能力,而是为了逃避管辖。无论如何都不应是法律援助的对象,这是社会公平的底线。"参见《常委委员分组审议刑诉法修正草案时建议通盘研究刑事缺席审判制度》,载中国人大网(http://www.npc.gov.cn/npc/cwhhy/13jcwh/2018-04/28/content_2054234.htm),访问日期:2018年11月3日。

会经研究,建议采纳上述意见,增加相应规定。① 基于此,三次审议稿在第二百九十四条增加了"人民检察院可以提出抗诉"的规定。《刑事诉讼法修改决定》最终沿用草案三次审议稿的写法,未再作出调整。

5. 缺席审判案件的重新审理。一次审议稿增设的第二百九十五条第一款、第二款规定:"在审理过程中,被告人自动投案或者被抓获的,人民法院应当重新审理。""罪犯在判决、裁定发生法律效力后归案的,人民法院应当将罪犯交付执行刑罚。交付执行刑罚前,人民法院应当告知罪犯有权对判决、裁定提出异议。罪犯对判决、裁定提出异议的,人民法院应当重新审理。"二次审议稿维持上述写法,仅将"归案"调整为"到案",以使表述更为准确。在一次审议稿和二次审议稿的审议及此后征求意见过程中,不少意见仍然主张对缺席审判案件的重新审理作出限制。主要考虑大致如下:(1)基于节约司法资源的考虑。有意见提出,罪犯在判决、裁定发生法律效力后归案,对判决、裁定提出异议的,人民法院即应当重新审理,会浪费司法资源。(2)基于维护生效裁判稳定的考虑。有意见认为,上述一律重新审理的规定,意味着只要罪犯对判决、裁定有异议,就可以使国家已经发生法律效力的裁判自然失效,这是不能允许和接受的,不利于维护国家权威和司法权威,也不利于维护生效裁判的稳定性。(3)基于司法公正的考虑。对缺席审判案件的重新审判不加限制,会使得此类案件与其他案件的权利保障存在不同,对其他案件的当事人而言也不公平。而且,任何人不得从自己的违法行为中获利,对违规者应当有所惩戒,无故缺席审判应该承担相应的法律后果,才符合司法公正的原则。此外,还有常委会委员建议明确"重新审理"是按照审判监督程序还是按照一审程序来重新审理。特别是,关于依照生效判决、裁定对罪犯的财产进行处理确有错误的返还、赔偿,应当明确依照何种程序进行返还和赔偿。但是,《刑事诉讼法修改决定》最终沿用二次审议稿的写法,未再作出调整。

---

① 参见《全国人民代表大会宪法和法律委员会关于〈中华人民共和国刑事诉讼法(修正草案)〉审议结果的报告(2018年10月22日)》,载中国人大网(http://www.npc.gov.cn/npc/xinwen/2018-10/26/content_2064466.htm),访问日期:2018年11月3日。

二、司法适用

《2012年刑事诉讼法》	《2018年刑事诉讼法》
	第二百九十一条　对于贪污贿赂犯罪案件，以及需要及时进行审判，经最高人民检察院核准的严重危害国家安全犯罪、恐怖活动犯罪案件，犯罪嫌疑人、被告人在境外，监察机关、公安机关移送起诉，人民检察院认为犯罪事实已经查清，证据确实、充分，依法应当追究刑事责任的，可以向人民法院提起公诉。人民法院进行审查后，对于起诉书中有明确的指控犯罪事实，符合缺席审判程序适用条件的，应当决定开庭审判。 　　前款案件，由犯罪地、被告人离境前居住地或者最高人民法院指定的中级人民法院组成合议庭进行审理。 　　第二百九十二条　人民法院应当通过有关国际条约规定的或者外交途径提出的司法协助方式，或者被告人所在地法律允许的其他方式，将传票和人民检察院的起诉书副本送达被告人。传票和起诉书副本送达后，被告人未按要求到案的，人民法院应当开庭审理，依法作出判决，并对违法所得及其他涉案财产作出处理。 　　第二百九十三条　人民法院缺席审判案件，被告人有权委托辩护人，被告人的近亲属可以代为委托辩护人。被告人及其近亲属没有委托辩护人的，人民法院应当通知法律援助机构指派律师为其提供辩护。 　　第二百九十四条　人民法院应当将判决书送达被告人及其近亲属、辩护人。被告人或者其近亲属不服判决的，有权向上一级人民法院上诉。辩护人经被告人或者其近亲属同意，可以提出上诉。

(续表)

《2012年刑事诉讼法》	《2018年刑事诉讼法》
	人民检察院认为人民法院的判决确有错误的,应当向上一级人民法院提出抗诉。 **第二百九十五条** 在审理过程中,被告人自动投案或者被抓获的,人民法院应当重新审理。 罪犯在判决、裁定发生法律效力后到案的,人民法院应当将罪犯交付执行刑罚。交付执行刑罚前,人民法院应当告知罪犯有权对判决、裁定提出异议。罪犯对判决、裁定提出异议的,人民法院应当重新审理。 依照生效判决、裁定对罪犯的财产进行的处理确有错误的,应当予以返还、赔偿。

根据《刑事诉讼法》的规定,《2021年刑诉法解释》增设第二十四章"缺席审判程序",对缺席审判程序案件的审查、送达、辩护、庭审、裁判等问题作出明确。鉴于缺席审判程序系新增特别程序,缺乏实践经验,该章仅构建了缺席审判程序的基本框架。下一步,根据实践探索情况,另行通过专门司法解释对缺席审判程序司法适用的具体问题作出更为细化、明确的规定。

(一)缺席审判程序的适用案件范围

根据《刑事诉讼法》第二百九十一条的规定,缺席审判程序适用于贪污贿赂犯罪案件和严重危害国家安全犯罪、恐怖活动犯罪案件,但后两类犯罪案件的适用有严格限制,须经最高人民检察院核准。

1. 关于贪污贿赂犯罪案件的范围。刑法分则第八章的章名即为"贪污贿赂罪",相关罪名均属于贪污贿赂犯罪,对此应无疑义。有意见提出,刑法分则其他章节还有一些条文规定按照第八章规定的罪名定罪处罚,相关条文所涉案件是否属于贪污贿赂犯罪案件的范围?本书认为,其他章节中规定的按照第八章相关条文定罪处罚的犯罪,最终需要适用《刑法》分则第八章规定的罪名,无疑也属于"《刑法》分则第八章规定的贪污贿赂犯罪案件的范畴"。例如,《刑法》第一百八十三条第二款规定:"国有保险公司工作人员和国有保险公司委派到非国有保险公司从事公务的人员有前款行为的,依照本法第三百八十二条、第三百八十三条的规定定罪处罚。"这一条文实际上只是提示性规定,并未创设新的罪刑规范,所涉犯罪当然是《刑法》分则第八章规定的贪污贿赂犯罪案件的范畴。

2. 关于危害国家安全犯罪案件的范围。《刑法》分则第一章的章名即为"危害国家安全罪",相关罪名均属于危害国家安全犯罪,对此应无疑义。需要进一步研究的是,《刑法》分则其他章节还规定了危害国家安全的犯罪,相关条文所涉案件是否属于危害国家安全犯罪案件的范围?对此存在不同认识。本书认为,从有力惩治危害国家安全犯罪的角度出发,不宜将《刑事诉讼法》第二百九十一条规定的"危害国家安全犯罪"案件人为限缩为《刑法》分则第一章规定的犯罪案件。基于此,本书认为,《刑事诉讼法》第二百九十一条规定的"危害国家安全犯罪"案件,是指《刑法》分则第一章规定的危害国家安全犯罪案件以及危害国家安全的其他犯罪案件。

3. 关于恐怖活动犯罪案件的范围。刑法分则第二章"危害公共安全罪"中部分犯罪的罪状带有"恐怖主义、极端主义"或者"恐怖活动"字样,相关罪名均属于恐怖活动犯罪,对此应无疑义。但是,对于恐怖活动组织、恐怖活动人员实施的杀人、爆炸、绑架等犯罪,根据刑法规定适用其他罪名定罪处罚的[1],也应当认定为恐怖活动犯罪。基于此,本书认为,《刑事诉讼法》第二百九十一条规定的"恐怖活动犯罪案件"是指《刑法》分则第二章规定的相关恐怖活动犯罪案件,以及恐怖活动组织、恐怖活动人员实施的杀人、爆炸、绑架等犯罪案件。

(二)缺席审判程序案件的管辖

《刑事诉讼法》第二百九十一条第二款规定:"前款案件,由犯罪地、

---

[1] 例如,《刑法》第一百二十条第一款规定了组织、领导、参加恐怖组织罪,第二款进一步规定:"犯前款罪并实施杀人、爆炸、绑架等犯罪的,依照数罪并罚的规定处罚。"

被告人离境前居住地或者最高人民法院指定的中级人民法院组成合议庭进行审理。"据此，缺席审判程序案件由犯罪地、被告人离境前居住地或者最高人民法院指定的中级人民法院管辖。对此需要注意的是，司法实践中，多数贪污贿赂犯罪案件在基层法院审理，如果被告人逃匿境外，基层法院只能中止审理；如果相关案件符合缺席审判程序适用条件的，宜由人民检察院撤回起诉，而后由上一级人民检察院适用缺席审判程序向中级人民法院提起公诉。

(三) 缺席审判程序案件的立案审查

1. 缺席审判程序案件的立案审查。《刑事诉讼法》第二百九十一条第一款规定，对人民检察院依照该款规定提起公诉的案件，"人民法院进行审查后，对于起诉书中有明确的指控犯罪事实，符合缺席审判程序适用条件的，应当决定开庭审判"。如前所述，关于缺席审判程序案件的审查，本次修法过程中，草案三次审议稿明确规定法院应当在缺席审判程序案件的入口上严格把关，在此前审议稿规定的"起诉书中有明确的指控犯罪事实"条件的基础上增加了"符合适用缺席审判程序适用条件"的条件。《刑事诉讼法修改决定》最终沿用三次审议稿的写法。

按照《刑事诉讼法》第二百九十一条第一款规定，结合修法精神，《2021年刑诉法解释》第五百九十八条规定了对缺席审判程序案件立案审查的重点内容，具体而言，对人民检察院依照《刑事诉讼法》第二百九十一条第一款的规定提起公诉的案件，人民法院应当重点审查以下内容：(1)是否属于可以适用缺席审判程序的案件范围；(2)是否属于本院管辖；(3)是否写明被告人的基本情况，包括明确的境外居住地、联系方式等；(4)是否写明被告人涉嫌有关犯罪的主要事实，并附证据材料；(5)是否写明被告人有无近亲属以及近亲属的姓名、身份、住址、联系方式等情况；(6)是否列明违法所得及其他涉案财产的种类、数量、价值、所在地等，并附证据材料；(7)是否附有查封、扣押、冻结违法所得及其他涉案财产的清单和相关法律手续。上述材料需要翻译件的，人民法院应当要求人民检察院一并移送。

需要注意的是，关于被告人基本情况的审查，特别是"明确的境外实际居住地、联系方式等"内容,基于修法精神应当认为,在提起公诉时就应查明、写明被告人在境外的实际居住地、联系方式。这是保证相关法律文书能够送达、缺席审判程序能够顺利推进的前提和基础。但是,从《刑事诉讼法》第二百九十一条第一款的规定本身来看,确实未明确要求提起公诉时对被告人查明"明确的境外实际居住地、联系方式等",但要求确认"犯罪嫌疑人、被告人在境外"。正是基于此,《人民检察院刑事诉讼规则》第五百零五条第四款规定:"人民检察院提起公诉的,应当向人民法院提交被告人已出境的证据。"在此背景下,《2021年刑诉法解释》第五百九十八条第一款第三项规定的人民法院应当重点审查的"是否写明被告人的基本情况,包括明确的境外居住地、联系方式等"应当理解为一项提示性规定,即对于相关案件在提起公诉前查明境外的实际居住地、联系方式的,应当写明相关情况,以便于后续缺席审判程序的开展;对于未查明相关情况的,则可以不予写明,不能因此影响缺席审判程序的适用。当然,对于后者,人民法院似可以要求人民检察院提供无法查明相关情况的书面说明,以便于人民法院受理案件后根据书面说明情况再通过请求司法协助等方式进一步查明被告人的境外实际居住地、联系方式等情况。

2. 缺席审判程序案件立案审查后的处理。《2021年刑诉法解释》第五百九十九条进一步规定了缺席审判程序案件立案审查后针对不同情形的处理规则。具体而言,对人民检察院依照《刑事诉讼法》第二百九十一条第一款的规定提起公诉的案件,人民法院审查后,应当按照下列情形分别处理:(1)符合缺席审判程序适用条件,属于本院管辖,且材料齐全的,应当受理。(2)不属于可以适用缺席审判程序的案件范围、不属于本院管辖或者不符合缺席审判程序的其他适用条件的,应当退回人民检察院。(3)材料不全的,应当通知人民检察院在三十日以内补送;三十日以内不能补送的,应当退回人民检察院。

需要注意的是,实践中与在境外的适用缺席审判程序的被告人、犯罪嫌疑人取得联系,往往比较困难。设立刑事缺席审判制度的初衷,是强化反腐败境外追逃追赃工作。而且,从《刑事诉讼法》第二百九十一条第一款的规定来看,能够与被告人取得联系也并非缺席审判程序的适用条件。基于此,似不宜以无法与被告人取得联系为由将案件退回人民检察院。对于有证据证明在境外,但尚未明确具体下落的被告人,人民法院可以通过请求外国刑事司法协助等方式查找。

(四)缺席审判程序的传票和起诉书副本送达

《刑事诉讼法》第二百九十二条规定:"人民法院应当通过有关国际条约规定的或者外交途径提出的司法协助方式,或者被告人所在地法律允许的其他方式,将传票和人民检察院的起诉书副本送达被告人。传票和起诉书副本送达后,被告人未按要求到案的,人民法院应当开庭审理,依法作出判决,并对违法所得及其他涉案财产作出处理。"据此,"传票和人民检察院的起诉书副本送达被告人"是人民法院依照缺席审判程序开庭审判的前提条件。

1. 送达对象和内容。《刑事诉讼法》第二百九十二条只明确要求人民法院将传票和起诉书副本送达被告人。但是,经研究认为,人民法院还应当将起诉书副本送达被告人近亲属,主要考虑:近亲属系缺席审判程序中的重要诉讼参与人,享有多项权利,如代为委托辩护人,而且其本人也可能参加诉讼,故法院应当保障近亲属对案件相关情况的知悉权。此外,向被告人近亲属送达起诉书副本,也可以让其敦促被告人归案参加诉讼。基于此,《2021年刑诉法解释》第六百条规定:"对人民检察院依照刑事诉讼法第二百九十一条第一款的规定提起公诉的案件,人民法院立案后,应当将传票和起诉书副本送达被告人,传票应当载明被告人到案期限以及不按要求到案的法律后果等事项;应当将起诉书副本送达被告人近亲属,告知其有权代为委托辩护人,并通知其敦促被告人归案。"

2. 送达方式。根据《刑事诉讼法》第二百九十二条的规定,人民法院向被告人送达传票和人民检察院的起诉书副本,应当通过有关国际条约规定的或者外交途径提出的司法协助方式,或者被告人所在地法律允许的其他方式。需要注意的问题有二:(1)刑事诉讼法明确允许的送达方式为司法协助方式或者被告人所在地法律允许的其他方式。特别是,对于司法协助以外的送达方式,在缺席审判程序中适用时,应当注意是否为被告人所在地法律所允许。(2)从刑事诉讼法的明确规定来看,似难以直接得出"有证据证明被告人在境外拒绝接受向其传递、送达文书的,视为被告人已经收到该文书"和"被告人授权其辩护人或者近亲属代收文书的,人民法院向其辩护人或者近亲属送达视为向被告人送达"的结论。因此,上述两种情形,能不能视为《刑事诉讼法》第二百九十二条规定的"送达",似尚需进一步研究论证。特别是,考虑到缺席判决旨在尽可能得到被告人所在国承认和配合执行,上述问题需要结合被告人所在地法律加以考虑。

(五)缺席审判程序的权利保障

《刑事诉讼法》第二百九十三条、第二百九十四条对缺席审判程序案件中被告人及其他诉讼参与人的权利保障作出了专门规定。根据上述规定,《2021年刑诉法解释》第六百零一条至第六百零三条作了相应细化规定。具体而言:

1. 辩护权的保障。《刑事诉讼法》第二百九十三条规定缺席审判程序案件实行强制辩护制度,规定:"人民法院缺席审判案件,被告人有权委托辩护人,被告人的近亲属可以代为委托辩护人。被告人及其近亲属没有委托辩护人的,人民法院应当通知法律援助机构指派律师为其提供辩护。"《2021年刑诉法解释》第六百零一条进一步规定:"人民法院审理人民检察院依照刑事诉讼法第二百九十一条第一款的规定提起公诉的案件,被告人有权委托或者由近亲属代为委托一至二名辩护人。委托律师担任辩护人的,应当委托具有中华人民共和国律师资格并依法取得执业证书的律师;在境外委托的,应当依照本解释第四百八十六条的规定对授权委托进行公证、认证。""被告人及其近亲属没有委托辩护人的,人民法院应当通知法律援助机构指派律师为被告人提供辩护。""被告人及其近亲属拒绝法律援助机构指派的律师辩护的,依照本解释第五十条第二款的规定处理。"

2. 近亲属参加诉讼权的保障。《刑事诉讼法》并未明确规定被告人的近亲属可以参加缺席审判程序,但是第二百九十四条明确赋予被告人近亲属对缺席审判判决的独立上诉权。既然被告人的近亲属有权就缺席审判的判决独立提出上诉,自然应当赋予其参加庭审的权利,否则其无法有效行使上诉权。基于此,《2021年刑诉法解释》对被告人近亲属参加诉讼作出明确规定。具体而言:(1)《2021年刑诉法解释》第六百零二条明确了被告人的近亲属参加诉讼的程序,规定:"人民法院审理人民检察院依照刑事诉讼法第二百九十一条第一款的规定提起公诉的案件,被告人的近亲属申请参加诉讼的,应当在收到起诉书副本后、第一审开庭前提出,并提供与被告人关系的证明材料。有多名近亲属的,应当推选一至二人参加诉讼。对被告人的近亲属提出申请的,人民法院应当及时审查决定。"需要注意的是,对被告人的近亲属申请参加缺席审判诉讼,人民法院负有审查的职责,即查明相关人员与被告人的关系。而且,被告人近亲属还可能存在参与作案、系案件证人等不宜参加诉讼的情形,这也属于需要审查的事项范围。(2)《2021年刑诉法解释》第六百零三条进一步明确了被告人的近亲属参加诉讼所享有的诉讼权利,规定:"……被告人的近亲属参加诉讼的,可以发表意见,出示证据,申请法庭通知证人、鉴定人等出庭,进行辩论。"

(六)缺席审判程序的案件审判

《2021年刑诉法解释》第六百零三条规定:"人民法院审理人民检察院依照刑事诉讼法第二百九十一条第一款提起公诉的案件,参照适用公诉案件第一审普通程序的有关规定。"既然缺席审判程序参照公诉案件第一审普通程序的有关规定,那么,按照缺席审判程序作出的判决自然也应当参照公诉案件第一审普通程序的相关规定作出判决、裁定。基于此,《2021年刑诉法解释》第六百零四条第一款规定:"对人民检察院依照刑事诉讼法第二百九十一条第一款的规定提起公诉的案件,人民法院审理后应当参照本解释第二百九十五条的规定作出判决、裁定。"司法适用中需要特别注意如下三个问题。

1. 缺席审判程序的证明标准。根据《刑事诉讼法》第二百九十一条第一款的规定,人民检察院对缺席审判案件提起公诉的前提是"犯罪事实已经查清,证据确实、充分,依法应当追究刑事责任"。那么,通过缺席审判认定被告人有罪的证明标准,自然也应当遵从一般刑事案件的证明标准,即"证据确实、充分"。基于此,《2021年刑诉法解释》第六百零四条第二款专门规定:"作出有罪判决的,应当达到证据确实、充分的证明标准。"

2. 缺席审判程序的终止审理。如前所述,对于适用缺席审判程序追究被告人的刑事责任,有特定的案件范围限制。如果经审理认定的罪名不属于相应案件范围的,自然不能适用缺席审判程序追究刑事责任,应当裁定终止审理。基于此,《2021年刑诉法解释》第六百零四条第三款规定:"经审理认定的罪名不属于刑事诉讼法第二百九十一条第一款规定的罪名的,应当终止审理。"

3. 缺席审判程序对涉案财物的处理。既然缺席审判程序可以对定罪量刑问题作出处理,自然也可以对违法所得及其他涉案财物作出处理。而且,适用缺席审判程序需要将传票、起诉书副本送达被告人,故也没有必要再适用违法所得没收程序的相关规定,特别是公告程序。基于此,《2021年刑诉法解释》第六百零四条第四款专门规定:"适用缺席审判程序审理案件,可以对违法所得及其他涉案财产一并作出处理。"

此外,值得探讨的问题是对缺席审判裁判的上诉、抗诉的期限及计算点问题。《刑事诉讼法》第二百三十条规定:"不服判决的上诉和抗诉的期限为十日,不服裁定的上诉和抗诉的期限为五日,从接到判决书、裁定书的第二日起算。"第二百九十四条规定:"被告人或者其近亲属不服判决的,有权向上一级人民法院上诉。"在缺席审判中,因为被告人不在案,如适用上诉期限"从接到判决书的第二日起计算",则可能导致一审判决在被告人接到判决书之前,其效力一直处于待定状态,似有不妥。因此,该问题如何妥善解决,似需作进一步斟酌。

(七)缺席审判程序的案件重新审理

根据《刑事诉讼法》第二百九十五条的规定,对于缺席审判案件的重新审理应当区分情况作出处理:被告人在审理过程中自动投案或者被抓获的,人民法院应当重新审理;罪犯在判决、裁定发生法律效力后到案的,交付执行刑罚前,人民法院应当告知罪犯有权对判决、裁定提出异议,并根据其是否提出异议决定是否重新审理。

1. 缺席审理过程中被告人到案的重新审理。(1)准许撤诉与终止审理。刑事诉讼法对缺席审判程序被告人被抓获的情形下是否应当终止审理，确实没有明确规定。但是，可以类比的是，针对违法所得没收程序，《刑事诉讼法》第三百零一条第一款规定："在审理过程中，在逃的犯罪嫌疑人、被告人自动投案或者被抓获的，人民法院应当终止审理。"既然在违法所得没收程序中被告人到案的，人民法院应当对违法所得没收这一特别程序终止审理；同理，在缺席审判程序中被告人到案的，人民法院也应当对缺席审判程序终止审理。此外，《人民检察院刑事诉讼规则》第五百一十条规定："提起公诉后被告人到案，人民法院拟重新审理的，人民检察院应当商人民法院将案件撤回并重新审查。"按照上述规定，对于被告人自动投案或者被抓获的，人民检察院应当商人民法院将案件撤回。鉴此，本书认为，可以考虑如下程序设计：人民检察院依照《刑事诉讼法》第二百九十一条第一款提起公诉的案件过程中，被告人自动投案或者被抓获，人民检察院申请撤回起诉的，人民法院应当裁定准许；人民检察院未申请撤回起诉的，应当裁定终止审理。人民检察院重新提起公诉的，人民法院应当重新审理。而且，需要注意的是，缺席审理中被告人归案的，不论是在一审程序还是在二审程序中，均应按照公诉案件的第一审普通程序重新审理。(2)关于审判组织的问题。考虑到同一审判组织对案件更为熟悉等因素，本书倾向于认为，此种情形下，人民检察院向原受理案件的人民法院重新提起公诉的，可以由同一审判组织审理。而且，此种情形下由同一审判组织审理，也不会影响司法公正。

2. 罪犯在裁判生效后到案的重新审理。(1)罪犯到案后提出异议的应当重新审理。本书认为，可以考虑如下程序设计：对人民检察院依照《刑事诉讼法》第二百九十一条第一款提起公诉的案件，人民法院作出的判决、裁定发生法律效力后，罪犯到案并对判决、裁定提出异议的，人民法院应当撤销原判决、裁定。人民检察院重新提起公诉的，人民法院应当重新审理。需要注意的是，此种情形下应当由人民检察院重新提起公诉。主要考虑：基于基本的刑事诉讼法理，缺席审判程序中，人民检察院提起公诉适用的是缺席审判程序，似不宜在对席审判中直接适用。而且，缺席审判程序的一审法院是中级人民法院，而被告人或者罪犯归案后的重新审判可能由基层人民法院一审。此种情形下,如果不由人民检察院重新提起公诉,而是在人民法院之间直接移送案件,因涉及与人民检察院的协调,在操作上可能存在一定难度。
(2)关于审判组织的问题。考虑到此种情形下罪犯对缺席的判决、裁定提出了异议,另行组成合议庭审理更有利于保障其诉讼权利和维护司法公正。故而,本书主张,此种情形下,人民检察院向原受理案件的人民法院重新提起公诉的,人民法院应当另行组成合议庭审理。

顺带提及的是,基于人民法院的自身情况和属性,对于《刑事诉讼法》第二百九十五条规定的"罪犯在判决、裁定发生法律效力后到案的,人民法院应当将罪犯交付执行刑罚",应当与《刑事诉讼法》第二百六十四条第一款"罪犯被交付执行刑罚的时候,应当由交付执行的人民法院在判决生效后十日以内将有关的法律文书送达公安机关、监狱或者其他执行机关"的规定作统一理解,即此处人民法院将罪犯交付执行刑罚,主要是将有关法律文书送交执行机关。

第三节　关于中止审理和被告人死亡案件的缺席审判程序

一、审议过程

一次审议稿	二次审议稿	三次审议稿
"第二百九十六条　由于被告人患有严重疾病,无法出庭的原因中止审理超过六个月,被告人仍无法出庭,被告人及其法定代理人申请或者同意继续审理的,人民法院可以在被告人不出庭的情况下缺席审理,依法作出判决。"	"第二百九十六条　由于被告人患有严重疾病,无法出庭的原因中止审理超过六个月,被告人仍无法出庭,被告人及其法定代理人申请或者同意恢复审理的,人民法院可以在被告人不出庭的情况下缺席审理,依法作出判决。"	"第二百九十六条　因被告人患有严重疾病无法出庭,中止审理超过六个月,被告人仍无法出庭,被告人及其法定代理人申请或者同意恢复审理的,人民法院可以在被告人不出庭的情况下缺席审理,依法作出判决。"

（续表）

一次审议稿	二次审议稿	三次审议稿
"第二百九十七条 被告人死亡的,人民法院应当裁定终止审理;但有证据证明被告人无罪,人民法院经缺席审理确认无罪的,依法作出判决。 "人民法院按照审判监督程序重新审判的案件,被告人死亡的,人民法院可以缺席审理,依法作出判决。"	"第二百九十七条 被告人死亡的,人民法院应当裁定终止审理;但有证据证明被告人无罪,人民法院经缺席审理确认无罪的,应当依法作出判决。 "人民法院按照审判监督程序重新审判的案件,被告人死亡的,人民法院可以缺席审理,依法作出判决。"	"第二百九十七条 被告人死亡的,人民法院应当裁定终止审理;但有证据证明被告人无罪,人民法院经缺席审理确认无罪的,应当依法作出判决。 "人民法院按照审判监督程序重新审判的案件,被告人死亡的,人民法院可以缺席审理,依法作出判决。"

在《刑事诉讼法(修正草案)》审议和征求意见过程中,对于中止审理和被告人死亡案件的缺席审判程序,各方基本赞成一次审议稿的写法。二次审议稿和三次审议稿仅对第二百九十六条个别表述作了微调①,《刑事诉讼法修改决定》最终沿用了三次审议稿的写法。第二百九十七条未再作出调整,《刑事诉讼法修改决定》最终沿用了一次审议稿的写法。

二、司法适用

《2012年刑事诉讼法》	《2018年刑事诉讼法》
	第二百九十六条 因被告人患有严重疾病无法出庭,中止审理超过六个月,被告人仍无法出庭,被告人及其法定代理人、近亲属申请或者同

---

① 二次审议稿审议过程中,有常委会委员提出:案件有被害人的,是否进行缺席审判,应当征求被害人的意见。被害人的监督也可以避免缺席审判在实践中被滥用,不排除一些被告人畏惧法庭庄严,顾忌面子,故意用患有严重的疾病作为借口来打通各种关系回避出庭。因此,建议在第二百九十六条规定"案件有被害人的,缺席审判应当征求被害人的同意"。参见《全国人大常委会分组审议刑诉法修正草案建议进一步扩大缺席审判范围》,载中国人大网(http://www.npc.gov.cn/npc/cwhhy/13jcwh/2018-08/30/content_2060027.htm),访问日期:2018年11月3日。

(续表)

《2012年刑事诉讼法》	《2018年刑事诉讼法》
	意恢复审理的,人民法院可以在被告人不出庭的情况下缺席审判,依法作出判决。 **第二百九十七条** 被告人死亡的,人民法院应当裁定终止审理,但有证据证明被告人无罪,人民法院经缺席审理确认无罪的,应当依法作出判决。 人民法院按照审判监督程序重新审判的案件,被告人死亡的,人民法院可以缺席审理,依法作出判决。

根据《刑事诉讼法》的规定,结合司法实践反映的问题,《2021年刑诉法解释》第二十四章"缺席审判程序"也对中止审理和被告人死亡案件的缺席审判程序的适用作了相应规定。

(一)中止审理案件的缺席审判程序

《刑事诉讼法》第二百九十六条规定:"因被告人患有严重疾病无法出庭,中止审理超过六个月,被告人仍无法出庭,被告人及其法定代理人、近亲属申请或者同意恢复审理的,人民法院可以在被告人不出庭的情况下缺席审理,依法作出判决。"根据上述规定,《2021年刑诉法解释》对中止审理案件缺席审判程序的相关问题作了进一步细化。具体而言:

1. 适用对象。根据《刑事诉讼法》第二百九十六条的规定,中止审理案件缺席审判程序的适用对象是"被告人患有严重疾病无法出庭,中止审理超过六个月,被告人仍无法出庭"。需要注意的是,此处规定的"患有严重疾病无法出庭"实际上是指没有受审能力,而不能作其他泛化解释,更不能将被告人因身体残疾不便到庭参加诉讼就理解为此处规定的"患有严重疾病无法出庭"。实践中,司法精神病鉴定机构的鉴定项目包括"受审能力"项,主要是指被告人不能感知、理解诉讼活动的内涵和后果,不具有相应的认知、判断和表达能力,无法接受审判的情形。相反，被告人因身体原因，如靠呼吸机维持生命等，无法出席法庭接受审判，但其对诉讼活动的认知、判断、理解能力并不一定受限，不宜认定为"缺乏受审能力"，对此可以通过到医院开庭等便民方式予以解决。基于此，《2021年刑诉法解释》第六百零五条第一款规定："因被告人患有严重疾病导致缺乏受审能力，无法出庭受审，中止审理超过六个月，被告人仍无法出庭，被告人及其法定代理人、近亲属申请或者同意恢复审理的，人民法院可以根据《刑事诉讼法》第二百九十六条的规定缺席审判。"

2. 申请程序。根据《刑事诉讼法》第二百九十六条的规定，中止审理案件缺席审判程序的申请程序是"被告人及其法定代理人、近亲属申请或者同意恢复审理的"。从实践来看，被告人缺乏受审能力，不少情况下无法表达意愿，应当允许其法定代理人、近亲属代为申请或者同意恢复审理。否则，《刑事诉讼法》第二百九十六条规定将流于形式，在实践中无法适用。基于此，《2021年刑诉法解释》第六百零五条第二款规定："符合前款规定的情形，被告人无法表达意愿的，其法定代理人、近亲属可以代为申请或者同意恢复审理。"司法适用中需要进一步注意的问题是，被告人近亲属中申请或者同意恢复审判的人员顺序。例如，法定代理人不同意的，其他近亲属同意是否有效，是否仅需近亲属中一人同意即可。经研究认为，相关问题不宜一概而论，宜交由司法实践裁量把握。实践中，如绝大多数近亲属反对，只有个别近亲属申请或者同意恢复审理的，原则上不宜适用缺席审判程序；但有证据证明被告人无罪，可能作出无罪判决的，也可以视情考虑恢复审理。

(二) 被告人死亡案件的缺席审判程序

《刑事诉讼法》第二百九十七条规定："被告人死亡的，人民法院应当裁定终止审理，但有证据证明被告人无罪，人民法院经缺席审理确认无罪的，应当依法作出判决。人民法院按照审判监督程序重新审判的案件，被告人死亡的，人民法院可以缺席审理，依法作出判决。"据此，对于被告人死亡案件的缺席审判应当区分情况作出处理：在一审、二审等审判过程中被告人死亡的，人民法院首先应当审查是否有证据证明被告人无罪,如果确有证据证明被告人无罪,且经缺席审判确认无罪的,应当作出无罪判决,否则应当裁定终止审理;而对于被告人死亡的再审案件,人民法院可以缺席审判,当然此种情形下作出的是有利于被告人的判决。

1. 一审、二审案件的缺席审判。《2021年刑诉法解释》第六百零六条规定:"人民法院受理案件后被告人死亡的,应当裁定终止审理;但有证据证明被告人无罪,经缺席审理确认无罪的,应当判决宣告被告人无罪。""前款所称'有证据证明被告人无罪,经缺席审理确认无罪',包括案件事实清楚,证据确实、充分,依据法律认定被告人无罪的情形,以及证据不足,不能认定被告人有罪的情形。"司法实践中,人民法院受理案件后被告人死亡,如果在案证据足以证明被告人有罪,则应当裁定终止审理;经审查认为被告人可能无罪的,或者指控犯罪的证据不足的,应当缺席审理。缺席审理后,确认被告人无罪或者证据不足,不能认定被告人有罪的,应当依法作出无罪判决。

2. 再审案件的缺席审判。《2021年刑诉法解释》第六百零七条规定:"人民法院按照审判监督程序重新审判的案件,被告人死亡的,可以缺席审理。有证据证明被告人无罪,经缺席审理确认被告人无罪的,应当判决宣告被告人无罪;虽然构成犯罪,但原判量刑畸重的,应当依法作出判决。"据此,人民法院按照审判监督程序重新审判的案件,被告人死亡的,如果系人民检察院认为原判量刑畸轻(包括因定罪错误导致量刑畸轻)而提起抗诉的、人民法院因原审量刑畸轻而启动审判监督程序的,或者经审查认为原判正确或者量刑畸轻的,应当裁定终止审理。除此之外,应当缺席审理。经审理,确认被告人无罪或者证据不足,不能认定被告人有罪的,或者虽然构成犯罪但是原判量刑畸重的,应当依法作出判决;除上述情形外,应当裁定终止审理。特别是,对于原审量刑畸重的案件,是否纠正,关系到裁判公正和国家赔偿问题,在审判监督程序已经启动的情况下,即使被告人死亡,也应当继续审理,依照法律作出判决。

此外,对于被告人定罪量刑没有问题,但是涉案财物处理有错误的,是否需要通过缺席审理作出改判,存在不同认识。一种意见认为,基于实事求是的原则,也应当作出改判;另一种意见认为,根据《刑事诉讼法》第十六条的规定,再审程序中被告人死亡的,人民法院只能或者终止审理或者宣告无罪,不能作出改判,更不宜基于"涉案财物处理有错误"而作出改判。经研究认为,鉴于所涉问题较为复杂,从法理上讲,如果原审对涉案财物的判决确有错误,涉及的财物价值又很大,即便被告人死亡,也应当实事求是依法纠正,不宜简单终止审理。但是,考虑到实践中此种情况较为罕见,《2021年刑诉法解释》未作规定。

第三章 关于刑事案件认罪认罚从宽制度的完善和速裁程序的增加

《刑事诉讼法修改决定》总结认罪认罚从宽制度和速裁程序试点工作经验,完善刑事案件认罪认罚从宽制度和增设速裁程序。具体而言,对《2012年刑事诉讼法》作了如下修改补充:(1)在总则部分将认罪认罚可以从宽处理作为基本原则加以规定,形成统领性规定。(2)完善刑事案件认罪认罚从宽的程序规定。(3)增加速裁程序,适用于基层人民法院管辖的可能判处三年有期徒刑以下刑罚的案件,案件事实清楚,证据确实、充分,被告人认罪认罚并同意适用速裁程序的案件。(4)加强对当事人的权利保障。

第一节 试点工作经验总结与刑事诉讼法修改

一、认罪认罚从宽与速裁程序试点

2014年10月,党的十八届四中全会提出"完善刑事诉讼中认罪认罚从宽制度"。为贯彻落实党中央决策部署,全国人大常委会两次授权最高人民法院、最高人民检察院开展速裁程序和认罪认罚从宽制度试点工作。

1. 2014年6月27日,第十二届全国人大常委会第九次会议通过《关于授权最高人民法院、最高人民检察院在部分地区开展刑事案件速裁程序试点工作的决定》,授权最高人民法院、最高人民检察院在北京、天津、上海、重庆、沈阳、大连、南京、杭州、福州、厦门、济南、青岛、郑州、武汉、长沙、广州、深圳、西安开展为期两年的刑事案件速裁程序试点工作。对事实清楚,证据充分,被告人自愿认罪,当事人对适用法律没有争议的危险驾驶、交通肇事、盗窃、诈骗、抢夺、伤害、寻衅滋事等情节较轻,依法可能判处一年以下有期徒刑、拘役、管制的案件,或者依法单处罚金的案件,进一步简化刑事诉讼法规定的相关诉讼程序。试点刑事案件速裁程序,应当遵循刑事诉讼法的基本原则,充分保障当事人的诉讼权利,确保司法公正。按照全国人大常委会授权决定要求,2014年8月22日,最高人民法院、最高人民检察院、公安部、司法部印发《关于在部分地区开展刑事案件速裁程序试点工作的办法》(法〔2014〕220号),对速裁程序试点的具体事宜作出规定。经过两年的试点,速裁程序试点工作取得了良好的效果。

2. 2016年9月3日第十二届全国人大常委会第二十二次会议通过《关于授权最高人民法院、最高人民检察院在部分地区开展刑事案件认罪认罚从宽制度试点工作的决定》,授权最高人民法院、最高人民检察院在北京、天津、上海、重庆、沈阳、大连、南京、杭州、福州、厦门、济南、青岛、郑州、武汉、长沙、广州、深圳、西安开展为期两年的刑事案件认罪认罚从宽制度试点工作。对犯罪嫌疑人、刑事被告人自愿如实供述自己的罪行,对指控的犯罪事实没有异议,同意人民检察院量刑建议并签署具结书的案件,可以依法从宽处理。试点工作应当遵循刑法、刑事诉讼法的基本原则,保障犯罪嫌疑人、刑事被告人的辩护权和其他诉讼权利,保障被害人的合法权益,维护社会公共利益,完善诉讼权利告知程序,强化监督制约,严密防范并依法惩治滥用职权、徇私枉法行为,确保司法公正。2014年6月27日第十二届全国人大常委会第九次会议授权最高人民法院、最高人民检察院在上述地区开展的刑事案件速裁程序试点工作,按照新的试点办法继续试行。2016年11月11日,最高人民法院、最高人民检察院、公安部、国家安全部、司法部印发《关于在部分地区开展刑事案件认罪认罚从宽制度试点工作的办法》(法〔2016〕386号,以下简称《认罪认罚从宽试点办法》),对认罪认罚从宽制度的适用条件、从宽幅度、办理程序、证据标准、律师参与等作出具体规定。

二、认罪认罚从宽与速裁程序试点经验总结

从速裁程序四年试点和认罪认罚从宽制度两年试点情况来看,试点工作成效明显,证明刑事案件认罪认罚从宽和速裁程序符合我国司法实践需要和刑事诉讼制度发展规律。刑事案件速裁试点工作正式启动后,截至2016年6月30日,各地确定试点基层人民法院、人民检察院217个。人民检察院提起公诉的速裁案件56 420件58 500人;人民法院适用速裁程序审结案件52 540件54 572人,占试点法院同期判处一年有期徒刑以下刑罚案件的35.88%,占同期全部刑事案件的18.48%。[①] 认罪认罚从宽制度试点工作正式启动以来,截至2018年9月,试点基层人民法院251个、中级人民法院17个,审结认罪认罚案件204 827件233 967人,占同期全部刑事案件数的53.68%。其中,适用速裁程序审结的案件13万余件,占认罪认罚案件的65.48%;适用简易程序审结的案件5万余件,占认罪认罚案件的26.62%;适用普通程序审结的案件1.6万余件,占认罪认罚案件的8.19%。[②] 从试点情况来看,这项改革有利于及时有效惩罚犯罪,维护社会稳定;有利于进一步落实宽严相济刑事政策,加强人权司法保障;有利于优化司法资源配置,在更高层次上实现公正与效率相统一;有利于探索构建科学刑事诉讼体系,推进以审判为中心的刑事诉讼制度改革。

基于此,有关方面一致认为,对四年来试点的成果给予充分肯定,认为将改革成果上升为法律,由局部试点到全国实施,十分必要。

三、《刑事诉讼法(修正草案)》的研拟

总结试点工作经验,完善刑事案件认罪认罚从宽制度和增加速裁

[①] 参见《最高人民法院、最高人民检察院刑事案件速裁程序试点工作总结》,载胡云腾主编:《认罪认罚从宽制度的理解与适用》,人民法院出版社2018年版,第410页。

[②] 参见杨立新:《认罪认罚从宽制度试点总结报告》,载胡云腾主编:《认罪认罚从宽制度的理解与适用》,人民法院出版社2018年版,第271页。

程序,是本次刑事诉讼法修改的重要内容。立法工作机关会同最高人民法院、最高人民检察院等部门,经过充分调查研究,将试点工作中实践证明可行的经验固定下来,形成了《刑事诉讼法(修正草案)》的有关条文。

(一)规定刑事案件认罪认罚从宽处理的原则

在《刑事诉讼法(修正草案)》研拟过程中,拟在第一编第一章中明确刑事案件认罪认罚可以依法从宽处理的原则,规定:"犯罪嫌疑人、被告人自愿如实供述自己的罪行,对指控的犯罪事实没有异议,愿意接受处罚的,可以依法从宽处理。"对此,有关方面主要提出了三方面的意见:(1)认罪认罚是不是独立的量刑情节,即此处规定的"依法",是依据刑法关于自首、坦白的相关规定,还是在刑法之外另行设置认罪认罚从宽处罚的规定,建议作出明确。也有意见认为,认罪认罚属于实体量刑情节,不宜由刑事诉讼法加以规定。(2)认罪认罚的适用范围。认罪认罚从宽制度是否适用于所有案件,有意见认为只宜适用于用简易程序、速裁程序审理的案件。(3)认罪认罚的从宽幅度。认罪认罚是否包括从轻、减轻和免除处罚,还是只包括从轻处罚,对此存在不同认识:有意见认为,只宜包括从轻处罚,而不能包括减轻和免除处罚;也有意见认为,"从宽"要有力度才能达到减少社会对立面、提高办案质效、增强刑罚效果的目的,如果只是在现有法律框架内"从宽",就没有意义,不如不要规定这个制度。此外,有关方面还对表述完善提出了一些建议。由于各种原因,相关意见基本未获采纳,上述方案被沿用,形成了《刑事诉讼法(修正草案)》的写法。

(二)完善刑事案件认罪认罚从宽的程序规定

在《刑事诉讼法(修正草案)》研拟过程中,对认罪认罚从宽制度的程序规定所作的研究讨论主要集中在如下六个方面。

1. 关于值班律师制度。拟在刑事诉讼法中规定值班律师的诉讼地位和诉讼权利是"为犯罪嫌疑人、被告人提供法律咨询,程序选择建议,代理申诉、控告,申请变更强制措施,对案件处理提出意见等辩护","犯罪嫌疑人、被告人有权约见值班律师"。可见,上述方案肯定值班律师所从事的行为具有辩护的性质,但未规定值班律师的主动会见权和阅卷权。对此,有关方面提出:(1)明确值班律师的辩护人身份,以真正实现刑事辩护全覆盖。特别是,签署认罪认罚具结书要求"辩护人"在场,更应当明确值班律师的辩护人身份。(2)建议明确值班律师的阅卷、会见等基本权利。不能只规定犯罪嫌疑人、被告人约见值班律师的权利,应当一并规定值班律师主动会见权、阅卷权,否则值班律师难以真正发挥作用。而且,适用值班律师的案件一般比较简单,会见、阅卷不会占用大量时间。此外,值班律师需要见证犯罪嫌疑人签署认罪认罚具结书,如不能保证其阅卷、会见的权利,则其无法了解案件具体情况,难以有效发挥见证作用,同时也会使其承担过高的职业风险,影响其积极性。当然,也有意见提出,从试点情况来看,值班律师的定位始终是提供法律咨询服务,如果将值班律师明确为辩护人,享有辩护律师的全部诉讼权利,建议进一步广泛听取意见。由于各种原因,相关意见未获采纳,上述方案被沿用,形成了《刑事诉讼法(修正草案)》的写法。

2. 关于认罪认罚作为社会危害性的考量因素。拟将"对所居住社区的影响"作为判断是否可能发生社会危险性的考量因素,从而决定是否逮捕。有关方面提出,基于减少审前羁押率的考虑,建议删去这一考虑因素。但是,这一建议未获采纳。《刑事诉讼法(修正草案)》第七条仍然将"对所居住社区的影响"作为判断是否可能发生社会危险性的考量因素。

3. 关于认罪认罚具结书的签署。主要围绕两个方面的问题进行了研究:(1)认罪认罚具结书的签署主体是限于犯罪嫌疑人,还是可以包括被告人在内。换言之,在审判阶段是否还可以签署认罪认罚具结书,实际上存在不同认识。后经研究,《刑事诉讼法(修正草案)》将认罪认罚具结书的签署主体限于"犯罪嫌疑人",未涉及"被告人"。(2)辩护人在认罪认罚具结书签署中的作用。认罪认罚从宽渊源于辩诉交易,即使不承认这一点,也应当在签署认罪认罚具结书时充分体现犯罪嫌疑人与公诉机关的合意性质。对此，各方意见基本一致。但是，签署认罪认罚具结书时，辩护人是仅在场见证，还是应当征得辩护人同意，对此则存在不同认识：一种观点认为，辩护人仅仅是在场见证，既不符合辩护人的诉讼地位，也缺少实质意义，建议将"辩护人同意"作为签署认罪认罚具结书的程序之一；另一种观点则认为，既然已经明确认罪认罚从宽不是辩诉交易，那么在签署认罪认罚具结书时明确规定双方合意以及要求辩护人同意，就不是特别合适，但可以进行技术化处理，即在适当部分规定司法机关必须听取辩护人意见，明确辩护人对检察机关量刑建议的修正权，如此既能充分保障辩护权，又能与现有制度相协调。最终，《刑事诉讼法（修正草案）》实际上采纳了后一种意见，规定人民检察院应当听取辩护人对认罪认罚从宽的意见，并应当在辩护人在场的情况下由犯罪嫌疑人签署认罪认罚具结书。

4. 关于不适用签署认罪认罚具结书的情形。拟将"犯罪嫌疑人、被告人是盲、聋、哑人，或者是尚未完全丧失辨认或者控制自己行为能力的精神病人的""未成年犯罪嫌疑人、被告人的法定代理人、辩护人对未成年人认罪认罚有异议的"排除在适用签署认罪认罚具结书的情形之外。对此，有关方面认为，如果因为不能签署认罪认罚具结书，从而影响上述人员获得从宽处理的权利，明显不妥。本意是特别保护上述人员的诉讼权利，但客观上使得相关人员丧失了认罪认罚从宽处理的实体权利，似不公平。建议明确对于上述人员自愿如实供述自己的罪行，对指控的犯罪事实没有异议，愿意接受处罚的，虽然不适用签署认罪认罚具结书的规定，但可以酌情从宽处理。根据上述意见，对表述略加调整，形成了《刑事诉讼法（修正草案）》第十五条的写法。

5. 关于经最高人民检察院核准撤销案件或者不起诉。《认罪认罚从宽试点办法》第九条规定："犯罪嫌疑人自愿如实供述涉嫌犯罪的事实，有重大立功或者案件涉及国家重大利益，需要撤销案件的，办理案件的公安机关应当层报公安部，由公安部提请最高人民检察院批准。"第十三条规定："犯罪嫌疑人自愿如实供述涉嫌犯罪的事实，有重大立功或者案件涉及国家重大利益的，经最高人民检察院批准，人民检察院可以作出不起诉决定,也可以对涉嫌数罪中的一项或者多项提起公诉。具有法律规定不起诉情形的,依照法律规定办理。"在《刑事诉讼法(修正草案)》研拟过程中,拟将上述内容作适当调整后纳入《刑事诉讼法》,规定:"犯罪嫌疑人自愿如实供述涉嫌犯罪的事实,有重大立功或者案件处理涉及国家重大利益的,经最高人民检察院核准,人民检察院可以作出不起诉决定,也可以对涉嫌数罪中的一项或者多项不起诉,公安机关可以撤销案件。根据前款规定不起诉或者撤销案件的,人民检察院、公安机关应当对查封、扣押、冻结的财物及其孳息作出处理。"对此,有意见认为,根据该条规定,任何罪行,不论其性质、危害程度如何都可适用,可能不尽符合利益平衡原则,会引发公众担忧。至少对有具体被害人的严重暴力犯罪不宜适用。此外,有关情况在审判环节同样存在,建议一并明确能否宣告无罪或者免予刑事处罚。也有意见认为,根据现行《刑事诉讼法》规定,撤销案件只能适用于不追究刑事责任的情形,而本条却规定需要追究刑事责任的也可以撤销案件,明显突破了刑事诉讼法的底线。而且,公安机关撤销案件需要检察院核准,似不完全符合刑事诉讼法关于公安机关和检察机关的权力配置规则,且撤销的程序需要进一步明确。最终,上述意见未获采纳,相关规定被纳入《刑事诉讼法(修正草案)》。

6.关于量刑建议。主要围绕两个方面的问题进行了研究:(1)关于量刑建议的采纳。拟规定"对于认罪认罚案件,人民法院依法作出判决时,应当采纳人民检察院指控的罪名和量刑建议"(特定情形除外)。对此,有意见认为,人民法院采纳人民检察院的量刑建议,应当以量刑建议适当为前提;审判过程中人民检察院可以调整量刑建议,系当然之理,无需在刑事诉讼法中作出专门规定。多年的实践表明,人民法院是尊重检察院量刑建议的,没有出现大的问题。"应当"说明没有例外和回旋的余地,是把起诉权完全凌驾于审判权之上,导向是检察院怎么诉法院就怎么判,无论是理论上、法律上都不合适。建议修改为"一般应当"。(2)关于量刑建议的调整。拟规定"在审判过程中,人民检察院可以调整量刑建议。人民法院经审理认为量刑建议明显不当或者被告人、辩护人对量刑建议提出异议的,应当依法做出判决。"对此,有意见认为,已经进入审判程序后,如检察机关之前所提量刑建议不适当,由法院根据案件情况依法裁量刑罚即可,由检察机关调整量刑建议,会徒增程序繁琐,似不符合认罪认罚从宽制度改革之程序从速的初衷。此外,规定审判过程中检察院可以调整量刑建议,如果是往轻了调,问题不大;但是如果往重了调,就可能对被告人非常不利,在程序上也面临着能否继续适用速裁程序审理、之前签署的认罪认罚具结书还有没有法律效力等一系列问题,对此要有相应程序安排。经慎重研究,将采纳量刑建议规定为"一般应当",从而形成了《刑事诉讼法(修正草案)》的写法。

(三)增加速裁程序

在《刑事诉讼法(修正草案)》研拟过程中,有关方面对速裁程序作了研究讨论。关于速裁程序的适用范围和具体程序,拟规定速裁程序适用于基层人民法院管辖的可能判处三年有期徒刑以下刑罚、被告人认罪认罚且民事赔偿问题已经解决的案件;规定速裁程序不受《刑事诉讼法》规定的送达期限的限制,不进行法庭调查、法庭辩论,但应当听取被告人的最后陈述意见,应当当庭宣判;同时,对办案期限和不宜适用速裁的程序转化作出规定。对此,各方基本无大的意见分歧,仅对表述作了微调,最终形成了《刑事诉讼法(修正草案)》的写法。

研拟过程中,有关方面建议在适当位置增加一条,明确速裁程序不受上诉不加刑原则的限制。主要考虑:速裁程序的特点在于"简案快办",如大量进入二审程序,难以实现设立速裁程序的初衷。对此类案件的被告人在刑罚裁量时予以较大限度的从宽处理,既是基于认罪认罚的考虑,也是基于节约诉讼资源的考虑。而对于进入二审程序的速裁案件,不应再基于节约诉讼资源的考虑对被告人从宽处罚,特别是那些因一审认罪量刑得到大幅度从宽、二审又无故翻供的被告人,应有相应遏制措施,故应明确此种情形不受上诉不加刑原则的限制。经研究认为,上诉权是被告人享有的基本诉讼权利,不宜因为速裁程序的适用而受到限制;而且,试点期间个别地方速裁程序案件的被告人上诉多,与这些地方缓刑适用率过低直接相关,也与"留所服刑"这样一些现实问题相关,不宜通过限制上诉权加以解决。基于此,上述建议未获采纳。

第二节　关于认罪认罚从宽的原则与程序规定

一、审议过程

一次审议稿	二次审议稿	三次审议稿
一、增加一条，作为第十五条："犯罪嫌疑人、被告人自愿如实供述自己的罪行，对指控的犯罪事实没有异议，愿意接受处罚的，可以依法从宽处理。"	一、增加一条，作为第十五条："犯罪嫌疑人、被告人自愿如实供述自己的罪行，承认指控的犯罪事实，愿意接受处罚的，可以依法从宽处理。"	一、增加一条，作为第十五条："犯罪嫌疑人、被告人自愿如实供述自己的罪行，承认指控的犯罪事实，愿意接受处罚的，可以依法从宽处理。"
四、增加一条，作为第三十六条："法律援助机构可以在人民法院、人民检察院、看守所派驻值班律师。犯罪嫌疑人、被告人没有委托辩护人，法律援助机构没有指派律师为其提供辩护的，由值班律师为犯罪嫌疑人、被告人提供法律咨询、程序选择建议、代理申诉、控告、申请变更强制措施、对案件处理提出意见等辩护。 "人民法院、人民检察院、看守所应当告知犯罪嫌疑人、被告人有权约见值班律师，并为犯罪嫌疑人、被告人约见值班律师提供便利。"	四、增加一条，作为第三十六条："法律援助机构可以在人民法院、人民检察院、看守所派驻值班律师。犯罪嫌疑人、被告人没有委托辩护人，法律援助机构没有指派律师为其提供辩护的，由值班律师为犯罪嫌疑人、被告人提供法律咨询、程序选择建议、申请变更强制措施、对案件处理提出意见等法律帮助。 "人民法院、人民检察院、看守所应当告知犯罪嫌疑人、被告人有权约见值班律师，并为犯罪嫌疑人、被告人约见值班律师提供便利。"	四、增加一条，作为第三十六条："法律援助机构可以在人民法院、看守所等场所派驻值班律师。犯罪嫌疑人、被告人没有委托辩护人，法律援助机构没有指派律师为其提供辩护的，由值班律师为犯罪嫌疑人、被告人提供法律咨询、程序选择建议、申请变更强制措施、对案件处理提出意见等法律帮助。 "人民法院、人民检察院、看守所应当告知犯罪嫌疑人、被告人有权约见值班律师，并为犯罪嫌疑人、被告人约见值班律师提供便利。"

（续表）

一次审议稿	二次审议稿	三次审议稿
七、将第七十九条改为第八十一条，增加一款，作为第二款："批准或者决定逮捕，应当将犯罪嫌疑人、被告人涉嫌犯罪的性质、情节，认罪认罚情况，对所居住社区的影响等情况，作为是否可能发生社会危险性的考虑因素。对于不致发生社会危险性的犯罪嫌疑人、被告人，可以取保候审或者监视居住。"	七、将第七十九条改为第八十一条，增加一款，作为第二款："批准或者决定逮捕，应当将犯罪嫌疑人、被告人涉嫌犯罪的性质、情节，认罪认罚等情况，作为是否可能发生社会危险性的考虑因素。"	七、将第七十九条改为第八十一条，增加一款，作为第二款："批准或者决定逮捕，应当将犯罪嫌疑人、被告人涉嫌犯罪的性质、情节，认罪认罚等情况，作为是否可能发生社会危险性的考虑因素。"
九、将第一百一十八条改为第一百二十条，第二款修改为："侦查人员在讯问犯罪嫌疑人的时候，应当告知犯罪嫌疑人享有的诉讼权利，如实供述自己罪行可以从宽处理的法律规定和认罪认罚可能导致的法律后果。"	九、将第一百一十八条改为第一百二十条，第二款修改为："侦查人员在讯问犯罪嫌疑人的时候，应当告知犯罪嫌疑人享有的诉讼权利，如实供述自己罪行可以从宽处理的法律规定和认罪认罚的法律后果。"	九、将第一百一十八条改为第一百二十条，第二款修改为："侦查人员在讯问犯罪嫌疑人的时候，应当告知犯罪嫌疑人享有的诉讼权利，如实供述自己罪行可以从宽处理和认罪认罚的法律规定。"
十一、将第一百六十条改为第一百六十二条，增加一款，作为第二款："犯罪嫌疑人自愿认罪的，应当记录在案，随案移送，并在起诉意见书中写明有关情况。"	十一、将第一百六十条改为第一百六十二条，增加一款，作为第二款："犯罪嫌疑人自愿认罪的，应当记录在案，随案移送，并在起诉意见书中写明有关情况。"	十一、将第一百六十条改为第一百六十二条，增加一款，作为第二款："犯罪嫌疑人自愿认罪的，应当记录在案，随案移送，并在起诉意见书中写明有关情况。"

（续表）

一次审议稿	二次审议稿	三次审议稿
十三、将第一百六十九条改为第一百七十二条，第一款修改为："人民检察院对于监察机关、公安机关移送起诉的案件，应当在一个月以内作出决定，重大、复杂的案件，可以延长半个月；犯罪嫌疑人认罪认罚，符合速裁程序适用条件的，应当在十日以内作出决定，对可能判处的有期徒刑超过一年的，可以延长至十五日。"	十三、将第一百六十九条改为第一百七十二条，第一款修改为："人民检察院对于监察机关、公安机关移送起诉的案件，应当在一个月以内作出决定，重大、复杂的案件，可以延长十五日；犯罪嫌疑人认罪认罚，符合速裁程序适用条件的，应当在十日以内作出决定，对可能判处的有期徒刑超过一年的，可以延长至十五日。"	十三、将第一百六十九条改为第一百七十二条，第一款修改为："人民检察院对于监察机关、公安机关移送起诉的案件，应当在一个月以内作出决定，重大、复杂的案件，可以延长十五日；犯罪嫌疑人认罪认罚，符合速裁程序适用条件的，应当在十日以内作出决定，对可能判处的有期徒刑超过一年的，可以延长至十五日。"
十四、将第一百七十条改为第一百七十三条，修改为："人民检察院审查案件，应当讯问犯罪嫌疑人，告知其享有的诉讼权利和认罪认罚可能导致的法律后果，听取犯罪嫌疑人、辩护人、被害人及其诉讼代理人对下列事项的意见，并记录在案： "（一）涉嫌的犯罪事实、罪名及适用的法律规定； "（二）从轻、减轻或者免除处罚等从宽处罚的建议； "（三）认罪认罚后案件审理适用的程序； "（四）其他需要听取意见的情形。	十四、将第一百七十条改为第一百七十三条，修改为："人民检察院审查案件，应当讯问犯罪嫌疑人，听取辩护人或者值班律师、被害人及其诉讼代理人的意见，并记录在案。辩护人或者值班律师、被害人及其诉讼代理人提出书面意见的，应当附卷。 "犯罪嫌疑人认罪认罚的，人民检察院应当告知其享有的诉讼权利和认罪认罚的法律后果，听取犯罪嫌疑人、辩护人或者值班律师、被害人及其诉讼代理人对下列事项的意见，并记录在案： "（一）涉嫌的犯罪	十四、将第一百七十条改为第一百七十三条，修改为："人民检察院审查案件，应当讯问犯罪嫌疑人，听取辩护人或者值班律师、被害人及其诉讼代理人的意见，并记录在案。辩护人或者值班律师、被害人及其诉讼代理人提出书面意见的，应当附卷。 "犯罪嫌疑人认罪认罚的，人民检察院应当告知其享有的诉讼权利和认罪认罚的法律规定，听取犯罪嫌疑人、辩护人或者值班律师、被害人及其诉讼代理人对下列事项的意见，并记录在案：

(续表)

一次审议稿	二次审议稿	三次审议稿
"人民检察院依照前款规定听取值班律师意见的,应当提前为值班律师了解案件有关情况提供必要的便利。 "犯罪嫌疑人、辩护人、被害人及其诉讼代理人提出书面意见的,应当附卷。"	事实、罪名及适用的法律规定; "(二)从轻、减轻或者免除处罚等从宽处罚的建议; "(三)认罪认罚后案件审理适用的程序; "(四)其他需要听取意见的事项。 "人民检察院依照前两款规定听取值班律师意见的,应当提前为值班律师了解案件有关情况提供必要的便利。"	"(一)涉嫌的犯罪事实、罪名及适用的法律规定; "(二)从轻、减轻或者免除处罚等从宽处罚的建议; "(三)认罪认罚后案件审理适用的程序; "(四)其他需要听取意见的事项。 "人民检察院依照前两款规定听取值班律师意见的,应当提前为值班律师了解案件有关情况提供必要的便利。"
十五、增加一条,作为第一百七十四条:"犯罪嫌疑人自愿认罪,同意量刑建议和程序适用的,应当在辩护人在场的情况下签署认罪认罚具结书。 "有下列情形之一的,犯罪嫌疑人不需要签署认罪认罚具结书: "(一)犯罪嫌疑人是盲、聋、哑人,或者是尚未完全丧失辨认或者控制自己行为能力的精神病人的; "(二)未成年犯罪嫌疑人的法定代理人、辩护人对未成年人认罪认罚有异议的; "(三)其他不宜适用的情形。"	十五、增加一条,作为第一百七十四条:"犯罪嫌疑人自愿认罪,同意量刑建议和程序适用的,应当在辩护人或者值班律师在场的情况下签署认罪认罚具结书。 "犯罪嫌疑人认罪认罚,有下列情形之一的,不需要签署认罪认罚具结书: "(一)犯罪嫌疑人是盲、聋、哑人,或者是尚未完全丧失辨认或者控制自己行为能力的精神病人的; "(二)未成年犯罪嫌疑人的法定代理人、辩护人对未成年人认罪认罚有异议的; "(三)其他不需要签署认罪认罚具结书的情形。"	十五、增加一条,作为第一百七十四条:"犯罪嫌疑人自愿认罪,同意量刑建议和程序适用的,应当在辩护人或者值班律师在场的情况下签署认罪认罚具结书。 "犯罪嫌疑人认罪认罚,有下列情形之一的,不需要签署认罪认罚具结书: "(一)犯罪嫌疑人是盲、聋、哑人,或者是尚未完全丧失辨认或者控制自己行为能力的精神病人的; "(二)未成年犯罪嫌疑人的法定代理人、辩护人对未成年人认罪认罚有异议的; "(三)其他不需要签署认罪认罚具结书的情形。"

（续表）

一次审议稿	二次审议稿	三次审议稿
十六、将第一百七十二条改为第一百七十六条，增加一款，作为第二款："人民检察院可以在起诉书中就主刑、附加刑、刑罚执行方式等提出量刑建议。犯罪嫌疑人认罪认罚的，应当在起诉书中写明，并随案移送认罪认罚具结书等材料。"	十六、将第一百七十二条改为第一百七十六条，增加一款，作为第二款："犯罪嫌疑人认罪认罚的，人民检察院应当在起诉书中就主刑、附加刑、刑罚执行方式等提出量刑建议，并随案移送认罪认罚具结书等材料。"	十六、将第一百七十二条改为第一百七十六条，增加一款，作为第二款："犯罪嫌疑人认罪认罚的，人民检察院应当就主刑、附加刑、是否适用缓刑等提出量刑建议，并随案移送认罪认罚具结书等材料。"
十七、第二编第三章增加一条，作为第一百八十二条："犯罪嫌疑人自愿如实供述涉嫌犯罪的事实，有重大立功或者案件涉及国家重大利益的，经最高人民检察院核准，人民检察院可以作出不起诉决定，也可以对涉嫌数罪中的一项或者多项不起诉，公安机关可以撤销案件。 "根据前款规定不起诉或者撤销案件的，人民检察院、公安机关应当对查封、扣押、冻结的财物及其孳息作出处理。"	十八、第二编第三章增加一条，作为第一百八十二条："犯罪嫌疑人自愿如实供述涉嫌犯罪的事实，有重大立功或者案件涉及国家重大利益的，经最高人民检察院核准，公安机关可以撤销案件，人民检察院可以作出不起诉决定，也可以对涉嫌数罪中的一项或者多项不起诉。 "根据前款规定不起诉或者撤销案件的，人民检察院、公安机关应当及时对查封、扣押、冻结的财物及其孳息作出处理。"	十八、第二编第三章增加一条，作为第一百八十二条："犯罪嫌疑人自愿如实供述涉嫌犯罪的事实，有重大立功或者案件涉及国家重大利益的，经最高人民检察院核准，公安机关可以撤销案件，人民检察院可以作出不起诉决定，也可以对涉嫌数罪中的一项或者多项不起诉。 "根据前款规定不起诉或者撤销案件的，人民检察院、公安机关应当及时对查封、扣押、冻结的财物及其孳息作出处理。"

(续表)

一次审议稿	二次审议稿	三次审议稿
十九、将第一百八十五条改为第一百九十条，增加一款，作为第二款："被告人认罪认罚的，审判长应当告知被告人享有的诉讼权利和认罪认罚可能导致的法律后果，审查认罪认罚的自愿性和认罪认罚具结书内容的真实性、合法性。"	二十、将第一百八十五条改为第一百九十条，增加一款，作为第二款："被告人认罪认罚的，审判长应当告知被告人享有的诉讼权利和认罪认罚的法律后果，审查认罪认罚的自愿性和认罪认罚具结书内容的真实性、合法性。"	二十、将第一百八十五条改为第一百九十条，增加一款，作为第二款："被告人认罪认罚的，审判长应当告知被告人享有的诉讼权利和认罪认罚的法律规定，审查认罪认罚的自愿性和认罪认罚具结书内容的真实性、合法性。"
二十、增加一条，作为第二百零一条："对于认罪认罚案件，人民法院依法作出判决时，一般应当采纳人民检察院指控的罪名和量刑建议，但有下列情形的除外： "（一）被告人不构成犯罪或者不应当追究刑事责任的； "（二）被告人违背意愿认罪认罚的； "（三）被告人否认指控的犯罪事实的； "（四）起诉指控的罪名与审理认定的罪名不一致的； "（五）量刑建议明显不当的；	二十一、增加一条，作为第二百零一条："对于认罪认罚案件，人民法院依法作出判决时，一般应当采纳人民检察院指控的罪名和量刑建议，但有下列情形的除外： "（一）被告人不构成犯罪或者不应当追究刑事责任的； "（二）被告人违背意愿认罪认罚的； "（三）被告人否认指控的犯罪事实的； "（四）起诉指控的罪名与审理认定的罪名不一致的； "（五）其他可能影响公正审判的情形。	二十一、增加一条，作为第二百零一条："对于认罪认罚案件，人民法院依法作出判决时，一般应当采纳人民检察院指控的罪名和量刑建议，但有下列情形的除外： "（一）被告人的行为不构成犯罪或者不应当追究其刑事责任的； "（二）被告人违背意愿认罪认罚的； "（三）被告人否认指控的犯罪事实的； "（四）起诉指控的罪名与审理认定的罪名不一致的； "（五）其他可能影响公正审判的情形。

（续表）

一次审议稿	二次审议稿	三次审议稿
"(六)其他可能影响公正审判的情形。" "在审判过程中，人民检察院可以调整量刑建议。人民法院经审理认为量刑建议明显不当或者被告人、辩护人对量刑建议提出异议的，应当依法作出判决。"	"人民法院经审理认为量刑建议明显不当，或者被告人、辩护人对量刑建议提出异议的，人民检察院可以调整量刑建议。人民检察院不调整量刑建议或者调整量刑建议后被告人、辩护人仍有异议的，人民法院应当依法作出判决。"	"人民法院经审理认为量刑建议明显不当，或者被告人、辩护人对量刑建议提出异议的，人民检察院可以调整量刑建议。人民检察院不调整量刑建议或者调整量刑建议后被告人、辩护人仍有异议的，人民法院应当依法作出判决。"

在《刑事诉讼法(修正草案)》审议和征求意见过程中，有关方面对认罪认罚从宽的程序、原则规定和程序保障相关规定作了进一步完善，主要包括如下五个方面。

1. 关于刑事案件认罪认罚从宽处理的原则。完善相关表述，将一次审议稿规定的"对指控的犯罪事实没有异议"调整为"承认指控的犯罪事实"[①]，以使得表述更为精炼、准确，从而形成了二次审议稿的写法。《刑事诉讼法修改决定》最终沿用二次审议稿的写法，未再作出调整。

审议和征求意见过程中，各方对于认罪认罚从宽制度的属性作了较为集中的讨论。在一次审议稿审议过程中，针对认罪认罚从宽处

[①] 有常委委员建议将"对指控的犯罪事实没有异议"中的"没有异议"修改为"自愿认罪"。理由：一是"没有异议"和"自愿认罪"含义不完全一样，这里强调的应当是明确的、明示的承认犯罪，才可以从宽处罚。二是审判实践当中，已经出现这样的情况，有些被告人承认行为、事实，但认为不够罪、不承认犯罪，这种情况下不应适用从宽处罚的规定。三是后面许多条文都是"自愿认罪""认罪认罚"，应保持条文的一致性。也有委员提出，"对指控的犯罪事实没有异议"应当是对主要犯罪事实没有异议，可能指控十个罪，行为人认八个罪，实际上就是一种审诉交易了，主要犯罪事实已经认了，为了节省司法资源就可以从宽处罚。此外，有时一个犯罪中有很多事实，能否证明构成犯罪的主要事实已经认了，在一些细枝末节上很难做到没有异议。建议修改为"对指控的主要犯罪，或者犯罪的主要事实没有异议"。

的规定,有常委会委员提出,刑事诉讼法是程序法,修正一定要坚守程序法的原则,实体法的内容尽量不要放在程序法里。① 也有意见建议对认罪认罚"从宽处理"的表述再作斟酌。"可以依法从宽处理",依法从宽处理不是严格意义上的法律条文用语,是法理上的说法,或者说是一种刑事政策的统称。应该把"从宽"转化为法律上的规范表述,即"依法从轻、减轻或者免除处罚"。

2. 关于值班律师制度。一次审议稿第四条规定,值班律师的职责是为犯罪嫌疑人、被告人提供法律咨询,程序选择建议,代理申诉、控告,申请变更强制措施,对案件处理提出意见等辩护。有的常委委员、地方、部门和社会公众提出,值班律师的职责与辩护人不同,主要应是为没有辩护人的犯罪嫌疑人、被告人提供法律帮助,这样定位符合认罪认罚从宽制度改革试点方案以及有关部门关于开展值班律师工作的意见要求,试点情况表明也较为可行。② 全国人大宪法和法律委员会经研究,建议将值班律师提供"辩护"修改为提供"法律帮助",并删去"代理申诉、控告"的内容;同时,在相关条文中对人民检察院审查起诉案件听取值班律师意见、犯罪嫌疑人签署认罪认罚具结书时值班律师在场作出规定。③ 在此基础上,形

---

① 例如,有意见认为:"首先,'从宽处理'概念不太清楚。《刑法》第四章第一节专门规定了量刑问题,规定哪些情况可以从轻处罚,哪些情况可以减轻处罚,并没有关于'从宽处理'的概念,这个'从宽处理'对应的刑法规定,应该是指从轻、减轻处罚,建议明确写清楚'从轻、减轻处罚'。其次,《刑法》第六十二条和第六十三条已经专门对'从轻、减轻'进行了规定,现在修正草案中规定了从宽处理的内容,这和刑法关于量刑的规定有冲突。关于量刑的规定应该放到《刑法》第四章关于量刑中进行规定,而不是放在刑事诉讼法中。建议将这条内容放到刑法修正案中进行修改,不应该放到刑事诉讼法中进行规定。"也有意见认为:上述规定实际上采用的是从宽处罚制度,而在刑事诉讼法中设定一个实体的从宽处罚合不合适,值得研究。这一规定实际是为了解决认罪认罚情况下的程序从简问题,但这里只体现或表现出了实体从宽,而程序选择、程序从简问题没有表明这一意思。建议在制度创设时,有些条文还是要再进一步斟酌。参见《常委委员分组审议刑诉法修正草案时建议通盘研究刑事缺席审判制度》,载中国人大网(http://www.npc.gov.cn/npc/cwhhy/13jcwh/2018-04/28/content_2054234.htm),访问日期:2018 年 11 月 3 日。

② 例如,在草案一次审议稿审议中,有意见认为:最高人民法院、最高人民检察院、公安部、国家安全部、司法部发布的《关于开展法律援助值班律师工作的意见》中明确,值班律师不负有辩护职责,只有提供法律咨询、法律服务的职能,建议修正草案中不使用"辩护"的概念,改为"法律服务"。参见《常委委员分组审议刑诉法修正草案时建议通盘研究刑事缺席审判制度》,载中国人大网(http://www.npc.gov.cn/npc/cwhhy/13jcwh/2018-04/28/content_2054234.htm),访问日期:2018 年 11 月 3 日。

③ 参见《全国人民代表大会宪法和法律委员会关于〈中华人民共和国刑事诉讼法(修正草案)〉修改情况的汇报(2018 年 8 月 27 日)》,载中国人大网(http://www.npc.gov.cn/npc/xinwen/2018-10/26/content_2064436.htm),访问日期:2018 年 11 月 3 日。

成了二次审议稿的写法。

此外,考虑到实践中主要是在人民法院和看守所派驻值班律师,二次审议稿将派驻值班律师的地点表述为"人民法院、看守所",三次审议稿又调整为"人民法院、看守所等场所"。

3. 关于认罪认罚作为社会危险性的考量因素。一次审议稿第七条将"对所居住社区的影响"作为判断是否可能发生社会危险性的考量因素,从而决定是否逮捕。有关方面提出,考虑对所居住社区的影响,恐会限缩取保候审、监视居住的适用,不符合减少不必要的审前羁押的精神,故建议不将"对所居住社区的影响"作为可能发生社会危险性应当考虑的因素。二次审议稿采纳上述意见,同时,鉴于"对于不致发生社会危险性的犯罪嫌疑人、被告人,可以取保候审或者监视居住"系当然之理,无须赘述,一并予以删去。《刑事诉讼法修改决定》最终沿用二次审议稿的写法,未再作出调整。

4. 关于量刑建议。一次审议稿第十六条对人民检察院提出量刑建议作了规定,第二十条对人民法院采纳量刑建议作了规定。有的常委委员、地方和社会公众提出,为鼓励犯罪嫌疑人认罪认罚,落实宽严相济刑事政策,对认罪认罚的案件,人民检察院应当依法提出量刑建议,并适当限制人民检察院调整量刑建议和人民法院不采纳量刑建议的权力。[1][2] 对于其他案件,人民检察院可根据具体情况决定是否需要提出量刑建议。全国人大宪法和法律委员会经研究,建议对相关条文作出以下修改:一是明

---

[1] 有的常委委员建议将"量刑建议明显不当的"从应当采纳人民检察院指控的罪名和量刑建议的例外情形中删除。主要考虑:一是此前批准的改革文件没有此种情形,于改革文件无据。二是"当"与"不当"不是一个法律标准、客观标准,而是一个主观标准,不同的法官可能有不同的认识,这给法官自由裁量甚至某种意义上的任性留下了空间。三是现有的兜底条款的规定,已经完全可以涵盖与法律规定不一致的情况。四是与后一款规定的"在审判过程中,人民检察院可以调整量刑建议。人民法院经审理认为量刑建议明显不当或者被告人、辩护人对量刑建议提出异议的,应当依法作出判决"不协调,之间存在冲突。

[2] 有的常委委员提出,认罪认罚从宽实际上是借鉴美国的辩诉交易制度,辩诉交易中是检察官和犯罪嫌疑人交易,犯罪嫌疑人不能和法官交易。达成交易后,只要不违法,法官一般来说就可尊重交易的结果,因为检察官代表国家利益,被告人或者嫌疑人认罪认罚了,赃款也退出来了,可以极大地节省国家的司法资源。因为案结事了,如果法官以"明显不当"为由,改变量刑建议,那么,被告人可能提出上诉,诉讼成本又会提高,这就违背了认罪认罚从宽制度的初衷。

确犯罪嫌疑人认罪认罚的,人民检察院应当提出量刑建议。二是明确人民法院经审理认为量刑建议明显不当,或者被告人、辩护人对量刑建议提出异议的,人民检察院可以调整量刑建议。人民检察院不调整量刑建议或者调整量刑建议后被告人、辩护人仍有异议的,人民法院应当依法作出判决。① 因此,二次审议稿按照上述意见作了相应调整。三次审议稿沿用了二次审议稿的写法。同时,考虑到量刑建议不一定在起诉书中提出,三次审议稿删去了二次审议稿"在起诉书中"提出量刑建议的写法,以使得司法实践中对量刑建议的提出可以根据具体情况灵活把握。

三次审议稿第二十一条中规定,人民法院经审理认为量刑建议明显不当,或者被告人、辩护人对量刑建议提出异议的,人民检察院可以调整量刑建议。人民检察院不调整量刑建议或者调整量刑建议后被告人、辩护人仍有异议的,人民法院应当依法作出判决。有的常委委员提出,人民检察院调整后的量刑建议,仍然存在明显不当的,在被告人、辩护人未对该量刑建议提出异议的情况下,人民法院也应当依法作出判决。全国人大宪法和法律委员会经研究,建议采纳上述意见,作出相应修改。② 因此,《刑事诉讼法修改决定》第二十一条对三次审议稿第二十一条作了调整,明确人民检察院调整量刑建议后,虽然被告人、辩护人没有异议,但量刑明显不当的,人民法院也应当依法作出判决。

5. 关于表述的完善。在审议过程中,对相关表述作了进一步完善。例如,二次审议稿将一次审议稿的"认罪认罚可能导致的法律后果"调整为"认罪认罚的法律后果",三次审议稿又调整为"认罪认罚的法律规定"。又如,二次审议稿将一次审议稿的"半个月"调整为"十五天",将"听取意见的情形"改为"其他需要听取意见的事项"。再如,二次审议

---

① 参见《全国人民代表大会宪法和法律委员会关于〈中华人民共和国刑事诉讼法(修正草案)〉修改情况的汇报(2018 年 8 月 27 日)》,载中国人大网(http://www.npc.gov.cn/npc/xinwen/2018-10/26/content_2064436.htm),访问日期:2018 年 11 月 3 日。

② 参见《全国人民代表大会宪法和法律委员会关于〈全国人民代表大会常务委员会关于修改《中华人民共和国刑事诉讼法》的决定(草案)〉修改意见的报告(2018 年 10 月 26 日)》,载中国人大网(http://www.npc.gov.cn/npc/xinwen/2018-10/26/content_2064504.htm),访问日期:2018 年 11 月 3 日。

稿将需要签署认罪认罚具结书情形的兜底项表述由"其他不宜适用"调整为"其他不需要签署认罪认罚具结书的情形",以避免歧义。

二、司法适用

《2012 年刑事诉讼法》	《2018 年刑事诉讼法》
	第十五条 犯罪嫌疑人、被告人自愿如实供述自己的罪行,承认指控的犯罪事实,愿意接受处罚的,可以依法从宽处理。
	第三十六条 法律援助机构可以在人民法院、看守所等场所派驻值班律师。犯罪嫌疑人、被告人没有委托辩护人,法律援助机构没有指派律师为其提供辩护的,由值班律师为犯罪嫌疑人、被告人提供法律咨询、程序选择建议、申请变更强制措施、对案件处理提出意见等法律帮助。 人民法院、人民检察院、看守所应当告知犯罪嫌疑人、被告人有权约见值班律师,并为犯罪嫌疑人、被告人约见值班律师提供便利。
第七十九条 对有证据证明有犯罪事实,可能判处徒刑以上刑罚的犯罪嫌疑人、被告人,采取取保候审尚不足以防止发生下列社会危险性的,应当予以逮捕: (一)可能实施新的犯罪的; (二)有危害国家安全、公共安全或者社会秩序的现实危险的; (三)可能毁灭、伪造证据,干扰证人作证或者串供的; (四)可能对被害人、举报人、控告人实施打击报复的;	**第八十一条** 对有证据证明有犯罪事实,可能判处徒刑以上刑罚的犯罪嫌疑人、被告人,采取取保候审尚不足以防止发生下列社会危险性的,应当予以逮捕: (一)可能实施新的犯罪的; (二)有危害国家安全、公共安全或者社会秩序的现实危险的; (三)可能毁灭、伪造证据,干扰证人作证或者串供的; (四)可能对被害人、举报人、控告人实施打击报复的;

（续表）

《2012年刑事诉讼法》	《2018年刑事诉讼法》
（五）企图自杀或者逃跑的。 　　对有证据证明有犯罪事实,可能判处十年有期徒刑以上刑罚的,或者有证据证明有犯罪事实,可能判处徒刑以上刑罚,曾经故意犯罪或者身份不明的,应当予以逮捕。 　　被取保候审、监视居住的犯罪嫌疑人、被告人违反取保候审、监视居住规定,情节严重的,可以予以逮捕。	（五）企图自杀或者逃跑的。 　　批准或者决定逮捕,应当将犯罪嫌疑人、被告人涉嫌犯罪的性质、情节,认罪认罚等情况,作为是否可能发生社会危险性的考虑因素。 　　对有证据证明有犯罪事实,可能判处十年有期徒刑以上刑罚的,或者有证据证明有犯罪事实,可能判处徒刑以上刑罚,曾经故意犯罪或者身份不明的,应当予以逮捕。 　　被取保候审、监视居住的犯罪嫌疑人、被告人违反取保候审、监视居住规定,情节严重的,可以予以逮捕。
第一百一十八条　侦查人员在讯问犯罪嫌疑人的时候,应当首先讯问犯罪嫌疑人是否有犯罪行为,让他陈述有罪的情节或者无罪的辩解,然后向他提出问题。犯罪嫌疑人对侦查人员的提问,应当如实回答。但是对与本案无关的问题,有拒绝回答的权利。 　　侦查人员在讯问犯罪嫌疑人的时候,应当告知犯罪嫌疑人如实供述自己罪行可以从宽处理的法律规定。	第一百二十条　侦查人员在讯问犯罪嫌疑人的时候,应当首先讯问犯罪嫌疑人是否有犯罪行为,让他陈述有罪的情节或者无罪的辩解,然后向他提出问题。犯罪嫌疑人对侦查人员的提问,应当如实回答。但是对与本案无关的问题,有拒绝回答的权利。 　　侦查人员在讯问犯罪嫌疑人的时候,应当告知犯罪嫌疑人享有的诉讼权利,如实供述自己罪行可以从宽处理和认罪认罚的法律规定。
第一百六十条　公安机关侦查终结的案件,应当做到犯罪事实清楚,证据确实、充分,并且写出起诉意见书,连同案卷材料、证据一并移送同级人民检察院审查决定;同时将案件移送情况告知犯罪嫌疑人及其辩护律师。	第一百六十二条　公安机关侦查终结的案件,应当做到犯罪事实清楚,证据确实、充分,并且写出起诉意见书,连同案卷材料、证据一并移送同级人民检察院审查决定;同时将案件移送情况告知犯罪嫌疑人及其辩护律师。 　　犯罪嫌疑人自愿认罪的,应当记录在案,随案移送,并在起诉意见书中写明有关情况。

（续表）

《2012年刑事诉讼法》	《2018年刑事诉讼法》
第一百六十九条　人民检察院对于公安机关移送起诉的案件,应当在一个月以内作出决定,重大、复杂的案件,可以延长半个月。 人民检察院审查起诉的案件,改变管辖的,从改变后的人民检察院收到案件之日起计算审查起诉期限。	第一百七十二条　人民检察院对于监察机关、公安机关移送起诉的案件,应当在一个月以内作出决定,重大、复杂的案件,可以延长十五日;犯罪嫌疑人认罪认罚,符合速裁程序适用条件的,应当在十日以内作出决定,对可能判处的有期徒刑超过一年的,可以延长至十五日。 人民检察院审查起诉的案件,改变管辖的,从改变后的人民检察院收到案件之日起计算审查起诉期限。
第一百七十条　人民检察院审查案件,应当讯问犯罪嫌疑人,听取辩护人、被害人及其诉讼代理人的意见,并记录在案。辩护人、被害人及其诉讼代理人提出书面意见的,应当附卷。	第一百七十三条　人民检察院审查案件,应当讯问犯罪嫌疑人,听取辩护人或者值班律师、被害人及其诉讼代理人的意见,并记录在案。辩护人或者值班律师、被害人及其诉讼代理人提出书面意见的,应当附卷。 犯罪嫌疑人认罪认罚的,人民检察院应当告知其享有的诉讼权利和认罪认罚的法律规定,听取犯罪嫌疑人、辩护人或者值班律师、被害人及其诉讼代理人对下列事项的意见,并记录在案: (一)涉嫌的犯罪事实、罪名及适用的法律规定; (二)从轻、减轻或者免除处罚等从宽处罚的建议; (三)认罪认罚后案件审理适用的程序; (四)其他需要听取意见的事项。 人民检察院依照前两款规定听取值班律师意见的,应当提前为值班律师了解案件有关情况提供必要的便利。

（续表）

《2012年刑事诉讼法》	《2018年刑事诉讼法》
	第一百七十四条　犯罪嫌疑人自愿认罪，同意量刑建议和程序适用的，应当在辩护人或者值班律师在场的情况下签署认罪认罚具结书。 犯罪嫌疑人认罪认罚，有下列情形之一的，不需要签署认罪认罚具结书： （一）犯罪嫌疑人是盲、聋、哑人，或者是尚未完全丧失辨认或者控制自己行为能力的精神病人的； （二）未成年犯罪嫌疑人的法定代理人、辩护人对未成年人认罪认罚有异议的； （三）其他不需要签署认罪认罚具结书的情形。
第一百七十二条　人民检察院认为犯罪嫌疑人的犯罪事实已经查清，证据确实、充分，依法应当追究刑事责任的，应当作出起诉决定，按照审判管辖的规定，向人民法院提起公诉，并将案卷材料、证据移送人民法院。	第一百七十六条　人民检察院认为犯罪嫌疑人的犯罪事实已经查清，证据确实、充分，依法应当追究刑事责任的，应当作出起诉决定，按照审判管辖的规定，向人民法院提起公诉，并将案卷材料、证据移送人民法院。 犯罪嫌疑人认罪认罚的，人民检察院应当就主刑、附加刑、是否适用缓刑等提出量刑建议，并随案移送认罪认罚具结书等材料。
	第一百八十二条　犯罪嫌疑人自愿如实供述涉嫌犯罪的事实，有重大立功或者案件涉及国家重大利益的，经最高人民检察院核准，公安机关可以撤销案件，人民检察院可以作出不起诉决定，也可以对涉嫌数罪中的一项或者多项不起诉。

（续表）

《2012年刑事诉讼法》	《2018年刑事诉讼法》
	根据前款规定不起诉或者撤销案件的，人民检察院、公安机关应当及时对查封、扣押、冻结的财物及其孳息作出处理。
第一百八十五条　开庭的时候，审判长查明当事人是否到庭，宣布案由；宣布合议庭的组成人员、书记员、公诉人、辩护人、诉讼代理人、鉴定人和翻译人员的名单；告知当事人有权对合议庭组成人员、书记员、公诉人、鉴定人和翻译人员申请回避；告知被告人享有辩护权利。	第一百九十条　开庭的时候，审判长查明当事人是否到庭，宣布案由；宣布合议庭的组成人员、书记员、公诉人、辩护人、诉讼代理人、鉴定人和翻译人员的名单；告知当事人有权对合议庭组成人员、书记员、公诉人、鉴定人和翻译人员申请回避；告知被告人享有辩护权利。 被告人认罪认罚的，审判长应当告知被告人享有的诉讼权利和认罪认罚的法律规定，审查认罪认罚的自愿性和认罪认罚具结书内容的真实性、合法性。
	第二百零一条　对于认罪认罚案件，人民法院依法作出判决时，一般应当采纳人民检察院指控的罪名和量刑建议，但有下列情形的除外： （一）被告人的行为不构成犯罪或者不应当追究其刑事责任的； （二）被告人违背意愿认罪认罚的； （三）被告人否认指控的犯罪事实的； （四）起诉指控的罪名与审理认定的罪名不一致的； （五）其他可能影响公正审判的情形。 人民法院经审理认为量刑建议明显不当，或者被告人、辩护人对量刑建议提出异议的，人民检察院可以调整量刑建议。人民检察院不调整量刑建议或者调整量刑建议后仍然明显不当的，人民法院应当依法作出判决。

根据《刑事诉讼法》的规定,《最高人民法院、最高人民检察院、公安部、国家安全部、司法部关于适用认罪认罚从宽制度的指导意见》(高检发〔2019〕13号,以下简称《认罪认罚意见》)对认罪认罚从宽制度的具体适用作了较为系统的规定。认罪认罚从宽制度适用于整个刑事诉讼,其本身并非独立的诉讼程序,对认罪认罚案件应当根据具体情况选择适用速裁程序、简易程序或者普通程序。但是,认罪认罚案件的审理确有一定的特殊性,对其中的共性问题需要作出集中规定。基于此,《2021年刑诉法解释》增设第十二章"认罪认罚案件的审理",根据《刑事诉讼法》的规定,吸收《认罪认罚意见》的有关规定,结合司法实践反映的问题,对认罪认罚案件的审理作出明确规定。在此只讨论如下两个问题。

1. 关于认罪认罚案件的程序禁止回流。(1)对于被告人在审判阶段认罪认罚的,《认罪认罚意见》第四十九条规定:"被告人当庭认罪认罚案件的处理。被告人在侦查、审查起诉阶段没有认罪认罚,但当庭认罪,愿意接受处罚的,人民法院应当根据审理查明的事实,就定罪和量刑听取控辩双方意见,依法作出裁判。"《2021年刑诉法解释》第三百五十六条进一步明确对上述情形可以不再通知人民检察院提出或者调整量刑建议,但应当就定罪量刑听取控辩双方的意见,依法直接依据认罪认罚从宽处理的规定作出判决,规定:"被告人在人民检察院提起公诉前未认罪认罚,在审判阶段认罪认罚的,人民法院可以不再通知人民检察院提出或者调整量刑建议。对前款规定的案件,人民法院应当就定罪量刑听取控辩双方意见,根据刑事诉讼法第十五条和本解释第三百五十五条的规定作出判决。"(2)对于被告人在二审程序中认罪认罚的,《认罪认罚意见》第五十条规定:"被告人在第一审程序中未认罪认罚,在第二审程序中认罪认罚的,审理程序依照刑事诉讼法规定的第二审程序进行。第二审人民法院应当根据其认罪认罚的价值、作用决定是否从宽,并依法作出裁判。确定从宽幅度时应当与第一审程序认罪认罚有所区别。"《2021年刑诉法解释》第三百五十七条重申了上述规定,明确:"对被告人在第一审程序中未认罪认罚,在第二审程序中认罪认罚的案件,应当根据其认罪认罚的具体情况决定是否从宽,并依法作出裁判。确定从宽幅度时应当与第一审程序认罪认罚有所区别。"

2. 关于"量刑建议明显不当"的判断。《刑事诉讼法》第二百零一条第二款规定:"人民法院经审理认为量刑建议明显不当,或者被告人、辩护人对量刑建议提出异议的,人民检察院可以调整量刑建议。人民检察院不调整量刑建议或者调整量刑建议后仍然明显不当的,人民法院应当依法作出判决。"司法实践中,对于"量刑建议明显不当"的认识,往往存在不同看法,特别是在有些轻罪案件中量刑建议与应当判处的刑罚只相差一至三个月,能否认定为"量刑建议明显不当",就更容易产生争议。经研究认为,相关问题不宜一概而论,应当区分情况,根据审理认定的犯罪事实、认罪认罚的具体情况,结合相关犯罪的法定刑、类似案件的刑罚适用等作出审查判断。特别是,相关犯罪的法定刑不同,对认定量刑建议是否明显不当具有直接影响。例如,对于危险驾驶案件,刑罚相差一个月甚至半个月通常即可以认定为"明显不当";对于应当判处十年以上有期徒刑的案件,刑罚相差半年甚至一年以上通常才会认定为"明显不当"。基于此,《2021年刑诉法解释》第三百五十四条规定:"对量刑建议是否明显不当,应当根据审理认定的犯罪事实、认罪认罚的具体情况,结合相关犯罪的法定刑、类似案件的刑罚适用等作出审查判断。"

第三节　关于速裁程序

一、审议过程

一次审议稿	二次审议稿	三次审议稿
二十一、第三编第二章增加一节,作为第四节:	二十二、第三编第二章增加一节,作为第四节:	二十二、第三编第二章增加一节,作为第四节:

（续表）

一次审议稿	二次审议稿	三次审议稿
"第四节 速裁程序 "第二百二十二条 基层人民法院管辖的可能判处三年有期徒刑以下刑罚的案件，案件事实清楚，证据确实、充分，被告人认罪认罚并同意适用速裁程序的，可以适用速裁程序，由审判员一人独任审判。 "人民检察院在提起公诉的时候，可以建议人民法院适用速裁程序。"	"第四节 速裁程序 "第二百二十二条 基层人民法院管辖的可能判处三年有期徒刑以下刑罚的案件，案件事实清楚，证据确实、充分，被告人认罪认罚并同意适用速裁程序的，可以适用速裁程序，由审判员一人独任审判。 "人民检察院在提起公诉的时候，可以建议人民法院适用速裁程序。"	"第四节 速裁程序 "第二百二十二条 基层人民法院管辖的可能判处三年有期徒刑以下刑罚的案件，案件事实清楚，证据确实、充分，被告人认罪认罚并同意适用速裁程序的，可以适用速裁程序，由审判员一人独任审判。 "人民检察院在提起公诉的时候，可以建议人民法院适用速裁程序。"
"第二百二十三条 有下列情形之一的，不适用速裁程序： "（一）被告人是盲、聋、哑人，或者是尚未完全丧失辨认或者控制自己行为能力的精神病人的； "（二）有重大社会影响的； "（三）共同犯罪案件中部分被告人对指控的事实、罪名、量刑建议有异议的； "（四）被告人与被害人或者其法定代理人没有就附带民事诉讼赔偿等事项达成调解或者和解协议的； "（五）其他不宜适用速裁程序审理的。"	"第二百二十三条 有下列情形之一的，不适用速裁程序： "（一）被告人是盲、聋、哑人，或者是尚未完全丧失辨认或者控制自己行为能力的精神病人的； "（二）有重大社会影响的； "（三）共同犯罪案件中部分被告人对指控的事实、罪名、量刑建议有异议的； "（四）被告人与被害人或者其法定代理人没有就附带民事诉讼赔偿等事项达成调解或者和解协议的； "（五）其他不宜适用速裁程序审理的。"	"第二百二十三条 有下列情形之一的，不适用速裁程序： "（一）被告人是盲、聋、哑人，或者是尚未完全丧失辨认或者控制自己行为能力的精神病人的； "（二）被告人是未成年人的； "（三）案件有重大社会影响的； "（四）共同犯罪案件中部分被告人对指控的犯罪事实、罪名、量刑建议或者适用速裁程序有异议的； "（五）被告人与被害人或者其法定代理人没有就附带民事诉讼赔偿等事项达成调解或者和解协议的； "（六）其他不宜适用速裁程序审理的。"

（续表）

一次审议稿	二次审议稿	三次审议稿
"第二百二十四条　适用速裁程序审理案件，不受本章第一节规定的送达期限的限制，不进行法庭调查、法庭辩论，但在判决宣告前应当听取被告人的最后陈述意见。 "适用速裁程序审理案件，应当当庭宣判。"	"第二百二十四条　适用速裁程序审理案件，不受本章第一节规定的送达期限的限制，不进行法庭调查、法庭辩论，但在判决宣告前应当听取辩护人的意见和被告人的最后陈述意见。 "适用速裁程序审理案件，应当当庭宣判。"	"第二百二十四条　适用速裁程序审理案件，不受本章第一节规定的送达期限的限制，一般不进行法庭调查、法庭辩论，但在判决宣告前应当听取辩护人的意见和被告人的最后陈述意见。 "适用速裁程序审理案件，应当当庭宣判。"
"第二百二十五条　适用速裁程序审理案件，人民法院应当在受理后十日以内审结；对可能判处的有期徒刑超过一年的，可以延长至十五日。"	"第二百二十五条　适用速裁程序审理案件，人民法院应当在受理后十日以内审结；对可能判处的有期徒刑超过一年的，可以延长至十五日。"	"第二百二十五条　适用速裁程序审理案件，人民法院应当在受理后十日以内审结；对可能判处的有期徒刑超过一年的，可以延长至十五日。"
"第二百二十六条　人民法院在审理过程中，发现有被告人违背意愿认罪认罚、被告人否认指控的犯罪事实或者其他不宜适用速裁程序审理的情形的，应当按照本章第一节的规定重新审理。"	"第二百二十六条　人民法院在审理过程中，发现有被告人违背意愿认罪认罚、被告人否认指控的犯罪事实或者其他不宜适用速裁程序审理的情形的，应当按照本章第一节的规定重新审理。"	"第二百二十六条　人民法院在审理过程中，发现有被告人的行为不构成犯罪或者不应当追究其刑事责任、被告人违背意愿认罪认罚、被告人否认指控的犯罪事实或者其他不宜适用速裁程序审理的情形的，应当按照本章第一节或者第三节的规定重新审理。"

在《刑事诉讼法（修正草案）》审议和征求意见过程中，各方均赞成增设速裁程序，仅对具体表述作了进一步修改完善。针对一次审议稿关于适用速裁程序审理案件的具体程序规定，有的地方、部门和社会公众提

出,为切实保障被告人的辩护权和速裁程序的公正有效进行,建议适用速裁程序审理的案件,人民法院在宣判前还是要听取辩护人的意见。全国人大宪法和法律委员会经研究,建议采纳这一意见,在二次审议稿中增加在宣判前听取辩护人意见的规定。① 三次审议稿主要作了三方面调整:(1)关于不适用速裁程序的情形。有的常委会组成人员、部门和专家学者提出,审理未成年人刑事案件,实践中通常采用有利于关护帮教未成年人的审判方式,并对未成年人进行法庭教育,速裁程序不进行法庭调查、法庭辩论,且一般采取集中审理、集中宣判的形式,不利于开展关护帮教和法庭教育,难以充分体现教育感化挽救的方针,建议增加规定,被告人是未成年人的,不适用速裁程序。全国人大宪法和法律委员会经研究,建议采纳上述意见。② 因此,三次审议稿对不适用速裁程序审理案件的情形增加"被告人是未成年人的"规定,同时明确"共同犯罪案件中部分被告人对适用速裁程序有异议的"也不适用速裁程序,并完善相关表述。③ (2)关于适用速裁程序审理案件的具体程序规定。有关方面提出,关于适用速裁程序审理案件不进行法庭调查的规定过于绝对。实践中,根据案件具体情况,确有必要对部分事实和证据进行调查的,仍可进行法庭调查和法庭辩论,以发挥庭审查明案件事实的作用,避免因此转换程序延误时间、浪费司法资源。经研究,三次审议稿采纳上述意见,规定适用速裁程序审理案件,一般不进行法庭调查、法庭辩论。(3)关于程序转化的规定。对于适用速裁程序审理案件过程中转化适用普通程序,有

---

① 参见《全国人民代表大会宪法和法律委员会关于〈中华人民共和国刑事诉讼法(修正草案)〉修改情况的汇报(2018年8月27日)》,载中国人大网(http://www.npc.gov.cn/npc/xinwen/2018-10/26/content_2064436.htm),访问日期:2018年11月3日。

② 参见《全国人民代表大会宪法和法律委员会关于〈中华人民共和国刑事诉讼法(修正草案)〉审议结果的报告(2018年10月22日)》,载中国人大网(http://www.npc.gov.cn/npc/xinwen/2018-10/26/content_2064466.htm),访问日期:2018年11月3日。

③ 在三次审议稿审议中,有常委会委员还建议将老年人列入速裁程序的不适用情形。现代社会老龄化程度高,老年人口规模庞大,老年人中的失忆症、健忘症等现象并不罕见,应当有类似于保护盲、聋、哑及精神疾病患者和未成年人的规则,建议在不适用速裁程序的情形中把老年人也考虑进去,以适应老龄社会需要。参见《"以法治方式助推反腐败斗争"——全国人大常委会组成人员热议刑诉法修正草案》,载中国人大网(http://www.npc.gov.cn/npc/cwhhy/13jcwh/2018-10/24/content_2063499.htm),访问日期:2018年11月3日。

的常委会组成人员建议增加"被告人的行为不构成犯罪或者不应当追究其刑事责任"的情形。全国人大宪法和法律委员会经研究,建议采纳上述意见,作出相应修改。① 因此,三次审议稿规定发现有被告人的行为不构成犯罪或者不应当追究其刑事责任情形的,可以根据具体情况决定转化适用普通程序或者简易程序。《刑事诉讼法修改决定》最终沿用三次审议稿的写法,未再作出调整。

二、司法适用

《2012年刑事诉讼法》	《2018年刑事诉讼法》
	第二百二十二条　基层人民法院管辖的可能判处三年有期徒刑以下刑罚的案件,案件事实清楚,证据确实、充分,被告人认罪认罚并同意适用速裁程序的,可以适用速裁程序,由审判员一人独任审判。 　　人民检察院在提起公诉的时候,可以建议人民法院适用速裁程序。 　　第二百二十三条　有下列情形之一的,不适用速裁程序: 　　(一)被告人是盲、聋、哑人,或者是尚未完全丧失辨认或者控制自己行为能力的精神病人的; 　　(二)被告人是未成年人的; 　　(三)案件有重大社会影响的; 　　(四)共同犯罪案件中部分被告人对指控的犯罪事实、罪名、量刑建议或者适用速裁程序有异议的;

---

① 参见《全国人民代表大会宪法和法律委员会关于〈中华人民共和国刑事诉讼法(修正草案)〉审议结果的报告(2018年10月22日)》,载中国人大网(http://www.npc.gov.cn/npc/xinwen/2018-10/26/content_2064466.htm),访问日期:2018年11月3日。

(续表)

《2012年刑事诉讼法》	《2018年刑事诉讼法》
	（五）被告人与被害人或者其法定代理人没有就附带民事诉讼赔偿等事项达成调解或者和解协议的； （六）其他不宜适用速裁程序审理的。 　　第二百二十四条　适用速裁程序审理案件，不受本章第一节规定的送达期限的限制，一般不进行法庭调查、法庭辩论，但在判决宣告前应当听取辩护人的意见和被告人的最后陈述意见。 　　适用速裁程序审理案件，应当当庭宣判。 　　第二百二十五条　适用速裁程序审理案件，人民法院应当在受理后十日以内审结；对可能判处的有期徒刑超过一年的，可以延长至十五日。 　　第二百二十六条　人民法院在审理过程中，发现有被告人的行为不构成犯罪或者不应当追究其刑事责任、被告人违背意愿认罪认罚、被告人否认指控的犯罪事实或者其他不宜适用速裁程序审理的情形的，应当按照本章第一节或者第三节的规定重新审理。

根据《刑事诉讼法》的规定，《认罪认罚意见》对速裁程序的具体适用作了较为系统的规定。《2021年刑诉法解释》增设第十四章"速裁程序"，根据《刑事诉讼法》的规定，吸收《认罪认罚意见》的有关规定，结合司法实践反映的问题，对速裁程序作出明确规定。

1. 关于速裁程序的适用条件。根据《刑事诉讼法》第二百二十二条第二款的规定，人民检察院有权建议适用速裁程序，人民法院应当决定是否适用。但是,对于人民检察院没有提出建议的案件(具体包括两种情形:一是审前阶段认罪认罚而人民检察院未建议适用速裁程序的案件,二是审前阶段未认罪认罚的案件),人民法院能否适用速裁程序,存在肯定和否定两种不同立场。肯定说的主要理由如下:实践中,控方、辩方地位平等,既然允许公诉机关建议适用速裁程序,理应允许被告人及其辩护人建议适用速裁程序。否定说的主要理由如下:适用速裁程序的前提是被告人同意适用速裁程序,并且,需要人民检察院与被告人就量刑问题重新进行协商,履行签署认罪认罚具结书的程序,并由人民检察院依法提出量刑建议。而且,这有利于防止助长被告人拖延心理,也有利于督促检察机关履行认罪认罚程序的审查把关职责。

经慎重研究,《2021年刑诉法解释》第三百六十九条采纳了肯定说,第二款专门规定:"对人民检察院未建议适用速裁程序的案件,人民法院经审查认为符合速裁程序适用条件的,可以决定适用速裁程序,并在开庭前通知人民检察院和辩护人。"主要考虑如下:(1)《刑事诉讼法》第二百二十二条第二款规定:"人民检察院在提起公诉的时候,可以建议人民法院适用速裁程序。"可见,人民检察院对速裁程序的适用享有建议权,但这不意味着速裁程序的适用必须以人民检察院的建议为前提条件,基于控辩对等的刑事诉讼原则,人民检察院可以建议适用速裁程序;对于人民检察院未建议的案件,被告人及其辩护人也可以申请适用速裁程序,符合条件的,人民法院可以依职权决定适用。(2)基于通行法理,刑事诉讼程序原则上不得回流。基于此,对于人民检察院未建议的案件,在审判阶段决定适用速裁程序的,在开庭前通知人民检察院和辩护人即可,无需再重回认罪认罚具结书签署和量刑协商程序。换言之,人民法院依辩方申请或者依职权决定使用速裁程序,符合通行的刑事诉讼法理。(3)从实践操作角度来看,对于在审判阶段认罪认罚的案件,符合速裁程序适用条件的,人民法院决定适用速裁程序,在操作上也不存在问题。

此外,《2021年刑诉法解释》第三百七十条规定:"具有下列情形之一的,不适用速裁程序:(一)被告人是盲、聋、哑人的;(二)被告人是尚未完全丧失辨认或者控制自己行为能力的精神病人的;(三)被告人是未成年人的;(四)案件有重大社会影响的;(五)共同犯罪案件中部分被告人对指控的犯罪事实、罪名、量刑建议或者适用速裁程序有异议的;(六)被告人与被害人或者其法定代理人没有就附带民事诉讼赔偿等事项达成调解、和解协议的;(七)辩护人作无罪辩护的;(八)其他不宜适用速裁程序的情形。"考虑到辩护人作无罪辩护的案件往往也比较复杂,该条在《刑事诉讼法》第二百二十三条规定的基础上,将"辩护人作无罪辩护的"也纳入不适用速裁程序的情形。

征求意见过程中,有意见提出,辩护人虽没有作无罪辩护,但对起诉书指控的事实、罪名、量刑建议有异议,或者不同意适用速裁程序的,也不应适用速裁程序。经研究认为,速裁程序的程序从简有利于被告人权益保障,不宜因辩护人对指控的事实、罪名、量刑建议有异议否定速裁程序的适用。而且,速裁程序的适用只需要征得被告人同意,不宜以辩护人的意见为准。故而,对此种情形未规定为不适用速裁程序的情形。

2. 关于适用速裁程序审理案件不受送达期限限制的理解。《刑事诉讼法》第二百二十四条规定"适用速裁程序审理案件,不受本章第一节规定的送达期限的限制"。① 可见,对于适用速裁程序、简易程序审理的案件,不受送达期限的限制。但是,《刑事诉讼法》第一百八十七条第三款规定:"人民法院确定开庭日期后,应当将开庭的时间、地点通知人民检察院,传唤当事人,通知辩护人、诉讼代理人、证人、鉴定人和翻译人员,传票和通知书至迟在开庭三日以前送达。公开审判的案件,应当在开庭三日以前先期公布案由、被告人姓名、开庭时间和地点。"司法适用中存在争议的问题是,对于适用速裁程序公开审理的案件,是否需要开庭三日以前将开庭的时间、地点通知人民检察院、被告人及其辩护人等诉讼参与人,并在开庭三日以前先期公布案由、被告人姓名、开庭

---

① 《刑事诉讼法》第二百一十九条规定"适用简易程序审理案件,不受本章第一节关于送达期限、讯问被告人、询问证人、鉴定人、出示证据、法庭辩论程序规定的限制"。因此,本部分关于适用速裁程序审理案件有关问题的讨论也适用于适用简易程序审理的相关案件。

时间和地点？实践中，适用速裁程序审理案件，通常未在开庭三日以前进行送达和公告。甚至，个别地方对于适用速裁程序审理案件，"当天立案、当天审理、当庭宣判"。对此，有意见认为，适用速裁程序审理案件，同样应当确保人民检察院有效参加审判、保障被告人有效行使辩护权、保证被害人权利、维护社会公众的知情权。基于此，应当在开庭三日以前通知诉讼参与人和公告，以给控辩双方适当的准备时间，同时保证公开审判和接受社会监督。

经研究认为，一方面，由于《刑事诉讼法》第二百一十九条所使用的表述是不受"送达期限"的限制，同时考虑司法实践业已形成的通行做法，要求先期三日似有不妥；另一方面，基于公开审判和人民法院、诉讼参与人权利保障的需要，对于适用速裁程序审理的案件，应当在开庭前公告和通知控辩双方以及其他诉讼参与人。基于此，《2021年刑诉法解释》第三百七十一条规定："适用速裁程序审理案件，人民法院应当在开庭前将开庭的时间、地点通知人民检察院、被告人、辩护人，也可以通知其他诉讼参与人。""通知可以采用简便方式，但应当记录在案。"①

适用速裁程序审理案件，关于通知出庭还需要注意两个问题：(1) 人民法院应当通知人民检察院派员出庭。有意见建议规定公诉人可以不出庭。主要考虑：司法实践中，有的速裁案件，出庭公诉人不是案件承办人，不了解案件情况。一旦庭上有突发或意外情况发生，出庭的公诉人无法及时回应，达不到出庭的真正目的。经研究认为，公诉人代表人民检察院履行国家公诉职能，在《刑事诉讼法》未明确规定公诉人可以不出庭的情况下，不宜认为公诉人可以不出庭。特别是，速裁程序可能出现调整量刑建议的情形，如公诉人不出庭，则无法当庭调整量刑建议，会影响速裁程序的适用。因此，《2021年刑诉法解释》第三百七十一条明确规定"人民法院应当在开庭前将开庭的时间、地点通知人民检察院"。实践中，人民法院应当协调人民检察院派合适公诉人出

---

① 顺带提及的是，《2021年刑诉法解释》第三百六十二条规定："适用简易程序审理案件，人民法院应当在开庭前将开庭的时间、地点通知人民检察院、自诉人、被告人、辩护人，也可以通知其他诉讼参与人。""通知可以采用简便方式，但应当记录在案。"

庭,当庭妥当处理量刑建议调整等问题。(2)被告人有辩护人的,应当通知其出庭。《刑事诉讼法》第二百二十四条规定:"适用速裁程序审理案件……在判决宣告前应当听取辩护人的意见……"有意见据此得出了适用速裁程序审理的案件,必须有辩护人参加庭审的结论,这显然不符合实际。此处规定的"听取辩护人的意见",应当限于适用速裁程序审理的案件有辩护人的情形,对于没有辩护人参与庭审的案件,自然无法听取辩护人的意见。

3. 关于速裁程序案件的开庭审理。《刑事诉讼法》第二百二十四条规定:"适用速裁程序审理案件……一般不进行法庭调查、法庭辩论,但在判决宣告前应当听取辩护人的意见和被告人的最后陈述意见。""适用速裁程序审理案件,应当当庭宣判。"据此,《2021年刑诉法解释》第三百七十二条至第三百七十七条对适用速裁审理审理案件的有关问题作了进一步细化规定。对此,有必要进一步讨论的是如下两个问题。

(1)集中开庭,逐案审理。从当前司法实践来看,速裁程序在实践中一定程度遇冷,检察机关、法院适用积极性不高,究其原因,一是与简易程序相比,速裁的"速"体现不明显;二是审限较短,案件周转不灵。为此,速裁程序要真正发挥其效率,必须在"速"字上着力。具体而言,集中审理有利于发挥速裁程序的"速"。基于此,《2021年刑诉法解释》第三百七十二条规定:"适用速裁程序审理案件,可以集中开庭,逐案审理。公诉人简要宣读起诉书后,审判人员应当当庭询问被告人对指控事实、证据、量刑建议以及适用速裁程序的意见,核实具结书签署的自愿性、真实性、合法性,并核实附带民事诉讼赔偿等情况。"司法适用中,可以按照上述规定对速裁程序案件进行集中审理。

征求意见过程中,有意见建议删除"由公诉人简要宣读起诉书"。理由:为简化庭审流程,鉴于此前已送达起诉书,被告人认罪认罚,且人民法院会核对被告人认罪认罚意愿的真实性等,故建议对公诉机关是否摘要宣读起诉书不作强制性规定。经研究,未采纳上述意见。而且,《认罪认罚意见》第四十四条亦明确要求"公诉人简要宣读起诉书"。

需要注意的是,适用速裁程序审理案件,虽无法庭调查和法庭辩论环节,但审判人员仍应当庭询问被告人对指控的证据有无异议,被告人无异议的,即应当视为经过了庭审质证程序。所以,速裁程序中作为定案根据的证据,实际上也经过了庭审举证、质证程序,不存在例外。

(2)二审发回,依照普通程序重审。《2021年刑诉法解释》第三百七十七条规定:"适用速裁程序审理的案件,第二审人民法院依照刑事诉讼法第二百三十六条第一款第三项的规定发回原审人民法院重新审判的,原审人民法院应当适用第一审普通程序重新审判。"据此,对因事实不清、证据不足而发回重审的案件,原审人民法院应当适用第一审普通程序重新审判,不得继续适用速裁程序审理。

《认罪认罚意见》第四十五条"速裁案件的二审程序"规定:"被告人不服适用速裁程序作出的第一审判决提出上诉的案件,可以不开庭审理。第二审人民法院审查后,按照下列情形分别处理:(一)发现被告人以事实不清、证据不足为由提出上诉的,应当裁定撤销原判,发回原审人民法院适用普通程序重新审理,不再按认罪认罚案件从宽处罚;(二)发现被告人以量刑不当为由提出上诉的,原判量刑适当的,应当裁定驳回上诉,维持原判;原判量刑不当的,经审理后依法改判。"据此,对于适用速裁程序审理的二审案件,第二审法院通常可以不开庭审理,经审查后,将案件发回重审,或者对以量刑不当为由上诉的案件驳回上诉或改判。但是,对于涉及事实证据的案件,第二审法院也可以开庭审理,在查清案件事实后依法作出处理,包括作出改判。

第四章 关于法律衔接规定的修改

《刑事诉讼法修改决定》为与已经制定或者修改的法律相衔接,作出相应修改完善。主要涉及四方面的内容:(1)与《刑法修正案(九)》的规定衔接,对死缓罪犯重新犯罪的处理和罚金执行程序作出相应修改。(2)与修改后《律师法》《公证法》等法律的规定衔接,增加规定被开除公职和被吊销律师、公证员执业证书的人不得担任辩护人的规定。(3)与修改后《人民陪审员法》的规定衔接,对审判组织的规定作出相应修改。(4)与《关于中国海警局行使海上维权执法职权的决定》衔接,在附则中增加规定,明确中国海警局的侦查主体地位和相关程序规定。

第一节 关于与《刑法修正案(九)》的衔接修改

一、《刑法修正案(九)》对有关刑罚执行程序的修改

2015年8月29日,第十二届全国人大第十六次会议审议通过《刑法修正案(九)》,自2015年11月1日起施行。《刑法修正案(九)》涉及面宽,修改幅度大,是近年来刑法修改的"集大成者"。其中,关于死缓罪犯执行死刑条件的规定和罚金刑执行的规定是此次修改的重要内容。

1. 死缓罪犯执行死刑条件的修改。1997年《刑法》第五十条规定:"判处死刑缓期执行的,在死刑缓期执行期间,如果没有故意犯罪,二年期满以后,减为无期徒刑;如果确有重大立功表现,二年期满以后,减为十五年以上二十年以下有期徒刑;如果故意犯罪,查证属实的,由最高人民法院核准,执行死刑。"可见,1997 年《刑法》规定死刑缓期执行期间故意犯罪一律执行死刑。

司法实践中,死刑缓期执行期间故意犯罪所涉的罪名主要为故意杀人罪、故意伤害罪、脱逃罪、绑架罪、破坏监管秩序罪等。需要注意的是,死刑缓期执行期间故意犯罪一律执行死刑的规定过于刚性,难以适应司法实践的复杂情况。主要集中在以下两类情形①:(1)案件存在可以不执行死刑的特殊情节。例如,有的犯罪分子在死缓期间故意犯罪系因受他人欺凌,被害人对案件起因负主要责任,仅造成被害人轻伤,被害人甚至要求不执行死刑,检察机关也认为可以不执行死刑;有的犯罪分子只是脱逃未遂甚至预备,对此类案件也要执行死刑,无疑过于严厉。②(2)原判系因事实、证据等方面尚存在一定瑕疵,未达到适用死刑的证明标准而"留有余地"判处死刑缓期执行的,或者在复核死缓期间故意犯罪案件时,经审查认为原判被告人死缓的判决在证据上尚存一定瑕疵的。对于此类案件,如对罪犯在死缓期间故意犯罪一律执行死刑,则要面临错杀的风险。③ 总之,不考虑死缓期间故意犯罪的起因、性质、情节、后果以及原判的具体情况,一律核准并执行死刑,不符合宽严相济刑事政策和"严格控制和慎重适用死刑"政策,也不能适应

---

① 参见喻海松:《刑法的扩张——〈刑法修正案(九)〉及新近刑法立法解释司法适用解读》,人民法院出版社 2015 年版,第 14—15 页。

② 李某某死缓期间故意伤害案就是适例。李某某因故意杀人罪被判处死缓后入监服刑。2005 年 10 月 25 日 13 时许,李某某在监舍内自己的床下,发现一把自制小刀,便骂问是谁的小刀。李某某问了几遍后,见没有人理会,便把小刀扔到监舍对面水房垃圾桶里。李某某回到监舍后,小刀物主刘某某(同监舍服刑人员)与其发生争执并相互辱骂。刘某某先动手打了李某某面部一拳,李某某即朝刘某某面部还击两拳。经鉴定,刘某某鼻骨折明显移位,损伤为轻伤。本案中,刘某某在案件起因上负有主要责任,且先动手打了李某某面部一拳。考虑到本案的起因和刘某某先动手等因素,如对李某某执行死刑,显然过于严厉。

③ 例如,某被告人因运输毒品罪被判处死缓后入监服刑。2009 年 9 月 18 日上午 8 时许,该被告人趁清理监狱垃圾之机,在垃圾车车厢尾部将垃圾砌成一藏身之处,趁监管干警和其他罪犯不注意,钻进车上的垃圾中,并用烂棉絮盖住,随垃圾车混出监狱脱逃,起先逃到客车站,后乘车到火车站,于当日 18 时许被抓获。本案中,该被告人在死刑缓期执行期间故意犯罪,经查证属实,所犯之罪相对严重。但是,考虑到原判死缓的具体情况(被告人一直否认查获的毒品是他的,且据以定案的关键证据指纹提取笔录及指纹鉴定存在一定瑕疵),系证据尚存一定瑕疵而"留有余地"判处死缓,如对被告人执行死刑,明显不妥。

司法实践的复杂情况。

近年来,有关部门多次建议对《刑法》第五十条关于死缓期间故意犯罪执行死刑的规定作出修改,增加"情节恶劣"的限制条件,具体情形可以由司法实务部门根据案件情况把握。根据司法实践的具体情况,《刑法修正案(九)》修改对死缓罪犯执行死刑的条件,将《刑法》第五十条第一款修改为:"判处死刑缓期执行的,在死刑缓期执行期间,如果没有故意犯罪,二年期满以后,减为无期徒刑;如果确有重大立功表现,二年期满以后,减为二十五年有期徒刑;如果故意犯罪,情节恶劣的,报请最高人民法院核准后执行死刑;对于故意犯罪未执行死刑的,死刑缓期执行的期间重新计算,并报最高人民法院备案。"

2. 罚金刑执行的修改。1997年《刑法》第五十三条规定:"罚金在判决指定的期限内一次或者分期缴纳。期满不缴纳的,强制缴纳。对于不能全部缴纳罚金的,人民法院在任何时候发现被执行人有可以执行的财产,应当随时追缴。如果由于遭遇不能抗拒的灾祸缴纳确实有困难的,可以酌情减少或者免除。"据此,罚金在执行过程中"由于遭遇不能抗拒的灾祸缴纳确实有困难的",可以酌情减少或者免除。然而,从实施效果来看,罚金执行减免的条件过于严苛①,罪犯向人民法院申请减免罚金的情况较为少见。基于此,有必要对罚金执行制度作出修改完善,扩大罚金减免的事由范围,完善罚金的执行。② 最终,《刑法修正案(九)》将《刑法》第五十三条修改为:"罚金在判决指定的期限内一次或者分期缴纳。期满不缴纳的,强制缴纳。对于不能全部缴

---

① 《最高人民法院关于财产刑执行问题的若干规定》对适用条件作了具体解释,归纳为遭遇自然灾害丧失财产、因重病伤残丧失劳动能力、因抚养的近亲属重病需支付巨额医药费等三种情形。相对于1997年《刑法》第五十三条的原则规定,司法解释已经尽可能地根据司法实践的情况予以扩大解释,但适用范围过窄的情况并未得到根本性改变。

② 修法过程中,对于罚金制度的修改也存在两种不同思路:第一种思路是规范罚金的适用,即对罚金的数额确定明确具体规则,使得在判处罚金时同被告人的犯罪情节及经济状况相适应,以从根本上避免罚金陷入执行难的局面。第二种思路是完善罚金的执行。对罚金的适用规则不作修改,但将解决罚金执行难的重心放在执行阶段,通过扩大罚金变更事由和形式,解决罚金的"空判"问题。最终,《刑法修正案(九)》采纳了第二种思路。参见喻海松:《刑法的扩张——〈刑法修正案(九)〉及新近刑法立法解释司法适用解读》,人民法院出版社2015年版,第26—28页。

纳罚金的,人民法院在任何时候发现被执行人有可以执行的财产,应当随时追缴。由于遭遇不能抗拒的灾祸等原因缴纳确实有困难的,经人民法院裁定,可以延期缴纳、酌情减少或者免除。"可见,《刑法修正案(九)》对罚金执行制度作出完善:一是将罚金变更事由扩大为"由于遭遇不能抗拒的灾祸等原因";二是在罚金减免之外增加延期缴纳的规定。

《2012年刑事诉讼法》第二百五十条第二款规定:"被判处死刑缓期二年执行的罪犯,在死刑缓期执行期间,如果没有故意犯罪,死刑缓期执行期满,应当予以减刑,由执行机关提出书面意见,报请高级人民法院裁定;如果故意犯罪,查证属实,应当执行死刑,由高级人民法院报请最高人民法院核准。"第二百六十条规定:"被判处罚金的罪犯,期满不缴纳的,人民法院应当强制缴纳;如果由于遭遇不能抗拒的灾祸缴纳确实有困难的,可以裁定减少或者免除。"可见,《刑事诉讼法》的上述规定是与《刑法修正案(九)》施行前的《刑法》条文相衔接,从刑事程序方面作出的相应规定。在《刑法修正案(九)》施行后,《刑事诉讼法》亟须与其相衔接,作出相应修改。因此,在《刑事诉讼法(修正草案)》研拟过程中,各方一致赞成对《2012年刑事诉讼法》第二百五十条第二款和第二百六十条作出相应修改。

二、审议过程

一次审议稿	二次审议稿	三次审议稿
二十二、将第二五十条改为第二百六十一条,第二款修改为:"被判处死刑缓期二年执行的罪犯,在死刑缓期执行期间,如果没有故意犯罪,死刑缓期执行期满,应当予以减刑的,由执行机关提出书面意见,报请高级人民法	二十三、将第二百五十条改为第二百六十一条,第二款修改为:"被判处死刑缓期二年执行的罪犯,在死刑缓期执行期间,如果没有故意犯罪,死刑缓期执行期满,应当予以减刑的,由执行机关提出书面意见,报请高级人民法	二十三、将第二百五十条改为第二百六十一条,第二款修改为:"被判处死刑缓期二年执行的罪犯,在死刑缓期执行期间,如果没有故意犯罪,死刑缓期执行期满,应当予以减刑的,由执行机关提出书面意见,报请高级人民法院

（续表）

一次审议稿	二次审议稿	三次审议稿
院裁定；如果故意犯罪，情节恶劣，查证属实，应当执行死刑的，由高级人民法院报请最高人民法院核准；对于故意犯罪未执行死刑的，死刑缓期执行的期间重新计算，并报最高人民法院备案。"	院裁定；如果故意犯罪，情节恶劣，查证属实，应当执行死刑的，由高级人民法院报请最高人民法院核准；对于故意犯罪未执行死刑的，死刑缓期执行的期间重新计算，并报最高人民法院备案。"	裁定；如果故意犯罪，情节恶劣，查证属实，应当执行死刑的，由高级人民法院报请最高人民法院核准；对于故意犯罪未执行死刑的，死刑缓期执行的期间重新计算，并报最高人民法院备案。"
二十三、将第二百六十条改为第二百七十一条，修改为："被判处罚金的罪犯，期满不缴纳的，人民法院应当强制缴纳；如果由于遭遇不能抗拒的灾祸等原因缴纳确实有困难的，经人民法院裁定，可以延期缴纳、酌情减少或者免除。"	二十四、将第二百六十条改为第二百七十一条，修改为："被判处罚金的罪犯，期满不缴纳的，人民法院应当强制缴纳；如果由于遭遇不能抗拒的灾祸等原因缴纳确实有困难的，经人民法院裁定，可以延期缴纳、酌情减少或者免除。"	二十四、将第二百六十条改为第二百七十一条，修改为："被判处罚金的罪犯，期满不缴纳的，人民法院应当强制缴纳；如果由于遭遇不能抗拒的灾祸等原因缴纳确实有困难的，经人民法院裁定，可以延期缴纳、酌情减少或者免除。"

在《刑事诉讼法（修正草案）》审议和征求意见过程中，各方对该两条基本未提出不同意见。故而，《刑事诉讼法修改决定》最终沿用了一次审议稿的写法。

三、司法适用

《2012年刑事诉讼法》	《2018年刑事诉讼法》
第二百五十条　最高人民法院判处和核准的死刑立即执行的判决，应当由最高人民法院院长签发执行死刑的命令。	第二百六十一条　最高人民法院判处和核准的死刑立即执行的判决，应当由最高人民法院院长签发执行死刑的命令。

（续表）

《2012年刑事诉讼法》	《2018年刑事诉讼法》
被判处死刑缓期二年执行的罪犯,在死刑缓期执行期间,如果没有故意犯罪,死刑缓期执行期满,应当予以减刑,由执行机关提出书面意见,报请高级人民法院裁定;如果故意犯罪,查证属实,应当执行死刑,由高级人民法院报请最高人民法院核准。	被判处死刑缓期二年执行的罪犯,在死刑缓期执行期间,如果没有故意犯罪,死刑缓期执行期满,应当予以减刑的,由执行机关提出书面意见,报请高级人民法院裁定;如果故意犯罪,情节恶劣,查证属实,应当执行死刑的,由高级人民法院报请最高人民法院核准;对于故意犯罪未执行死刑的,死刑缓期执行的期间重新计算,并报最高人民法院备案。
第二百六十条　被判处罚金的罪犯,期满不缴纳的,人民法院应当强制缴纳;如果由于遭遇不能抗拒的灾祸缴纳确实有困难的,可以裁定减少或者免除。	第二百七十一条　被判处罚金的罪犯,期满不缴纳的,人民法院应当强制缴纳;如果由于遭遇不能抗拒的灾祸等原因缴纳确实有困难的,经人民法院裁定,可以延期缴纳、酌情减少或者免除。

1. 死缓的执行。根据《刑事诉讼法》第二百六十一条第二款的规定,被判处死刑缓期二年执行的罪犯,根据在死刑缓期执行期间的表现,区分情况作出处理:(1)如果没有故意犯罪,死刑缓期执行期满,应当予以减刑的,由执行机关提出书面意见,报请高级人民法院裁定;(2)如果故意犯罪,情节恶劣,查证属实,应当执行死刑的,由高级人民法院报请最高人民法院核准;(3)如果故意犯罪,但不属于情节恶劣,未执行死刑的,死刑缓期执行的期间重新计算,并报最高人民法院备案。

对于死缓期间故意犯罪执行死刑的条件"情节恶劣",应当根据案件具体情况认定。具体而言:(1)对于"情节恶劣",应当从犯罪类型、情节、后果及应当判处的刑罚等方面进行判断。例如,犯罪手段残忍的,造成严重人身伤害或者重大财产损失的,或者应当判处五年有期徒刑以上刑罚的,可以认定为"情节恶劣"。(2)综合考虑前罪的情况。实践中,有的死缓判决是因证据有一定瑕疵而"留有余地"判处死缓,对此类案件,除非罪犯在死缓期间又犯应当判处死刑立即执行之罪的,否则不能认定为"情节恶劣",不能执行死刑。

此外,根据《刑事诉讼法》第二百六十一条第二款的规定,对于死缓期间故意犯罪未执行死刑的,死刑缓期执行的期间重新计算,并报最高人民法院备案。需要注意的是,死刑缓期执行的期间应从新罪判决确定之日而非新罪实施之日起计算。主要考虑如下:(1)《刑法》第五十一条明确规定:"死刑缓期执行的期间,从判决确定之日起计算。"死缓期间故意犯罪未执行死刑的,实际上重新执行死刑缓期执行,自然应当从判决确定之日起计算。(2)死缓期间故意犯罪,主观恶性大,社会危害严重,从新罪判决确定之日起计算,实际上是延后死刑缓期执行期间,体现了对犯罪分子的从严惩处。

《2021年刑诉法解释》第四百九十七条对死缓期间故意犯罪的有关程序问题作了进一步细化规定。具体而言:(1)管辖规则。《2021年刑诉法解释》第四百九十七条第一款规定:"被判处死刑缓期执行的罪犯,在死刑缓期执行期间犯罪的,应当由罪犯服刑地的中级人民法院依法审判,所作的判决可以上诉、抗诉。"被判处死刑缓期执行的罪犯,在死刑缓期执行期间犯罪,既有故意犯罪,也有过失犯罪。无论是故意犯罪,还是过失犯罪,均应当由罪犯服刑地的中级人民法院依法审判。由于该条针对死缓期间故意犯罪的管辖作了特别规定,故死缓罪犯故意犯罪的,即使系脱逃后实施犯罪并在犯罪地被抓获的,也应当适用该条规定,由服刑地的中级人民法院审判。申言之,此种情形不适用《2021年刑诉法解释》第十三条第三款"罪犯在脱逃期间又犯罪的,由服刑地的人民法院管辖。但是,在犯罪地抓获罪犯并发现其在脱逃期间犯罪的,由犯罪地的人民法院管辖"的规定。(2)报请最高人民法院核准执行死刑程序。《2021年刑诉法解释》第四百九十七条第二款规定:"认定故意犯罪,情节恶劣,应当执行死刑的,在判决、裁定发生法律效力后,应当层报最高人民法院核准执行死刑。"(3)报最高人民法院备案程序。《2021年刑诉法解释》第四百九十七条吸收《关于对死刑缓期执行期间故意犯罪未执行死刑案件进行备案的通知》(法〔2016〕318号),对死缓期间故意犯罪未执行死刑备案程序作了明确,第三款、第四款规定:"对故意犯罪未执行死刑的,不再报高级人民法院核准,死刑缓期执行的期间重新计算,并层报最高人民法院备案。备案不影响判决、裁定的生效和执行。""最高人民法院经备案审查,认为原判不予执行死刑错误,确需改判的,应当依照审判监督程序予以纠正。"

2. 罚金的执行。根据《刑事诉讼法》第二百七十一条的规定,对于期满不缴纳罚金,包括未缴纳完毕的,由人民法院强制缴纳。需要注意的是,强制缴纳只对有能力而不缴纳罚金的被执行人适用。

根据《刑事诉讼法》第二百七十一条的规定,由于遭遇不能抗拒的灾祸等原因缴纳确实有困难的,经人民法院裁定,可以延期缴纳、酌情减少或者免除。需要注意如下问题:(1)罚金变更的缘由为"由于遭遇不能抗拒的灾祸等原因缴纳确实有困难的"情形。由于遭遇不能抗拒的灾祸缴纳确实有困难的,主要是因遭受火灾、水灾、地震等灾祸而丧失财产;因重病、伤残等而丧失劳动能力,或者需要其抚养的近亲属患有重病,需支付巨额医药费等,确实没有财产可供执行的情形。对于灾祸以外的其他原因确实没有财产可供执行的,也可以依法向人民法院申请罚金变更。(2)罚金变更方式除了"酌情减少""免除",还包括"延期缴纳"。所谓"延期缴纳",是指对罚金的数额不作变更,但是对判决确定的罚金的具体缴纳日期往后推延。

《2021年刑诉法解释》第五百二十四条规定:"因遭遇不能抗拒的灾祸等原因缴纳罚金确有困难,被执行人申请延期缴纳、酌情减少或者免除罚金的,应当提交相关证明材料。人民法院应当在收到申请后一个月内作出裁定。符合法定条件的,应当准许;不符合条件的,驳回申请。"据此,罚金的延期缴纳、酌情减少或者免除,均需由人民法院以裁定方式作出。具体而言,由于遭遇不能抗拒的灾祸等原因缴纳确实有困难的,由罪犯本人、亲属或者犯罪单位向负责执行的人民法院提出书面申请,并提供相应的证明材料。人民法院审查以后,根据实际情况,认为符合法定条件的,应当裁定延期缴纳、酌情减少或者免除;认为不符合法定条件的,裁定驳回申请。

第二节 关于与《律师法》《公证法》的衔接修改

一、《律师法》《公证法》关于终身禁止从事法律执业制度的规定

近年来,司法实践中出现一些被吊销律师执业证书的人员,继续以各种名义从事法律服务,扰乱法律服务的秩序,损害当事人合法权益和法律权威。特别是,《2012年刑事诉讼法》第三十二条第一款规定:"犯罪嫌疑人、被告人除自己行使辩护权以外,还可以委托一至二人作为辩护人。下列的人可以被委托为辩护人:(一)律师;(二)人民团体或者犯罪嫌疑人、被告人所在单位推荐的人;(三)犯罪嫌疑人、被告人的监护人、亲友。"对于第三项规定的"亲友"的具体范围,存在不同认识。故而,律师因犯辩护人伪造证据、妨害作证罪被刑事处罚、吊销执业证书,在刑满释放后,以犯罪嫌疑人、被告人朋友的名义担任辩护人,要求参与诉讼的,是否应当允许,各地认识不同。

经研究认为,律师曾因故意犯罪被刑事处罚后,不得担任辩护人,但是,有关人员系犯罪嫌疑人、被告人的监护人或者近亲属,犯罪嫌疑人、被告人委托其担任辩护人的,可以准许。主要考虑:其一,尽管《2012年刑事诉讼法》及《"六部委"规定》对曾因故意犯罪被刑事处罚的律师在刑满释放后能否担任辩护人问题未作明确的禁止性规定,但是,如一概允许此类人员担任辩护人,将使《律师法》有关因故意犯罪受过刑事处罚的人不得担任律师的规定形同虚设,明显有违法律精神。其二,如有关人员系犯罪嫌疑人、被告人的监护人或者近亲属的,考虑到两者的特殊关系,可作例外处理。

2017年9月1日,第十二届全国人大常委会第二十九次会议修改

《律师法》，自 2018 年 1 月 1 日起施行。修改后《律师法》第五十三条第二款规定："被吊销律师执业证书的，不得担任辩护人、诉讼代理人，但系刑事诉讼、民事诉讼、行政诉讼当事人的监护人、近亲属的除外。"而且，同日修改的《公证法》第四十二条第三款也规定："被吊销公证员执业证书的，不得担任辩护人、诉讼代理人，但系刑事诉讼、民事诉讼、行政诉讼当事人的监护人、近亲属的除外。"可见，修改后《律师法》和《公证法》根据建立终身禁止从事法律职业制度的要求，规定被吊销律师、公证员执业证书的人，不得担任辩护人、诉讼代理人，但系当事人的监护人、近亲属的除外。在《刑事诉讼法（修正草案）》研拟过程中，各方一致赞成与修改后《律师法》和《公证法》的规定衔接，在刑事诉讼法中作相应规定。其间，有关方面提出，建议将被吊销执业证书的鉴定人员纳入本条范围，主要理由是：鉴定人员属于广义的司法人员，其专业素养不低于律师、公证员，实践中也出现一些被吊销执业证书的鉴定人员以"亲友"身份代理案件的情况，需要予以制止。最终，上述意见未获采纳。

二、审议过程

一次审议稿	二次审议稿	三次审议稿
三、将第三十二条改为第三十三条，增加一款，作为第三款："被开除公职和被吊销律师、公证员执业证书的人，不得担任辩护人，但系犯罪嫌疑人、被告人的监护人、近亲属的除外。"	三、将第三十二条改为第三十三条，增加一款，作为第三款："被开除公职和被吊销律师、公证员执业证书的人，不得担任辩护人，但系犯罪嫌疑人、被告人的监护人、近亲属的除外。"	三、将第三十二条改为第三十三条，增加一款，作为第三款："被开除公职和被吊销律师、公证员执业证书的人，不得担任辩护人，但系犯罪嫌疑人、被告人的监护人、近亲属的除外。"

在《刑事诉讼法（修正草案）》审议和征求意见过程中，各方对本条基本未提出不同意见。故而，《刑事诉讼法修改决定》最终沿用了草案一次审议稿的写法。

三、司法适用

《2012年刑事诉讼法》	《2018年刑事诉讼法》
第三十二条　犯罪嫌疑人、被告人除自己行使辩护权以外，还可以委托一至二人作为辩护人。下列的人可以被委托为辩护人： （一）律师； （二）人民团体或者犯罪嫌疑人、被告人所在单位推荐的人； （三）犯罪嫌疑人、被告人的监护人、亲友。 正在被执行刑罚或者依法被剥夺、限制人身自由的人，不得担任辩护人。	第三十三条　犯罪嫌疑人、被告人除自己行使辩护权以外，还可以委托一至二人作为辩护人。下列的人可以被委托为辩护人： （一）律师； （二）人民团体或者犯罪嫌疑人、被告人所在单位推荐的人； （三）犯罪嫌疑人、被告人的监护人、亲友。 正在被执行刑罚或者依法被剥夺、限制人身自由的人，不得担任辩护人。 被开除公职和被吊销律师、公证员执业证书的人，不得担任辩护人，但系犯罪嫌疑人、被告人的监护人、近亲属的除外。

《刑事诉讼法》第三十三条第三款、第四款规定："正在被执行刑罚或者依法被剥夺、限制人身自由的人，不得担任辩护人。""被开除公职和被吊销律师、公证员执业证书的人，不得担任辩护人，但系犯罪嫌疑人、被告人的监护人、近亲属的除外。"《2021年刑诉法解释》第四十条第二款、第三款进一步规定："被告人除自己行使辩护权以外，还可以委托辩护人辩护。下列人员不得担任辩护人：（一）正在被执行刑罚或者处于缓刑、假释考验期间的人；（二）依法被剥夺、限制人身自由的人；（三）被开除公职或者被吊销律师、公证员执业证书的人；（四）人民法院、人民检察院、监察机关、公安机关、国家安全机关、监狱的现职人员；（五）人民陪审员；（六）与本案审理结果有利害关系的人；（七）外国人或者无国籍人；（八）无行为能力或者限制行为能力的人。""前款第三项至第七项规定的人员，如果是被告人的监护人、近亲属，由被告人

委托担任辩护人的,可以准许。"①司法适用中需要注意的是:

(1)正在被执行刑罚或者依法被剥夺、限制人身自由的人。"依法被剥夺、限制人身自由",既可能是被依法采取刑事强制措施,也可能是被治安拘留、强制隔离戒毒等其他依法被限制人身自由的情形。

(2)《2021年刑诉法解释》第四十条第三款规定:"前款第三项至第七项规定的人员,如果是被告人的监护人、近亲属,由被告人委托担任辩护人的,可以准许。"之所以规定"可以准许"而非"应当准许",旨在给司法实践一定的自由裁量权。有些情形下,该条第二款第三项至第七项规定的人员,以被告人的监护人、近亲属的身份担任辩护人,可能会影响司法公正,似不适宜。例如,已经担任过本案证人的,如果担任辩护人,会导致角色混同,不利于司法公正;又如,被告人近亲属系案件受理法院或者上级法院的法官或者领导,允许其作为辩护人参与诉讼,容易对裁判的公信力产生不良影响。

第三节　关于与《监察法》的衔接修改

一、《监察法》关于政务处分的规定

行政处分是指行政机关依照行政隶属关系给予有违法失职行为的行政机关工作人员的一种惩戒措施。而《监察法》规定了"政务处分"。第十一条规定,"监察委员会依照本法和有关法律规定……(三)对违法的公职人员依法作出政务处分决定"。第四十五条进一步规定,"监察机关根据监督、调查结果……(二)对违法的公职人员依照法定程序作出警告、记过、记大过、降级、撤职、开除等政务处分决定"。与行政处分的对象不同,政务处分的对象不限于行政机关工作人员,而是包括所有

---

① 在《2021年刑诉法解释》征求意见过程中,有意见建议明确有犯罪前科人员不能担任辩护人。理由:被开除公职人员,被吊销律师、公证员执业证书的人不得担任辩护人,所涉情形显然轻于受过刑事处罚。经研究认为,根据《律师法》的规定,因故意犯罪受过刑事处罚的人可以担任律师,自然就可以担任辩护人。上述意见似于法无据,未予采纳。

行使公权力的公职人员,具体包括:(1)中国共产党机关、人民代表大会及其常务委员会机关、人民政府、监察委员会、人民法院、人民检察院、中国人民政治协商会议各级委员会机关、民主党派机关和工商业联合会机关的公务员,以及参照《公务员法》管理的人员;(2)法律、法规授权或者受国家机关依法委托管理公共事务的组织中从事公务的人员;(3)国有企业管理人员;(4)公办的教育、科研、文化、医疗卫生、体育等单位中从事管理的人员;(5)基层群众性自治组织中从事管理的人员;(6)其他依法履行公职的人员。2018年4月,中央纪委国家监委印发《公职人员政务处分暂行规定》,对监察机关的政务处分工作作了进一步规范。特别是,《公职人员政务处分暂行规定》明确了党纪处分与政务处分的关系和衔接,第七条规定:"公职人员中的中共党员严重违犯党纪涉嫌犯罪的,应当由党组织先做出党纪处分决定,并由监察机关依法给予政务处分后,再依法追究其刑事责任。非中共党员的公职人员涉嫌犯罪的,应当先由监察机关依法给予政务处分,再依法追究其刑事责任。公职人员中的中共党员先依法受到行政处罚和刑事责任追究的,党组织、监察机关可以根据生效的行政处罚决定和司法机关的生效判决、裁定、决定及其认定的事实、性质和情节,依纪依法给予党纪、政务处分。"

二、审议过程

一次审议稿	二次审议稿	三次审议稿
	十七、将第一百七十三条改为第一百七十七条,第三款修改为:"人民检察院决定不起诉的案件,应当同时对侦查中查封、扣押、冻结的财物解除查封、扣押、冻结。对被不起诉人需要给予行政处罚、	十七、将第一百七十三条改为第一百七十七条,第三款修改为:"人民检察院决定不起诉的案件,应当同时对侦查中查封、扣押、冻结的财物解除查封、扣押、冻结。对被不起诉人需要给予行政处罚、

(续表)

一次审议稿	二次审议稿	三次审议稿
	处分或者需要没收其违法所得的,人民检察院应当提出检察意见,移送有关主管机关处理。有关主管机关应当将处理结果及时通知人民检察院。"	处分或者需没收其违法要所得的,人民检察院应当提出检察意见,移送有关主管机关处理。有关主管机关应当将处理结果及时通知人民检察院。"

《2012年刑事诉讼法》第一百七十三条第三款规定:"人民检察院决定不起诉的案件,应当同时对侦查中查封、扣押、冻结的财物解除查封、扣押、冻结。对被不起诉人需要给予行政处罚、行政处分或者需要没收其违法所得的,人民检察院应当提出检察意见,移送有关主管机关处理。有关主管机关应当将处理结果及时通知人民检察院。"此处采用的是"行政处分"的规定,即对于不起诉案件,人民检察院认为对被不起诉人需要给予行政处分的,应当提出检察意见,移送有关主管机关处理。然而,在《监察法》施行后,监察机关有权依据《监察法》的相关规定对违法的公职人员作出政务处分决定。因此,为了与《监察法》的相关规定相衔接,亟须将《2012年刑事诉讼法》第一百七十三条第三款规定的"行政处分"调整为"处分",以包括政务处分等各种处分在内,为检察机关在决定不起诉的情形下针对需要给予政务处分的被不起诉人提出检察建议,移送监察机关处理提供法律依据。基于此,二次审议稿提出了具体修改方案。对此,各方未提出不同意见。故而,《刑事诉讼法修改决定》最终基本沿用了二次审议稿的写法;但是,由于该条第一款规定的刑事诉讼法条文序号需要由"第十五条"调整为"第十六条",故一并作出修改。

三、司法适用

《2012 年刑事诉讼法》	《2018 年刑事诉讼法》
第一百七十三条　犯罪嫌疑人没有犯罪事实,或者有本法第十五条规定的情形之一的,人民检察院应当作出不起诉决定。 　　对于犯罪情节轻微,依照刑法规定不需要判处刑罚或者免除刑罚的,人民检察院可以作出不起诉决定。 　　人民检察院决定不起诉的案件,应当同时对侦查中查封、扣押、冻结的财物解除查封、扣押、冻结。对被不起诉人需要给予行政处罚、行政处分或者需要没收其违法所得的,人民检察院应当提出检察意见,移送有关主管机关处理。有关主管机关应当将处理结果及时通知人民检察院。	第一百七十七条　犯罪嫌疑人没有犯罪事实,或者有本法第十六条规定的情形之一的,人民检察院应当作出不起诉决定。 　　对于犯罪情节轻微,依照刑法规定不需要判处刑罚或者免除刑罚的,人民检察院可以作出不起诉决定。 　　人民检察院决定不起诉的案件,应当同时对侦查中查封、扣押、冻结的财物解除查封、扣押、冻结。对被不起诉人需要给予行政处罚、处分或者需要没收其违法所得的,人民检察院应当提出检察意见,移送有关主管机关处理。有关主管机关应当将处理结果及时通知人民检察院。

根据《刑事诉讼法》第一百七十七条第三款的规定,在决定不起诉的情形下,人民检察院应当审查对被不起诉人是否需要给予政务处分等各种处分。如果认为需要给予政务处分或者其他处分的,人民检察院应当提出检察意见,移送监察机关或者其他有关主管机关处理。监察机关或者其他有关主管机关应当将处理结果及时通知人民检察院。

《2021 年刑诉法解释》第二百一十八条规定:"对提起公诉的案件,人民法院应当在收到起诉书(一式八份,每增加一名被告人,增加起诉书五份)和案卷、证据后,审查以下内容:……(二)起诉书是否写明被告人的身份,是否受过或者正在接受刑事处罚、处分,被采取留置措施的情况,被采取强制措施的时间、种类、羁押地点,犯罪的时间、地点、手段、后果以及其他可能影响定罪量刑的情节;有多起犯罪事实的,是否在起诉书中将事实分别列明……"第二百三十五条第一款规定:"审判长宣布开庭,传被告人到庭后,应当查明被告人的下列情况:……

(二)是否受过刑事处罚、处分及其种类、时间……"第四百二十六条第二款规定:"案件综合报告应当包括以下内容:(一)被告人、被害人的基本情况。被告人有前科或者曾受过行政处罚、处分的,应当写明……"该三条采用"处分"的表述,可以将党纪处分和政务处分等处分形式均纳入其中。

第四节　关于与《人民陪审员法》的衔接修改

一、《人民陪审员法》关于人民陪审员参加审判的规定

人民陪审员制度是社会主义民主政治的重要内容,是中国特色社会主义司法制度的重要组成部分,也是社会主义民主制度在司法领域的重要体现。2018年4月27日,第十三届全国人大常委员第二次会议审议通过《人民陪审员法》,自同日起施行。其中,第十四条规定:"人民陪审员和法官组成合议庭审判案件,由法官担任审判长,可以组成三人合议庭,也可以由法官三人与人民陪审员四人组成七人合议庭。"第十五条规定:"人民法院审判第一审刑事、民事、行政案件,有下列情形之一的,由人民陪审员和法官组成合议庭进行:(一)涉及群体利益、公共利益的;(二)人民群众广泛关注或者其他社会影响较大的;(三)案情复杂或者有其他情形,需要由人民陪审员参加审判的。""人民法院审判前款规定的案件,法律规定由法官独任审理或者由法官组成合议庭审理的,从其规定。"第十六条规定:"人民法院审判下列第一审案件,由人民陪审员和法官组成七人合议庭进行:(一)可能判处十年以上有期徒刑、无期徒刑、死刑,社会影响重大的刑事案件;(二)根据民事诉讼法、行政诉讼法提起的公益诉讼案件;(三)涉及征地拆迁、生态环境保护、食品药品安全,社会影响重大的案件;(四)其他社会影响重大的案件。"

人民陪审员参与审判活动,有利于架起人民法院与人民群众的沟通桥梁,形成法官和人民陪审员的优势互补,实现司法专业化判断与

群众对公正认知的有机统一。根据《人民陪审员法》的上述规定,人民陪审员参加的合议庭组成采用两种模式:一是三人合议庭,二是七人合议庭。① 在三人合议庭中,不区分事实审与法律审,人民陪审员与法官有同等权利。在七人合议庭中,人民陪审员应当对事实认定独立发表意见,并与审判员共同表决;对法律适用可以发表意见,但不参加表决。

《2012年刑事诉讼法》第一百七十八条对刑事案件的合议庭组成作了明确,规定:"基层人民法院、中级人民法院审判第一审案件,应当由审判员三人或者由审判员和人民陪审员共三人组成合议庭进行,但是基层人民法院适用简易程序的案件可以由审判员一人独任审判。""高级人民法院、最高人民法院审判第一审案件,应当由审判员三人至七人或者由审判员和人民陪审员共三人至七人组成合议庭进行。""人民陪审员在人民法院执行职务,同审判员有同等的权利。""人民法院审判上诉和抗诉案件,由审判员三人至五人组成合议庭进行。""合议庭的成员人数应当是单数。合议庭由院长或者庭长指定审判员一人担任审判长。院长或者庭长参加审判案件的时候,自己担任审判长。"显然,在《人民陪审员法》施行后,刑事诉讼法亟须与此相衔接,作出相应修改。此外,此次刑事诉讼法修改增设了速裁程序,也需要对独任审判的适用情形作出相应衔接修改。因此,在《刑事诉讼法(修正草案)》研拟过程中,各方一致同意对《2012年刑事诉讼法》第一百七十八条作出相应修改。

---

① "之所以没有选择五人或九人及以上的合议庭组成模式,主要是考虑到在区分事实审和法律审的前提下,采用五人合议庭,法官人数至少要保证三人,人民陪审员则仅有两人,在合议庭内人数较少,难以发挥有效、实质参审的应有作用;采用七人合议庭,一方面是七人合议庭已能满足审理重大案件的需要,法庭设施也不需要大规模改造;另一方面,七人合议庭中人民陪审员四人和法官三人,数量配比相对平衡,如果合议庭人数为九人及以上,既会加剧人民法院"案多人少"的工作负担,加大陪审成本,又会影响审判活动的效率。同时,《2012年刑事诉讼法》第一百七十八条规定,高级人民法院、最高人民法院审判第一审案件可以由审判员和人民陪审员三人至七人组成合议庭进行,也是设置七人合议庭的参考依据。"参见《对〈中华人民共和国人民陪审员法(草案)〉的说明——2017年12月22日在第十二届全国人民代表大会常务委员会第三十一次会议上》,载中国人大网(http://www.npc.gov.cn/npc/c30834/201804/e97907a7aa4d47e696d286f72082 e0b2.shtml),访问日期:2021年1月28日。

二、审议过程

一次审议稿	二次审议稿	三次审议稿
十八、将第一百七十八条改为第一百八十三条，修改为："基层人民法院、中级人民法院审判第一审案件，应当由审判员三人或者由审判员和人民陪审员共三人或者七人组成合议庭进行，但是基层人民法院适用简易程序、速裁程序的案件可以由审判员一人独任审判。 "高级人民法院审判第一审案件，应当由审判员三人至七人或者由审判员和人民陪审员共三人或者七人组成合议庭进行。 "最高人民法院审判第一审案件，应当由审判员三人至七人组成合议庭进行。 "人民法院审判上诉和抗诉案件，由审判员三人至五人组成合议庭进行。 "合议庭的成员人数应当是单数。 "合议庭由院长或者庭长指定审判员一人担任审判长。院长或者庭长参加审判案件的时候，自己担任审判长。"	十九、将第一百七十八条改为第一百八十三条，修改为："基层人民法院、中级人民法院审判第一审案件，应当由审判员三人或者由审判员和人民陪审员共三人或者七人组成合议庭进行，但是基层人民法院适用简易程序、速裁程序的案件可以由审判员一人独任审判。 "高级人民法院审判第一审案件，应当由审判员三人至七人或者由审判员和人民陪审员共三人或者七人组成合议庭进行。 "最高人民法院审判第一审案件，应当由审判员三人至七人组成合议庭进行。 "人民法院审判上诉和抗诉案件，由审判员三人至五人组成合议庭进行。 "合议庭的成员人数应当是单数。 "合议庭由院长或者庭长指定审判员一人担任审判长。~~院长或者庭长参加审判案件的时候，自己担任审判长。~~"	十九、将第一百七十八条改为第一百八十三条，修改为："基层人民法院、中级人民法院审判第一审案件，应当由审判员三人或者由审判员和人民陪审员共三人或者七人组成合议庭进行，但是基层人民法院适用简易程序、速裁程序的案件可以由审判员一人独任审判。 "高级人民法院审判第一审案件，应当由审判员三人至七人或者由审判员和人民陪审员共三人或者七人组成合议庭进行。 "最高人民法院审判第一审案件，应当由审判员三人至七人组成合议庭进行。 "人民法院审判上诉和抗诉案件，由审判员三人或者五人组成合议庭进行。 "合议庭的成员人数应当是单数。"

在《刑事诉讼法(草案)》审议和征求意见过程中,根据有关方面的意见,三次审议稿作了一些调整:(1)针对人民法院审判上诉和抗诉案件合议庭,由审判员"三人至五人组成"调整为"三人或者五人组成"。由于合议庭的成员人数应当是单数,故不会出现审判员四人组成合议庭的情况,故调整后的表述更为准确。(2)删除了"合议庭由院长或者庭长指定审判员一人担任审判长。院长或者庭长参加审判案件的时候,自己担任审判长"的规定,即未对审判长的确定规则再作出明确。2018年10月26日第十三届全国人大常委会第六次会议修订的《人民法院组织法》第三十条第二款规定:"合议庭由一名法官担任审判长。院长或者庭长参加审理案件时,由自己担任审判长。"该条所明确的审判长确定规则适用于刑事、民事、行政等各类案件,没有必要再在刑事诉讼法中作重复规定。因此,在修法过程中,考虑到法律之间的协调,草案三次审议稿删去了相关规定。最终,《刑事诉讼法修改决定》沿用了三次审议稿的表述。

三、司法适用

《2012年刑事诉讼法》	《2018年刑事诉讼法》
第一百七十八条　基层人民法院、中级人民法院审判第一审案件,应当由审判员三人或者由审判员和人民陪审员共三人组成合议庭进行,但是基层人民法院适用简易程序的案件可以由审判员一人独任审判。 　　高级人民法院、最高大民法院审判第一审案件,应当由审判员三人至七人或者由审判员和人民陪审员共三人至七人组成合议庭进行。 　　大民陪审员在大民法院执行职务,同审判员有同等的权利。	第一百八十三条　基层人民法院、中级人民法院审判第一审案件,应当由审判员三人或者由审判员和人民陪审员共三人或者七人组成合议庭进行,但是基层人民法院适用简易程序、速裁程序的案件可以由审判员一人独任审判。 　　高级人民法院审判第一审案件,应当由审判员三人至七人或者由审判员和人民陪审员共三人或者七人组成合议庭进行。 　　最高人民法院审判第一审案件,应当由审判员三人至七人组成合

（续表）

《2012年刑事诉讼法》	《2018年刑事诉讼法》
人民法院审判上诉和抗诉案件，由审判员三人至五人组成合议庭进行。 合议庭的成员人数应当是单数。 合议庭由院长或者庭长指定审判员一人担任审判长。院长或者庭长参加审判案件的时候，自己担任审判长。	议庭进行。 人民法院审判上诉和抗诉案件，由审判员三人或者五人组成合议庭进行。 合议庭的成员人数应当是单数。

审判组织代表人民法院行使审判权，在审判案件活动中具有重要作用。《刑事诉讼法修改决定》对《2012年刑事诉讼法》第一百七十八条作出修改。另外，修订后的《人民法院组织法》《人民陪审员法》施行后，也要求对审判组织的相关规定作出相应调整。鉴此，《2021年刑诉法解释》根据修改后法律的规定，结合司法实践情况，对《2012年刑诉法解释》第八章"审判组织"有关条文作出修改完善。从刑事审判实践来看，以下五点值得关注。

1. 合议庭组成的例外规定。《人民陪审员法》第十五条第一款明确规定，人民法院审判第一审刑事、民事、行政案件，具有所列情形之一的，由人民陪审员和法官组成合议庭进行；但是，第二款进一步规定对于所列案件，法律规定由法官独任审理或者由法官组成合议庭审理的，从其规定。而《刑事诉讼法》第一百八十三条第一款规定基层人民法院适用简易程序、速裁程序的案件可以由审判员一人独任审判，第三款规定："最高人民法院审判第一审案件，应当由审判员三人至七人组成合议庭进行。"故而，对于基层人民法院和最高人民法院审理第一审刑事案件，可能由审判员而非审判员和人民陪审员组成合议庭进行审判。

2. 审判员和人民陪审员七人合议庭的适用情形。《刑事诉讼法》第一百八十三条规定基层人民法院、中级人民法院和高级人民法院审判第一审案件，可以由审判员和人民陪审员组成七人合议庭进行。

而《人民陪审员法》第十六条明确规定:"人民法院审判下列第一审案件,由人民陪审员和法官组成七人合议庭进行:(一)可能判处十年以上有期徒刑、无期徒刑、死刑,社会影响重大的刑事案件;(二)根据民事诉讼法、行政诉讼法提起的公益诉讼案件;(三)涉及征地拆迁、生态环境保护、食品药品安全,社会影响重大的案件;(四)其他社会影响重大的案件。"据此,《2021年刑诉法解释》第二百一十三条第二款规定:"基层人民法院、中级人民法院、高级人民法院审判下列第一审刑事案件,由审判员和人民陪审员组成七人合议庭进行:(一)可能判处十年以上有期徒刑、无期徒刑、死刑,且社会影响重大的;(二)涉及征地拆迁、生态环境保护、食品药品安全,且社会影响重大的;(三)其他社会影响重大的。"根据实践反映的问题,在此重点阐释一下适用七人合议庭的第一项情形,即"可能判处十年以上有期徒刑、无期徒刑、死刑,且社会影响重大的"。具体而言,此种情形应当满足如下三个条件。

一是必须是基层人民法院、中级人民法院和高级人民法院审判的第一审刑事案件。(1)审判案件的法院必须是基层人民法院、中级人民法院和高级人民法院。如果是最高人民法院审理的第一审刑事案件,即使可能判处十年以上有期徒刑、无期徒刑、死刑,社会影响重大的,也应当由审判员三人或者五人组成合议庭进行,而非由审判员和人民陪审员组成合议庭进行。(2)必须是第一审刑事案件。第二审刑事案件和再审案件以及发回第一审重新审理的刑事案件,均不适用陪审制。①

二是必须是可能判处十年以上有期徒刑、无期徒刑、死刑的刑事案

---

① 正如有论者所指出的:"因为人民陪审员参加一审案件的审判,主要是发挥其熟悉社情民意、富有社会阅历,长于事实认定的优势,二审案件、再审案件以及发回一审重审案件,都不是第一次审理的案件,很多事实和法律问题已经固定,且交织在一起,已经变得较为复杂,对于人民陪审员这些非法律专业人士来说,很难充分发挥实质参审作用。因此,为了稳妥起见,也为了合理利用有限的陪审资源,原则上只有新受理的一审案件适用陪审制,二审案件、再审案件、发回一审法院重新审理的案件不适用陪审制。"参见姚宝华:《人民陪审员法第十六条第一项理解之我见》,载《人民法院报》2018年12月12日,第8版。

件。所谓"可能判处十年以上有期徒刑、无期徒刑、死刑",是指实际可能判处的刑罚而非法定刑幅度。

三是必须是社会影响重大的刑事案件。可能判处十年以上有期徒刑、无期徒刑、死刑的案件不在少数,基于当前人民法院刑事审判力量、法庭硬件设施等条件限制,均组成七人合议庭不合实际。根据法律规定,对可能判处十年以上有期徒刑、无期徒刑、死刑的一审案件,并非应当一律组成七人合议庭,只有同时满足"社会影响重大"的条件,才应当组成七人合议庭。基于此,《2021年刑诉法解释》第二百一十三条第二款第一项的表述是"可能判处十年以上有期徒刑、无期徒刑、死刑,且社会影响重大的",即突出了"且"的表述,强调需同时满足"社会影响重大"的条件。"'社会影响重大'的认定与涉及的人数多少,人民群众是不是广泛关注,是不是影响到国计民生、社会稳定、公共安全或社会特定群体的利益等因素密切相关。是否具有重大的社会影响,要依据具体的案情进行判断,如食物中毒事件,如果发生在学校,涉及的人数众多,就应当认定为具有重大的社会影响,倘若发生在自己家里,只涉及几个人,且没有造成什么身体损害,就不能认定为具有重大社会影响。"①

有必要强调的是,合议庭组成属于人民法院依职权决定的事项。"可能判处十年以上有期徒刑、无期徒刑、死刑,社会影响重大的刑事案件"这一由审判员和人民陪审员共七人组成合议庭进行审判的适用情形,本身属于自由裁量的范围,有赖于法官的内心判断。② 因此,仅就相关刑事案件是否由审判员和人民陪审员共七人组成合议庭进行审判而言,无论受案法院如何处理,均不属于合议庭组成不合法的情形,当事人就此要求复议或者提出上诉,以及人民检察院就此提起抗诉的,均不应得到支持。

---

① 王爱立主编:《〈中华人民共和国人民陪审员法〉释义》,中国民主法制出版社2018年版,第131—132页。
② 参见姚宝华:《人民陪审员法第十六条第一项理解之我见》,载《人民法院报》2018年12月12日,第8版。

3. 人民陪审员的权利。《2012年刑事诉讼法》第一百七十八条第三款规定:"人民陪审员在人民法院执行职务,同审判员有同等的权利。"《2018年刑事诉讼法》第一百八十三条删去了上述规定。但是,《人民陪审员法》第二条第二款规定:"人民陪审员依照本法产生,依法参加人民法院的审判活动,除法律另有规定外,同法官有同等权利。"据此,人民陪审员参与刑事案件的审理,与法官有同等权利,如在三人合议庭中,由于不区分事实审与法律审,人民陪审员与法官有同等权利。对此,《2021年刑诉法解释》第二百一十五条第一款规定:"人民陪审员参加三人合议庭审判案件,应当对事实认定、法律适用独立发表意见,行使表决权。"

《中共中央关于全面推进依法治国若干重大问题的决定》提出:"完善人民陪审员制度,保障公民陪审权利,扩大参审范围,完善随机抽选方式,提高人民陪审制度公信度。逐步实行人民陪审员不再审理法律适用问题,只参与审理事实认定问题。"为落实这一要求,让司法判决更加贴近人民群众的朴素公平正义观念,《人民陪审员法》第二十二条规定:"人民陪审员参加七人合议庭审判案件,对事实认定,独立发表意见,并与法官共同表决;对法律适用,可以发表意见,但不参加表决。"对此,《2021年刑诉法解释》第二百一十五条第二款规定:"人民陪审员参加七人合议庭审判案件,应当对事实认定独立发表意见,并与审判员共同表决;对法律适用可以发表意见,但不参加表决。"关于七人合议制中事实问题与法律问题的区分,有关司法解释未作明确规定,司法实践普遍反映难以把握。鉴此,有必要针对刑事案件中适用七人合议制涉及的事实问题与法律问题的界分予以阐释。

从境外情况来看,通常而言,适用陪审团审理的相关案件,涉及证据合法性、量刑等问题由法官决定;指控的犯罪是否成立(包括事实存在,但无需追究刑事责任的情形)由陪审团决定。换言之,在陪审团审判制度下,陪审团的职责和职权是决定被告人有罪还是无罪的问题,陪审团只需就被告人有罪无罪作出表决,并不会就指控事实是否存在、有关行为是否是被告人实施、被告人是否构成犯罪甚至构成何罪进行分项表决。因此,在英美陪审团审判制度下,庭审前和庭审结束时,法官要专门对陪审团就所审理的案件涉及的相关法律问题进行辅导和指导,以使陪审团能够正确适用法律决定被告人有罪还是无罪的重大问题。

我国《人民陪审员法》规定的"事实问题"与"法律问题",从表述看,似不能简单对应于英美陪审制度中的定罪问题和量刑问题。从我国司法实际情况出发,被指控的犯罪是否存在、是否为被告人所实施,明显属于事实问题,对此毋庸置疑;但是,对下列情形是否属于事实问题则需作进一步探讨:(1)在被指控的犯罪事实确实存在且系被告人所实施的前提下,相关行为是否符合法定构成要件,是否构成犯罪。例如,"蕙兰案"中,行为人采挖兰草的行为是否构成非法采伐国家重点保护植物罪;即使具体是否构成非法采伐国家重点保护植物罪不宜认定为事实问题,那么相关行为是否构成犯罪也应当属于事实问题。对此,可以纳入"被指控的犯罪是否存在"之中予以把握。(2)有关行为能否适用《刑法》第十三条但书的规定。这是指在行为人所实施的行为符合犯罪构成的前提下,能否以"情节显著轻微危害不大"为由,不认定为犯罪。又如,防卫过当案件,行为人的行为属于防卫行为、行为人造成了不法侵害人伤亡等事实都可认定,在此情形下,有关防卫有无明显超过必要限度问题直接决定行为人是正当防卫还是防卫过当。对此,均可以纳入"被指控的犯罪是否存在"之中予以把握。(3)量刑事实、包括法定刑升档的事实,都属于事实问题,但是对于如何具体裁量刑法,宜认定为法律问题。特别是,对于死刑的适用这一刑罚裁量问题,当下如果让陪审员参与表决,恐会对死刑的控制带来重大影响。

基于上述考虑,大体而言,下列问题属于"事实认定"问题:(1)被指控的犯罪是否存在;(2)被指控的犯罪是否系被告人实施;(3)有关从重、从轻、减轻、免除处罚或者加重法定刑的量刑事实是否存在;(4)其他事实认定问题。下列问题属于"法律适用"问题:(1)被告人构成何种犯罪;(2)如何裁量刑罚;(3)其他法律适用问题。当然,具体操作中,事实认定问题和法律适用问题难以区分的,应当视为事实认定问题。

4. 合议庭审判长的确定。《刑事诉讼法》第一百八十三条未再明确刑事案件合议庭审判长的确定规则。对此,应当适用修订后《人民法院组织法》第三十条第二款"合议庭由一名法官担任审判长。院长或者庭长参加审理案件时,由自己担任审判长"的规定。《2021年刑诉法解释》第二百一十二条规定:"合议庭由审判员担任审判长。院长或者庭长参加审理案件时,由其本人担任审判长。""审判员依法独任审判时,行使与审判长相同的职权。"

5. 人民陪审员参与庭审和评议案件的程序。《2021年刑诉法解释》第二百一十四条规定:"开庭审理和评议案件,应当由同一合议庭进行。合议庭成员在评议案件时,应当独立发表意见并说明理由。意见分歧的,应当按多数意见作出决定,但少数意见应当记入笔录。评议笔录由合议庭的组成人员在审阅确认无误后签名。评议情况应当保密。"就具体操作而言,合议庭成员在评议案件时,应当按照法官和人民陪审员各自资历由浅到深,先人民陪审员发言,后法官发言,审判长最后发言的顺序,独立表达意见并说明理由。这一发言顺序旨在避免部分年轻或资历较浅的成员发表意见时受到其他人影响,也与域外陪审团评议时发言顺序保持一致。有关司法解释实际上也是如此要求。

第五节　关于与《关于中国海警局行使海上维权执法职权的决定》的衔接修改

一、《关于中国海警局行使海上维权执法职权的决定》关于中国海警局执法职权的规定

2013年3月,第十二届全国人大第一次会议审议通过《国务院机构改革和职能转变方案》将国家海洋局及其中国海监、公安部边防海警、农业部中国渔政、海关总署海上缉私警察的队伍和职责整合,重新组建国家海洋局,由国土资源部管理。国家海洋局以中国海警局名义开展海上维权执法,接受公安部业务指导。据此,中国海警局行使原公安边防海警、海关总署海上缉私警察的刑事执法权。

2018年,为有效维护我国海洋权益,海警队伍转隶武警部队,调整组建中国人民武装警察部队海警总队,对外称中国海警局,统一履行海上维权执法职责,行使公安机关、有关行政机关的相应执法职权。2018年6月22日,第十三届全国人大常委会第三次会议通过《关于中国海警局行使海上维权执法职权的决定》(以下简称《海上维权执法决定》),自2018年7月1日起施行。《海上维权执法决定》明确中国海警局统一履行海上维权执法职责。具体而言:(1)中国海警局履行海上维权执法职责,包括执行打击海上违法犯罪活动、维护海上治安和安全保卫、海洋资源开发利用、海洋生态环境保护、海洋渔业管理、海上缉私等方面的执法任务,以及协调指导地方海上执法工作。(2)中国海警局执行打击海上违法犯罪活动、维护海上治安和安全保卫等任务,行使法律规定的公安机关相应执法职权;执行海洋资源开发利用、海洋生态环境保护、海洋渔业管理、海上缉私等方面的执法任务,行使法律规定的有关行政机关相应执法职权。中国海警局与公安机关、有关行政机关建立执法协作机制。(3)条件成熟时,有关方面应当及时提出制定、修改有关法律的议案,依照法定程序提请审议。①

---

① 中国海警局执行海上打击违法犯罪活动、维护治安和安全保卫等任务时,行使《刑事诉讼法》《治安管理处罚法》等法律规定的公安机关相应执法职权;执行海洋资源开发利用、海洋生态环境保护、海洋渔业管理、海上缉私等方面执法任务时,行使《渔业法》《海关法》《海域使用管理法》《海洋环境保护法》《海岛保护法》《野生动物保护法》等法律规定的有关行政机关相应执法职权。因此,需要对《刑事诉讼法》《治安管理处罚法》《渔业法》《海关法》《海域使用管理法》《海洋环境保护法》《海岛保护法》《野生动物保护法》等法律作出修改。

二、审议过程

一次审议稿	二次审议稿	三次审议稿
		二十六、将第二百九十条改为第三百零八条，修改为："军队保卫部门对军队内部发生的刑事案件行使侦查权。 "中国海警局履行海上维权执法职责，对海上发生的刑事案件行使侦查权。 "对罪犯在监狱内犯罪的案件由监狱进行侦查。 "军队保卫部门、中国海警局、监狱办理刑事案件，适用本法的有关规定。"

《2012年刑事诉讼法》在附则中对军队保卫部门和监狱对特定刑事案件的侦查权作了规定，第二百九十条规定："军队保卫部门对军队内部发生的刑事案件行使侦查权。""对罪犯在监狱内犯罪的案件由监狱进行侦查。""军队保卫部门、监狱办理刑事案件，适用本法的有关规定。"在《刑事诉讼法（修正草案）》（二次审议稿）的审议和征求意见过程中，中央军委法制局和一些社会公众提出，为做好与《海上维权执法决定》的衔接，保障依法打击海上犯罪活动，建议在《刑事诉讼法》中增加相应规定，明确中国海警局的侦查主体地位。全国人大宪法和法律委员会经与中央军委法制局、武警部队、中国海警局共同研究，建议采纳上述意见，在附则中增加规定，中国海警局履行海上维权执法职责，对海上发生的刑事案件行使侦查权。中国海警局办理刑事案件，适用《刑

事诉讼法》的有关规定。① 最终,《刑事诉讼法修改决定》沿用了草案三次审议稿的写法。

三、司法适用

《2012 年刑事诉讼法》	《2018 年刑事诉讼法》
第二百九十条　军队保卫部门对军队内部发生的刑事案件行使侦查权。 对罪犯在监狱内犯罪的案件由监狱进行侦查。 军队保卫部门、监狱办理刑事案件,适用本法的有关规定。	第三百零八条　军队保卫部门对军队内部发生的刑事案件行使侦查权。 *中国海警局履行海上维权执法职责,对海上发生的刑事案件行使侦查权。* 对罪犯在监狱内犯罪的案件由监狱进行侦查。 军队保卫部门、*中国海警局*、监狱办理刑事案件,适用本法的有关规定。

《刑事诉讼法》第三百零八条明确了军队保卫部门、中国海警局、监狱的侦查权,以及适用《刑事诉讼法》有关规定办理刑事案件的问题。对于本条规定,司法适用中需要注意以下三个方面的问题。

1. 军队保卫部门、中国海警局、监狱享有同公安机关相同的侦查权。根据《刑事诉讼法》第三百零八条第一款至第三款的规定,军队保卫部门对军队内部发生的刑事案件、中国海警局对海上发生的刑事案件、监狱对罪犯在监狱内犯罪的刑事案件进行侦查,其性质同公安机关对刑事案件的侦查是相同的,故享有同公安机关相同的侦查权,即《刑事诉讼法》第三条规定的"对刑事案件的侦查、拘留、执行逮捕、预审"的权力。

2. 军队保卫部门、中国海警局、监狱办理刑事案件适用《刑事诉讼法》有关规定。据此,军队保卫部门、中国海警局、监狱办理刑事案件,同公安机关一样,享有《刑事诉讼法》规定的侦查刑事案件的职

---

① 参见《全国人民代表大会宪法和法律委员会关于〈中华人民共和国刑事诉讼法(修正草案)〉审议结果的报告(2018 年 10 月 22 日)》,载中国人大网(http://www.npc.gov.cn/npc/xinwen/2018-10/26/content_2064466.htm),访问日期:2018 年 11 月 3 日。

权,也应当严格遵守《刑事诉讼法》关于侦查的规定。对此,《2021年刑诉法解释》第六百五十四条作了照应性规定,明确:"本解释有关公安机关的规定,依照刑事诉讼法的有关规定,适用于国家安全机关、军队保卫部门、中国海警局和监狱。"需要注意的是,由于职责有所差异,《2021年刑诉法解释》关于公安机关的规定,并不必然适用于其他侦查机关;具体哪些可以适用,需要根据刑事诉讼法的有关规定具体分析。

3.《最高人民法院、最高人民检察院、中国海警局关于海上刑事案件管辖等有关问题的通知》(海警〔2020〕1号)对海上刑事案件管辖等有关问题作了进一步明确。[①] 具体而言,对海上发生的刑事案件,按照下列原则确定管辖:(1)在中华人民共和国内水、领海发生的犯罪,由犯罪地或者被告人登陆地的人民法院管辖,如果由被告人居住地的人民法院审判更为适宜的,可以由被告人居住地的人民法院管辖。(2)在中华人民共和国领域外的中国船舶内的犯罪,由该船舶最初停泊的中国口岸所在地或者被告人登陆地、入境地的人民法院管辖。(3)中国公民在中华人民共和国领海以外的海域犯罪,由其登陆地、入境地、离境前居住地或者现居住地的人民法院管辖;被害人是中国公民的,也可以由被害人离境前居住地或者现居住地的人民法院管辖。(4)外国人在中华人民共和国领海以外的海域对中华人民共和国国家或者公民犯罪,根据《刑法》应当受到处罚的,由该外国人登陆地、入境地、入境后居住地的人民法院管辖,也可以由被害人离境前居住地或者现居住地的人民法院管辖。(5)对中华人民共和国缔结或者参加的国际条约所规定的罪行,中华人民共和国在所承担的条约义务的范围内行使刑事管辖权的,由被告人被抓获地、登陆地或者入境地的人民法院管辖。需要注意的是,上述规定的"入境地",包括进入我国陆地边境、领海以及航空器降落在我国境内的地点。

---

① 《2021年刑诉法解释》第一章"管辖"吸收该通知的有关规定,对海上刑事案件的管辖也作了相应规定。

下 编

刑事诉讼司法实务与疑难解析

第一章　证据的一般规定

　　没有证据就没有诉讼，没有证据就没有公正。可以说，证据是刑事诉讼的基石，对于准确定罪量刑、实现司法公正、防止冤假错案的发生具有关键作用。然而，我国刑事诉讼法关于证据制度的规定一直较为原则，可操作性不强，《1979年刑事诉讼法》关于证据部分的规定仅有七个条文，而《1996年刑事诉讼法》关于证据部分的规定也仅有八个条文。近年来，为满足人民群众对公正司法的新期待，司法机关在细化证据规则方面进行了大量有益的探索和实践，取得了良好的实施效果。《2012年刑事诉讼法》在总结司法改革经验的基础上，征求各方面意见，总结成熟司法经验，特别是充分吸收"两个证据规定"①的主要内容，对证据制度作了较大幅度的修改完善，将证据部分的规定扩充到十六个条文②，使证据真正成为了刑事诉讼的基础。《刑事诉讼法修改决定》未涉及证据部分的规定。《2021年刑诉法解释》第四章在《2012年刑诉法解释》第四章"证据"条文的基础上，总结推进以审判为中心刑事诉讼制度改革的经验和成果，对"三项规程"特别是《非法证据排除规程》的有关规定予以吸收，进一步丰富细化证据部分的内容。针对司法实践反映的情况，本章围绕证据一般规定的有关问题进行探讨。

---

　　①　2010年6月，最高人民法院、最高人民检察院、公安部、国家安全部、司法部联合制定发布了《关于办理死刑案件审查判断证据若干问题的规定》和《关于办理刑事案件排除非法证据若干问题的规定》，合称为"两个证据规定"。

　　②　如果将实际上属于证据部分的内容，但被规定在侦查中的技术侦查证据材料的审查与使用(《2012年刑事诉讼法》第一百五十二条)和第一审程序中的证人、鉴定人出庭(《2012年刑事诉讼法》第一百八十七条、第一百八十八条)计算在内，则关于证据部分的条文数量应当达到十九个之多。

一、庭审质证的原则与例外

庭审质证原则要求证据必须经过正式的法庭调查程序查证属实,才能作为定案的根据,才能据此认定案件事实和判处刑罚。《2012年刑诉法解释》第六十三条规定:"证据未经当庭出示、辨认、质证等法庭调查程序查证属实,不得作为定案的根据,但法律和本解释另有规定的除外。"征求意见过程中,有意见提出,《刑事诉讼法》第五十条第三款规定:"证据必须经过查证属实,才能作为定案的根据。"在法律作出明确规定的情况下,司法解释不宜作出除外的规定。经采纳上述意见,《2021年刑诉法解释》删去但书,第七十一条规定:"证据未经当庭出示、辨认、质证等法庭调查程序查证属实,不得作为定案的根据。"

贯彻庭审质证原则,是确保审判公开,依法维护当事人诉讼权利,规范司法者自由裁量权的必然要求,对增强裁判的说服力和正当性,提高司法公信力具有重要意义。在刑事诉讼中贯彻落实庭审质证原则,需要注意以下问题:

1. 未经庭审质证的证据不得作为定案的根据。在极个别案件中,存在着审判人员将未经庭审质证的证据作为定案根据的现象。这种做法严重损害了控辩双方的质证权,违反了证据裁判原则的要求,严重违反了法律规定的诉讼程序,影响了司法公正。因此,在法庭审理过程中,无论是书证、物证等实物证据,还是证人证言、被害人陈述、被告人供述和辩解等言词证据,无论是侦查机关出具的勘验、检查、辨认、侦查实验等笔录,还是鉴定机构出具的鉴定意见,都必须经过当庭出示、辨认、质证等法庭调查程序查证属实,否则不得作为定案的根据。需要注意的是,对于证据的出示方式应当根据具体情况予以把握,可以是出示、宣读或者播放,也可以是综合运用上述出示方式。

2. 依法通知证人、鉴定人等出庭作证。庭审质证原则的重要内容之一,就是贯彻直接言词原则的要求,要求控辩双方以直接言词的方式对证据进行质证,相应地,法庭以直接言词的方式对案件事实进行调查和认定。与之相关的是,控辩双方享有对证人、鉴定人进行询问的权利。《刑事诉讼法》对证人、鉴定人出庭的问题作出了明确规定,《2021年刑诉法解释》也进一步细化和补充了相关规定。在司法实践中,审判人员要充分认识到通知证人、鉴定人出庭作证的重要意义,认真执行相关规定,促进相关证人、鉴定人积极出庭作证,保证庭审质证的效果。

3. 坚持一证一质。在司法实践中,极个别案件存在打包质证的现象,对一些证据混杂在一起进行质证,严重影响了质证的效果,不利于对当事人诉讼权利的保护。《2021年刑诉法解释》第二百六十八条第一款规定:"对可能影响定罪量刑的关键证据和控辩双方存在争议的证据,一般应当单独举证、质证,充分听取质证意见。"该款在起草过程中原本拟规定"一般应当对每组证据单独举证、质证"。主要考虑:实践中,一般根据犯罪构成要件分组举证,同组证据之间相互印证、支撑,一般不会将一份所谓的关键证据单独出示,一份孤证如不与其他证据结合,很难进行充分质证。征求意见过程中,有意见提出,分组方法在实践中无统一标准,有的一组证据可能体量庞大,包括几十份、上百页内容。既然属于关键证据,就应该每份证据单独质证,才能充分查明事实。经研究,采纳上述意见,要求"一般应当单独举证、质证"。

4. 正确理解和把握法律、司法解释规定的例外情形和特殊情况。从《刑事诉讼法》和《2021年刑诉法解释》的规定来看,庭审质证原则大致有如下两种例外情况:(1)根据《刑事诉讼法》第一百五十四条的规定,"采取侦查措施收集的材料在刑事诉讼中可以作为证据使用。如果使用该证据可能危及有关人员的人身安全,或者可能产生其他严重后果的,应当采取不暴露有关人员身份、技术方法等保护措施,必要的时候,可以由审判人员在庭外对证据进行核实"。因此,由于技术调查、侦查措施收集证据材料的特殊性,对其的质证宜采取特殊的方式,包括采取相关保护措施后进行质证,甚至是由审判人员在庭外对证据进行核实。(2)《2021年刑诉法解释》第二百七十一条第二款规定:"对公诉人、当事人及其法定代理人、辩护人、诉讼代理人补充的和审判人员庭外调查核实取得的证据,应当经过当庭质证才能作为定案的根据。但是,对不影响定罪量刑的非关键证据、有利于被告人的量刑证据以及认定被告人有犯罪前科的裁判文书等证据,经庭外征求意见,控辩双方没有异议的除外。"

5. 正确把握庭审质证原则与简化庭审质证程序的关系。庭审质证原则要求未经质证不得认证,但并不排斥简化质证程序,提升庭审效率。根据《2021年刑诉法解释》第二百六十八条第二款的规定,"对控辩双方无异议的非关键证据,举证方可以仅就证据的名称及拟证明的事实作出说明"。据此,审判人员可以询问控辩双方对证据材料有无异议,对有异议的证据,应当在庭审时重点调查;无异议的,庭审时举证、质证可以简化。这并不违背庭审质证原则,恰恰是对这一原则的合理运用,兼顾了公正与效率的要求。

二、证据全案移送规则

《刑事诉讼法》第四十一条规定:"辩护人认为在侦查、审查起诉期间公安机关、人民检察院收集的证明犯罪嫌疑人、被告人无罪或者罪轻的证据材料未提交的,有权申请人民检察院、人民法院调取。"《"六部委"规定》第二十四条规定:"人民检察院向人民法院提起公诉时,应当将案卷材料和全部证据移送人民法院,包括犯罪嫌疑人、被告人翻供的材料,证人改变证言的材料,以及对犯罪嫌疑人、被告人有利的其他证据材料。"第二十七条规定,"在法庭审理过程中,人民法院可以根据辩护人的申请,向人民检察院调取未提交的证明被告人无罪或者罪轻的证据材料,也可以向人民检察院调取需要调查核实的证据材料。公安机关、人民检察院应当自收到要求调取证据材料决定书后三日内移交"。为与上述规定相照应,《2021年刑诉法解释》第七十三条重申了证据全案移送规则,规定:"对提起公诉的案件,人民法院应当审查证明被告人有罪、无罪、罪重、罪轻的证据材料是否全部随案移送;未随案移送的,应当通知人民检察院在指定时间内移送。人民检察院未移送的,人民法院应当根据在案证据对案件事实作出认定。"而且,该规定与《人民检察院刑事诉讼规则》第六十一条第三款"人民检察院提起公诉,应当秉持客观公正立场,对被告人有罪、罪重、罪轻的证据都应当向人民法院提出"的规定相互衔接。

实证证明,全案移送证据材料有利于全面查明案件事实,是刑事诉讼的基本规则。从近些年纠正的冤错案件来看,一些案件就是因为没有全案移送证据材料,影响了最终裁判。例如安徽省"于英生案",侦查机关没有随案移送现场发现的第三人的血指纹。后经继续侦查,发现该第三人的指纹即为真凶的指纹。基于此,应当要求移送全案证据材料。从司法实践来看,个别案件存在由于未随案移送相关证据材料导致案件存疑的情况,甚至经人民法院调取仍未提供。为将相关法律规定落到实处,切实保障被告人的合法权益,有必要专门规定。

对提起公诉的案件,人民法院审查认为有关证据材料未随案移送的,应当通知人民检察院在指定时间内移送。对此,《人民检察院刑事诉讼规则》第四百一十四条规定:"在法庭审理过程中,合议庭对证据有疑问或者人民法院根据辩护人、被告人的申请,向人民检察院调取在侦查、审查起诉中收集的有关被告人无罪或者罪轻的证据材料的,人民检察院应当自收到人民法院要求调取证据材料决定书后三日以内移交。没有上述材料的,应当向人民法院说明情况。"

需要强调的是,《2021年刑诉法解释》第七十三条专门规定"人民检察院未移送的,人民法院应当根据在案证据对案件事实作出认定",旨在明确人民检察院经调取未移送的证据的处理规则。这意味着因缺乏证据材料导致有关事实存疑的,应当依法作出有利于被告人的认定。例如,在辩方举证证明被告人未满十八周岁的情况下,由于人民检察院拒绝移送相关证据导致年龄存疑的,应当作有利于被告人的认定,即认定其不满十八周岁。

三、讯问过程录音录像调取规则

刑事诉讼法对讯问过程录音录像问题作了明确规定,《监察法》第四十一条第二款也规定"调查人员进行讯问以及搜查、查封、扣押等重要取证工作,应当对全过程进行录音录像,留存备查"。而且,相关主管部门也对重要取证环节的录音录像作了进一步细化规定。但是,从司法实践来看，个别案件仍然存在由于未随案移送相关录音录像导致证据存疑的情况，甚至经人民法院调取仍未提供。

为将相关法律规定落到实处，切实保障被告人的合法权益，《2021年刑诉法解释》第七十四条规定："依法应当对讯问过程录音录像的案件，相关录音录像未随案移送的，必要时，人民法院可以通知人民检察院在指定时间内移送。人民检察院未移送，导致不能排除属于刑事诉讼法第五十六条规定的以非法方法收集证据情形的，对有关证据应当依法排除；导致有关证据的真实性无法确认的，不得作为定案的根据。"据此，对于因不移送相关录音录像导致证据的合法性和真实性存疑的，根据刑事诉讼法的规定，应当采用不同的处理规则：对于相关证据不能排除《刑事诉讼法》第五十六条规定的以非法方法收集证据情形的，对有关证据应予以排除；对于相关证据的真实性无法确认的，相关证据不作为定案的根据。

征求意见过程中，有意见建议删去《2021年刑诉法解释》第七十四条。理由：根据《刑事诉讼法》和《"六部委"规定》，讯问过程录音录像无需随案移送，而是根据需要调取。无论是《刑事诉讼法》还是最高人民法院、最高人民检察院、公安部、国家安全部、司法部《关于办理刑事案件严格排除非法证据若干问题的规定》（法发〔2017〕15号，以下简称《非法证据排除规定》），都没有将"未依法对取证过程进行录音录像"或者"录音录像未随案移送"作为排除非法证据的情形。关于检察机关未提供讯问过程录音录像以证明取证合法性的问题，可以依据《刑事诉讼法》第六十条"对于经过法庭审理，确认或者不能排除存在本法第五十六条规定的以非法方法收集证据情形的，对有关证据应当予以排除"处理，也可以根据《非法证据排除规定》第三十四条处理，没有必要增设《2021年刑诉法解释》第七十四条的规定。经研究，未采纳上述意见。主要考虑：《2021年刑诉法解释》第七十四条的规定与上述规定并不矛盾。前者规定的是经人民法院调取仍未移送，进而导致相关证据的真实性、合法性或者关联性无法确认的情形。对此，无论依据哪个规范性文件的规定，还是刑事诉讼基本法理，都不能作为定案的根据。故而，《2021年刑诉法解释》第七十四条的规定并无不妥。

需要注意的是，《2021年刑诉法解释》第七十四条规定的"讯问过程录音录像"不限于侦查讯问过程录音录像，也包括监察调查讯问过程录音录像。《国家监察委员会与最高人民检察院办理职务犯罪案件工作衔接办法》第二十七条第二款规定，"国家监察委员会对调查过程的录音、录像不随案移送最高人民检察院。最高人民检察院认为需要调取与指控犯罪有关并且需要对证据合法性进行审查的讯问录音录像，可以同国家监察委员会沟通协调后予以调取"。可见，调查过程的录音录像虽然不随案移送，但可以依法调取。

四、行政证据的使用

为加强行政执法与刑事司法之间的衔接，提高诉讼效率，更好地证明案件事实，《刑事诉讼法》第五十四条第二款规定："行政机关在行政执法和查办案件过程中收集的物证、书证、视听资料、电子数据等证据材料，在刑事诉讼中可以作为证据使用。"《2021年刑诉法解释》第七十五条规定："行政机关在行政执法和查办案件过程中收集的物证、书证、视听资料、电子数据等证据材料，经法庭查证属实，且收集程序符合有关法律、行政法规规定的，可以作为定案的根据。根据法律、行政法规规定行使国家行政管理职权的组织，在行政执法和查办案件过程中收集的证据材料，视为行政机关收集的证据材料。"司法实践中适用上述规定需要注意以下问题：

(一) 行政机关的外延

根据《刑事诉讼法》第五十四条第二款的规定，行政机关在行政执法和查办案件过程中收集的物证、书证、视听资料、电子数据等证据材料，在刑事诉讼中可以作为证据使用。需要注意的是，这里的"行政机关"不限于工商、税务等行政机关，也包括证券监管部门等行政机关以外，根据法律、法规规定行使国家行政管理职权的组织。因此，《2021年刑诉法解释》第七十五条第二款规定："根据法律、行政法规规定行使国家行政管理职权的组织，在行政执法和查办案件过程中收集的证据材料，视为行政机关收集的证据材料。"例如，《证券法》第一百七十条规定："国务院证券监督管理机构依法履行职责，有权采取下列措施：(一) 对证券发行人、证券公司、证券服务机构、证券交易场所、证券登记结算机构进行现场检查；(二)进入涉嫌违法行为发生场所调查取证……"可见，国务院证券监督管理机构虽然不属于行政机关，但属于根据法律规定行使国家行政管理职权的组织，其在查处案件中收集的相关证据材料，可以视为行政机关收集的证据材料。需要注意的是，实践中行政主体还包括受行政机关委托代表行政机关行使职权的组织，这些组织不属于《刑事诉讼法》第五十四条规定的"行政机关"，其在行政执法和查办案件过程中收集的有关证据材料，不能视为行政机关收集的证据材料。

(二) "物证、书证、视听资料、电子数据等证据材料"的外延

对于《刑事诉讼法》第五十四条第二款中的"物证、书证、视听资料、电子数据等证据材料"的"等"，存在不同认识。大致看来，实践中有狭义、广义和最广义三种观点：(1) 狭义说主张，对"等"只能作等内解释，即只包括物证、书证、视听资料、电子数据等实物证据；(2) 广义说主张，对"等"可以作适当等外解释，即除明确列举的"物证、书证、视听资料、电子数据"外，可以包括笔录、鉴定意见等非言词证据在内；(3) 最广义说主张，对"等"可以作无限制的等外解释，即可以涵括包括言词证据在内的其他证据。《2012年刑诉法解释》第六十五条第一款"行政机关在行政执法和查办案件过程中收集的物证、书证、视听资料、电子数据等证据材料，在刑事诉讼中可以作为证据使用"的规定与《刑事诉讼法》的表述一致，未明确作等外解释，可以认为偏向于狭义说；相反，《人民检察院刑事诉讼规则（试行）》（高检发释字〔2012〕2号）（已失效）第六十四条则采用了最广义说。①

---

① 该条规定："行政机关在行政执法和查办案件过程中收集的物证、书证、视听资料、电子数据证据材料，应当以该机关的名义移送，经人民检察院审查符合法定要求的，可以作为证据使用。""行政机关在行政执法和查办案件过程中收集的鉴定意见、勘验、检查笔录，经人民检察院审查符合法定要求的，可以作为证据使用。""人民检察院办理直接受理立案侦查的案件，对于有关机关在行政执法和查办案件过程中收集的涉案人员供述或者相关人员的证言、陈述，应当重新收集；确有证据证实涉案人员或者相关人员因路途遥远、死亡、失踪或者丧失作证能力，无法重新收集，但供述、证言或者陈述的来源、收集程序合法，并有其他证据印证，经人民检察院审查符合法定要求的，可以作为证据使用。""根据法律、法规赋予的职责查处行政违法、违纪案件的组织属于本条规定的行政机关。"

《人民检察院刑事诉讼规则》(高检发释字〔2019〕4号,以下简称《刑诉规则》)第六十四条规定:"行政机关在行政执法和查办案件过程中收集的物证、书证、视听资料、电子数据等证据材料,经人民检察院审查符合法定要求的,可以作为证据使用。""行政机关在行政执法和查办案件过程中收集的鉴定意见、勘验、检查笔录,经人民检察院审查符合法定要求的,可以作为证据使用。"显而易见,《刑诉规则》由此前的最广义说改采广义说。与之不同,《2021年刑诉法解释》第七十五条第一款仍然沿用《2012年刑诉法解释》第六十五条第一款的立场。对此,刑事审判实践要特别注意把握,作出妥当处理:

一是关于行政机关收集的鉴定意见、勘验、检查笔录等证据材料的使用。实践中,有观点认为,勘验、检查等笔录的客观性强,且往往条件消失后,不能重复制作,而重复鉴定亦无必要,故对于上述行政证据材料,应当承认其刑事证据资格。基于此,《2021年刑诉法解释》第七十五条第一款原本拟增加规定"勘验、检查等笔录"和"鉴定意见"在刑事诉讼中可以作为证据使用。征求意见过程中,有意见认为:"由于行政机关收集勘验、检查等笔录、鉴定意见等证据的程序与刑事诉讼法的规定存在差异,且基于各方面原因,这些证据可能存在无法有效检验、质证等情况,刑事诉讼法未对行政机关收集的勘验、检查等笔录、鉴定意见在刑事诉讼中的证据效力作出规定。这些证据如果在刑事诉讼中使用,并作为定案的依据,应当严格慎重把握。"另有意见认为,勘验、检查笔录、鉴定意见是有一定主观性的证据材料,与书证、物证等客观性证据不同,不宜采用相同的证据采信规则。特别是行政执法过程中的"鉴定意见"效力不同于司法鉴定。司法鉴定需要有鉴定资质,而行政执法过程中的鉴定意见往往由行政机关自己作出,或者由不具有司法鉴定资质的机构作出,不具有相同的公信力,不应直接作为证据使用。经研究,采纳上述意见,沿用《2012年刑诉法解释》第六十五条第一款的规定,并与《刑事诉讼法》第五十四条第二款的规定保持一致。

需要注意的是,《刑诉规则》第六十四条第二款已明确规定行政机关在行政执法和查办案件过程中收集的鉴定意见、勘验、检查笔录具有刑事证据资格。在审判实践中，对《2021年刑诉法解释》第七十五条第一款的"物证、书证、视听资料、电子数据等证据材料"在刑事诉讼中可以作为证据使用，应当与《刑诉规则》第六十四条的规定作不同的把握，即对"等"原则上应作"等内"解释，限于物证、书证、视听资料、电子数据，不包括鉴定意见、勘验、检查笔录和言词证据；但是，根据案件具体情况，确有必要作"等外"解释的，也可以个案处理，但应当以相关证据无法重新收集为前提，且有证据证明取证程序合法、能与其他证据相印证。

二是关于行政机关收集的言词证据材料的使用。《2021年刑诉法解释》第七十五条原本拟增加一款作为第二款："行政机关在行政执法和查办案件过程中收集的证人证言、当事人陈述、辨认笔录，需要在刑事诉讼中作为证据使用的，应当重新收集。确有证据证实相关人员因死亡、丧失作证能力等，无法重新收集的，该证据可以在刑事诉讼中作为证据使用；经法庭调查，证言、陈述的收集程序合法，并有其他证据相印证的，可以作为定案的根据。"讨论中，对于此种情形下行政机关收集的言词证据是否具有刑事证据资格，存在不同认识。有意见认为，行政执法中言词证据包括证人证言和当事人陈述。言词证据的最大特点是易变性，故对言词证据、特别是证人证言的审查和采信通常要遵守直接言词原则。但是在证人死亡、失踪或者丧失作证能力的情况下，辩方无法申请证人当庭质证，无法当面核实其身份及证言真伪，庭审对证人证言的审查判断难度将增大，甚至在不少情形下，难以判断证人证言的真实性，故建议删除例外规定。经研究，采纳上述意见，删去相关规定。司法实践中，如在特殊情形下，言词证据确实无法重新收集，但又必须使用的，可以纳入"等证据材料"的"等"中加以解决。同时，也必须有证据证明取证程序合法，能与其他证据相印证，才能最终作为定案的根据。

(三) 行政证据材料的审查判断标准

行政机关在行政执法和查办案件过程中收集的物证、书证、视听资料、电子数据等证据材料，在刑事诉讼中可以作为证据使用的，也应当经当庭出示、辨认、质证等法庭调查程序查证属实,才能作为定案的根据。对于经审查不符合真实性、合法性、关联性标准的证据材料,应当依法予以排除。

在《2012年刑诉法解释》征求意见过程中,有意见认为,行政执法程序不同于刑事诉讼程序,适用不同的标准。那么,对于行政机关收集的可以在刑事诉讼中作为证据使用的证据材料,人民法院应当以什么标准审查判断行政机关取证程序是否合法,是适用刑事诉讼的标准还是适用行政机关行政执法和查办案件的标准?建议对此问题予以明确。经研究认为,上述问题确实存在。从逻辑上而言,行政机关在行政执法和查办案件的过程中,尚不知道所涉及的案件是否达到犯罪的程度,是否会进入刑事诉讼程序,无法也不应当适用刑事诉讼程序的规定收集相关证据材料,只能依照法律、行政法规关于行政执法和查办案件的相关规定。基于此,《2012年刑诉法解释》第六十五条第一款规定:"……经法庭查证属实,且收集程序符合有关法律、行政法规规定的,可以作为定案的根据。"《2021年刑诉法解释》第七十五条第二款沿用上述规定。

(四)公安机关在办理行政案件过程中收集证据材料的使用

针对《2021年刑诉法解释》第七十五条,征求意见过程中,有意见建议增加一款,明确"公安机关在办理行政案件过程中所收集的言词证据,需要在刑事诉讼中作为证据使用的,无需重新收集"。理由:公安机关具有行政执法和刑事司法的双重职能,在办理行政案件和刑事案件中对于取证程序的要求是完全相同的。并且,根据《公安机关办理行政案件程序规定》的有关规定,对发现或者受理的案件暂时无法确定为刑事案件或者行政案件的,可以按照行政案件的程序办理。在办理过程中,认为涉嫌构成犯罪的,应当按照《公安机关办理刑事案件程序规定》办理。因此,公安机关在办理行政案件过程中收集的证据,应当可以用作刑事诉讼中的证据。

经研究认为,上述观点似有不妥,对于公安机关在行政执法过程中收集的言词证据,依法应当在刑事立案之后重新收集。主要考虑:

(1)公安机关具有行政执法和刑事司法的双重职能,这就决定了公安机关的取证活动未必就是刑事侦查,而可能是行政执法。根据《刑事诉讼法》第五十四条第二款的规定,对于行政机关在行政执法过程中收集的证据材料,实物证据可以直接作为刑事证据使用,但言词证据不得直接作为刑事证据使用。(2)监察机关收集的证据材料,无论是言词证据还是实物证据,在刑事诉讼中都可以作为刑事证据使用。其依据在于《监察法》第三十三条第一款"监察机关依照本法规定收集的物证、书证、证人证言、被调查人供述和辩解、视听资料、电子数据等证据材料,在刑事诉讼中可以作为证据使用"的规定。如果公安机关在行政执法过程中收集的言词证据也需要在刑事诉讼中直接使用,则需要在刑事诉讼法或者其他法律中作出专门规定。

五、见证人的范围

在刑事诉讼中,一些刑事诉讼活动的进行需要见证人的见证,以观察、监督相关刑事诉讼活动是否依法进行,相关笔录和清单的记录是否属实,对于确保刑事诉讼活动的公正具有重要意义。例如,根据刑事诉讼法的规定,侦查人员对于与犯罪有关的场所、物品、人身、尸体应当进行勘验或者检查时,对犯罪嫌疑人以及可能隐藏罪犯或者犯罪证据的人的身体、物品、住处和其他有关的地方进行搜查,查封、扣押可用以证明犯罪嫌疑人有罪或者无罪的各种财物、文件,都应当邀请见证人到场,上述活动的笔录或者清单必须由见证人签名或者盖章。而在刑事案件审理过程中,勘验、检查等笔录是否有见证人签名或者盖章是审判人员应当着重审查的内容之一。因此,无论是基于法律和相关规定,还是在实务操作层面,见证人制度都是我国刑事诉讼制度的重要组成部分,具有重要地位。

然而,对于见证人制度的相关内容,刑事诉讼法和司法解释及其他规范性文件均未作出明确规定。例如,关于目前最为亟待解决的见证人范围问题,《刑事诉讼法》只在第一百三十九条等条款中有"家属,邻居或者其他见证人"等类似规定,但是对于见证人的具体范围没有明确。在司法实践中,见证人身份不当的现象时有发生。在一些案件中,由实施侦查活动的侦查人员以外的警察、联防队员、社保队员作为见证人。还有的案件中,侦查人员既是侦查活动的实施者,又是侦查活动的见证人。上述案件中,见证人的身份不当,严重影响了见证人对相关侦查活动的公正见证,难以监督侦查人员合法、正确进行勘验、检查、搜查、扣押等侦查活动。

基于上述原因,《2012年刑诉法解释》第六十七条对见证人的范围作出明确规定。《2021年刑诉法解释》第八十条根据司法实践反映的问题作了修改完善,增加不得在监察调查活动中担任见证人的禁止性和例外规定,并增设第二款要求载明见证人的相关信息以便审查。具体而言:

1. 关于见证人的范围。《2021年刑诉法解释》第八十条第一款规定:"下列人员不得担任见证人:(一)生理上、精神上有缺陷或者年幼,不具有相应辨别能力或者不能正确表达的人;(二)与案件有利害关系,可能影响案件公正处理的人;(三)行使勘验、检查、搜查、扣押、组织辨认等监察调查、刑事诉讼职权的监察、公安、司法机关的工作人员或者其聘用的人员。"据此,行使勘验、检查、搜查、扣押、组织辨认等监察调查、刑事诉讼职权的监察、公安、司法机关的工作人员或者其聘用的人员,不得充当见证人。这是因为,设立见证人的目的在于监督相关刑事诉讼活动的依法进行,确保相关笔录和清单的客观公正,因此,应当由实施相关刑事诉讼活动主体以外的人进行见证,以避免"自己监督自己"的现象。

征求意见过程中,有意见建议明确《2021年刑诉法解释》第八十条第一款第三项所列人员,是指所有工作人员,还是只有行使勘验、检查、搜查、扣押、主持辨认等监察调查、刑事诉讼职权的工作人员,即从事其他工作如后勤、政工的人员是否可以作为见证人。经研究认为,本项所称情形包括在该案件中行使勘验、检查、搜查、扣押等监察调查、刑事诉讼职权的监察、公安、司法机关的工作人员或者其聘用人员,既包括正式工作人员,也包括实习人员或者其聘用的协勤、文职、清洁、保安等人员。作出上述规定,并不会影响刑事诉讼职权的行使和侦查活动的正常开展,必要时可以通过录音录像替代见证活动。

2. 关于见证人信息的审查判断。征求意见过程中,有意见建议明确要求载明见证人的相关信息。理由是:在司法实践中,见证人基本上都是只签一个名字,没有身份、联系方式等信息,一些重大敏感或者对证据有疑问的案件,想要再次核实相关证据材料就会存在难以找到相关见证人的问题;另外,一些案件中,侦查机关为省事,也会出现让侦查机关等部门的工作人员或其聘用的人员签名的情况。要求见证人载明姓名、身份、联系方式等信息,既有利于日后便于核实证据,也有利于防范个别侦查机关违规操作现象的发生。经研究,采纳上述意见,《2021年刑诉法解释》第八十条第二款规定:"对见证人是否属于前款规定的人员,人民法院可以通过相关笔录载明的见证人的姓名、身份证件种类及号码、联系方式以及常住人口信息登记表等材料进行审查。"

3. 关于特殊情形下通过录音录像代替见证。实践反映,如果不允许辅警、保安人员等担任见证人,实践中有两种情形难以解决,一是在一些偏远地区的案件现场,或者深夜发现的现场,可能难以找到群众做见证人;二是在当前司法环境下,出于各种顾虑,有的群众不愿意担任见证人,公安机关不可能强迫他人做见证人。经研究认为,上述意见确有一定道理,所反映的是当前的实际情况。基于此,《2021年刑诉法解释》第八十条第三款规定:"由于客观原因无法由符合条件的人员担任见证人的,应当在笔录材料中注明情况,并对相关活动进行全程录音录像。"

第二章　证据的分类审查与认定

《2021年刑诉法解释》第四章对证据的分类审查与认定规则作了完善。特别是,鉴于技术调查、侦查证据材料的移送与审查判断等问题存在较大争议,为统一司法适用,增加第八节"技术调查、侦查证据的审查与认定",对《2012年刑诉法解释》第一百零七条的规定予以扩展并独立成节,就技术调查、侦查证据材料的审查判断作出专门规定。针对司法实践反映的情况,本章围绕证据分类审查与认定的有关问题进行探讨。

一、证人证言审查与认定的有关问题

《2021年刑诉法解释》第四章第三节对证人证言的审查与认定作了专节规定。其中,第八十七条、第八十八条规定了审查证人证言应当注意的相关问题;第八十九条至第九十一条对证人证言的排除、补正和采信作了具体规定。

(一)证人证言的审查重点

1.证人证言的来源和内容。根据《2021年刑诉法解释》第八十七条的规定,对证人证言审查判断的第一项内容是"证言的内容是否为证人直接感知",即审查证人证言的来源和内容,这是确定证人证言真实性、准确认定案件事实的前提条件。

首先,证人证言不同于案件线索。证人证言是证人就直接或者间接了解的案件有关情况所作的陈述。无论是直接了解的情况,还是间接了解的情况,证人都应当说明其来源,而不能是估计、猜测,否则,不能作为证人证言,只能作为案件调查的线索。

其次,证人证言不包括对案件事实的分析、判断和评价。证人证言是证人对案件事实的客观陈述,并不包括证人对案件情况的分析、判断和评价等主观内容。正如有论者指出的："证人证言的内容包括能够证明案件真相的一切事实。与案件无关的内容不应当成为证言。因此，证人证言只是证人就案件有关情况的感知所作的陈述，不应当包括其个人的推测或分析判断意见。"①基于此，《2021年刑诉法解释》第八十八条第二款专门规定："证人的猜测性、评论性、推断性的证言，不得作为证据使用，但根据一般生活经验判断符合事实的除外。"因此，对于证人向司法机关的陈述中既有客观的案件情况内容，又有主观的分析评价内容的，要注意从中分离出作为客观情况陈述的证人证言部分。

最后，证人证言只限于自然人所作的关于案件事实的陈述。证人证言属于言词证据的范畴，是自然人对案件事实情况的陈述。由于自然人以外的机关、团体、公司、企业、事业单位等非自然人不具备感知案件事实的能力，自然就无法就案件事实作出陈述。因此，任何非自然人的机关、团体、公司、企业、事业单位出具的证明文件等书面材料都不属于证人证言。

2. 证人的作证能力。《刑事诉讼法》第六十二条规定："凡是知道案件情况的人，都有作证的义务。生理上、精神上有缺陷或者年幼，不能辨别是非、不能正确表达的人，不能作证人。"生理上有缺陷的人，通常是指盲人、又聋又哑的人或者存在其他生理缺陷的人。精神上有缺陷的人，通常是指智力上或者精神上存在障碍的人，如智障人、精神病人等。年幼的人，则是指未成年人。此外，根据《2021年刑诉法解释》第八十八条第一款的规定，"处于明显醉酒、中毒或者麻醉等状态，不能正常感知②或者正确表达的证人所提供的证言，不得作为证据使用"。

需要注意的是，生理上、精神上有缺陷或者年幼，并非意味着必然

---

① 陈光中主编：《刑事诉讼法》（第三版），北京大学出版社、高等教育出版社2009年版，第200页。
② 《2012年刑诉法解释》征求意见过程中，有意见认为不能仅审查作证时的状态，而且应当审查感知相关内容时的状态。经研究认为，上述意见确有一定道理，故《2021年刑诉法解释》第八十八条第一款规定："处于明显醉酒、中毒或者麻醉等状态，不能正常感知或者正确表达的证人所提供的证言，不得作为证据使用。"从实践来看，证人作证时的状态基本上能显示证人感知相关内容时的状态，不会有太大的变化。当然，实践中处理具体案件时，如果证人感知相关内容时认知能力和生理、精神状态处于不正常状态，如间歇性精神病人在感知相关内容时处于发病状态，而作证时处于正常状态，也应当根据具体情况排除相关证言。

不能作证,关键的判断标准是生理精神缺陷或者年幼是否导致"不能辨别是非、不能正确表达"。例如,如果某未成年人目睹了一起故意杀人案件,虽然其年幼,但是能够辨别是非、能够正确表达,完全可以作为该起案件的证人。征求意见过程中,有意见认为,司法实践中,有的人由于事故、疾病等原因致语言、视力、听力严重下降,甚至有的比盲、聋、哑人还要严重,因此,应当将因疾病等原因造成重度残疾,不能准确表达自己感知内容的人排除在证人之外。经研究认为,此种情形可以由司法实践具体把握,确实存在因疾病等原因不能准确表达自己感知内容的人,可以认定为"生理上有缺陷,不能辨别是非、不能正确表达"的人,排除在证人之外。

《2021年刑诉法解释》第八十七条第二项规定应当着重判断"证人作证时的年龄,认知、记忆和表达能力,生理和精神状态是否影响作证",以准确判断证人证言的真实性。对于是否"不能辨别是非、不能正确表达",应当根据具体情况予以判断,从而决定能否成为证人。

3. 证人与案件的利害关系。根据刑事诉讼法的规定,无论是与案件当事人具有利害关系,还是与案件处理结果具有利害关系的人,都可以成为证人。即使《刑事诉讼法》第一百九十三条第一款关于"被告人的配偶、父母、子女除外"的规定,所免除的也只是相关人员的出庭作证义务,也未赋予其作证豁免权。然而,上述人员由于与案件当事人或者案件处理结果具有利害关系,可能会影响到所作证言的真实性,在审判环节应当加以重点审查甄别,以避免对案件事实的不当认定。对于证人与案件具有利害关系的,还要结合案件具体情况、利害关系程度,综合全案证据,判断该利害关系对证人证言的影响程度,进而准确判断该证言的证明价值。

4. 证言的取得程序、方式。依法收集证人证言是刑事诉讼法和相关规定的明确要求,《2021年刑诉法解释》第八十七条第四至七项规定应当着重审查证言的取得程序、方式。具体而言:(1)询问证人是否个别进行。《刑事诉讼法》第一百二十四条第二款规定:"询问证人应当个别进行。"询问证人没有个别进行的,相关证人证言不能作为定案的根据。(2)询问证人笔录的制作是否规范。审判人员应当审查询问笔录的制作、修改是否符合法律、有关规定,是否注明询问的起止时间和地点,首次询问时是否告知证人有关作证的权利义务和法律责任,证人对询问笔录是否核对确认。(3)询问未成年证人是否符合相关特殊要求。根据《刑事诉讼法》第二百八十一条的规定,询问未成年证人,应当通知未成年证人的法定代理人到场。无法通知、法定代理人不能到场或者法定代理人系犯罪嫌疑人、被告人的,也可以通知未成年犯罪嫌疑人、被告人的其他成年亲属,所在学校、单位、居住地基层组织或者未成年人保护组织的代表到场,并将有关情况记录在案。因此,审判人员应当审查询问未成年证人时,是否通知其法定代理人或者有关人员到场,其法定代理人或者有关人员是否到场。(4)询问证人的禁止性规定。刑事诉讼法明确规定了非法证据排除规则,进一步强化了禁止采用暴力、威胁等非法方法收集证人证言的规定。审判人员应当着重审查证人证言有无以暴力、威胁等非法方法收集的情形。

5. 证言的综合审查判断。《2021年刑诉法解释》第八十七条第八项规定应当着重审查"证言之间以及与其他证据之间能否相互印证,有无矛盾;存在矛盾的,能否得到合理解释"。对此,在司法实践中,审判人员应当从两个方面对证言进行综合审查判断:(1)对证言与其他证言之间进行综合审查判断。主要是审查各证言之间的重合一致程度,判断各证言之间的差异及其原因,认定各证言之间是否有矛盾之处。(2)审查证言与其他证据之间的关系。如果证言与其他证据之间相互矛盾,则需要对矛盾的成因进行分析,判断证言的可信程度。

(二)证人证言的排除与补正规则

根据《2021年刑诉法解释》第八十九条的规定,证人证言具有下列情形之一的,不得作为定案的根据:(1)询问证人没有个别进行的;(2)书面证言没有经证人核对确认的;(3)询问聋、哑人,应当提供通晓聋、哑手势的人员而未提供的;(4)询问不通晓当地通用语言、文字的证人,应当提供翻译人员而未提供的。

根据《2021年刑诉法解释》第九十条的规定,证人证言的收集程序、方式有下列瑕疵,经补正或者作出合理解释的,可以采用;不能补正或者作出合理解释的,不得作为定案的根据:(1)询问笔录没有填写询问人、记录人、法定代理人姓名以及询问的起止时间、地点的;(2)询问地点不符合规定的;(3)询问笔录没有记录告知证人有关权利义务和法律责任的;(4)询问笔录反映出在同一时段,同一询问人员询问不同证人的;(5)询问未成年人,其法定代理人或者合适成年人不在场的。

需要注意的是,根据《刑事诉讼法》第二百八十一条的规定,对于在法定代理人无法通知、不能到场或者是共犯的情况下,应当通知合适成年人到场。有意见认为,对于询问未成年证人,法定代理人或相关人员未到场的,该未成年证人提供的证言不得作为定案的根据。经研究认为,瑕疵证据不同于非法证据,并不涉及严重违反法定程序和侵犯人权的问题,只是证据的真实性受到证据瑕疵的影响。瑕疵证据不能直接予以排除,而是要看证据瑕疵能否得到解决。询问未成年证人时法定代理人或合适成年人未到场的,违反了刑事诉讼法相关规定,但考虑未成年证人的证言对认定案件事实具有重要作用,且在法定代理人或合适成年人未到场情况下作伪证的可能性并不大,不宜绝对排除,宜认定为证人证言收集程序存在瑕疵,允许补正和合理解释为妥。基于此,《2021年刑诉法解释》第九十条作了相应规定。

(三)证人证言的采信规则

《2021年刑诉法解释》第九十一条对当庭证言的采信、证人改变证言情况下的证言采信、未出庭证人证言的排除作出明确规定。具体而言:

1.当庭证言的采信。《2012年刑事诉讼法》根据司法实践的需要,对证人出庭的问题作出了较大幅度的修改完善,体现了直接言词证据原则的要求。司法实践中,应当根据刑事诉讼法的相关规定,做好证人出庭作证的相关工作。《2021年刑诉法解释》第九十一条第一款体现了这一立场,规定:"证人当庭作出的证言,经控辩双方质证、法庭查证属实的,应当作为定案的根据。"这里使用了"应当"的用语,体现的正是对证人出庭作证的鼓励。

2. 证人改变证言情况下的证言采信。对于被告人在庭前和庭中所作的证言存在差异甚至矛盾时,如何采信相关证言,刑事诉讼法未规定明确规则。《2021年刑诉法解释》第九十一条第二款对能否采信庭前证言的问题予以明确,规定:"证人当庭作出的证言与其庭前证言矛盾,证人能够作出合理解释,并有其他证据印证的,应当采信其庭审证言;不能作出合理解释,而其庭前证言有其他证据印证的,可以采信其庭前证言。"主要有如下考虑:(1)从刑事诉讼法鼓励证人出庭的立法精神出发,宜鼓励司法实践中根据庭审证言认定案件事实,因此,该款的基本立场是以庭审证言为基础,允许证人当庭对其当庭作出的证言与庭前证言矛盾的情形作出合理解释。(2)从实践来看,在庭审证言和庭前证言相矛盾的情况下,庭审证言未必一定是真实的,而庭前证言也未必一定是不真实的。这里专门规定只有在"证人当庭能够作出合理解释,并有相关证据印证"的,才采信其庭审证言。因此,在证人当庭改变庭前证言后,应当结合全案证据,对其当庭证言进行审查,进行有针对性的询问,判断其庭审证言的可信度。(3)在证人当庭作出的证言与其庭前证言矛盾的情况下,如果证人不能作出合理解释,而其庭前证言有相关证据印证的,可以采信其庭前证言。

《2012年刑诉法解释》征求意见过程中,有意见提出,从鼓励证人出庭作证的角度出发,对于证人当庭作出的证言与庭前证言矛盾的,应当采纳庭审证言,而不应当附加"作出合理解释,并有相关证据印证"的条件。而且,很多情况下,证人当庭作出与庭前证言不同的证言是无法有证据印证的。经研究认为,上述观点确有一定道理,但从查明案件事实的角度来看,不能直接规定庭审证言与庭前证言不一致的情况下可以直接采信庭审证言,因为庭审证言也存在着不真实的可能。对于庭审证言与庭前不一致,如果庭前证言有相关证据印证的,可以采纳庭前证言;如果庭前证言也没有相关证据印证的,则庭前证言、庭审证言均无法采信。

3. 未出庭证人证言的排除。对于鉴定人经法庭通知,无正当理由拒绝出庭的,法律明确规定,鉴定意见不得作为定案的根据。但对证人经通知无正当理由拒不出庭的,未作类似规定。实践中,若出现此种情况,究竟如何处理,存在不同认识。鉴此,《2021年刑诉法解释》第九十一条第三款规定:"经人民法院通知,证人没有正当理由拒绝出庭或者出庭后拒绝作证,法庭对其证言的真实性无法确认的,该证人证言不得作为定案的根据。"根据该款规定,证人拒绝出庭或者出庭后拒绝作证,尚不能绝对排除证言的采用。在当前的司法实践中,证人证言仍然在证明案件事实的过程中发挥着重要作用。而实践中证人为避免麻烦和报复,不愿出庭的情况大量存在,如果关键证人不出庭作证,其证言失去效力,会影响案件判决,故不宜绝对排除。如在行贿、受贿等案件中,证言的作用十分重要,往往是定案的关键证据,如果因为证人拒绝出庭作证而绝对予以排除并不合适。因此,基于当前实际,人民法院应结合具体案情,分别作出处理:经审查,其庭前证言无法与在案其他证据相印证,如书面证言之间或者同其他证据产生矛盾且矛盾无法排除的,则不能采信,不得作为定案的根据;反之,仍可作为定案根据。

二、被告人供述审查与认定的有关问题

被告人供述和辩解,即通常所说的口供,是指被告人就案件事实的有关情况向公安机关、人民检察院、人民法院所作的陈述和关于自己无罪或者罪轻的辩解。相较于刑事被害人和其他了解案件情况的证人,被告人的供述和辩解可以全面直接地反映案件的基本情况。《刑事诉讼法》第五十二条关于"不得强迫任何人证实自己有罪"的规定,并未否认口供的作用。实际上,口供是一类重要的证据。办案人员在刑事诉讼中要重视犯罪嫌疑人、被告人的供述和辩解,要充分听取犯罪嫌疑人、被告人对案件事实情况的供述,听取他们对自己行为性质和程度的辩解。但是,"口供中心主义"的思想必须摒弃,对口供的收集必须符合法定程序,不得强迫任何人自证其罪。刑事诉讼中,被告人供述的情况较为复杂,需要特别加以甄别判断,以尽可能地还原案件事实。一方面,犯罪嫌疑人、被告人是刑事诉讼中被追诉的对象,其与案件处理结果具有直接利害关系,为逃避法律制裁,其供述和辩解在很多情况下具

有虚假性。另一方面,犯罪嫌疑人、被告人供述和辩解的形成较为复杂,甚至个别犯罪嫌疑人、被告人供述是通过采取刑讯逼供等非法手段取得的。基于这两方面的考虑,在刑事诉讼中,要特别注意审查犯罪嫌疑人、被告人供述和辩解的真伪。基于此,《2021年刑诉法解释》第四章第四节对被告人供述和辩解的审查与认定作了专节规定。

(一)被告人供述和辩解的审查重点

《2021年刑诉法解释》第九十三条对审判人员对被告人供述和辩解应当着重审查的内容作出专门规定。具体而言,审判人员应当着重从以下四个方面对被告人供述和辩解加以审查。

1. 讯问程序的合法性。(1)一方面,应当审查讯问是否符合一般程序要求,即讯问的时间、地点,讯问人的身份、人数以及讯问方式等是否符合法律、有关规定。包括:①讯问人的身份和人数。《刑事诉讼法》第一百一十八条第一款规定:"讯问犯罪嫌疑人必须由人民检察院或者公安机关的侦查人员负责进行。讯问的时候,侦查人员不得少于二人。"②讯问的地点。对于犯罪嫌疑人的讯问,《刑事诉讼法》第一百一十九条第一款规定:"对不需要逮捕、拘留的犯罪嫌疑人,可以传唤到犯罪嫌疑人所在市、县内的指定地点或者到他的住处进行讯问,但是应当出示人民检察院或者公安机关的证明文件。对在现场发现的犯罪嫌疑人,经出示工作证件,可以口头传唤,但应当在讯问笔录中注明。"第一百一十八条第二款规定:"犯罪嫌疑人被送交看守所羁押以后,侦查人员对其进行讯问,应当在看守所内进行。"③讯问的时间。关于讯问犯罪嫌疑人的时间,《刑事诉讼法》第一百一十九条第二款、第三款规定:"传唤、拘传持续的时间不得超过十二小时;案情特别重大、复杂,需要采取拘留、逮捕措施的,传唤、拘传持续的时间不得超过二十四小时。""不得以连续传唤、拘传的形式变相拘禁犯罪嫌疑人。传唤、拘传犯罪嫌疑人,应当保证犯罪嫌疑人的饮食和必要的休息时间。"这一规定明确了传唤、拘传持续时间的限制,避免将传唤、拘传变成变相羁押,严重侵害犯罪嫌疑人的人身权利,同时兼顾了侦破犯罪的现实需要。此外,刑事诉讼法明确规定了非法证据排除规则,进一步强化了禁止采用刑讯逼供等非法方法收集犯罪嫌疑人供述的规定。因此,审判人员应当着重审查被告人的供述有无以刑讯逼供等非法方法收集的情形。(2)另一方面,应当审查讯问特殊犯罪嫌疑人是否符合规定。根据《刑事诉讼法》和其他相关文件的规定,讯问聋、哑的犯罪嫌疑人,不通晓当地语言文字的犯罪嫌疑人,未成年犯罪嫌疑人的,除应当遵循关于讯问犯罪嫌疑人的一般要求外,还需要遵守以下特殊规定:①讯问聋、哑人,应当提供通晓聋、哑手势的人员。②讯问不通晓当地通用语言、文字的被告人,应当提供翻译人员。③讯问未成年的犯罪嫌疑人,应当针对未成年人的身心特点,采取不同于成年人的方式。根据《刑事诉讼法》第二百八十一条的规定,对于未成年人刑事案件,在讯问未成年犯罪嫌疑人时,应当通知未成年犯罪嫌疑人的法定代理人或者合适成年人到场。讯问女性未成年犯罪嫌疑人,应当有女工作人员在场。因此,审判人员对特殊犯罪嫌疑人的供述和辩解,应当着重审查是否符合上述规定。

2. 讯问笔录的规范性。讯问笔录应当客观记录侦查人员的讯问和犯罪嫌疑人的供述和辩解的情况。讯问笔录制作完毕以后,应当交犯罪嫌疑人核对,对于没有阅读能力的,应当向他宣读。如果记载有遗漏或者差错,犯罪嫌疑人可以提出补充或者改正。犯罪嫌疑人承认笔录没有错误后,应当签名。侦查人员也应当在笔录上签名。犯罪嫌疑人请求自行书写供述的,应当准许。必要的时候,侦查人员也可以要求犯罪嫌疑人亲笔书写供词。因此,审判人员应当着重审查讯问笔录的制作、修改是否符合法律、有关规定,是否注明讯问的具体起止时间和地点,首次讯问时是否告知被告人相关权利和法律规定,被告人是否核对确认。

3. 供述与辩解内容的审查。对于被告人供述和辩解,除前述合法性的形式审查外,还应当对内容进行实质审查,以使审查更为全面。具体而言:(1)被告人的供述是否前后一致,有无反复以及出现反复的原因;被告人的所有供述和辩解是否均已随案移送。(2)被告人的辩解内容是否符合案情和常理,有无矛盾。

4. 供述与辩解的综合审查。审判人员应当着重审查被告人的供述和辩解与同案被告人的供述和辩解以及其他证据能否相互印证,有无矛盾。

此外,必要时,可以结合现场执法音视频记录、讯问录音录像、被告人进出看守所的健康检查记录、笔录等,对被告人的供述和辩解进行审查。需要注意的问题有三:(1)《刑事诉讼法》对讯问过程的录音录像制度作出明确,第一百二十三条规定:"侦查人员在讯问犯罪嫌疑人的时候,可以对讯问过程进行录音或者录像;对于可能判处无期徒刑、死刑的案件或者其他重大犯罪案件,应当对讯问过程进行录音或者录像。录音或者录像应当全程进行,保持完整性。"录音录像是证明讯问过程合法性、讯问笔录真实性的重要证据。必要时,人民法院可以调取讯问过程的录音录像对被告人供述进行审查。(2)根据公安部《公安机关现场执法视音频记录工作规定》,对于公安机关当场盘问、检查的,应当对犯罪嫌疑人言行举止进行全过程视音频同步记录。因此,对于被告人作出的供述、辩解,可以结合现场执法视音频记录予以审查。(3)《监察法》第四十一条第二款规定:"调查人员进行讯问以及搜查、查封、扣押等重要取证工作,应当对全过程进行录音录像,留存备查。"因此,对于被告人作出的供述、辩解,可以结合侦查讯问和调查讯问过程的录音录像予以审查。

(二)被告人供述的排除和补正规则

1. 被告人供述的排除规则。《2021年刑诉法解释》第九十四条对被告人供述的排除规则作了规定。具体而言,被告人供述具有下列情形之一的,不得作为定案的根据:

(1)讯问笔录没有经被告人核对确认的。此种情况下,由于被告人未对讯问笔录核对确认,难以保证讯问笔录中记录的内容是被告人所陈述,也自然无法保证讯问笔录记载的被告人供述的真实性,自然不得作为定案的根据。但是,从司法实践来看,目前不少刑事案件被告人供述中存在以下几种情况难以获得被告人签名:①被告人属于文盲,不能够书写自己的名字,只能捺手印。②存在被告人拒不签名确认的情况,如在审理邪教案件中,被告人十分顽固,对于侦查人员、审判人员的问话及记录,置之不理;还有的犯罪嫌疑人、被告人供述后又后悔了,并拒绝签字;案件最主要的证据是被告人的供述,被告人为了破坏证据效力,坚决拒绝签名;出于其他不正当理由而拒绝签字的。上述情形下,完全排除被告人的供述不合适。根据《2021年刑诉法解释》第六百五十二条的规定,前一种情形下,被告人可以捺指印;后一种情形下,有相关见证人见证,或者有录音录像证明的,不影响讯问笔录的法律效力。

(2)讯问聋、哑人,应当提供通晓聋、哑手势的人员而未提供的,或者讯问不通晓当地通用语言、文字的被告人,应当提供翻译人员而未提供的。

(3)讯问未成年人,其法定代理人或者合适成年人不在场的。需要注意的是,合适成年人制度基于儿童最大利益原则和国家亲权理论而设立,是国家刑事司法制度对未成年人诉权的一种特殊保护。合适成年人参与未成年人刑事诉讼程序,具有监督讯问活动、抚慰未成年人的紧张情绪、帮助未成年人与讯问人员有效沟通等职能。《刑事诉讼法》第二百八十一条已经明确规定,对于未成年人刑事案件,在讯问和审判的时候,是"应当"而非"可以"通知法定代理人、合适成年人到场。因此,对于无法定代理人或者合适成年人在场的未成年被告人供述,取证程序严重违反法律强制性规定,无法保障被告人供述的真实性,故直接强制性排除。鉴此,《2021年刑诉法解释》第九十四条第四项明确规定,"讯问未成年人,其法定代理人或者合适成年人不在场的",被告人供述不得作为定案的根据。征求意见过程中,有个别意见认为,此种情况下似不宜绝对排除。例如,在被告人本人及其法定代理人对相关证据无异议的情况下,该供述可以作为证据使用。经研究认为,在《刑事诉讼法》第二百八十一条已经明确规定的前提下,对于讯问未成年人,其法定代理人或者合适成年人未到场的,被告人供述应当予以排除;而且,经进一步了解情况,司法实践中均是如此操作的,不存在问题。基于此,决定作出上述修改。

2. 被告人供述的补正规则。根据《2021年刑诉法解释》第九十五条的规定,讯问笔录有下列瑕疵,经补正或者作出合理解释的,可以采用;不能补正或者作出合理解释的,不得作为定案的根据:(1)讯问笔录填写的讯问时间、讯问地点、讯问人、记录人、法定代理人等有误或者存在矛盾的;(2)讯问人没有签名的;(3)首次讯问笔录没有记录告知被讯问人有关权利和法律规定的。

(三)被告人供述和辩解的采信规则

"犯罪嫌疑人和被告人在面对司法机关和执法机关的调查和指控时,心理活动非常复杂,而且经常随着讯问人员和环节的变化而发生变化……受这些不同心理活动和状态的影响,翻供就成为司法实践中一种常见的现象,而且往往是供了又翻,翻了又供,多次反复,令人真假难辨。这种反复性也是口供复杂性的表现。"[1]司法工作人员在处理犯罪嫌疑人、被告人翻供的问题时应当特别审慎。《2021年刑诉法解释》第九十六条专门规定审查被告人供述和辩解,应当结合控辩双方提供的所有证据以及被告人的全部供述和辩解进行。

1. 被告人庭审中翻供,但不能合理说明翻供原因或者其辩解与全案证据矛盾,而其庭前供述与其他证据相互印证的,可以采信其庭前供述。司法实践中,庭前一直作有罪供述的被告人,也可能在庭审中翻供。对于被告人庭审中翻供的,应当充分听取被告人的说明,以便结合全案案情判断被告人翻供理由或者辩解的合理与否。

2. 被告人庭前供述和辩解存在反复,但庭审中供认,且与其他证据相互印证的,可以采信其庭审供述。对于庭前供述和辩解存在反复的被告人,也可能由于法律威慑和真诚悔罪等因素,在庭审中作有罪供述。此种情况下,也需要结合其他证据综合判断,能与其他证据相印证的,可以采信其庭审中的供述。

3. 被告人庭前供述和辩解存在反复,庭审中不供认,且无其他证据与庭前供述印证的,不得采信其庭前供述。对于庭前供述和辩解存在

---

[1] 何家弘、刘品新:《证据法学》,法律出版社2019年版,第188页。

反复的被告人,在庭审中仍未供述有罪的,此种情况下,更加要注意结合其他证据进行判断。无其他证据与庭前供述相印证的,不得将其在庭前所作的有罪供述作为认定其有罪的根据。

三、鉴定意见审查与认定的有关问题

鉴定是指在诉讼活动中,鉴定人运用科学技术或者专门知识对诉讼涉及的专门性问题进行鉴别和判断并提供意见的活动。需要注意的是,鉴定人不是"科学的法官",鉴定结论也不是"科学的判决"。司法实践中,对于鉴定意见要持正确的态度,要相信科学,尊重鉴定人的专业知识,但切不可盲目轻信甚至依赖鉴定意见。《2021 年刑诉法解释》第四章第五节对鉴定意见的审查与认定作了专节规定。

(一)鉴定意见的审查重点

鉴定意见是证据的种类之一,和其他证据种类一样,必须经过司法人员的审查判断,确定其属实的,才能作为定案的根据。受主客观因素的影响,实践中鉴定意见也时常出现差错。因此,审判人员应当注意审查判断鉴定意见是否属实,从而准确判断是否可以将其作为定案的根据。《2021 年刑诉法解释》第九十七条对鉴定意见应当着重审查的内容作出明确规定。需要注意的是:

1. 鉴定机构和鉴定人法定资质的审查。由于鉴定是解决刑事诉讼中的专门性问题,而解决专门性问题的鉴定机构和鉴定人应当具有相应的资质,才能确保鉴定意见的可靠性。

我国的司法鉴定体制是从中华人民共和国成立初期开始起步,不断发展完善起来的。在这一发展过程中,有一个标志性的事件,就是 2005 年 2 月 28 日《全国人民代表大会常务委员会关于司法鉴定管理问题的决定》(自 2005 年 10 月 1 日起施行,以下简称《司法鉴定管理决定》)。在此之前,人民法院、人民检察院和公安机关各自组建了本部门的司法鉴定组织体系。此外,司法行政机关的部分附属机构、部分科研院校也建有司法鉴定机构。为了加强对鉴定人和鉴定机构的管理,适应司法机关和公民、组织进行诉讼的需要,保障诉讼活动的顺利进行,《司法鉴定管理决定》对司法鉴定工作进行统一规范管理:人民法院和司法行政部门不得设立鉴定机构;侦查机关根据侦查工作的需要设立的鉴定机构,不得面向社会接受委托从事司法鉴定业务;国务院司法行政部门主管全国鉴定人和鉴定机构的登记管理工作,省级人民政府司法行政部门依照规定,负责对鉴定人和鉴定机构的登记、名册编制和公告。

根据《司法鉴定管理决定》的规定,国家对从事下列司法鉴定业务的鉴定人和鉴定机构实行登记管理制度:(1)法医类鉴定,包括法医病理鉴定、法医临床鉴定、法医精神病鉴定、法医物证鉴定和法医毒物鉴定;(2)物证类鉴定,包括文书鉴定、痕迹鉴定和微量鉴定;(3)声像资料鉴定,包括对录音带、录像带、磁盘、光盘、图片等载体上记录的声音、图像信息的真实性、完整性及其所反映的情况过程进行的鉴定和对记录的声音、图像中的语言、人体、物体作出种类或者同一认定;(4)根据诉讼需要,由国务院司法行政部门商最高人民法院、最高人民检察院确定的其他应当对鉴定人和鉴定机构实行登记管理的鉴定事项。① 需要注意的是,法律对上述事项的鉴定人和鉴定机构的管理另有规定的,从其规定。

《2021年刑诉法解释》第九十七条第一项规定应当着重审查"鉴定机构和鉴定人是否具有法定资质"。根据这一规定,审判人员要注重对鉴定人和鉴定机构资格的审查,对于不具备法定资质的鉴定人和鉴定机构出具的鉴定意见,不得作为定案的根据。

2. 鉴定人回避的审查。根据《刑事诉讼法》和相关规定,作为诉讼参与人的鉴定人应当遵守法律有关回避的规定,以确保鉴定人的中立客观,确保其所作出的鉴定意见的真实性。因此,《2021年刑诉法解释》第九十七条第二项规定应当着重审查"鉴定人是否存在应当回避的情形"。

---

① 2015年12月,最高人民法院、最高人民检察院、司法部和环境保护部就环境损害司法鉴定实行统一登记管理和规范环境损害司法鉴定工作作出明确规定。这是《司法鉴定管理决定》施行以来,就"其他应当对鉴定人和鉴定机构实行登记管理的鉴定事项"作出的唯一具体规定。

3. 鉴定检材的审查。检材是鉴定的基础,其来源和质量直接影响到鉴定意见的科学性和可靠性,直接影响到鉴定意见能否作为定案的根据。因此,《2021年刑诉法解释》第九十七条第三项规定应当着重审查"检材的来源、取得、保管、送检是否符合法律、有关规定,与相关提取笔录、扣押清单等记载的内容是否相符,检材是否可靠"。

4. 鉴定意见的形式审查。《刑事诉讼法》第一百四十七条规定:"鉴定人进行鉴定后,应当写出鉴定意见,并且签名。"《司法鉴定管理决定》第十条规定:"……鉴定人应当独立进行鉴定,对鉴定意见负责并在鉴定书上签名或者盖章。多人参加的鉴定,对鉴定意见有不同意见的,应当注明。"上述规定明确了鉴定意见的形式要求。《2021年刑诉法解释》第九十七条第四项专门对鉴定意见的形式审查提出要求,规定应当着重审查"鉴定意见的形式要件是否完备,是否注明提起鉴定的事由、鉴定委托人、鉴定机构、鉴定要求、鉴定过程、鉴定方法、鉴定日期等相关内容,是否由鉴定机构盖章并由鉴定人签名"。

5. 鉴定意见告知程序的审查。《刑事诉讼法》第一百四十八条规定:"侦查机关应当将用作证据的鉴定意见告知犯罪嫌疑人、被害人。如果犯罪嫌疑人、被害人提出申请,可以补充鉴定或者重新鉴定。"因此,《2021年刑诉法解释》第九十七条第十项规定应当着重审查"鉴定意见是否依法及时告知相关人员,当事人对鉴定意见有无异议"。司法实践中,审判人员要注意审查鉴定意见是否告知相关人员,当事人对鉴定意见是否有异议,异议是否得到处理等事项。

(二)鉴定意见的排除规则

根据《2021年刑诉法解释》第九十八条的规定,鉴定意见具有下列情形之一的,不得作为定案的根据:(1)鉴定机构不具备法定资质,或者鉴定事项超出该鉴定机构业务范围、技术条件的;(2)鉴定人不具备法定资质,不具有相关专业技术或者职称,或者违反回避规定的;(3)送检材料、样本来源不明,或者因污染不具备鉴定条件的;(4)鉴定对象与送检材料、样本不一致的;(5)鉴定程序违反规定的;(6)鉴定过程和方法不符合相关专业的规范要求的;(7)鉴定文书缺少签名、盖章的;(8)鉴定意见与案件事实没有关联的;(9)违反有关规定的其他情形。

需要注意的是,关于"鉴定文书缺少签名、盖章的",究竟应当直接排除,还是作为瑕疵证据允许补正或者作出合理解释,征求意见过程中存在不同认识。有意见认为,此种情形应作为瑕疵证据,允许补正或者作出合理解释。理由:实践中,存在个别鉴定人因担心遭受打击报复,拒绝在鉴定意见上签名的情况,相关鉴定意见仅有鉴定单位盖章。这种情况下,并不能否认鉴定意见的证据资格。此外,鉴定意见缺少签名或盖章,部分原因可能是调查或侦查活动疏忽。鉴定意见往往直接关乎罪与非罪及案件的定性,如果直接予以排除,将对整个案件办理造成不利影响。有些鉴定文书鉴定的对象存在时效性,若作为应当直接排除的情形,因时过境迁可能无法进行再次鉴定。故而,对于仅因疏忽大意或者其他客观原因导致鉴定文书缺少签名或盖章的,只要能作出补正或者合理解释,经法庭查证属实,与其他证据相互印证,且无其他依法应当排除情形的,可以作为定案的依据。经研究,维持相关规定不变。主要考虑:(1)签名、盖章是鉴定文书的必备要件,缺少签名、盖章,则难以确定鉴定文书的真实性。基于此,对于鉴定文书缺少签名、盖章的,似应绝对排除,而不宜纳入瑕疵证据的范畴。(2)"两个证据规定"、《2012年刑诉法解释》均已明确,鉴定文书缺少签名、盖章的,应当绝对排除。长期以来,这一规定的适用未收到不良反映,说明其符合我国司法实际。本次修改,似不宜放松对鉴定意见的要求,否则可能会招致外界批评,引发不良效应。(3)鉴定意见与其他证据相比,不论在法律上还是司法实践中都具有极特殊的地位和作用。而且,出具鉴定意见的鉴定人以向诉讼活动出具鉴定意见为职业,属"职业证人",应当对其实行高标准、严要求。鉴定人在出具的鉴定文书上"缺少签名、盖章",是其对工作严重不负责任或不敢负责任的表现,与讯问笔录上缺少讯问人员签名完全不同,不能视为"瑕疵证据",而应当绝对排除。

此外,司法实践中还需要注意的是多份不同鉴定意见并存时的处理方法。在当前的司法实践中,多份不同鉴定意见并存的现象比较普遍,且难以在短时间内得到完全改变,这为审判人员取舍鉴定意见增大了难度。本书认为,应当充分运用刑事诉讼法增加的相关制度,立足当前的司法实践,妥善解决这一问题:(1)充分适用鉴定人出庭和有专门知识的人出庭制度,根据控辩双方的申请通知有专门知识的人出庭,以促使控辩双方对专门性问题达成共识,增强审判人员对鉴定意见审查判断的内心确信。(2)对于通过鉴定人、有专门知识的人出庭未能形成结论的情形,人民法院也应当慎用重新鉴定制度。在可能的情况下,可以由控辩双方合意选定鉴定人进行鉴定,从而尽可能地消除双方的分歧,促使双方就鉴定意见达成共识。当然,如果控辩双方无法达成合意,人民法院可以依法指定鉴定人进行重新鉴定。重新鉴定的意见仍然需要经过庭审质证,由法庭审查判断。

(三)鉴定人出庭

鉴定人往往向法庭提供书面意见,而不出庭就鉴定意见接受控辩双方的询问,是我国刑事诉讼法庭审理中的突出问题之一。鉴此,《刑事诉讼法》第一百九十二条第三款规定:"……经人民法院通知,鉴定人拒不出庭作证的,鉴定意见不得作为定案的根据。"据此,经人民法院通知,鉴定人拒不出庭作证的,鉴定意见不得作为定案的根据。这意味着,经人民法院通知,无论鉴定人不出庭的理由是否正当,也不论是否基于不能抗拒的原因,该鉴定意见在鉴定人未出庭的情况下都不得作为定案的根据。基于此,《2021年刑诉法解释》第九十九条规定:"经人民法院通知,鉴定人拒不出庭作证的,鉴定意见不得作为定案的根据。""鉴定人由于不能抗拒的原因或者有其他正当理由无法出庭的,人民法院可以根据情况决定延期审理或者重新鉴定。""鉴定人无正当理由拒不出庭作证的,人民法院应当通报司法行政机关或者有关部门。"

《"六部委"规定》第二十九条规定:"依法应当出庭的鉴定人经人民法院通知未出庭作证的,鉴定意见不得作为定案的根据。鉴定人由于不能抗拒的原因或者有其他正当理由无法出庭的,人民法院可以根据案件审理情况决定延期审理。"需要指出的是,对于鉴定人有正当理由无法出庭的,人民法院可以决定延期审理,也可以决定不延期审理,由人民法院根据案件具体情况把握。《2021年刑诉法解释》第九十九条根据审判实践的具体情况,进一步规范了此种情形下的处理,规定人民法院可以根据情况决定延期审理或者重新鉴定。例如,鉴定人在庭审期间身患严重疾病或者行动极为不便的,而鉴定人应当出庭作证的,人民法院根据案件具体情况,可以决定案件延期审理,待鉴定人痊愈后再开庭审理,也可以将该鉴定意见排除,进行重新鉴定。需要注意的是,对于经人民法院通知,鉴定人没有正当理由不出庭作证的,不得适用强制到庭措施。鉴定人在刑事诉讼中的地位不同于证人。证人具有不可替代性和不可指定性,而鉴定人是可以指定和替代的。故对鉴定人拒不出庭的,由其他鉴定人进行鉴定、提出新的鉴定意见即可,没有必要强制鉴定人到庭作证。

根据《2021年刑诉法解释》第九十九条第三款的规定,对没有正当理由拒不出庭作证的鉴定人,人民法院应当通报司法行政机关或者有关部门。对此需要注意以下三个问题:(1)该款适用的是没有正当理由拒不出庭作证的鉴定人,对于鉴定人由于不能抗拒的原因或者其他正当理由无法出庭的,不属于应当通报的情形。(2)根据《最高人民法院、最高人民检察院、公安部、国家安全部、司法部关于做好司法鉴定机构和司法鉴定人备案登记工作的通知》(司发通〔2008〕165号)的规定,司法行政部门仅对经检察机关、公安机关、国家安全机关审查合格的所属鉴定机构和鉴定人进行备案登记,对其无管理职能。因此,对于检察机关、公安机关、国家安全机关所属鉴定机构的鉴定人没有正当理由拒不出庭的,人民法院应当通报相应检察机关、公安机关、国家安全机关;对于其他司法鉴定人没有正当理由拒不出庭的,人民法院应当通知司法行政机关。(3)对于没有正当理由拒不出庭作证的鉴定人,司法行政部门或者有关部门可以依照《司法鉴定管理决定》或者其他规定给予相应处罚。例如,根据《司法鉴定管理决定》第十三条的规定,经人民法院通知,鉴定人拒不出庭作证的,可以给予停止从事司法鉴定业务三个月以上一年以下的处罚;情节严重的,撤销登记。

(四)就专门性问题出具的报告

对于根据诉讼需要由国务院司法行政部门商最高人民法院、最高人民检察院确定的其他应当对鉴定人和鉴定机构实行登记管理的鉴定事项,目前并未有相关规范性文件对此作出明确规定。而且,我国改革后的司法鉴定体制也处于建设之中,原有的鉴定机构需要重新进行资质审查和登记注册。这样一来,在我国刑事诉讼中出现了很多需要鉴定的领域欠缺具有资质的司法鉴定机构的现象,导致刑事诉讼中的许多专门性问题无法获取有资质的鉴定人出具的鉴定意见,影响了对案件事实的查实和诉讼程序的顺利进行。① 毋庸置疑,这是我国司法鉴定体制从过去的多元局面向目前的规范管理迈进必然要历经的阶段,不会影响我国司法鉴定体制改革的良好局面。但是,对于目前存在的一些领域中司法鉴定机构缺失或者较少的现象,应当及时采取相应措施,以确保相关案件的及时、顺利办理。

作为应对,部分司法解释针对司法实践中的现实情况,规定可以委托一些尚不具备司法鉴定资质的机构对一些专门性问题出具报告。② 由这些部门出具报告,是解决有资质的司法鉴定机构欠缺的妥善办法。此外,在办理案件的过程中,在对于所要处理的专门性问题没有鉴定机构的情形下,侦查机关或者有关部门委托一些实际上具备这方面的专业知识,但尚未取得鉴定资质的机构出具意见的,司法机关可以结合案件情况对所出具的意见进行审查,并根据情况认定案件事实。需要注意的是,在前述情形下,司法机关并不是依据鉴定意见对案件事实进行认定。为了进一步规范报告的有关问题,《2012 年刑诉法解释》第八十七条作了相应规定。

---

① 顺带需要提及的是,对于法医类鉴定、物证类鉴定、声像资料鉴定"三大类鉴定"以外的鉴定事项,部分地方司法行政机关赋予了其司法鉴定资质,实际上也有违《司法鉴定管理决定》的规定。因为对于三大类鉴定以外的司法鉴定事项,系由国务院司法行政部门商最高人民法院、最高人民检察院确定的其他应当对鉴定人和鉴定机构实行登记管理的鉴定事项,并不应当由司法行政机关一家予以确定。而在一些案件审理过程中,也有当事人质疑司法行政机关指定的"三大类鉴定"以外的鉴定机关的资质。

② 《最高人民法院、最高人民检察院关于办理盗窃刑事案件适用法律若干问题的解释》(法释〔2013〕8 号)第四条第一款第一项规定:"被盗财物有有效价格证明的,根据有效价格证明认定;无有效价格证明,或者根据价格证明认定盗窃数额明显不合理的,应当按照有关规定委托估价机构估价。"此处的"委托估价机构估价",实际上就是由价格认证机构对价格进行认证,而这也不是司法鉴定,所出具的价格认证报告也就是对相关专门性问题的报告。

根据《刑事诉讼法》第五十条第一款的规定,可以用于证明案件事实的材料,都是证据。在司法实践中,大量的关于专门性问题的报告被用于证明案件事实,有些还被用于证明与定罪量刑直接相关的构成要件的事实,发挥着与鉴定意见同等重要的作用。无论从法条的规定来看,还是从司法实务的操作出发,该类报告也已经可以作为证据使用。特别是,在盗窃、诈骗等侵财案件中,被广泛运用的价格认定报告就属于《2012年刑诉法解释》第八十七条所讲的"报告"。目前看来,现实中的专业性问题层出不穷,司法鉴定的范围却非常有限,无法一一涵盖,允许出具报告已不仅仅是应急之策,而是已成为常态。鉴此,《2021年刑诉法解释》第一百条规定:"因无鉴定机构,或者根据法律、司法解释的规定,指派、聘请有专门知识的人就案件的专门性问题出具的报告,可以作为证据使用。对前款规定的报告的审查与认定,参照适用本节的有关规定。经人民法院通知,出具报告的人拒不出庭作证的,有关报告不得作为定案的根据。"

(五) 事故调查报告

司法实践中,事故调查报告被广泛运用。此类证据的特点是:(1)以行政机关或者事故调查组名义出具,且很多时候是集体讨论的结果。(2)内容多涉及单位就其职权范围,依照一定的程序对某一事实进行审查、认定。(3)技术性强,具有不可替代性。例如,火灾事故调查报告记录了火灾的起火时间、起火点、可能的起火原因等对案件事实认定至关重要的因素。

由于上述材料无法归入现行的证据种类,实践中对其能否作为刑事证据使用,存在不同认识。基于此,《2021年刑诉法解释》第一百零一条规定:"有关部门对事故进行调查形成的报告,在刑事诉讼中可以作为证据使用;报告中涉及专门性问题的意见,经法庭查证属实,且调查程序符合法律、有关规定的,可以作为定案的根据。"

需要注意的是,根据该条规定,"报告中涉及专门性问题的意见,经法庭查证属实,且调查程序符合法律、有关规定的",才能作为定案的根据。首先,事故调查报告中涉及的对专门性问题的意见,其性质实际与鉴定意见类似,也需要接受控辩双方质证,接受法庭调查,只有经查证属实,且调查程序符合法律、有关规定的,才能作为定案的根据。其次,事故调查报告中常常会涉及其他事项,有关事项与事实认定无关或者不属于专门性问题的,不具有证据性质,不能作为定案的根据。

四、勘验、检查、辨认、侦查实验等笔录审查与认定的有关问题

笔录是指侦查机关、司法机关工作人员在调查案件事实的过程中所作的各种记录,记录了调查案件事实的过程中所发现的各种情况,对于查明案件事实具有重要意义。刑事诉讼中的笔录形式多样。《2021年刑诉法解释》第四章第六节对勘验、检查、辨认、侦查实验等笔录的审查与认定作了专节规定。

(一)勘验、检查笔录的审查与认定

勘验、检查是指侦查人员、司法人员为了查明案件事实,对与犯罪有关的场所、物品、人身、尸体进行勘查、检验、检查的侦查活动。勘验、检查的性质相同,区别在于对象不同:勘验的对象为现场、物品和尸体;检查的对象为活人的身体。根据刑事诉讼法的规定,勘验、检查可以分为现场勘验、物证检验、尸体检验和人身检查。勘验、检查是侦查活动的重要组成部分。勘验、检查笔录是侦查人员、司法人员在对与案件有关的场所、物品、人身、尸体进行勘验、检查过程中,制作的关于勘验、检查中发现的与案件有关的事实情况的记录,对于查明案件事实具有重要意义。《2021年刑诉法解释》第一百零二条对审判人员在审理案件过程中对勘验、检查笔录应当着重审查的内容予以明确规定。具体而言:

1.勘验、检查是否依法进行,笔录制作是否符合法律、有关规定,勘验、检查人员和见证人是否签名或者盖章。《刑事诉讼法》第一百二十八条规定:"侦查人员对于与犯罪有关的场所、物品、人身、尸体应当进行勘验或者检查。在必要的时候,可以指派或者聘请具有专门知识的人,在侦查人员的主持下进行勘验、检查。"第一百九十六条规定:"法庭审理过程中,合议庭对证据有疑问的,可以宣布休庭,对证据进行调查核实。人民法院调查核实证据,可以进行勘验、检查、查封、扣押、鉴定和查询、冻结。"无论是侦查机关在侦查活动中进行勘验、检查,还是人民法院为调查核实证据进行勘验、检查,都应当依照法律和司法解释、其他规范性文件进行,严格遵守批准程序,规范制作笔录。

2. 勘验、检查笔录是否记录了提起勘验、检查的事由,勘验、检查的时间、地点,在场人员、现场方位、周围环境等,现场的物品、人身、尸体等的位置、特征等情况,以及勘验、检查、搜查的过程;文字记录与实物或者绘图、照片、录像是否相符;现场、物品、痕迹等是否伪造、有无破坏;人身特征、伤害情况、生理状态有无伪装或者变化等。这主要是要求审查勘验、检查笔录规范性。在审查过程中,要注意审查笔录所记载的内容是否真实,是否由符合法定资格的司法人员制作,笔录格式、用语、签名是否符合规范要求,以及制作过程是否符合法定程序的要求。

3. 补充进行勘验、检查的,是否说明了再次勘验、检查的原因,前后勘验、检查的情况是否矛盾。《刑事诉讼法》第一百三十四条规定:"人民检察院审查案件的时候,对公安机关的勘验、检查,认为需要复验、复查时,可以要求公安机关复验、复查,并且可以派检察人员参加。"而且,根据《刑事诉讼法》第一百九十七条的规定,法庭审理过程中,当事人和辩护人、诉讼代理人有权申请重新勘验。无论是何种情形,对于案件存在再次勘验、检查的,应当注意审查再次勘验、检查的原因,并注意审查前后勘验、检查的情况是否矛盾。

此外,毫无疑问的是,根据《2021 年刑诉法解释》第一百三十九条第一款的规定,对证据的真实性,应当综合全案证据进行审查。因此,应当注意审查判断勘验、检查笔录中记载的情况与被告人供述、被害人陈述、鉴定意见等其他证据能否相互印证,有无矛盾。

根据《2021 年刑诉法解释》第一百零三条的规定,经过上述审查,如果勘验、检查笔录存在明显不符合①法律、有关规定的情形,如主体不合法或者未依法回避的,勘验未经依法批准进行的,勘验笔录不合

---

① 需要注意的是,此处的表述是"明显"不符合。勘验、检查笔录属于非言词的客观证据,不能轻易排除,加上"明显"的表述更利于根据具体情况予以把握。

规范等,法庭应当要求相关人员作出解释或者说明,结合案件其他证据,审查其真实性和关联性;不能作出合理解释或者说明,或者虽经解释或者说明,仍然无法确定其真实性和关联性的,不得作为定案的根据。

(二)辨认笔录的审查与认定

辨认是侦查过程中经常使用的一种手段和方式,是指侦查人员为了查明案件事实,在必要的时候让被害人、犯罪嫌疑人或者证人对与犯罪有关的物品、文件、尸体、场所或者犯罪嫌疑人进行辨别、确认的侦查活动。辨认的内容主要包括:(1)让被害人、证人和犯罪嫌疑人对与犯罪有关的物品、文件、尸体进行辨认;(2)让被害人、证人对犯罪嫌疑人进行辨认;(3)让犯罪嫌疑人对其他犯罪嫌疑人进行辨认。辨认经过和结果,应当制作辨认笔录,由侦查人员签名,辨认人、见证人签字或者盖章。需要注意的是,《刑事诉讼法》对于辨认的具体程序未作规定,而勘验、检查、侦查实验等其他方式在《刑事诉讼法》中都有具体程序。因此,《2021年刑诉法解释》第一百零四条规定:"对辨认笔录应当着重审查辨认的过程、方法,以及辨认笔录的制作是否符合有关规定。"《2021年刑诉法解释》第一百零五条对辨认笔录的排除情形作了进一步规定。具体而言,辨认笔录具有下列情形之一的,不得作为定案的根据:

1. 辨认不是在调查人员、侦查人员主持下进行的。辨认应当由调查人员、侦查人员主持进行。为了查明案情,组织对犯罪嫌疑人进行辨认,应当经办案部门负责人批准。根据相关规定,主持辨认的调查人员、侦查人员不得少于二人,以利于互相协助、互相监督。如果辨认不是在调查人员、侦查人员主持下进行的,辨认不具有合法性,也无法确定辨认笔录的真实性,辨认笔录自然不能作为定案的根据。

2. 辨认前使辨认人见到辨认对象的。在辨认前,应当向辨认人详细询问被辨认人或者被辨认物的具体特征,禁止辨认人见到被辨认人或者被辨认物,并应当告知辨认人有意作假辨认应负的法律责任。如果辨认前使辨认人见到辨认对象,则会使后续的辨认流于形式,影响辨认结果的真实性。

3. 辨认活动没有个别进行的。在组织几名辨认人对同一被辨认人或者同一物品进行辨认时，应当由辨认人个别进行，在某个辨认人进行辨认时，其他的辨认人不能在场，以避免辨认人之间的相互干扰，确保辨认结果的客观性。

4. 辨认对象没有混杂在具有类似特征的其他对象中，或者供辨认的对象数量不符合规定的。辨认时，应当将辨认对象混杂在其他对象中。具体辨认的数量应当根据具体规定予以确定。

从司法实践来看，有关证据不具备混杂辨认条件的情形有以下三种：一是难以找到类似特征参照物的情形，比如尸体、场所。二是参照物特征几乎完全相同的情形，比如人民币等种类物，根本无法区分。三是辨认人能够准确描述物品独有特征的情形。如对手机的辨认，辨认人能够说出手机内短信息内容、手机外观磨损细节及部位等特征，可不用混杂辨认。再如对车辆进行辨认，辨认人能够描述车辆外观某些特定位置被碰撞过，车内某些不为外人所知的损坏、车架号等独有特征的，也不需采用混杂辨认。经研究认为：其一，对于种类物的辨认可以依附于其他物品，如盗窃的钱包里面的钱，往往是直接对钱包进行辨认；也可以不走辨认的程序，丢了几百块钱，数额对上了就可以了。申言之，如果系无法依附于其他物品的种类物，辨认也没有意义，无需进行辨认。其二，对于尸体、场所等难以找到类似特征参照物的情形和辨认人能够准确描述物品独有特征的情形，则无须进行辨认，由相关人员直接指认即可。因此，《2021年刑诉法解释》第一百零五条第四项没有作但书规定，并非意味着对上述情形仍然需要适用混杂辨认规则，而是说明对上述情形没有必要进行辨认。

5. 辨认中给辨认人明显暗示或者明显有指认嫌疑的。辨认时，不得给辨认人任何暗示，否则，给辨认人明显暗示或者明显有指认嫌疑的，则无法保证辨认结果的真实性。

6. 违反有关规定，不能确定辨认笔录真实性的其他情形。关于具体情形，需要在司法实践中根据具体情况予以把握。需要注意的是，对于其他一些违反规定的情形，如主持辨认的侦查人员少于二人，辨认笔录无见证人签名、记录过于简单等情形,通过有关办案人员的补正或者合理解释,能够确认辨认笔录的真实性的,辨认笔录可以作为证据使用。

(三)侦查实验笔录的审查与认定

《刑事诉讼法》第一百三十五条第一款规定:"为了查明案情,在必要的时候,经公安机关负责人批准,可以进行侦查实验。"因此,侦查实验,是指侦查人员为了查明与案件有关的某一事件或者事实在某种情况下能否发生或者如何发生,而模拟案件原有条件,将该事件或者事实实验性地加以演示的侦查活动。侦查实验是侦查活动的组成部分,只能由侦查机关的侦查人员实施。在必要的时候,侦查机关可以指派或者聘请具有专门知识的人,在侦查人员的主持下进行侦查实验,也可以通知犯罪嫌疑人、被害人、证人参加。此外,公安机关进行侦查实验,也可以商请人民检察院派员参加。从实践来看,通常有必要通过侦查实验完成以下任务:(1)确定在一定条件下能否听到或者看到;(2)确定在一定时间内能否完成某一行为;(3)确定在什么条件下能够发生某种现象;(4)确定在某种条件下某种行为和某种痕迹是否吻合一致;(5)确定在某种条件下使用某种工具可能或者不可能留下某种痕迹;(6)确定某种痕迹在什么条件下会发生变异;(7)确定某种事件是怎样发生的。[①] 总之,侦查实验是一项重要的侦查措施,可以在勘验、检查的过程中进行,也可以单独进行,对于验证某些特定事件或者事实的发生可能性及过程,审查证人证言、被害人陈述、犯罪嫌疑人供述和辩解等证据材料的真实性,从而更好地查明案件事实,具有重要意义。需要注意的是,侦查实验的结论在性质上属于补强性证据,通常不能单独作为定案

[①] 例如,2010年12月至2011年10月,李某与他人在运输煤炭过程中,趁人不备将块煤掺到煤矸石中,多次盗窃煤矿的块煤。案发后,4名被告人对盗窃数量的供述相差很大,被害单位监控录像在案发时因超过保存时间已灭失,也没有其他方法可以证实被盗块煤的具体数量,案件办理一时陷入困境。后来,侦查机关利用侦查实验的方法确定本案的犯罪数量,即利用被告人作案时使用的车辆、依照被告人供述的作案方式做了侦查实验,最后确定被告人盗窃块煤的数量和价值。法院最终采纳侦查实验得出的结论,依法判处李某有期徒刑五年。参见《莱芜莱城:侦查实验确定犯罪数量》,载《检察日报》2012年7月6日,第1版。

的根据。

《刑事诉讼法》第一百三十五条第二款规定:"侦查实验的情况应当写成笔录,由参加实验的人签名或者盖章。"据此,侦查实验的情况应当写成笔录,由参加实验的人签名或者盖章。侦查实验笔录应当全面、详细、准确、规范;记录提起侦查实验的事由、时间、地点、在场人员等情况;记录侦查实验的条件、经过和结果;必要时,应当通过绘图、拍照、摄像等方式记录侦查实验的过程。特别是,《刑事诉讼法》第五十条第二款将侦查实验笔录与勘验、检查、辨认等笔录一起列入了法定证据种类的范畴,故应当注意对其审查。《2021年刑诉法解释》第一百零六条规定:"对侦查实验笔录应当着重审查实验的过程、方法,以及笔录的制作是否符合有关规定。"

需要注意的是,侦查实验是一种特殊的侦查措施,是实验性地演示与案件相关事实、事件的发生可能性及过程。因此,必须确保实验时的各项条件与原来的条件相同,如时间段、地点、光线、风向等条件,才能确保侦查实验结论的客观性和科学性。因此,《2021年刑诉法解释》第一百零七条专门规定:"侦查实验的条件与事件发生时的条件有明显差异,或者存在影响实验结论科学性的其他情形的,侦查实验笔录不得作为定案的根据。"因此,审判过程中,对于侦查实验笔录应当着重审查上述内容,以确定能否作为定案的根据。

五、技术调查、侦查证据审查与认定的有关问题

《刑事诉讼法》第一百五十四条规定:"依照本节规定采取侦查措施收集的材料在刑事诉讼中可以作为证据使用。"这一条文既从立法层面明确了技术调查、侦查证据材料在刑事诉讼中的证据资格,同时也对审判人员在案件审判过程中对技术调查、侦查材料的查证属实提出了明确要求。基于此,《2021年刑诉法解释》第四章第八节对技术调查、侦查证据的审查与认定作出专节规定。

(一)技术调查、侦查证据的随案移送规则

由于技术调查、侦查证据材料的特殊性,使用不当可能暴露有关人

员的身份、技术方法,以致增强潜在犯罪人的反调查能力或反侦查能力,造成严重后果。基于此,世界各国对技术调查、侦查证据的使用都恪守"最后使用"原则,即如果根据在案其他证据足以认定案件事实的,就不使用技术调查、侦查证据,技术调查、侦查证据的使用只限于不可替代的场合。基于此,《2021年刑诉法解释》第一百一十六条规定明确了技术调查、侦查证据随案移送规则,规定:"依法采取技术调查、侦查措施收集的材料在刑事诉讼中可以作为证据使用。采取技术调查、侦查措施收集的材料,作为证据使用的,应当随案移送。"

与之相应,《2021年刑诉法解释》第一百二十二条进一步规定:"人民法院认为应当移送的技术调查、侦查证据材料未随案移送的,应当通知人民检察院在指定时间内移送。人民检察院未移送的,人民法院应当根据在案证据对案件事实作出认定。"

(二)技术调查、侦查证据的移送

《2021年刑诉法解释》第一百一十七条、第一百一十八条进一步明确了移送、使用技术调查、侦查证据材料应当注意的问题。具体而言:

1. 使用采取技术调查、侦查措施收集的证据材料可能危及有关人员的人身安全,或者可能产生其他严重后果的,可以采取下列保护措施:(1)使用化名等代替调查、侦查人员及有关人员的个人信息;(2)不具体写明技术调查、侦查措施使用的技术设备和技术方法;(3)其他必要的保护措施。

2. 移送技术调查、侦查证据材料的,应当附采取技术调查、侦查措施的法律文书、技术调查、侦查证据材料清单和有关说明材料。移送采用技术调查、侦查措施收集的视听资料、电子数据的,应当制作新的存储介质,并附制作说明,写明原始证据材料、原始存储介质的存放地点等信息,由制作人签名,并加盖单位印章。

(三)技术调查、侦查证据材料的审查重点

技术调查、侦查证据并非单独的证据种类,而是通常表现为视听资料、电子数据等类型,故根据《2021年刑诉法解释》第四章第二节至第七节关于证据分类审查规定进行审查判断即可。根据《2021年刑诉法解释》第一百一十九条的规定,还应当着重审查以下内容:(1)技术调查、侦查措施所针对的案件是否符合法律规定。(2)技术侦查措施是否经过严格的批准手续,按照规定交有关机关执行;技术侦查措施是否在刑事立案后,经过严格的批准手续。(3)采取技术调查、侦查措施的种类、适用对象和期限是否按照批准决定载明的内容执行。(4)采取技术调查、侦查措施收集的证据材料与其他证据是否矛盾;存在矛盾的,能否得到合理解释。

(四)技术调查、侦查证据材料的审查方式

《刑事诉讼法》第五十条第三款规定:"证据必须经过查证属实,才能作为定案的根据。"第一百五十四条对采取技术调查、侦查措施收集的证据材料的核实方法的规定本身暗含的就是对此类证据必须进行查证属实的内容。但是,由于采取技术调查、侦查措施收集的证据材料本身的特殊性,对其的查证属实有别于一般证据材料。根据《刑事诉讼法》第一百五十四条的规定,如果使用采取技术调查、侦查措施收集的证据可能危及有关人员的人身安全,或者可能产生其他严重后果的,应当采取不暴露有关人员身份、技术方法等保护措施,必要的时候,可以由审判人员在庭外对证据进行核实。据此,《2021年刑诉法解释》第一百二十条规定:"采取技术调查、侦查措施收集的证据材料,应当经过当庭出示、辨认、质证等法庭调查程序查证。当庭调查技术调查、侦查证据材料可能危及有关人员的人身安全,或者可能产生其他严重后果的,法庭应当采取不暴露有关人员身份和技术调查、侦查措施使用的技术设备、技术方法等保护措施。必要时,审判人员可以在庭外对证据进行核实。"根据上述规定,结合司法实践的具体情形,对于采取技术调查、侦查措施收集的证据材料的核实,通常有以下三种方式:

(1)对于采取技术调查、侦查措施收集的证据材料,通过当庭出示、辨认、质证等法庭调查程序进行核实。这是对技术调查、侦查材料进行核实的常态方式。

(2)对于采取技术调查、侦查措施收集的证据材料,采取不暴露有关人员的身份、技术方法等保护措施进行核实。要求使用技术调查、侦查措施所收集的证据材料一律在法庭上公开进行出示、质证等法庭调查程序,一方面,可能会暴露侦查人员、特情人员等相关人员,容易招致不法分子的报复,危及有关侦查人员和特情人员的人身安全;另一方面,可能会泄露技术调查、侦查手段,影响今后该类措施在侦查犯罪过程中效果的发挥。因此,《刑事诉讼法》第一百五十四条规定,此种情况下应当采取不暴露有关人员身份、技术方法等保护措施。采取上述核实方法,前提要求使用该证据可能危及有关人员的人身安全,或者可能产生其他严重后果。从实践来看,所谓"有关人员的人身安全",是指相关调查人员、侦查人员、线人的人身安全。而"其他严重后果",主要是指使用该证据会造成泄密、提高罪犯的反侦查能力、妨碍对其他案件的侦破等后果。① 如毒品案件中的秘密侦查员一旦暴露身份,就可能面临人身危险。所谓"不暴露有关人员身份",是指不公开有关人员的真实姓名、住址和工作单位等个人信息,使用化名或者代号,以对上述人员进行隐名保护。而且,相关人员确需出庭作证的,也应当在庭审活动中采取不暴露外貌、真实声音等出庭作证措施,即在有关人员出庭作证时,用脸罩或隔离板等遮蔽上述人员的外貌,通过技术手段改变上述人员的声音,以避免为其他庭审参加人员知悉,对其进行遮蔽保护。所谓"不暴露有关技术方法",是指对所采取的技术调查、侦查措施的技术方法不向庭审人员和外界透露,以防止该类信息的泄露。

(3)对于采取技术调查、侦查措施收集的证据材料,由审判人员在庭外进行核实。根据《刑事诉讼法》第一百五十二条的规定,采取上述核实方法,限于"必要的时候"。所谓"必要的时候",主要是指两种情形:一是采取不暴露有关人员身份、技术方法不足以使审判人员确信这些证据材料的真实性、可靠性,无法作出判决;二是采取不暴露有关人

---

① 参见王尚新、李寿伟主编:《〈关于修改刑事诉讼法的决定〉释解与适用》,人民法院出版社2012年版,第163页。

员身份、技术方法等保护措施还是无法防止严重后果的发生。①

司法实践中,对于庭外核实需要注意以下三个问题:①庭外核实与采取不暴露有关人员的身份、技术方法等保护措施核实,该两种核实技术调查、侦查证据材料的方法并非互相排斥,而是存在递进关系,可以结合使用。在使用该证据可能危及有关人员的人身安全,或者可能产生其他严重后果的情况下,采取不暴露有关人员身份、技术方法等保护措施对证据材料进行核实,如果审判人员仍然无法判断该证据材料的真实性、合法性和关联性的,可以进一步采取庭外核实的方法。②庭外核实的具体方法。庭外核实可以要求调查、侦查人员在庭外展示侦查的方法、过程、收集的证据材料及相关录音录像资料。审判人员通过对相关方法、过程等进行核实,查看收集的证据材料,观看相关录音录像,以及向相关人员了解情况,从而对证据材料进行审查判断。③参加庭外核实的人员范围。关于技术调查、侦查证据材料庭外核实的人员范围,特别是辩护人或者辩护律师是否到场问题,起草《"六部委"规定》时有过讨论,但存在较大分歧。有意见认为,庭外核实的人员范围仅限于审判人员以及具体承办案件起诉的检察人员和具体负责案件调查、侦查和采取技术调查、侦查措施的人员;也有意见认为,庭外核实的人员范围应当包括辩护律师,此种情况下的技术调查、侦查证据材料当庭不出示,庭外核实如果又不让辩护律师参加核实,无法保障辩护方对技术调查、侦查证据材料的质证权。经研究认为,技术调查、侦查证据材料的庭外核实系此次《刑事诉讼法》修改新增设的制度,缺乏司法实践经验。而且,各方面意见分歧较大,目前情况下对此问题作出统一规定的时机尚不成熟,宜由司法实务适用一段时间后再视具体情况作出规定。因此,《"六部委"规定》和有关司法解释、规范性文件对此问题未作明确规定。司法实践中,庭外核实时,人民法院应当加强与检察机关、侦查机关、调查机关沟通,以确定宜否通知辩护人参加。根据具体

---

① 参见王尚新、李寿伟主编:《〈关于修改刑事诉讼法的决定〉释解与适用》,人民法院出版社2012年版,第163页。

情况通知辩护律师到场的,到场的辩护人应当签署保密承诺书。

(五)裁判文书对技术调查、侦查证据的表述

经法定程序查证的技术调查、侦查证据,无论是否通过当庭出示、辨认、质证等法庭调查程序进行核实,均应当在裁判文书中予以表述,作为定案的根据。为了避免公开技术调查、侦查措施的过程及方法,《2021年刑诉法解释》第一百二十一条规定:"采用技术调查、侦查证据作为定案根据的,人民法院在裁判文书中可以表述相关证据的名称、证据种类和证明对象,但不得表述有关人员身份和技术调查、侦查措施使用的技术设备、技术方法等。"实际上,对于其他证据,在裁判文书中一般也不会表述是通过何种具体途径获得该证据材料。

第三章　电子数据的审查与认定

科学技术的发展,使证明案件事实的材料日益扩展,不断有新的证据种类被纳入刑事诉讼法之中。在互联网时代,以计算机和网络为依托的电子数据在证明案件事实的过程中发挥着越来越重要的作用,缺乏电子数据的支撑将难以认定相关犯罪事实。为此,《2012年刑事诉讼法》将电子数据增列为新的证据种类,进一步丰富了证据的外延。2014年5月,《最高人民法院、最高人民检察院、公安部关于办理网络犯罪案件适用刑事诉讼程序若干问题的意见》(公通字〔2014〕10号,以下简称《2014年网络犯罪程序意见》)[①]根据刑事诉讼法的规定,结合侦查、起诉、审判实践,对网络犯罪案件的管辖、跨地域取证、电子数据的收集与审查及其他问题作了系统规定。2016年9月,《最高人民法院、最高人民检察院、公安部关于办理刑事案件收集提取和审查判断电子数据若干问题的规定》(法发〔2016〕22号,以下简称《电子数据规定》)进一步规范电子数据的收集提取与审查判断。[②]《2021年刑诉法解释》第七节吸收《电子数据规定》的有关条文,对电子数据的审查与认定作出相应规定。这就意味着《电子数据规定》的相关规定得到进一步强化,相关要求得到进一步落实。针对司法实践反映的情况,本章围绕电子数据分类审查与认定的有关问题进行探讨。

[①] 《2014年网络犯罪程序意见》已废止。鉴于《电子数据规定》对电子数据的收集提取与审查判断作了集中规定,《最高人民法院、最高人民检察院、公安部关于办理信息网络犯罪案件适用刑事诉讼程序若干问题的意见》(法发〔2022〕23号)未再涉及电子数据的有关问题。

[②] 为规范公安机关办理刑事案件电子数据取证工作,确保电子数据取证质量,提高电子数据取证效率,公安部发布了《公安机关办理刑事案件电子数据取证规则》(公通字〔2018〕41号),自2019年2月1日起施行。该取证规则全面落实《电子数据规定》的相关要求,对公安机关收集提取电子数据、电子数据的检查和侦查实验、电子数据委托检验与鉴定等问题作了进一步细化规定。

一、电子数据的法定地位确立

由于网络空间的虚拟性,网络犯罪行为留下的证据通常为电子数据。在互联网时代,以计算机和网络为依托的电子数据在证明案件事实的过程中发挥着越来越重要的作用,缺乏电子数据的支撑将难以认定相关犯罪事实。将电子数据作为一种新的证据种类加以规定,已是必然选择。

《1996年刑事诉讼法》第四十二条并未将电子数据列为证据的种类,这导致司法实践中对电子数据的运用处于两难境地:一方面,可以用于证明案件事实的材料都是证据,与案件相关的电子数据自然属于证据的范畴;另一方面,《1996年刑事诉讼法》又将证据限定为七种,并未涉及电子数据,电子数据应当作为何种类的证据于法无据。面对这一局面,刑事司法实务部门采取了两类举措:一类举措是在规范性文件中直接将电子数据作为一类证据形式。例如,《最高人民法院、最高人民检察院、公安部、国家安全部、司法部关于办理死刑案件审查判断证据若干问题的规定》(法发〔2010〕20号)在"证据的分类审查与认定"部分直接规定了对电子邮件、电子数据交换、网上聊天记录、网络博客、手机短信、电子签名、域名等电子证据的审查内容。另一类举措则是将电子数据转化为法定证据种类再予以使用,而且不少都是转化为勘验、检查笔录予以使用。例如,《最高人民法院、最高人民检察院、公安部关于办理网络赌博犯罪案件适用法律若干问题的意见》(公通字〔2010〕40号)在"关于电子证据的收集与保全"部分规定:"侦查机关对于能够证明赌博犯罪案件真实情况的网站页面、上网记录、电子邮件、电子合同、电子交易记录、电子账册等电子数据,应当作为刑事证据予以提取、复制、固定。侦查人员应当对提取、复制、固定电子数据的过程制作相关文字说明,记录案由、对象、内容以及提取、复制、固定的时间、地点、方法,电子数据的规格、类别、文件格式等,并由提取、复制、固定电子数据的制作人、电子数据的持有人签名或者盖章,附所提取、复制、固定的电子数据一并随案移送。"从这一规定可以看出,该规范性文件实际上是要求对电子数据按照勘验、检查笔录这一法定证据种类进行提取和转换的。以上两类举措都是司法实务部门囿于电子数据未作为法定证据种类,不得已而为之的举措。

当前,电子数据在刑事诉讼中的广泛应用已是不争的事实。云计算、物联网等互联网应用迅猛发展,传统犯罪快速向互联网迁移,犯罪手段不断翻新。各类刑事案件几乎都会涉及电子数据,电子数据广泛应用于刑事诉讼活动。《2012 年刑事诉讼法》适应现代信息技术的发展,根据刑事诉讼的新情况和实践需要,将电子数据增设为法定证据种类,进一步丰富了证据的外延,有利于规范司法实务部门对于电子数据的提取和运用,更好地证明案件事实。

二、电子数据的一般规定

(一)电子数据的界定

1. 电子数据的特点。电子数据,也称电子证据,是指以电子数据形式存在并可以用于证明案件事实的材料。电子数据具有如下特征。

(1)该类证据以电子数据形式存在。所有的电子数据都是基于计算机应用和通信等电子化技术手段形成的用以表示文字、图形符号、数字、字母等信息的资料。与其他证据种类不同,电子数据在本质上而言是以电子形式存储或者传输的数据。

(2)该类证据具有开放性的特征。从司法实践来看,作为证据使用的电子数据越来越与日益开放的互联网联系在一起,而网络电子数据的一个重要特点是可以不受时空限制获取数据。就传统证据种类而言,必须前往一定的场所(案发现场或者其他证据存在处)或者询问一定的对象(犯罪嫌疑人、证人、被害人)才能获取,而获取一些电子数据却可以通过一定的技术手段不受时空限制地获取,这是电子数据开放性的表现,也是对该类证据的收集亟须加以规范的地方。

(3)该类证据具有易变性与稳定性并存的特征。就传统证据而言,一般认为,诸如证人证言之类的言词证据存在易变性的特征,而物证等实物证据具有稳定性的特征。但就电子数据而言,一方面,该类证据是以电子数据形式存在的,只需要敲击键盘,即可对其进行增加、删除、修改,可谓具有易变性;另一方面,绝大多数情况下对于电子数据的增加、删除、修改都会留有一定的痕迹,而且被破坏的数据多数情况下都可以通过技术手段被恢复到破坏前的状态,这又足以体现该类证据的稳定性。

2. 电子数据的范围。根据刑事诉讼法的规定,电子数据是一类独立的证据种类。而且,电子数据可以被视为其他七类证据的电子数据化。"同七种传统证据形式相比,应该说电子证据来源于七种证据,是将各种传统证据部分地剥离出来而泛称的一种新证据形式。"[①]电子数据的兴起,与计算机的产生、发展和普及直接相关,与信息技术的发展密不可分。随着信息技术的发展,传统的证据种类逐渐出现了一些新的特点,如在计算机网络产生之前,共同犯罪人之间的共谋经常是当面或者通过电话、书信等方式进行,而现在很多共同犯罪人之间通过 QQ、微信聊天进行共谋。在司法实践中,相关案件运用 QQ、微信聊天记录可以证明案件事实。如果换一个视角,QQ、微信聊天记录也是通过其所表示的内容来证明案情的,其实就是电子书证,即以电子数据形式存在的书证。再如,行为人贩卖淫秽书刊、录像带、光盘的,淫秽书刊、录像带、光盘是证明行为人贩卖淫秽物品的物证;而如果是在网络上贩卖淫秽视频、音频文件的,那么淫秽视频、音频文件也是证明行为人贩卖淫秽物品(淫秽电子信息)的物证,只不过是电子物证而已。

《电子数据规定》第一条采取"概括+例举+排除"的方式,对电子数据作了明确界定。具体而言,第一款对电子数据作了概括规定:"电子数据是案件发生过程中形成的,以数字化形式存储、处理、传输的,能够证明案件事实的数据。"之所以限定为"案件发生过程中",是为了将案件发生后形成的证人证言、被害人陈述以及犯罪嫌疑人、被告人供述和辩解等电子化的言词证据排除在外。需要注意的是,对于"案件发生过程中"不应作过于狭义的把握,从而理解为必须是实行行为发生过程中。例如,性侵害犯罪发生前行为人与被害人往来的短信、网络诈骗实施前行为人设立的钓鱼网站等,只要与案件事实相关的,均可以视为"案件发生过程中"形成的电子数据。

---

① 何家弘、刘品新:《证据法学》,法律出版社 2019 年版,第 171 页。

根据《电子数据规定》第一条第二款的规定,电子数据包括但不限于下列信息、电子文件:(1)网页、博客、微博客、朋友圈、贴吧、网盘等网络平台发布的信息;(2)手机短信、电子邮件、即时通信、通讯群组等网络应用服务的通信信息;(3)用户注册信息、身份认证信息、电子交易记录、通信记录、登录日志等信息;(4)文档、图片、音视频、数字证书、计算机程序等电子文件。需要注意的是,上述信息虽然都属于电子数据,但对不同类型的电子数据的取证程序要求可能存在差别,如对于通信信息的收集、提取可能涉及技术侦查措施[①],应当经过严格的批准手续。

3. 电子数据与视听资料的界分。视听资料的出现本身是现代科学技术发展的产物,而科学技术、特别是信息技术的发展,又导致了音像资料本身的进一步发展:传统的音像资料主要储存在磁带、录像带、VCD、DVD等实物中,但现在越来越多的音像资料是以电子数据的形式存在的。在《1996年刑事诉讼法》施行期间,由于电子数据未被规定为独立的证据种类,电子数据在很多情况下都是被纳入视听资料的范畴,从而用以证明犯罪事实的。[②] 这种做法是法学理论和实务针对立法局限的有效举措,无可厚非。但是,在刑事诉讼法已经将电子数据作为独立证据种类的背景下,对于以电子数据的形式而存在的音像资料不能再纳入视听资料的范畴,而应当作为电子数据加以运用。电子数据虽然与视听资料同列于《刑事诉讼法》第五十条第二款第八项,但并不能否认二者之间的区别,不能否认电子数据是独立的证据种类。本书认为,电子数据不同于视听资料,二者之间存在明显区别,不存在交叉重合的地方。视听资料是指以录音、录像等形式储存,通过声音、图像来证明案件事实的证据材料。视听资料成为证据种类也是现代科学技

---

① 本章所涉的"技术侦查措施"相关内容,可以相应适用于技术调查措施。为论述方便,只表述为"技术侦查措施"。

② 例如,有论者认为:"视听资料是载有能够证明有关案件事实的内容的录音带、录像带、电影胶片、电子计算机的磁盘等,以其所载的音响、活动影像和图形,以及电子计算机所存储的资料等来证明案件事实的证据。"参见陈光中主编:《刑事诉讼法》(第三版),北京大学出版社、高等教育出版社2009年版,第205页。在这一界定中,至少有一部分电子数据,即电子计算机所存储的资料,是被纳入视听资料范围的。

术发展的产物,是录音磁带、录像带、唱片、CD、光盘等音像资料存储介质出现后被运用于证明案件事实的。如果说在电子数据成为独立的证据种类之前,有主张将以电子数据形式存在的视听资料也纳入视听资料的范畴的话,那么在《2012年刑事诉讼法》施行后,这类视听资料应当被纳入电子数据的范畴。因此,可以认为,电子数据是现代科学技术进一步发展的产物:以录音磁带、录像带、唱片、CD、光盘等实物存储介质存储的音像资料是视听资料;但是以电子数据形式存在的电子视听资料,则是电子数据。例如QQ视频语音聊天记录,虽然是音像资料,但因为是以电子数据形式存在的,且未存放在实物介质中,故不属于视听资料,而是电子数据。

4. 电子数据与言词证据的界分。电子数据是一种新的证据类型。目前,对于如何科学划分电子数据与其他类型证据特别是言词证据的界限,存在不同认识。例如,讯问过程的录音录像究竟应归为"犯罪嫌疑人、被告人供述和辩解",还是应归为"视听资料""电子数据",或者既是"犯罪嫌疑人、被告人供述和辩解",也是"视听资料""电子数据"?经研究认为,不宜单纯依据载体形式区分证据类型。以笔录形式记载的证人证言、被害人陈述以及犯罪嫌疑人、被告人供述和辩解等言词证据,虽然记载形式是笔录,但在证据分类上应纳入言词证据而非笔录的范畴。同理,以数字化形式记载的言词证据,虽然载体是电子数据,但在证据分类上也应纳入言词证据而非电子数据的范畴。更重要的是,根据刑事诉讼法的规定,不同类型的证据在取证方法、取证程序上有不同的要求,对有关证据审查判断的要点也不同。例如,对于以录像形式反映的犯罪嫌疑人口供,不仅要审查录像提取、保管、移送等是否符合相应要求,更要审查讯问的主体、方法、程序等是否符合法律规定。鉴于此,为更为充分地保护刑事诉讼相关主体的合法权益,《电子数据规定》第一条第三款规定:"以数字化形式记载的证人证言、被害人陈述以及犯罪嫌疑人、被告人供述和辩解等证据,不属于电子数据。确有必要的,对相关证据的收集、提取、移送、审查,可以参照适用本规定。"当然,对电子数据与其他类型证据的区分问题,还可以进一步研究探讨。

(二) 收集提取和审查判断电子数据的原则

1. 收集提取与审查判断电子数据的原则。一方面，由于电子数据是现代科学技术发展的产物，电子数据的收集必须运用专业的电子取证技术，确保所收集的电子数据免受收集过程的人为破坏；另一方面，刑事诉讼中电子数据的收集是用于证明案件事实，是作为刑事诉讼程序的重要组成部分，必须符合刑事诉讼法对证据的一般要求，必须符合现代法治的基本要求。相应地，对于电子数据的审查判断，也应当从合技术性和合法律性两个角度予以审查。基于此，《电子数据规定》第二条规定："侦查机关应当遵守法定程序，遵循有关技术标准，全面、客观、及时地收集、提取电子数据；人民检察院、人民法院应当围绕真实性、合法性、关联性审查判断电子数据。"

2. 依法收集调取电子数据的权力与如实提供的义务。根据《刑事诉讼法》第五十四条第一款"人民法院、人民检察院和公安机关有权向有关单位和个人收集、调取证据。有关单位和个人应当如实提供证据"的规定，《电子数据规定》第三条重申了人民法院、人民检察院、公安机关收集调取电子数据的依法原则与有关单位的配合义务，明确规定："人民法院、人民检察院和公安机关有权依法向有关单位和个人收集、调取电子数据。有关单位和个人应当如实提供。"需要注意的是，对于人民法院、人民检察院、公安机关而言，法无授权不可为，具体的适格取证主体和程序须严格遵守相关规定。例如，根据《宪法》第四十条的规定，对通信进行检查限于因国家安全或者追查刑事犯罪的需要，且只能由公安机关或者检察机关依照法律规定的程序进行。

3. 电子数据的保密义务。《电子数据规定》第四条明确了人民法院、人民检察院、公安机关和有关主体对电子数据的保密义务，规定："电子数据涉及国家秘密、商业秘密、个人隐私的，应当保密。"

(三) 保护电子数据完整性的方法

1. "电子数据完整性"概念的提出。与物证、书证等传统证据种类不同，电子证据以电子数据形式存在，人们难以见到电子数据的本身,通常见到的是电子数据的外在表现形式,如文本、图片等。电子证据有别于传统证据的最主要方面在于其易丢失特性(如境外主机上的数据、计算机内存的数据,一旦获取之后可能无法再次获取)及其易篡改特性(侦查机关获取数据后很容易对该数据进行篡改,如果没有规范的工作要求,则难以证明该数据的真实性),因此,应当严格规范收集、提取电子数据的程序,以确保电子证据的真实性(获取数据的过程真实且不会导致数据变更为错误的数据)和完整性(数据在获取之后没被篡改)。可以说,电子数据完整性是真实性的要素之一,甚至是最重要的要素。

2. 保护电子数据完整性的方法。《电子数据规定》第五条规定了完整性的保护方法。具体而言,对作为证据使用的电子数据,应当采取以下一种或者几种方法保护电子数据的完整性:(1)扣押、封存电子数据原始存储介质。存储介质,是指具备数据信息存储功能的电子设备、硬盘、光盘、优盘、记忆棒、存储卡、存储芯片等载体。原始存储介质即存储电子数据的原始载体。司法实践中,对于有条件扣押电子数据原始存储介质的,应当依法扣押并封存原始存储介质。(2)计算电子数据完整性校验值。完整性校验值,是指为防止电子数据被篡改或者破坏,使用散列算法等特定算法对电子数据进行计算,得出的用于校验数据完整性的数据值。实践中要求第一时间计算完整性校验值,并在笔录中注明。当需要验证电子数据是否完整,是否被增加、删除、修改时,便可以采用同一算法对电子数据再计算一次,将两次计算所得的值进行比较,如果一致则电子数据没有发生变化,如果不一致则证明电子数据发生了变化。(3)制作、封存电子数据备份。具体操作中,可以制作多个备份,封存其中部分备份件,将其余备份件用于进一步的侦查。(4)冻结电子数据。(5)对收集、提取电子数据的相关活动进行录像。鉴于录音相较于录像反映的信息量不足,此处要求录像,而非录音或者录像。(6)其他保护电子数据完整性的方法。需要强调的是,收集、提取电子数据的情形复杂多样,实践中应当灵活掌握相应的完整性保护方法,至少采取一种,有条件的情况下应当采取多种。

(四) 初查及网络在线提取的电子数据的使用

当前司法实践过程中,初查过程中收集、提取电子数据,以及通过网络在线提取电子数据,应用越来越广泛,已经成为重要的取证方式。但是,长期以来,对于初查过程中收集的电子数据是否能够作为证据使用,尚无明确规定。同样,通过网络在线提取的电子数据能否作为证据使用亦无明确规定。办案部门强烈建议明确上述电子数据的使用问题。经慎重研究,并与有关部门交换意见,《电子数据规定》第六条明确规定:"初查过程中收集、提取的电子数据,以及通过网络在线提取的电子数据,可以作为证据使用。"需要特别注意的是,强制侦查措施、技术侦查措施只有在刑事立案后才能采取,故而,初查过程中采取上述侦查措施收集、提取的电子数据不具有合法性,应当依法排除。

三、电子数据的收集与提取

(一) 取证主体与取证方法要求

1.《2014年网络犯罪程序意见》的规定。电子数据的取证与传统物证的取证方式和过程有很大差别,需要取证人员具有一定的专业知识和技术水平,且取证设备和过程也要符合一定的技术规范和操作流程。基于此,《2014年网络犯罪程序意见》第十三条对电子数据的取证的人员资质与技术要求作了明确,规定:"收集、提取电子数据,应当由二名以上具备相关专业知识的侦查人员进行。取证设备和过程应当符合相关技术标准,并保证所收集、提取的电子数据的完整性、客观性。"

2.《电子数据规定》的完善。根据司法实践的具体情况,《电子数据规定》对上述规定作了进一步完善,主要表现为两个方面:

一是关于取证主体,《2014年网络犯罪程序意见》第十三条要求"收集、提取电子数据,应当由二名以上具备相关专业知识的侦查人员进行"。但是,随着信息网络技术的发展,收集、提取电子数据已经成为一项基础性、普遍性侦查工作。例如,过去公安机关内部通常由网络安全保卫部门负责收集、提取电子数据,但在越来越多类型的案件涉及电子数据的情况下,经侦、治安、刑侦、禁毒等警种甚至派出所都需要承担相应的电子数据收集、提取任务,电子数据取证呈现普及化趋势。在这种情况下,《电子数据规定》第七条顺应当前司法实践的发展变化,未再明确要求侦查人员具备相关专业知识,即"收集、提取电子数据,应当由二名以上侦查人员进行"。但是,就侦查机关自身而言,仍应尽量选派具有相关专业知识的侦查人员收集、提取电子数据,以更好地完成相关取证工作。当前,随着公安机关对电信诈骗等网络犯罪的办理越来越广泛,吸收相关网络技术人员参与案件侦查的现象日益多见。需要注意的是,此种情形下仍然是侦查人员作为取证主体,相关网络技术人员只是提供协助。

二是关于取证方法,《2014年网络犯罪程序意见》第十三条同时规定"取证设备和过程应当符合相关技术标准"。但是,实践中发现,由于网络技术的发展,取证设备的发展日新月异,不断有新式取证设备投入实战,相关技术标准很难跟得上取证设备的发展;并且,实践中还存在没有现成取证设备,而需要现场研发的情形。上述新式取证设备和侦查人员自己开发的取证设备可能没有相应的技术标准,如果以取证设备没有技术标准为由,将收集、提取的电子数据排除,显然不合适。为此,《电子数据规定》第七条未要求取证设备符合相关技术标准,仅要求"取证方法应当符合相关技术标准"。

(二)电子数据的取证规则

为确保电子数据的真实性和完整性,《2012年刑诉法解释》第九十三条对电子数据的审查判断作了明确要求,其中确立的规则就是"以收集原始存储介质为原则,以直接提取电子数据为例外"。《2014年网络犯罪程序意见》沿用上述原则,并作出进一步明确。《电子数据规定》第八条、第九条对此进行了重申,并作了具体细化规定和进一步补充,正式确立了"以扣押原始存储介质为原则,以提取电子数据为例外,以打印、拍照、录像等方式固定为补充"规则。

1."原始存储介质"概念的提出。与传统证据种类不同,电子数据没有"原始电子数据"的概念,只有"原始存储介质"的概念。由于电子数据的电子性。电子数据不同于物证、书证等其他证据种类,其可以完全同原始存储介质分离开来。例如,存储在计算机中的电子文档,可以同计算机这一存储介质分离开来,存储于移动硬盘、U盘等存储介质之中。而且,对电子数据的复制可以确保与原数据的完全一致性,复制后的电子数据与原数据没有任何差异。与此不同,物证、书证等证据无法同原始存储介质完全区分开来,更无法采取确保与原物、原件完全一致的方式予以复制。例如,一封作为书证使用的书信,书信的原始内容无法同原始载体完全分离开来,只能存在于原始的纸张这一载体之上,即使采取彩色复印等方式进行复制,也无法确保复制后的书信同原件的完全一致性。不仅物证、书证等传统证据如此,视听资料这一随着技术发展而兴起的新型证据亦是如此。① 基于上述考虑,使用"原始电子数据"这个概念没有任何意义,对于电子数据而言,不存在"原始电子数据"的概念。但是,电子数据原始存储介质这个概念是有意义的,这表明电子数据是存储在原始的介质之中,即取证时是将存储介质予以扣押,并作为证据移送,而非运用移动存储介质将该电子数据从原始介质中提取,如直接从现场扣押行为人使用的电脑中提取。因此,可以将电子数据区分为电子数据是随原始存储介质移送,还是在无法移送原始存储介质的情况下(如大型服务器中的电子数据)通过其他存储介质予以收集。为保证电子数据的完整性,收集电子数据时应尽量获取电子数据原始存储介质,对于无法获取或者封存原始存储介质的,应当通过见证人、录音录像等方式确保其完整性。

2. 扣押、封存原始存储介质。《电子数据规定》第八条第一款规定:"收集、提取电子数据,能够扣押电子数据原始存储介质的,应当扣押、封存原始存储介质,并制作笔录,记录原始存储介质的封存状态。"实践中,在可行的情况下,应尽量封存原始存储介质,以保证其完整性和真实性。同时,《电子数据规定》第八条第二款、第三款对原始存储介质的封存要求作了专门规定,即"封存电子数据原始存储介质,应当保证在

---

① 需要注意的是,这一论断的前提是,随着电子数据成为独立的证据种类,以电子数据形式存在的视听资料是电子数据,不再属于视听资料的范畴。

不解除封存状态的情况下,无法增加、删除、修改电子数据。封存前后应当拍摄被封存原始存储介质的照片,清晰反映封口或者张贴封条处的状况。""封存手机等具有无线通信功能的存储介质,应当采取信号屏蔽、信号阻断或者切断电源等措施。"需要强调的是,实践中对原始存储介质的封存方法灵活多样,既可以装入物证袋封存,又可以通过对电源接口以及机箱螺钉处加贴封条达到封存目的。但是,对于手机等具有无线通信功能的存储介质,除采取普通封存方式(如装入物证袋封存)外,还应当附加其他保护措施,如拔出电池,设置为飞行模式且关闭"寻回"功能,或者直接装入屏蔽袋(盒)。

3. 提取电子数据。《电子数据规定》第九条规定可以在无法扣押原始存储介质的情况下提取电子数据(包括直接提取电子数据和通过网络在线提取电子数据)。具体包括如下情形:(1)原始存储介质不便封存的。从实践来看,有些情况下难以将原始存储介质封存或者全盘复制、提取,比如网络服务器一般采取集中存储的方式,其硬盘动辄成百上千T,但其中很多内容与案件无关,不必收集,在这种情况下,一般只提取与案件相关的部分数据。(2)提取计算机内存数据、网络传输数据等不是存储在存储介质上的电子数据的。由于这些数据不是存储在存储介质之上,自然无法封存原始存储介质。而且,这些信息必须在开机运行的状态下获取,一旦关机或者重新启动系统,电子数据就会消失,难以再次获取。当然,此处的"存储介质"以稳定存储为前提,如果不作此限定,则传输电子数据的网线也可能瞬间存储电子数据,可以成为存储介质。(3)原始存储介质位于境外的。对位于境外的服务器无法直接获取原始存储介质,一般只能通过网络在线提取电子数据。对于远程计算机信息系统上的电子数据,也可以通过网络在线提取。(4)其他无法扣押原始存储介质的情形。

4. 通过打印、拍照、录像等方式固定。《电子数据规定》对实践中存在的既不能扣押原始存储介质又不能提取电子数据情形下电子数据的固定方法作了补充规定。具体而言,实践中,数额较小的网络侵财类案件不仅数量大,而且涉及老百姓切身利益,获得社会广泛关注。这类案件大部分由派出所管辖,往往没有专业取证设备,无法提取电子数据,而受害人即使报案也不愿将手机交公安机关。再如,目前市场上出现了一种"阅后即焚"的通信模式,越来越多的即时通信软件具备了"阅后即焚"功能(如"支付宝"和"钉钉"即时通信软件)。信息接收者收到信息后,点击阅读信息后5秒左右自动删除,无法及时提取数据,并且难以恢复,即使扣押封存了也毫无意义。又如,船舶的导航系统等部分工控系统,只有操作界面,无接口可以导出数据,也无法把整个船舶或者大型系统扣押。基于此,《电子数据规定》第十条明确规定:"由于客观原因无法或者不宜依据第八条、第九条的规定收集、提取电子数据的,可以采取打印、拍照或者录像等方式固定相关证据,并在笔录中说明原因。"自此,电子数据取证确立了"以扣押原始存储介质为原则,以直接提取电子数据为例外,以打印、拍照、录像等方式固定为补充"原则。

(三)网络远程勘验和网络在线提取电子数据

网络在线提取可以理解为简单的下载动作,既包括对公开的门户网站上的网页信息进行下载,也包括在网络远程勘验过程中在线提取电子数据。而网络远程勘验是指通过网络对远程计算机信息系统实施勘验,发现、提取与犯罪有关的电子数据,记录计算机信息系统状态,判断案件性质,分析犯罪过程,确定侦查方向和范围,为侦查破案、刑事诉讼提供线索和证据的侦查活动。可以说,网络远程勘验的最终目的也是在线提取电子数据,但它有一个勘验的过程,甚至涉及技术侦查措施的使用。

鉴于此,《电子数据规定》第九条第二款、第三款对通过网络在线提取电子数据和网络远程勘验作了明确规定,即"对于原始存储介质位于境外或者远程计算机信息系统上的电子数据,可以通过网络在线提取。""为进一步查明有关情况,必要时,可以对远程计算机信息系统进行网络远程勘验。进行网络远程勘验,需要采取技术侦查措施的,应当依法经过严格的批准手续。"需要注意的是,网络远程勘验如涉及技术侦查措施的适用,必须按照有关规定依法经过严格的批准手续。

(四)电子数据的冻结

随着云计算等信息技术的发展,越来越多的电子数据存储在云系统中,或者服务器位于境外、大型在线系统中,这些情形下电子数据的原始存储介质无法封存且提取困难,给侦查工作带来巨大的困扰。为适应实践需要,针对云计算、大数据环境下,难以将海量数据封存、扣押,以及数据难以提取的问题,《电子数据规定》第十一条、第十二条规定了电子数据的冻结。

具体而言,具有下列情形之一的,经县级以上公安机关负责人或者检察长批准,可以对电子数据进行冻结:(1)数据量大,无法或者不便提取的。如在一起传播淫秽物品牟利案中,涉案70个网络云盘涉及淫秽视频150余万部,共1 000T,按照传统固定证据方式,需要2T硬盘500块,是该市电子数据取证过去十年消耗硬盘数量的总合。(2)提取时间长,可能造成电子数据被篡改或者灭失的。如在一起网络贩卖、传播淫秽视频案中,共查扣涉案网盘近千个,按照一条100兆光纤(属较高级别带宽)下载速度及运营商能够提供的最高限速,在全程无中断情况下,预计下载时间为15至16个月。① (3)通过网络应用可以更为直观地展示电子数据的。如在一起非法集资案中,大量电子数据是从云系统中提取的,这些数据只有在云环境下才能方便地查看、筛选,为提取后查看、筛选这些数据,侦查机关不得已耗费了大量人力、物力又搭建了一个相同的云环境,增加了不必要的办案成本。(4)其他需要冻结的情形。

对于冻结电子数据的具体操作,《电子数据规定》第十二条明确规定:"冻结电子数据,应当制作协助冻结通知书,注明冻结电子数据的网络应用账号等信息,送交电子数据持有人、网络服务提供者或者有关部门协助办理。解除冻结的,应当在三日内制作协助解除冻结通知书,送交电子数

---

① 例如,四川省绵阳市"12·21"云盘传播淫秽物品案也反映了云盘案件中对电子数据采用传统方式提取存在的困难。据介绍,涉案的一个"母盘"账号就是5T内容,电脑二十四小时工作也需要下载整整五天时间。参见《四川破网络云盘传播淫秽视频案 跨越六省市》,载《法制日报》2016年4月12日,第8版。

据持有人、网络服务提供者或者有关部门协助办理。冻结电子数据,应当采取以下一种或者几种方法:(一)计算电子数据的完整性校验值;(二)锁定网络应用账号;(三)其他防止增加、删除、修改电子数据的措施。"实践中,部分服务提供商已经面向用户开展冻结服务,并且具备相关技术操作规范,技术上可行。据了解,公安部将就冻结的具体技术问题制定相应行业标准,进一步保证适用的效果。

(五)电子数据的调取

根据《电子数据规定》第十三条的规定,"调取电子数据,应当制作调取证据通知书,注明需要调取电子数据的相关信息,通知电子数据持有人、网络服务提供者或者有关部门执行。"

(六)收集、提取电子数据的笔录

为保证获取的电子数据的完整性和真实性,应当对相关案件情况,对象信息以及取证过程、方法和获取的电子数据的完整性校验值等信息作出记录,以便必要时可以追溯。因此,《2014年网络犯罪程序意见》要求电子数据取证应当制作笔录,并对笔录的具体内容作了规定。而且,《2014年网络犯罪程序意见》专门要求远程提取电子数据和通过数据恢复、破解等方式获取被删除、隐藏或者加密的电子数据的,应当在笔录中作出相应说明。需要特别注意的是,为了确保电子数据的真实性,《2014年网络犯罪程序意见》特别要求第一时间计算完整性校验值,并在笔录中注明,以确保其在正式取证、分析前不会被修改。《电子数据规定》重申了上述规定,对收集、提取电子数据的笔录要求作了明确,第十四条规定:"收集、提取电子数据,应当制作笔录,记录案由、对象、内容,收集、提取电子数据的时间、地点、方法、过程,并附电子数据清单,注明类别、文件格式、完整性校验值等,由侦查人员、电子数据持有人(提供人)签名或者盖章;电子数据持有人(提供人)无法签名或者拒绝签名的,应当在笔录中注明,由见证人签名或者盖章。有条件的,应当对相关活动进行录像。"

(七)收集、提取电子数据的见证人

《电子数据规定》进一步重申了关于见证人的上述规定,第十五条对收集、提取电子数据的见证人问题作出明确规定:"收集、提取电子数据,应当根据刑事诉讼法的规定,由符合条件的人员担任见证人。由于客观原因无法由符合条件的人员担任见证人的,应当在笔录中注明情况,并对相关活动进行录像。""针对同一现场多个计算机信息系统收集、提取电子数据的,可以由一名见证人见证。"

(八)电子数据的检查

电子数据同传统证据存在不同,传统物证、书证等在侦查过程中一般只涉及两个阶段,即现场勘验、搜查、提取、扣押阶段以及鉴定检验阶段,一般工作在现场即可完成,对于专门性技术问题通过鉴定检验就可以解决。但是,电子数据仅通过两个阶段并不能实现所有侦查目的,实践中电子数据的形式复杂多样、来源复杂多样,通过简单收集、提取的电子数据很难清晰地证明某一犯罪事实,如提取了一个加密文件,需要解密后才能移送;再如,在现场制作了某存储介质的镜像文件,需要对该文件进一步恢复才能提取被删除的电子数据,而不是直接移送。对于这些问题,也不宜都作为专门性问题进行鉴定、检验。为此,对于电子数据需要在现场取证和鉴定、检验之间增加一个阶段,即扣押后由侦查人员对电子数据作进一步恢复、破解、统计、关联、比对等处理。该阶段处于现场取证和鉴定、检验之间,是现场取证工作的自然延续,不属于专门性技术问题的检验、鉴定。《电子数据规定》第十六条将这个过程规定为电子数据检查,即"对扣押的原始存储介质或者提取的电子数据,可以通过恢复、破解、统计、关联、比对等方式进行检查。必要时,可以进行侦查实验"。

需要注意的是,《电子数据规定》并没有明确要求见证人对电子数据检查进行见证。关于检查过程电子数据的真实性、完整性的保护,《电子数据规定》第十六条第二款规定:"电子数据检查,应当对电子数据存储介质拆封过程进行录像,并将电子数据存储介质通过写保护设备接入到检查设备进行检查;有条件的,应当制作电子数据备份,对备份进行检查;无法使用写保护设备且无法制作备份的,应当注明原因,并对相关活动进行录像。"第三款进一步规定:"电子数据检查应当制作笔录,注明检查方法、过程和结果,由有关人员签名或者盖章……"

(九)电子数据的侦查实验

随着信息技术的发展,犯罪手法借助新技术不断翻新,电子数据侦查实验已经成为公安机关解决新问题、查明案情的重要侦查方法。如在一起手机木马吸费案中,行为人在手机生产时植入硬件级木马,不仅恶意吸收用户话费,而且利用用户手机大量发送诈骗短信,实施诈骗活动,单笔诈骗金额高达 500 万元。但是,当时对于生产手机时植入木马实施诈骗的犯罪手法尚无专门的鉴定技术,没有一家公安机关或者鉴定机构具备提取或者分析硬件级木马的能力,公安机关只有利用侦查实验分析硬件级手机木马功能,证明了被控制的手机数量等事实。基于此,《电子数据规定》第十六条明确规定对电子数据可以进行侦查实验,并要求"进行侦查实验的,应当制作侦查实验笔录,注明侦查实验的条件、经过和结果,由参加实验的人员签名或者盖章"。

(十)电子数据的鉴定与检验

1. 电子数据专门性问题判断规则的确立。办理网络犯罪案件,经常会涉及电子数据的专门性问题,如计算机病毒、计算机程序功能、数据统计数量、数据同一性认定等问题,或者对电子数据存在疑问的时候,需要由司法鉴定机构出具鉴定意见。但是,目前具有电子数据鉴定资质的机构[①]较少、鉴定费用昂贵,难以满足办案实践需求。实际上,上述现象已经引起了有关方面的重视,并采取了针对性措施。为确保相关案件的及时、顺利办理,经综合有关方面意见,《2014 年网络犯罪程序意见》第十八条规定:"对电子数据涉及的专门性问题难以确定的,由司法鉴定机构出具鉴定意见,或者由公安部指定的机构出具检验报告。"自此,对电子数据涉及的专门性问题难以确定的,确立了鉴定意见与报告"两条腿走路"的原则。在此基础上,《电子数据规定》作出进一步完善,第十七条规定:"对电子数据涉及的专门性问题难以确定的,由司

[①] 实际上,对于电子数据鉴定是否属于《司法鉴定管理决定》规定的三大类鉴定事项,也是存在不同认识的。

鉴定机构出具鉴定意见,或者由公安部指定的机构出具报告。对于人民检察院直接受理的案件,也可以由最高人民检察院指定的机构出具报告。"

2. 鉴定意见与报告"两条腿走路"。鉴定意见系《刑事诉讼法》第五十条规定的法定证据种类,而报告系司法解释根据刑事案件的办案需要而规定可以作为参考的证据材料。因此,在《电子数据规定》规定对电子数据可以进行鉴定与检验并行后,在司法实践中必然面临如何看待鉴定意见与报告的效力问题。对于难以确定的电子数据,既有鉴定机构出具的鉴定意见,又有公安部指定的机构出具的报告,特别是在鉴定意见与报告所提出的意见有所出入甚至截然相反时,如何取舍,亟待统一认识。经研究认为,在《电子数据规定》确立了电子数据鉴定意见与报告"两条腿走路"原则的基础下,不能因为鉴定意见与报告的形式而当然采纳鉴定意见,而应当进行实质审查判断。主要考虑:(1)《刑事诉讼法》第五十条第一款规定:"可以用于证明案件事实的材料,都是证据。"无论是鉴定意见还是报告,无疑都可以用于证明案件事实,都是证据材料,自然不宜因形式而当然排除,而应当进行进一步的实质审查。(2)电子数据的判断较为复杂,在存在不同认定意见的情况下,对鉴定意见和报告的进一步审查,对于更好地判定专门性问题,更好地证明案件事实,确保案件的公正处理,具有积极意义。

四、电子数据的移送与展示

(一)电子数据的移送

关于电子数据的移送规则,在《2014年网络犯罪程序意见》有关规定的基础上,《电子数据规定》第十八条、第十九条作出专门规定。具体而言,主要明确了如下六个问题。

1. 考虑到电子数据存在易丢失的问题,同时也为了便于审查电子数据是否被改动,要求原始存储介质或者提取的电子数据以封存状态移送,并制作电子数据的备份一并移送。对于此处规定的备份,可以根据案件情况具体把握,不要求是全部电子数据,主要是与案件事实相关的电子数据。对于虽存储在已封存的存储介质中,但明显与案件事实无关的电子数据,可以不制作备份。而对于直接提取的电子数据,原则上应当全部制作备份。

2. 从司法实践来看,电子数据可以分为两类:一类是可以直接展示的电子数据,如电子文档、图片等;另一类是无法直接展示的电子数据,如计算机病毒等破坏性程序等。对于前者,可以直接通过展示电子数据查看,没有必要移送打印件(特别是在电子文档等特别大,导致打印件的数量繁多的情况下);而对于后者,则无法以打印件的形式予以展示,无法移送打印件。因此,《2012年刑诉法解释》未要求移送电子数据的打印件。然而,司法实践中,有意见提出,当前少数基层法院的法庭设备尚无法展示诸多格式的电子数据,庭审中对关键电子数据的质证和审查仍通过打印件的形式进行。基于这一实际情况,《2014年网络犯罪程序意见》第十七条第二款专门规定,"人民法院、人民检察院因设备等条件限制无法直接展示电子数据的,公安机关应当随案移送打印件"。同时,为了便于人民检察院、人民法院审查,《2014年网络犯罪程序意见》专门规定对于可以直接展示的电子数据,必须附有展示方法说明和展示工具。《电子数据规定》重申了上述原则,第十八条第二款规定:"对网页、文档、图片等可以直接展示的电子数据,可以不随案移送打印件;人民法院、人民检察院因设备等条件限制无法直接展示电子数据的,侦查机关应当随案移送打印件,或者附展示工具和展示方法说明。"

3. 对于计算机病毒等无法直接展示的电子数据,本就无所谓打印件的问题。为了便于人民检察院、人民法院审查,《2014年网络犯罪程序意见》专门要求附有相关说明。《电子数据规定》重申了上述原则,第十九条第一款规定:"对侵入、非法控制计算机信息系统的程序、工具以及计算机病毒等无法直接展示的电子数据,应当附电子数据属性、功能等情况的说明。"

4. 实践中,对于数据统计数量、数据同一性等问题的审查经常出现,且审查难度较大,故《2014年网络犯罪程序意见》专门要求由公安机关出具说明。《电子数据规定》重申了上述原则,第十九条第二款规定:"对数据统计量、数据同一性等问题,侦查机关应当出具说明。"数据统计数量在网络赌博、网络传销等案件中经常涉及,不同网站对投注额与虚拟点数对应的算法不一致,同一网站对不同层级用户的计算方法也会不同。关于数据同一性,如侵权案件中需要认定盗版软件与正版软件的同一性,一般包括软件代码的相似度,安装软件后生成的文件对比,或者在使用过程中屏幕显示内容、功能设置等项目比对,通常情况下相似度达到一定程度的都会认定为侵权盗版。

5. 对冻结的电子数据,应当移送被冻结电子数据的清单,注明类别、文件格式、冻结主体、证据要点、相关网络应用账号,并附查看工具和方法的说明。

6. 司法实践反映,视听资料和电子数据中涉及的视听内容,往往视听效果不好,难以听辨,需要侦查机关进行说明,否则难以采信。基于此,《2021年刑诉法解释》第一百一十五条规定:"对视听资料、电子数据,还应当审查是否移送文字抄清材料以及对绰号、暗语、俗语、方言等不易理解内容的说明。未移送的,必要时,可以要求人民检察院移送。"

(二)电子数据的补充与补正

针对实践中电子数据移送不规范的问题,《电子数据规定》第二十条作出有针对性的规定,即"公安机关报请人民检察院审查批准逮捕犯罪嫌疑人,或者对侦查终结的案件移送人民检察院审查起诉的,应当将电子数据等证据一并移送人民检察院。人民检察院在审查批准逮捕和审查起诉过程中发现应当移送的电子数据没有移送或者移送的电子数据不符合相关要求的,应当通知公安机关补充移送或者进行补正。""对于提起公诉的案件,人民法院发现应当移送的电子数据没有移送或者移送的电子数据不符合相关要求的,应当通知人民检察院。""公安机关、人民检察院应当自收到通知后三日内移送电子数据或者补充有关材料。"

(三)电子数据的展示

关于在庭审中如何展示电子数据,《电子数据规定》第二十一条规定"可以根据电子数据的具体类型,借助多媒体设备出示、播放或者演示。必要时,可以聘请具有专门知识的人进行操作,并就相关技术问题作出说明"。

五、电子数据的审查与判断

(一)电子数据真实性的审查与判断

电子数据具有开放性特征,越来越与日益开放的互联网联系在一起,而网络电子数据的一个重要特点是可以不受时空限制获取数据。同时,电子数据又有易变性与稳定性并存的特征。这些特征决定了对电子数据真实性审查不可避免要具有一定的技术性,同时司法实务也希望能够出台更具操作性的审查规范。基于此,《2021年刑诉法解释》第一百一十条、《电子数据规定》第二十二条作了相应规定。具体而言,应当从以下五个方面审查电子数据的真实性。

1. 是否移送原始存储介质;在原始存储介质无法封存、不便移动时,有无说明原因,并注明收集、提取过程及原始存储介质的存放地点或者电子数据的来源等情况。

2. 是否具有数字签名、数字证书等特殊标识。数字签名,是指利用特定算法对电子数据进行计算,得出的用于验证电子数据来源和完整性的数据值。数字证书,是指包含数字签名并对电子数据来源、完整性进行认证的电子文件。实践中,可以通过对电子数据附带的数字签名或者数字证书进行认证,以验证电子数据的真实性。例如,从某黑客教学网站通过网络在线提取了一个公开下载的恶意软件,当审查该软件的真实性时,一般可以通过重复提取进行验证,但是可能出现该软件已经被网站删除而无法重复提取的情况。如果最初提取该软件时同时提取了该软件附带的数字签名(通常包含数字签名和网站证书,一般网站均带有证书),即使在网站上软件已被删除的情况下,通过验证数字签名仍然可以证明该软件来自该网站。实践中,对数字签名、数字证书的验证既可以由审判人员通过简单的软件工具进行验证,也可以请具有专门知识的人帮助验证,还可以请有关侦查人员进行验证演示。需要强调的是,并非所有的电子数据都有数字签名或者数字证书,不能因为电子数据没有数字签名或者数字证书就否定其真实性。

3. 收集、提取的过程是否可以重现。电子数据即使已经被提取,其提取过程仍然可以被完全、准确、一致地重现,审查电子数据时,也可以充分利用该特性通过复现收集、提取过程进行审查,比如审查电子数据检查过程中从扣押的原始存储介质中恢复的电子数据真实性时,除审查扣押时的有关笔录和原始存储介质的封存状态外,还可以再次进行数据恢复,并比较两次数据恢复的内容是否相同。鉴于此,《电子数据规定》提出了复现性审查来判断电子数据真实性的相应规则。需要强调的是,实践中并非所有的电子数据收集、提取过程都可以复现,比如拒绝服务攻击案件中从网络上截取的攻击数据包,或者从计算机内存中提取的电子数据,这些数据在拒绝服务攻击结束或者计算机关机后就会消失,收集、提取过程无法复现,不能因收集、提取过程不能复现就否定电子数据的真实性。

4. 如有增加、删除、修改等情形的,是否附有说明。一般情况下,电子数据发生增加、删除、修改,其真实性必然受到质疑。但是,电子数据发生增加、删除、修改的,并不必然导致其不真实,如为了使部分损坏的视频文件能够正常播放,在视频文件的文件头增加某些信息;为了查看乱码电子文档,修改文档文件头的某些字节;或者为了打开部分损坏的电子图片,对文件错误的字节进行修改(通常修改的数据很少,目的是正常展示图片,不会影响图片的内容)。为此,在审查电子数据真实性时,当发现电子数据存在增加、删除、修改的情形时,应当作进一步审查:如果增加、删除、修改是为了顺利展示或者分析电子数据,对电子数据所承载的内容或者证明的事实没有影响,可以认为其是真实的;如果是故意篡改或者保管不当导致的增加、删除、修改,则无法保证电子数据所承载的内容不受影响,也就无法保证其真实性。

5. 完整性是否可以保证。电子数据完整性是保证电子数据真实性的重要因素,如果电子数据完整性遭到破坏,则意味着电子数据可能被篡改或者破坏,其真实性也无法保证。鉴此,在审查电子数据时,仍然从证据的三性出发,即从真实性、合法性、关联性的角度提出审查要点。同时,将电子数据完整性纳入真实性范畴,在进行真实性审查时必须进行完整性审查。

(二)电子数据完整性的审查与判断

《2021年刑诉法解释》第一百一十一条、《电子数据规定》第二十三条规定对电子数据完整性的审查,应当根据保护电子数据完整性的相应方法进行审查、验证。具体而言:(1)对于扣押、封存电子数据原始存储介质的,应当审查原始存储介质的扣押、封存状态;(2)对收集、提取电子数据的相关活动进行录像的,应当审查电子数据的收集、提取过程,查看录像;(3)对计算电子数据的完整性校验值的,应当比对电子数据完整性校验值;(4)对制作、封存电子数据备份的,应当与备份的电子数据进行比较;(5)对冻结的电子数据,应当审查冻结后的访问操作日志(访问操作日志,是指为审查电子数据是否被增加、删除或者修改,由计算机信息系统自动生成的对电子数据访问、操作情况的详细记录);(6)其他方法。

(三)电子数据合法性的审查与判断

对于收集、提取电子数据合法性的审查判断,根据《2021年刑诉法解释》第一百一十二条、《电子数据规定》第二十四条的规定,应当从以下五个方面加以审查:(1)收集、提取电子数据是否由二名以上调查人员、侦查人员进行,取证方法是否符合相关技术标准。(2)收集、提取电子数据,是否附有笔录、清单,并经调查人员、侦查人员、电子数据持有人、提供人、见证人签名或者盖章;没有签名或者盖章的,是否注明原因;对电子数据的类别、文件格式等是否注明清楚。(3)是否依照有关规定由符合条件的人员担任见证人,是否对相关活动进行录像。审查见证人签名或者录像,是核实电子数据完整性的必要手段,因此应当对上述情况进行审查。需要注意的是,通常只有在《刑事诉讼法》及有关规定要求见证人见证的情况下,才应审查是否由符合条件的人员担任见证人,在无见证人的情况下,应当审查是否对相关活动进行了录像。

(4)采用技术调查、侦查措施收集、提取电子数据的,是否依法经过严格的批准手续。(5)进行电子数据检查的,检查程序是否符合有关规定。具体而言,应当审查检查过程是否将电子数据存储介质通过写保护设备接入检查设备;有条件的,是否制作电子数据备份,并对备份进行检查;无法制作备份且无法使用写保护设备的,是否附有录像。

(四)电子数据关联性的审查与判断

电子数据与案件事实有无关联。通过前述审查,在判断电子数据的合法性和真实性之余,还应当对电子数据与案件事实的关联性进行审查。只有与案件事实有关联的电子数据,才能作为证据使用;不具有关联性的,不应当作为证据使用。

司法实践中经常遇到虚拟身份与真实身份对应以及存储介质的关联性判断问题。例如,经常出现一人使用多个虚拟身份,或一个虚拟身份多人使用,多人共享同一上网线路的情况。同时由于部分网络服务提供商不保存日志,或移动上网日志中只保存 IP 地址和时间,不保存端口号,导致 IP 地址无法对应到唯一当事人或 IP 地址无法落地,虚实身份关联的唯一性难以认定。① 为方便司法适用,《电子数据规定》第二十五条规定:"认定犯罪嫌疑人、被告人的网络身份与现实身份的同一性,可以通过核查相关 IP 地址、网络活动记录、上网终端归属、相关证人证言以及犯罪嫌疑人、被告人供述和辩解等进行综合判断。认定犯罪嫌疑人、被告人与存储介质的关联性,可以通过核查相关证人证言以及犯罪嫌疑人、被告人供述和辩解等进行综合判断。"需要注意的是,对于存储介质的关联性判断,还可以提取必要的指纹、DNA 等痕迹物证进行综合判断。

此外,由于技术原因,电子数据的形式多种多样,涉及面较宽,故涉

---

① 在网络世界中,外网的 IP 地址具有唯一性,每个独立的网络都有一个独一无二的 IP 地址。以发送电子邮件为例,如果能够找到发件人的 IP 地址,也就能够确定发件人的身份。通过 IP 地址就可以获知行为人的网络位置,从而进一步查明行为人的现实位置。需要注意的是:(1)内网 IP 地址随机分配,不对外显示;(2)通过 IP 地址锁定了某台电脑,也无法直接推定该电脑的所有者或者使用者即为被告人,还需要证明在特定的时间点,该电脑系行为人在使用。

及案件事实的电子数据的范围也较宽。因此，在司法实践中，要注意全面收集与案件事实有关联的电子数据，避免有所遗漏。要全面审查电子数据，"既要审查存在于计算机软硬件上的电子数据，也要审查其他相关外围设备中的电子数据；既要审查文本信息，也要审查图像、视频等信息；既要审查对犯罪嫌疑人不利的证据，也要审查对其有利的证据，通过全面综合审查，审查电子数据与其他证据之间的关系，确认电子数据与待证事实之间的关系"[①]。特别是，对于犯罪分子删除或者由于其他原因被删除的电子数据，应当借助一定的技术手段予以恢复，以更为全面地证明案件事实。

(五)鉴定人、报告出具人及有专门知识的人出庭

1. 鉴定人和报告出具人的出庭。《电子数据规定》第二十六条明确规定："公诉人、当事人或者辩护人、诉讼代理人对电子数据鉴定意见有异议，可以申请人民法院通知鉴定人出庭作证。人民法院认为鉴定人有必要出庭的，鉴定人应当出庭作证。""经人民法院通知，鉴定人拒不出庭作证的，鉴定意见不得作为定案的根据。对没有正当理由拒不出庭作证的鉴定人，人民法院应当通报司法行政机关或者有关部门。""公诉人、当事人或者辩护人、诉讼代理人可以申请法庭通知有专门知识的人出庭，就鉴定意见提出意见。""对电子数据涉及的专门性问题的报告，参照适用前三款规定。"

2. 有专门知识的人出庭。电子数据判断需要较强的科学技术和专业知识的支持，依赖着相关领域专家的特殊专业知识。因此，在英美等发达国家的网络犯罪案件的办理过程中，"专家意见"在电子数据的审查过程中发挥着十分重要的作用。如果说"专家意见"主要是英美法系国家的特色制度的话，在我国刑事诉讼中，与之相对应的是有专门知识的人出庭制度。

对于电子数据的鉴定意见和报告的判断需要较强的专业性知识，人民法院在审理案件的过程中，可以依据刑事诉讼法的规定，充分

[①] 熊皓、郑兆龙：《如何审查运用电子数据》，载《检察日报》2012年6月5日，第3版。

运用有专门知识的人这一"外力",更好地审查电子数据的鉴定意见或者报告。《电子数据规定》第二十六条第三款明确规定:"公诉人、当事人或者辩护人、诉讼代理人可以申请法庭通知有专门知识的人出庭,就鉴定意见提出意见。"实际上,具有电子数据专门知识的人出庭,就电子数据的鉴定意见或者报告发表意见,为公诉人、当事人、诉讼参与人等提供专业辅助,一方面,可以为审判人员审查判断鉴定意见、报告提供参考,有利于其作出科学的判断,且也能够在一定程度上减少重复鉴定、重复检验的发生,节约诉讼资源,提高审判工作的效率;另一方面,有专门知识的人出庭,就电子数据的鉴定意见或者报告进行对抗,能够增进对鉴定意见或者报告的审查,防止鉴定人的错误鉴定或者检验人员的错误检验对法官裁判的影响,能够更好地维护当事人的合法权益,增强刑事诉讼的人权保障功能。

需要注意的是,根据《2021年刑诉法解释》第二百五十条的规定,有专门知识的人并不要求具备鉴定人资质。因此,在网络犯罪案件的审理过程中,可以出庭的有专门知识的人只要具备电子数据专业知识即可,并不限定为有关鉴定机构的鉴定人或者公安部指定的电子数据检验机构的相关人员。此外,《2021年刑诉法解释》第二百五十条第二款规定:"申请有专门知识的人出庭,不得超过二人。有多种类鉴定意见的,可以相应增加人数。"因此,在网络犯罪案件的审理过程中,控辩双方原则上可以各申请两名具有电子数据专门知识的人出庭。

(六)电子数据的补正与排除

根据《2021年刑诉法解释》第一百一十三条、《电子数据规定》第二十七条的规定,电子数据的收集、提取程序有下列瑕疵,经补正或者作出合理解释的,可以采用;不能补正或者作出合理解释的,不得作为定案的根据:(1)未以封存状态移送的;(2)笔录或者清单上没有调查人员或者侦查人员、电子数据持有人、提供人、见证人签名或者盖章的;(3)对电子数据的名称、类别、格式等注明不清的;(4)有其他瑕疵的。

此外,根据《2021年刑诉法解释》第一百一十四条、《电子数据规定》第二十八条的规定,电子数据具有下列情形之一的,不得作为定案的根据:(1)系篡改、伪造或者无法确定真伪的;(2)有增加、删除、修改等情形,影响电子数据真实性的;(3)其他无法保证电子数据真实性的情形。

第四章 证人、鉴定人、有专门知识的人出庭

2012年刑事诉讼法修改强化证人、鉴定人出庭作证义务,并增设了有专门知识的人出庭制度。《刑事诉讼法修改决定》未涉及证人、鉴定人、有专门知识的人出庭问题。《2021年刑诉法解释》基本沿用《2012年刑诉法解释》的有关条文,并根据司法实践反映的问题作了修改完善。针对司法实践反映的情况,本章围绕证人、鉴定人、有专门知识的人出庭的有关问题进行探讨。

一、证人、鉴定人出庭作证

证人、鉴定人出庭作证对于查明案情、核实证据、正确判决具有不言而喻的重要意义,但长期以来,应当出庭的证人、鉴定人不出庭,一直是困扰刑事审判的一个突出问题。2012年刑事诉讼法修改,强化了证人、鉴定人的出庭作证义务,对于促进证人、鉴定人依法履行作证义务,落实证据裁判和直接言词原则,进而提高法庭审理的效率和质量具有重要意义。《2021年刑诉法解释》基本沿用《2012年刑诉法解释》的有关条文,并根据司法实践反映的问题作了微调,对证人、鉴定人出庭问题作了较为详细的规定。

(一) 证人出庭作证的范围

对重要证人规定出庭作证义务契合我国刑事司法实际,符合国际刑事诉讼立法潮流。一方面,证人出庭作证,是保证刑事审判顺利进行,查明案件事实情况的必然要求,因此,赋予证人出庭作证义务是必然选择。另一方面,没有必要,也不能要求所有的证人都出庭作证,这既不利于证人正常的工作、生活,对于我国当下的司法资源也是巨大的挑战。因此,解决证人出庭问题的根本出路,在于采取有效措施,对案

件分流,切实减少需要证人出庭的案件数量进而减少证人出庭的数量。① 结论是,应当也只能要求部分证人承担出庭作证的义务。《刑事诉讼法》第六十二条规定:"凡是知道案件情况的人,都有作证的义务。"第一百九十二条第一款规定:"公诉人、当事人或者辩护人、诉讼代理人对证人证言有异议,且该证人证言对案件定罪量刑有重大影响,人民法院认为证人有必要出庭作证的,证人应当出庭作证。"第二款规定:"人民警察就其执行职务时目击犯罪情况作为证人出庭作证,适用前款规定。"可见,刑事诉讼法在规定了证人作证义务的同时,进一步强调了重要证人的出庭作证义务。② 符合以下三个条件,证人必须出庭作证③:(1)公诉人、当事人或者辩护人、诉讼代理人对证人证言有异议。如果公诉人、当事人或者辩护人、诉讼代理人对在庭外所收集的书面证人证言未明确表示异议,则没有必要耗费司法资源,要求证人出庭作证。这里的异议,既可以是对证言的实体性异议,如证人系不能辨别是非、不能正确表达的人,证人的陈述与事实不符,也可以是程序性的异议,如证人证言系采用暴力、威胁等非法方法收集的。关于异议的时间,为了保障审判集中和诉讼效率,宜在开庭前的庭前会议时或者之前提出,以在确定出庭证人名单时一并考虑。当然,公诉人、当事人或者辩护人、诉讼代理人在此后发现证人证言的瑕疵的,也可以随时向法庭提出。关于对证人证言的异议,既可以以书面方式提出,也可以以口头方式提出,但必须是明示的方式。(2)该证人证言对案件定罪量刑有重大影响。从宽泛的意义上讲,所有的证人证言都会影响对案件事实的认

---

① 参见胡云腾:《证人出庭作证难及其解决思路》,载《环球法律评论》2006 年第 5 期。
② 对《刑事诉讼法》坚持体系解释的观点,应当认为第六十二条所规定的证人作证的义务包括出庭作证的义务,而第一百九十二条的规定则进一步强调和明示了证人的出庭作证义务。
③ 有意见认为,控辩双方对证人证言有异议、证人证言对案件定罪量刑有重大影响和人民法院认为证人有必要出庭作证系三个并列的条件,只有同时符合这三个条件,证人才应当出庭作证。有意见则认为,应当将控辩双方对证人证言有异议、证人证言对案件定罪量刑有重大影响和人民法院认为证人有必要出庭作证三个条件之间的关系理解为递进关系,即只要控辩双方对证人证言有异议、证人证言对案件定罪量刑有重大影响,人民法院则应当确认证人有必要出庭作证,即人民法院认为证人有必要出庭作证并非独立的要件。本书认为,前一种观点更契合立法精神,但后一种观点应当是未来发展方向。

定,最终都会对被告人的定罪量刑产生影响。然而,立法在这里显然是为了适当限制应当出庭作证的证人的范围,而使用了"对定罪量刑有重大影响"这一用语,故而,司法适用中要根据立法精神合理把握其范围。从司法实践来看,刑事案件涉及的证人证言较多,有时候多达数十份,有的对定罪量刑有重大影响,有的则与定罪量刑关系不大。只有对案件定罪量刑有重大影响的证人证言,才应当让证人出庭作证,以确保司法公正。结合司法实践的具体情形,本书认为,涉及以下事实的证人证言应当被认为对定罪量刑有重大影响:被指控的犯罪事实的发生;被告人实施了犯罪行为与被告人实施犯罪行为的时间、地点、手段、后果以及其他情节;影响被告人定罪的身份情况;被告人有刑事责任能力;被告人的罪过;是否共同犯罪及被告人在共同犯罪中的地位、作用;对被告人从重处罚的事实;其他影响定罪量刑的重要事实,包括涉及非法证据排除的事实。(3)人民法院认为证人有必要出庭作证。在 2012 年刑事诉讼法修改过程中,对于是否有必要增加这一条件,存在不同看法:有意见认为,符合前两个条件,证人就应当出庭,人民法院没有任何理由不让证人出庭,没有必要加上"人民法院认为证人有必要出庭"的条件;也有意见认为,法庭审理过程中,控辩双方对于哪些证人证言对案件定罪量刑有重要影响,往往存在不同认识,这种情况下应当由法官加以判断,故有必要加上"人民法院认为证人有必要出庭"的条件。《刑事诉讼法》最终采纳了后一种意见,赋予了人民法院对于应当出庭证人的最终审查权,审查标准是"有必要出庭作证"。如果某些证人证言虽然对案件定罪量刑有重大影响,并且公诉人、当事人或者辩护人、诉讼代理人也提出了异议,但是人民法院认为通过其他证据足以对该证人证言进行查证的,则该证人可以不出庭作证。

根据《刑事诉讼法》的规定,《2021 年刑诉法解释》第二百四十九条第一款规定,"公诉人、当事人或者辩护人、诉讼代理人对证人证言有异议,且该证人证言对定罪量刑有重大影响",人民法院认为证人有必要出庭作证的,应当通知证人出庭。

同时,《2021年刑诉法解释》第二百五十三条规定:"证人具有下列情形之一,无法出庭作证的,人民法院可以准许其不出庭:(一)庭审期间身患严重疾病或者行动极为不便的;(二)居所远离开庭地点且交通极为不便的;(三)身处国外短期无法回国的;(四)有其他客观原因,确实无法出庭的。具有前款规定情形的,可以通过视频等方式作证。"[1]需要注意的是,证人通过视频等方式作证的,应当特别注意保障对方的质证权。

(二)鉴定人出庭作证的范围

《刑事诉讼法》第一百九十二条第三款规定:"诉讼人、当事人或者辩护人、诉讼代理人对鉴定意见有异议,人民法院认为鉴定人有必要出庭的,鉴定人应当出庭作证……"与证人出庭作证条件不同,应当出庭作证的鉴定人的范围要广于应当出庭作证的证人的范围。根据《刑事诉讼法》第一百九十二条第一款的规定,在证人证言对案件定罪量刑有重要影响,且公诉人、当事人或者辩护人、诉讼代理人提出异议,人民法院认为证人有必要出庭的,证人应当出庭作证。而对于鉴定人的出庭作证,不要求判断鉴定意见是否对案件定罪量刑有重大影响,只要公诉人、当事人或者辩护人、诉讼代理人对鉴定意见有异议,人民法院认为鉴定人有必要出庭的,即应当通知鉴定人出庭作证。法律之所以对鉴定人出庭的条件作出有别于证人出庭的规定,一方面,是因为鉴定意见对案件的定罪量刑基本都有重大影响,有的甚至是定案的关键;另一方面,则是为了尽量通过庭审质证解决鉴定意见可能存在的疑问,避免当前普遍存在的重复鉴定进而严重影响案情认定和裁判效果的现象。

(三)法庭依职权通知出庭

即使控辩双方对证人证言未提出异议,人民法院认为该证人证言

---

[1] 有意见提出,对不出庭证人证言,人民法院认为必要时,可以组织、会同控辩双方到证人所在地对证人进行调查核实。本书认为,此种情形可以纳入"等"的涵义之中。

存在疑问的,也可以依职权通知证人出庭作证。① 主要考虑:(1)对《刑事诉讼法》坚持体系解释的观点,应当认为第六十二条所规定的证人作证的义务包括出庭作证的义务,而第一百九十二条的规定则是进一步强调和明示了证人的出庭作证义务。因此,《刑事诉讼法》第一百九十二条所确立的只是证人应当出庭作证的最低标准,即在此种情况下赋予了公诉人、当事人或者辩护人、诉讼代理人申请人民法院通知特定证人出庭作证的权利,但并不排斥人民法院在其他情形下依职权通知证人出庭作证。(2)作为案件事实认定的主体,作为引导审判程序进行的主持者,应当赋予其依职权认定证人应当出庭作证,并通知该证人出庭的权力。这对于保证庭审质量和案件审理质量,具有重要意义。因此,对于公诉人、当事人或者辩护人、诉讼代理人未提出异议的证人证言,人民法院认为该证人证言对定罪量刑有重大影响,证人有必要出庭的,可以通知证人出庭,证人应当出庭作证。基于同样的考虑,对于某些鉴定意见,即使公诉人、当事人或者辩护人、诉讼代理人未提出异议的,人民法院也可以依职权通知鉴定人出庭作证。基于上述考虑,《2021年刑诉法解释》第二百五十一条规定:"为查明案件事实、调查核实证据,人民法院可以依职权通知证人、鉴定人、有专门知识的人、调查人员、侦查人员或者其他人员出庭。"

(四)控辩双方的协助义务

《"六部委"规定》明确了控辩双方配合人民法院通知证人、鉴定人出庭作证的义务,第二十八条规定:"人民法院依法通知证人、鉴定人出庭作证的,应当同时将证人、鉴定人出庭通知书送交控辩双方,控辩双方应当予以配合。"据此,《2021年刑诉法解释》第二百五十二条规定:"人民法院通知有关人员出庭的,可以要求控辩双方予以协助。"审判

---

① 在2012年刑事诉讼法草案审议过程中,《刑事诉讼法修正案(草案)》(一次审议稿)将"证人证言对案件定罪量刑有重大影响,并且公诉人、当事人或者辩护人、诉讼代理人有异议"和"人民法院认为证人有必要出庭作证"并列规定为证人应当出庭作证的的情形。《刑事诉讼法修正案(草案)》(二次审议稿)予以调整,将"人民法院认为证人有必要出庭作证"修改为证人应当出庭作证的条件之一。修改刑事诉讼法决定予以维持。本书认为,不能基于这一立法过程得出人民法院在控辩双方未对证言提出异议的情况下不能依职权通知证人出庭作证的结论。

实践中,人民法院应当协调控辩双方共同做好通知证人、鉴定人出庭的有关工作,确保落实法律规定。对控辩双方申请证人、鉴定人出庭作证的,应当要求其提供证人、鉴定人的住址、电话、通讯方式等准确信息,确保能够联系到证人、鉴定人;同时,应当加强与控辩双方的沟通,积极争取控辩双方的支持、配合。此外,司法实践中,应尽可能在庭前协调控辩双方就应当出庭证人、鉴定人问题达成一致,尽量避免庭审过程中控辩双方申请通知新的证人到庭作证,导致庭审被迫中断。

(五)强制证人到庭的问题

为落实证人出庭的有关规定,《2012年刑事诉讼法》增设强制证人出庭制度,《2018年刑事诉讼法》予以沿用,第一百九十三条规定:"经人民法院通知,证人没有正当理由不到庭作证的,人民法院可以强制其到庭,但是被告人的配偶、父母、子女除外。"司法实务中应当注意的是:

1. 强制证人出庭制度和对证人拒绝出庭作证的惩戒措施是合理的,也符合国际立法趋势。(1)在出庭作证义务已经成为法定义务的前提下,由于证人在刑事诉讼中的不可替代性,要求部分关键证人在必要的情况下出庭作证,是公民履行义务的必然,对于此种义务的违反,自然会招致相应的后果,包括程序上强制到庭作证措施,也包括实体上的拘留等惩戒措施。(2)赋予证人出庭作证的义务,对于部分证人强制出庭作证,即使立法和司法采取了一系列的保护和保障措施,仍然无疑会影响证人的正常工作和生活。但是,刑事诉讼中对于案件事实的查证,直接影响到被告人的定罪量刑。因此,对于对定罪量刑有重大影响的证人赋予出庭作证的义务,在不履行义务的情况下强制其出庭,对于证人的利益损失和被告人的权益保障两者相衡平,是符合现代刑事法治的要求的。(3)刑事审判的本身也是生动的普法教育过程。通过强制拒不出庭的证人到庭,对于公民牢固树立起履行依法出庭作证义务的观念,进而融入其意识之中,具有不可低估的重要价值。(4)强制证人到庭制度已经成为了英美法系国家和大陆法系国家共同的立法例,从西方国家的实践来看,这些规定对于确保重要证人到庭作证发挥了重要作用。

2. 准确把握强制证人出庭的条件。具体而言:其一,证人经人民法院通知出庭作证。人民法院不得对未经通知出庭作证的证人直接适用强制到庭措施。其二,证人没有正当理由不出庭作证。证人具有《2021年刑诉法解释》第二百五十三条规定的情形,确实无法出庭的,经人民法院准许,可以不出庭作证。其三,证人并非被告人的配偶、父母、子女。考虑到强制配偶、父母、子女在法庭上对被告人进行指证,不利于家庭关系的维系,故刑事诉讼法赋予了被告人的配偶、父母、子女出庭作证的豁免权,对于这些证人不得使用强制到庭措施。

3. 慎用强制证人出庭措施。对证人因种种原因逃避出庭的,应尽量通过说服教育解决问题,动用强制到庭措施必须非常慎重。《2012年刑诉法解释》起草过程中,曾经规定"证人经两次通知,无正当理由拒不出庭的",才可以强制到庭。考虑到刑事案件的开庭比较复杂,一律规定这一要件,不便于法院实务操作,故删除这一限制条件,但并不意味着对强制证人出庭的随意适用,而是仍然应当慎重,毕竟强制的目的是威慑。

4. 强制的具体方法。对于应当强制到庭的证人,具体应当适用何种措施强制其到庭,《刑事诉讼法》第一百九十三条第一款未作明确规定。有意见主张将证人拘传到庭,由合议庭签发拘传票,强制其到庭作证。但拘传本是针对犯罪嫌疑人、被告人适用的强制措施,适用于证人并不适宜。还有意见认为,刑事诉讼法规定人民法院强制证人到庭,并非要求人民法院自己执行,而应当签发强制证人出庭令,由控辩双方将证人通知到庭。经研究认为,强制证人到庭不是控辩双方的事情,而是法庭的职责,应当由人民法院签发强制证人出庭令。因此,《2021年刑诉法解释》第二百五十五条规定:"强制证人出庭的,应当由院长签发强制证人出庭令,由法警执行。必要时,可以商请公安机关协助。"

5. 地方人民法院对军人身份的证人、军事法院对地方证人强制出庭的处理。在《2012年刑诉法解释》征求意见过程中,有意见提出,在军地属人管辖背景下,有必要明确地方法院对军人身份的证人、军事法院对地方证人依法如何强制出庭。对此有两种意见:一种意见认为,可以建立军地法院强制证人出庭委托执行机制，在该条中增加一款规定："地方人民法院对军人身份的证人强制出庭的，应当委托其所在单位的案件管辖军事法院执行；军事法院对地方证人强制出庭的，应当委托地方证人的人民法院执行。"另一种意见认为，强制证人出庭涉及人身强制，不能委托执行，可以建立军地法院强制出庭协助制度，在该条中增加一款规定："地方人民法院对军人身份的证人强制出庭的，应当请求其所在单位的案件管辖军事法院协助执行；军事法院对地方证人强制出庭的，应请求其居住地的人民法院协助执行。受请求法院应予协助。"经研究认为，所反映的问题在司法实践中确实存在，但可以由司法实践根据具体情况处理，不必作出统一规定。从当前的司法实际出发，地方人民法院对军人身份的证人强制出庭的，宜委托其所在单位的案件管辖军事法院执行。军事法院对地方证人强制出庭的，宜委托地方证人居住地的人民法院执行。

6. 被告人的配偶、父母、子女仍有庭外作证义务。被告人的配偶、父母、子女虽然不能被强制出庭作证，但其仍然有庭外作证的义务。因此，不能将此解读为我国确立了被告人配偶、父母、子女的免证权。

7. 强制出庭的适用范围。强制出庭只适用于证人，不能强制被害人、鉴定人等出庭作证。

顺带需要提及的是对拒绝出庭或者出庭后拒绝作证的证人的惩戒措施。《刑事诉讼法》第一百九十三条第二款规定："证人没有正当理由拒绝出庭或者出庭后拒绝作证的，予以训诫，情节严重的，经院长批准，处以十日以下的拘留。被处罚人对拘留决定不服的，可以向上一级人民法院申请复议。复议期间不停止执行。"何谓"情节严重"，立法未作详细规定。从实践情况来看，一般是指：经训诫后仍然拒绝出庭作证的；因拒绝出庭或者出庭后拒绝作证严重影响审判的顺利进行，或者导致被告人当庭翻供影响案件事实的认定，等等，实践中可以结合个案具体情况予以认定。需要注意的是，证人被训诫、拘留后，并不意味着其出庭义务已被免除。对于依法应当出庭的关键证人，法院仍可通知其出庭作证。

二、证人、鉴定人、被害人保护

当前,我国刑事诉讼中的证人出庭率很低,严重影响了刑事诉讼的顺利进行和对案件事实的查实。就客观原因而言,这与我国缺乏对证人的有效保护措施有很大关系。《1996年刑事诉讼法》第四十九条规定人民法院、人民检察院和公安机关应当保障证人及其近亲属的安全,且《刑法》第三百零八条也设置了打击报复证人罪,规定对证人进行打击报复的,处三年以下有期徒刑或者拘役;情节严重的,处三年以上七年以下有期徒刑。但是,这些规定缺乏具体举措,可操作性较差,且侧重于事后的救济,未能有效防范对证人的打击报复,实施效果不佳。英国学者丹宁勋爵指出:"没有一种法律制度有正当理由能强迫证人作证,而在发现证人作证受到侵害时又拒绝给予救济。采用一切可行的手段来保护证人是法庭的职责。否则,整个法律诉讼就会一钱不值。"[①]可见,在规定了证人作证义务的同时,也应当建立对证人的保护机制。世界上许多国家和地区为此制定了专门的立法,设立了专门的保护机构。如美国于1982年和1984年分别制定了《被害人和证人保护法》和《证人安全改革法》,并设立检察官执法办公室作为保护证人的官方机构;德国于1998年制定了《证人保护法》,并将联邦刑事警察局作为证人保护机构。我国立法机关也逐渐认识到,在刑事诉讼法规定了证人有作证的义务的前提之下,也应当建立健全对证人的保护和补偿制度,以衡平权利义务之间的关系。此外,刑事诉讼中的鉴定人、被害人被打击报复的现象也存在,也需要根据情况采取保护措施。基于此,2012年刑事诉讼法修改,对证人、鉴定人、被害人保护和证人作证保障问题作出明确规定,进一步健全了证人、鉴定人、被害人保护机制。

《刑事诉讼法》第六十四条规定:"对于危害国家安全犯罪、恐怖活动犯罪、黑社会性质的组织犯罪、毒品犯罪等案件,证人、鉴定人、被害

---

① 〔英〕丹宁勋爵:《法律的正当程序》,李克强、杨百揆、刘庸安译,法律出版社1999年版,第25页。

人因在诉讼中作证,本人或者其近亲属的人身安全面临危险的,人民法院、人民检察院和公安机关应当采取以下一项或者多项保护措施:(一)不公开真实姓名、住址和工作单位等个人信息;(二)采取不暴露外貌、真实声音等出庭作证措施;(三)禁止特定的人员接触证人、鉴定人、被害人及其近亲属;(四)对人身和住宅采取专门性保护措施;(五)其他必要的保护措施。证人、鉴定人、被害人认为因在诉讼中作证,本人或者其近亲属的人身安全面临危险的,可以向人民法院、人民检察院、公安机关请求予以保护。人民法院、人民检察院、公安机关依法采取保护措施,有关单位和个人应当配合。"《2021年刑诉法解释》第二百五十六条、第二百五十七条等条款也作出了相应规定。对于这一制度的理解和适用要注意把握以下内容:

1. 证人、鉴定人、被害人保护制度的适用对象范围。证人、鉴定人、被害人保护制度的适用对象不仅包括证人、鉴定人、被害人本人,也包括其近亲属。

2. 采取保护措施的义务机关。关于对证人、鉴定人、被害人的保护措施,《刑事诉讼法》第六十四条规定了四项具体措施和一项概括性措施,并规定公检法机关应当采取一项或者多项保护措施。在四项具体保护措施中,第一项措施"不公开真实姓名、住址和工作单位等个人信息"公检法三机关都有能力采取,无疑应当根据证人、鉴定人、被害人在刑事诉讼中所处阶段确定采取保护措施的机构,且应当注意保护措施的连续性。第二项措施"采取不暴露外貌、真实声音等出庭作证措施"只会出现在审判阶段,主要应当由人民法院在审判阶段实施。第三项措施"禁止特定的人员接触证人、鉴定人、被害人及其近亲属",特别是第四项措施"对人身和住宅采取专门性保护措施",则通常只有公安机关有能力采取。基于此,《2021年刑诉法解释》第二百五十六条第二款规定:"审判期间,证人、鉴定人、被害人提出保护请求的,人民法院应当立即审查;认为确有保护必要的,应当及时决定采取相应保护措施。必要时,可以商请公安机关协助。"

3. 证人、鉴定人、被害人申请保护的时间。如果证人、鉴定人、被害人在到庭后才提出请求,势必打乱开庭安排,也不利于对上述人员的有效保护。因此,接到人民法院出庭通知的证人、鉴定人、被害人根据《刑事诉讼法》第六十四条的规定请求人民法院采取保护措施的,一般应当在开庭前向人民法院提出。符合条件的,人民法院应当采取保护措施。人民检察院、公安机关在开庭以前已对证人、鉴定人、被害人或者其近亲属采取保护措施的,应当及时通知人民法院。

4. 保护措施的具体内容。《刑事诉讼法》第六十四条第一款对保护措施的具体内容作了详细规定,具体保护内容上,不仅保护证人、鉴定人、被害人及其近亲属的人身安全,也保护上述人员的住宅安全和生活安宁等权益。各项措施可以视情况单独或者结合起来使用。

(1)不公开真实姓名、住址和工作单位等个人信息。该项措施在刑事诉讼的侦查、审查起诉和审判等各阶段均可采用,即隐匿证人、鉴定人、被害人的真实姓名等个人信息,使用化名,以对上述人员进行隐名保护。《"六部委"规定》第十二条规定:"……人民法院、人民检察院和公安机关依法决定不公开证人、鉴定人、被害人的真实姓名、住址和工作单位等个人信息的,可以在判决书、裁定书、起诉书、询问笔录等法律文书、证据材料中使用化名等代替证人、鉴定人、被害人的个人信息。但是,应当书面说明使用化名的情况并标明密级,单独成卷。辩护律师经法庭许可,查阅对证人、鉴定人、被害人使用化名情况的,应当签署保密承诺书。"《2021年刑诉法解释》第二百五十六条也作了照应性规定,明确:"证人、鉴定人、被害人因出庭作证,本人或者其近亲属的人身安全面临危险的,人民法院应当采取不公开其真实姓名、住址和工作单位等个人信息,或者不暴露其外貌、真实声音等保护措施。辩护律师经法庭许可,查阅对证人、鉴定人、被害人使用化名情况的,应当签署保密承诺书。"

(2)采取不暴露外貌、真实声音等出庭作证措施。该项保护措施限于在庭审活动中采取,即在证人、鉴定人、被害人出庭作证时,用脸罩或隔离板等遮蔽上述人员的外貌,通过技术手段改变上述人员的声音,以避免为其他庭审参加人员知悉,对其进行遮蔽保护。①

(3)禁止特定的人员接触证人、鉴定人、被害人及其近亲属。为了防止特定的人员对证人、鉴定人、被害人及其近亲属的打击报复,特别规定了针对特定的人员接触证人、鉴定人、被害人的禁止性措施。这里的"特定的人员",可能包括犯罪分子及其近亲属(夫、妻、父、母、子、女、同胞兄弟姊妹),还可能包括其他根据具体情况会对证人、鉴定人、被害人及其近亲属的人身安全和安宁可能产生滋扰的人员,具体范围宜根据案件情况具体把握。需要注意的是,既可以禁止特定的人员在刑事诉讼过程中接触证人、鉴定人、被害人及其近亲属,也可以根据需要禁止其在刑事诉讼过程结束后接触证人、鉴定人、被害人及其近亲属。

(4)对人身和住宅采取专门性保护措施。对于一些危害国家安全犯罪、恐怖活动犯罪、黑社会性质的组织犯罪等重大刑事案件,为了保护一些重要的证人、鉴定人、被害人的人身安全和住宅安宁,可以根据需要对上述人员和住宅进行24小时或者特定时段的保护,以防止对上述人员进行打击和报复。

(5)其他必要的保护措施。

此外,《刑事诉讼法》第六十四条第三款规定:"人民法院、人民检察院、公安机关依法采取保护措施,有关单位和个人应当配合。"司法实践中,人民法院也要积极同有关单位和个人沟通,请其配合做好相关工

---

① 早在2012年刑事诉讼法修改前,有法院就在庭审中采取不暴露外貌、真实声音等出庭作证措施对证人进行保护。例如,2009年3月,上海市第一中级人民法院开庭审理了一起贩卖、运输毒品案。此案中,由于毒贩坚称自己没有贩毒,公诉机关特意申请一名公安机关侦查人员出庭作证。由于证人身份特殊,法院首次启动了屏蔽作证系统。证人王某站在候审室的证人席上,通过话筒和摄像头等设备将其声音和画面实时传输到法庭内,在法庭右上角的显示屏上,王某的面貌轮廓被打上了"马赛克"。参见《侦查员出庭作证首次被"马赛克"》,载 http://news.sina.com.cn/o/2009-03-24/015615354362s.shtml,访问日期:2021年1月31日。

作,以实现对证人、鉴定人、被害人的有效保护。①

三、有专门知识的人出庭

完善我国刑事诉讼中的司法鉴定制度,是2012年刑事诉讼法修改的主要着力点之一。除前文所述的完善鉴定人出庭制度外,引入有专门知识的人制度,在法庭审理过程中由有专门知识的人对鉴定人作出的鉴定意见提出意见,实现有专门知识的人与鉴定人的对抗,是2012年刑事诉讼法修改的一大亮点。2018年《刑事诉讼法》沿用了上述规定,第一百九十七条第二款规定:"公诉人、当事人和辩护人、诉讼代理人可以申请法庭通知有专门知识的人出庭,就鉴定人作出的鉴定意见提出意见。"《2021年刑诉法解释》第二百五十条作了进一步细化规定。

(一)设立有专门知识的人出庭制度的必要性

自意大利1998年刑事司法改革引入技术顾问制度之后,越来越多的大陆法系国家开始考虑建立这一制度的必要性和可行性。而在我国,是否在刑事诉讼中引入专家辅助人制度一直以来都是学术界和实务界探讨的焦点问题。② 在刑事诉讼中,为了查明案情,需要解决案件中某些专门性问题的时候,应当指派、聘请有专门知识的人进行鉴定,出具鉴定意见。鉴定意见对定罪量刑有直接影响,但所涉及的问题专业性较强,仅仅根据鉴定意见,审判人员有时难以作出准确判断。而

---

① 例如,2012年刑事诉讼法审议过程中,在全国人大常委会第二次审议过程中,有委员提出,对证人、鉴定人加以保护,根据现在实际情况,是否有必要增加"禁止在影视方面暴露证人和鉴定人"?现在很多电视频道有法制侦破案件的节目,有的时候不注意就演播出来了,一些老百姓反映暴露得太厉害,尽管通过视频用一些方法来遮住面目,但还是可以认出来的。建议在对证人、鉴定人的保护方面增加"禁止在影视、屏幕上出现证人、鉴定人的真实形象"。尽管这一建议最终未被《2012年刑事诉讼法》直接采纳,但在司法实践中确实应当引起重视。对于人民法院、人民检察院和公安机关已经对证人、鉴定人和被害人采取不公开个人信息,不暴露外貌、真实声音等保护措施的,有关新闻媒体则应当根据《2012年刑事诉讼法》第六十二条第三款的规定,不得在新闻报道和影视节目中公开有关证人、鉴定人、被害人的个人信息或者暴露其外貌、真实声音,以实现对证人、鉴定人、被害人的有效保护。参见江必新主编:《〈最高人民法院关于适用〈中华人民共和国刑事诉讼法〉的解释〉理解与适用》,中国法制出版社2013年版,第212页。

② 参见汪建成:《司法鉴定模式与专家证人模式的融合——中国刑事司法鉴定制度改革的方向》,载《国家检察官学院学报》2011年第4期。

且,参与法庭审理的公诉人、当事人和辩护人、诉讼代理人往往也欠缺相关专门性知识,不具备对鉴定意见进行审查判断的能力。因此,有专门知识的人出庭,就鉴定人作出的鉴定意见发表意见,为公诉人、当事人、诉讼参与人等提供专业辅助,一方面,可以为审判人员审查判断鉴定意见提供参考,有利于其作出科学的判断,且也能够在一定程度上减少重复鉴定的发生,节约诉讼资源,提高审判工作的效率;另一方面,有专门知识的人出庭,就鉴定人的鉴定意见进行对抗,能够加强对鉴定意见的审查,防止鉴定人的错误鉴定对法官裁判造成影响,从而更好地维护当事人的合法权益,增强刑事诉讼的人权保障功能。

(二)有专门知识的人出庭制度的实务操作

根据《刑事诉讼法》和《2021年刑诉法解释》的规定,司法实践中适用有专门知识的人出庭制度,应当注意以下六个问题。

1. 有专门知识的人是否需要具备鉴定人资格?早在《刑事诉讼法》修改之前对专家辅助人制度的讨论中,就有意见主张与我国司法鉴定管理体制相结合,将专家辅助人制度纳入我国整体的司法鉴定管理体系之中。而在《2012年刑诉法解释》的起草和征求意见过程中,也有意见认为,准许控辩各方申请有专门知识的人出庭,如果对有专门知识的人又不要求具备鉴定人资质,这样宽泛的界定更容易导致庭审程序冗长混乱,对鉴定证据的分辨与采纳其实没有实质改善。为确保出庭的有专门知识的人能够对鉴定人的鉴定意见提出意见,更为有效地参与庭审活动,以利于专门性问题的解决,应当适当限制有专门知识的人的条件,即应当具有鉴定人资格。经研究认为,相当多的有专门知识的人,如科研单位的研究人员、大学教授、医生等,由于其不专门从事鉴定业务,往往并未申请鉴定人资格,但其学识、能力、水平可以胜任出庭就相关专门问题提出意见这项工作。而要求出庭的有专门知识的人必须具有鉴定人资格,不当地限制了有专门知识的人的范围,不利于讼争专业问题的解决,不符合立法目的。因此,《2012年刑诉法解释》并未将有专门知识的人的范围限于具有司法鉴定资格的人员,实践中教授、医生、工程师、会计师等都可以作为有专门知识的人出庭。《2021年刑诉法解释》沿用上述立场。

2. 申请有专门知识的人出庭的主体和程序。根据《刑事诉讼法》第一百九十七条第二款的规定,申请有专门知识的人出庭的主体包括公诉人、当事人和辩护人、诉讼代理人。《2021年刑诉法解释》第二百五十条第一款进一步明确了申请程序,规定:"公诉人、当事人及其辩护人、诉讼代理人申请法庭通知有专门知识的人出庭,就鉴定意见提出意见的,应当说明理由。法庭认为有必要的,应当通知有专门知识的人出庭。"需要注意的是,如前所述,有专门知识的人不限于具有司法鉴定资格的人员,但这并不意味着人民法院不需要判断被申请出庭的人员是否具有专门知识。人民法院在审查时,可以根据具体情况对被申请人员是否具有专门知识进行判断,具体应根据行业从业的严格性而划分不同标准,对于有明确准入限制的行业,应以该行业最低准入标准为底线,对于其他行业和领域,则可以以具备正规教育或长期实践获得的知识、经验超过一般人为底线。这属于人民法院判断是否"有必要"的当然涵义,因为如果被申请出庭的人员不具有专门知识,则无法就鉴定意见提出意见,无助于问题的解决,没有必要出庭。

而且,《2021年刑诉法解释》第二百六十条规定:"鉴定人、有专门知识的人、调查人员、侦查人员或者其他人员出庭的,参照适用前两条规定。"[1]据此,有专门知识的人应当提供其专业背景等材料,便于法庭审查其是否有能力、有资格履行专家辅助人的职责。此外,有专门知识的人也应当负有客观陈述意见的义务。因此,法庭可以参照对证人作证的相关要求,要求有专门知识的人签署保证书,以增强其如实陈述意见的责任感。

3. 有专门知识的人出庭的人数限制。为保证庭审活动顺利、集中进行,对于有专门知识的人出庭人数应当进行适当限制。《2021年刑诉

---

[1] 《2021年刑诉法解释》第二百五十八条规定:"证人出庭的,法庭应当核实其身份、与当事人以及本案的关系,并告知其有关权利义务和法律责任。证人应当保证向法庭如实提供证言,并在保证书上签名。"第二百五十九条规定:"证人出庭后,一般先向法庭陈述证言;其后,经审判长许可,由申请通知证人出庭的一方发问,发问完毕后,对方也可以发问。法庭依职权通知证人出庭的,发问顺序由审判长根据案件情况确定。"

法解释》第二百五十条第二款规定:"申请有专门知识的人出庭,不得超过二人。有多种类鉴定意见的,可以相应增加人数。"需要注意的是,这只是对出庭的有专门知识的人的限制,控辩各方聘请的其他有专门知识的人可以在庭外提供辅助,这不受前述的人数限制。控辩双方共同申请法庭通知同一名有专门知识的人出庭的,有利于控辩双方对讼争专业问题和相关鉴定意见达成一致认识,故应当予以鼓励。

4. 有专门知识的人在法庭审理中的诉讼地位。在《刑事诉讼法》修改前对专家辅助人角色定位的讨论中,学术界主要存在证人说、独立的诉讼参与人说和诉讼代理人说三种主张。① 本书认为,从刑事诉讼法的相关规定来看,有专门知识的人实际上是通过自己的专门知识协助控辩一方参与法庭审理,从属于控辩一方:(1)有专门知识的人不同于证人。证人是以其所知道的案件事实情况参与诉讼的主体,而有专门知识的人显然是以其具有专门知识而参与刑事诉讼的,具有明显不同于证人的特征。(2)有专门知识的人与鉴定人等有较大差异。如果认为其诉讼地位与鉴定人相同,由于鉴定意见经过庭审查证属实的可以作为定案的根据,那么,有专门知识的人就鉴定意见所发表的意见必然要经过庭审质证、认证程序,甚至可以作为定案的根据。但是,这显然与立法引入有专门知识的人制度,将其所发表的意见作为审查判断鉴定意见的参考的立法宗旨不符。(3)有专门知识的人也不同于辩护人、诉讼代理人等诉讼参与人。显而易见,有专门知识的人在法庭审理中享有的诉讼权利不同于辩护人、诉讼代理人,且可以由公诉人申请法庭通知出庭,自然不宜将其归入辩护人、诉讼代理人的行列。

总之,有专门知识的人在法庭审理中不享有独立的诉讼地位,而是从属于控辩一方。但是,这并不妨碍有专门知识的人在法庭审理中享有相应的诉讼权利:一方面,有专门知识的人由控辩一方申请法庭通知出庭,就鉴定人作出的鉴定意见提出意见,辅助控辩一方就鉴定意见行使质证程序。另一方面,早在有专门知识的人制度被引入刑事诉讼法

---

① 参见汪建成:《司法鉴定模式与专家证人模式的融合——中国刑事司法鉴定制度改革的方向》,载《国家检察官学院学报》2011年第4期。

之前,有专门知识的人就在庭外针对案件涉及的鉴定事项为当事人提供咨询服务,协助当事人及其辩护人、诉讼代理人做好庭审准备工作。在《刑事诉讼法》施行后,有专门知识的人除出庭就鉴定人作出的鉴定意见提出意见外,还可以在庭外为当事人及其辩护人、诉讼代理人提供辅助。

5. 有专门知识的人在法庭中的位置的问题。关于有专门知识的人在法庭中的位置设置问题,司法解释未作规定。如前所述,有专门知识的人出庭是就鉴定人作出的鉴定意见提出意见,辅助控辩一方就鉴定意见进行质证。因此,司法实践中的通常做法是,在鉴定人席旁边设有专门知识的人席位,无论控辩双方中的任何一方申请通知出庭的有专门知识的人都在此就座,以实现其辅助一方的功能。

6. 有专门知识的人就鉴定意见提出的意见的性质。有专门知识的人就鉴定意见提出的意见,是否可以作为证据使用?如果可以作为证据使用,在裁判文书中如何表述和体现?对于上述问题,有意见认为有专门知识的人就鉴定意见提出的意见,在刑事诉讼中具有证据的法律地位。如有论者认为,专家证人出庭,虽然常常需要对鉴定意见提出意见,但不应当只是针对鉴定意见进行质证或者强化,也常常需要对某个专业问题发表独立的专家意见,以帮助法庭理解这些问题,弥补法官在专业上的不足。可见,"被法庭通知出庭的有专门知识的人是作为证人出庭,而不是协助质证的'专家辅助人',因此,应当允许其发表独立的专业意见,并将该种意见作为定案的根据之一。"[①]此外,实践中还有观点主张将有专门知识的人发表的意见纳入证人证言或者鉴定意见的范畴,从而作为刑事诉讼的证据加以使用。

本书认为,有专门知识的人就鉴定意见提出的意见不是鉴定意见,不具备证据的法律地位。主要考虑如下:(1)《刑事诉讼法》第五十条第二款未将有专门知识的人就鉴定意见提出的意见列为法定证据种类,而有专门知识的人就鉴定意见发表的意见也不同于鉴定意见、证

---

① 参见龙宗智、苏云:《刑事诉讼法修改如何调整证据制度》,载《现代法学》2011年第6期。

人证言等,无法纳入法定证据的范畴。(2)有专门知识的人就鉴定意见提出的意见并非可以用于证明案件事实的材料,而只是用于增强法官内心确信、对鉴定意见作出判断的辅助性材料。如前所述,《刑事诉讼法》修改时增设有专门知识的人制度,是为了强化对鉴定意见的庭审质证,鉴定意见不能再像以前一样在法庭上宣读后就理所当然地作为证据使用。为了确保当庭解决案件中涉及的专门性问题,减少不必要的重新鉴定或反复鉴定,有专门知识的人出庭是必要的,通过协助控辩双方把相关问题质证清楚,有助于法官形成内心确信。(3)有专门知识的人就鉴定意见提出的意见从属于控辩双方的意见,不具有独立的地位。如前所述,有专门知识的人在法庭审理中不享有独立的诉讼地位,而是从属于控辩一方。因此,其针对鉴定意见所提出的意见不具有独立的地位,而是如同接受委托的辩护人一样,只是代表当事人发表意见。如果当事人不同意有专门知识的人的意见,可以撤销委托,或者当庭表示不同意有专门知识的人的意见,此时就应当以当事人的意见为准。因此,有专门知识的人的意见自然不具有在查证属实后可以作为定案的根据的证据的属性。综上,有专门知识的人就鉴定意见提出的意见不是证据,不宜在裁判文书中作为证据予以表述。有专门知识的人实际上是代表控辩双方发表意见,法院可以将其意见视为控辩双方的意见。

第五章　庭前会议的有关问题

《刑事诉讼法》第一百八十七条第二款规定："在开庭以前,审判人员可以召集公诉人、当事人和辩护人、诉讼代理人,对回避、出庭证人名单、非法证据排除等与审判相关的问题,了解情况,听取意见。"庭前会议程序对于审判人员对庭审活动做充分准备,准确把握庭审重点,保障庭审顺畅进行,提升庭审效率具有重要意义。《2021年刑诉法解释》总结推进以审判为中心刑事诉讼制度改革的经验和成果,对《庭前会议规程》的有关规定予以吸收,在第九章增设第二节"庭前会议与庭审衔接",对庭前会议的有关问题作出专门规定。针对司法实践反映的情况,本章围绕庭前会议的有关问题进行探讨。

一、庭前会议的案件范围和适用条件

从案件范围来看,适用庭前会议的案件范围应当是除决定适用简易程序、速裁程序审理以外的其他案件。庭前会议主要是就案件的程序性争议问题集中听取意见,以确定庭审重点,保证庭审集中,提高庭审效率。对于一些复杂疑难案件,必要时召开庭前会议,在庭前解决程序性事项,能够保证庭审的顺利进行,提高审判效率。目前,诸如一些黑社会性质组织犯罪案件,涉及人数众多,案件事实复杂,不少案件由于未在庭前解决证据开示和程序性事项,往往导致庭审冗长,由于补充证据和程序性原因经常导致二次开庭,耗费了大量司法资源。因此,如果能够在开庭前解决证据开示、附带民事诉讼和程序性事项,则无疑会使得案件审判进入快车道,确保庭审效率和质量,节约司法资源。但是,并非所有的案件都要召开庭前会议,而应当由审判人员根据案件情况,确有必要时才组织召开。只有在重大复杂的刑事案件中适用庭前会议程序,才能真正做到节约有限的诉讼资源,提高诉讼效率,实现庭前会议制度的宗旨。基于上述考虑,《2021年刑诉法解释》第二百二十六条规定:"案件具有下列情形之一的,人民法院可以决定召开庭前会议:(一)证据材料较多、案情重大复杂的;(二)控辩双方对事实、证据存在较大争议的;(三)社会影响重大的;(四)需要召开庭前会议的其他情形。"

二、庭前会议的参与主体

根据《刑事诉讼法》第一百八十七条第二款的规定,庭前会议的主持人应当是人民法院的审判人员,而参加人员包括公诉人、当事人和辩护人、诉讼代理人。《2021年刑诉法解释》第二百三十条规定:"庭前会议由审判长主持,合议庭其他审判员也可以主持庭前会议。""召开庭前会议应当通知公诉人、辩护人到场。""庭前会议准备就非法证据排除了解情况、听取意见,或者准备询问控辩双方对证据材料的意见的,应当通知被告人到场。有多名被告人的案件,可以根据情况确定参加庭前会议的被告人。"司法适用中需要注意的问题是:

1.庭前会议的主持人。由于人民陪审员主持庭前会议并不适宜,故庭前会议的主持人限定为"审判长"或者"合议庭其他审判员"。但是,人民陪审员可以参加庭前会议。

2.法官助理参加庭前会议的问题。讨论中,对于法官助理是否可以主持庭前会议,存在不同认识:(1)有意见建议明确根据合议庭审判长授权,法官助理可以主持或参加庭前会议。理由是:应当发挥法官助理作用,且法官助理主持或参与庭前会议,可以分担法官工作,保障法官专注审判核心事务。因庭前会议可能涉及解决可能中断庭审的程序性问题、审查证据资格等问题,由法官助理主持庭前会议可以处理简单的程序性问题,同时可以一定程度上阻断非法证据对合议庭可能造成的影响,因此在承办法官的指导下完全可以由法官助理主持庭前会议。故应将法官助理在具体案件中是否可以主持庭前会议交由法官决定。而且,这也有利于法官助理的培养。(2)有意见建议不规定法官助理主持庭前会议。理由是:法官助理不属于合议庭组成人员,庭前会议是解决争议的重要程序,是审判的重要组成部分,庭前会议可以根据查明情况作出相关处理决定,所涉及的问题法官助理均无权决定并答复。经研究认为,刑事诉讼法明确规定,庭前会议由审判人员召集,法官助理属于审判辅助人员,不属于"审判人员",不宜由其主持庭前会议。但是,法官助理可以参加庭前会议,并协助审判人员做好相关工作。

3. 被告人参加庭前会议的问题。关于被告人是否参加庭前会议的问题,起草和征求意见过程中,各方意见分歧较大:(1)有意见认为,庭前会议实际上是开庭审理前听取各方意见的预备程序,并非审判程序,设置的主要目的在于提高诉讼效率。如果让被告人参加庭前会议,特别是在被告人被羁押的情况下,则无异于在正式庭审程序之前增加了开庭程序,无法提升审判效率。(2)有意见认为,如果被告人不参加庭前会议,辩护律师在庭前会议上就证据和其他程序性问题发表的意见无法视为被告人的意见,被告人还会要求在法庭上重复出示相关证据或者发表相关意见,庭前会议的功能无法有效发挥。经研究认为,上述意见均有一定的道理,但是过于绝对。庭前会议实际上是开庭审理前听取各方意见的预备程序,并非正式的审判程序,被告人不参加,并非一定影响其诉讼权利的行使;被告人是否参加庭前会议,应当根据案件具体情况和庭前会议所要解决的具体问题而定,不宜一概而论。因此,《2021年刑诉法解释》第二百三十条第三款专门规定"庭前会议准备就非法证据排除了解情况、听取意见,或者准备询问控辩双方对证据材料的意见的,应当通知被告人到场";而且,"有多名被告人的案件,可以根据情况确定参加庭前会议的被告人"。

4. 庭前会议和庭审法官是否需要分离的问题。有意见认为,在庭前会议中要防止审判人员先入为主形成预判,保障庭审的公正,可以借鉴国外实行的审查法官与庭审法官分离的制度,参与庭前审查的法官不得参与庭审工作。经研究认为,上述观点有一定的合理之处,对于排除法官在庭前会议中形成预断,在保障庭审效率的同时维护庭审的公正,不无积极意义。但是,这一设想不符合我国当下的司法实际和立法增设庭前会议的意图，主要有二：其一，当前，各地法院普遍存在案多人少的矛盾，一线审判人员已经处在超负荷的工作运行状态。在此情况下，将庭前会议法官和庭审法官分离，无疑增加了法官的工作量，不利于节约诉讼资源，不符合当前的司法实际状况。其二，刑事诉讼法增设庭前会议制度，"这一程序设计允许法官于开庭前，在控辩双方同时参与下，对案件的程序性争议问题集中听取意见。这样规定有利于确定庭审重点，便于法官把握庭审重点，有助于提高庭审效率，保证庭审质量。"① 无疑，只有庭审法官参与庭前会议，才能集中听取控辩双方对案件的程序性争议问题的意见，确定庭审重点，从而更好地驾驭庭审，保证庭审效率和质量。因此，主张庭前会议和庭审法官分离的观点也不利于实现庭前会议制度的设立宗旨。

此外，《2021 年刑诉法解释》第二百三十条原本拟吸收《庭前会议规程》第三条第三款规定的"被告人申请排除非法证据，但没有辩护人的，人民法院应当通知法律援助机构指派律师为被告人提供帮助。"征求意见过程中，对此规定存在不同认识。鉴此，未予吸收，留待司法实践继续探索。

三、庭前会议的具体任务

根据《2021 年刑诉法解释》第二百二十八条第一款的规定，庭前会议可以就下列事项向控辩双方了解情况，听取意见：(1) 是否对案件管辖有异议；(2) 是否申请有关人员回避；(3) 是否申请不公开审理；(4) 是否申请排除非法证据；(5) 是否提供新的证据材料；(6) 是否申请重新鉴定或者勘验；(7) 是否申请收集、调取证明被告人无罪或者罪轻的证据材料；(8) 是否申请证人、鉴定人、有专门知识的人、调查人员、侦查人员或者其他人员出庭，是否对出庭人员名单有异议；(9) 是否对涉案财物的权属情况和人民检察院的处理建议有异议；(10) 与审判相关的其他问题。

---

① 王尚新、李寿伟主编：《〈关于修改刑事诉讼法的决定〉释解与适用》，人民法院出版社 2012 年版，第 182 页。

近年来,我国一些地方法院进行了庭前证据开示的改革创新,对控辩双方无异议的证据,庭审中仅就证据的名称及所证明的事项作出说明。实践效果不错。虽然刑事诉讼法没有明确规定庭前证据开示制度,但其规定的庭前会议制度,实际上包含了庭前证据开示内容,审判人员可以在庭前会议中组织控辩双方进行证据开示。因此,《2021年刑诉法解释》第二百二十九条规定:"庭前会议中,审判人员可以询问控辩双方对证据材料有无异议,对有异议的证据,应当在庭审时重点调查;无异议的,庭审时举证、质证可以简化。"适用这一规定需要注意的是:(1)在庭前会议的证据开示过程中,只是就证据有无异议发表意见,而不进行质证。要特别注意的是,要防止将庭前对证据的听取意见变为对案件证据的实体审查,防止出现"庭前实体审、庭审走过场"的现象。(2)简化质证程序的具体形式。《2021年刑诉法解释》第二百六十八条第二款规定:"对控辩双方无异议的非关键证据,举证方可以仅就证据的名称及拟证明的事实作出说明。"对相关证据无异议的,在法庭调查时,通常出示证据的一方可以仅就证据的名称及所证明的事项作出说明。当然,这也不能一概而论,有些案件可以只列举证据名称即可,没有必要再说明证明对象,否则无法简化。正是基于上述考虑,《2021年刑诉法解释》第二百六十八条第三款规定"召开庭前会议的案件,举证、质证可以按照庭前会议确定的方式进行。"

此外,《2021年刑诉法解释》第二百二十八条第二款规定:"庭前会议中,人民法院可以开展附带民事调解。"据此,被害人或者其法定代理人、近亲属提起附带民事诉讼的,可以通过庭前会议进行调解。

四、庭前会议的权责

庭前会议是为确保庭审程序的顺利和高效进行而设置的协商程序,是审判的预备、准备程序,而非审判程序本身。从庭前会议设置的目的来看,庭前会议是为确保庭审程序的顺利和高效进行而设置的,并非为了查明案件事实。因此,庭前会议主要是程序性审查,即围绕回避、出庭证人名单、非法证据排除等与审判相关的问题,了解情况和听取意见。庭前会议不对被告人有罪与否、罪轻罪重予以评判，因为这是开庭审判所需要解决的问题。但是，对于双方在庭前会议中提出的意见和问题，能够在庭前解决的，应当尽量在庭前解决，以免影响庭审的正常进行。比如，辩护人对合议庭成员提出回避请求，经审查于法有据的，就应当及时更换审判人员；辩护人对某一证据的合法性提出疑问的，公诉人可以当场予以说明、解释，甚至播放录音录像，以消除辩护人的误解或者由公诉人撤回相关证据材料，等等。总之，通过庭前会议，尽量使控辩双方对程序事项的意见分歧解决在庭前。①

《庭前会议规程》第十条第二款规定："对于前款规定中可能导致庭审中断的事项，人民法院应当依法作出处理，在开庭审理前告知处理决定，并说明理由……"《2021年刑诉法解释》第二百二十八条原本拟吸收上述规定，明确庭前会议阶段可以对程序性事项视情作出处理。征求意见过程中，有意见提出，《刑事诉讼法》第一百八十七条第二款规定："在开庭以前，审判人员可以召集公诉人、当事人和辩护人、诉讼代理人，对回避、出庭证人名单、非法证据排除等与审判相关的问题，了解情况，听取意见。"法律没有规定人民法院可以在庭前会议中对有关事项作出实质性处理，上述规定与《刑事诉讼法》的规定不一致，且法庭审判是刑事诉讼的重要环节，在未开庭的情况下对案件的重要事项作出决定是否与当前正在进行的以审判为中心的诉讼制度改革要求冲突，也需要慎重研究。经研究，采纳上述意见，《2021年刑诉法解释》第二百二十八条第三款规定："对第一款规定中可能导致庭审中断的程序性事项，人民法院可以在庭前会议后依法作出处理，并在庭审中说明处理决定和理由。控辩双方没有新的理由，在庭审中再次提出有关申请或者异议的，法庭可以在说明庭前会议情况和处理决定理由后，依法予以驳回。"据此，对庭前会议中的相关事项"在庭前会议后"而非在"在

---

① 例如，在被告人闫某诈骗一案的庭前会议上，被告人闫某辩称被害人提供的通话录音不是自己的声音。为避免拖延审理期限，检察机关在会后进行声纹鉴定。声纹鉴定意见证明系闫某的声音，录音内容也证明诈骗故意、诈骗数额等案件事实。参见《云南曲靖：侦查人员出庭作证》，载《检察日报》2012年7月31日，第1版。

开庭审理前"作出处理,且要求"在庭审中说明处理决定和理由"。

根据《2021年刑诉法解释》第二百三十二条的规定,"人民法院在庭前会议中听取控辩双方对案件事实、证据材料的意见后,对明显事实不清、证据不足的案件,可以建议人民检察院补充材料或者撤回起诉。建议撤回起诉的案件,人民检察院不同意的,开庭审理后,没有新的事实和理由,一般不准许撤回起诉"。

根据《2021年刑诉法解释》第二百三十三条的规定,"对召开庭前会议的案件,可以在开庭时告知庭前会议情况。对庭前会议中达成一致意见的事项,法庭在向控辩双方核实后,可以当庭予以确认;未达成一致意见的事项,法庭可以归纳控辩双方争议焦点,听取控辩双方意见,依法作出处理。控辩双方在庭前会议中就有关事项达成一致意见,在庭审中反悔的,除有正当理由外,法庭一般不再进行处理"。

五、庭前会议的具体程序

《2021年刑诉法解释》第二百三十一条规定:"庭前会议一般不公开进行。根据案件情况,庭前会议可以采用视频等方式进行。"结合司法实践,庭前会议的具体程序应当包括如下内容:

1. 庭前会议的启动。根据《2021年刑诉法解释》第二百二十七条的规定,"控辩双方可以申请人民法院召开庭前会议,提出申请应当说明理由。人民法院经审查认为有必要的,应当召开庭前会议;决定不召开的,应当告知申请人。"当然,庭前会议也可以由人民法院依职权决定召开。

2. 庭前会议的召开。在审判长或者其他审判员的主持下,就回避、出庭证人名单、非法证据排除等与审判相关的问题依次听取公诉人、当事人和辩护人、诉讼代理人的意见,上述人员口头介绍情况,提出意见。如果对与审判相关的问题需要提交书面意见的,也可以向审判人员提交书面意见。

3. 制作笔录并签名。《2021年刑诉法解释》第二百二十八条第四款规定:"庭前会议情况应当制作笔录,由参会人员核对后签名。"

第六章 公诉案件第一审普通程序

公诉案件第一审普通程序是刑事审判中最为重要和关键的基础环节。《刑事诉讼法修改决定》未涉及公诉案件第一审普通程序问题。《2021年刑诉法解释》第九章沿用《2012年刑诉法解释》第九章"公诉案件第一审普通程序"的条文,并根据司法实践反映的问题作出修改完善,主要涉及:(1)总结推进以审判为中心刑事诉讼制度改革的经验和成果,对"三项规程"特别是《庭前会议规程》和《法庭调查规程》的有关规定予以吸收,进一步丰富细化一审程序的内容。(2)根据司法实践反映的问题,对一审程序条文存在的滞后于实践或者不协调之处作出调整。针对司法实践反映的情况,本章围绕公诉案件第一审普通程序的有关问题进行探讨。

一、公诉案件审查与处理的问题

(一)公诉案件庭前审查程序的历史沿革

《1979年刑事诉讼法》第一百零八条规定:"人民法院对提起公诉的案件进行审查后,对于犯罪事实清楚、证据充分的,应当决定开庭审判;对于主要事实不清、证据不足的,可以退回人民检察院补充侦查;对于不需要判刑的,可以要求人民检察院撤回起诉。"可见,根据该条规定,《1979年刑事诉讼法》对公诉案件的庭前审查实行实体性审查,只对提起公诉的案件达到"犯罪事实清楚、证据充分"标准的,才能决定开庭审判。这一规定存在问题,"主要是混淆了对公诉案件的庭前审查与开庭审判之间的关系,将调查犯罪事实、核实证据作为庭前审查的主要内容,造成了负责案件审判的审判人员不仅要预先讯问被告人,询问证人、鉴定人,而且必要时进行勘验、检查、搜查、扣押等一系列补充收集证据、审查核实证据的活动。经过一系列预先调查和审查核实证据的活动,审判人员确信犯罪事实清楚、证据确实充分,才决定开庭审判。这样势必造成实际办案中审判工作的'先入为主''先判后审'的现象,开庭审判也成为走过场。"[1]

《1996年刑事诉讼法》第一百五十条规定:"人民法院对提起公诉的案件进行审查后,对于起诉书中有明确的指控犯罪事实并且附有证据目录、证人名单和主要证据复印件或者照片的,应当决定开庭审判。"从这一规定可以看出,《1996年刑事诉讼法》对公诉案件的庭前审查由实质性审查改为主要是程序性审查,只要提起公诉的案件达到"起诉书中有明确的指控犯罪事实并且附有证据目录、证人名单和主要证据复印件或者照片"标准的,就应当决定开庭审判。与之相配套,公诉案件的移送方式也由《1979年刑事诉讼法》规定的案卷移送制度转变为移送"证据目录、证人名单和主要证据复印件或者照片"。这是我国刑事诉讼改革的一项重要内容,将对公诉案件的庭前审查同开庭审理明确区分开来,二者承担不同的诉讼任务,从而进一步完善了我国的刑事审判程序,进一步充实了开庭审理的具体内容,有利于诉讼当事人在庭审活动中充分发挥作用,充分保障诉讼当事人特别是辩护方的合法权益,实现客观公正的刑事诉讼价值取向。

2012年刑事诉讼法修改,进一步完善了对公诉案件的庭前审查程序。《2012年刑事诉讼法》对《1996年刑事诉讼法》第一百五十条的规定进行了扬弃,在第一百七十二条规定人民检察院向人民法院提起公诉时应当将案卷材料、证据移送人民法院的同时,第一百八十一条规定:"人民法院对提起公诉的案件进行审查后,对于起诉书中有明确的指控犯罪事实的,应当决定开庭审判。"这一修改一直延续至今。需要注意的是,刑事诉讼法虽然将公诉案件移送方式回归案卷移送制度,但对于对公诉案件的庭前审查主要是程序性审查的立场没有改变。

---

[1] 胡康生、李福成主编:《中华人民共和国刑事诉讼法释义》,法律出版社1996年版,第171页。

(二) 公诉案件庭前审查的内容和方法

1. 审查的内容。《2021年刑诉法解释》第二百一十八条对庭前审查的内容作了规定。司法实践中,对提起公诉的案件,人民法院应当在收到起诉书和案卷、证据后,依据该条的规定作相应审查。

2. 审查的方法。对公诉案件的庭前审查,应当以书面审查为主,即通过审阅移送的案卷材料,了解起诉书所指控的犯罪事实情况,把移送的证据同案件事实、情节加以对照。需要注意的是,人民法院在庭前审查程序中一般不提审被告人和询问证人、被害人和鉴定人,同时也不宜使用勘验、检查、扣押、鉴定、查询、冻结等方式调查核实证据。

(三) 公诉案件庭前审查后的处理

根据《2021年刑诉法解释》第二百一十九条的规定,人民法院对提起公诉的案件审查后,应当按照下列情形分别处理:(1)不属于本院管辖的,应当退回人民检察院。(2)属于《刑事诉讼法》第十六条第二项至第六项规定情形的,应当退回人民检察院;属于告诉才处理的案件,应当同时告知被害人有权提起自诉。(3)被告人不在案的,应当退回人民检察院;但是,对人民检察院按照缺席审判程序提起公诉的,应当依照《2021年刑诉法解释》第二十四章的规定作出处理。(4)不符合《2021年刑诉法解释》第二百一十八条第二项至第九项规定之一,需要补充材料的,应当通知人民检察院在三日以内补送。(5)依照《刑事诉讼法》第二百条第三项规定宣告被告人无罪后,人民检察院根据新的事实、证据重新起诉的,应当依法受理。(6)依照《2021年刑诉法解释》第二百九十六条规定裁定准许撤诉的案件,没有新的影响定罪量刑的事实、证据,重新起诉的,应当退回人民检察院。(7)被告人真实身份不明,但符合《刑事诉讼法》第一百六十条第二款规定的,应当依法受理。

司法实践中需要准确把握庭前审查权责。法律规定,人民法院对提起公诉的案件进行审查后,对于起诉书中有明确的指控犯罪事实的,应当决定开庭审判。《"六部委"规定》第二十五条第一款重申:"……对于人民检察院提起公诉的案件,人民法院都应当受理。人民法院对提起公诉的案件进行审查后,对于起诉书中有明确的指控犯罪事实并且附有案卷材料、证据的,应当决定开庭审判,不得以上述材料不充足为由而不开庭审判。如果人民检察院移送的材料中缺少上述材料的,人民法院可以通知人民检察院补充材料,人民检察院应当自收到通知之日起三日内补送。"这表明,在立案审查阶段,人民法院对公诉案件的审理,不是实体审查,仍然是程序审查。按照现行立法规定,人民法院对于人民检察院提起公诉的案件,没有驳回起诉的权力,即没有不立案审理的权力,所以,只要起诉书中有明确的指控犯罪事实内容的,就应当决定开庭审判,而不能以材料不全、证据不足等理由不受理案件。当然,对于人民检察院应当移送的材料、证据而未移送的,可以要求人民检察院补送。

此外,根据《2021年刑诉法解释》第二百一十九条第一款第一项的规定,人民法院对提起公诉的案件审查后,认为不属于本院管辖的,应当退回人民检察院。但对于人民法院在立案审查结束后发现没有管辖权的情况如何处理,司法解释没有规定。而从实践看,在立案后,经刑事审判庭法官初步审查方发现本院没有管辖权的更为普遍。此时,要求退回检察院,检察院可能拒收,理由是没有法律、司法解释依据,导致陷入"案件退不回去,继续审理又违法"的尴尬境地,不得已,很多案件只好通过报请上级法院指定管辖解决,有的甚至无视管辖方面存在的问题"硬着头皮"继续审理。本书认为,管辖是刑事诉讼的重要制度,应当严格执行。对上述情形应当协商人民检察院撤回起诉,或者将案件退回人民检察院,由人民检察院按照刑事诉讼法的管辖规定,将案件移送有管辖权的人民检察院。

需要注意的是,对此问题,实践中也有意见认为,人民法院对提起公诉的案件立案后,发现本院没有管辖权的,应当层报上级人民法院指定管辖,同时通知提起公诉的人民检察院。本书认为,对于管辖错误的案件不能要求人民法院直接审理,也不宜通过报上级法院指定管辖的方式予以解决。主要考虑:(1)管辖是刑事诉讼法明确规定的制度。《刑事诉讼法》及《"六部委"规定》确实规定"应当开庭审判",但前提是

"提起公诉的案件符合刑事诉讼法的规定"。对于管辖错误,辩方提出异议、可能影响公正审判的案件,要求人民法院"将错就错",继续审理,不符合刑事诉讼法的规定,更不符合《刑事诉讼法》第二条"尊重和保障人权"的要求。(2)实践中,确实存在通过报上级法院指定管辖的方式解决管辖问题的做法,但这是逼不得已——"退不回去,又移不出去";更重要的是,这样的做法不符合指定管辖的立法精神,会导致刑事诉讼法有关管辖制度形同虚设。《"六部委"规定》第二十三条第二款明确规定:"人民检察院对于审查起诉的案件,按照刑事诉讼法的管辖规定,认为应当由上级人民检察院或者同级其他人民检察院起诉的,应当将案件移送有管辖权的人民检察院。人民检察院认为需要依照刑事诉讼法的规定指定审判管辖的,应当协商同级人民法院办理指定管辖有关事宜。"据此,对于案件需要指定管辖的,人民检察院应当在提起公诉前协商同级人民法院办理指定管辖有关事宜,而不能先提起公诉,再要求人民法院报请指定管辖。特别是,其中有些案件管辖错误,辩方提出异议,继续审理影响公正审判,此种情形下报请指定管辖更为不妥。(3)此种情形下,也不宜由受理案件的人民法院直接将案件移送有管辖权的法院。因为移送管辖不仅涉及两个法院间的工作衔接,也涉及与两个检察机关的衔接。在未与两个检察院沟通一致达成共识的情况下,根本无法操作,而且移送之后,人民法院还是要将案件退至对应的人民检察院,由其对案件重新进行审查起诉,不如由受案法院退回提起公诉的人民检察院,再由后者移送依法具有管辖权的人民检察院更为顺当。对此,最高人民检察院《关于公诉案件撤回起诉若干问题的指导意见》(〔2007〕高检诉发 18 号)第五条第三项亦规定,案件提起公诉后,"人民法院认为不属于其管辖或者改变管辖的,由人民法院决定将案件退回人民检察院,由原提起公诉的人民检察院移送有管辖权的人民检察院审查起诉"。

(四)公诉案件庭前审查的期限

《2021年刑诉法解释》第二百一十九条第二款规定了庭前审查的期限。据此,人民法院对于公诉案件决定是否受理,应当在七日以内审查完毕。需要注意的是,《"六部委"规定》第二十五条第二款已明确规定:"人民法院对提起公诉的案件进行审查的期限计入人民法院的审理期限。"因此,对公诉案件的审查期限应当计入人民法院的审理期限。

二、庭前准备的有关问题

(一)对提起公诉案件的并案或者分案处理规则

同案同审是诉讼的一般原则。但从实践看,有的案件,同案被告人多达几十人甚至上百人,如作为一个案件审理,势必会大大加长诉讼周期,既影响庭审质量和效率,也会大大增加当事人等诉讼参与人的诉累。对此类案件,分案审理,有其现实必要性。但是,分案审理不能随意为之,更不能通过分案审理的方式变相剥夺当事人质证权。为规范分案处理问题,《2021年刑诉法解释》增设第二百二十条,第一款规定:"对一案起诉的共同犯罪或者关联犯罪案件,被告人人数众多、案情复杂,人民法院经审查认为,分案审理更有利于保障庭审质量和效率的,可以分案审理。分案审理不得影响当事人质证权等诉讼权利的行使。"同时,《2021年刑诉法解释》第二百六十九条进一步规定:"审理过程中,法庭认为有必要的,可以传唤同案被告人、分案审理的共同犯罪或者关联犯罪案件的被告人等到庭对质。"

实践中,还存在起诉分案不当的现象,即本应作为一案起诉、一案审理的案件被分拆为两个甚至多个案件起诉。为此,《2021年刑诉法解释》第二百二十条第二款规定:"对分案起诉的共同犯罪或者关联犯罪案件,人民法院经审查认为,合并审理更有利于查明案件事实、保障诉讼权利、准确定罪量刑的,可以并案审理。"

征求意见过程中,有意见建议明确分案审理或者并案审理的具体操作事宜。经研究认为,相关问题可以在司法实践中裁量把握。对此,可以协商人民检察院合并或者分别起诉;人民法院在职责范围内并案或者分案的,通常可以采取决定的方式。

(二)关于开庭审理前通知出庭的规则

《2021年刑诉法解释》第二百二十一条第一款第五项规定:"开庭

三日以前将传唤当事人的传票和通知辩护人、诉讼代理人、法定代理人、证人、鉴定人等出庭的通知书送达;通知有关人员出庭,也可以采取电话、短信、传真、电子邮件、即时通讯等能够确认对方收悉的方式;对被害人人数众多的涉众型犯罪案件,可以通过互联网公布相关文书,通知有关人员出庭。"

上述第五项原本拟对开庭三日以前送达传票作例外规定,即在该项开始部分增加规定"除羁押的被告人外"。主要考虑:对被告人羁押在案的,可以确保其按时参加庭审活动,故无需在开庭三日以前送达传票,实践中通常也难以做到。征求意见过程中,有意见提出,《刑事诉讼法》第一百八十七条第三款规定,人民法院确定开庭日期后,应当传唤当事人,通知辩护人、诉讼代理人、证人、鉴定人和翻译人员,传票和通知书至迟在开庭三日以前送达。法律没有规定被羁押的被告人可以不适用上述规定,司法解释不应对被羁押的被告人作出例外规定。此外,也有意见提出,被告人被羁押,对具体开庭日期也应有所期待及具体准备,比如自行辩护和最后陈述等,如不提前通知,不利于保障被告人诉权。经研究,采纳上述意见,未再作出修改。

征求意见过程中,有意见提出,《2021 年刑诉法解释》第二百二十一条规定中的当事人包括被害人、自诉人、犯罪嫌疑人、被告人、附带民事诉讼的原告人和被告人,实践中特别是网络诈骗案件等,被害人往往分布在全国各地,涉案人数众多,通知被害人难度大。另外,如盗窃等侵犯财产类案件,除被告人有能力退赔外,通知被害人并无现实意义,如果所有案件均按照该条规定通知被害人,将会增加诉讼成本,浪费司法资源,且无实际意义。基于此,建议分别针对不同案件类别作出区分规定。经研究,根据上述意见,第五项原则规定"对被害人人数众多的涉众型犯罪案件,可以通过互联网公布相关文书,通知有关人员出庭"。

(三)关于不公开审理案件允许旁听的例外规则

《2012 年刑诉法解释》第一百八十六条第三款规定:"不公开审理的案件,任何人不得旁听,但法律另有规定的除外。"该款对不公开审理案件任何人不得旁听作了例外规定,源自《刑事诉讼法》第二百八十五条关于"审判的时候被告人不满十八周岁的案件,不公开审理。但是,经未成年被告人及其法定代理人同意,未成年被告人所在学校和未成年人保护组织可以派代表到场"的规定。《2021年刑诉法解释》第二百二十二条第三款对表述作了调整,规定:"不公开审理的案件,任何人不得旁听,但具有刑事诉讼法第二百八十五条规定情形的除外。"

征求意见过程中,有意见提出,关于"不公开审理的案件,任何人不得旁听",实践中经常出现被害人死亡的,被害人近亲属申请旁听的问题。对此,有些法院在近亲属提起附带民事诉讼的情况下,同意其作为附带民事诉讼原告人参加诉讼;而在未起诉的情况下则不允许。被害人近亲属旁听庭审的权利不应因其是否提起民事诉讼而有区别。根据人之常情,被害人的个人隐私可能对于父母、夫妻未必是隐私,"任何人不得旁听"过于绝对。故建议规定"有关个人隐私的案件,当事人均同意公开审理的,可以公开审理。案件涉及已死亡的被害人的隐私,其近亲属申请旁听的,是否准许由合议庭根据保护被害人隐私的原则决定"。经研究认为,上述意见确有道理。一般认为,涉及被害人隐私的案件,是否不公开审理,是被害人的权利,应当充分考虑被害人一方的意愿。对于涉及已死亡被害人个人隐私的案件,在被害人近亲属没有通过提起附带民事诉讼的方式参与庭审的情况下,应当考虑被害人近亲属对案件审理进程的特殊关切,将其一律排除在庭审之外有违情理。但是,从实际考虑,此类案件中被害人近亲属往往情绪比较激动,特别是在庭审过程当中,还可能因为示证、质证、辩论等遭受二次伤害,可能不利于审判顺利进行。鉴于所涉问题较为复杂,且认识尚不统一,最终未作明确规定。

(四)关于被害人推选代表人参加庭审的规则

当前,涉众型犯罪案件日益增多。有的案件被害人人数成千上万,均到庭参与庭审显然不符合实际,也没有必要。鉴此,借鉴民事诉讼集团诉讼的原理,吸收司法实践经验,《2021年刑诉法解释》第二百二十四条规定:"被害人人数众多,且案件不属于附带民事诉讼范围的,被害人可以推选若干代表人参加庭审。"

该条原本拟规定所涉情形,"被害人可以推选若干代表人参加或者旁听庭审,人民法院也可以指定若干代表人"。征求意见过程中,有意见提出,根据刑事诉讼法的有关规定,被害人是刑事诉讼的当事人,参加庭审是被害人的诉讼权利。刑事诉讼法没有规定代表人诉讼制度。规定被害人由若干代表人参加诉讼或者旁听庭审,涉及对被害人参加庭审的权利的限制,没有法律依据。经研究,根据上述意见对表述作了相应调整,删去了"人民法院也可以指定若干代表人"的表述,规定此种情形下被害人可以推选若干代表人参加庭审。当然,关于具体推选方式,实践中可以裁量把握;确实难以确定的,也可以采用摇号等推选方式。

(五)关于开庭审理前书记员的工作事项

《2021年刑诉法解释》第二百三十四条根据司法实践反映的问题对《2012年刑诉法解释》第一百八十九条的规定作出修改完善,规定:"开庭审理前,书记员应当依次进行下列工作:(一)受审判长委托,查明公诉人、当事人、辩护人、诉讼代理人、证人及其他诉讼参与人是否到庭;(二)核实旁听人员中是否有证人、鉴定人、有专门知识的人;(三)请公诉人、辩护人、诉讼代理人及其他诉讼参与人入庭;(四)宣读法庭规则;(五)请审判长、审判员、人民陪审员入庭;(六)审判人员就座后,向审判长报告开庭前的准备工作已经就绪。"

该条增加第二项"核实旁听人员中是否有证人、鉴定人、有专门知识的人"。主要考虑:根据有关规定,证人、鉴定人、有专门知识的人不得旁听庭审,但此项工作一直没有落实到具体的部门或者个人,时有发生证人等旁听庭审的情况。为保证法庭调查正常进行,建议在书记员的开庭准备工作中核实有无上述人员旁听。

随着刑事辩护全覆盖的推进,刑事案件中将均有辩护人参与。控辩双方在庭审中同样重要,应当同等对待。基于此,该条第三项将"公诉人"与"辩护人、诉讼代理人"并列规定。

此外,司法实践中法庭规则的有些内容是需要宣读给控辩双方听的,故通常会让控辩双方进入法庭后书记员再宣读法庭规则,《2021年刑诉法解释》第二百三十四条根据书记员开庭工作实际顺序,调整《2012年刑诉法解释》第一百八十九条第二项"宣读法庭规则"和第三项"请公诉人及相关诉讼参与人入庭"的顺序。

三、法庭调查的有关问题

(一)关于对被告人讯问、发问的时间

《2021年刑诉法解释》第二百四十二条第三款规定:"根据案件情况,就证据问题对被告人的讯问、发问可以在举证、质证环节进行。"主要考虑:《法庭调查规程》第七条第二款规定:"在审判长主持下,公诉人可以就起诉书指控的犯罪事实讯问被告人,为防止庭审过分迟延,就证据问题向被告人的讯问可在举证、质证环节进行……"经研究认为,这一规定具有合理性。在证据较多、案情较为复杂的案件中,公诉人在讯问环节涉及大量与证据有关的细节问题,会影响庭审节奏,且公诉人讯问与相关证据之间的关联性也难以体现,其讯问的针对性不强,故吸收《法庭调查规程》的相关规定。同时,考虑到不仅公诉人的讯问涉及这一问题,其他诉讼参与人的发问也如此。故单列为第三款[1],作出统一规定。

征求意见过程中,有意见提出,对于限制行为能力的成年人参加庭审时,应当参照未成年人的规定,要求法定代理人或者合适成年人到场。经研究认为,对于上述问题刑事诉讼法未作明确规定,但基于权利保障的考虑,人民法院在具体案件中可以裁量处理。

(二)关于借阅案卷和证据材料的问题

2012年刑事诉讼法修改,要求人民检察院在提起公诉时将所有案

---

[1] 《2021年刑诉法解释》第二百四十二条第一款、第二款规定:"在审判长主持下,公诉人可以就起诉书指控的犯罪事实讯问被告人。""经审判长准许,被害人及其法定代理人、诉讼代理人可以就公诉人讯问的犯罪事实补充发问;附带民事诉讼原告人及其法定代理人、诉讼代理人可以就附带民事部分的事实向被告人发问;被告人的法定代理人、辩护人,附带民事诉讼被告人及其法定代理人、诉讼代理人可以在控诉方、附带民事诉讼原告方就某一问题讯问、发问完毕后向被告人发问。"

卷和证据材料移送人民法院,后有意见建议对人民检察院要求借阅案卷材料以备出庭支持公诉的问题作出规定。《"六部委"规定》对此问题作了慎重研究,认为人民检察院在将案件和证据材料移送人民法院之时,可以通过复印等方式为出庭支持公诉做好准备,而不能再向人民法院借阅案卷材料。当然,已经移送人民法院的证据,控辩双方需要出示的,可以向法庭提出申请。基于此,《"六部委"规定》第二十六条规定:"人民法院开庭审理公诉案件时,出庭的检察人员和辩护人需要出示、宣读、播放已移交人民法院的证据的,可以申请法庭出示、宣读、播放。"为保证已移送人民法院的案卷和证据材料的安全,同时兼顾当庭出示证据的现实需要,《2021 年刑诉法解释》第二百四十八条第一款规定:"已经移送人民法院的案卷和证据材料,控辩双方需要出示的,可以向法庭提出申请,法庭可以准许。案卷和证据材料应当在质证后当庭归还。"鉴此,实践中,控辩双方只能申请当庭借用。对于控辩双方提出取回已移送人民法院的案卷和证据材料的,法庭应当不予准许。

《2012 年刑诉法解释》第二百零四条规定"法庭同意的,应当指令值庭法警出示、播放;需要宣读的,由值庭法警交由申请人宣读"。从实践来看,该规定存在一定问题。一是,示证主体通常是控辩双方,而非法庭。值庭法警只是在播放录音录像等特定情形下提供协助。二是,协助出示证据的主体不限于值庭法警,还包括法官助理、书记员、法院技术人员等。基于此,《2021 年刑诉法解释》第二百四十八条第二款规定:"需要播放录音录像或者需要将证据材料交由法庭、公诉人或者诉讼参与人查看的,法庭可以指令值庭法警或者相关人员予以协助。"

(三)关于向证人发问的顺序问题

《法庭调查规程》第十九条第一款规定:"证人出庭后,先向法庭陈述证言,然后先由举证方发问;发问完毕后,对方也可以发问。根据案件审理需要,也可以先由申请方发问。"经研究认为,《2012 年刑诉法解释》第二百一十二条关于向证人发问"应当先由提请通知的一方进行"的规定更符合实际,故《2021 年刑诉法解释》第二百五十九条第一款规定:"证人出庭后,一般先向法庭陈述证言;其后,经审判长许可,由申请通知证人出庭的一方发问,发问完毕后,对方也可以发问。"

此外,《法庭调查规程》第十九条第三款规定,"法庭依职权通知证人出庭的情形,审判人员应当主导对证人的询问"。经研究认为,所谓"主导对证人的询问",实际上就是确定发问的顺序。基于此,故《2021年刑诉法解释》第二百五十九条第二款规定:"法庭依职权通知证人出庭的,发问顺序由审判长根据案件情况确定。"

(四) 关于人民法院庭外调查核实证据的问题

《刑事诉讼法》第一百九十六条规定:"法庭审理过程中,合议庭对证据有疑问的,可以宣布休庭,对证据进行调查核实。人民法院调查核实证据,可以进行勘验、检查、查封、扣押、鉴定和查询、冻结。"人民法院对证据的庭外调查核实是履行审判职权的必然要求,但也是一种较为特殊的方式,这一调查权的运用需要受到适用条件的严格限制。《2021年刑诉法解释》第二百七十一条第一款规定:"法庭对证据有疑问的,可以告知公诉人、当事人及其法定代理人、辩护人、诉讼代理人补充证据或者作出说明;必要时,可以宣布休庭,对证据进行调查核实。"该条及《2021年刑诉法解释》相关规定从庭外调查权的启动、调查方式、证据采信等方面对《刑事诉讼法》的规定作了可操作的具体规定。具体而言:

1. 在案件审理过程中,法庭对证据有疑问的,首先可以告知公诉人、当事人及其法定代理人、辩护人、诉讼代理人补充证据或者作出说明,而非径直启动庭外调查核实程序。如前所述,庭外调查核实证据是较为特殊的程序,基于法官居中裁判的要求,只有在特殊情况下才能启动。因此,如果法庭对于证据有疑问,可以通过要求公诉人、当事人和辩护人、诉讼代理人补充证据或者作出说明的方式消除疑问,查证核实证据的,则没有必要启动庭外调查核实程序。

2. 必要时,可以宣布休庭,对证据进行调查核实。如果公诉人、当事人和辩护人、诉讼代理人无法补充证据或者不能作出说明,抑或法庭认为有必要调查核实证据的,可以宣布休庭,对证据进行调查核实。设立庭外调查核实程序的宗旨在于弥补控辩双方在收集证据能力上的不平衡,因此,在庭外调查核实中应当坚持有利于被告人的原则。原则上,为了保证法官的中立地位,也为了确保法庭审理的效率,庭外核实的证据范围限于法庭审理过程中已出示的证据,法官原则上不主动依职权启动庭外调查核实程序。特别是,法庭一般不应依职权做有利于控方的庭外调查。当法庭对控方提出的证据有疑问的,可以告知公诉人补充证据或者作出说明,公诉人也有义务向法庭提出进一步的证据以证明自己的主张,如果公诉人不能提出确实、充分的证据证明被告人有罪并排除合理怀疑的,则人民法院应当以证据不足、指控的犯罪不能成立为由,判决宣告被告人无罪。此种情况下,如果由法庭依职权启动庭外调查程序,则容易使得法庭偏离了居中裁判的角色,充当了追诉犯罪的公诉角色,容易招致公众的合理怀疑。相反,如果对证明被告人构成自首、坦白、立功等对被告人有利的证据有疑问,可以要求控辩双方补充材料或者说明;确有核实必要的,法官也可以依职权决定进行庭外调查。①

3. 根据《2021年刑诉法解释》第七十九条的规定,"人民法院依照刑事诉讼法第一百九十六条的规定调查核实证据,必要时,可以通知检察人员、辩护人、自诉人及其法定代理人到场。上述人员未到场的,应当记录在案"。人民法院调查核实证据时,发现对定罪量刑有重大影响的新的证据材料的,应当告知检察人员、辩护人、自诉人及其法定代理人。必要时,也可以直接提取,并及时通知检察人员、辩护人、自诉人及其法定代理人查阅、摘抄、复制。

顺带提及的是,对于控辩双方申请法院调取的证据,以及法院依职权调取的证据,需要当庭举证、质证的,实践中举证方式五花八门,有法庭出示证据,控辩双方质证的,也有控辩一方出示,对方质证的。本书认为,通常可以采取如下方式:对于人民法院依照上述规定调取的证

---

① 《2021年刑诉法解释》第二百七十七条第一款规定:"审判期间,合议庭发现被告人可能有自首、坦白、立功等法定量刑情节,而人民检察院移送的案卷中没有相关证据材料的,应当通知人民检察院在指定时间内移送。"这里所体现的也是对于被告人有利的原则,但主要指的是没有发现与被告人自首、坦白、立功等法定情节相关的证据,与此处所讲的有这方面的证据但存有疑问有所不同。

据,不应当移送控辩一方,但应当及时通知检察人员、辩护人、自诉人及其法定代理人查阅、摘抄、复制。而且,对于人民法院依据上述规定调取的证据,开庭审理时,出庭的检察人员和辩护人认为需要出示的,可以向法庭提出申请。

(五)关于庭外征求控辩双方意见的问题

《2012年刑诉法解释》第二百二十条第二款规定:"对公诉人、当事人及其法定代理人、辩护人、诉讼代理人补充的和法庭庭外调查核实取得的证据,应当经过当庭质证才能作为定案的根据。但是,经庭外征求意见,控辩双方没有异议的除外。"此次征求意见过程中,有意见提出,《刑事诉讼法》第一百九十八条第一款规定,"法庭审理过程中,对与定罪、量刑有关的事实、证据都应当进行调查、辩论。"故而,上述规定存在不妥。经研究认为,从司法实践来看,很多情况下控辩双方开庭后又陆续收集了一些证据,对于这些证据控辩双方实际上并无异议,如果仍要通过开庭程序予以查证属实,则会导致司法资源浪费,诉讼也可能会无限拖延。而且,这些证据材料大多系自首、坦白、立功等对被告人有利的证据材料或者不独立存在但能增强法官内心确信的补强性证据材料。基于此,经部分采纳上述意见,《2021年刑诉法解释》第二百七十一条第二款作了调整,进一步限定为"不影响定罪量刑的非关键证据、有利于被告人的量刑证据以及认定被告人有犯罪前科的裁判文书等证据",规定:"对公诉人、当事人及其法定代理人、辩护人、诉讼代理人补充的和审判人员庭外调查核实取得的证据,应当经过当庭质证才能作为定案的根据。但是,对不影响定罪量刑的非关键证据、有利于被告人的量刑证据以及认定被告人有犯罪前科的裁判文书等证据,经庭外征求意见,控辩双方没有异议的除外。"

(六)关于补充侦查期限届满未移送证据的问题

《2021年刑诉法解释》第二百七十四条第三款规定:"补充侦查期限届满后,人民检察院未将补充的证据材料移送人民法院的,人民法院可以根据在案证据作出判决、裁定。"具体而言,该款对补充侦查期限届满后,经法庭通知,人民检察院未将案件移送人民法院,且未说明原因的,由"人民法院可以决定按人民检察院撤诉处理"调整为"人民法院可以根据在案证据作出判决、裁定"。主要考虑:(1)《2012 年刑诉法解释》第二百二十三条规定"人民检察院未将案件移送人民法院",意味着对于检察院延期审理的案件,法院会将案件退回,否则不存在补充侦查完毕后的移送法院的问题。司法实践中,检察机关以补充侦查为由建议延期审理的,案件通常仍在法院并未退回。因为,如果将案件退回,法院就要进行销案处理,补充侦查结束后,检察院再次起诉的,还要作为新收案件处理,程序极其繁琐且无必要。(2)补充侦查期限届满后,经通知,人民检察院未将补充的证据材料移送人民法院的,人民法院原则上应当根据在案证据材料作出判决、裁定。但是,如果人民检察院未将补充侦查时退回的案卷移送人民法院,或者拒不派员出席法庭的,可以按人民检察院撤诉处理。①

(七)关于涉案财物的调查问题

为提醒审判人员和诉讼参与人在审判程序中高度重视对涉案财物的处理问题,《2021 年刑诉法解释》将《2012 年刑诉法解释》第三百六十四条的位置调整至一审程序,第二百七十九条规定:"法庭审理过程中,应当对查封、扣押、冻结财物及其孳息的权属、来源等情况,是否属于违法所得或者依法应当追缴的其他涉案财物进行调查,由公诉人说明情况、出示证据、提出处理建议,并听取被告人、辩护人等诉讼参与人的意见。""案外人对查封、扣押、冻结的财物及其孳息提出权属异议的,人民法院应当听取案外人的意见;必要时,可以通知案外人出庭。""经审查,不能确认查封、扣押、冻结的财物及其孳息属于违法所得或者依法应当追缴的其他涉案财物的,不得没收。"需要注意的是,由检察机关对涉案财物的权属情况作出说明,提出处理意见,并提供相关证据材料,这符合刑事证据规则,也符合司法实际。例如,《最高人民法院、最高人民检察院、公安部关于办理电信网络诈骗等刑事案件适用法律若

---

① 实践操作中,根据情况仍然可以按人民检察院撤诉处理。

干问题的意见》(法发〔2016〕32号)第七条"涉案财物的处理"第一项规定:"公安机关侦办电信网络诈骗案件,应当随案移送涉案赃款赃物,并附清单。人民检察院提起公诉时,应一并移交受理案件的人民法院,同时就涉案赃款赃物的处理提出意见。"

关于案外人对涉案财物提出权属异议的处理,《中共中央办公厅、国务院办公厅关于进一步规范刑事诉讼涉案财物处置工作的意见》(中办发〔2015〕7号,以下简称《涉案财物处置意见》)第十二条规定:"明确利害关系人诉讼权利。善意第三人等案外人与涉案财物处理存在利害关系的,公安机关、国家安全机关、人民检察院应当告知其相关诉讼权利,人民法院应当通知其参加诉讼并听取其意见……"根据上述规定,《2021年刑诉法解释》第二百七十九条第二款作了专门规定。作出上述规定,一方面明确要求听取对涉案财物提出权属异议的案外人的意见,以落实《涉案财物处置意见》的要求;另一方面,考虑到涉众型案件可能存在案外人众多的情形,一律通知到庭不具有可操作性,且《涉案财物处置意见》只是要求人民法院应当"通知其参加诉讼"但并未要求"通知其参加庭审",故规定为"必要时,可以通知案外人出庭"。

需要注意的是,随着经济社会发展,越来越多的刑事案件涉及财物处理问题,涉案财物的数额价值越来越大,利益关系也越来越复杂。当事人、利害关系人高度关注涉案财物处置问题。为强化产权司法保护,《2021年刑诉法解释》的多个条文对涉案财物的审查处理执行问题作了充实和完善。例如,在立案审查阶段,要审查涉案财物是否随案移送并列明权属情况,以及是否有证明相关财物系涉案财物的证据材料;在庭前会议中,可以就涉案财物的权属情况和处理建议听取意见;要强化对涉案财物的当庭调查,规范涉案财物的判决处理和执行。审判实践中,要适应时代发展,树立对定罪量刑和涉案财物处理并重的理念,重视做好涉案财物审查处理执行工作。

此外,《2021年刑诉法解释》还对漏判涉案财物的处理规则予以明确,第四百四十六条规定:"第二审期间,发现第一审判决未对随案移送的涉案财物及其孳息作出处理的,可以裁定撤销原判,发回原审人民法院重新审判,由原审人民法院依法对涉案财物及其孳息一并作出处理。判决生效后,发现原判未对随案移送的涉案财物及其孳息作出处理的,由原审人民法院依法对涉案财物及其孳息另行作出处理。"适用该条规定需要注意:(1)该条第一款规定,二审期间一审判决未对随案移送的涉案财物及其孳息作出处理的,可以裁定撤销原判,发回原审人民法院重新审判,由原审人民法院依法对涉案财物及其孳息一并作出处理。此种情形不违反上诉不加刑原则的要求。(2)该条规定二审对一审漏判涉案财物、判决生效后对原判漏判涉案财物的处理规则,仅限于"随案移送的涉案财物及其孳息"。①

四、法庭辩论的有关问题

(一)关于公诉人当庭发表与起诉书不同意见的处理规则

实践中,个别案件存在公诉人当庭发表与起诉书不同意见的情形,甚至属于当庭变更、追加、补充或者撤回起诉的情形。对此如何处理,存在不同认识。有观点认为,刑事诉讼法规定的起诉主体是人民检察院,起诉书是加盖人民检察院印章的法律文书。我国法律没有赋予公诉人独立于检察院之外的主体地位,也没有允许公诉人变更起诉书的内容。鉴于这一问题在实践和理论中尚存争议,对于不涉及追加或者变更起诉的,到底采纳起诉书还是公诉意见书的意见,属于法庭裁量范畴;对于需要追加、补充或者变更起诉的情况,人民法院应当休庭。

---

① 此外,《2021年刑诉法解释》原本拟增加规定:"对查封、扣押、冻结的涉案财物及其孳息,应当在对被告人作出判决、裁定的同时一并作出处理。但是,对于涉众型犯罪案件或者其他涉案财物情况复杂的案件,一并处理可能导致对被告人的判决、裁定过分迟延的,可以另行作出处理。"原则上,查封、扣押、冻结的财物及其孳息,应当在对被告人作出判决、裁定的同时一并作出处理。但是,有的涉众型案件,如非法集资案件,因为涉案财物及其孳息的权属等问题过于复杂,在有限的时间内难以理清,为了防止对被告人的判决、裁定过分迟延,可以考虑在判决、裁定后,单独对查封、扣押、冻结的财物及其孳息作出处理。讨论中,对上述规定存在不同认识。有意见认为,新增涉案财物另行处理程序缺乏法律依据。根据法理,同一个诉,应当对涉案事实全部作出处理。如果作此规定,容易引发一系列问题需要界定。包括:(1)对涉案财物处理应当以什么程序审理,审理结束后制作什么形式的法律文书?(2)后续涉案财物处理是否有审限,如何计算审限?(3)对定罪量刑作出的判决、裁定是否生效,能否将罪犯送监服刑?(4)对涉案财物的处理结果能否提出上诉,上诉后是否要全案审查?等等。鉴于对此问题未形成共识,暂未作出明确规定,交由司法实践裁量处理,继续探索。

另有观点认为,无论是否"属于变更、追加、补充或者撤回起诉",此种情形均应当以当庭意见为准,以促使公诉人谨慎发表当庭意见。否则,当庭发表意见后,又不提供书面意见的,法院将无法处理,也有违司法诚信。

经研究认为,相关情况较为复杂,处理规则难以一概而论,需要区别对待。经综合考虑上述意见,《2021年刑诉法解释》第二百八十九条规定:"公诉人当庭发表与起诉书不同的意见,属于变更、追加、补充或者撤回起诉的,人民法院应当要求人民检察院在指定时间内以书面方式提出;必要时,可以宣布休庭。人民检察院在指定时间内未提出的,人民法院应当根据法庭审理情况,就起诉书指控的犯罪事实依法作出判决、裁定。人民检察院变更、追加、补充起诉的,人民法院应当给予被告人及其辩护人必要的准备时间。"司法适用中需要注意的是:

(1)"公诉人当庭发表与起诉书不同的意见",是指在起诉后未出现新的事实证据情况下,公诉人发表与起诉书不同意见的情形。对于出现新的事实,特别是体现被告人认罪悔罪态度的新事实,直接由法庭根据新的事实证据作出认定即可。例如,自首的被告人在开庭后翻供的,法庭可以直接不认定自首;认罪认罚的被告人在开庭后不认罪、不接受量刑建议的,法庭可以直接不认定认罪认罚;有的被告人在起诉后才退赃退赔,法庭可以直接认定退赃退赔这一情节。对于上述情形,无须由公诉人对起诉书作出变更,法庭在听取双方意见后直接认定即可。

(2)公诉人当庭发表与起诉书不同的意见,情况较为复杂:有的变更不影响定罪量刑,如对作案时间发表不同意见,直接变更即可。更多情形下则对定罪量刑会产生影响,但具体情况又会存在差异:有的是直接变更罪名,如由职务侵占罪调整为贪污罪;有的涉及法定刑幅度的调整,如盗窃金额由十万元调整为一万元;有的只是涉及具体犯罪情节的认定,如盗窃金额由三千五百元调整为三千元。如果属于变更、追加、补充或者撤回起诉等重大事项的,应当以书面方式提出。而且,上述情形下,是否应当休庭,也不能简单作出统一规定,而应当交由实践裁量处理。例如,起诉书认定的盗窃金额是三千五百元,公诉人当庭发现计算有误,应当为三千元,量刑档次未发生变化,且所作变更有利于被告人,法庭可以继续开庭审理,但应当在庭后要求人民检察院以书面方式作出变更;相反,如果公诉人当庭改变起诉罪名,特别是由轻罪名改为重罪名的,则休庭为宜,以更好地保障被告人的辩护权。又如,公诉人当庭追加起诉的,则可以以起诉书指控的罪行先行开庭,休庭后待人民检察院以书面方式追加起诉后,再行开庭就追加的起诉进行审理。

(3)人民检察院变更、追加、补充起诉的,人民法院应当给予被告人及其辩护人必要的准备时间,以充分保障被告人合法权益。

(二)关于辩护人提交书面辩护意见的问题

根据司法实践反映的问题,《2021年刑诉法解释》第二百九十条对辩护人及时提交辩护意见作出指引性规定,明确:"辩护人应当及时将书面辩护意见提交人民法院。"

1. 讨论中,有意见建议明确庭审结束后提交书面辩护意见的具体时限。经研究认为,相关情况复杂,难以对时限作出明确具体规定,实践中可以裁量把握。需要注意的是,辩论原则是审判阶段应当遵循的基本原则,辩护人庭审发表的意见都是辩护意见,庭审笔录中应予载明,而且辩护人要在庭审笔录上签名。因此,书面辩护意见仅是庭审辩护的一个补充,如果庭审中辩护人已经充分发表了辩护意见,并记录在案,庭后不提交书面辩护意见对审判人员裁判没有影响。基于此,《2021年刑诉法解释》第二百九十条明确规定"辩护人应当及时将书面辩护意见提交人民法院"。对于经人民法院告知后仍不提交辩护意见的,以当庭发表的意见为准。

2. 关于书面辩护意见与当庭发表的意见不一致的处理问题,存在不同意见:(1)有意见认为,辩护意见与当庭发表的意见存在实质性差异的,以当庭发表的意见为准。理由是:考虑到庭审中心主义、庭审实质化和公开审理的要求,当庭发表的意见经控辩双方质证、辩论,更能体现以审判为中心的刑事诉讼制度改革要求。明确以当庭发表的意见为准,可以促使辩护人庭前认真准备、庭上充分辩护。而且,认可在庭后提交与当庭发表意见差异较大的书面辩护意见,还可能带来需要二次开庭等一系列问题,浪费司法资源。(2)另有意见认为,应当以庭后提交的书面辩护意见为准,理由是:刑事审判应当坚持实体正义优先的原则,对于庭后提交的书面辩护意见与当庭发表意见不一致,但言之有理的,则应当采信书面辩护意见。必要时,可以通过庭外听取控辩双方意见或者二次开庭加以解决,不宜以节约司法资源为由对合理的书面辩护意见"视而不见"。

经研究认为,此种情形下,既有书面辩护意见,也有当庭发表意见,不宜简单"一刀切",宜根据具体情况作出妥善处理。原则上应当以当庭发表的意见为准,但是,如果当庭发表的意见明显不妥当,书面辩护意见确有道理的,也可以采纳书面辩护意见。在裁判文书中,可以客观反映辩护意见的前后变化。鉴于相关问题比较复杂,未作统一规定,交由司法实践裁量处理。

3. 征求意见过程中,有意见提出,二审案件存在大量不开庭审理的情况,建议增加规定在指定日期提交辩护意见,以提升诉讼效率,有效维护辩护权。经研究认为,《2021年刑诉法解释》第二百九十条规定"辩护人应当及时将书面辩护意见提交人民法院",可以参照适用于二审不开庭的情形。据此,人民法院可以要求辩护人在指定的合理期限内提交书面辩护意见。

五、一审程序的其他问题

(一)关于就新的事实和补查补证通知人民检察院的问题

《2021年刑诉法解释》第二百九十七条规定:"审判期间,人民法院发现新的事实,可能影响定罪量刑的,或者需要补查补证的,应当通知人民检察院,由其决定是否补充、变更、追加起诉或者补充侦查。""人民检察院不同意或者在指定时间内未回复书面意见的,人民法院应当就起诉指控的事实,依照本解释第二百九十五条的规定作出判决、裁定。"司法适用中需要注意的是:

(1)征求意见过程中,有意见提出,实践中,人民法院往往会要求人民检察院补充、补强证据材料,但现行司法解释对于合议庭发现案件需要补充侦查的,没有相关依据启动补充侦查程序,有必要对合议庭的补充侦查建议权予以明确。对此予以明确后,也可解决控辩双方对于在审判阶段由侦查机关补充调取的证据材料的来源合法性争议。经研究认为,上述问题在司法实践中客观存在,人民法院在审理案件过程中不少情形下需要人民检察院补查补证,甚至补充侦查。基于此,《2021年刑诉法解释》第二百九十七条第一款就人民法院发现需要补查补证情形的处理作了相应规定。需要注意的是,根据以审判为中心的刑事诉讼制度改革的要求,法院应当坚持裁判中立原则,不能成为控诉方,故《2021年刑诉法解释》第二百九十七条第一款只是规定"通知人民检察院,由其决定是否补充、变更、追加起诉或者补充侦查",即强调人民法院要依据在案证据依法裁判,确保司法公正和中立。

(2)从司法实践来看,极个别案件中,人民检察院对人民法院补充或者变更起诉的建议长时间不予回复,久拖不决。《"六部委"规定》第三十条专门规定:"人民法院审理公诉案件,发现有新的事实,可能影响定罪的,人民检察院可以要求补充起诉或者变更起诉,人民法院可以建议人民检察院补充起诉或者变更起诉。人民法院建议人民检察院补充起诉或者变更起诉的,人民检察院应当在七日以内回复意见。"从司法实践来看,人民检察院通常无法在七日以内作出是否补充或者变更起诉的决定,往往需要通过补充侦查后才能作出相应决定。而且,补充起诉或变更起诉,相当于一次全新起诉,需要重新组织开庭。因此,此种情形下,人民法院宜协调人民检察院作出建议补充侦查的回复,从而在案件重新移送人民法院后重新计算审理期限,有效避免此种情况下案件审理期限不够的问题。当然,根据《2021年刑诉法解释》第二百九十七条第二款的规定,人民检察院不同意或者在指定时间内未回复书面意见的,人民法院应当就起诉指控的事实,依照《2021年刑诉法解释》第二百九十五条的规定作出判决、裁定。

(二)关于部分合议庭成员不能继续履职的处理规则

在庭审过程中,存在部分合议庭成员因故不能继续履行审判职责的情况。对此,《2021年刑诉法解释》第三百零一条第一款规定:"庭审结束后、评议前,部分合议庭成员不能继续履行审判职责的,人民法院应当依法更换合议庭组成人员,重新开庭审理。"

但是,定期宣判的案件,在作出评议后,合议庭成员由于离职、退休等原因,可能不能参加宣判。对于此类情形,是否需要重新组成合议庭进行审理,不宜一概而论。原则上,在不改变原来评议时所作决定的情况下,可以由审判本案的其他合议庭成员宣判,判决书上仍应署审判本案的合议庭成员的姓名。对此,《2021年刑诉法解释》第三百零一条第二款规定:"评议后、宣判前,部分合议庭成员因调动、退休等正常原因不能参加宣判,在不改变原评议结论的情况下,可以由审判本案的其他审判员宣判,裁判文书上仍署审判本案的合议庭成员的姓名。"需要注意的是,合议庭成员不能参加宣判的情形比较复杂,如因为辞职离开人民法院、接受监察调查或者被立案侦查等。此种情形下,宜重新组成合议庭进行审理。

(三)关于判决书的送达问题

《2021年刑诉法解释》第三百零三条规定:"判决书应当送达人民检察院、当事人、法定代理人、辩护人、诉讼代理人,并可以送达被告人的近亲属。被害人死亡,其近亲属申请领取判决书的,人民法院应当及时提供。判决生效后,还应当送达被告人的所在单位或者户籍地的公安派出所,或者被告单位的注册登记机关。被告人系外国人,且在境内有居住地的,应当送达居住地的公安派出所。"征求意见过程中,有意见提出,在被害人已死亡的案件中,被害人亲属要求领取判决书的情况在司法实践中也比较常见,建议一并规定。经研究,采纳上述意见,在《2021年刑诉法解释》第三百零三条第一款增加规定"被害人死亡,其近亲属申请领取判决书的,人民法院应当及时提供"。同时,第二款增加规定"被告人系外国人,且在境内有居住地的,应当送达居住地的公安派出所"。

《2021年刑诉法解释》原本拟针对被害人众多,无法全部送达的情形,增加规定"可以通过互联网公布电子判决书链接方式送达",并要求"被害人要求领取判决书的,人民法院应当及时提供"。征求意见过中,有意见提出,根据《刑事诉讼法》第二百零二条的规定,判决书应当送达当事人。对于已经明确认定为案件的被害人的,应当送达判决书,不能以网上公布判决书代替。经研究,鉴于对此问题存在不同认识,未再作出明确规定。

(四)关于更换辩护人的次数问题

被告人在开庭前、开庭后拒绝辩护人辩护或者更换辩护人的现象时有发生。频繁更换辩护人,会造成法院反复多次开庭和过分的诉讼迟延,影响审判顺利进行。基于此,对于在非开庭时间更换辩护人或者拒绝辩护人辩护的,应当在充分保障辩护权的前提下作出适当规范,以兼顾诉讼效率。从实践来看,允许被告人在一个审判程序中更换两次辩护人,可以保证其前后共有三至六名辩护人,足以保障其辩护权。鉴此,《2021年刑诉法解释》第三百一十一条第一款规定:"被告人在一个审判程序中更换辩护人一般不得超过两次。"

第七章　自诉案件的审理程序

与人民检察院代表国家将案件提交人民法院,要求人民法院通过审判追究被告人刑事责任的提起公诉不同,在符合法定情形的条件下,被害人或者其法定代理人、近亲属可以直接向人民法院起诉,要求追究被告人的刑事责任,这就是提起自诉。《刑事诉讼法修改决定》未涉及自诉案件的问题。《2021年刑诉法解释》第十章沿用《2012年刑诉法解释》第十章"自诉案件第一审程序"的条文,仅根据《刑法修正案(九)》和司法实践反映的问题,对个别条文作了微调。针对司法实践反映的情况,本章围绕自诉案件审理程序的有关问题进行探讨。

一、自诉案件的审查受理

根据《刑事诉讼法》第二百一十一条的规定,人民法院对自诉案件进行审查后,对犯罪事实清楚,有足够证据的案件,应当依法受理,并开庭审判。需要注意的是,人民法院对提起的自诉应当进行全面审查,既包括对自诉材料是否符合形式要求的审查,也包括审查犯罪事实是否清楚,证据是否足够。但是,对于自诉案件的审查并非实体审查,更不是判断被告人是否构成犯罪,故不得以"被告人的行为不构成犯罪"为由,说服自诉人撤回起诉或者裁定不予受理①,对于此类自诉案件,仍然应当开庭审判并作出判决。

《1998年刑诉法解释》第一百八十八条规定:"对于自诉案件,人民

---

① 《1979年刑事诉讼法》第一百二十六条规定:"人民法院对于自诉案件进行审查后,可以按照下列情形分别处理:……(三)缺乏罪证的自诉案件,如果自诉人提不出补充证据,经人民法院调查又未能收集到必要的证据,应当说服自诉人撤回自诉,或者裁定驳回……"但《1996年刑事诉讼法》删去这一规定,此后刑事诉讼法维持了《1996年刑事诉讼法》的规定。

法院经审查有下列情形之一的,应当说服自诉人撤回起诉,或者裁定驳回起诉……"征求意见过程中,有意见认为,该条似乎是指立案审查时,驳回起诉是在立案后作出,立案审查时无权作出驳回起诉裁定。该条所列的情形应当属于不予受理的情形。《民事诉讼法》规定了不予受理和驳回起诉两种形式,应当参照《民事诉讼法》的规定,在刑事诉讼中也赋予立案审查时对于自诉案件不予受理的权力,否则在实践中对于自诉案件立案审查没有不予受理的权力,将会导致只要是自诉案件必须受理的被动局面。由于刑事诉讼法及相关司法解释没有明确规定法院在对自诉案件进行审查时是否可作出不予受理的裁定,司法操作中常存在分歧。因此,建议增加关于法院可不予受理的规定。《2012年刑诉法解释》采纳上述意见,第二百六十三条第二款就人民法院对自诉案件的审查处理规定作出调整,规定对所涉情形"应当说服自诉人撤回起诉;自诉人不撤回起诉的,裁定不予受理"。《2021年刑诉法解释》第三百二十条基本沿用《2012年刑诉法解释》第二百六十三条的规定,仅根据司法实践反映的问题增设应当说服自诉人撤回起诉或者裁定不予受理的两项情形,规定:"对自诉案件,人民法院应当在十五日以内审查完毕。经审查,符合受理条件的,应当决定立案,并书面通知自诉人或者代为告诉人。具有下列情形之一的,应当说服自诉人撤回起诉;自诉人不撤回起诉的,裁定不予受理:(一)不属于本解释第一条规定的案件的;(二)缺乏罪证的;(三)犯罪已过追诉时效期限的;(四)被告人死亡的;(五)被告人下落不明的;(六)除因证据不足而撤诉的以外,自诉人撤诉后,就同一事实又告诉的;(七)经人民法院调解结案后,自诉人反悔,就同一事实再行告诉的;(八)属于本解释第一条第二项规定的案件,公安机关正在立案侦查或者人民检察院正在审查起诉的;(九)不服人民检察院对未成年犯罪嫌疑人作出的附条件不起诉决定或者附条件不起诉考验期满后作出的不起诉决定,向人民法院起诉的。"

关于应当说服自诉人撤回起诉或者裁定不予受理的情形,如下几点值得注意:(1)关于"缺乏罪证"。《1998年刑诉法解释》第一百八十八条的表述为"证据不充分"。《2012年刑诉法解释》第二百六十三条与《刑事诉讼法》保持一致,采用"缺乏罪证"的表述。《2021年刑诉法解释》第三百二十条予以沿用。司法实践中需要注意的是,这里的"缺乏罪证"既包括没有证据,也包括证据不充分。(2)关于"被告人下落不明"。在《2012年刑诉法解释》征求意见过程中,有意见提出,对于被告人下落不明的,但犯罪事实清楚、证据充分,需要追究刑事责任的,不应说服自诉人撤诉或者"不予受理",应当决定立案,作出逮捕决定,被告人归案前裁定中止审理,或者建议由公安机关侦查。经研究认为,上述意见于法无据,对于被告人下落不明的案件,人民法院无法受理,无法作出逮捕决定,也无法将此种情况下的自诉案件转为公诉案件处理,故未采纳上述意见。(3)关于"属于本解释第一条第二项规定的案件,公安机关正在立案侦查或者人民检察院正在审查起诉的",该项为《2021年刑诉法解释》新增规定。主要考虑:实践反映,对于公安机关已受案查处,被害人又要求自诉解决的案件,应当如何处理,存在不同认识。经研究认为,除告诉才处理的案件外,对于公安机关已立案侦查的,应当按照处理公诉案件的方式解决,故增设上述规定。需要注意的是,对于公安机关立案侦查后或者人民检察院审查起诉后,不予追究犯罪嫌疑人刑事责任的,被害人当然可以依据"公诉转自诉"案件的规定提起自诉,故表述为"属于本解释第一条第二项规定的案件,公安机关正在立案侦查或者人民检察院正在审查起诉的",即强调此类案尚在处理过程中。(4)关于"不服人民检察院对未成年犯罪嫌疑人作出的附条件不起诉决定或者附条件不起诉考验期满后作出的不起诉决定,向人民法院起诉的",该项为《2021年刑诉法解释》新增规定。主要考虑:《全国人民代表大会常务委员会关于〈中华人民共和国刑事诉讼法〉第二百七十一条第二款的解释》规定:"人民检察院办理未成年人刑事案件,在作出附条件不起诉的决定以及考验期满作出不起诉的决定以前,应当听取被害人的意见。被害人对人民检察院对未成年犯罪嫌疑人作出的附条件不起诉的决定和不起诉的决定,可以向上一级人民检察院申诉,不适用刑事诉讼法第一百七十六条关于被害人可以向人民法院起诉的规定。"①

二、自诉案件的审理

1. 对公诉案件和自诉案件一并审理的有关问题。对于被告人实施了分别属于公诉案件和自诉案件的两个以上的犯罪行为的，对上述案件可以并案审理，即将自诉案件并入公诉案件一并审理。对此，《2021年刑诉法解释》第三百二十四条规定："被告人实施两个以上犯罪行为，分别属于公诉案件和自诉案件，人民法院可以一并审理。对自诉部分的审理，适用本章的规定。"需要注意的是，此种情况下自诉案件虽然被并入公诉案件一并审理，但对自诉案件的处理仍然适用自诉案件的相关规定，当事人享有自诉案件规定的相应诉讼权利，如自诉案件的被告人可以针对自诉人提出反诉，自诉人享有独立的上诉权等。实践中不能因为自诉案件被并入公诉案件一并审理，就对自诉案件也适用公诉案件的相关规定，无视自诉案件的特殊规定。

2. 对自诉案件当事人申请人民法院调取证据的问题。《1998年刑诉法解释》第一百九十五条规定："人民法院受理自诉案件后，对于当事人因客观原因不能取得并提供有关证据而申请人民法院调取证据，人民法院认为必要的，可以依法调取。"根据这一规定，只有人民法院受理自诉案件后，才能在必要时依法调取当事人因客观原因不能取得的证据。但是，对于自诉人不能提供充分证据的，人民法院不能受理，而是应当说服自诉人撤回自诉或者裁定不予受理。这样一来，容易形成"自诉人收集证据能力差，难以达到刑事自诉案件的立案条件，而人民法院却只有在刑事自诉案件立案后才能依法调取证据"的怪象。为了解决这一问题，《最高人民法院、最高人民检察院、公安部印发〈关于办理侵犯知识产权刑事案件适用法律若干问题的意见〉》（法发〔2011〕3号）第

---

① 此外，在《2021年刑诉法解释》征求意见过程中，有意见建议在本条第二款增加一项，规定"检察机关撤回起诉，法院准予撤诉后，被害人又提起自诉的案件"，经研究认为，相关问题较为复杂，不宜一概而论。如果没有新的证据，此种情形通常属于本款第二项规定的"缺乏罪证的"情形，可以依据该项规定处理；如果有新的证据，即属于应当受理的范畴。基于此，未采纳上述意见。

四条规定:"人民法院依法受理侵犯知识产权刑事自诉案件,对于当事人因客观原因不能取得的证据,在提起自诉时能够提供有关线索,申请人民法院调取的,人民法院应当依法调取。"这一规定较好地解决了知识产权刑事自诉案件当事人申请人民法院调取证据的问题,但并未适用于全部刑事自诉案件。《2012年刑诉法解释》第二百六十八条吸收该意见的规定,对《1998年刑诉法解释》第一百九十五条规定作出修改完善,规定:"自诉案件当事人因客观原因不能取得的证据,申请人民法院调取的,应当说明理由,并提供相关线索或者材料。人民法院认为有必要的,应当及时调取。"①《2021年刑诉法解释》第三百二十五条第一款沿用《2012年刑诉法解释》第二百六十八条的规定,并根据《刑法修正案(九)》的规定,增设第二款,规定:"对通过信息网络实施的侮辱、诽谤行为,被害人向人民法院告诉,但提供证据确有困难的,人民法院可以要求公安机关提供协助。"

适用《2021年刑诉法解释》第三百二十五条的规定,需要注意以下几个问题:(1)人民法院依当事人申请调取证据不再限于受理自诉案件后,当事人在提起自诉时即可申请人民法院调取因客观原因不能取得的证据。这在很大程度上解决了实践中存在的自诉人收集证据能力差的困境,有利于维护当事人的合法权益。(2)自诉案件的当事人申请人民法院调取的证据限于"因客观原因不能取得的证据",且应当说明理由,并提供相关线索或者材料。这有利于避免当事人滥用这一条款,限

---

① 当然,本条规定在《2012年刑诉法解释》征求意见过程中也有不同意见,有意见认为,本条规定会增加人民法院的工作负担,也有违人民法院的中立地位;还有意见建议将本条由人民法院调取证据的情形限制在"自诉案件的当事人因客观原因不能在公安等行政机关取得的证据"的情形,如公安机关的"询问笔录""勘验笔录",工商、税务等部门的"档案材料"等。人民法院属居中裁判单位,不应直接向目击者、旁观者调查取证。而目击者、旁观者可能与一方当事人有利害关系,作出倾向于一方当事人的证词。如果是法院自身调取的证词,不采信,如何解释;采信了,是否有"先入为主"之嫌?如需向目击者、旁观者等调查、取证的,自诉人应向人民法院提出申请要求目击者或旁观者作为证人出庭作证;或委托律师办理调查取证,人民法院不应参与。经研究认为,自诉案件中人民法院依申请调取证据有利于查明案件的事实,同法院的中立地位并不冲突,而关于何种情况下应当依申请调取证据,可以由人民法院根据具体情况把握,存有一定的裁量空间,故未采纳上述意见。参见江必新主编:《〈最高人民法院关于适用〈中华人民共和国刑事诉讼法〉的解释〉理解与适用》,中国法制出版社2013年版,第251页。

制申请人民法院调取证据的情形和范围,也避免因为这一规定给人民法院增加过多的工作量。(3)实践中可能存在公安机关等部门掌握了部分自诉案件证据材料,而当事人无法收集的情形。此种情形属于"当事人因客观原因不能取得证据",可以申请人民法院调取,如果符合相关条件的,人民法院应当依法及时调取。(4)《刑法》第二百四十六条第三款规定,通过信息网络实施侮辱、诽谤行为,"被害人向人民法院告诉,但提供证据确有困难的,人民法院可以要求公安机关提供协助。"《2021年刑诉法解释》第三百二十五条第二款属于照应性规定。通过信息网络实施的侮辱、诽谤行为并非一律属于公诉案件的范畴,除"严重危害社会秩序和国家利益的"外,应当告诉才处理。对于通过信息网络实施的侮辱、诽谤行为,一般应当由自诉人提起自诉。此种情形下,人民检察院提起公诉,人民法院经审查认为没有"严重危害社会秩序和国家利益的",应当依据《2021年刑诉法解释》第二百一十九条的规定,退回人民检察院,同时告知被害人有权提起自诉;已经立案的,应当依据《2021年刑诉法解释》第二百九十五条的规定,裁定终止审理,并告知被害人有权提起自诉。

3. 自诉案件的审理方式。《2021年刑诉法解释》第三百二十七条规定:"自诉案件符合简易程序适用条件的,可以适用简易程序审理。""不适用简易程序审理的自诉案件,参照适用公诉案件第一审普通程序的有关规定。"据此,对于受理的告诉才处理的案件和被告人有证据证明的轻微刑事案件,案件事实清楚、证据确实充分,被告人承认自己所犯罪行,对自诉状指控的犯罪事实没有异议,且对适用简易程序没有异议的,人民法院可以适用简易程序审判。但是,对于被害人有证据证明对被告人侵犯自己人身、财产权利的行为应当依法追究刑事责任,而公安机关或者人民检察院不予追究被告人刑事责任的案件,通常难以符合简易程序的适用条件,不宜适用简易程序审理。

对于自诉案件能否适用速裁程序,存在不同认识。全国人大常委会法工委刑法室在针对修改后刑事诉讼法的理解与适用中指出:"自诉案件由自诉人自行提起,案件没有经过侦查、审查起诉,人民法院在开庭前很难判断证据是否确实、充分。同时,自诉案件自诉人与被告人往往对案件事实等存在较大争议。此外,由于没有检察机关等国家机关主持,也无法在审前提出量刑建议、签署认罪认罚具结书。从这些情况来看,自诉案件是不适合适用速裁程序审理的。"[①]基于此,《2021年刑诉法解释》第三百二十七条未规定自诉案件可以适用速裁程序。

三、自诉案件的调解、和解和撤回自诉

《刑事诉讼法》第二百一十二条第一款规定:"人民法院对自诉案件,可以进行调解;自诉人在宣告判决前,可以同被告人自行和解或者撤回自诉。本法第二百零一十条第三项规定的案件不适用调解。"根据这一规定,《2021年刑诉法解释》第三百二十八条至第三百三十一条作了进一步明确规定。具体而言:

1. 调解。刑事诉讼法第二百一十二条第一款规定"人民法院对自诉案件,可以进行调解"。显而易见,此处规定的"调解"不是一般的刑事附带民事赔偿的调解,而是与刑事定罪量刑的裁判一样,属于自诉案件的结案方式。

根据《2021年刑诉法解释》第三百二十八条的规定,人民法院审理自诉案件,可以在查明事实、分清是非的基础上,根据自愿、合法的原则进行调解。但是,对于被害人有证据证明对被告人侵犯自己人身、财产权利的行为应当依法追究刑事责任,而公安机关或者人民检察院不予追究被告人刑事责任的案件,不适用调解。这类案件原本为公诉案件,且被害人向公安、检察机关报案、控告或者举报,要求依法追究被告人的刑事责任,而有关公安机关或者人民检察院已经作出不予追究被告人刑事责任的书面决定。如果进行调解,不利于查明案件事实,作出正确、公正的处理。因此,对于这类案件不适用调解,而应当依法审判,以维护法律的公正性和严肃性。需要注意的是,自诉案件刑事调解书应当明确"自诉人×××自愿放弃对被告人×××的指控",即自诉案件调

[①] 王爱立、雷建斌主编:《〈中华人民共和国刑事诉讼法〉释解与适用》,人民法院出版社2018年11月版,第418页

解结案的,对被告人不追究刑事责任。

2. 和解。《2012年刑事诉讼法》增设了当事人和解的公诉案件诉讼程序。而对于自诉案件,根据《刑事诉讼法》和《2021年刑诉法解释》的规定,当事人也可以进行和解。自诉案件中,当事人的和解有利于修复被犯罪破坏的社会关系,有利于社会和谐,人民法院应当积极予以鼓励和支持。

《1998年刑诉法解释》虽然未明确规定对于被害人有证据证明对被告人侵犯自己人身、财产权利的行为应当依法追究刑事责任,而公安机关或者人民检察院不予追究被告人刑事责任的案件,不适用和解。但《1998年刑诉法解释》第一百九十七条只是明确规定对告诉才处理和被害人有证据证明的轻微刑事案件,自诉人在宣告判决前可以同被告人自行和解。《2012年刑诉法解释》起草过程中,经研究认为,在2012年刑事诉讼法修改,允许对部分公诉案件进行和解的背景下,仍然将和解限制在告诉才处理和被害人有证据证明的轻微刑事案件,不利于充分发挥和解最大程度化解社会矛盾的功能。因此,《2012年刑诉法解释》第二百七十二条第一款规定"判决宣告前,自诉案件的当事人可以自行和解,自诉人可以撤回自诉",即未再限定案件类型。《2021年刑诉法解释》第三百二十九条第二款予以沿用。这有利于最大限度化解社会矛盾,修复被犯罪破坏的社会关系,维护社会和谐,争取良好的社会效果与法律效果。而且,自诉案件的当事人和解不同于《刑事诉讼法》第五编第二章"当事人和解的公诉案件诉讼程序",不受其关于案件范围等规定的限制。在自诉案件中,包括公诉转自诉案件,双方当事人都可以自行和解,并撤回起诉,只要确属自愿的,法庭应当准许。

顺带提及的是,《2012年刑诉法解释》第二百七十三条规定:"裁定准许撤诉或者当事人自行和解的自诉案件,被告人被采取强制措施的,人民法院应当立即解除。"征求意见过程中,有意见提出,司法实践存在自诉人和解要求撤回自诉,人民法院不予准许的情形。基于此,宜明确法院立即解除强制措施的前置条件,即将"当事人自行和解"限制为当事人和解后撤诉经裁定准许或制作刑事调解书生效。经研究,

《2021年刑诉法解释》部分采纳上述意见,第三百三十条规定:"裁定准许撤诉的自诉案件,被告人被采取强制措施的,人民法院应当立即解除。"主要考虑:司法实践中,对于当事人和解的自诉案件,可以由人民法院视情裁定准许撤回自诉或者出具刑事调解书,此种情形下"立即解除强制措施",自然应当满足裁定准许撤诉或者刑事调解书生效的条件。但是,这并不意味着当事人自行和解的,人民法院就一律裁定准许撤诉或者出具刑事调解书。例如重婚案件,即使自诉人谅解,与被告人达成和解,人民法院仍然可能作出刑事判决。

3. 撤回自诉。提起自诉是自诉人的诉讼权利,自诉人在宣告判决前可以撤回起诉。但是,人民法院对于自诉人撤回自诉,不应当仅仅是消极允许,而应当积极审查,以防止自诉人由于被告人及相关人员强迫、威吓而撤回自诉,确保自诉人撤回自诉的自愿性。因此,《2021年刑诉法解释》第三百二十九条作了相应规定。需要注意的是,与和解相同,根据《2021年刑诉法解释》第三百二十九条的规定,对于所有自诉案件,自诉人在宣告判决前可以撤回起诉。

此外,根据《2021年刑诉法解释》第三百三十一条第一款的规定,自诉人经两次传唤①,无正当理由拒不到庭,或者未经法庭准许中途退庭的,人民法院应当裁定按撤诉处理。② 由于各种原因,自诉人在向人民法院提起自诉后,又改变主意,不再要求人民法院追究被告人刑事责任,或者由于证据方面出现变化,要求追究被告人刑事责任的证据已经不足,便放弃要求人民法院追究被告人的刑事责任。此种情形下,自

---

① 在《2012年刑诉法解释》征求意见过程中,有意见建议将"自诉人经两次依法传唤"的限制条件删除,即自诉人经依法传唤无正当理由不到庭的,即可以按自诉人撤诉处理。经研究认为,关于"自诉人经两次依法传唤"的限制条件的规定是为了更好地维护自诉人的权益,且自诉案件的开庭较之于公诉案件开庭相对容易,现有规定不会耗费过多司法资源,故维持不变,未采纳上述意见。

② 《刑事诉讼法》第二百一十一条第二款规定:"自诉人经两次依法传唤,无正当理由拒不到庭的,或者未经法庭许可中途退庭的,按撤诉处理。"但是,第二百零六条规定"自诉人患有严重疾病,无法出庭,未委托诉讼代理人出庭的",可以中止审理。对于上述两处规定应当综合理解适用,二者之间是相互协调的。审判实践中,对于自诉人患有严重疾病,无法出庭的,也可以由其诉讼代理人代为参加诉讼。如果未委托诉讼代理人的,可以依法决定中止审理,而不宜将其理解为"无正当理由拒不到庭"情形,按照撤诉处理。

诉人未主动撤回自诉,但拒不到庭。此外,实践中还有自诉人未经法庭许可中途退庭的情况发生。对于上述情形,应当按照按自诉人撤诉处理。需要注意的是,部分自诉人撤诉或者被裁定按撤诉处理的,不影响案件的继续审理。

四、自诉案件的中止审理与缺席审判

1. 自诉案件的中止审理。鉴于《2012 年刑事诉讼法》对公诉案件的中止审理情形作了明确规定,《2012 年刑诉法解释》删除了关于中止审理的一般规定,以避免与立法的不必要重复,但第二百七十五条仍然保留了关于自诉案件中止审理的规定,明确:"被告人在自诉案件审判期间下落不明的,人民法院应当裁定中止审理。被告人到案后,应当恢复审理,必要时应当对被告人依法采取强制措施。"实践反映,对于自诉案件被告人在审判期间下落不明的,人民法院一律裁定中止审理并不合适,而且还可能存在应当由法院对被告人决定逮捕的情形。鉴此,《2021 年刑诉法解释》第三百三十二条规定:"被告人在自诉案件审判期间下落不明的,人民法院可以裁定中止审理;符合条件的,可以对被告人依法决定逮捕。"

根据《刑事诉讼法》和《2021 年刑诉法解释》的相关规定,自诉案件适用中止审理主要包括下列情形:(1)被告人下落不明,致使案件在较长时间内无法继续审理的。这里既包括被羁押的被告人脱逃,也包括未被羁押的被告人脱逃,还包括由于其他原因被告人下落不明的。无论何种原因,由于被告人下落不明致使案件在较长时间内无法继续审理的,应当裁定中止审理。当然,对于符合条件的,可以对被告人依法决定逮捕。(2)自诉人患有严重疾病,无法出庭,未委托诉讼代理人出庭。自诉人不到庭的,可以委托诉讼代理人参加诉讼。只有在未委托诉讼代理人出庭的情况下,才可以中止审理。(3)其他不能抗拒的原因。

中止审理的原因消失后,应当恢复审理。由于被告人下落不明而中止审理的,被告人归案后,必要时,应当对被告人依法采取强制措施,以防止由于被告人脱逃致使案件再度无法继续审理。此外,中止审理的期限不计入审理期限。

2. 自诉案件的缺席审判。司法实践反映,可能存在审理过程中(包括第一审和第二审)被告人死亡的情况,对于此种情况应当如何处理,存在不同认识。根据《刑事诉讼法》第二百九十七条的规定,对此种情形应当裁定终止审理;但是,有证据证明被告人无罪,符合缺席审判条件的,可以缺席审判。经缺席审理确认无罪,包括案件事实清楚,证据确实、充分,依据法律认定被告人无罪的,以及证据不足,不能认定被告人有罪的,应当判决宣告无罪。

五、自诉案件的反诉

《刑事诉讼法》第二百一十三条规定:"自诉案件的被告人在诉讼过程中,可以对自诉人提起反诉。反诉适用自诉的规定。"根据这一规定,自诉案件在审理过程中,被告人可以对自诉人提出反诉,即被告人可以针对自诉人起诉其构成犯罪的事实,反诉自诉人侵犯其合法权益的行为构成犯罪,请求人民法院依法追究自诉人的刑事责任。《2021年刑诉法解释》第三百三十四条对反诉的相关问题作了明确规定。具体而言,应当注意以下问题:

1. 可以提起反诉的自诉案件范围。自诉案件包括三种类型,并非所有的自诉案件被告人都可以提起反诉,告诉才处理和被害人有证据证明的轻微刑事案件的被告人或者其法定代理人在诉讼过程中,可以对自诉人提起反诉。对于被害人有证据证明对被告人侵犯自己人身、财产权利的行为应当依法追究刑事责任,而公安机关或者人民检察院不予追究被告人刑事责任的案件,由于此类案件系公诉转自诉案件,原本属于公诉案件的范畴,因此,被告人在诉讼过程中不可以对自诉人提起反诉。此类案件的被告人如果认为自诉人侵犯其合法权益的行为构成犯罪的,应当请求公安机关立案处理,符合自诉条件的,也可以向人民法院单独提出自诉。

2. 对于告诉才处理和被害人有证据证明的轻微刑事案件,反诉必须符合下列条件：(1)反诉的对象必须是本案自诉人。反诉是与自诉相关联的诉讼，针对本案自诉人以外的人无法提起反诉，只能单独提起自诉。(2)反诉的内容必须是与本案有关的行为。如果是就与本案无关的行为提起诉讼，无论是针对本案自诉人，抑或其他主体，均不能提起反诉。(3)反诉的案件必须符合《2021年刑诉法解释》第一条第一项、第二项的规定。

3. 由于反诉案件的事实与自诉案件的事实具有相关性，将二者一并审理，有利于查明案件事实，也有利于提高诉讼效率。因此，《2021年刑诉法解释》第三百三十四条第二款规定："反诉案件适用自诉案件的规定，应当与自诉案件一并审理。"在司法实践中，对于提起反诉的条件、对提起反诉的审查、反诉案件的审理等都适用自诉案件的相关规定。需要注意的是，在自诉案件与反诉案件一并审理的过程中，双方当事人都既是自诉人又是被告人，具有双重身份，在诉讼中具有相同的诉讼地位和诉讼权利。

4. 反诉是一个独立的诉讼，是在自诉案件审理的过程中，被告人就自诉人实施的与本案有关联的犯罪行为，要求人民法院追究其刑事责任的诉讼。因此，反诉以自诉的存在为前提，但是，这并未否定自诉是一个独立的诉讼。因此，《2021年刑诉法解释》第三百三十四条第二款规定："自诉人撤诉的，不影响反诉案件的继续审理。"据此，自诉案件审理过程中，自诉人撤回起诉的，人民法院应当继续审理反诉案件。

六、第二审自诉案件当事人自行和解、申请撤诉的处理

《2012年刑诉法解释》第三百三十三条规定："对第二审自诉案件，必要时可以调解，当事人也可以自行和解。调解结案的，应当制作调解书，第一审判决、裁定视为自动撤销；当事人自行和解的，应当裁定准许撤回自诉，并撤销第一审判决、裁定。"该规定与第一审自诉案件当事人自行和解、申请撤诉的处理规定存在不一致。根据《2021年刑诉法解释》第三百二十九条的规定，第一审判决宣告前，自诉案件的当事人可以自行和解，自诉人可以撤回自诉。人民法院经审查，认为和解、撤

回自诉确属自愿的,应当裁定准许;认为系被强迫、威吓等,并非自愿的,不予准许。经研究认为,对于第二审自诉案件当事人自行和解、申请撤诉的,人民法院也应当进行审查,决定是否准许。基于此,《2021年刑诉法解释》第四百一十一条对《2012年刑诉法解释》第三百三十三条的规定作出修改完善,规定:"对第二审自诉案件,必要时可以调解,当事人也可以自行和解。调解结案的,应当制作调解书,第一审判决、裁定视为自动撤销。当事人自行和解的,依照本解释第三百二十九条的规定处理;裁定准许撤回自诉的,应当撤销第一审判决、裁定。"

七、自诉案件审理过程中自诉人死亡情形的处理

根据司法实践反映的情况,可能存在审理过程中(包括一审和二审)自诉人死亡的情况,对于此种情况应当如何处理,存在不同认识。基于《2021年刑诉法解释》第三百一十七条允许被害人的法定代理人、近亲属代为告诉的精神(《刑法》第九十八条也有类似规定)的考虑,本书主张,此种情况下应当允许自诉人的法定代理人或者近亲属代位行使自诉权。具体而言,自诉人在一审审理过程中死亡,应当通知其法定代理人、近亲属参加诉讼。相关人员不参加诉讼的,人民法院应当裁定按撤诉处理。对于自诉人在二审审理过程中死亡的,则应当根据具体情况作出处理。特别是,对于一审作出有罪判决,二审过程中自诉人死亡,但有证据证明被告人无罪,符合缺席审判条件的,可以缺席审判。经缺席审理确认无罪,包括案件事实清楚,证据确实、充分,依据法律认定被告人无罪的,以及证据不足,不能认定被告人有罪的,应当判决宣告无罪。

第八章 单位犯罪案件的审理程序

1997年《刑法》在总则中设立"单位犯罪"专节,对单位负刑事责任的范围、单位犯罪的处罚原则等问题作出了规定。而且,刑法分则中有不少条文都规定单位可以成为犯罪主体。《1996年刑事诉讼法》修改在前,1997年《刑法》增设单位犯罪在后①,故《1996年刑事诉讼法》没有专门规定单位犯罪案件的审理程序。而且,《2012年刑事诉讼法》和《2018年刑事诉讼法》均未予涉及。可以说,司法实践一定程度上存在单位犯罪案件的审理程序"无法可依"的局面。为了规范单位犯罪案件的审理,《1998年刑诉法解释》和《2012年刑诉法解释》均设立专章,以司法解释的形式对单位犯罪案件的审理程序作出了较为全面的规定,规范了司法实践中单位犯罪案件的审理。《2021年刑诉法解释》第十一章吸收《2012年刑诉法解释》第十一章"单位犯罪案件的审理"的条文,并根据多年来审理单位犯罪案件积累的司法实务经验和遇到的新情况、新问题,作了较大幅度的修改完善。② 针对司法实践反映的情况,本章围绕单位犯罪案件审理程序的有关问题进行探讨。

---

① 当然,此处是指1997年《刑法》关于单位犯罪的系统规定在1996年刑事诉讼法修改之后,但如果就单位犯罪的零散规定而言,附属刑法最早见于1987年的《海关法》,单行刑法最早见于1988年《全国人民代表大会常务委员会关于惩治走私罪的补充规定》和《全国人民代表大会常务委员会关于惩治贪污罪贿赂罪的补充规定》。实际上,在1996年修改刑事诉讼法之时,单行刑法和附属刑法关于单位犯罪的罪名已经达数十个之多。

② 据司法实践反映的问题,《2021年刑诉法解释》第十一章对《2012年刑诉法解释》第十一章"单位犯罪案件的审理"的条文作了修改完善,主要涉及:(1)扩大了被告单位诉讼代表人的确定范围;(2)明确对被告单位采取查封、扣押、冻结等措施应当坚持依法慎用的原则;(3)完善被告单位在特殊状态下的刑事责任承担规则。

一、单位犯罪诉讼代表人的确定

单位的形式为公司、企业、事业单位、机关、团体,不可能像自然人一样参与诉讼,必须借助诉讼代表人参与诉讼活动。因此,被告单位诉讼代表人的确定,成为了单位犯罪审理程序中的关键问题。

(一)单位犯罪诉讼代表人确定的实践与应对

《2012年刑诉法解释》第二百七十九条规定:"被告单位的诉讼代表人,应当是法定代表人或者主要负责人;法定代表人或者主要负责人被指控为单位犯罪直接负责的主管人员或者因客观原因无法出庭的,应当由被告单位委托其他负责人或者职工作为诉讼代表人。但是,有关人员被指控为单位犯罪的其他直接责任人员或者知道案件情况、负有作证义务的除外。"据此,被告单位的诉讼代表人限定在被告单位内部的四类人员:法定代表人、主要负责人、其他负责人以及职工。其他人员不能担任诉讼代表人,由此带来了诉讼代表人确定范围过窄的问题:在单位法定代表人、主要负责人涉案的情况下,单位职工往往"作鸟兽散",且单位职工还可能作为证人,故往往难以找到合适的诉讼代表人。实践中,在被告单位内部无法确定诉讼代表人的现象并非个例。此种情况下,检察机关往往采取两种做法:一是放松审查,确定并不符合条件的人员担任诉讼代表人;二是将本系单位犯罪案件作为自然人犯罪起诉,从而放弃对被告单位的指控,导致犯罪单位有逃脱刑事制裁之虞。

司法实践中,常常因无法确定被告单位诉讼代表人而出现由检察机关撤回案件或者由法院裁定中止审理的困境。这样,一则浪费了司法资源;二则可能使罚金无法通过司法手段落实;三则损害了刑事诉讼法的功能,使涉嫌犯罪的单位因无诉讼代表人的出庭而极易成为"漏网之鱼",会变相鼓励更多涉嫌犯罪的单位拒不选派诉讼代表人出庭。基于此,《2021年刑诉法解释》根据司法实践反映的情况,综合各方意见,对现行被告单位诉讼代表人的确定范围作适度扩展,进一步规范了单位犯罪诉讼代表人的确定程序等,以满足实践所需。

(二)单位犯罪诉讼代表人的确定

1. 被告单位诉讼代表人的范围。《2021年刑诉法解释》第三百三十六条第一款、第二款规定:"被告单位的诉讼代表人,应当是法定代表人、实际控制人或者主要负责人;法定代表人、实际控制人或者主要负责人被指控为单位犯罪直接责任人员或者因客观原因无法出庭的,应当由被告单位委托其他负责人或者职工作为诉讼代表人。但是,有关人员被指控为单位犯罪直接责任人员或者知道案件情况、负有作证义务的除外。""依据前款规定难以确定诉讼代表人的,可以由被告单位委托律师等单位以外的人员作为诉讼代表人。"据此,对被告单位诉讼代表人的确定可以分为两个层次:第一个层次是基本选择,限于被告单位的内部人员,包括被告单位的法定代表人、实际控制人或者主要负责人,以及被告单位的其他负责人或者职工;第二个层次是最后选择,涉及被告单位以外的人员,包括律师在内。

需要提及的是,之所以将诉讼代表人的选定范围扩大至律师,是考虑到单位犯罪案件审理程序中诉讼代表人主要起到的是代表犯罪单位意志、维护其合法权益、保障诉讼正常进行的作用。律师是法律专业人士,其作为被告单位的诉讼代表人受其职业身份及代理关系的双重约束,更能全面深入地保证委托人的合法权益;律师的职业特点,也便于其通过阅卷、调查等方式了解案情,保证案件的公正审理和顺利进行。而且,从境外的情况来看,也有单位聘请律师代表单位诉讼的做法,如美国2018年《联邦刑事诉讼规则》第43条(c)(1)规定"法人可以由全权代理的律师代表出庭"。

2. 被告单位诉讼代表人的确定。根据《2012年刑诉法解释》第二百七十九条、第二百八十条的规定,诉讼代表人原则上应当由被告单位自行委托,但对于没有诉讼代表人参与诉讼(包括没有委托诉讼代表人代表被告单位出庭和所委托的诉讼代表人不符合相关规定)的,由人民检察院确定被告单位的诉讼代表人。

《2021年刑诉法解释》基本沿用上述原则,但在具体操作上做了一些调整。《2012年刑诉法解释》第二百八十条第一款规定:"开庭审理单位犯罪案件,应当通知被告单位的诉讼代表人出庭;没有诉讼代表人参与诉讼的,应当要求人民检察院确定。"经研究认为,如果被告单位没有委托诉讼代表人的,应当根据关于单位犯罪立案审查的规定(《2021年刑诉法解释》第三百三十五条)作出处理,即要求人民检察院补充确定,不应在此处作出规定。考虑到立案审查是形式审查,而此处的审查应当是实质审查,故可能出现确定的诉讼代表人不符合规定的情况(至于诉讼代表人不出庭的情况,通过《2021年刑诉法解释》第三百三十七条第二款予以解决),应对此作相应调整。基于此,《2021年刑诉法解释》第三百三十七条第一款规定:"开庭审理单位犯罪案件,应当通知被告单位的诉讼代表人出庭;诉讼代表人不符合前条规定的,应当要求人民检察院另行确定。"

在明确被告单位可以委托律师等作为诉讼代表人的情况下,无法确定代表人的现象将极少出现。但是,仍然不能排除极端情形下无法确定被告单位诉讼代表人的情况出现。此种情况下,再将涉嫌犯罪的单位列为被告单位,从诉讼程序方面来看,显然不合适。故而,人民检察院无法确定诉讼代表人的,人民法院应当建议其变更起诉,以单位犯罪起诉直接负责的主管人员和其他直接责任人员;人民检察院不变更起诉的,可以裁定终止对被告单位的审理。

3. 诉讼代表人的人数。关于被告单位诉讼代表人的人数,国外立法中有不同规定,如日本刑事诉讼法规定可以为数人,而南斯拉夫法律规定为一人。① 本书认为,为保证单位犯罪案件审理的顺利进行,被告单位的诉讼代表人以一人为宜。

4. 诉讼代表人在法庭中的位置。实际上,在单位犯罪案件的审理中,被告单位的诉讼代表人代表被告单位出庭,其在刑事审判中具有独立的诉讼地位,而且,诉讼代表人只是代表被告单位出庭,其本身并不涉嫌犯罪,故不应将诉讼代表人席与被告人席并列,而应当与辩护人席并列。基于上述考虑,《2021年刑诉法解释》第三百三十八条沿用

---

① 参见孙光焰:《试论单位犯罪刑事诉讼程序的几个问题》,载《政法论坛(中国政法大学学报)》1998年第2期。

《2012年刑诉法解释》第二百八十一条的规定,明确:"被告单位的诉讼代表人享有刑事诉讼法规定的有关被告人的诉讼权利。开庭时,诉讼代表人席位置于审判台前左侧,与辩护人席并列。"

5. 被告单位诉讼代表人的出庭。对于拘传被告单位诉讼代表人的问题,应当区分诉讼代表人的不同身份而决定是否适用。法定代表人和主要负责人负有代表被告单位出庭的法定义务,而其他诉讼代表人的义务程度不如前者。特别是,在单位以外的人员担任诉讼代表人的情况下,强制这些人员出庭就更加不合适。基于上述考虑,《2021年刑诉法解释》第三百三十七条第二款规定应当区分情况处理:(1)诉讼代表人系被告单位的法定代表人、实际控制人或者主要负责人,无正当理由拒不出庭的,可以拘传其到庭;因客观原因无法出庭,或者下落不明的,应当要求人民检察院另行确定诉讼代表人。从实践来看,客观原因可能包括下列情形:诉讼代表人在庭审期间身患严重疾病或者行动极为不便的;诉讼代表人因自然灾害等不可抗力无法代表被告单位出庭的;在庭审中发现诉讼代表人涉嫌所代表单位的犯罪,依法不应继续担任诉讼代表人的;有其他客观原因,确实无法代表被告单位出庭的。(2)诉讼代表人系其他人员,不出庭的,不论是否基于客观原因,也不论是否有正当理由,人民法院均不得拘传其到庭,而应当要求人民检察院另行确定诉讼代表人出庭。

6. 单位犯罪的缺席判决。早在《2012年刑诉法解释》起草和征求意见过程中,即有观点主张建立单位犯罪缺席判决制度,认为人民法院在审判单位犯罪案件时,不以单位委派诉讼代表人参与诉讼为必要程序,对于被告单位放弃诉讼权利,不委托诉讼代表人到庭或者诉讼代表人经依法通知拒不到庭的,人民法院可以在查明案件事实后,对被告单位作出判决。此次刑事诉讼法虽然增设了缺席审判制度,但显然难以适用于单位犯罪。故而,目前,应当根据前述确定被告单位诉讼代表人的原则,妥善确定被告单位诉讼代表人,及时通知被告单位的诉讼代表人出庭,对于拒不出庭的,依照相关规定处理,以保证诉讼代表人在庭审中代表被告单位行使各项诉讼权利,保证庭审活动的顺利进行。

二、单位犯罪案件的辩护人

作为刑事诉讼的主体,被告单位同被告自然人一样,享有包括辩护权在内的广泛诉讼权利。无疑,被告单位既可以由诉讼代表人代为行使辩护权,还可以委托辩护人辩护。《2021年刑诉法解释》作了相应规定。在司法实践中,对于被告单位委托辩护人,需要注意以下几个问题:

(一) 被告单位委托辩护人的问题

关于担任被告单位诉讼代表人的人员、特别是律师,能否兼任被告单位的辩护人,在《2021年刑诉法解释》起草过程中存在不同认识:一种意见认为,兼任可以有效解决司法实践中突出的无法确定单位诉讼代表人的问题,节约诉讼资源;另一种意见认为,兼任可能会造成角色冲突,比如被告单位认罪欲获取从轻处罚,而辩护人根据案件事实证据或辩护策略作无罪辩护,此种情况下明显存在角色冲突,兼任无法同时保障被告单位的意见发表权和辩护人的辩护权。征求意见过程中,多数赞成后一种意见,认为作为被告单位的诉讼代表人同时兼任辩护人的情形存在角色和职责冲突。诉讼代表人与辩护人属不同诉讼角色,承担着不同的诉讼职责。诉讼代表人全权代表本单位的意志,而辩护人主要承担辩护代理职责,履行辩护人义务。将诉讼代表职责与辩护代理职责合二为一,由辩护人担任诉讼代表人,容易引发社会公众质疑,影响司法公信力。基于此,《2021年刑诉法解释》第三百三十六条第三款专设规定,明确"诉讼代表人不得同时担任被告单位或者被指控为单位犯罪直接责任人员的有关人员的辩护人"。

此外,关于被告单位和被指控的单位直接负责的主管人员、其他直接责任人员能否委托同一名辩护人,存在不同的认识[1]:有观点主张,在刑事诉讼中,只需作为犯罪主体的犯罪单位以单位名义为直接

---

[1] 参见白山云:《单位犯罪案件审理程序中存在的问题及探讨》,载《法律适用(国家法官学院学报)》2001年第1期。

负责的主管人员或者其他直接责任人员委托律师,辩护人即可达到维护两个诉讼主体合法权益的目的,而无需两个主体分别委托;也有观点主张,被告人的辩护人应当由被告人或家属委托或法院指定,被告单位的辩护人一般由被告单位委托,单位犯罪直接负责的主管人员或者其他直接责任人员的辩护人和被告单位的辩护人不能是同一人。

本书赞同后一种观点,主要考虑:(1)单位犯罪直接负责的主管人员和其他直接责任人员,与被告单位在刑事诉讼中充当着不同的角色,委托同一名辩护人行使辩护权,会造成角色的混乱,不利于刑事诉讼的有序进行。(2)单位犯罪直接负责的主管人员和其他直接责任人员,与被告单位在刑事责任的承担上具有一定的"此消彼长",由同一名辩护人同时行使辩护权,势必存在"利益冲突",不利于维护两个主体的合法权益,也会影响到案件的公正审理。(3)《2021年刑诉法解释》第四十三条第二款规定:"一名辩护人不得为两名以上的同案被告人,或者未同案处理但犯罪事实存在关联的被告人辩护。"根据这一规定,对于被告单位和被指控的单位直接负责的主管人员、其他直接责任人员委托同一名辩护人的情形,自然应当不允许。

(二)被告单位法律援助的问题

关于被告单位是否享有法律援助待遇,在《2021年刑诉法解释》起草过程中存在不同看法:一种观点认为,被告单位作为拟制的法人,在获得辩护权方面应当和作为自然人的被告人同等对待,既然被告人享有获取法律援助的待遇,被告单位也应当享有。而从现实情况来看,被告单位也并不一定都有能力聘请律师为其辩护,对于获取法律援助也有现实的需求。另一种观点认为,法律援助制度设立的初衷,是维护经济困难公民和特殊案件当事人合法权益,受援对象仅限于自然人,这也是国际通行做法。同时,考虑到法律援助工作面临的经费保障不足、工作力量短缺等现状,将受援对象扩展至法人、单位,缺乏理论依据及实践基础。经研究,鉴于对被告单位是否享有法律援助待遇,尚存在不同认识,且司法实践中也做法不一①,故《2021年刑诉法解释》未对这一问题作明确规定。

三、未作为单位犯罪起诉的单位犯罪案件的处理

司法实践中存在的现象是,检察机关在起诉书中未将涉案单位列为被告单位,而只将自然人列为被告人。对此,可能有两种情形:一种情形是检察机关和人民法院对某些案件是单位犯罪还是自然人犯罪存在不同认识,即对于某些应当认定为单位犯罪的案件,检察机关只作为自然人犯罪起诉;另一种情形是检察机关和人民法院对某些案件是单位犯罪未产生不同认识,但检察机关基于各种考虑未将涉案单位列为被告单位,而只起诉了自然人。② 对此,《2021年刑诉法解释》第三百四十条基本沿用《2012年刑诉法解释》第二百八十三条的规定,明确:"对应当认定为单位犯罪的案件,人民检察院只作为自然人犯罪起诉的,人民法院应当建议人民检察院对犯罪单位追加起诉。人民检察院仍以自然人犯罪起诉的,人民法院应当依法审理,按照单位犯罪直接负责的主管人员或者其他直接责任人员追究刑事责任,并援引刑法分则关于追究单位犯罪中直接负责的主管人员和其他直接责任人员刑事责任的条款。"需要注意的是,根据"不告不理"的刑事诉讼原理,如果经建议检察机关仍未对犯罪单位追加起诉的,人民法院只能按单位犯罪中的直接负责的主管人员和其他直接责任人员追究被起诉的自然人的刑

---

① 个别地方曾通过规范性文件将被告单位纳入了法律援助的范围,但后来又因故专门通知不再为被告单位指派法律援助律师提供辩护。

② 例如,对于李某某走私案,某检察院起诉指控的是自然人犯罪。一审法院经审理认为,李某某等人是以单位名义,为单位利益实施的犯罪,且李某某是单位的主要负责人,可以代表单位作出决策,故对李某某等人按单位负责的主管人员和直接责任人员判处刑罚。一审判决后,检察机关认为一审判决未对李某某所在的单位判处罚金,以适用法律不当为理由提出抗诉。二审法院经审理认为,认定单位犯罪,判处单位罚金,前提是公机关要起诉单位。在公诉机关没有起诉单位为被告构成犯罪的情况下,法院无法认定单位犯罪,判处单位的罚金,故维持了原判。参见白山云:《单位犯罪案件审理程序中存在的问题及探讨》,载《法律适用(国家法官学院学报)》2001年第1期。显而易见,本案系单位犯罪,对此检察机关并不存在不同认识,但并未将犯罪单位列为被告单位。

事责任,不能在判决结果中认定单位构成犯罪并判处罚金。①

四、审判期间被告单位终结的处理

《2012年刑诉法解释》第二百八十六条规定:"审判期间,被告单位被撤销、注销、吊销营业执照或者宣告破产的,对单位犯罪直接负责的主管人员和其他直接责任人员应当继续审理。"经研究认为,上述规定不尽合理,只有在犯罪主体消亡的情况下,才不再继续追究刑事责任。被告单位被撤销、注销的情况下,可以认为是被告单位主体消亡,此时对单位不再追究,而直接追究单位犯罪直接负责的主管人员和其他直接责任人员的责任,是合适的。但是,在被告单位只是被吊销营业执照或者宣告破产但未完成清算、注销登记的情况下,被告单位这一责任主体还是存在的,并未消亡,其可以承担民事责任,同理也可以承担刑事责任,故此时应当对案件继续审理,并对被告单位作出刑事判决。基于此,《2021年刑诉法解释》第三百四十四条对被告单位在特殊状态下的刑事责任承担问题,区分单位被"撤销、注销"和"吊销营业执照、宣告破产"的情形分别确立不同的处理规则,规定:"审判期间,被告单位被吊销营业执照、宣告破产但尚未完成清算、注销登记的,应当继续审理;被告单位被撤销、注销的,对单位犯罪直接负责的主管人员和其他直接责任人员应当继续审理。"

需要提及的是,对于进入破产程序的被告单位是否应当继续审理存在不同认识,一种意见认为其主体资格未消亡,应当继续审理。特别

---

① 例如,1997年《刑法》施行后,某地法院对4起公诉机关没有起诉单位的案件,判处单位犯构成涉税犯罪并处以罚金的案件。参见白山云:《单位犯罪案件审理程序中存在的问题及探讨》,载《法律适用(国家法官学院学报)》2001年第1期。这种处理方式有违"不告不理"的刑事诉讼原理,也剥夺了被告单位的辩护权等诉讼权利,不符合现代刑事诉讼的基本要求,既不合法,也不合理。

当然,被害人或者被害单位认为单位构成犯罪,侵犯其人身权利、财产权利的,可以向上一级人民检察院申诉,请求将犯罪单位列为被告单位,对于人民检察院维持不将犯罪单位列为被告单位决定的,被害人或者被害单位可以向人民法院提起自诉。被害人或者被害单位也可以不经申诉,直接向人民法院起诉。只要被害人或者被害单位有证据证明被告单位构成犯罪应当追究刑事责任,符合自诉案件的受理条件的,人民法院应当受理,必要时,可以同人民检察院对自然人提起公诉的案件一并审理。

是,刑事案件退赔义务的顺位优先于一般民事债务。在清算过程中,如果单位仍然有财产,一般应当先用于履行退赔义务,再履行一般民事债务,故不宜终止审理。另一种意见认为,"资不抵债"是单位进入破产程序的前提条件,在此情况下,如果继续审理并对被告单位判处罚金,从可预期的角度完全属于不能执行的空判,因此建议对于进入破产程序但尚未清算完毕的被告单位终止审理。《2021年刑诉法解释》第三百四十四条采纳前一种意见。如前所述,在被告单位宣告破产但未完成清算、注销登记的情况下,被告单位这一责任主体还是存在的,并未消亡,其可以承担民事责任,同理也可以承担刑事责任,故此时应当对案件继续审理,并对被告单位作出刑事判决。

实践反映,存在被告单位为逃避罚金等而恶意注销的情形,《2021年刑诉法解释》第三百四十四条原本拟明确规定对于恶意注销的,案件应当继续审理。征求意见过程中,有意见提出,这一规定的出发点值得肯定,有利于打击恶意逃避单位责任的行为,但是如何认定恶意注销,以及单位注销的情况下,如何追究单位责任,被告单位如何列席,以及判处的罚金如何执行,均存在操作困难。经研究,未再作明确规定。主要考虑:其一,进入审判程序后被告单位被恶意注销的情况应当较为罕见,受案法院可以监督制约。其二,追究被告单位刑事责任的唯一方式是判处罚金。对于被告单位基于逃避罚金等动机恶意注销的,法定代表人、实际控制人、主要负责人往往都会实际获益。而上述人员会作为被告单位的主管人员或者直接负责的责任人员被追究刑事责任,在被告单位被恶意注销的情况下,可以通过对上述人员多判处罚金的方式予以弥补,且对于被告单位的违法所得也可以继续追缴,不会造成处罚的漏洞。

此外,针对审判期间被告单位合并、分立的处理,《2021年刑诉法解释》第三百四十五条规定:"审判期间,被告单位合并、分立的,应当将原单位列为被告单位,并注明合并、分立情况。对被告单位所判处的罚金以其在新单位的财产及收益为限。"征求意见过程中,有意见建议在"被告单位合并、分立的"后增加"名称发生变化等情况的"。经研究认为,该条主要解决的是被告单位合并、分立的情况。对被告单位更名情形的处理,实践处理中没有争议。例如,被告单位甲在审判期间更名为乙的,可以考虑列被告单位"甲(乙)"。

五、单位犯罪案件审理程序的其他问题

《2021年刑诉法解释》关于单位犯罪审理程序的规定仍然有限,审理单位犯罪案件还需要参照适用司法解释的其他规定。① 审判实践中,以下几个问题值得注意:

(一)单位犯罪案件的立案审查

《2021年刑诉法解释》第三百三十五条规定:"人民法院受理单位犯罪案件,除依照本解释第二百一十八条的有关规定进行审查外,还应当审查起诉书是否列明被告单位的名称、住所地、联系方式,法定代表人、实际控制人、主要负责人以及代表被告单位出庭的诉讼代表人的姓名、职务、联系方式。需要人民检察院补充材料的,应当通知人民检察院在三日以内补送。"

人民法院对提起公诉的案件进行审查后,应当根据不同情况分别处理:(1)对于起诉书中有明确的指控犯罪事实,并将案卷材料、证据移送人民法院的,应当决定开庭审判;(2)对于不属于本院管辖的,应当退回人民检察院;(3)需要补送材料的,应当通知人民检察院在三日以内补送;(4)对于根据《刑事诉讼法》第二百条第三项规定宣告被告单位无罪,人民检察院依据新的事实、证据材料重新起诉的,应当依法受理;(5)对于在宣告判决前,人民法院裁定准许人民检察院撤回起诉的案件,没有新的事实、证据,人民检察院重新起诉的,应当退回人民检察院;(6)对于符合《刑事诉讼法》第十六条第二项至第六项规定情形的,应当裁定终止审理或者退回人民检察院。

此外,还需要注意的是:(1)对外国公司、企业、事业单位列为被告

---

① 《2021年刑诉法解释》第三百四十六条规定:"审理单位犯罪案件,本章没有规定的,参照适用本解释的有关规定。"

单位的问题。根据《最高人民法院研究室关于外国公司、企业、事业单位在我国领域内犯罪如何适用法律问题的答复》(法研〔2003〕153号)的规定,符合我国法人资格条件的外国公司、企业、事业单位,在我国领域内实施危害社会的行为,依照我国《刑法》构成犯罪的,应当依照我国《刑法》关于单位犯罪的规定追究刑事责任。因此,外国公司、企业、事业单位构成单位犯罪的,对外国公司、企业、事业单位应当列为被告单位。(2)人民法院对单位犯罪案件的审查期限,参照自然人犯罪案件的有关规定执行,即应当在七日以内审查完毕,审查的期间应当计入审理期限。(3)在立案审查阶段,人民法院对单位犯罪案件的审理,不是实体审查,而是程序审查。按照现行法律规定,人民法院对于人民检察院提起公诉的单位犯罪案件,没有驳回起诉的权力,即没有不立案受理的权力,所以,只要起诉书中有明确的指控犯罪事实,案卷材料、证据移送齐全的,就应当决定开庭审判。

(二)单位犯罪案件的庭前会议

根据《刑事诉讼法》第一百八十七条第二款的规定,在开庭以前,审判人员可以召集公诉人、当事人和辩护人、诉讼代理人,对回避、出庭证人名单、非法证据排除等与审判相关的问题,了解情况,听取意见。庭前会议制度同样适用于单位犯罪案件,审理单位犯罪案件可以根据具体情况,由审判人员主持召开庭前会议,就案件的程序性争议问题集中听取意见,以确定庭审重点,保证庭审集中,提高庭审效率。

(三)单位犯罪案件适用简易程序的问题

对于单位犯罪案件能否适用简易程序,存在不同认识。有论者认为,单位犯罪的案件体现的是单位意志的犯罪,认定起来比自然人犯罪难度要大,同时要实行双罚制,不宜适用简易程序审理,应适用普通程序审理,以保证案件的质量。① 本书认为,对于单位犯罪案件能否适用简易程序审理,不能绝对予以否定。一方面,对于基层人民法院管辖的

---

① 参见白山云:《单位犯罪案件审理程序中存在的问题及探讨》,载《法律适用(国家法官学院学报)》2001年第1期。

事实清楚、证据确实充分的单位犯罪案件,被告单位(由诉讼代表人代表)和直接负责的主管人员及其他直接责任人员均承认所犯罪行,对指控的犯罪事实没有异议,且同意适用简易程序的,完全可以适用简易程序。另一方面,对于符合简易程序适用条件的案件选择是否适用简易程序,是被告单位和直接负责的主管人员及其他直接责任人员的权利,且选择简易程序其能够获得迅速完成审判程序的益处,甚至能够获得酌情从轻处罚的好处,故排除简易程序的适用对其也不利。因此,对于单位犯罪案件能否适用简易程序审理,不能一概而论,应当根据案件具体情况予以判断。

第九章　第二审程序

《刑事诉讼法修改决定》未涉及第二审程序问题。《2021年刑诉法解释》第十五章沿用《2012年刑诉法解释》第十三章"第二审程序"的条文,并根据司法实践反映的问题作了修改完善,主要涉及:(1)明确规定对准许撤回起诉、终止审理等裁定可以上诉;(2)对上诉期满要求撤回上诉和抗诉期满要求撤回抗诉的处理规则作出调整;(3)细化上诉不加刑原则的司法适用;(4)明确死缓案件二审应当开庭审理;(5)设立二审案件的部分发回重审规则;(6)明确终审的判决和裁定发生法律效力的时间。针对司法实践反映的情况,本章围绕第二审程序的有关问题进行探讨。

一、关于对准许撤回起诉、终止审理等裁定可以上诉的问题

《刑事诉讼法》第二百二十七条第一款规定:"被告人、自诉人和他们的法定代理人,不服地方各级人民法院第一审的判决、裁定,有权用书状或者口头向上一级人民法院上诉。被告人的辩护人和近亲属,经被告人同意,可以提出上诉。"司法实践中,对哪些裁定可以提出上诉,存在不同认识。经研究认为,准许撤回起诉、终止审理等裁定可能对被告人的实体权益造成影响,应当允许上诉。鉴此,《2021年刑诉法解释》第三百七十八条第一款规定:"地方各级人民法院在宣告第一审判决、裁定时,应当告知被告人、自诉人及其法定代理人不服判决和准许撤回起诉、终止审理等裁定的,有权在法定期限内以书面或者口头形式,通过本院或者直接向上一级人民法院提出上诉;被告人的辩护人、近亲属经被告人同意,也可以提出上诉;附带民事诉讼当事人及其法定代理人,可以对判决、裁定中的附带民事部分提出上诉。"

二、关于上诉期满要求撤回上诉的处理规则

《2012年刑诉法解释》第三百零五条第一款规定:"上诉人在上诉期满后要求撤回上诉的,第二审人民法院应当审查。经审查,认为原判认定事实和适用法律正确,量刑适当的,应当裁定准许撤回上诉;认为原判事实不清、证据不足或者将无罪判为有罪、轻罪重判等的,应当不予准许,继续按照上诉案件审理。"《2021年刑诉法解释》吸收上述规定,并作适当调整。考虑到基于上诉不加刑原则的限制,此种情形下,二审不会对上诉人的权益造成影响,故《2021年刑诉法解释》第三百八十三条第二款规定:"上诉人在上诉期满后要求撤回上诉的,第二审人民法院经审查,认为原判认定事实和适用法律正确,量刑适当的,应当裁定准许;认为原判确有错误的,应当不予准许,继续按照上诉案件审理。"

需要注意的是,《2021年刑诉法解释》第三百八十三条第二款规定,上诉人在上诉期满后要求撤回上诉,第二审人民法院经审查"认为原判确有错误的,应当不予准许"。讨论中,有意见建议明确"应当不予准许"是裁定还是决定,是否采用书面形式。经研究认为,实践中可以裁量处理:一般可以出具书面裁定,也可以继续开庭,而后在裁判书中一并作出说明。

此外,实践反映,上诉人经人民法院传唤拒不到庭甚至脱逃,是逃避法律制裁,主动放弃二审机会。此种情形实际等同于要求撤回上诉,故应当按照上诉人要求撤回上诉处理,即区分在上诉期限内和上诉期满后两种情形,作相应处理。征求意见过程中,有反对意见提出,对于第二审程序中上诉人不到庭甚至脱逃的情形,根据《刑事诉讼法》第二百四十二条、第二百零六条的规定,人民法院可以依法中止审理。虽然民事诉讼中有类似不到庭视为撤诉的规定,但刑事诉讼不同于民事诉讼。视为撤回上诉,既不利于保护当事人的诉讼权利,也不一定能解决诉讼效率的问题。例如,法院审理后初步认为原判事实不清、证据不足或者将无罪判为有罪、轻罪重判等的,即使上诉人无故不到庭,仍然

需要进行审理。① 经研究认为,所涉问题在司法实践中客观存在,应当予以解决。随着非羁押性强制措施的广泛适用,诉讼过程中被告人不到庭的情形有增多的趋势,经传唤拒不到庭是其主动放弃二审,应当采取措施防止案件久拖不决。但反对意见也确有道理,应当充分保障上诉人的实体权利和程序权利,特别是防止判决事实不清、证据不足或者将无罪判为有罪、轻罪重判的情况发生。基于此,未再作出明确规定,交由司法实践裁量把握。根据具体情况,对于被告人无法到案的,可以中止审理,必要时商公安机关对被告人上网追逃,这样处理有利于案件最终审结。

三、关于抗诉期满要求撤回抗诉的处理规则

《2012年刑诉法解释》第三百零七条规定:"人民检察院在抗诉期限内撤回抗诉的,第一审人民法院不再向上一级人民法院移送案件;在抗诉期满后第二审人民法院宣告裁判前撤回抗诉的,第二审人民法院可以裁定准许,并通知第一审人民法院和当事人。"考虑到对抗诉案件的二审继续审理可以加重被告人刑罚,《2021年刑诉法解释》第三百八十五条第一款、第二款明确规定人民检察院在抗诉期满后要求撤回抗诉的,只有"认为原判存在将无罪判为有罪、轻罪重判等情形的",才不予准许,规定:"人民检察院在抗诉期限内要求撤回抗诉的,人民法院应当准许。人民检察院在抗诉期满后要求撤回抗诉的,第二审人民法院可以裁定准许,但是认为原判存在将无罪判为有罪、轻罪重判等情形的,应当不予准许,继续审理。"

需要注意的是,"继续审理"是指继续按照抗诉案件开庭审理。此种案件本由抗诉启动,虽已提出撤回抗诉但人民法院因故不予准许,这属于诉讼程序上的重大事项,并且在实体上也可能发生重大变化(原判有罪改判无罪,或原审重判改为轻判),因此应当一律开庭审理。

---

① 此外,有意见建议进一步明确如下问题:一是视为撤诉的,准许方式是什么,如何裁定以及审查处理?此种情况,不属于缺席判决的情形,不能参照缺席判决审理。二是无正当理由的要件规定,如何理解?三是对于被告人脱逃的,即使视为撤诉,文书送达以及被告人送交执行都会存在问题。

征求意见过程中,有意见提出,司法实践中,已遇到原公诉机关对第一审判决抗诉,上级人民检察院不支持抗诉,要求撤回抗诉,但第二审人民法院认为抗诉成立,不准许撤回抗诉的案件。建议明确此种情形应如何处理。经研究认为,人民检察院要求撤回抗诉的,人民法院应当进行审查,自然就包括裁定不准许撤诉的情形。此种情形下,二审应当继续进行。当然,司法实践中可能还会遇到检察机关不派员出庭等问题,对此宜协调解决。基于上述考虑,《2021年刑诉法解释》第三百八十五条第三款专门明确了上级人民检察院认为下级人民检察院抗诉不当,向第二审人民法院要求撤回抗诉的处理规则,规定:"上级人民检察院认为下级人民检察院抗诉不当,向第二审人民法院要求撤回抗诉的,适用前两款规定。"

四、关于二审开庭范围问题

《2021年刑诉法解释》第三百九十三条对《2012年刑诉法解释》第三百一十七条的规定作出修改完善,规定:"下列案件,根据刑事诉讼法第二百三十四条的规定,应当开庭审理:(一)被告人、自诉人及其法定代理人对第一审认定的事实、证据提出异议,可能影响定罪量刑的上诉案件;(二)被告人被判处死刑的上诉案件;(三)人民检察院抗诉的案件;(四)应当开庭审理的其他案件。""被判处死刑的被告人没有上诉,同案的其他被告人上诉的案件,第二审人民法院应当开庭审理。"需要特别注意的是死刑缓期二年执行第二审案件开庭问题。死刑案件,人命关天,必须适用最为严格、审慎的审理程序。刑事诉讼法明确规定,被告人被判处死刑的上诉案件,人民法院应当组成合议庭开庭审理。死刑缓期二年执行案件也属于死刑案件。为严格落实刑事诉讼法的规定,要求死刑缓期二年执行第二审案件一律开庭审理。

五、关于上诉不加刑原则的把握

《2021年刑诉法解释》第四百零一条规定:"审理被告人或者其法定代理人、辩护人、近亲属提出上诉的案件,不得对被告人的刑罚作出实质不利的改判,并应当执行下列规定:(一)同案审理的案件,只有部分被告人上诉的,既不得加重上诉人的刑罚,也不得加重其他同案被告人的刑罚;(二)原判认定的罪名不当的,可以改变罪名,但不得加重刑罚或者对刑罚执行产生不利影响;(三)原判认定的罪数不当的,可以改变罪数,并调整刑罚,但不得加重决定执行的刑罚或者对刑罚执行产生不利影响;(四)原判对被告人宣告缓刑的,不得撤销缓刑或者延长缓刑考验期;(五)原判没有宣告职业禁止、禁止令的,不得增加宣告;原判宣告职业禁止、禁止令的,不得增加内容、延长期限;(六)原判对被告人判处死刑缓期执行没有限制减刑、决定终身监禁的,不得限制减刑、决定终身监禁;(七)原判判处的刑罚不当、应当适用附加刑而没有适用的,不得直接加重刑罚、适用附加刑。原判判处的刑罚畸轻,必须依法改判的,应当在第二审判决、裁定生效后,依照审判监督程序重新审判。""人民检察院抗诉或者自诉人上诉的案件,不受前款规定的限制。"该条第一款所列情形只是提示规则,并未囊括司法实践的所有情形,仅针对当前反映比较突出的问题作了相应规定。主要考虑如下:

1. 关于第二项。《刑法》第八十一条第二款规定:"对累犯以及因故意杀人、强奸、抢劫、绑架、放火、爆炸、投放危险物质或者有组织的暴力性犯罪被判处十年以上有期徒刑、无期徒刑的犯罪分子,不得假释。"据此,实践中可能存在二审改变一审认定的罪名,并未加重刑罚,但对刑罚执行产生不利影响的情形。例如,二审将一审认定的盗窃罪改判为抢劫罪,仍维持十二年有期徒刑的刑罚,但对二审改判的罪名不得假释,因此对被告人产生不利影响。基于此,第二项专门增加了不得"对刑罚执行产生不利影响"的限制。

2. 关于第三项。(1)《2012年刑诉法解释》第三百二十五条第一款第三项规定:"原判对被告人实行数罪并罚的,不得加重决定执行的刑罚,也不得加重数罪中某罪的刑罚"。经研究认为,这一规则过于绝对和繁琐,不利于司法实践操作,宜作出调整。例如,一审认定两个罪名,分别判处五年和三年有期徒刑,数罪并罚决定执行七年有期徒刑,按照原有规则,既不能加重总和刑期,也不能加重数罪中某罪的刑期。经研究认为,上诉不加刑是指不能使上诉人招致不利的刑罚,偏重于决定执行的刑罚。因此,此种情况下,在决定执行的刑罚不变和对刑法执行不产生不利影响的情况下①,应当允许加重数罪中某罪的刑罚。基于此,作出相应调整。(2)实践中,还存在两种实质上对上诉人有利的调整罪数的情形:①原判对被告人判处一罪的,不得改判为数罪;但是,在认定的犯罪事实不变的情况下,改判数罪后决定执行的刑罚低于原判刑罚的,可以改判为数罪;②原判对被告人实行数罪并罚的,在认定的犯罪事实不变的情况下,改判为一罪的,在对刑罚执行无不利影响的情况下,可以在不超过原判决定执行刑罚的情况下加重其中某一罪的刑罚。对此,《最高人民法院研究室关于上诉不加刑原则具体运用有关问题的答复》(法研〔2014〕6号)规定:"对于原判数罪并罚的上诉案件,在不超过原判决定执行的刑罚,且对刑罚执行也无不利影响的情况下,可以将其中两个或者两个以上的罪名改判为一罪并加重该罪的刑罚。"例如,一审认定被告人犯盗窃罪,判处有期徒刑五年,犯抢劫罪,判处有期徒刑五年,数罪并罚,决定执行有期徒刑八年。二审认定的犯罪事实与一审相同,但是对行为性质的评价发生变化,认为抢劫相关事实应当评价为盗窃。此种情形下,改判盗窃一罪,可以在五年以上八年以下的幅度内裁量刑罚。同为八年有期徒刑,如果是因为数罪被判处的,较之一罪被判处的,在减刑、假释时对被告人更为不利。故而,上述改判不违反上诉不加刑原则。基于上述考虑,形成第三项"原判认定的罪数不当的,可以改变罪数,并调整刑罚,但不得加重决定执行的刑罚或者对刑罚执行产生不利影响"的规定。

3. 关于第四项。讨论中,有意见提出,第四项规定"原判对被告人宣告缓刑的,不得撤销缓刑",但实践中可能存在二审期间被告人不认

---

① 《最高人民法院关于办理减刑、假释案件具体应用法律的规定》(法释〔2016〕23号)第七条第二款规定:"对被判处十年以上有期徒刑的前款罪犯,以及因故意杀人、强奸、抢劫、绑架、放火、爆炸、投放危险物质或者有组织的暴力性犯罪被判处十年以上有期徒刑的罪犯,数罪并罚其中两罪以上被判处十年以上有期徒刑的罪犯,执行二年以上方可减刑,减刑幅度应当比照本规定第六条从严掌握,一次减刑不超过一年有期徒刑,两次减刑之间应当间隔一年六个月以上。"可见,数罪并罚可能会对刑罚执行产生不利影响。

罪等不符合缓刑适用条件的情形。此种情况下如继续适用缓刑，可能危害社会。经研究认为，目前仍只能严格执行这一规定，确有必要的，通过审判监督程序予以纠正。

4. 关于第七项。(1)讨论中，有意见提出，原判事实清楚，证据确实、充分，但适用法律错误的，如认定自首有误、应当剥夺政治权利而未剥夺政治权利等，如何处理，建议作出明确规定。经研究认为，上述情形或者属于因法律适用错误导致刑罚畸轻或者没有适用附加刑，根据上诉不加刑原则，只能予以维持。需要注意的是，就司法操作而言，二审应当在裁判文书中写明一审判决存在的适用法律错误，从而导致判处的刑罚畸轻、应当适用附加刑而没有适用的结果，但是，根据上诉不加刑原则的规定，维持一审判处的刑罚不变。(2)讨论中，对于第七项的处理规则本身也存在异议，有意见认为，此种情形下，二审维持原判是根据上诉不加刑原则作出的裁定，依据刑事诉讼法的规定，并无错误。而根据刑事诉讼法关于审判监督程序的规定，针对生效判决、裁定的再审限于"确有错误"的情形。上述情形明显不符合这一规定，依法也不得启动审判监督程序。基于实事求是的考虑，第七项作了微调，将依法通过审判监督程序进行改判限定为"原判判处的刑罚畸轻，必须依法改判的"情形，对于原判刑罚不当，但尚未达到畸轻程度的，如漏判附加剥夺政治权利，对本应在"三年以上七年以下有期徒刑"的幅度内判处三年六个月有期徒刑的案件判处二年六个月有期徒刑的，基于裁判稳定的考虑，一般不再启动审判监督程序。

5. 征求意见过程中，有意见提出，实践中有几种情况建议明确：对于改变罪数后，附加刑必须改变的情形如何处理？例如，一审认定被告人构成数罪，判处附加刑罚金五万元，二审改判为一罪，但附加刑规定为"并处没收财产"。此种情况下，罚金五万元改为没收财产五万元是否可以？经研究认为，所涉问题较为复杂，不宜一概而论，宜坚持实质判断的原则。如果在主刑方面给予较大幅度的减轻，则适当增加附加刑应当是允许的；但是，在主刑维持不变的情况下，原则上不宜加重附加刑，通常也不宜将罚金调整为没收财产，更不应作出主刑稍微减轻、附加刑大幅加重,对被告人实质明显不利的调整。

六、关于对上诉发回重审案件的处理

《刑事诉讼法》第二百三十七条第一款规定:"第二审人民法院发回原审人民法院重新审判的案件,除有新的犯罪事实,人民检察院补充起诉的以外,原审人民法院也不得加重被告人的刑罚。"从字面意义上理解,"新的犯罪事实"有两个含义:一是新的犯罪的事实,即已经起诉的犯罪以外的犯罪的事实;二是原起诉事实范围内的新事实。经研究认为,只有前一种新的犯罪事实,经补充起诉后才可以加重刑罚。基于此,《2021年刑诉法解释》第四百零三条第一款规定:"被告人或者其法定代理人、辩护人、近亲属提出上诉,人民检察院未提出抗诉的案件,第二审人民法院发回重新审判后,除有新的犯罪事实且人民检察院补充起诉的以外,原审人民法院不得加重被告人的刑罚。"该款将"除有新的犯罪事实,人民检察院补充起诉的以外"调整为"除有新的犯罪事实,且人民检察院补充起诉的以外",旨在提醒司法实践中侧重根据人民检察院是否补充起诉来对是否系"新的犯罪事实"作出判断。

《2021年刑诉法解释》第四百零三条第二款结合《最高人民法院研究室关于上诉发回重审案件重审判决后确需改判的应当通过何种程序进行的答复》(法研〔2014〕26号)对《2012年刑诉法解释》第三百二十七条的规定作出修改完善,规定:对前款规定的案件,原审人民法院对上诉发回重新审判的案件依法作出判决后,人民检察院抗诉的,第二审人民法院不得改判为重于原审人民法院第一次判处的刑罚。"征求意见过程中,有意见建议删去该款。理由是:该款与《刑事诉讼法》第二百三十七条关于"人民检察院提出抗诉或者自诉人提出上诉"不受上诉不加刑原则限制的规定明显冲突。经研究,未采纳上述意见。主要考虑:《刑事诉讼法》第二百三十七条规定的"提出抗诉"明显是指在原审程序中提出抗诉,而非在重审程序中提出抗诉。否则,《刑事诉讼法》第二百三十七条第一款的规定就将失去实际意义,很不合理:对发回重审的案件,如未发现被告人有新的犯罪事实,人民检察院未补充起诉,原审法院不得加重刑罚,但宣判后人民检察院抗诉的,二审法院即可加重,那么原审法院不得加重刑罚的规定还有何意义?何不由原审法院直接改判加重?

需要注意的是,对于被告人上诉、人民检察院未提出抗诉的案件,发回重审后人民检察院没有补充起诉新的犯罪事实的,原审人民法院作出的判决,相比原判减轻刑罚和减少罪名的,人民检察院可以提出抗诉。二审法院经审理认为人民检察院抗诉成立的,可以在原判刑罚和罪名范围内改判加重刑罚和增加罪名。例如,对于原判以盗窃罪、故意伤害罪判处七年有期徒刑的案件,被告人上诉、人民检察院未提出抗诉,发回重审后人民检察院没有补充起诉新的犯罪事实的,原审人民法院以故意伤害罪判处被告人有期徒刑三年,对盗窃罪未予认定。此种情形下,检察机关抗诉,二审法院经审查认定抗诉成立的,可以对被告人加重刑罚、增加罪名,但不得超过原判"以盗窃罪、故意伤害罪判处七年有期徒刑",另行增加其他罪名和判处更高的刑罚。

七、关于二审案件部分发回的规则

根据《刑事诉讼法》第二百三十六条的规定,第二审人民法院认为第一审判决事实不清、证据不足的,可以在查清事实后改判,也可以裁定撤销原判,发回原审人民法院重新审判。但是,对于涉及多名被告人的案件,如涉黑案件中的从犯,在二审时发现还有一个其单独实施的轻微犯罪,第二审人民法院将全案发回重审,费时费力。基于节约司法资源,保障审判顺利推进的考虑,《2021年刑诉法解释》第四百零四条第二款规定:"有多名被告人的案件,部分被告人的犯罪事实不清、证据不足或者有新的犯罪事实需要追诉,且有关犯罪与其他同案被告人没有关联的,第二审人民法院根据案件情况,可以对该部分被告人分案处理,将该部分被告人发回原审人民法院重新审判。原审人民法院重新作出判决后,被告人上诉或者人民检察院抗诉,其他被告人的案件尚未作出第二审判决、裁定的,第二审人民法院可以并案审理。"具体而言,此种情况下,对部分被告人的案件发回重新审理,其余被告人的案件可以视情继续审理(有必要的,也可以中止审理)。当然,如果发回被告人的案件重新进入二审的,可以与其他被告人的二审案件合并。

八、关于对附带民事部分提出上诉的处理规则

《2021年刑诉法解释》第四百零九条根据司法实践反映的问题对《2012年刑诉法解释》第三百一十三条、第三百三十一条的规定作出整合和修改完善,规定:"第二审人民法院审理对附带民事部分提出上诉,刑事部分已经发生法律效力的案件,应当对全案进行审查,并按照下列情形分别处理:(一)第一审判决的刑事部分并无不当的,只需就附带民事部分作出处理;(二)第一审判决的刑事部分确有错误的,依照审判监督程序对刑事部分进行再审,并将附带民事部分与刑事部分一并审理。"

需要注意的是,对于仅对附带民事部分提出上诉,刑事部分已经发生法律效力的,第二审人民法院应当进行全案审查。发现刑事部分有错误的,应当依照审判监督程序提审或者指令再审。由于刑事部分的审理系民事部分的基础,应当将附带民事部分和刑事部分一并审理。如果二审法院对刑事部分提审的,则应由其对刑事再审与附带民事二审合并审理;如二审法院指令一审法院对刑事部分再审的,则应当将附带民事部分发回后与刑事再审并案审理。

征求意见过程中,有意见提出,按照以往的做法,对刑事部分提出上诉的处理,往往制作刑事裁定书,而不是刑事附带民事裁定书。建议明确对民事部分提出上诉的处理,是否需要制作刑事附带民事裁定书。经研究认为,由于民事部分附属于刑事部分,应当制作刑事附带民事诉讼文书,包括判决书和裁定书。《2021年刑诉法解释》第四百零九条第一项规定就附带民事部分作出处理,包括维持、改判和发回重审。附带民事部分事实清楚,适用法律正确的,应当以刑事附带民事裁定维持原判,驳回上诉。附带民事部分确有错误的,以刑事附带民事判决对附带民事部分作出改判或者以刑事附带民事裁定发回重审。

针对原审判决的附带民事部分提出上诉的,《2021年刑诉法解释》

第四百零九条原本拟规定"第一审判决的附带民事部分事实清楚,适用法律正确的,应当以刑事附带民事裁定维持附带民事部分的原判,驳回上诉"。征求意见过程中,有意见建议明确,二审法院对于仅民事部分上诉且事实清楚,适用法律正确的案件,主文是沿用以前的"驳回上诉,维持原判",还是按照该规定主文写"维持附带民事部分的原判,驳回上诉",建议予以明确。经研究,鉴于司法实践中多数法院直接表述为"驳回上诉,维持原判"的实际情况,可以交由司法实践裁量处理,故未作明确规定。

第十章 刑事审判程序其他实务疑难问题

作为最高人民法院适用修改后《刑事诉讼法》的基本司法解释,《2021年刑诉法解释》条文众多,篇幅较大,对刑事审判程序的具体问题作了系统规定。在本部分前九章围绕重点问题集中分析的基础上,本章针对司法实践反映的情况,针对刑事审判程序的管辖、回避、辩护与代理、刑期计算、审判组织、在法定刑以下判处刑罚复核程序、死刑复核程序、审判监督程序、执行程序的有关问题进行探讨。

一、管辖的有关问题

1. 在内水、领海犯罪的管辖规则

《2021年刑诉法解释》第四条吸收《最高人民法院、最高人民检察院、中国海警局关于海上刑事案件管辖等有关问题的通知》(海警〔2020〕1号,以下简称《海上刑事案件管辖通知》)第一条第一项的规定,明确了在中华人民共和国内水、领海发生的刑事案件的管辖规则,规定:"在中华人民共和国内水、领海发生的刑事案件,由犯罪地或者被告人登陆地的人民法院管辖。由被告人居住地的人民法院审判更为适宜的,可以由被告人居住地的人民法院管辖。"

需要注意的是,《最高人民法院关于审理发生在我国管辖海域相关案件若干问题的规定(一)》(法释〔2016〕16号)第一条规定:"本规定所称我国管辖海域,是指中华人民共和国内水、领海、毗连区、专属经济区、大陆架,以及中华人民共和国管辖的其他海域。"据此,《2021年刑诉法解释》第四条规定的"内水"应当是指领海基线向陆一侧的海上水域。

2. 在列车上犯罪的管辖规则

《最高人民法院关于铁路运输法院案件管辖范围的若干规定》(法

释〔2012〕10号)第一条第三款规定"在列车上的犯罪,由犯罪发生后该列车最初停靠的车站所在地或者目的地的铁路运输法院管辖"。根据实践反映的问题,《2021年刑诉法解释》第五条作了修改完善,规定:"在列车上的犯罪,被告人在列车运行途中被抓获的,由前方停靠站所在地负责审判铁路运输刑事案件的人民法院管辖。必要时,也可以由始发站或者终点站所在地负责审判铁路运输刑事案件的人民法院管辖。被告人不是在列车运行途中被抓获的,由负责该列车乘务的铁路公安机关对应的审判铁路运输刑事案件的人民法院管辖;被告人在列车运行途经车站被抓获的,也可以由该车站所在地负责审判铁路运输刑事案件的人民法院管辖。"

对比可以发现,《2021年刑诉法解释》第五条重新确立了在列车上犯罪的管辖规则。具体而言:(1)当前一些铁路运输法院处于改革期,有些地方已经把铁路运输案件交给地方法院管辖。因此,一概要求"铁路运输法院管辖",与实际不符。(2)规定由"前方停靠站"而非"最初停靠站"所在地的负责审判铁路运输刑事案件的人民法院管辖,主要考虑:"最初停靠站"只能是发现犯罪后停靠的第一个站点,而第一个站点有大有小,小站点可能根本没有警力羁押犯罪嫌疑人,不便于管辖,而用"前方停靠站"则涵盖范围更广,更符合实际需求。(3)在一些案件中,列车刚刚驶出始发地即发生犯罪案件并抓获犯罪嫌疑人,在此种情况下,由列车始发地的负责审判铁路运输刑事案件的人民法院管辖,更具合理性。(4)对于被告人不是在列车运行途中被抓获的,规定由负责该列车乘务的铁路公安机关对应的审判铁路运输刑事案件的人民法院管辖。但是实践中存在被告人实施犯罪后下车,在车站即被抓获的情形。为便于执法办案,避免移送案件浪费侦查资源,此种情形也可以由该车站所在地负责审判铁路运输刑事案件的人民法院管辖。

3. 在国际列车上犯罪的管辖规则

《2012年刑诉法解释》第六条规定:"在国际列车上的犯罪,根据我国与相关国家签订的协定确定管辖;没有协定的,由该列车最初停靠的中国车站所在地或者目的地的铁路运输法院管辖。"实践中存在国际列车在离开最后一座中国车站后,行为人在中国境内实施犯罪,但前方无停靠的中国车站的情形,无法依据现有规定进行管辖。鉴此,《2021年刑诉法解释》第六条作了修改完善,规定:"在国际列车上的犯罪,根据我国与相关国家签订的协定确定管辖;没有协定的,由该列车始发或者前方停靠的中国车站所在地负责审判铁路运输刑事案件的人民法院管辖。"

4. 在中华人民共和国领域外的中国船舶内犯罪的管辖规则

《2012年刑诉法解释》第四条规定:"在中华人民共和国领域外的中国船舶内的犯罪,由该船舶最初停泊的中国口岸所在地的人民法院管辖。"实践中,有的在中国领域外航行的中国船舶内发生犯罪后,船舶可能并不马上返航回国,而是继续向外航行,只是将犯罪嫌疑人带回我国。对此种情形下,依据《2012年刑诉法解释》第四条的规定确定管辖可能并不适当。为此,《海上刑事案件管辖通知》第一条第二项增加规定被告人登陆地、入境地的人民法院作为管辖选择地。经吸收上述规定,《2021年刑诉法解释》第七条规定:"在中华人民共和国领域外的中国船舶内的犯罪,由该船舶最初停泊的中国口岸所在地或者被告人登陆地、入境地的人民法院管辖。"

5. 中国公民在中华人民共和国领域外的犯罪的管辖规则

《2012年刑诉法解释》第八条规定:"中国公民在中华人民共和国领域外的犯罪,由其入境地或者离境前居住地的人民法院管辖;被害人是中国公民的,也可由被害人离境前居住地的人民法院管辖。"鉴于海上刑事案件的被告人通常是从海上登陆,同时,考虑到被告人或者被害人入境后的居住地可能与离境前居住地不一致的情况,为便于案件办理,《海上刑事案件管辖通知》第一条第三项增加规定了相关管辖连接点。经吸收上述规定,《2021年刑诉法解释》第十条规定:"中国公民在中华人民共和国领域外的犯罪,由其登陆地、入境地、离境前居住地或者现居住地的人民法院管辖;被害人是中国公民的,也可以由被害人离境前居住地或者现居住地的人民法院管辖。"

6. 外国人在中华人民共和国领域外对中华人民共和国国家或者公民犯罪的管辖规则

《2012年刑诉法解释》第九条规定:"外国人在中华人民共和国领域外对中华人民共和国国家或者公民犯罪,根据《中华人民共和国刑法》应当受处罚的,由该外国人入境地、入境后居住地或者被害中国公民离境前居住地的人民法院管辖。"鉴于海上刑事案件的特殊性,《海上刑事案件管辖通知》第一条第四项增加规定被告人登陆地的人民法院也可以管辖。经吸收上述规定,《2021年刑诉法解释》第十一条规定:"外国人在中华人民共和国领域外对中华人民共和国国家或者公民犯罪,根据《中华人民共和国刑法》应当受处罚的,由该外国人登陆地、入境地或者入境后居住地的人民法院管辖,也可以由被害人离境前居住地或者现居住地的人民法院管辖。"

7. 对中华人民共和国缔结或者参加的国际条约所规定的罪行行使刑事管辖权的管辖规则

《2012年刑诉法解释》第十条规定:"对中华人民共和国缔结或者参加的国际条约所规定的罪行,中华人民共和国在所承担条约义务的范围内,行使刑事管辖权的,由被告人被抓获地的人民法院管辖。"由于海上刑事案件的特殊性,实际办案中可能存在犯罪嫌疑人在我国领海以外(如公海)被抓获的情形,无法依据《2012年刑诉法解释》第十条的规定进行管辖。基于此,《海上刑事案件管辖通知》第一条第五项增加规定被告人入境地、登陆地的人民法院也可以管辖。经吸收上述规定,《2021年刑诉法解释》第十二条规定:"对中华人民共和国缔结或者参加的国际条约所规定的罪行,中华人民共和国在所承担条约义务的范围内行使刑事管辖权的,由被告人被抓获地、登陆地或者入境地的人民法院管辖。"

8. 关于指定管辖规则

《2012年刑诉法解释》第十八条规定:"上级人民法院在必要时,可以指定下级人民法院将其管辖的案件移送其他下级人民法院审判。"据此,上级法院的指定管辖似只能针对下级法院已经管辖的案件,这与实践需求和操作不完全相符。调研中,地方法院普遍建议明确指定管辖的具体情形。

经研究认为,被指定管辖的人民法院可以是本来就有管辖权的法院,也可以是本来没有管辖权,但是因为更为适宜审理案件而被赋予管辖权的法院。实践中,具体情形包括:(1)管辖不明或者存在争议的案件。(2)国家工作人员犯罪,不宜由其犯罪地或者居住地人民法院管辖的案件。例如,司法机关工作人员犯罪,因所在单位工作人员可能系其同事,依法需要回避。为避免其任职辖区人民法院审判案件引发争议,将案件指定由其他法院管辖,更为妥当。再如,重大职务犯罪案件通常指定被告人任职地点以外的法院管辖。(3)其他需要指定管辖的案件。例如,人民法院工作人员的近亲属犯罪的(犯罪地或居住地属于该院辖区),虽然不属于国家工作人员犯罪,但根据具体情况,也可能不宜由该院管辖,需要指定其他人民法院管辖。再如,专业性较强的刑事案件,可以指定具有相关审判经验的法院管辖。基于此,《2021年刑诉法解释》第二十条第二款规定:"有关案件,由犯罪地、被告人居住地以外的人民法院审判更为适宜的,上级人民法院可以指定下级人民法院管辖。"

需要提及的是,征求意见过程中,有意见提出,司法实务中指定管辖过于随意,甚至泛化,与刑事诉讼法的规定似有不符。经研究,采纳上述意见,将指定管辖限定在"由犯罪地、被告人居住地以外的人民法院审判更为适宜的"情形,以防止不当适用。

9. 关于并案审理规则

从实践来看,人民法院受理案件后,发现被告人还有犯罪的,主要包括以下情形:发现被告人还有犯罪被立案侦查、立案调查的;发现被告人还有犯罪被审查起诉的;发现被告人还有犯罪被起诉的。对于上述情形,应当区分情况进行处理。其中,对于起诉至人民法院的,可以并案审理;涉及同种罪的,一般应当并案审理。

司法实践反映,并案审理不仅涉及人民法院,还涉及人民检察院。如果前后两案是起诉至同一人民法院的,并案处理相对容易操作;如果是起诉至不同法院,特别是不同省份的法院的,并案处理就涉及两地法院、两地检察院的工作衔接和配合,具体操作程序繁杂、费时费力、十分困难。基于此,《2021年刑诉法解释》第二十四条第一款规定:"人民法院发现被告人还有其他犯罪被起诉的,可以并案审理;涉及同种犯罪的,一般应当并案审理。"

需要注意的是,该款将"一般应当"并案审理的情形限于涉及同种罪的情形。从应然层面而言,对于同种罪,特别是分案处理可能导致对被告人刑罚裁量不利的,应当并案审理。有些案件,确实无法与原提起公诉的人民检察院、拟并案审理的人民法院对应的人民检察院以及上级人民检察院协商一致的,只能分案处理,在刑罚裁量时酌情考虑。故而,该款使用的表述是"一般应当"而非"应当";对于分案处理对被告人的刑罚裁量无实质不利影响(如一罪被判处死刑、无期徒刑,采用吸收原则进行并罚的)和确实无法就并案问题协商一致的,可以分案审理。

《2021年刑诉法解释》第二十四条第二款明确了人民法院发现被告人还有其他犯罪被审查起诉、立案侦查、立案调查的并案处理规则,规定:"人民法院发现被告人还有其他犯罪被审查起诉、立案侦查、立案调查的,可以参照前款规定协商人民检察院、公安机关、监察机关并案处理,但可能造成审判过分迟延的除外。"据此,此种情形下,应当参照第一款规定的原则协商人民检察院、公安机关、监察机关并案处理。实践中,如果确实协商不成的,可以继续审理。有些案件强行要求并案处理,可能导致审理时间过长,判前羁押时间人为加长,反而对被告人不利。

《2021年刑诉法解释》第二十四条第三款进一步明确了依照前两款规定并案处理后的管辖规则,规定:"根据前两款规定并案处理的案件,由最初受理地的人民法院审判。必要时,可以由主要犯罪地的人民法院审判。"需要注意的是:(1)之所以规定"由最初受理地的人民法院审判"而非"由最初受理的人民法院审判",主要考虑:如果最初受理的是基层法院,而还有罪行是由地市级检察院审查起诉,则并案时就不是由最初受理的基层法院，而是由最初受理地的中级人民法院管辖。（2）考虑到有些案件由主要犯罪地人民法院审判更为便利，故规定"必要时，可以由主要犯罪地的人民法院审判"。如果多个犯罪不属于同级人民法院管辖，一般可以认为属于中级人民法院管辖的犯罪属于主要犯罪，从而适用上述规定，由该中级人民法院并案处理。

此外，《最高人民法院关于判决宣告后又发现被判刑的犯罪分子的同种漏罪是否实行数罪并罚问题的批复》（法复〔1993〕3号）规定："人民法院的判决宣告并已发生法律效力以后，刑罚还没有执行完毕以前，发现被判刑的犯罪分子在判决宣告以前还有其他罪没有判决的，不论新发现的罪与原判决的罪是否属于同种罪，都应当依照刑法第六十五条的规定实行数罪并罚。但如果在第一审人民法院的判决宣告以后，被告人提出上诉或者人民检察院提出抗诉，判决尚未发生法律效力的，第二审人民法院在审理期间，发现原审被告人在第一审判决宣告以前还有同种漏罪没有判决的，第二审人民法院应当依照刑事诉讼法第一百三十六条第三项的规定，裁定撤销原判，发回原审人民法院重新审判，第一审人民法院重新审判时，不适用刑法关于数罪并罚的规定。"司法实践反映，该批复要求二审法院发现被告人有同种漏罪没有判决的，一律发回一审人民法院重新审判，出发点在于避免被告人因为分案处理在刑罚裁量上招致不利后果，但是规定过于绝对，在一些案件中不具有可操作性。问题相对突出的有两种情形：一是，被告人被判处无期徒刑、死刑的，分案审理对其刑罚裁量并无实质不利的；二是，一些案件无法与人民检察院在并案审理上协调一致的。前一种情形分案处理并无不妥，后一种情形只能分案处理。基于此，《2021年刑诉法解释》第二十五条在该批复的基础上，根据司法实践反映的问题作了相应调整，规定："第二审人民法院在审理过程中，发现被告人还有其他犯罪没有判决的，参照前条规定处理。第二审人民法院决定并案审理的，应当发回第一审人民法院，由第一审人民法院作出处理。"具体而言，根据该条规定，第二审人民法院在审理过程中，发现被告人还有其他犯罪被起诉，决定发回第一审人民法院并案审理的，由第一审人民法院根据下列规则作出处理：(1)对于其他犯罪尚未作出生效判决的，应当并案审理。对于其他犯罪系同种犯罪的，不能适用数罪并罚的规定；对于其他犯罪系异种犯罪的，应当根据《刑法》第六十九条的规定进行数罪并罚。(2)对于其他犯罪已经作出生效判决，但刑罚尚未执行完毕的，应当根据《刑法》第七十条的规定进行数罪并罚。

二、回避的有关问题

(一)关于审判人员参与过本案其他刑事诉讼活动的回避情形

《监察法》规定监察机关对职务犯罪的调查权和移送审查起诉权。因此，参与过案件调查工作的监察人员，如果调至人民法院工作，也不得担任本案的审判人员。基于此，《2021年刑诉法解释》》第二十九条第一款对《2012年刑诉法解释》第二十五条第一款的规定作出修改完善，规定："参与过本案调查、侦查、审查起诉工作的监察、侦查、检察人员，调至人民法院工作的，不得担任本案的审判人员。"

此外，《2021年刑诉法解释》第二十九条第二款规定："在一个审判程序中参与过本案审判工作的合议庭组成人员或者独任审判员，不得再参与本案其他程序的审判。但是，发回重新审判的案件，在第一审人民法院作出裁判后又进入第二审程序、在法定刑以下判处刑罚的复核程序或者死刑复核程序的，原第二审程序、在法定刑以下判处刑罚的复核程序或者死刑复核程序中的合议庭组成人员不受本款规定的限制。"需要注意的是，该款的用语是"参与过本案审判工作的合议庭组成人员或者独任审判员"，而非"参与过本案审判工作的审判人员"。因此，法官助理、书记员不在其中。讨论中，有意见提出，该款规定"在一个审判程序中参与过本案审判工作的合议庭组成人员或者独任审判员，不得再参与本案其他程序的审判"，此处的"不得再参与本案其他程序的审判"是否包括"参与审委会讨论"？例如，发回重审的案件需要提交审委会讨论，原审是承办法官、发回重审时是审委会委员的，是否还有发表意见及投票的权利？经研究认为，审委会对案件有最终决定权，故"不得再参与本案其他程序的审判"当然包括"参与审委会讨论"，作为原承办法官的审委会委员不宜再发表意见及投票。但是,如原审时即经过审委会讨论,上级法院发回重审后仍需经过审委会讨论的,由于《2021年刑诉法解释》第二十九条第二款将适用范围明确限定为"合议庭组成人员或者独任审判员",故不适用上述规则,不能据此认为原审参与审委会讨论的委员都需要回避。如果适用上述规则,可能导致案件无法处理,不具有可操作性。征求意见过程中,有意见提出,"本案其他程序"是否仅指《刑事诉讼法》第三编的第一审、第二审、死刑复核、审判监督程序,对此司法实践中容易产生歧义,建议对"本案其他程序"的内涵进一步明确。理由是:《刑事诉讼法》第三编规定了第一审、第二审、死刑复核、审判监督程序,第五编还规定了特别程序,这两编规定的都是审判程序,且部分审判程序存在密切关联。例如,贪污贿赂、恐怖活动犯罪等重大犯罪案件的被告人在审判过程中死亡,法院依法裁定终止审理;同时,对于因需要追缴其违法所得及其他涉案财产而启动特别没收程序的,特别没收程序是否属于本案其他程序,原合议庭人员能否继续审理,实践中会存在争议。被告人在特别没收程序中归案,同样也存在类似问题。经研究认为,上述情形不需要适用回避的规定。主要考虑:(1)"在一个审判程序中参与过本案审判工作的合议庭组成人员或者独任审判员,不得再参与本案其他程序的审判"的规定限于"本案",即同一个案件。对于普通程序与缺席审判程序、违法所得没收程序、强制医疗程序等特别程序之间的转换,由于案由发生变化,不再属于同一案件,自然不受限制。(2)对于上述情形,由同一审判组织继续审理,不仅不会影响公正审判,而且由于原审判组织熟悉案件相关情况,更加便利于审判。故而,不需要适用回避制度。(3)关于特别程序的相关条文,有的可以当然推导出不需要另行组成合议庭。例如,《2021年刑诉法解释》第六百三十八条第一款规定:"第一审人民法院在审理刑事案件过程中,发现被告人可能符合强制医疗条件的,应当依照法定程序对被告人进行法医精神病鉴定。经鉴定,被告人属于依法不负刑事责任的精神病人的,应当适用强制医疗程序,对案件进行审理。"此处明显是指直接转换为强制医疗程序,不需要另行组成合议庭。

对于发回重新审判的案件,在第一审人民法院作出裁判后又进入第二审程序、在法定刑以下判处刑罚的复核程序或者死刑复核程序的,根据《2021年刑诉法解释》第二十九条第二款的规定,原第二审程序、在法定刑以下判处刑罚的复核程序或者死刑复核程序中的合议庭组成人员不受"在一个审判程序中参与过本案审判工作的合议庭组成人员或者独任审判员,不得再参与本案其他程序的审判"的限制。征求意见过程中,有意见提出,发回重新审判的案件,一审作出裁判后又进入第二审程序、在法定刑以下判处刑罚的复核程序或者死刑复核程序的,原合议庭组成人员不得再参与该案件审理。理由是:发回重审的案件再次进入第二审程序、在法定刑以下判处刑罚的复核程序或者死刑复核程序后,由原合议庭审理,固可提高效率,但似难以避免先入为主,影响案件公正审理。经研究认为,对于发回重新审判的案件,原第二审程序、在法定刑以下判处刑罚的复核程序或者死刑复核程序的合议庭组成人员对案件情况比较熟悉,清楚发回重审的原因。案件再次进入第二审程序、在法定刑以下判处刑罚的复核程序或者死刑复核程序后,由原合议庭审理,不会影响司法公正,而是能更好地审查一审法院是否解决了原来存在的问题,重新作出的裁判是否合法、合理,可以兼顾公正与效率,故未采纳上述意见。

(二)关于申请出庭的检察人员回避的处理

《2012年刑诉法解释》第三十一条规定:"当事人及其法定代理人申请出庭的检察人员回避的,人民法院应当决定休庭,并通知人民检察院。"实践反映,如果当事人及其法定代理人所提申请根本不属于《刑事诉讼法》第二十九条、第三十条规定的情形,没有必要休庭,应当由法庭当庭驳回,以保证庭审的有序推进。经研究,采纳上述意见,《2021年刑诉法解释》第三十六条规定:"当事人及其法定代理人申请出庭的检察人员回避的,人民法院应当区分情况作出处理:(一)属于刑事诉讼法第二十九条、第三十条规定情形的回避申请,应当决定休庭,并通知人民检察院尽快作出决定;(二)不属于刑事诉讼法第二十九条、第三十条规定情形的回避申请,应当当庭驳回,并不得申请复议。"

三、辩护与代理的有关问题

(一) 关于指定辩护与委托辩护并存的处理规则

从实践来看,对于有的案件法律援助机构指派律师为被告人提供辩护,被告人的监护人、近亲属又代为委托辩护人的,如何处理,存在不同做法。经研究认为,委托辩护是刑事诉讼法赋予被告人的基本诉讼权利,应当予以充分保障。在指定辩护和委托辩护并存的情况下,应当赋予被告人选择权,以其意思表示为准,否则会产生对审判公正性的质疑。基于此,《2021年刑诉法解释》第五十一条规定:"对法律援助机构指派律师为被告人提供辩护,被告人的监护人、近亲属又代为委托辩护人的,应当听取被告人的意见,由其确定辩护人人选。"

(二) 关于讯问录音录像的查阅规则

关于侦查讯问录音录像,《最高人民法院刑事审判第二庭关于辩护律师能否复制侦查机关讯问录像问题的批复》(〔2013〕刑他字第239号)规定:"自人民检察院对案件审查起诉之日起,辩护律师可以查阅、摘抄、复制案卷材料,但其中涉及国家秘密、个人隐私的,应严格履行保密义务。你院请示的案件,侦查机关对被告人的讯问录音录像已经作为证据材料向人民法院移送并已在庭审中播放,不属于依法不能公开的材料,在辩护律师提出要求复制有关录音录像的情况下,应当准许。"《2021年刑诉法解释》原本拟吸收上述规定。征求意见过程中,存在不同认识:(1)一种意见建议不作规定。理由是:关于讯问录音录像的性质,目前《刑事诉讼法》及《"六部委"规定》均将其定性为证明取证合法性的证明材料,有别于证据材料。并且,录音录像中可能涉及关联案件线索、国家秘密、侦查秘密等,尤其是危害国家安全犯罪案件、职务犯罪案件,较为敏感。如允许复制,在信息化时代,一旦传播到互联网中,可能会带来重大国家安全及舆情隐患。将录音录像定性为"取证合法性的证明材料"而非证据材料,并且根据需要调取,较为符合实际。《"六部委"规定》第十九条和《非法证据排除规定》第二十二条均采取了上述立场。实践中有个别办案机关将讯问录音录像放入案卷随案移送,这属于因对法律、司法解释理解不到位导致的不规范做法,应当予以纠正,不能因此认为讯问录音录像就是证据。(2)另一种意见认为,讯问录音录像证明讯问过程的合法性,对于律师应该公开。如果将允许查阅、复制的范围限定在"在庭审中举证、质证的且不属于不能公开的材料",有可能在执行中成为法院限制律师复制的理由。如果讯问录音录像涉密,可以按照涉密规定处理。

经研究,《2021年刑诉法解释》第五十四条对上述批复予以吸收并作适当调整,规定:"对作为证据材料向人民法院移送的讯问录音录像,辩护律师申请查阅的,人民法院应当准许。"具体而言:(1)根据《刑事诉讼法》第四十条的规定,辩护律师自人民检察院对案件审查起诉之日起,可以查阅本案的案卷材料。对于移送人民法院的录音录像,无论是否已经在庭审中举证质证,无论是直接用于证明案件事实还是用于证明取证合法性,均应当属于案卷材料的范围。基于此,未再限定为"已在庭审中播放"。而且,移送的证据材料,对诉讼参与人应当是公开的。特别是,在公开审理的案件中举证、质证的相关证据材料,包括录音录像在内,由于不少案件要进行庭审直播,人民群众均可观看、下载。此种情形下,再以"防止录音录像广泛传播"为由禁止辩护律师查阅讯问录音录像,于理不合。即使讯问录音录像涉及国家秘密、个人隐私、商业秘密,辩护律师为行使辩护权,也是可以查阅的。而且,《2021年刑诉法解释》第五十五条对此已作充分考虑,专门规定了保密和不得违反规定泄露、披露案件信息、材料的相关问题。(2)较之一般证据材料,讯问录音录像确实具有一定特殊性。特别是作为证明取证合法性的录音录像,可能涉及侦查办案的策略方法,也可能涉及其他关联案件和当事人隐私,一律允许复制,恐难以控制传播面以及一旦泄露可能带来的影响。从实践来看,允许查阅,即可以满足辩护律师的辩护需要,充分保障其权益。基于此,明确为"辩护律师申请查阅的,人民法院应当准许",即对于查阅申请应当一律准许,但对复制未再作明确要求。(3)"讯问录音录像",不限于作为证据材料移送人民法院的"侦查录音录像",也包括作为证据材料向人民法院移送的相关监察调查过程的录音录像。《人民检察院刑事诉讼规则》第二百六十三条第二款规定:"对于监察机关移送起诉的案件,认为需要调取有关录音、录像的,可以商监察机关调取。"第七十六条规定:"对于提起公诉的案件,被告人及其辩护人提出审前供述系非法取得,并提供相关线索或者材料的,人民检察院可以将讯问录音、录像连同案卷材料一并移送人民法院。"当然,如果相关监察调查过程的录音录像未移送人民法院的,自然不属于可以查阅的范围。

(三)关于查阅、摘抄、复制案卷材料的保密要求

《2021年刑诉法解释》第五十五条强调了查阅、摘抄、复制案卷材料在保密方面的相关要求,规定:"查阅、摘抄、复制案卷材料,涉及国家秘密、商业秘密、个人隐私的,应当保密;对不公开审理案件的信息、材料,或者在办案过程中获悉的案件重要信息、证据材料,不得违反规定泄露、披露,不得用于办案以外的用途。人民法院可以要求相关人员出具承诺书。违反前款规定的,人民法院可以通报司法行政机关或者有关部门,建议给予相应处罚;构成犯罪的,依法追究刑事责任。"

征求意见过程中,有意见建议删去该条,理由是:《律师法》中已有关于律师违反保密义务的相关规定,律师行业规范中也对此进行了约束,不必在此赘述。关于"人民法院可以要求相关人员出具承诺书"的规定,根据《律师法》第三十八条,律师应当保守在执业活动中知悉的国家秘密、商业秘密和当事人隐私。若律师违反保密义务,无论是否出具承诺书,都可以依法依规对其违法或犯罪行为予以追究。经研究,未采纳上述意见。主要考虑:(1)《律师法》《最高人民法院、最高人民检察院、公安部、国家安全部、司法部关于依法保障律师执业权利的规定》、中华全国律师协会《律师办理刑事案件规范》已对相关问题作出明确①,《2021年刑诉法解释》第五十五条只是作了照应性规定。(2)实践中,绝大多数律师能够保守在执业活动中知悉的秘密和相关信息,但也

---

① 《律师法》第三十八条规定:"律师应当保守在执业活动中知悉的国家秘密、商业秘密,不得泄露当事人的隐私。律师对在执业活动中知悉的委托人和其他人不愿泄露的有关情况和信息,应当予以保密。但是,委托人或者其他人准备或者正在实施危害国家安全、公共安全以及严重危害(转下页)

有极个别律师违反保密义务,违法违规散布有关案件信息,《2021年刑诉法解释》作出规定,有利于警示和规制。

(四)关于诉讼代理人查阅、摘抄、复制案卷材料的规则

《2012年刑诉法解释》第五十七条规定,诉讼代理人查阅、摘抄、复制案卷材料需经人民法院批准。当前,在强化对犯罪嫌疑人、被告人权利保护的同时,应当更加注意对被害人权利的保护。而且,从刑事诉讼法理上而言,被害人与被告人同属于当事人,诉讼代理人的权利与辩护人的权利基本相同,应当对诉讼代理人和辩护人在查阅、摘抄、复制案卷材料方面赋予同等权利。基于此,《2021年刑诉法解释》第六十五条第一款作出修改完善,规定:"律师担任诉讼代理人的,可以查阅、摘抄、复制案卷材料。其他诉讼代理人经人民法院许可,也可以查阅、摘抄、复制案卷材料。"

(五)关于律师带助理参加庭审的规则

《2021年刑诉法解释》第六十八条吸收《最高人民法院、最高人民检察院、公安部、国家安全部、司法部关于依法保障律师执业权利的规定》第二十五条第二款的规定,明确:"律师担任辩护人、诉讼代理人,经人民法院准许,可以带一名助理参加庭审。律师助理参加庭审的,可以从事辅助工作,但不得发表辩护、代理意见。"据此,辩护律师可以向人民法院申请带一名律师助理参与庭审,从事记录等辅助工作。需要注意的是,"发表辩护、代理意见"是概称,包括申请回避、举证、质证、辩论以及发表辩护、代理意见等诉讼行为,这些行为都应当由辩护人、诉讼

(接上页)他人人身安全的犯罪事实和信息除外。"《最高人民法院、最高人民检察院、公安部、国家安全部、司法部关于依法保障律师执业权利的规定》第十四条第四款规定:"辩护律师查阅、摘抄、复制的案卷材料属于国家秘密的,应当经过人民检察院、人民法院同意并遵守国家保密规定。律师不得违反规定,披露、散布案件重要信息和案卷材料,或者将其用于本案辩护、代理以外的其他用途。"中华全国律师协会《律师办理刑事案件规范》(律发通〔2017〕51号)第二百五十二条规定:"律师应当依照法定程序履行职责,不得以下列不正当方式影响依法办理案件;……(四)违反规定披露、散布不公开审理案件的信息、材料,或者本人、其他律师在办案过程中获悉的有关案件重要信息、证据材料。"

代理人完成,不能交由律师助理代为实施。①

四、强制措施的有关问题

(一) 关于继续取保候审、监视居住的决定规则

《2012年刑诉法解释》第一百一十三条第二款规定:"对被告人采取、撤销或者变更强制措施的,由院长决定。"征求意见过程中,有意见建议将"由院长决定"修改为"由院长、庭长或承办案件的审判员决定",理由是:被告人在取保候审或监视居住的情况下,经常存在案件不能正常审结、一审与二审相互转换、宣判缓刑、判处无罪等情形,上述程序皆有法律规定,可以根据具体情况决定,只规定由院长决定显然已不适应当前司法体制改革的要求。经研究,《2021年刑诉法解释》第一百四十七条部分采纳上述意见,规定:"人民法院根据案件情况,可以决定对被告人拘传、取保候审、监视居住或者逮捕。对被告人采取、撤销或者变更强制措施的,由院长决定;决定继续取保候审、监视居住的,可以由合议庭或者独任审判员决定。"主要考虑:(1)强制措施的变更涉及对被告人人身自由的限制或者剥夺,应当十分慎重。《刑事诉讼法》第八十九条规定:"人民检察院审查批准逮捕犯罪嫌疑人由检察长决定。重大案件应当提交检察委员会讨论决定。"与之对应,法院阶段变更强制措施,一般也应当由院长决定为宜。但是,在审判阶段延续此前所采取的强制措施的,可以由合议庭或者独任审判员决定。(2)据进一步向人民检察院了解情况,不少地方检察机关对于延续侦查阶段的取保候审、监视居住的,也不需要报请检察长批准。

---

① 顺带提及的是,《人民检察院刑事诉讼规则》第三百九十条规定:"提起公诉的案件,人民检察院应当派员以国家公诉人的身份出席第一审法庭,支持公诉。公诉人应当由检察官担任。检察官助理可以协助检察官出庭。根据需要可以配备书记员担任记录。"基于同样的道理,检察官助理在法庭上的职责,应当仅限于协助检察官出示证据等辅助性工作,而且应当是在检察官的指挥和安排下进行。带有主导性、表达意见性的履职活动,比如讯问、询问、质问、答辩以及发表出庭意见等,均属于检察官的亲历性事项,应当由检察官本人履职,检察官助理不能代为履行。

(二)关于继续取保候审、监视居住的期限

《2012年刑诉法解释》第一百二十七条第三款规定:"人民法院不得对被告人重复采取取保候审、监视居住措施。"司法实践反映上述规定存在歧义。例如,一审法院对于取保候审的被告人决定逮捕,逮捕后被告人因患病等原因不能羁押的,仍然只能取保候审,对于此种情况是否属于"重复取保候审"有不同认识。鉴此,删去该款规定。

在不同审判程序中,对是否可以对被告人各采取不超过十二个月的取保候审、不超过六个月的监视居住措施,存在不同认识。例如,一审已经取保候审十二个月,二审可否再次取保候审。考虑到实际情况,《2021年刑诉法解释》第一百六十二条第三款原本拟规定:"在同一个审判程序中,人民法院对被告人取保候审最长不得超过十二个月,监视居住最长不得超过六个月。"征求意见过程中,对此存在不同认识。有意见提出,《刑事诉讼法》第七十九条第一款规定,人民法院对犯罪嫌疑人、被告人取保候审最长不得超过十二个月,监视居住最长不得超过六个月。法律没有规定在不同的审判程序中取保候审、监视居住的期限可以分别计算。经研究认为,分阶段把握取保候审、监视居住的期限更符合实际。上述意见可能会导致对符合取保候审、监视居住适用条件的被告人,由于期限的限制,不得已变更为羁押性强制措施的情形,反而不利于被告人,不符合降低羁押性强制措施适用的基本趋势。但鉴于对有关问题的认识尚未统一,《2021年刑诉法解释》未作明确规定。待条件成熟时,再通过适当方式作出明确。

此外,征求意见过程中,有意见建议增加规定:"第二审人民法院审理期间,一审法院对被告人已经采取的取保候审、监视居住尚未到期的,继续有效,二审法院应当及时通知执行机关变更办案单位;已经到期需要继续采取取保候审、监视居住强制措施的,可以委托一审法院代为办理相关手续。"理由是:(1)参照在押被告人不同阶段仅需办理换押手续,而无需另行决定逮捕的做法,有利于提高诉讼效率;(2)一审法院已经办理过相关强制措施,且负责判决的交付执行,委托一审法院办理相关手续,有利于统一协调,减少不必要的诉讼耗费。经研究认为,上述意见认为二审法院应当与一审法院共用取保候审、监视居住的期限，又认为二审法院在借用一审法院的取保候审、监视居住的期限到期后，可以重复决定取保候审、监视居住，明显违背《刑事诉讼法》和《2021年刑诉法解释》的相关规定，故未予采纳。相关问题可以交由司法实践裁量把握。但需要指出的是，如果二审法院未重新办理取保候审、监视居住手续，则二审阶段的取保候审、监视居住期限只能是一审阶段取保候审、监视居住的剩余时间。

(三)关于强制措施的自动解除制度

鉴于对于交付执行刑罚的罪犯，此前采取强制措施的，法院不会出具解除强制措施文书，《2021年刑诉法解释》第一百七十二条设立强制措施的自动解除制度，规定："被采取强制措施的被告人，被判处管制、缓刑的，在社区矫正开始后，强制措施自动解除；被单处附加刑的，在判决、裁定发生法律效力后，强制措施自动解除；被判处监禁刑的，在刑罚开始执行后，强制措施自动解除。"

需要注意的是，"社区矫正开始""刑罚开始执行"，是指已经实际开始执行刑罚或者缓刑，而非送交执行手续。主要考虑：被采取强制措施的被告人在实际执行刑罚前，强制措施不当然解除。实践中，有观点认为，强制措施均为判决生效前的措施，其逻辑是判决一旦生效就进入了执行程序，对罪犯监禁、监外执行或者社区矫正，不存在判决生效后还要采取强制措施的问题。这一观点不符合实际情况，有部分被判处监禁刑的被告人，由于看守所拒收或者由于等待监外执行鉴定等原因，即使判决已经生效，实际上却未能被收监执行，一方面监禁刑尚未实际执行，另一方面没有其他监管措施，势必造成监管漏洞，可能存在判刑未入狱又犯新罪的情况，对于审判人员也存在渎职风险，故对于监禁刑判决尚未实际执行前，对被告人仍然存在监管的必要。而且，强制措施是为了保证刑事诉讼而非仅是刑事审判的顺利进行而设置的措施，刑罚执行也是刑事诉讼的一个重要环节。因此，应当明确强制措施的自动解除从交付执行刑罚而非判决、裁定生效之日起。

五、刑期计算规则与报请延长审限

(一)关于刑期的计算规则

《2021年刑诉法解释》第二百零二条第二款明确了刑期的计算规则,规定:"以年计算的刑期,自本年本月某日至次年同月同日的前一日为一年;次年同月同日不存在的,自本年本月某日至次年同月最后一日的前一日为一年。以月计算的刑期,自本月某日至下月同日的前一日为一个月;刑期起算日为本月最后一日的,至下月最后一日的前一日为一个月;下月同日不存在的,自本月某日至下月最后一日的前一日为一个月;半个月一律按十五日计算。"

具体而言:(1)以年计算的刑期,"自本年本月某日至次年同月同日的前一日为一年",如2016年3月31日至2017年3月30日为一年;"次年同月同日不存在的,自本年本月某日至次年同月最后一日的前一日为一年",如2016年2月29日至2017年2月27日为一年。(2)以月计算的刑期,"自本月某日至下月同日的前一日为一个月",如4月15日至5月14日为一个月(30天),5月15日至6月14日为一个月(31天),4月30日至5月29日为一个月(30天);"刑期起算日为本月最后一日的,至下月最后一日的前一日为一个月",如5月31日至6月29日为一个月(30天),平年的1月31日至2月27日为一个月(28天),闰年的1月31日至2月28日为一个月(29天);"下月同日不存在的,自本月某日至下月最后一日的前一日为一个月",如平年的1月30日至2月27日为一个月(29天)。

(二)关于上一级法院批准延长审限的规则

征求意见过程中,有意见提出,关于延长审限问题还需明确。《2012年刑事诉讼法》解决了长期困扰刑事审判的审限不够这一"老大难"问题。但在执行过程中,由于刑事诉讼法没有明确规定上级法院尤其是高级人民法院审批延长审限的次数,一些地方自行决定高级人民法院可以审批两次,或者在延期审理后又延长审限两次,影响了法律适用的严肃性。基于此,建议对高级人民法院批准延长审限的次数作出明确规定。经研究认为,《刑事诉讼法》第二百零八条第一款明确规定:"人民法院审理公诉案件,应当在受理后二个月以内宣判,至迟不得超过三个月。对于可能判处死刑的案件或者附带民事诉讼的案件,以及有本法第一百五十八条规定情形之一的,经上一级人民法院批准,可以延长三个月;因特殊情况还需要延长的,报请最高人民法院批准。"据此明显可见,高级人民法院只能批准延长一次审限。因此,根据上述意见,《2021年刑诉法解释》第二百一十条第一款规定:"对可能判处死刑的案件或者附带民事诉讼的案件,以及有刑事诉讼法第一百五十八条规定情形之一的案件,上一级人民法院可以批准延长审理期限一次,期限为三个月。因特殊情况还需要延长的,应当报请最高人民法院批准。"

六、提交审委会讨论决定的刑事案件范围

《最高人民法院关于健全完善人民法院审判委员会工作机制的意见》(法发〔2019〕20号,以下简称《审委会意见》)第八条列明了"应当提交审委会讨论决定"的案件范围,规定:"高级人民法院、中级人民法院拟判处死刑的案件,应当提交本院审判委员会讨论决定。"最高人民法院审管办负责人在关于该意见的"答记者问"中指出:"高级人民法院、中级人民法院拟判处死刑的案件,既包括拟判处死刑立即执行的案件,也包括拟判处死刑缓期二年执行的案件。"征求意见过程中,多数意见提出,死刑缓期二年执行的案件数量较多,一律提请审判委员会讨论决定,工作量倍增,实难做到。而且,以往死缓案件不提交审判委员会讨论,未发现存在问题。经综合考虑有关因素,《2021年刑诉法解释》第二百一十六条第二款对《审委会意见》第八条的规定作出调整,规定:"对下列案件,合议庭应当提请院长决定提交审判委员会讨论决定:(一)高级人民法院、中级人民法院拟判处死刑立即执行的案件,以及中级人民法院拟判处死刑缓期执行的案件;(二)本院已经发生法律效力的判决、裁定确有错误需要再审的案件;(三)人民检察院依照审判监督程序提出抗诉的案件。"

此外，关于《审委会意见》第八条明确规定应当提交审委会讨论决定的"涉及国家安全、外交、社会稳定等敏感案件和重大、疑难、复杂案件""法律适用规则不明的新类型案件""拟宣告被告人无罪的案件""拟在法定刑以下判处刑罚或者免予刑事处罚的案件"，《2021年刑诉法解释》第二百一十六条第二款亦未明确规定为应当提交审委会讨论决定的情形，确有必要的，可以纳入第三款"对合议庭成员意见有重大分歧的案件、新类型案件、社会影响重大的案件以及其他疑难、复杂、重大的案件，合议庭认为难以作出决定的，可以提请院长决定提交审判委员会讨论决定"的情形。这一修改主要有如下考虑：(1)在司法解释中过多列举应当提交审委会讨论的情形，恐会导致对合议庭独立审理案件的质疑，难以保证效果。(2)据了解，各地法院对提交审委会讨论决定的案件范围往往有细化规定，《2021年刑诉法解释》不作明确规定，亦不会导致滥用。

七、在法定刑以下判处刑罚复核程序的有关问题

(一)关于法定刑以下判处刑罚案件层报复核的程序

《2021年刑诉法解释》第四百一十四条根据司法实践反映的问题对《2012年刑诉法解释》第三百三十六条的规定作出修改完善，规定："报请最高人民法院核准在法定刑以下判处刑罚的案件，应当按照下列情形分别处理：(一)被告人未上诉、人民检察院未抗诉的，在上诉、抗诉期满后三日以内报请上一级人民法院复核。上级人民法院同意原判的，应当书面层报最高人民法院核准；不同意的，应当裁定发回重新审判，或者按照第二审程序提审；(二)被告人上诉或者人民检察院抗诉的，上一级人民法院维持原判，或者改判后仍在法定刑以下判处刑罚的，应当依照前项规定层报最高人民法院核准。"司法适用中需要注意的是：

1. 关于被告人未上诉、人民检察院未抗诉的情形。《2012年刑诉法解释》第三百三十六条第一项规定，对此情形，上一级人民法院不同意的，"应当裁定发回重新审判，或者改变管辖按照第一审程序重新审理。

原判是基层人民法院作出的,高级人民法院可以指定中级人民法院按照第一审程序重新审理"。讨论中,有意见认为,如果上一级人民法院是高级人民法院,由其按照第一审程序重新审理,则可能导致最高人民法院成为二审法院,似有不妥。另有意见认为,对于原判是基层人民法院作出的,高级人民法院复核认为原判刑罚畸重的,依照原规定,只能发回重审或者指定中级人民法院按照第一审程序重新审理,程序繁琐,不便操作。基于此,宜借鉴死刑复核程序中高级人民法院不同意一审死刑判决的可以依照第二审程序提审的规定,直接作出改判。经研究,采纳上述意见,作了相应调整。

2. 关于被告人上诉、人民检察院未抗诉的情形。有意见认为,此种情形下,第二审人民法院可以直接加重刑罚,或者以量刑过轻为由发回原审人民法院重新审判,原审人民法院不受《刑事诉讼法》第二百三十七条第一款关于上诉不加刑原则的限制。主要考虑:法定刑以下判处刑罚案件较为特殊,依法需要层报最高人民法院核准。对于一审在法定刑以下判处刑罚的案件,如果上级法院经复核或者审理认为不符合在法定刑以下判处刑罚的条件,应当允许上级法院改判加刑或者通过发回重审加重刑罚,否则,将会使得一审法院"绑架"上级法院,导致法定刑以下判处刑罚案件的核准程序流于形式,无法发挥监督制约作用。基于上述考虑,《2021 年刑诉法解释》第四百一十四条原本拟明确规定,对于法定刑以下判处刑罚的案件,"上级人民法院按照第二审程序改判,或者发回原审人民法院重新审判的,不受刑事诉讼法第二百三十七条第一款规定的限制。"

讨论中,有意见认为,上述规则存在不妥,可能导致适用法定刑以下核准程序案件的被告人反而遭受不利的后果。例如,被告人应当适用的法定最低刑为十年有期徒刑,如果一审对其在法定刑以下判处刑罚,无论人民检察院是否提出抗诉,二审可能对其加重至十二年;但如果一审对其判处法定最低刑十年有期徒刑,则在人民检察院未提出抗诉的情况下,二审无法加重其刑罚。基于此,为避免上述不合理现象,建议明确在人民检察院未抗诉的情况下,第二审人民法院可以加重刑罚,但只能在法定最低刑以下的幅度内加重刑罚,即无论如何,不得加重至法定刑以上的幅度。在法定刑以下判处刑罚的案件固然特殊,但如果被告人上诉,案件就会进入二审程序。二审法院无论改判还是发回重审,都应当遵守上诉不加刑原则,至少需要明确在人民检察院未抗诉的情况下,只能在法定最低刑以下的幅度内加重刑罚。

鉴于对上述问题存在不同认识,《2021年刑诉法解释》未作规定,待进一步研究、统一认识后再通过其他方式作出明确规定。

(二)关于第二审人民法院直接在法定刑以下判处刑罚并层报核准的问题

《2021年刑诉法解释》第四百一十五条规定:"对符合刑法第六十三条第二款规定的案件,第一审人民法院未在法定刑以下判处刑罚的,第二审人民法院可以在法定刑以下判处刑罚,并层报最高人民法院核准。"据此,第一审人民法院未在法定刑以下判处刑罚的案件,被告人上诉或者检察院抗诉的,第二审可以直接在法定刑以下判处刑罚,并层报最高人民法院核准。

八、死刑复核程序的有关问题

(一)关于最高人民法院复核死刑案件可以直接改判的问题

《1996年刑事诉讼法》未规定最高人民法院复核死刑案件可以改判。2007年,为统一行使死刑案件核准权,最高人民法院制定了《最高人民法院关于复核死刑案件若干问题的规定》(法释〔2007〕4号,以下简称《复核死刑规定》)。其中,第四条规定:"最高人民法院复核后认为原判认定事实正确,但依法不应当判处死刑的,裁定不予核准,并撤销原判,发回重新审判"。同时,规定了两种"可以改判"的情形,即第六条规定:"数罪并罚案件,一人有两罪以上被判处死刑,最高人民法院复核后,认为其中部分犯罪的死刑裁判认定事实不清、证据不足的,对全案裁定不予核准,并撤销原判,发回重新审判;认为其中部分犯罪的死刑裁判认定事实正确,但依法不应当判处死刑的,可以改判并对其他应当判处死刑的犯罪作出核准死刑的判决。"第七条规定:"一案中两名以上被告人被判处死刑,最高人民法院复核后,认为其中部分被告人的死刑裁判认定事实不清、证据不足的,对全案裁定不予核准,并撤销原判,发回重新审判;认为其中部分被告人的死刑裁判认定事实正确,但依法不应当判处死刑的,可以改判并对其他应当判处死刑的被告人作出核准死刑的判决。"之所以作出上述规定,主要有两点考虑:一是当时对死刑复核能否改判尚有不同认识;二是尽量把改判可能引发的问题解决在地方,避免把矛盾、压力引到北京。2012年刑事诉讼法修改,采纳最高人民法院建议,吸收《复核死刑规定》的上述规定,在《2012年刑事诉讼法》第二百三十九条(《2018年刑事诉讼法》第二百五十条)规定:"最高人民法院复核死刑案件,应当作出核准或者不核准死刑的裁定。对于不核准死刑的,最高人民法院可以发回重新审判或者予以改判。"

《2012年刑诉法解释》起草时,结合上述考虑和法律修改的背景,考虑到《复核死刑规定》在司法适用中未出现明显问题,故沿用《复核死刑规定》第四条,在第三百五十条规定:"最高人民法院复核死刑案件,应当按照下列情形分别处理:……(五)原判认定事实正确,但依法不应当判处死刑的,应当裁定不予核准,并撤销原判,发回重新审判……"同时,在第三百五十一条、第三百五十二条,继续沿用了对一人犯数个死罪和一案有两人被判处死刑案件可以部分改判的规定。

本次征求意见过程中,有意见建议增加最高人民法院改判的规定。理由:刑事诉讼法已经规定,对于不核准死刑的,最高人民法院可以发回重新审判或者予以改判。对仅量刑不当的,最高人民法院复核没有必要全部发回重审。从节约司法资源的角度考虑,应当规定可以改判。但是,也有意见认为,死刑复核程序要体现其特殊性质,防止成为"第三审"。并且,如作出上述修改,可能导致难以把矛盾、风险化解在地方,而是推由最高人民法院改判,导致信访压力加剧。

经综合考虑上述意见,《2021年刑诉法解释》第四百二十九条规定:"最高人民法院复核死刑案件,应当按照下列情形分别处理:……

(五)原判认定事实正确、证据充分,但依法不应当判处死刑的,应当裁定不予核准,并撤销原判,发回重新审判;根据案件情况,必要时,也可以依法改判……"同时,删除了《2012年刑诉法解释》第三百五十一条、第三百五十二条规定。主要考虑:从2012年以来的司法实践看,确有案件系由最高人民法院直接改判,例如《刑事审判参考》第117集刊登的"被告人柔柯耶姆·麦麦提故意杀人案",该被告人被新疆阿克苏中级人民法院一审判处死刑,剥夺政治权利终身,在法定期限内无上诉、抗诉,新疆维吾尔自治区高级人民法院经复核同意原判并报最高人民法院核准,最高人民法院审判委员会经讨论依法决定不核准死刑,以故意杀人罪改判被告人死刑缓期二年执行,剥夺政治权利终身。还有一些案件,存在非死刑罪名适用有瑕疵的情况,如由于盗窃罪司法解释调整导致原来的盗窃罪判处的刑罚需要调整,并没有新的事实证据,全案发回重审似意义不大,且过于浪费司法资源。但是,规定最高人民法院在死刑复核程序中可以直接改判,也可能带来一系列问题,需要引起重视。故而,仍应坚持"以发回重审为原则,以依法改判为例外"的原则,即对不予核准死刑的案件,一般应发回重审,只有改判没有"后遗症"的,出于诉讼效率的考虑,才予以直接改判。

(二)关于最高人民法院发回第二审人民法院案件的后续处理规则

从法律规定来看,最高人民法院不核准被告人死刑,依法可以发回第二审人民法院,也可以直接发回第一审人民法院重新审判。最高人民法院认为直接发回第一审人民法院重新审判才能更好查清案件事实的,会直接发回第一审人民法院重新审判。既然最高人民法院没有直接发回第一审人民法院重新审判,而是发回第二审人民法院重新审判,第二审人民法院就应当切实履行二审的监督、纠错职能,依法作出判决或者裁定,原则上不得将案件发回原第一审人民法院重新审判。基于此,《最高人民法院关于适用刑事诉讼法第二百二十五条第二款有关问题的批复》(法释〔2016〕13号,以下简称《死刑批复》)第一条规定:"对于最高人民法院依据《中华人民共和国刑事诉讼法》第二百三十九条和《最高人民法院关于适用〈中华人民共和国刑事诉讼法〉的解释》第三百五十三条裁定不予核准死刑,发回第二审人民法院重新审判的案件,无论此前第二审人民法院是否曾以原判决事实不清楚或者证据不足为由发回重新审判,原则上不得再发回第一审人民法院重新审判;有特殊情况确需发回第一审人民法院重新审判的,需报请最高人民法院批准。"《2021年刑诉法解释》第四百三十条吸收上述规定,第二款规定:"对最高人民法院发回第二审人民法院重新审判的案件,第二审人民法院一般不得发回第一审人民法院重新审判。"同时,未再规定"有特殊情况确需发回第一审人民法院重新审判的,需报请最高人民法院批准",而是交由司法实践裁量把握。

"特殊情况"主要是指由第一审人民法院重新审判,更有利于查明案件事实的特殊情形。具体有三:(1)高级人民法院第一次发回重审时明确提出核实证据、查清事实的具体要求,中级人民法院未予查实又作出死刑判决的;(2)最高人民法院发回重审时提出了核实新的证据、查清新的事实的要求,高级人民法院认为只有发回中级人民法院重新审判,才更有利于查清事实的;(3)其他因事实、证据问题,发回中级人民法院重新审判更有利于查清事实、保障案件审理质量和效果的。

征求意见过程中,有意见建议明确最高人民法院对因事实证据原因不予核准的死刑案件,直接发回第一审法院重新审判。理由是:对于最高人民法院发回第二审法院重新审判的,第二审法院一般不能发回第一审法院。但事实证据的问题,往往在二审阶段难以解决,建议最高人民法院直接发回第一审法院重新审判。而且,由最高人民法院直接发回第一审人民法院,可以减少环节,节约司法资源。经研究,未采纳上述意见。主要考虑:是发回第二审法院重新审判,还是发回第一审法院重新审判,需要结合案件具体情况作出决定。有些案件事实,如立功的查证等,由第二审法院查证即可,没有必要一律发回第一审法院重新审判。

此外,《死刑批复》第二条规定:"对于最高人民法院裁定不予核准死刑,发回第二审人民法院重新审判的案件,第二审人民法院根据案件特殊情况,又发回第一审人民法院重新审判的,第一审人民法院作出判决后,被告人提出上诉或者人民检察院提出抗诉的,第二审人民法院应当依法作出判决或者裁定,不得再发回重新审判。"《2021年刑诉法解释》第四百三十三条吸收上述规定。同时,从实践来看,相关案件在未上诉、未抗诉的情况下,高级人民法院依照复核程序审理时的发回重审规则也需要明确。对于最高人民法院裁定不予核准死刑,发回第二审人民法院重新审判的案件,第二审人民法院根据案件特殊情况,又发回第一审人民法院重新审判的,第一审人民法院作出判决后,被告人未提出上诉、人民检察院未提出抗诉的,高级人民法院应当依照复核审程序审理,《2012年刑诉法解释》第三百五十四条并未限定此种情形下高级人民法院发回重审的次数。有意见提出,不限制发回重审的次数,不利于发挥高级人民法院复核审的作用,不利于死刑案件的办理和矛盾化解。经研究认为,高级人民法院无论是适用第二审程序还是复核审程序,并无本质区别,因此明确规定高级人民法院适用复核审程序发回重审也限于一次。从实践来看,发回重审的案件可能存在第一审程序违法的问题,此种情形下,只能再次发回重新审判。基于上述考虑,《2021年刑诉法解释》第四百三十三条规定:"依照本解释第四百三十条、第四百三十一条发回重新审判的案件,第一审人民法院判处死刑、死刑缓期执行的,上一级人民法院依照第二审程序或者复核程序审理后,应当依法作出判决或者裁定,不得再发回重新审判。但是,第一审人民法院有刑事诉讼法第二百三十八条规定的情形或者违反刑事诉讼法第二百三十九条规定的除外。"

九、审判监督程序的有关问题

(一)关于申诉异地审查制度

目前,异地审查(指上级人民法院指定终审人民法院以外的人民法院审查)是人民法院办理再审审查案件的方式之一。"聂树斌案"等冤假错案的再审经过证明,指令异地审查制度有利于保证审查的客观公正,符合申请人和社会公众的期待,有必要通过司法解释予以确认。基于此,《2021年刑诉法解释》第四百五十四条规定:"最高人民法院或者上级人民法院可以指定终审人民法院以外的人民法院对申诉进行审查。被指定的人民法院审查后,应当制作审查报告,提出处理意见,层报最高人民法院或者上级人民法院审查处理。"

(二)关于"新的证据"的认定

《2012年刑诉法解释》第三百七十六条对《刑事诉讼法》第二百五十三条第一项规定的"新的证据"作了列举规定,其中,第四项为"原判决、裁定所依据的鉴定意见,勘验、检查等笔录或者其他证据被改变或者否定的"。征求意见过程中,有意见建议将该项规定修改为"原判决、裁定所依据的鉴定意见、证人证言、被告人供述等言词证据被改变或者否定,经审查具有合理理由的"。理由是:实践中很多申诉人以案件生效后改变的证人证言,或翻供的被告人供述作为新证据提出申诉,司法实践中对此把握不准。建议对于证言、供述虽然有变化,但不影响定罪量刑,或者翻证、翻供没有合理理由,不应视为出现了新证据而启动再审。经研究,采纳上述意见,《2021年刑诉法解释》第四百五十八条第四项、第五项区分证据种类分别作出相应规定,即"(四)原判决、裁定所依据的鉴定意见,勘验、检查等笔录被改变或者否定的""(五)原判决、裁定所依据的被告人供述、证人证言等证据发生变化,影响定罪量刑,且有合理理由的"。

(三)关于依照审判监督程序重新审判的案件与原审被告人其他犯罪案件的合并审理规则

司法实践中,对于依照审判监督程序重新审判,可能存在被告人还有其他犯罪的情况。《2021年刑诉法解释》第四百六十七条规定:"对依照审判监督程序重新审判的案件,人民法院在依照第一审程序进行审判的过程中,发现原审被告人还有其他犯罪的,一般应当并案审理,但分案审理更为适宜的,可以分案审理。"概言之,所涉情形以并案审理为原则,以分案审理为例外。主要考虑:(1)根据刑法的有关规定,如果通过再审撤销原判以后,需要再审改判之罪和被告人所犯其他犯罪都属于判决宣告前的数罪,应当依照《刑法》第六十九条的规定进行数罪并罚;如果分案处理,只能依照《刑法》第七十条的规定或者第七十一条的规定并罚,两者的最终量刑有时会有差异。(2)从审判实践来看,将再审和其他犯罪的审理合并,程序上可以操作,也有助于提高审判效率。

需要注意的是,《2021年刑诉法解释》第四百六十七条强调需要并案审理的,原则上应当依照第一审程序并案审理,但根据案件情况也可以在第一审程序中分案审理,而后在第二审程序中并案审理。通常而言,一审分案审理的,对于再审犯罪和其他犯罪均上诉的,可以在二审合并处理;对于一个犯罪提出上诉,一个犯罪没有提出上诉的,二审可以按照数罪并罚处理;对于一个犯罪宣告有罪,另一个犯罪宣告无罪的,则不宜合并审理,宜全程分案审理。

十、刑事执行程序的有关问题

(一)关于人民法院送监执行的职责

《2012年刑诉法解释》第四百二十九条第二款规定:"罪犯需要收押执行刑罚,而判决、裁定生效前未被羁押的,人民法院应当根据生效的判决书、裁定书将罪犯送交看守所羁押,并依照前款的规定办理执行手续。"《刑事诉讼法》第二百六十四条规定:"罪犯被交付执行刑罚的时候,应当由交付执行的人民法院在判决生效后十日以内将有关的法律文书送达公安机关、监狱或者其他执行机关。对被判处死刑缓期二年执行、无期徒刑、有期徒刑的罪犯,由公安机关依法将该罪犯送交监狱执行刑罚。对被判处有期徒刑的罪犯,在被交付执行刑罚前,剩余刑期在三个月以下的,由看守所代为执行。对被判处拘役的罪犯,由公安机关执行。"据此,判决、裁定生效后,将罪犯送交执行的机关是公安机关,人民法院只负责送达有关法律文书。从人民法院的警力配备和执行手段等现实情况看,人民法院也难以承担抓捕罪犯的工作。鉴此,《2021年刑诉法解释》第五百一十一条依据《刑事诉讼法》第二百六十四条的规定,删去《2012年刑诉法解释》第四百二十九条第二款关于由人民法院将罪犯送交看守所羁押的规定,并与《刑事诉讼法》第二百六十四条的规定保持一致,规定:"被判处死刑缓期执行、无期徒刑、有期徒刑、拘役的罪犯,第一审人民法院应当在判决、裁定生效后十日以内,将判决书、裁定书、起诉书副本、自诉状复印件、执行通知书、结案登记表送达公安机关、监狱或者其他执行机关。"

(二)关于作出暂予监外执行决定前征求人民检察院意见的问题

《最高人民法院、最高人民检察院、公安部、司法部、国家卫生计生委关于暂予监外执行规定》(司发通〔2014〕112号)第十八条第四款规定:"人民法院在作出暂予监外执行决定前,应当征求人民检察院的意见。"但是,讨论中,对将征求人民检察院意见作为人民法院作出暂予监外执行决定的前置程序的规定存在不同认识:(1)有意见提出,人民法院依据被告人的身体状况进行司法鉴定,并据实作出监外执行决定,人民检察院并不具体参与该过程。因此,决定作出后抄送检察机关,由其进行事后监督即可。(2)也有意见认为保留事前监督有合理之处,理由是:①相关规定并非新增规定,只是沿用;如果不予沿用,反而有规避人民法院应尽义务之嫌。②从立法意图上看,规定人民法院作出监外执行决定前要征求人民检察院的意见,最根本的目的还是规范司法决策的公正性、严肃性,加强对于监外执行决定的监督,预防可能存在的司法腐败,防止被告人通过监外执行的方式规避法律的制裁。以此来看,人民法院在作出监外执行决定前要以征求人民检察院的意见作为前置条件是无可厚非的。经研究,采纳后一种意见,《2021年刑诉法解释》第五百一十五条第二款规定:"人民法院在作出暂予监外执行决定前,应当征求人民检察院的意见。"

征求意见过程中,有意见提出,实践中有的地方对作出暂予监外执行决定程序规定不明,建议明确须经合议庭进行审查。经研究认为,是否需要组成合议庭进行审查,宜区分情况作出处理,不应一概而论。有的案件系独任审判,判处有期徒刑,在交付执行前决定暂予监外执行的,组成合议庭进行审查,似不具有可操作性。

(三)关于社区矫正执行地的确定规则

《2021年刑诉法解释》第五百一十九条第一款根据《社区矫正法》第十七条的规定,确立了社区矫正执行地的确定规则,规定:"对被判处管制、宣告缓刑的罪犯,人民法院应当依法确定社区矫正执行地。社区矫正执行地为罪犯的居住地;罪犯在多个地方居住的,可以确定其经常居住地为执行地;罪犯的居住地、经常居住地无法确定或者不适宜执行社区矫正的,应当根据有利于罪犯接受矫正、更好地融入社会的原则,确定执行地。"

《2021年刑诉法解释》第五百一十九条第三款根据《社区矫正法》第二十条的规定,明确了将法律文书送达社区矫正机构等的事宜,规定:"人民法院应当自判决、裁定生效之日起五日以内通知执行地社区矫正机构,并在十日以内将判决书、裁定书、执行通知书等法律文书送达执行地社区矫正机构,同时抄送人民检察院和执行地公安机关。人民法院与社区矫正执行地不在同一地方的,由执行地社区矫正机构将法律文书转送所在地的人民检察院和公安机关。"

(四)关于撤销缓刑、假释的情形

《刑法》第七十七条第二款规定:"被宣告缓刑的犯罪分子,在缓刑考验期限内,违反法律、行政法规或者国务院有关部门关于缓刑的监督管理规定,或者违反人民法院判决中的禁止令,情节严重的,应当撤销缓刑,执行原判刑罚。"第八十六条第三款规定:"被假释的犯罪分子,在假释考验期限内,有违反法律、行政法规或者国务院有关部门关于假释的监督管理规定的行为,尚未构成新的犯罪的,应当依照法定程序撤销假释,收监执行未执行完毕的刑罚。"可见,缓刑罪犯和假释罪犯违反监督管理规定,撤销缓刑、假释的条件明显不同。为了准确反映法律规定,《2021年刑诉法解释》第五百四十三条对《2012年刑诉法解释》第四百五十八条第一款作出调整,区分缓刑、假释分别规定了撤销的不同条件,规定:"人民法院收到社区矫正机构的撤销缓刑建议书后,经审查,确认罪犯在缓刑考验期限内具有下列情形之一的,应当作出撤销缓刑的裁定:(一)违反禁止令,情节严重的;(二)无正当理由不按规定时间报到或者接受社区矫正期间脱离监管,超过一个月的;(三)因违反监督管理规定受到治安管理处罚,仍不改正的;(四)受到执行机关二次警告,仍不改正的;(五)违反法律、行政法规和监督管理规定,情节严重的其他情形。""人民法院收到社区矫正机构的撤销假释建议书后,经审查,确认罪犯在假释考验期限内具有前款第二项、第四项规定情形之一,或者有其他违反监督管理规定的行为,尚未构成新的犯罪的,应当作出撤销假释的裁定。"

需要注意的是,刑法虽然没有将"情节严重"规定为撤销假释的条件,但并不意味着只要在假释考验期限内有违反监督管理规定的行为,不问情节轻重,一律撤销假释,仍应当根据具体情况综合考量,对于情节明显较轻的不应撤销假释。

外 编
刑事诉讼法立法资料与规范集成

第一章 刑事诉讼法修改立法资料

关于《中华人民共和国刑事诉讼法（修正草案）》的说明

——2018年4月25日在第十三届全国人民代表大会常务委员会第二次会议上

全国人大常委会法制工作委员会主任 沈春耀

委员长、各位副委员长、秘书长、各位委员：

我受委员长会议的委托，作关于《中华人民共和国刑事诉讼法（修正草案）》的说明。

一、修改刑事诉讼法的必要性

党的十八大以来，以习近平同志为核心的党中央协调推进"四个全面"战略布局，在深化国家监察体制改革、反腐败追逃追赃、深化司法体制改革等方面作出了一系列重大决策部署，取得了重大成果和进展。从刑事诉讼制度来看，应当及时调整跟进。一是为保障国家监察体制改革顺利进行，需要完善监察与刑事诉讼的衔接机制；二是为加强境外追逃工作力度和手段，需要建立刑事缺席审判制度；三是总结认罪认罚从宽制度、速裁程序试点工作经验，需要将可复制、可推广的行之有效做法上升为法律规范，在全国范围内实行。从上述三个方面，有针对性地对刑事诉讼法作出适当的修改补充，是必要的。

二、草案起草的工作过程和指导思想

刑事诉讼法（修改）已列入《全国人大常委会2018年立法工作计划》。全国人大常委会高度重视刑事诉讼法修改工作，认真学习贯彻中央有关决策部署精神，明确了刑事诉讼法修改的思路和时间表。2015年以来,法制工作委员会密切关注有关司法改革试点工作进展情况,及时总结试点经验;深入研究有关诉讼理论,借鉴国外法律规定和有益做法;广泛开展调研,深入听取各方面对修改刑事诉讼法的意见;加强沟通协调,会同中央纪委、中央政法委、最高人民法院、最高人民检察院、外交部、公安部、司法部有关方面在工作层面反复共同研究,并多次听取有关专家学者的意见,在各方面基本形成共识的基础上,形成了《中华人民共和国刑事诉讼法(修正草案)》。经委员长会议讨论,决定将刑事诉讼法(修正草案)提请本次常委会会议审议。

起草工作的指导思想是:深入学习贯彻习近平新时代中国特色社会主义思想和党的十九大精神,紧紧围绕推进全面深化改革、全面依法治国、全面从严治党、全面建成小康社会,坚决贯彻落实党中央关于深化国家监察体制改革、建立刑事缺席审判制度、实行认罪认罚从宽制度和速裁程序的决策部署,进一步完善中国特色刑事诉讼制度,深化司法体制改革,推进国家治理体系和治理能力现代化。

起草工作遵循以下原则:一是,坚持法治思维,维护司法公正,遵循诉讼规律。二是,坚持问题导向,总结实践经验,以立法形式巩固和推广实践证明行之有效的改革成果。三是,注意处理好刑事诉讼法与监察法、刑法、律师法、公证法等法律的衔接,维护法律体系内部协调统一。四是,坚持立足国情和实际,合理借鉴国外相关制度有益经验。

三、草案的主要内容

草案共24条,包括以下主要内容:

(一)完善与监察法的衔接机制,调整人民检察院侦查职权

深化国家监察体制改革是以习近平同志为核心的党中央作出的重大决策部署。全国人大常委会于2016年12月、2017年11月先后作出在北京市、山西省、浙江省开展国家监察体制改革试点工作的决定和在全国各地推开国家监察体制改革试点工作的决定,暂时调整或者暂时停止适用刑事诉讼法关于检察机关对直接受理的案件进行侦查的有关规定。2018年3月,十三届全国人大一次会议审议通过了宪法修正案和监察法。为落实宪法有关规定,做好与监察法的衔接,保障国家监察体制改革顺利进行,拟对刑事诉讼法作以下修改补充:

1. 删去人民检察院对贪污贿赂等案件行使侦查权的规定,保留人民检察院在诉讼活动法律监督中发现司法工作人员利用职权实施的非法拘禁、

刑讯逼供、非法搜查等侵犯公民权利、损害司法公正的犯罪的侦查权。

2. 相应修改有关程序规定,在刑事诉讼法关于侦查期间辩护律师会见经许可、指定居所监视居住、采取技术侦查措施的规定中,删去有关贪污贿赂犯罪的内容,并完善刑事诉讼法关于"侦查"定义的表述。

3. 对人民检察院审查起诉监察机关移送的案件、留置措施与刑事强制措施之间的衔接机制作出规定。明确人民检察院对于监察机关移送起诉的案件,依照刑事诉讼法和监察法的有关规定进行审查;认为需要补充核实的,应当退回监察机关补充调查,必要时可以自行补充侦查;对于监察机关采取留置措施的案件,人民检察院应当对犯罪嫌疑人先行拘留,留置措施自动解除,人民检察院应当在十日以内作出是否逮捕、取保候审或者监视居住的决定。在特殊情况下,决定的时间可以延长。

(二)建立刑事缺席审判制度

党中央高度重视反腐败和国际追逃追赃工作及相关法律制度建设。党的十八大以来,国际追逃追赃工作取得重大进展,得到人民群众的广泛拥护。根据中央统一部署,2016年7月,法制工作委员会提出了关于建立刑事缺席审判制度的研究报告。中央纪委建议在配合监察体制改革修改刑事诉讼法时,对刑事缺席审判制度作出规定。拟在刑事诉讼法第五编特别程序中增设缺席审判程序一章,主要规定以下内容:

1. 建立犯罪嫌疑人、被告人潜逃境外的缺席审判程序,规定对于贪污贿赂等犯罪案件,犯罪嫌疑人、被告人潜逃境外,监察机关移送起诉,人民检察院认为犯罪事实已经查清,证据确实、充分,依法应当追究刑事责任的,可以向人民法院提起公诉。

2. 规定犯罪嫌疑人、被告人潜逃境外的缺席审判的具体程序。一是,明确由犯罪地或者被告人居住地的中级人民法院组成合议庭进行审理(必要时仍可以依照刑事诉讼法的规定指定管辖)。二是,规定人民法院通过司法协助方式或者受送达人所在地法律允许的其他方式,将传票和起诉书副本送达被告人。三是,规定被告人未按要求归案的,人民法院应当开庭审理,依法作出判决,并对违法所得及其他涉案财产作出处理。

3. 充分保障被告人的诉讼权利。一是,对委托辩护和提供法律援助作出规定。二是,赋予被告人的近亲属上诉权。三是,规定人民法院应当告知罪犯有权对判决、裁定提出异议。罪犯提出异议的,人民法院应当重新审理。这样规定,不违反刑事诉讼的公正审判和程序参与原则,也符合国际上通行的司法准则的要求。

4. 根据司法实践情况和需求,增加对被告人患有严重疾病中止审理和被告人死亡案件可以缺席审判的规定。

对刑事缺席审判适用的案件范围,将在下一步工作中继续深入研究。

(三)完善刑事案件认罪认罚从宽制度和增加速裁程序

党的十八届四中全会提出,完善刑事诉讼中认罪认罚从宽制度。2014年6月,全国人大常委会作出授权最高人民法院、最高人民检察院在部分地区开展刑事案件速裁程序试点工作的决定。2016年9月,又作出授权最高人民法院、最高人民检察院在部分地区开展刑事案件认罪认罚从宽制度试点工作的决定,速裁程序试点纳入新的试点继续进行。总结试点工作中行之有效的做法,拟对刑事诉讼法作以下修改补充:

1. 在刑事诉讼法第一编第一章中明确刑事案件认罪认罚可以依法从宽处理的原则。

2. 完善刑事案件认罪认罚从宽的程序规定。包括侦查机关告知诉讼权利和将认罪情况记录在案;人民检察院在审查起诉阶段就案件处理听取意见,犯罪嫌疑人认罪认罚的,签署认罪认罚具结书;人民检察院提出量刑建议和人民法院如何采纳量刑建议;人民法院审查认罪认罚自愿性和具结书真实性合法性等。并增加规定,犯罪嫌疑人认罪认罚,有重大立功或者案件涉及国家重大利益的,经最高人民检察院核准,可以不起诉或者撤销案件。

3. 增加速裁程序。适用于基层人民法院管辖的可能判处三年有期徒刑以下刑罚、被告人认罪认罚,民事赔偿问题已经解决的案件。规定速裁程序不受刑事诉讼法规定的送达期限的限制,不进行法庭调查、法庭辩论,但应当听取被告人的最后陈述意见;应当庭宣判。同时,对办案期限和不宜适用速裁的程序转化作出规定。

4. 加强对当事人的权利保障。对诉讼权利告知、建立值班律师制度、明确将认罪认罚作为采取强制措施时判断社会危险性的考虑因素等作出规定。

此外,全国人大常委会已经通过的刑法修正案(九)对有关刑罚制度和刑罚执行程序作了修改;根据建立终身禁止从事法律职业制度的要求,对律师法、公证法等法律作了修改;并即将审议通过人民陪审员法。为与这些法律相衔接,拟对刑事诉讼法关于死缓执行、罚金执行、不得担任辩护人的情形、人民陪审员参加审判的有关规定作出相应修改。

还有一个问题需要报告。刑事诉

讼法属于基本法律，于 1979 年制定，后分别于 1996 年和 2012 年作了两次较大的修改，都是由全国人民代表大会审议通过的。经研究，这次修改，指向明确、内容特定、幅度有限，不涉及对刑事诉讼法基本原则的修改，根据宪法和立法法有关规定，拟参照以往修改民事诉讼法、行政诉讼法的做法，由全国人大常委会对刑事诉讼法进行部分补充和修改，不需提请全国人民代表大会审议。

草案和以上说明是否妥当，请审议。

中华人民共和国刑事诉讼法
（修正草案）（一次审议稿）

一、增加一条，作为第十五条："犯罪嫌疑人、被告人自愿如实供述自己的罪行，对指控的犯罪事实没有异议，愿意接受处罚的，可以依法从宽处理。"

二、将第十八条改为第十九条，第二款修改为："人民检察院在对诉讼活动实行法律监督中发现司法工作人员利用职权实施的非法拘禁、刑讯逼供、非法搜查等侵犯公民权利、损害司法公正的犯罪，可以由人民检察院立案侦查。对于公安机关管辖的国家机关工作人员利用职权实施的其他重大的犯罪案件，需要由人民检察院直接受理的时候，经省级以上人民检察院决定，可以由人民检察院立案侦查。"

三、将第三十二条改为第三十三条，增加一款，作为第三款："被开除公职和被吊销律师、公证员执业证书的人，不得担任辩护人，但系犯罪嫌疑人、被告人的监护人、近亲属的除外。"

四、增加一条，作为第三十六条："法律援助机构可以在人民法院、人民检察院、看守所派驻值班律师。犯罪嫌疑人、被告人没有委托辩护人，法律援助机构没有指派律师为其提供辩护的，由值班律师为犯罪嫌疑人、被告人提供法律咨询，程序选择建议，代理申诉、控告，申请变更强制措施，对案件处理提出意见等辩护。

"人民法院、人民检察院、看守所应当告知犯罪嫌疑人、被告人有权约见值班律师，并为犯罪嫌疑人、被告人约见值班律师提供便利。"

五、将第三十七条改为第三十九条，第三款修改为："危害国家安全犯罪、恐怖活动犯罪案件，在侦查期间辩护律师会见在押的犯罪嫌疑人，应当经侦查机关许可。上述案件，侦查机关应当事先通知看守所。"

六、将第七十三条改为第七十五条，第一款修改为："监视居住应当在犯罪嫌疑人、被告人的住处执行；无固定住处的，可以在指定的居所执行。对于涉嫌危害国家安全犯罪、恐怖活动犯罪，在住处执行可能有碍侦查的，经上一级公安机关批准，也可以在指定的居所执行。但是，不得在羁押场所、专门的办案场所执行。"

七、将第七十九条改为第八十一条，增加一款，作为第二款："批准或者决定逮捕，应当将犯罪嫌疑人、被告人涉嫌犯罪的性质、情节、认罪认罚情况,对所居住社区的影响等情况,作为是否可能发生社会危险性的考虑因素。对于不致发生社会危险性的犯罪嫌疑人、被告人,可以取保候审或者监视居住。"

八、将第一百零六条改为第一百零八条,第一项修改为:"(一)'侦查'是指公安机关、人民检察院等机关对于刑事案件,依照法律进行的收集证据、查明案情的工作和有关的强制性措施。"

九、将第一百一十八条改为第一百二十条,第二款修改为:"侦查人员在讯问犯罪嫌疑人的时候,应当告知犯罪嫌疑人享有的诉讼权利,如实供述自己罪行可以从宽处理的法律规定和认罪认罚可能导致的法律后果。"

十、将第一百四十八条改为第一百五十条,第二款修改为:"人民检察院在立案后,对于利用职权实施的严重侵犯公民人身权利的重大犯罪案件,根据侦查犯罪的需要,经过严格的批准手续,可以采取技术侦查措施,按照规定交有关机关执行。"

十一、将第一百六十条改为第一百六十二条,增加一款,作为第二款:"犯罪嫌疑人自愿认罪的,应当记录在案,随案移送,并在起诉意见书中写明有关情况。"

十二、增加一条,作为第一百七十条:"人民检察院对于监察机关移送起诉的案件,依照本法和监察法的有关规定进行审查。人民检察院经审查,认为需要补充核实的,应当退回监察机关补充调查,必要时可以自行补充侦查。

"对于监察机关采取留置措施的案件,人民检察院应当对犯罪嫌疑人先行拘留,留置措施自动解除。人民检察院应当在拘留后的十日以内作出是否逮捕、取保候审或者监视居住的决定。在特殊情况下,决定的时间可以延长一日至四日。"

十三、将第一百六十九条改为第一百七十二条,第一款修改为:"人民检察院对于监察机关、公安机关移送起诉的案件,应当在一个月以内作出决定,重大、复杂的案件,可以延长半个月;犯罪嫌疑人认罪认罚,符合速裁程序适用条件的,应当在十日以内作出决定,对可能判处的有期徒刑超过一年的,可以延长至十五日。"

十四、将第一百七十条改为第一百七十三条,修改为:"人民检察院审查案件,应当讯问犯罪嫌疑人,告知其享有的诉讼权利和认罪认罚可能导致的法律后果,听取犯罪嫌疑人、辩护人、被害人及其诉讼代理人对下列事项的意见,并记录在案:

"(一)涉嫌的犯罪事实、罪名及适用的法律规定;

"（二）从轻、减轻或者免除处罚等从宽处罚的建议；

"（三）认罪认罚后案件审理适用的程序；

"（四）其他需要听取意见的情形。

"人民检察院依照前款规定听取值班律师意见的，应当提前为值班律师了解案件有关情况提供必要的便利。

"犯罪嫌疑人、辩护人、被害人及其诉讼代理人提出书面意见的，应当附卷。"

十五、增加一条，作为第一百七十四条："犯罪嫌疑人自愿认罪，同意量刑建议和程序适用的，应当在辩护人在场的情况下签署认罪认罚具结书。

"有下列情形之一的，犯罪嫌疑人不需要签署认罪认罚具结书：

"（一）犯罪嫌疑人是盲、聋、哑人，或者是尚未完全丧失辨认或者控制自己行为能力的精神病人的；

"（二）未成年犯罪嫌疑人的法定代理人、辩护人对未成年人认罪认罚有异议的；

"（三）其他不宜适用的情形。"

十六、将第一百七十二条改为一百七十六条，增加一款，作为第二款："人民检察院可以在起诉书中就主刑、附加刑、刑罚执行方式等提出量刑建议。犯罪嫌疑人认罪认罚的，应当在起诉书中写明，并随案移送认罪认罚具结书等材料。"

十七、第二编第三章增加一条，作为第一百八十二条："犯罪嫌疑人自愿如实供述涉嫌犯罪的事实，有重大立功或者案件涉及国家重大利益的，经最高人民检察院核准，人民检察院可以作出不起诉决定，也可以对涉嫌数罪中的一项或者多项不起诉，公安机关可以撤销案件。

"根据前款规定不起诉或者撤销案件的，人民检察院、公安机关应当对查封、扣押、冻结的财物及其孳息作出处理。"

十八、将第一百七十八条改为第一百八十三条，修改为："基层人民法院、中级人民法院审判第一审案件，应当由审判员三人或者由审判员和人民陪审员共三人或者七人组成合议庭进行，但是基层人民法院适用简易程序、速裁程序的案件可以由审判员一人独任审判。

"高级人民法院审判第一审案件，应当由审判员三人至七人或者由审判员和人民陪审员共三人或者七人组成合议庭进行。

"最高人民法院审判第一审案件，应当由审判员三人至七人组成合议庭进行。

"人民法院审判上诉和抗诉案

件,由审判员三人至五人组成合议庭进行。

"合议庭的成员人数应当是单数。

"合议庭由院长或者庭长指定审判员一人担任审判长。院长或者庭长参加审判案件的时候,自己担任审判长。"

十九、将第一百八十五条改为第一百九十条,增加一款,作为第二款:"被告人认罪认罚的,审判长应当告知被告人享有的诉讼权利和认罪认罚可能导致的法律后果,审查认罪认罚的自愿性和认罪认罚具结书内容的真实性、合法性。"

二十、增加一条,作为第二百零一条:"对于认罪认罚案件,人民法院依法作出判决时,一般应当采纳人民检察院指控的罪名和量刑建议,但有下列情形的除外:

"(一)被告人不构成犯罪或者不应当追究刑事责任的;

"(二)被告人违背意愿认罪认罚的;

"(三)被告人否认指控的犯罪事实的;

"(四)起诉指控的罪名与审理认定的罪名不一致的;

"(五)量刑建议明显不当的;

"(六)其他可能影响公正审判的情形。

"在审判过程中,人民检察院可以调整量刑建议。人民法院经审理认为量刑建议明显不当或者被告人、辩护人对量刑建议提出异议的,应当依法作出判决。"

二十一、第三编第二章增加一节,作为第四节:

"第四节 速裁程序

"第二百二十二条 基层人民法院管辖的可能判处三年有期徒刑以下刑罚的案件,案件事实清楚,证据确实、充分,被告人认罪认罚并同意适用速裁程序的,可以适用速裁程序,由审判员一人独任审判。

"人民检察院在提起公诉的时候,可以建议人民法院适用速裁程序。

"第二百二十三条 有下列情形之一的,不适用速裁程序:

"(一)被告人是盲、聋、哑人,或者是尚未完全丧失辨认或者控制自己行为能力的精神病人的;

"(二)有重大社会影响的;

"(三)共同犯罪案件中部分被告人对指控的事实、罪名、量刑建议有异议的;

"(四)被告人与被害人或者其法定代理人没有就附带民事诉讼赔偿等事项达成调解或者和解协议的;

"(五)其他不宜适用速裁程序审理的。

"第二百二十四条 适用速裁程序审理案件,不受本章第一节规定的送达期限的限制,不进行法庭调查、法庭辩论,但在判决宣告前应当听取被告人的最后陈述意见。

"适用速裁程序审理案件,应当当庭宣判。

"第二百二十五条 适用速裁程序审理案件,人民法院应当在受理后十日以内审结;对可能判处的有期徒刑超过一年的,可以延长至十五日。

"第二百二十六条 人民法院在审理过程中,发现有被告人违背意愿认罪认罚、被告人否认指控的犯罪事实或者其他不宜适用速裁程序审理的情形的,应当按照本章第一节的规定重新审理。"

二十二、将第二百五十条改为第二百六十一条,第二款修改为:"被判处死刑缓期二年执行的罪犯,在死刑缓期执行期间,如果没有故意犯罪,死刑缓期执行期满,应当予以减刑的,由执行机关提出书面意见,报请高级人民法院裁定;如果故意犯罪,情节恶劣,查证属实,应当执行死刑的,由高级人民法院报请最高人民法院核准;对于故意犯罪未执行死刑的,死刑缓期执行的期间重新计算,并报最高人民法院备案。"

二十三、将第二百六十条改为第二百七十一条,修改为:"被判处罚金的罪犯,期满不缴纳的,人民法院应当强制缴纳;如果由于遭遇不能抗拒的灾祸等原因缴纳确实有困难的,经人民法院裁定,可以延期缴纳、酌情减少或者免除。"

二十四、第五编增加一章,作为第三章:

"第三章 缺席审判程序

"第二百九十一条 对于贪污贿赂等犯罪案件,犯罪嫌疑人、被告人潜逃境外,监察机关移送起诉,人民检察院认为犯罪事实已经查清,证据确实、充分,依法应当追究刑事责任的,可以向人民法院提起公诉。人民法院进行审查后,对于起诉书中有明确的指控犯罪事实的,应当决定开庭审判。

"前款案件,由犯罪地或者被告人居住地的中级人民法院组成合议庭进行审理。

"第二百九十二条 人民法院应当通过有关国际条约中规定的司法协助方式或者受送达人所在地法律允许的其他方式,将传票和人民检察院的起诉书副本送达被告人。被告人收到传票和起诉书副本后未按要求归案的,人民法院应当开庭审理,依法作出判决,并对违法所得及其他涉案财产作出处理。

"第二百九十三条 人民法院缺席审判案件,被告人有权委托辩护人,被告人的近亲属可以代为委托辩护人。被告人及其近亲属没有委托辩护人的,人民法院应当通知法律援助机构指派律师为其提供辩护。

"第二百九十四条 人民法院应当将判决书送达被告人及其近亲属、辩护人。被告人或者其近亲属不服判决的,有权向上一级人民法院上诉。辩护人经被告人或者其近亲属同意,可以提出上诉。

"第二百九十五条 在审理过程中,被告人自动投案或者被抓获的,人民法院应当重新审理。

"罪犯在判决、裁定发生法律效力后归案的,人民法院应当将罪犯交付执行刑罚。交付执行刑罚前,人民法院应当告知罪犯有权对判决、裁定提出异议。罪犯对判决、裁定提出异议的,人民法院应当重新审理。

"依照生效判决、裁定对罪犯的财产进行处理确有错误的,应当予以返还、赔偿。

"第二百九十六条 由于被告人患有严重疾病,无法出庭的原因中止审理超过六个月,被告人仍无法出庭,被告人及其法定代理人申请或者同意继续审理的,人民法院可以在被告人不出庭的情况下缺席审理,依法作出判决。

"第二百九十七条 被告人死亡的,人民法院应当裁定终止审理;但有证据证明被告人无罪,人民法院经缺席审理确认无罪的,依法作出判决。

"人民法院按照审判监督程序重新审判的案件,被告人死亡的,人民法院可以缺席审理,依法作出判决。"

全国人民代表大会宪法和法律委员会关于《中华人民共和国刑事诉讼法(修正草案)》修改情况的汇报

(2018年8月27日)

全国人民代表大会常务委员会：

常委会第二次会议对刑事诉讼法修正草案进行了初次审议。会后，法制工作委员会将草案印发各省、自治区、直辖市和部分较大的市人大常委会、中央有关部门及部分高等院校、研究机构、基层立法联系点征求意见，在中国人大网全文公布草案征求社会公众意见。法制工作委员会还到一些地方进行调研，听取意见；并就草案的有关问题与中央纪委国家监委、中央政法委、监察和司法委员会、最高人民法院、最高人民检察院、外交部、公安部、国家安全部、司法部交换意见，共同研究。各方面认为，草案贯彻党的十九大精神和党中央深化国家监察体制改革、反腐败追逃追赃、深化司法体制改革等重大决策部署，体现了宪法修正案的精神，对进一步完善中国特色刑事诉讼制度，深化司法体制改革，推进国家治理体系和治理能力现代化，具有重要意义。总体上赞同草案。

宪法和法律委员会于7月26日召开会议，根据常委会组成人员的审议意见和各方面意见，对草案进行了逐条审议。监察和司法委员会、中央纪委国家监委、中央政法委有关负责同志列席了会议。8月20日，宪法和法律委员会召开会议，再次进行了审议。现将草案主要问题的修改情况汇报如下：

一、草案第四条中规定，值班律师的职责是为犯罪嫌疑人、被告人提供法律咨询，程序选择建议，代理申诉、控告，申请变更强制措施，对案件处理提出意见等辩护。有的常委委员、地方、部门和社会公众提出，值班律师的职责与辩护人不同，主要应是为没有辩护人的犯罪嫌疑人、被告人提供法律帮助，这样定位符合认罪认罚从宽制度改革试点方案以及有关部门关于开展值班律师工作的意见要求，试点情况表明也较为可行。宪法和法律委员会经研究，建议将值班律师提供"辩护"修改为提供"法律帮助"并删去"代理申诉、控告"的内容,同时在相关条文中对人民检察院审查起诉案件听取值班律师意见、犯罪嫌疑人签署认罪认罚具结书时值班律师在场作出规定。

二、草案第十二条中规定,对于监察机关采取留置措施的案件,人民检察院应当对犯罪嫌疑人先行拘留,留置措施自动解除,并对人民检察院决定采取强制措施的期限作了规定。有的常委委员和地方提出,人民检察院采取先行拘留措施是在案件移送前还是移送后,表述不清楚。为进一步做好与监察法的衔接,规范和保障强制措施的采取,建议明确是在监察机关将案件移送后,人民检察院即应当采取先行拘留措施。有的地方、部门和社会公众建议规定,人民检察院决定采取强制措施的期间不计入审查起诉期限。宪法和法律委员会经研究,建议采纳上述意见,对草案作出相应修改。

三、草案第十六条对人民检察院提出量刑建议作了规定,第二十条对人民法院采纳量刑建议作了规定。有的常委委员、地方和社会公众提出,为鼓励犯罪嫌疑人认罪认罚,落实宽严相济刑事政策,对认罪认罚的案件,人民检察院应当依法提出量刑建议,并适当限制人民检察院调整量刑建议和人民法院不采纳量刑建议的权力。对于其他案件,人民检察院可根据具体情况决定是否需要提出量刑建议。宪法和法律委员会经研究,建议对相关条文作出以下修改:一是明确犯罪嫌疑人认罪认罚的,人民检察院应当提出量刑建议。二是明确人民法院经审理认为量刑建议明显不当,或者被告人、辩护人对量刑建议提出异议的,人民检察院可以调整量刑建议。人民检察院不调整量刑建议或者调整量刑建议后被告人、辩护人仍有异议的,人民法院应当依法作出判决。

四、草案第二十一条中规定,适用速裁程序审理案件,不受送达期限的限制,不进行法庭调查、法庭辩论,但在判决宣告前应当听取被告人的最后陈述意见。有的地方、部门和社会公众提出,为切实保障被告人的辩护权和速裁程序的公正有效进行,建议适用速裁程序审理的案件,人民法院在宣判前还是要听取辩护人的意见。宪法和法律委员会经研究,建议采纳这一意见,对草案作出相应修改。

五、草案第二十四条中规定,缺席审判适用于犯罪嫌疑人、被告人潜逃境外的贪污贿赂等犯罪案件。有的常委委员、地方、部门和社会公众建议根据实际需要,适当扩大缺席审判的适用范围。宪法和法律委员会、法制工作委员会会同有关部门进行认真研究认为,建立缺席审判制度是从反腐败追逃追赃角度提出的,但可不仅限于贪污贿赂案件,其他重大案件确有必要及时追究的,在充分保障诉讼权利的前提下,也可以进行缺席审判。但考虑到这是一项新制度,尚缺乏实践经验,且有的缺席审判案件,文书送达和判决执行可能需要外国协助,在制度设计上需考虑到国际影响和外国通行做法,对贪污贿赂犯罪之外的其他案件,还是应当严格限制范围并规定严格的核准程序,根据国内国际大局和个案实际情况灵活掌握,稳妥实施。据此,建议将缺席审判的适用范围修改为"贪污贿赂犯罪案件,以及需要及时进行审判,经最高人民检察院核准的严重的危害国家安全犯罪、恐怖活动犯罪案件"。

在常委会审议和征求意见过程中,有的常委委员、地方、部门和社会公众还提出了其他一些修改完善刑事诉讼法的意见。宪法和法律委员会对这些意见都认真进行了研究。考虑到这次修改主要是落实中央有关决策部署,指向明确、内容特定;对于这些意见,有的属于具体执行中的问题,可通过进一步完善工作机制处理;有的可继续探索研究,总结经验。这次暂不作修改。

此外,还对草案作了一些文字修改。

草案二次审议稿已按上述意见作了修改。宪法和法律委员会建议提请本次常委会会议继续审议。

草案二次审议稿和以上汇报是否妥当,请审议。

全国人民代表大会
宪法和法律委员会
2018年8月27日

中华人民共和国刑事诉讼法
（修正草案）（二次审议稿）

一、增加一条，作为第十五条："犯罪嫌疑人、被告人自愿如实供述自己的罪行，承认指控的犯罪事实，愿意接受处罚的，可以依法从宽处理。"

二、将第十八条改为第十九条，第二款修改为："人民检察院在对诉讼活动实行法律监督中发现司法工作人员利用职权实施的非法拘禁、刑讯逼供、非法搜查等侵犯公民权利、损害司法公正的犯罪，可以由人民检察院立案侦查。对于公安机关管辖的国家机关工作人员利用职权实施的重大犯罪案件，需要由人民检察院直接受理的时候，经省级以上人民检察院决定，可以由人民检察院立案侦查。"

三、将第三十二条改为第三十三条，增加一款，作为第三款："被开除公职和被吊销律师、公证员执业证书的人，不得担任辩护人，但系犯罪嫌疑人、被告人的监护人、近亲属的除外。"

四、增加一条，作为第三十六条："法律援助机构可以在人民法院、人民检察院、看守所派驻值班律师。犯罪嫌疑人、被告人没有委托辩护人，法律援助机构没有指派律师为其提供辩护的，由值班律师为犯罪嫌疑人、被告人提供法律咨询、程序选择建议、申请变更强制措施、对案件处理提出意见等法律帮助。

"人民法院、人民检察院、看守所应当告知犯罪嫌疑人、被告人有权约见值班律师，并为犯罪嫌疑人、被告人约见值班律师提供便利。"

五、将第三十七条改为第三十九条，第三款修改为："危害国家安全犯罪、恐怖活动犯罪案件，在侦查期间辩护律师会见在押的犯罪嫌疑人，应当经侦查机关许可。上述案件，侦查机关应当事先通知看守所。"

六、将第七十三条改为第七十五条，第一款修改为："监视居住应当在犯罪嫌疑人、被告人的住处执行；无固定住处的，可以在指定的居所执行。对于涉嫌危害国家安全犯罪、恐怖活动犯罪，在住处执行可能有碍侦查的，经上一级公安机关批准，也可以在指定的居所执行。但是，不得在羁押场所、专门的办案场所执行。"

七、将第七十九条改为第八十一条，增加一款，作为第二款："批准或者决定逮捕，应当将犯罪嫌疑人、被告人涉嫌犯罪的性质、情节，认罪认罚等情况,作为是否可能发生社会危险性的考虑因素。"

八、将第一百零六条改为第一百零八条,第一项修改为:"(一)'侦查'是指公安机关、人民检察院对于刑事案件,依照法律进行的收集证据、查明案情的工作和有关的强制性措施。"

九、将第一百一十八条改为第一百二十条,第二款修改为:"侦查人员在讯问犯罪嫌疑人的时候,应当告知犯罪嫌疑人享有的诉讼权利,如实供述自己罪行可以从宽处理的法律规定和认罪认罚的法律后果。"

十、将第一百四十八条改为第一百五十条,第二款修改为:"人民检察院在立案后,对于利用职权实施的严重侵犯公民人身权利的重大犯罪案件,根据侦查犯罪的需要,经过严格的批准手续,可以采取技术侦查措施,按照规定交有关机关执行。"

十一、将第一百六十条改为第一百六十二条,增加一款,作为第二款:"犯罪嫌疑人自愿认罪的,应当记录在案,随案移送,并在起诉意见书中写明有关情况。"

十二、增加一条,作为第一百七十条:"人民检察院对于监察机关移送起诉的案件,依照本法和监察法的有关规定进行审查。人民检察院经审查,认为需要补充核实的,应当退回监察机关补充调查,必要时可以自行补充侦查。

"对于监察机关移送起诉的已采取留置措施的案件,人民检察院应当对犯罪嫌疑人先行拘留,留置措施自动解除。人民检察院应当在拘留后的十日以内作出是否逮捕、取保候审或者监视居住的决定。在特殊情况下,决定的时间可以延长一日至四日。人民检察院决定采取强制措施的期间不计入审查起诉期限。"

十三、将第一百六十九条改为第一百七十二条,第一款修改为:"人民检察院对于监察机关、公安机关移送起诉的案件,应当在一个月以内作出决定,重大、复杂的案件,可以延长十五日;犯罪嫌疑人认罪认罚,符合速裁程序适用条件的,应当在十日以内作出决定,对可能判处的有期徒刑超过一年的,可以延长至十五日。"

十四、将第一百七十条改为第一百七十三条,修改为:"人民检察院审查案件,应当讯问犯罪嫌疑人,听取辩护人或者值班律师、被害人及其诉讼代理人的意见,并记录在案。辩护人或者值班律师、被害人及其诉讼代理人提出书面意见的,应当附卷。

"犯罪嫌疑人认罪认罚的,人民检察院应当告知其享有的诉讼权利和认罪认罚的法律后果,听取犯罪嫌疑人、辩护人或者值班律师、被害人及其诉讼代理人对下列事项的意见,并记录

在案;

"(一)涉嫌的犯罪事实、罪名及适用的法律规定;

"(二)从轻、减轻或者免除处罚等从宽处罚的建议;

"(三)认罪认罚后案件审理适用的程序;

"(四)其他需要听取意见的事项。

"人民检察院依照前两款规定听取值班律师意见的,应当提前为值班律师了解案件有关情况提供必要的便利。"

十五、增加一条,作为第一百七十四条:"犯罪嫌疑人自愿认罪,同意量刑建议和程序适用的,应当在辩护人或者值班律师在场的情况下签署认罪认罚具结书。

"犯罪嫌疑人认罪认罚,有下列情形之一的,不需要签署认罪认罚具结书:

"(一)犯罪嫌疑人是盲、聋、哑人,或者是尚未完全丧失辨认或者控制自己行为能力的精神病人的;

"(二)未成年犯罪嫌疑人的法定代理人、辩护人对未成年人认罪认罚有异议的;

"(三)其他不需要签署认罪认罚具结书的情形。"

十六、将第一百七十二条改为第一百七十六条,增加一款,作为第二款:"犯罪嫌疑人认罪认罚的,人民检察院应当在起诉书中就主刑、附加刑、刑罚执行方式等提出量刑建议,并随案移送认罪认罚具结书等材料。"

十七、将第一百七十三条改为第一百七十七条,第三款修改为:"人民检察院决定不起诉的案件,应当同时对侦查中查封、扣押、冻结的财物解除查封、扣押、冻结。对被不起诉人需要给予行政处罚、处分或者需要没收其违法所得的,人民检察院应当提出检察意见,移送有关主管机关处理。有关主管机关应当将处理结果及时通知人民检察院。"

十八、第二编第三章增加一条,作为第一百八十二条:"犯罪嫌疑人自愿如实供述涉嫌犯罪的事实,有重大立功或者案件涉及国家重大利益的,经最高人民检察院核准,公安机关可以撤销案件,人民检察院可以作出不起诉决定,也可以对涉嫌数罪中的一项或者多项不起诉。

"根据前款规定不起诉或者撤销案件的,人民检察院、公安机关应当及时对查封、扣押、冻结的财物及其孳息作出处理。"

十九、将第一百七十八条改为第一百八十三条,修改为:"基层人民法院、中级人民法院审判第一审案件,应当由审判员三人或者由审判员和人民陪审员共三人或者七人组成合议庭进行,但是基层人民法院适用简易程序、速裁程序的案件可以由审判员一人独任审判。

"高级人民法院审判第一审案件,应当由审判员三人至七人或者由审判员和人民陪审员共三人或者七人组成合议庭进行。

"最高人民法院审判第一审案件,应当由审判员三人至七人组成合议庭进行。

"人民法院审判上诉和抗诉案件,由审判员三人至五人组成合议庭进行。

"合议庭的成员人数应当是单数。

"合议庭由院长或者庭长指定审判员一人担任审判长。院长或者庭长参加审判案件的时候,自己担任审判长。"

二十、将第一百八十五条改为第一百九十条,增加一款,作为第二款:"被告人认罪认罚的,审判长应当告知被告人享有的诉讼权利和认罪认罚的法律后果,审查认罪认罚的自愿性和认罪认罚具结书内容的真实性、合法性。"

二十一、增加一条,作为第二百零一条:"对于认罪认罚案件,人民法院依法作出判决时,一般应当采纳人民检察院指控的罪名和量刑建议,但有下列情形的除外:

"(一)被告人不构成犯罪或者不应当追究刑事责任的;

"(二)被告人违背意愿认罪认罚的;

"(三)被告人否认指控的犯罪事实的;

"(四)起诉指控的罪名与审理认定的罪名不一致的;

"(五)其他可能影响公正审判的情形。

"人民法院经审理认为量刑建议明显不当,或者被告人、辩护人对量刑建议提出异议的,人民检察院可以调整量刑建议。人民检察院不调整量刑建议或者调整量刑建议后被告人、辩护人仍有异议的,人民法院应当依法作出判决。"

二十二、第三编第二章增加一节,作为第四节:

"第四节 速裁程序

"第二百二十二条 基层人民法院管辖的可能判处三年有期徒刑以下刑罚的案件,案件事实清楚,证据确实、充分,被告人认罪认罚并同意适用速裁程序的,可以适用速裁程序,由审判员一人独任审判。

"人民检察院在提起公诉的时候,可以建议人民法院适用速裁程序。

"第二百二十三条 有下列情形之一的,不适用速裁程序:

"(一)被告人是盲、聋、哑人,或者是尚未完全丧失辨认或者控制自己

行为能力的精神病人的;

"(二)有重大社会影响的;

"(三)共同犯罪案件中部分被告人对指控的事实、罪名、量刑建议有异议的;

"(四)被告人与被害人或者其法定代理人没有就附带民事诉讼赔偿等事项达成调解或者和解协议的;

"(五)其他不宜适用速裁程序审理的。

"第二百二十四条 适用速裁程序审理案件,不受本章第一节规定的送达期限的限制,不进行法庭调查、法庭辩论,但在判决宣告前应当听取辩护人的意见和被告人的最后陈述意见。

"适用速裁程序审理案件,应当当庭宣判。

"第二百二十五条 适用速裁程序审理案件,人民法院应当在受理后十日以内审结;对可能判处的有期徒刑超过一年的,可以延长至十五日。

"第二百二十六条 人民法院在审理过程中,发现有被告人违背意愿认罪认罚、被告人否认指控的犯罪事实或者其他不宜适用速裁程序审理的情形,应当按照本章第一节的规定重新审理。"

二十三、将第二百五十条改为第二百六十一条,第二款修改为:"被判处死刑缓期二年执行的罪犯,在死刑缓期执行期间,如果没有故意犯罪,死刑缓期执行期满,应当予以减刑的,由执行机关提出书面意见,报请高级人民法院裁定;如果故意犯罪,情节恶劣,查证属实,应当执行死刑的,由高级人民法院报请最高人民法院核准;对于故意犯罪未执行死刑的,死刑缓期执行的期间重新计算,并报最高人民法院备案。"

二十四、将第二百六十条改为第二百七十一条,修改为:"被判处罚金的罪犯,期满不缴纳的,人民法院应当强制缴纳;如果由于遭遇不能抗拒的灾祸等原因缴纳确实有困难的,经人民法院裁定,可以延期缴纳、酌情减少或者免除。"

二十五、第五编增加一章,作为第三章:

"第三章 缺席审判程序

"第二百九十一条 对于贪污贿赂犯罪案件,以及需要及时进行审判,经最高人民检察院核准的严重的危害国家安全犯罪、恐怖活动犯罪案件,犯罪嫌疑人、被告人潜逃境外,监察机关、公安机关移送起诉,人民检察院认为犯罪事实已经查清,证据确实、充分,依法应当追究刑事责任的,可以向人民法院提起公诉。人民法院进行审查后,对于起诉书中有明确的指控犯罪事实的,应当决定开庭审判。

"前款案件,由犯罪地或者被告人

居住地的中级人民法院组成合议庭进行审理。

"第二百九十二条 人民法院应当通过有关国际条约中规定的或者外交途径提出的司法协助方式,或者受送达人所在地法律允许的其他方式,将传票和人民检察院的起诉书副本送达被告人。传票和起诉书副本送达后,被告人未按要求到案的,人民法院应当开庭审理,依法作出判决,并对违法所得及其他涉案财产作出处理。

"第二百九十三条 人民法院缺席审判案件,被告人有权委托辩护人,被告人的近亲属可以代为委托辩护人。被告人及其近亲属没有委托辩护人的,人民法院应当通知法律援助机构指派律师为其提供辩护。

"第二百九十四条 人民法院应当将判决书送达被告人及其近亲属、辩护人。被告人或者其近亲属不服判决的,有权向上一级人民法院上诉。辩护人经被告人或者其近亲属同意,可以提出上诉。

"第二百九十五条 在审理过程中,被告人自动投案或者被抓获的,人民法院应当重新审理。

"罪犯在判决、裁定发生法律效力后到案的,人民法院应当将罪犯交付执行刑罚。交付执行刑罚前,人民法院应当告知罪犯有权对判决、裁定提出异议。罪犯对判决、裁定提出异议的,人民法院应当重新审理。

"依照生效判决、裁定对罪犯的财产进行的处理确有错误的,应当予以返还、赔偿。

"第二百九十六条 由于被告人患有严重疾病,无法出庭的原因中止审理超过六个月,被告人仍无法出庭,被告人及其法定代理人申请或者同意恢复审理的,人民法院可以在被告人不出庭的情况下缺席审理,依法作出判决。

"第二百九十七条 被告人死亡的,人民法院应当裁定终止审理;但有证据证明被告人无罪,人民法院经缺席审理确认无罪的,应当依法作出判决。

"人民法院按照审判监督程序重新审判的案件,被告人死亡的,人民法院可以缺席审理,依法作出判决。"

全国人民代表大会宪法和法律委员会
关于《中华人民共和国刑事诉讼法(修正草案)》
审议结果的报告

(2018年10月22日)

全国人民代表大会常务委员会：

常委会第五次会议对刑事诉讼法修正草案进行了二次审议。会后，法制工作委员会召开座谈会，征求有关部门和部分专家学者的意见，在中国人大网上向社会公开征求意见。各方面认为，草案贯彻中央重大决策部署，充分吸收常委会审议意见和各方面的意见，积极回应人民群众的关切，与监察法的衔接更加紧密，对境外追逃追赃更具有推动力，更好地体现了惩治犯罪与尊重保障人权相结合，更加成熟。宪法和法律委员会于9月25日召开会议，根据常委会组成人员的审议意见和各方面意见，对草案进行了逐条审议。监察和司法委员会、中央纪委国家监委、中央政法委有关负责同志列席了会议。10月16日，宪法和法律委员会召开会议，再次进行审议。宪法和法律委员会认为，为贯彻中央深化国家监察体制改革、反腐败追逃追赃、深化司法体制改革等方面的决策部署，有针对性地对刑事诉讼法作出适当的修改补充，是必要的。草案经过两次审议修改，已经比较成熟。同时，提出以下主要修改意见：

一、草案二次审议稿第二十二条中规定了不适用速裁程序的情形。有的常委会组成人员、部门和专家学者提出，审理未成年人刑事案件，实践中通常采用有利于关护帮教未成年人的审判方式，并对未成年人进行法庭教育，速裁程序不进行法庭调查、法庭辩论，且一般采取集中审理、集中宣判的形式，不利于开展关护帮教和法庭教育，难以充分体现教育感化挽救的方针，建议增加规定，被告人是未成年人的，不适用速裁程序。宪法和法律委员会经研究，建议采纳上述意见，增加相应规定。

二、草案二次审议稿第二十二条中规定，人民法院在适用速裁程序审理过程中，发现有被告人违背意愿认罪认罚、被告人否认指控的犯罪事实或者其他不宜适用速裁程序审理的情形的，应当按照有关普通程序的规定重新审理。有的常委会组成人员建议增加"被告人的行为不构成犯罪或者不应当追究其刑事责任"的情形。宪法和法律委员会经研究，建议采纳上述意见，作出相应修改。

三、草案二次审议稿第二十五条中规定，对于人民检察院提起公诉要求缺席审判的案件，人民法院进行审查后，对于起诉书中有明确的指控犯罪事实的，应当决定开庭审判。有的常委会组成人员和专家学者提出，缺席审判程序是刑事诉讼中的特别程序，法院在案件入口审查上应严格把关。除了审查起诉书是否具有明确的指控犯罪事实外，还应当对是否符合缺席审判程序适用条件进行审查。宪法和法律委员会经研究，建议采纳上述意见，在人民法院决定开庭缺席审判的条件中增加相应规定。

四、草案二次审议稿第二十五条中对被告人及其近亲属、辩护人就缺席判决提出上诉作了规定。有的常委会组成人员提出，根据刑事诉讼法的有关规定，人民检察院认为人民法院的判决确有错误的，应当向上一级人民法院提出抗诉，建议增加人民检察院对缺席判决提出抗诉的规定。宪法和法律委员会经研究，建议采纳上述意见，增加相应规定。

五、今年6月，常委会第三次会议通过了《全国人民代表大会常务委员会关于中国海警局行使海上维权执法职权的决定》，规定中国海警局履行海上维权执法职责，执行打击海上违法犯罪活动、维护海上治安和安全保卫等任务，行使法律规定的公安机关相应执法职权；同时要求在条件成熟时修改有关法律。中央军委法制局和有的社会公众提出，为做好与《决定》的衔接，保障依法打击海上犯罪活动，建议在刑事诉讼法中增加相应规定，明确中国海警局的侦查主体地位。宪法和法律委员会经与中央军委法制局、武警部队、中国海警局共同研究，建议采纳上述意见，在刑事诉讼法附则中增加规定，中国海警局履行海上维权执法职责，对海上发生的刑事案件行使侦查权。中国海警局办理刑事案件，适用刑事诉讼法的有关规定。

此外，还对草案二次审议稿作了一些文字修改。

10月11日，法制工作委员会召开会议，邀请部分地方纪检监察、法院、检察院、公安、司法行政机关的工作人员和律师、专家学者等方面的代表，就草案中主要制度规范的可行性、法律出台时机、法律实施的社会效果和可能出现的问题等进行评估。总的评价是：草案贯彻党的十九大精神和党中央相关重大决策部署,充分体现了深化国家监察体制改革和司法体制改革的成果和经验,内容特定,指向明确,有利于完善与监察法的衔接机制,保障国家监察体制改革的顺利进行,加大反腐败追逃追赃工作力度,推进司法体制改革,推进国家治理体系和治理能力现代化。草案规定的主要制度规范坚持法治思维,遵循诉讼规律,符合司法实践需求,科学合理,针对性和可操作性强,是可行的,已基本成熟,应尽早出台。有的与会人员还对草案提出了一些具体修改意见,有的意见已经予以采纳。

宪法和法律委员会已按上述意见提出了全国人民代表大会常务委员会关于修改《中华人民共和国刑事诉讼法》的决定(草案)。宪法和法律委员会建议,修改决定草案经本次常委会会议审议通过。

修改决定草案和以上报告是否妥当,请审议。

全国人民代表大会
宪法和法律委员会
2018 年 10 月 22 日

全国人民代表大会常务委员会
关于修改《中华人民共和国刑事诉讼法》的决定
（草案）（三次审议稿）

一、增加一条，作为第十五条："犯罪嫌疑人、被告人自愿如实供述自己的罪行，承认指控的犯罪事实，愿意接受处罚的，可以依法从宽处理。"

二、将第十八条改为第十九条，第二款修改为："人民检察院在对诉讼活动实行法律监督中发现的司法工作人员利用职权实施的非法拘禁、刑讯逼供、非法搜查等侵犯公民权利、损害司法公正的犯罪，可以由人民检察院立案侦查。对于公安机关管辖的国家机关工作人员利用职权实施的重大犯罪案件，需要由人民检察院直接受理的时候，经省级以上人民检察院决定，可以由人民检察院立案侦查。"

三、将第三十二条改为第三十三条，增加一款，作为第三款："被开除公职和被吊销律师、公证员执业证书的人，不得担任辩护人，但系犯罪嫌疑人、被告人的监护人、近亲属的除外。"

四、增加一条，作为第三十六条："法律援助机构可以在人民法院、看守所等场所派驻值班律师。犯罪嫌疑人、被告人没有委托辩护人，法律援助机构没有指派律师为其提供辩护的，由值班律师为犯罪嫌疑人、被告人提供法律咨询、程序选择建议、申请变更强制措施、对案件处理提出意见等法律帮助。

"人民法院、人民检察院、看守所应当告知犯罪嫌疑人、被告人有权约见值班律师，并为犯罪嫌疑人、被告人约见值班律师提供便利。"

五、将第三十七条改为第三十九条，第三款修改为："危害国家安全犯罪、恐怖活动犯罪案件，在侦查期间辩护律师会见在押的犯罪嫌疑人，应当经侦查机关许可。上述案件，侦查机关应当事先通知看守所。"

六、将第七十三条改为第七十五条，第一款修改为："监视居住应当在犯罪嫌疑人、被告人的住处执行；无固定住处的，可以在指定的居所执行。对于涉嫌危害国家安全犯罪、恐怖活动犯罪，在住处执行可能有碍侦查的，经上一级公安机关批准，也可以在指定的居所执行。但是，不得在羁押场所、专门的办案场所执行。"

七、将第七十九条改为第八十一条,增加一款,作为第二款:"批准或者决定逮捕,应当将犯罪嫌疑人、被告人涉嫌犯罪的性质、情节,认罪认罚等情况,作为是否可能发生社会危险性的考虑因素。"

八、将第一百零六条改为第一百零八条,第一项修改为:"(一)'侦查'是指公安机关、人民检察院对于刑事案件,依照法律进行的收集证据、查明案情的工作和有关的强制性措施。"

九、将第一百一十八条改为第一百二十条,第二款修改为:"侦查人员在讯问犯罪嫌疑人的时候,应当告知犯罪嫌疑人享有的诉讼权利,如实供述自己罪行可以从宽处理和认罪认罚的法律规定。"

十、将第一百四十八条改为第一百五十条,第二款修改为:"人民检察院在立案后,对于利用职权实施的严重侵犯公民人身权利的重大犯罪案件,根据侦查犯罪的需要,经过严格的批准手续,可以采取技术侦查措施,按照规定交有关机关执行。"

十一、将第一百六十条改为第一百六十二条,增加一款,作为第二款:"犯罪嫌疑人自愿认罪的,应当记录在案,随案移送,并在起诉意见书中写明有关情况。"

十二、增加一条,作为第一百七十条:"人民检察院对于监察机关移送起诉的案件,依照本法和监察法的有关规定进行审查。人民检察院经审查,认为需要补充核实的,应当退回监察机关补充调查,必要时可以自行补充侦查。

"对于监察机关移送起诉的已采取留置措施的案件,人民检察院应当对犯罪嫌疑人先行拘留,留置措施自动解除。人民检察院应当在拘留后的十日以内作出是否逮捕、取保候审或者监视居住的决定。在特殊情况下,决定的时间可以延长一日至四日。人民检察院决定采取强制措施的期间不计入审查起诉期限。"

十三、将第一百六十九条改为第一百七十二条,第一款修改为:"人民检察院对于监察机关、公安机关移送起诉的案件,应当在一个月以内作出决定,重大、复杂的案件,可以延长十五日;犯罪嫌疑人认罪认罚,符合速裁程序适用条件的,应当在十日以内作出决定,对可能判处的有期徒刑超过一年的,可以延长至十五日。"

十四、将第一百七十条改为第一百七十三条,修改为:"人民检察院审查案件,应当讯问犯罪嫌疑人,听取辩护人或者值班律师、被害人及其诉讼代理人的意见,并记录在案。辩护人或者值班律师、被害人及其诉讼代理人提出书面意见的,应当附卷。

"犯罪嫌疑人认罪认罚的,人民检

察院应当告知其享有的诉讼权利和认罪认罚的法律规定，听取犯罪嫌疑人、辩护人或者值班律师、被害人及其诉讼代理人对下列事项的意见，并记录在案：

"（一）涉嫌的犯罪事实、罪名及适用的法律规定；

"（二）从轻、减轻或者免除处罚等从宽处罚的建议；

"（三）认罪认罚后案件审理适用的程序；

"（四）其他需要听取意见的事项。

"人民检察院依照前两款规定听取值班律师意见的，应当提前为值班律师了解案件有关情况提供必要的便利。"

十五、增加一条，作为第一百七十四条："犯罪嫌疑人自愿认罪，同意量刑建议和程序适用的，应当在辩护人或者值班律师在场的情况下签署认罪认罚具结书。

"犯罪嫌疑人认罪认罚，有下列情形之一的，不需要签署认罪认罚具结书：

"（一）犯罪嫌疑人是盲、聋、哑人，或者是尚未完全丧失辨认或者控制自己行为能力的精神病人的；

"（二）未成年犯罪嫌疑人的法定代理人、辩护人对未成年人认罪认罚有异议的；

"（三）其他不需要签署认罪认罚具结书的情形。"

十六、将第一百七十二条改为第一百七十六条，增加一款，作为第二款："犯罪嫌疑人认罪认罚的，人民检察院应当就主刑、附加刑、是否适用缓刑等提出量刑建议，并随案移送认罪认罚具结书等材料。"

十七、将第一百七十三条改为第一百七十七条，第三款修改为："人民检察院决定不起诉的案件，应当同时对侦查中查封、扣押、冻结的财物解除查封、扣押、冻结。对被不起诉人需要给予行政处罚、处分或者需要没收其违法所得的，人民检察院应当提出检察意见，移送有关主管机关处理。有关主管机关应当将处理结果及时通知人民检察院。"

十八、第二编第三章增加一条，作为第一百八十二条："犯罪嫌疑人自愿如实供述涉嫌犯罪的事实，有重大立功或者案件涉及国家重大利益的，经最高人民检察院核准，公安机关可以撤销案件，人民检察院可以作出不起诉决定，也可以对涉嫌数罪中的一项或者多项不起诉。

"根据前款规定不起诉或者撤销案件的，人民检察院、公安机关应当及时对查封、扣押、冻结的财物及其孳息作出处理。"

十九、将第一百七十八条改为第

一百八十三条，修改为："基层人民法院、中级人民法院审判第一审案件，应当由审判员三人或者由审判员和人民陪审员共三人或者七人组成合议庭进行，但是基层人民法院适用简易程序、速裁程序的案件可以由审判员一人独任审判。

"高级人民法院审判第一审案件，应当由审判员三人至七人或者由审判员和人民陪审员共三人或者七人组成合议庭进行。

"最高人民法院审判第一审案件，应当由审判员三人至七人组成合议庭进行。

"人民法院审判上诉和抗诉案件，由审判员三人或者五人组成合议庭进行。

"合议庭的成员人数应当是单数。"

二十、将第一百八十五条改为第一百九十条，增加一款，作为第二款："被告人认罪认罚的，审判长应当告知被告人享有的诉讼权利和认罪认罚的法律规定，审查认罪认罚的自愿性和认罪认罚具结书内容的真实性、合法性。"

二十一、增加一条，作为第二百零一条："对于认罪认罚案件，人民法院依法作出判决时，一般应当采纳人民检察院指控的罪名和量刑建议，但有下列情形的除外：

"（一）被告人的行为不构成犯罪或者不应当追究其刑事责任的；

"（二）被告人违背意愿认罪认罚的；

"（三）被告人否认指控的犯罪事实的；

"（四）起诉指控的罪名与审理认定的罪名不一致的；

"（五）其他可能影响公正审判的情形。

"人民法院经审理认为量刑建议明显不当，或者被告人、辩护人对量刑建议提出异议的，人民检察院可以调整量刑建议。人民检察院不调整量刑建议或者调整量刑建议后被告人、辩护人仍有异议的，人民法院应当依法作出判决。"

二十二、第三编第二章增加一节，作为第四节：

"第四节　速裁程序

"第二百二十二条　基层人民法院管辖的可能判处三年有期徒刑以下刑罚的案件，案件事实清楚，证据确实、充分，被告人认罪认罚并同意适用速裁程序的，可以适用速裁程序，由审判员一人独任审判。

"人民检察院在提起公诉的时候，可以建议人民法院适用速裁程序。

"第二百二十三条　有下列情形之一的，不适用速裁程序：

"（一）被告人是盲、聋、哑人，或

者是尚未完全丧失辨认或者控制自己行为能力的精神病人的；

"（二）被告人是未成年人的；

"（三）案件有重大社会影响的；

"（四）共同犯罪案件中部分被告人对指控的犯罪事实、罪名、量刑建议或者适用速裁程序有异议的；

"（五）被告人与被害人或者其法定代理人没有就附带民事诉讼赔偿等事项达成调解或者和解协议的；

"（六）其他不宜适用速裁程序审理的。

"第二百二十四条　适用速裁程序审理案件，不受本章第一节规定的送达期限的限制，一般不进行法庭调查、法庭辩论，但在判决宣告前应当听取辩护人的意见和被告人的最后陈述意见。

"适用速裁程序审理案件，应当当庭宣判。

"第二百二十五条　适用速裁程序审理案件，人民法院应当在受理后十日以内审结；对可能判处的有期徒刑超过一年的，可以延长至十五日。

"第二百二十六条　人民法院在审理过程中，发现有被告人的行为不构成犯罪或者不应当追究其刑事责任、被告人违背意愿认罪认罚、被告人否认指控的犯罪事实或者其他不宜适用速裁程序审理的情形的，应当按照本章第一节或者第三节的规定重新审理。"

二十三、将第二百五十条改为第二百六十一条，第二款修改为："被判处死刑缓期二年执行的罪犯，在死刑缓期执行期间，如果没有故意犯罪，死刑缓期执行期满，应当予以减刑的，由执行机关提出书面意见，报请高级人民法院裁定；如果故意犯罪，情节恶劣，查证属实，应当执行死刑的，由高级人民法院报请最高人民法院核准；对于故意犯罪未执行死刑的，死刑缓期执行的期间重新计算，并报最高人民法院备案。"

二十四、将第二百六十条改为第二百七十一条，修改为："被判处罚金的罪犯，期满不缴纳的，人民法院应当强制缴纳；如果由于遭遇不能抗拒的灾祸等原因缴纳确实有困难的，经人民法院裁定，可以延期缴纳、酌情减少或者免除。"

二十五、第五编增加一章，作为第三章：

"第三章　缺席审判程序

"第二百九十一条　对于贪污贿赂犯罪案件，以及需要及时进行审判，经最高人民检察院核准的严重的危害国家安全犯罪、恐怖活动犯罪案件，犯罪嫌疑人、被告人潜逃境外，监察机关、公安机关移送起诉，人民检察院认为犯罪事实已经查清，证据确实、充分，依法应当追究刑事责任的，可以向人民法院提起公诉。人民法院进行审查后,对于起诉书中有明确的指控犯罪事实,符合缺席审判程序适用条件的,应当决定开庭审判。

"前款案件,由犯罪地或者被告人离境前居住地的中级人民法院组成合议庭进行审理。

"第二百九十二条 人民法院应当通过有关国际条约中规定的或者外交途径提出的司法协助方式,或者被告人所在地法律允许的其他方式,将传票和人民检察院的起诉书副本送达被告人。传票和起诉书副本送达后,被告人未按要求到案的,人民法院应当开庭审理,依法作出判决,并对违法所得及其他涉案财产作出处理。

"第二百九十三条 人民法院缺席审判案件,被告人有权委托辩护人,被告人的近亲属可以代为委托辩护人。被告人及其近亲属没有委托辩护人的,人民法院应当通知法律援助机构指派律师为其提供辩护。

"第二百九十四条 人民法院应当将判决书送达被告人及其近亲属、辩护人。被告人或者其近亲属不服判决的,有权向上一级人民法院上诉。辩护人经被告人或者其近亲属同意,可以提出上诉。

"人民检察院认为人民法院的判决确有错误的,应当向上一级人民法院提出抗诉。

"第二百九十五条 在审理过程中,被告人自动投案或者被抓获的,人民法院应当重新审理。

"罪犯在判决、裁定发生法律效力后到案的,人民法院应当将罪犯交付执行刑罚。交付执行刑罚前,人民法院应当告知罪犯有权对判决、裁定提出异议。罪犯对判决、裁定提出异议的,人民法院应当重新审理。

"依照生效判决、裁定对罪犯的财产进行的处理确有错误的,应当予以返还、赔偿。

"第二百九十六条 因被告人患有严重疾病无法出庭,中止审理超过六个月,被告人仍无法出庭,被告人及其法定代理人申请或者同意恢复审理的,人民法院可以在被告人不出庭的情况下缺席审理,依法作出判决。

"第二百九十七条 被告人死亡的,人民法院应当裁定终止审理;但有证据证明被告人无罪,人民法院经缺席审理确认无罪的,应当依法作出判决。

"人民法院按照审判监督程序重新审判的案件,被告人死亡的,人民法院可以缺席审理,依法作出判决。"

二十六、将第二百九十条改为第三百零八条,修改为:"军队保卫部门对军队内部发生的刑事案件行使侦查权。

"中国海警局履行海上维权执法

职责,对海上发生的刑事案件行使侦查权。

"对罪犯在监狱内犯罪的案件由监狱进行侦查。

"军队保卫部门、中国海警局、监狱办理刑事案件,适用本法的有关规定。"

刑事诉讼法的有关章节及条文序号,根据本决定作相应调整。

本决定自　年　月　日起施行。《中华人民共和国刑事诉讼法》根据本决定作相应修改,重新公布。

全国人民代表大会宪法和法律委员会关于《全国人民代表大会常务委员会关于修改〈中华人民共和国刑事诉讼法〉的决定(草案)》修改意见的报告

（2018年10月26日）

全国人民代表大会常务委员会：

本次常委会会议于10月23日上午对《全国人民代表大会常务委员会关于修改〈中华人民共和国刑事诉讼法〉的决定（草案）》进行了分组审议，普遍认为，草案已经比较成熟，建议进一步修改后，提请本次会议通过。同时，有些常委会组成人员和列席人员还提出了一些修改意见。宪法和法律委员会于10月23日下午召开会议，逐条研究了常委会组成人员的审议意见，对草案进行了审议。监察和司法委员会、中央纪委国家监委、中央政法委有关负责同志列席了会议。宪法和法律委员会认为，草案是可行的。同时提出以下修改意见：

一、修改决定草案第二十一条中规定，人民法院经审理认为量刑建议明显不当，或者被告人、辩护人对量刑建议提出异议的，人民检察院可以调整量刑建议。人民检察院不调整量刑建议或者调整量刑建议后被告人、辩护人仍有异议的，人民法院应当依法作出判决。有的常委委员提出，人民检察院调整后的量刑建议，仍然存在明显不当的，在被告人、辩护人未对该量刑建议提出异议的情况下，人民法院也应当依法作出判决。宪法和法律委员会经研究，建议采纳上述意见，作出相应修改。

二、修改决定草案第二十五条中规定，缺席审判的案件，由犯罪地或者被告人离境前居住地的中级人民法院审理。有的常委委员提出，为适应对缺席审判案件的审理需要，除了由犯罪地或者被告人离境前居住地的中级人民法院进行审理外，必要时也可以由最高人民法院指定管辖。宪法和法律委员会经研究，建议采纳上述意见，增加最高人民法院指定中级人民法院进行审理的规定。

在审议过程中，有的常委委员还

提出其他一些修改完善刑事诉讼法的意见。宪法和法律委员会对这些意见都认真进行了研究。考虑到这次修改主要是落实中央有关决策部署，指向明确、内容特定，这些意见有的属于具体执行中的问题，可通过进一步完善工作机制处理；有的可继续探索研究，总结经验。这次暂不作修改。

此外，根据常委会组成人员的审议意见，还对修改决定草案作了个别文字修改。

修改决定草案已按上述意见作了修改，宪法和法律委员会建议本次常委会会议审议通过。

修改决定草案建议表决稿和以上报告是否妥当，请审议。

全国人民代表大会
宪法和法律委员会
2018年10月26日

全国人民代表大会常务委员会
关于修改《中华人民共和国刑事诉讼法》的决定

（2018年10月26日第十三届全国人民代表大会常务委员会第六次会议通过）

第十三届全国人民代表大会常务委员会第六次会议决定对《中华人民共和国刑事诉讼法》作如下修改：

一、增加一条，作为第十五条："犯罪嫌疑人、被告人自愿如实供述自己的罪行，承认指控的犯罪事实，愿意接受处罚的，可以依法从宽处理。"

二、将第十八条改为第十九条，第二款修改为："人民检察院在对诉讼活动实行法律监督中发现的司法工作人员利用职权实施的非法拘禁、刑讯逼供、非法搜查等侵犯公民权利、损害司法公正的犯罪，可以由人民检察院立案侦查。对于公安机关管辖的国家机关工作人员利用职权实施的重大犯罪案件，需要由人民检察院直接受理的时候，经省级以上人民检察院决定，可以由人民检察院立案侦查。"

三、将第三十二条改为第三十三条，增加一款，作为第三款："被开除公职和被吊销律师、公证员执业证书的人，不得担任辩护人，但系犯罪嫌疑人、被告人的监护人、近亲属的除外。"

四、增加一条，作为第三十六条："法律援助机构可以在人民法院、看守所等场所派驻值班律师。犯罪嫌疑人、被告人没有委托辩护人，法律援助机构没有指派律师为其提供辩护的，由值班律师为犯罪嫌疑人、被告人提供法律咨询、程序选择建议、申请变更强制措施、对案件处理提出意见等法律帮助。

"人民法院、人民检察院、看守所应当告知犯罪嫌疑人、被告人有权约见值班律师，并为犯罪嫌疑人、被告人约见值班律师提供便利。"

五、将第三十七条改为第三十九条，第三款修改为："危害国家安全犯罪、恐怖活动犯罪案件，在侦查期间辩护律师会见在押的犯罪嫌疑人，应当经侦查机关许可。上述案件，侦查机关应当事先通知看守所。"

六、将第七十三条改为第七十五条，第一款修改为："监视居住应当在犯罪嫌疑人、被告人的住处执行;无固定住处的,可以在指定的居所执行。对于涉嫌危害国家安全犯罪、恐怖活动犯罪,在住处执行可能有碍侦查的,经上一级公安机关批准,也可以在指定的居所执行。但是,不得在羁押场所、专门的办案场所执行。"

七、将第七十九条改为第八十一条,增加一款,作为第二款:"批准或者决定逮捕,应当将犯罪嫌疑人、被告人涉嫌犯罪的性质、情节,认罪认罚等情况,作为是否可能发生社会危险性的考虑因素。"

八、将第一百零六条改为第一百零八条,第一项修改为:"(一)'侦查'是指公安机关、人民检察院对于刑事案件,依照法律进行的收集证据、查明案情的工作和有关的强制性措施。"

九、将第一百一十八条改为第一百二十条,第二款修改为:"侦查人员在讯问犯罪嫌疑人的时候,应当告知犯罪嫌疑人享有的诉讼权利,如实供述自己罪行可以从宽处理和认罪认罚的法律规定。"

十、将第一百四十八条改为第一百五十条,第二款修改为:"人民检察院在立案后,对于利用职权实施的严重侵犯公民人身权利的重大犯罪案件,根据侦查犯罪的需要,经过严格的批准手续,可以采取技术侦查措施,按照规定交有关机关执行。"

十一、将第一百六十条改为第一百六十二条,增加一款,作为第二款:"犯罪嫌疑人自愿认罪的,应当记录在案,随案移送,并在起诉意见书中写明有关情况。"

十二、增加一条,作为第一百七十条:"人民检察院对于监察机关移送起诉的案件,依照本法和监察法的有关规定进行审查。人民检察院经审查,认为需要补充核实的,应当退回监察机关补充调查,必要时可以自行补充侦查。

"对于监察机关移送起诉的已采取留置措施的案件,人民检察院应当对犯罪嫌疑人先行拘留,留置措施自动解除。人民检察院应当在拘留后的十日以内作出是否逮捕、取保候审或者监视居住的决定。在特殊情况下,决定的时间可以延长一日至四日。人民检察院决定采取强制措施的期间不计入审查起诉期限。"

十三、将第一百六十九条改为第一百七十二条,第一款修改为:"人民检察院对于监察机关、公安机关移送起诉的案件,应当在一个月以内作出决定,重大、复杂的案件,可以延长十五日;犯罪嫌疑人认罪认罚,符合速裁程序适用条件的,应当在十日以内作出决定,对可能判处的有期徒刑超过一年的,可以延长至十五日。"

十四、将第一百七十条改为第

一百七十三条,修改为:"人民检察院审查案件,应当讯问犯罪嫌疑人,听取辩护人或者值班律师、被害人及其诉讼代理人的意见,并记录在案。辩护人或者值班律师、被害人及其诉讼代理人提出书面意见的,应当附卷。

"犯罪嫌疑人认罪认罚的,人民检察院应当告知其享有的诉讼权利和认罪认罚的法律规定,听取犯罪嫌疑人、辩护人或者值班律师、被害人及其诉讼代理人对下列事项的意见,并记录在案:

"(一)涉嫌的犯罪事实、罪名及适用的法律规定;

"(二)从轻、减轻或者免除处罚等从宽处罚的建议;

"(三)认罪认罚后案件审理适用的程序;

"(四)其他需要听取意见的事项。

"人民检察院依照前两款规定听取值班律师意见的,应当提前为值班律师了解案件有关情况提供必要的便利。"

十五、增加一条,作为第一百七十四条:"犯罪嫌疑人自愿认罪,同意量刑建议和程序适用的,应当在辩护人或者值班律师在场的情况下签署认罪认罚具结书。

"犯罪嫌疑人认罪认罚,有下列情形之一的,不需要签署认罪认罚具结书:

"(一)犯罪嫌疑人是盲、聋、哑人,或者是尚未完全丧失辨认或者控制自己行为能力的精神病人的;

"(二)未成年犯罪嫌疑人的法定代理人、辩护人对未成年人认罪认罚有异议的;

"(三)其他不需要签署认罪认罚具结书的情形。"

十六、将第一百七十二条改为第一百七十六条,增加一款,作为第二款:"犯罪嫌疑人认罪认罚的,人民检察院应当就主刑、附加刑、是否适用缓刑等提出量刑建议,并随案移送认罪认罚具结书等材料。"

十七、将第一百七十三条改为第一百七十七条,第三款修改为:"人民检察院决定不起诉的案件,应当同时对侦查中查封、扣押、冻结的财物解除查封、扣押、冻结。对被不起诉人需要给予行政处罚、处分或者需要没收其违法所得的,人民检察院应当提出检察意见,移送有关主管机关处理。有关主管机关应当将处理结果及时通知人民检察院。"

十八、第二编第三章增加一条,作为第一百八十二条:"犯罪嫌疑人自愿如实供述涉嫌犯罪的事实,有重大立功或者案件涉及国家重大利益的,经最高人民检察院核准,公安机关可以撤销案件,人民检察院可以作出不起诉决定,也可以对涉嫌数罪中的一项或者多项不起诉。

"根据前款规定不起诉或者撤销案件的,人民检察院、公安机关应当及时对查封、扣押、冻结的财物及其孳息作出处理。"

十九、将第一百七十八条改为第一百八十三条,修改为:"基层人民法院、中级人民法院审判第一审案件,应当由审判员三人或者由审判员和人民陪审员共三人或者七人组成合议庭进行,但是基层人民法院适用简易程序、速裁程序的案件可以由审判员一人独任审判。

"高级人民法院审判第一审案件,应当由审判员三人至七人或者由审判员和人民陪审员共三人或者七人组成合议庭进行。

"最高人民法院审判第一审案件,应当由审判员三人至七人组成合议庭进行。

"人民法院审判上诉和抗诉案件,由审判员三人或者五人组成合议庭进行。

"合议庭的成员人数应当是单数。"

二十、将第一百八十五条改为第一百九十条,增加一款,作为第二款:"被告人认罪认罚的,审判长应当告知被告人享有的诉讼权利和认罪认罚的法律规定,审查认罪认罚的自愿性和认罪认罚具结书内容的真实性、合法性。"

二十一、增加一条,作为第二百零一条:"对于认罪认罚案件,人民法院依法作出判决时,一般应当采纳人民检察院指控的罪名和量刑建议,但有下列情形的除外:

"(一)被告人的行为不构成犯罪或者不应当追究其刑事责任的;

"(二)被告人违背意愿认罪认罚的;

"(三)被告人否认指控的犯罪事实的;

"(四)起诉指控的罪名与审理认定的罪名不一致的;

"(五)其他可能影响公正审判的情形。

"人民法院经审理认为量刑建议明显不当,或者被告人、辩护人对量刑建议提出异议的,人民检察院可以调整量刑建议。人民检察院不调整量刑建议或者调整量刑建议后仍然明显不当的,人民法院应当依法作出判决。"

二十二、第三编第二章增加一节,作为第四节:

"第四节 速裁程序

"第二百二十二条 基层人民法院管辖的可能判处三年有期徒刑以下刑罚的案件,案件事实清楚,证据确实、充分,被告人认罪认罚并同意适用速裁程序的,可以适用速裁程序,由审判员一人独任审判。

"人民检察院在提起公诉的时候,可以建议人民法院适用速裁程序。

"第二百二十三条 有下列情形之一的,不适用速裁程序:

"(一)被告人是盲、聋、哑人,或者是尚未完全丧失辨认或者控制自己行为能力的精神病人的;

"(二)被告人是未成年人的;

"(三)案件有重大社会影响的;

"(四)共同犯罪案件中部分被告人对指控的犯罪事实、罪名、量刑建议或者适用速裁程序有异议的;

"(五)被告人与被害人或者其法定代理人没有就附带民事诉讼赔偿等事项达成调解或者和解协议的;

"(六)其他不宜适用速裁程序审理的。

"第二百二十四条 适用速裁程序审理案件,不受本章第一节规定的送达期限的限制,一般不进行法庭调查、法庭辩论,但在判决宣告前应当听取辩护人的意见和被告人的最后陈述意见。

"适用速裁程序审理案件,应当当庭宣判。

"第二百二十五条 适用速裁程序审理案件,人民法院应当在受理后十日以内审结;对可能判处的有期徒刑超过一年的,可以延长至十五日。

"第二百二十六条 人民法院在审理过程中,发现有被告人的行为不构成犯罪或者不应当追究其刑事责任、被告人违背意愿认罪认罚、被告人否认指控的犯罪事实或者其他不宜适用速裁程序审理的情形的,应当按照本章第一节或者第三节的规定重新审理。"

二十三、将第二百五十条改为第二百六十一条,第二款修改为:"被判处死刑缓期二年执行的罪犯,在死刑缓期执行期间,如果没有故意犯罪,死刑缓期执行期满,应当予以减刑的,由执行机关提出书面意见,报请高级人民法院裁定;如果故意犯罪,情节恶劣,查证属实,应当执行死刑的,由高级人民法院报请最高人民法院核准;对于故意犯罪未执行死刑的,死刑缓期执行的期间重新计算,并报最高人民法院备案。"

二十四、将第二百六十条改为第二百七十一条,修改为:"被判处罚金的罪犯,期满不缴纳的,人民法院应当强制缴纳;如果由于遭遇不能抗拒的灾祸等原因缴纳确实有困难的,经人民法院裁定,可以延期缴纳、酌情减少或者免除。"

二十五、第五编增加一章,作为第三章:

"第三章 缺席审判程序

"第二百九十一条 对于贪污贿赂犯罪案件,以及需要及时进行审判,经最高人民检察院核准的严重危害国家安全犯罪、恐怖活动犯罪案件，犯罪嫌疑人、被告人在境外，监察机关、公安机关移送起诉，人民检察院认为犯罪事实已经查清，证据确实、充分，依法应当追究刑事责任的，可以向人民法院提起公诉。人民法院进行审查后，对于起诉书中有明确的指控犯罪事实，符合缺席审判程序适用条件的，应当决定开庭审判。

"前款案件，由犯罪地、被告人离境前居住地或者最高人民法院指定的中级人民法院组成合议庭进行审理。

"第二百九十二条 人民法院应当通过有关国际条约规定的或者外交途径提出的司法协助方式，或者被告人所在地法律允许的其他方式，将传票和人民检察院的起诉书副本送达被告人。传票和起诉书副本送达后，被告人未按要求到案的，人民法院应当开庭审理，依法作出判决，并对违法所得及其他涉案财产作出处理。

"第二百九十三条 人民法院缺席审判案件，被告人有权委托辩护人，被告人的近亲属可以代为委托辩护人。被告人及其近亲属没有委托辩护人的，人民法院应当通知法律援助机构指派律师为其提供辩护。

"第二百九十四条 人民法院应当将判决书送达被告人及其近亲属、辩护人。被告人或者其近亲属不服判决的，有权向上一级人民法院上诉。

辩护人经被告人或者其近亲属同意，可以提出上诉。

"人民检察院认为人民法院的判决确有错误的，应当向上一级人民法院提出抗诉。

"第二百九十五条 在审理过程中，被告人自动投案或者被抓获的，人民法院应当重新审理。

"罪犯在判决、裁定发生法律效力后到案的，人民法院应当将罪犯交付执行刑罚。交付执行刑罚前，人民法院应当告知罪犯有权对判决、裁定提出异议。罪犯对判决、裁定提出异议的，人民法院应当重新审理。

"依照生效判决、裁定对罪犯的财产进行的处理确有错误的，应当予以返还、赔偿。

"第二百九十六条 因被告人患有严重疾病无法出庭，中止审理超过六个月，被告人仍无法出庭，被告人及其法定代理人、近亲属申请或者同意恢复审理的，人民法院可以在被告人不出庭的情况下缺席审理，依法作出判决。

"第二百九十七条 被告人死亡的，人民法院应当裁定终止审理，但有证据证明被告人无罪，人民法院经缺席审理确认无罪的，应当依法作出判决。

"人民法院按照审判监督程序重新审判的案件，被告人死亡的，人民法院可以缺席审理,依法作出判决。"

二十六、将第二百九十条改为第三百零八条,修改为:"军队保卫部门对军队内部发生的刑事案件行使侦查权。

"中国海警局履行海上维权执法职责,对海上发生的刑事案件行使侦查权。

"对罪犯在监狱内犯罪的案件由监狱进行侦查。

"军队保卫部门、中国海警局、监狱办理刑事案件,适用本法的有关规定。"

刑事诉讼法的有关章节及条文序号,根据本决定作相应调整。

本决定自公布之日起施行。

《中华人民共和国刑事诉讼法》根据本决定作相应修改,重新公布。

第二章　刑事诉讼相关规范集成

中华人民共和国刑事诉讼法

（2018 年 10 月 26 日第三次修正）

　　1979 年 7 月 1 日第五届全国人民代表大会第二次会议通过　根据 1996 年 3 月 17 日第八届全国人民代表大会第四次会议《关于修改〈中华人民共和国刑事诉讼法〉的决定》第一次修正　根据 2012 年 3 月 14 日第十一届全国人民代表大会第五次会议《关于修改〈中华人民共和国刑事诉讼法〉的决定》第二次修正　根据 2018 年 10 月 26 日第十三届全国人民代表大会常务委员会第六次会议《关于修改〈中华人民共和国刑事诉讼法〉的决定》第三次修正

目　录

第一编　总则
　第一章　任务和基本原则
　第二章　管辖
　第三章　回避
　第四章　辩护与代理
　第五章　证据
　第六章　强制措施
　第七章　附带民事诉讼
　第八章　期间、送达
　第九章　其他规定
第二编　立案、侦查和提起公诉
　第一章　立案
　第二章　侦查
　　第一节　一般规定
　　第二节　讯问犯罪嫌疑人
　　第三节　询问证人
　　第四节　勘验、检查
　　第五节　搜查
　　第六节　查封、扣押物证、书证
　　第七节　鉴定
　　第八节　技术侦查措施
　　第九节　通缉
　　第十节　侦查终结
　　第十一节　人民检察院对直接受理的案件的侦查

第三章　提起公诉
第三编　审判
　第一章　审判组织
　第二章　第一审程序
　　第一节　公诉案件
　　第二节　自诉案件
　　第三节　简易程序
　　第四节　速裁程序
　第三章　第二审程序
　第四章　死刑复核程序
　第五章　审判监督程序
第四编　执行
第五编　特别程序
　第一章　未成年人刑事案件诉讼程序
　第二章　当事人和解的公诉案件诉讼程序
　第三章　缺席审判程序
　第四章　犯罪嫌疑人、被告人逃匿、死亡案件违法所得的没收程序
　第五章　依法不负刑事责任的精神病人的强制医疗程序
附则

第一编　总则

第一章　任务和基本原则

第一条　为了保证刑法的正确实施，惩罚犯罪，保护人民，保障国家安全和社会公共安全，维护社会主义社会秩序，根据宪法，制定本法。

第二条　中华人民共和国刑事诉讼法的任务，是保证准确、及时地查明犯罪事实，正确应用法律，惩罚犯罪分子，保障无罪的人不受刑事追究，教育公民自觉遵守法律，积极同犯罪行为作斗争，维护社会主义法制，尊重和保障人权，保护公民的人身权利、财产权利、民主权利和其他权利，保障社会主义建设事业的顺利进行。

第三条　对刑事案件的侦查、拘留、执行逮捕、预审，由公安机关负责。检察、批准逮捕、检察机关直接受理的案件的侦查、提起公诉，由人民检察院负责。审判由人民法院负责。除法律特别规定的以外，其他任何机关、团体和个人都无权行使这些权力。

人民法院、人民检察院和公安机关进行刑事诉讼，必须严格遵守本法和其他法律的有关规定。

第四条　国家安全机关依照法律规定，办理危害国家安全的刑事案件，行使与公安机关相同的职权。

第五条　人民法院依照法律规定独立行使审判权，人民检察院依照法律规定独立行使检察权，不受行政机关、社会团体和个人的干涉。

第六条　人民法院、人民检察院和公安机关进行刑事诉讼，必须依靠群众，必须以事实为根据，以法律为准绳。对于一切公民，在适用法律上一律平等，在法律面前，不允许有任何特权。

第七条　人民法院、人民检察院和公安机关进行刑事诉讼,应当分工负责,互相配合,互相制约,以保证准确有效地执行法律。

第八条　人民检察院依法对刑事诉讼实行法律监督。

第九条　各民族公民都有用本民族语言文字进行诉讼的权利。人民法院、人民检察院和公安机关对于不通晓当地通用的语言文字的诉讼参与人,应当为他们翻译。

在少数民族聚居或者多民族杂居的地区,应当用当地通用的语言进行审讯,用当地通用的文字发布判决书、布告和其他文件。

第十条　人民法院审判案件,实行两审终审制。

第十一条　人民法院审判案件,除本法另有规定的以外,一律公开进行。被告人有权获得辩护,人民法院有义务保证被告人获得辩护。

第十二条　未经人民法院依法判决,对任何人都不得确定有罪。

第十三条　人民法院审判案件,依照本法实行人民陪审员陪审的制度。

第十四条　人民法院、人民检察院和公安机关应当保障犯罪嫌疑人、被告人和其他诉讼参与人依法享有的辩护权和其他诉讼权利。

诉讼参与人对于审判人员、检察人员和侦查人员侵犯公民诉讼权利和人身侮辱的行为,有权提出控告。

第十五条　犯罪嫌疑人、被告人自愿如实供述自己的罪行,承认指控的犯罪事实,愿意接受处罚的,可以依法从宽处理。

第十六条　有下列情形之一的,不追究刑事责任,已经追究的,应当撤销案件,或者不起诉,或者终止审理,或者宣告无罪:

(一) 情节显著轻微、危害不大,不认为是犯罪的;

(二) 犯罪已过追诉时效期限的;

(三) 经特赦令免除刑罚的;

(四) 依照刑法告诉才处理的犯罪,没有告诉或者撤回告诉的;

(五) 犯罪嫌疑人、被告人死亡的;

(六) 其他法律规定免予追究刑事责任的。

第十七条　对于外国人犯罪应当追究刑事责任的,适用本法的规定。

对于享有外交特权和豁免权的外国人犯罪应当追究刑事责任的,通过外交途径解决。

第十八条　根据中华人民共和国缔结或者参加的国际条约,或者按照互惠原则,我国司法机关和外国司法机关可以相互请求刑事司法协助。

第二章　管　辖

第十九条　刑事案件的侦查由公

安机关进行,法律另有规定的除外。

人民检察院在对诉讼活动实行法律监督中发现的司法工作人员利用职权实施的非法拘禁、刑讯逼供、非法搜查等侵犯公民权利、损害司法公正的犯罪,可以由人民检察院立案侦查。对于公安机关管辖的国家机关工作人员利用职权实施的重大犯罪案件,需要由人民检察院直接受理的时候,经省级以上人民检察院决定,可以由人民检察院立案侦查。

自诉案件,由人民法院直接受理。

第二十条　基层人民法院管辖第一审普通刑事案件,但是依照本法由上级人民法院管辖的除外。

第二十一条　中级人民法院管辖下列第一审刑事案件:

(一)危害国家安全、恐怖活动案件;

(二)可能判处无期徒刑、死刑的案件。

第二十二条　高级人民法院管辖的第一审刑事案件,是全省(自治区、直辖市)性的重大刑事案件。

第二十三条　最高人民法院管辖的第一审刑事案件,是全国性的重大刑事案件。

第二十四条　上级人民法院在必要的时候,可以审判下级人民法院管辖的第一审刑事案件;下级人民法院认为案情重大、复杂需要由上级人民法院审判的第一审刑事案件,可以请求移送上一级人民法院审判。

第二十五条　刑事案件由犯罪地的人民法院管辖。如果由被告人居住地的人民法院审判更为适宜的,可以由被告人居住地的人民法院管辖。

第二十六条　几个同级人民法院都有权管辖的案件,由最初受理的人民法院审判。在必要的时候,可以移送主要犯罪地的人民法院审判。

第二十七条　上级人民法院可以指定下级人民法院审判管辖不明的案件,也可以指定下级人民法院将案件移送其他人民法院审判。

第二十八条　专门人民法院案件的管辖另行规定。

第三章　回避

第二十九条　审判人员、检察人员、侦查人员有下列情形之一的,应当自行回避,当事人及其法定代理人也有权要求他们回避:

(一)是本案的当事人或者是当事人的近亲属的;

(二)本人或他的近亲属和本案有利害关系的;

(三)担任过本案的证人、鉴定人、辩护人、诉讼代理人的;

(四)与本案当事人有其他关系,可能影响公正处理案件的。

第三十条　审判人员、检察人员、

侦查人员不得接受当事人及其委托的人的请客送礼,不得违反规定会见当事人及其委托的人。

审判人员、检察人员、侦查人员违反前款规定的,应当依法追究法律责任。当事人及其法定代理人有权要求他们回避。

第三十一条 审判人员、检察人员、侦查人员的回避,应当分别由院长、检察长、公安机关负责人决定;院长的回避,由本院审判委员会决定;检察长和公安机关负责人的回避,由同级人民检察院检察委员会决定。

对侦查人员的回避作出决定前,侦查人员不能停止对案件的侦查。

对驳回申请回避的决定,当事人及其法定代理人可以申请复议一次。

第三十二条 本章关于回避的规定适用于书记员、翻译人员和鉴定人。

辩护人、诉讼代理人可以依照本章的规定要求回避、申请复议。

第四章 辩护与代理

第三十三条 犯罪嫌疑人、被告人除自己行使辩护权以外,还可以委托一至二人作为辩护人。下列的人可以被委托为辩护人:

(一)律师;

(二)人民团体或者犯罪嫌疑人、被告人所在单位推荐的人;

(三)犯罪嫌疑人、被告人的监护人、亲友。

正在被执行刑罚或者依法被剥夺、限制人身自由的人,不得担任辩护人。

被开除公职和被吊销律师、公证员执业证书的人,不得担任辩护人,但系犯罪嫌疑人、被告人的监护人、近亲属的除外。

第三十四条 犯罪嫌疑人自被侦查机关第一次讯问或者采取强制措施之日起,有权委托辩护人;在侦查期间,只能委托律师作为辩护人。被告人有权随时委托辩护人。

侦查机关在第一次讯问犯罪嫌疑人或者对犯罪嫌疑人采取强制措施的时候,应当告知犯罪嫌疑人有权委托辩护人。人民检察院自收到移送审查起诉的案件材料之日起三日以内,应当告知犯罪嫌疑人有权委托辩护人。人民法院自受理案件之日起三日以内,应当告知被告人有权委托辩护人。犯罪嫌疑人、被告人在押期间要求委托辩护人的,人民法院、人民检察院和公安机关应当及时转达其要求。

犯罪嫌疑人、被告人在押的,也可以由其监护人、近亲属代为委托辩护人。

辩护人接受犯罪嫌疑人、被告人委托后,应当及时告知办理案件的机关。

第三十五条 犯罪嫌疑人、被告

人因经济困难或者其他原因没有委托辩护人的，本人及其近亲属可以向法律援助机构提出申请。对符合法律援助条件的，法律援助机构应当指派律师为其提供辩护。

犯罪嫌疑人、被告人是盲、聋、哑人，或者是尚未完全丧失辨认或者控制自己行为能力的精神病人，没有委托辩护人的，人民法院、人民检察院和公安机关应当通知法律援助机构指派律师为其提供辩护。

犯罪嫌疑人、被告人可能被判处无期徒刑、死刑，没有委托辩护人的，人民法院、人民检察院和公安机关应当通知法律援助机构指派律师为其提供辩护。

第三十六条 法律援助机构可以在人民法院、看守所等场所派驻值班律师。犯罪嫌疑人、被告人没有委托辩护人，法律援助机构没有指派律师为其提供辩护的，由值班律师为犯罪嫌疑人、被告人提供法律咨询、程序选择建议、申请变更强制措施、对案件处理提出意见等法律帮助。

人民法院、人民检察院、看守所应当告知犯罪嫌疑人、被告人有权约见值班律师，并为犯罪嫌疑人、被告人约见值班律师提供便利。

第三十七条 辩护人的责任是根据事实和法律，提出犯罪嫌疑人、被告人无罪、罪轻或者减轻、免除其刑事责任的材料和意见，维护犯罪嫌疑人、被告人的诉讼权利和其他合法权益。

第三十八条 辩护律师在侦查期间可以为犯罪嫌疑人提供法律帮助；代理申诉、控告；申请变更强制措施；向侦查机关了解犯罪嫌疑人涉嫌的罪名和案件有关情况，提出意见。

第三十九条 辩护律师可以同在押的犯罪嫌疑人、被告人会见和通信。其他辩护人经人民法院、人民检察院许可，也可以同在押的犯罪嫌疑人、被告人会见和通信。

辩护律师持律师执业证书、律师事务所证明和委托书或者法律援助公函要求会见在押的犯罪嫌疑人、被告人的，看守所应当及时安排会见，至迟不得超过四十八小时。

危害国家安全犯罪、恐怖活动犯罪案件，在侦查期间辩护律师会见在押的犯罪嫌疑人，应当经侦查机关许可。上述案件，侦查机关应当事先通知看守所。

辩护律师会见在押的犯罪嫌疑人、被告人，可以了解案件有关情况，提供法律咨询等；自案件移送审查起诉之日起，可以向犯罪嫌疑人、被告人核实有关证据。辩护律师会见犯罪嫌疑人、被告人时不被监听。

辩护律师同被监视居住的犯罪嫌疑人、被告人会见、通信，适用第一款、第三款、第四款的规定。

第四十条 辩护律师自人民检察院对案件审查起诉之日起,可以查阅、摘抄、复制本案的案卷材料。其他辩护人经人民法院、人民检察院许可,也可以查阅、摘抄、复制上述材料。

第四十一条 辩护人认为在侦查、审查起诉期间公安机关、人民检察院收集的证明犯罪嫌疑人、被告人无罪或者罪轻的证据材料未提交的,有权申请人民检察院、人民法院调取。

第四十二条 辩护人收集的有关犯罪嫌疑人不在犯罪现场、未达到刑事责任年龄、属于依法不负刑事责任的精神病人的证据,应当及时告知公安机关、人民检察院。

第四十三条 辩护律师经证人或者其他有关单位和个人同意,可以向他们收集与本案有关的材料,也可以申请人民检察院、人民法院收集、调取证据,或者申请人民法院通知证人出庭作证。

辩护律师经人民检察院或者人民法院许可,并且经被害人或者其近亲属、被害人提供的证人同意,可以向他们收集与本案有关的材料。

第四十四条 辩护人或者其他任何人,不得帮助犯罪嫌疑人、被告人隐匿、毁灭、伪造证据或者串供,不得威胁、引诱证人作伪证以及进行其他干扰司法机关诉讼活动的行为。

违反前款规定的,应当依法追究法律责任,辩护人涉嫌犯罪的,应当由办理辩护人所承办案件的侦查机关以外的侦查机关办理。辩护人是律师的,应当及时通知其所在的律师事务所或者所属的律师协会。

第四十五条 在审判过程中,被告人可以拒绝辩护人继续为他辩护,也可以另行委托辩护人辩护。

第四十六条 公诉案件的被害人及其法定代理人或者近亲属,附带民事诉讼的当事人及其法定代理人,自案件移送审查起诉之日起,有权委托诉讼代理人。自诉案件的自诉人及其法定代理人,附带民事诉讼的当事人及其法定代理人,有权随时委托诉讼代理人。

人民检察院自收到移送审查起诉的案件材料之日起三日以内,应当告知被害人及其法定代理人或者其近亲属、附带民事诉讼的当事人及其法定代理人有权委托诉讼代理人。人民法院自受理自诉案件之日起三日以内,应当告知自诉人及其法定代理人、附带民事诉讼的当事人及其法定代理人有权委托诉讼代理人。

第四十七条 委托诉讼代理人,参照本法第三十三条的规定执行。

第四十八条 辩护律师对在执业活动中知悉的委托人的有关情况和信息,有权予以保密。但是,辩护律师在执业活动中知悉委托人或者其他人,准备或者正在实施危害国家安全、公共安全以及严重危害他人人身安全的犯罪的,应当及时告知司法机关。

第四十九条　辩护人、诉讼代理人认为公安机关、人民检察院、人民法院及其工作人员阻碍其依法行使诉讼权利的,有权向同级或者上一级人民检察院申诉或者控告。人民检察院对申诉或者控告应当及时进行审查,情况属实的,通知有关机关予以纠正。

第五章　证据

第五十条　可以用于证明案件事实的材料,都是证据。

证据包括:

(一)物证;

(二)书证;

(三)证人证言;

(四)被害人陈述;

(五)犯罪嫌疑人、被告人供述和辩解;

(六)鉴定意见;

(七)勘验、检查、辨认、侦查实验等笔录;

(八)视听资料、电子数据。

证据必须经过查证属实,才能作为定案的根据。

第五十一条　公诉案件中被告人有罪的举证责任由人民检察院承担,自诉案件中被告人有罪的举证责任由自诉人承担。

第五十二条　审判人员、检察人员、侦查人员必须依照法定程序,收集能够证实犯罪嫌疑人、被告人有罪或者无罪、犯罪情节轻重的各种证据。严禁刑讯逼供和以威胁、引诱、欺骗以及其他非法方法收集证据,不得强迫任何人证实自己有罪。必须保证一切与案件有关或者了解案情的公民,有客观地充分地提供证据的条件,除特殊情况外,可以吸收他们协助调查。

第五十三条　公安机关提请批准逮捕书、人民检察院起诉书、人民法院判决书,必须忠实于事实真相。故意隐瞒事实真相的,应当追究责任。

第五十四条　人民法院、人民检察院和公安机关有权向有关单位和个人收集、调取证据。有关单位和个人应当如实提供证据。

行政机关在行政执法和查办案件过程中收集的物证、书证、视听资料、电子数据等证据材料,在刑事诉讼中可以作为证据使用。

对涉及国家秘密、商业秘密、个人隐私的证据,应当保密。

凡是伪造证据、隐匿证据或者毁灭证据的,无论属于何方,必须受法律追究。

第五十五条　对一切案件的判处都要重证据,重调查研究,不轻信口供。只有被告人供述,没有其他证据的,不能认定被告人有罪和处以刑罚;

没有被告人供述，证据确实、充分的，可以认定被告人有罪和处以刑罚。

证据确实、充分，应当符合以下条件：

（一）定罪量刑的事实都有证据证明；

（二）据以定案的证据均经法定程序查证属实；

（三）综合全案证据，对所认定事实已排除合理怀疑。

第五十六条 采用刑讯逼供等非法方法收集的犯罪嫌疑人、被告人供述和采用暴力、威胁等非法方法收集的证人证言、被害人陈述，应当予以排除。收集物证、书证不符合法定程序，可能严重影响司法公正的，应当予以补正或者作出合理解释；不能补正或者作出合理解释的，对该证据应当予以排除。

在侦查、审查起诉、审判时发现有应当排除的证据的，应当依法予以排除，不得作为起诉意见、起诉决定和判决的依据。

第五十七条 人民检察院接到报案、控告、举报或者发现侦查人员以非法方法收集证据的，应当进行调查核实。对于确有以非法方法收集证据情形的，应当提出纠正意见；构成犯罪的，依法追究刑事责任。

第五十八条 法庭审理过程中，审判人员认为可能存在本法第五十六条规定的以非法方法收集证据情形的，应当对证据收集的合法性进行法庭调查。

当事人及其辩护人、诉讼代理人有权申请人民法院对以非法方法收集的证据依法予以排除。申请排除以非法方法收集的证据的，应当提供相关线索或者材料。

第五十九条 在对证据收集的合法性进行法庭调查的过程中，人民检察院应当对证据收集的合法性加以证明。

现有证据材料不能证明证据收集的合法性的，人民检察院可以提请人民法院通知有关侦查人员或者其他人员出庭说明情况；人民法院可以通知有关侦查人员或者其他人员出庭说明情况。有关侦查人员或者其他人员也可以要求出庭说明情况。经人民法院通知，有关人员应当出庭。

第六十条 对于经过法庭审理，确认或者不能排除存在本法第五十六条规定的以非法方法收集证据情形的，对有关证据应当予以排除。

第六十一条 证人证言必须在法庭上经过公诉人、被害人和被告人、辩护人双方质证并且查实以后，才能作为定案的根据。法庭查明证人有意作伪证或者隐匿罪证的时候，应当依法处理。

第六十二条 凡是知道案件情况

的人,都有作证的义务。

生理上、精神上有缺陷或者年幼,不能辨别是非、不能正确表达的人,不能作证。

第六十三条 人民法院、人民检察院和公安机关应当保障证人及其近亲属的安全。

对证人及其近亲属进行威胁、侮辱、殴打或者打击报复,构成犯罪的,依法追究刑事责任;尚不够刑事处罚的,依法给予治安管理处罚。

第六十四条 对于危害国家安全犯罪、恐怖活动犯罪、黑社会性质的组织犯罪、毒品犯罪等案件,证人、鉴定人、被害人因在诉讼中作证,本人或者其近亲属的人身安全面临危险的,人民法院、人民检察院和公安机关应当采取以下一项或者多项保护措施:

(一)不公开真实姓名、住址和工作单位等个人信息;

(二)采取不暴露外貌、真实声音等出庭作证措施;

(三)禁止特定的人员接触证人、鉴定人、被害人及其近亲属;

(四)对人身和住宅采取专门性保护措施;

(五)其他必要的保护措施。

证人、鉴定人、被害人认为因在诉讼中作证,本人或者其近亲属的人身安全面临危险的,可以向人民法院、人民检察院、公安机关请求予以保护。

人民法院、人民检察院、公安机关依法采取保护措施,有关单位和个人应当配合。

第六十五条 证人因履行作证义务而支出的交通、住宿、就餐等费用,应当给予补助。证人作证的补助列入司法机关业务经费,由同级政府财政予以保障。

有工作单位的证人作证,所在单位不得克扣或者变相克扣其工资、奖金及其他福利待遇。

第六章 强制措施

第六十六条 人民法院、人民检察院和公安机关根据案件情况,对犯罪嫌疑人、被告人可以拘传、取保候审或者监视居住。

第六十七条 人民法院、人民检察院和公安机关对有下列情形之一的犯罪嫌疑人、被告人,可以取保候审:

(一)可能判处管制、拘役或者独立适用附加刑的;

(二)可能判处有期徒刑以上刑罚,采取取保候审不致发生社会危险性的;

(三)患有严重疾病、生活不能自理,怀孕或者正在哺乳自己婴儿的妇女,采取取保候审不致发生社会危险性的;

(四)羁押期限届满,案件尚未办结,需要采取取保候审的。

取保候审由公安机关执行。

第六十八条 人民法院、人民检察院和公安机关决定对犯罪嫌疑人、被告人取保候审，应当责令犯罪嫌疑人、被告人提出保证人或者交纳保证金。

第六十九条 保证人必须符合下列条件：

（一）与本案无牵连；

（二）有能力履行保证义务；

（三）享有政治权利，人身自由未受到限制；

（四）有固定的住处和收入。

第七十条 保证人应当履行以下义务：

（一）监督被保证人遵守本法第七十一条的规定；

（二）发现被保证人可能发生或者已经发生违反本法第七十一条规定的行为的，应当及时向执行机关报告。

被保证人有违反本法第七十一条规定的行为，保证人未履行保证义务的，对保证人处以罚款，构成犯罪的，依法追究刑事责任。

第七十一条 被取保候审的犯罪嫌疑人、被告人应当遵守以下规定：

（一）未经执行机关批准不得离开所居住的市、县；

（二）住址、工作单位和联系方式发生变动的，在二十四小时以内向执行机关报告；

（三）在传讯的时候及时到案；

（四）不得以任何形式干扰证人作证；

（五）不得毁灭、伪造证据或者串供。

人民法院、人民检察院和公安机关可以根据案件情况，责令被取保候审的犯罪嫌疑人、被告人遵守以下一项或者多项规定：

（一）不得进入特定的场所；

（二）不得与特定的人员会见或者通信；

（三）不得从事特定的活动；

（四）将护照等出入境证件、驾驶证件交执行机关保存。

被取保候审的犯罪嫌疑人、被告人违反前两款规定，已交纳保证金的，没收部分或者全部保证金，并且区别情形，责令犯罪嫌疑人、被告人具结悔过、重新交纳保证金、提出保证人，或者监视居住、予以逮捕。

对违反取保候审规定，需要予以逮捕的，可以对犯罪嫌疑人、被告人先行拘留。

第七十二条 取保候审的决定机关应当综合考虑保证诉讼活动正常进行的需要、被取保候审人的社会危险性、案件的性质、情节、可能判处刑罚的轻重、被取保候审人的经济状况等情况，确定保证金的数额。

提供保证金的人应当将保证金存

入执行机关指定银行的专门账户。

第七十三条 犯罪嫌疑人、被告人在取保候审期间未违反本法第七十一条规定的,取保候审结束的时候,凭解除取保候审的通知或者有关法律文书到银行领取退还的保证金。

第七十四条 人民法院、人民检察院和公安机关对符合逮捕条件,有下列情形之一的犯罪嫌疑人、被告人,可以监视居住:

(一)患有严重疾病、生活不能自理的;

(二)怀孕或者正在哺乳自己婴儿的妇女;

(三)系生活不能自理的人的唯一扶养人;

(四)因为案件的特殊情况或者办理案件的需要,采取监视居住措施更为适宜的;

(五)羁押期限届满,案件尚未办结,需要采取监视居住措施的。

对符合取保候审条件,但犯罪嫌疑人、被告人不能提出保证人,也不交纳保证金的,可以监视居住。

监视居住由公安机关执行。

第七十五条 监视居住应当在犯罪嫌疑人、被告人的住处执行;无固定住处的,可以在指定的居所执行。对于涉嫌危害国家安全犯罪、恐怖活动犯罪,在住处执行可能有碍侦查的,经上一级公安机关批准,也可以在指定的居所执行。但是,不得在羁押场所、专门的办案场所执行。

指定居所监视居住的,除无法通知的以外,应当在执行监视居住后二十四小时以内,通知被监视居住人的家属。

被监视居住的犯罪嫌疑人、被告人委托辩护人,适用本法第三十四条的规定。

人民检察院对指定居所监视居住的决定和执行是否合法实行监督。

第七十六条 指定居所监视居住的期限应当折抵刑期。被判处管制的,监视居住一日折抵刑期一日;被判处拘役、有期徒刑的,监视居住二日折抵刑期一日。

第七十七条 被监视居住的犯罪嫌疑人、被告人应当遵守以下规定:

(一)未经执行机关批准不得离开执行监视居住的处所;

(二)未经执行机关批准不得会见他人或者通信;

(三)在传讯的时候及时到案;

(四)不得以任何形式干扰证人作证;

(五)不得毁灭、伪造证据或者串供;

(六)将护照等出入境证件、身份证件、驾驶证件交执行机关保存。

被监视居住的犯罪嫌疑人、被告人违反前款规定,情节严重的,可以予以逮捕；需要予以逮捕的，可以对犯罪嫌疑人、被告人先行拘留。

第七十八条 执行机关对被监视居住的犯罪嫌疑人、被告人，可以采取电子监控、不定期检查等监视方法对其遵守监视居住规定的情况进行监督；在侦查期间，可以对被监视居住的犯罪嫌疑人的通信进行监控。

第七十九条 人民法院、人民检察院和公安机关对犯罪嫌疑人、被告人取保候审最长不得超过十二个月，监视居住最长不得超过六个月。

在取保候审、监视居住期间，不得中断对案件的侦查、起诉和审理。对于发现不应当追究刑事责任或者取保候审、监视居住期限届满的，应当及时解除取保候审、监视居住。解除取保候审、监视居住，应当及时通知被取保候审、监视居住人和有关单位。

第八十条 逮捕犯罪嫌疑人、被告人，必须经过人民检察院批准或者人民法院决定，由公安机关执行。

第八十一条 对有证据证明有犯罪事实，可能判处徒刑以上刑罚的犯罪嫌疑人、被告人，采取取保候审尚不足以防止发生下列社会危险性的，应当予以逮捕：

（一）可能实施新的犯罪的；

（二）有危害国家安全、公共安全或者社会秩序的现实危险的；

（三）可能毁灭、伪造证据，干扰证人作证或者串供的；

（四）可能对被害人、举报人、控告人实施打击报复的；

（五）企图自杀或者逃跑的。

批准或者决定逮捕，应当将犯罪嫌疑人、被告人涉嫌犯罪的性质、情节，认罪认罚等情况，作为是否可能发生社会危险性的考虑因素。

对有证据证明有犯罪事实，可能判处十年有期徒刑以上刑罚的，或者有证据证明有犯罪事实，可能判处徒刑以上刑罚，曾经故意犯罪或者身份不明的，应当予以逮捕。

被取保候审、监视居住的犯罪嫌疑人、被告人违反取保候审、监视居住规定，情节严重的，可以予以逮捕。

第八十二条 公安机关对于现行犯或者重大嫌疑分子，如果有下列情形之一的，可以先行拘留：

（一）正在预备犯罪、实行犯罪或者在犯罪后即时被发觉的；

（二）被害人或者在场亲眼看见的人指认他犯罪的；

（三）在身边或者住处发现有犯罪证据的；

（四）犯罪后企图自杀、逃跑或者在逃的；

（五）有毁灭、伪造证据或者串供可能的；

（六）不讲真实姓名、住址，身份不明的；

（七）有流窜作案、多次作案、结伙作案重大嫌疑的。

第八十三条 公安机关在异地执行拘留、逮捕的时候，应当通知被拘留、逮捕人所在地的公安机关，被拘留、逮捕人所在地的公安机关应当予以配合。

第八十四条 对于有下列情形的人，任何公民都可以立即扭送公安机关、人民检察院或者人民法院处理：

（一）正在实行犯罪或者在犯罪后即时被发觉的；

（二）通缉在案的；

（三）越狱逃跑的；

（四）正在被追捕的。

第八十五条 公安机关拘留人的时候，必须出示拘留证。

拘留后，应当立即将被拘留人送看守所羁押，至迟不得超过二十四小时。除无法通知或者涉嫌危害国家安全犯罪、恐怖活动犯罪通知可能有碍侦查的情形以外，应当在拘留后二十四小时以内，通知被拘留人的家属。有碍侦查的情形消失以后，应当立即通知被拘留人的家属。

第八十六条 公安机关对被拘留的人，应当在拘留后的二十四小时以内进行讯问。在发现不应当拘留的时候，必须立即释放，发给释放证明。

第八十七条 公安机关要求逮捕犯罪嫌疑人的时候，应当写出提请批准逮捕书，连同案卷材料、证据，一并移送同级人民检察院审查批准。必要的时候，人民检察院可以派人参加公安机关对于重大案件的讨论。

第八十八条 人民检察院审查批准逮捕，可以讯问犯罪嫌疑人；有下列情形之一的，应当讯问犯罪嫌疑人：

（一）对是否符合逮捕条件有疑问的；

（二）犯罪嫌疑人要求向检察人员当面陈述的；

（三）侦查活动可能有重大违法行为的。

人民检察院审查批准逮捕，可以询问证人等诉讼参与人，听取辩护律师的意见；辩护律师提出要求的，应当听取辩护律师的意见。

第八十九条 人民检察院审查批准逮捕犯罪嫌疑人由检察长决定。重大案件应当提交检察委员会讨论决定。

第九十条 人民检察院对于公安机关提请批准逮捕的案件进行审查后，应当根据情况分别作出批准逮捕或者不批准逮捕的决定。对于批准逮捕的决定，公安机关应当立即执行，并且将执行情况及时通知人民检察院。对于不批准逮捕的，人民检察院应当说明理由，需要补充侦查的，应当同时通知公安机关。

第九十一条 公安机关对被拘留

的人，认为需要逮捕的，应当在拘留后的三日以内，提请人民检察院审查批准。在特殊情况下，提请审查批准的时间可以延长一日至四日。

对于流窜作案、多次作案、结伙作案的重大嫌疑分子，提请审查批准的时间可以延长至三十日。

人民检察院应当自接到公安机关提请批准逮捕书后的七日以内，作出批准逮捕或者不批准逮捕的决定。人民检察院不批准逮捕的，公安机关应当在接到通知后立即释放，并且将执行情况及时通知人民检察院。对于需要继续侦查，并且符合取保候审、监视居住条件的，依法取保候审或者监视居住。

第九十二条 公安机关对人民检察院不批准逮捕的决定，认为有错误的时候，可以要求复议，但是必须将被拘留的人立即释放。如果意见不被接受，可以向上一级人民检察院提请复核。上级人民检察院应当立即复核，作出是否变更的决定，通知下级人民检察院和公安机关执行。

第九十三条 公安机关逮捕人的时候，必须出示逮捕证。

逮捕后，应当立即将被逮捕人送看守所羁押。除无法通知的以外，应当在逮捕后二十四小时以内，通知被逮捕人的家属。

第九十四条 人民法院、人民检察院对于各自决定逮捕的人，公安机关对于经人民检察院批准逮捕的人，都必须在逮捕后的二十四小时以内进行讯问。在发现不应当逮捕的时候，必须立即释放，发给释放证明。

第九十五条 犯罪嫌疑人、被告人被逮捕后，人民检察院仍应当对羁押的必要性进行审查。对不需要继续羁押的，应当建议予以释放或者变更强制措施。有关机关应当在十日以内将处理情况通知人民检察院。

第九十六条 人民法院、人民检察院和公安机关如果发现对犯罪嫌疑人、被告人采取强制措施不当的，应当及时撤销或者变更。公安机关释放被逮捕的人或者变更逮捕措施的，应当通知原批准的人民检察院。

第九十七条 犯罪嫌疑人、被告人及其法定代理人、近亲属或者辩护人有权申请变更强制措施。人民法院、人民检察院和公安机关收到申请后，应当在三日以内作出决定；不同意变更强制措施的，应当告知申请人，并说明不同意的理由。

第九十八条 犯罪嫌疑人、被告人被羁押的案件，不能在本法规定的侦查羁押、审查起诉、一审、二审期限内办结的，对犯罪嫌疑人、被告人应当予以释放；需要继续查证、审理的，对犯罪嫌疑人、被告人可以取保候审或者监视居住。

第九十九条 人民法院、人民检察院或者公安机关对被采取强制措施法定期限届满的犯罪嫌疑人、被告人,应当予以释放、解除取保候审、监视居住或者依法变更强制措施。犯罪嫌疑人、被告人及其法定代理人、近亲属或者辩护人对于人民法院、人民检察院或者公安机关采取强制措施法定期限届满的,有权要求解除强制措施。

第一百条 人民检察院在审查批准逮捕工作中,如果发现公安机关的侦查活动有违法情况,应当通知公安机关予以纠正,公安机关应当将纠正情况通知人民检察院。

第七章 附带民事诉讼

第一百零一条 被害人由于被告人的犯罪行为而遭受物质损失的,在刑事诉讼过程中,有权提起附带民事诉讼。被害人死亡或者丧失行为能力的,被害人的法定代理人、近亲属有权提起附带民事诉讼。

如果是国家财产、集体财产遭受损失的,人民检察院在提起公诉的时候,可以提起附带民事诉讼。

第一百零二条 人民法院在必要的时候,可以采取保全措施,查封、扣押或者冻结被告人的财产。附带民事诉讼原告人或者人民检察院可以申请人民法院采取保全措施。人民法院采取保全措施,适用民事诉讼法的有关规定。

第一百零三条 人民法院审理附带民事诉讼案件,可以进行调解,或者根据物质损失情况作出判决、裁定。

第一百零四条 附带民事诉讼应当同刑事案件一并审判,只有为了防止刑事案件审判的过分迟延,才可以在刑事案件审判后,由同一审判组织继续审理附带民事诉讼。

第八章 期间、送达

第一百零五条 期间以时、日、月计算。

期间开始的时和日不算在期间以内。

法定期间不包括路途上的时间。上诉状或者其他文件在期满前已经交邮的,不算过期。

期间的最后一日为节假日的,以节假日后的第一日为期满日期,但犯罪嫌疑人、被告人或者罪犯在押期间,应当至期满之日为止,不得因节假日而延长。

第一百零六条 当事人由于不能抗拒的原因或者有其他正当理由而耽误期限的,在障碍消除后五日以内,可以申请继续进行应当在期满以前完成的诉讼活动。

前款申请是否准许,由人民法院裁定。

第一百零七条 送达传票、通知

书和其他诉讼文件应当交给收件人本人；如果本人不在，可以交给他的成年家属或者所在单位的负责人员代收。

收件人本人或者代收人拒绝接收或者拒绝签名、盖章的时候，送达人可以邀请他的邻居或者其他见证人到场，说明情况，把文件留在他的住处，在送达证上记明拒绝的事由、送达的日期，由送达人签名，即认为已经送达。

第九章　其他规定

第一百零八条　本法下列用语的含意是：

（一）"侦查"是指公安机关、人民检察院对于刑事案件，依照法律进行的收集证据、查明案情的工作和有关的强制性措施；

（二）"当事人"是指被害人、自诉人、犯罪嫌疑人、被告人、附带民事诉讼的原告人和被告人；

（三）"法定代理人"是指被代理人的父母、养父母、监护人和负有保护责任的机关、团体的代表；

（四）"诉讼参与人"是指当事人、法定代理人、诉讼代理人、辩护人、证人、鉴定人和翻译人员；

（五）"诉讼代理人"是指公诉案件的被害人及其法定代理人或者近亲属、自诉案件的自诉人及其法定代理人委托代为参加诉讼的人和附带民事诉讼的当事人及其法定代理人委托代为参加诉讼的人；

（六）"近亲属"是指夫、妻、父、母、子、女、同胞兄弟姊妹。

第二编　立案、侦查和提起公诉

第一章　立案

第一百零九条　公安机关或者人民检察院发现犯罪事实或者犯罪嫌疑人，应当按照管辖范围，立案侦查。

第一百一十条　任何单位和个人发现有犯罪事实或者犯罪嫌疑人，有权利也有义务向公安机关、人民检察院或者人民法院报案或者举报。

被害人对侵犯其人身、财产权利的犯罪事实或者犯罪嫌疑人，有权向公安机关、人民检察院或者人民法院报案或者控告。

公安机关、人民检察院或者人民法院对于报案、控告、举报，都应当接受。对于不属于自己管辖的，应当移送主管机关处理，并且通知报案人、控告人、举报人；对于不属于自己管辖而又必须采取紧急措施的，应当先采取紧急措施，然后移送主管机关。

犯罪人向公安机关、人民检察院或者人民法院自首的，适用第三款规定。

第一百一十一条　报案、控告、举报可以用书面或者口头提出。接受口头报案、控告、举报的工作人员，应当写成笔录，经宣读无误后，由报案人、控告人、举报人签名或者盖章。

接受控告、举报的工作人员，应当向控告人、举报人说明诬告应负的法律责任。但是，只要不是捏造事实，伪造证据，即使控告、举报的事实有出入，甚至是错告的，也要和诬告严格加以区别。

公安机关、人民检察院或者人民法院应当保障报案人、控告人、举报人及其近亲属的安全。报案人、控告人、举报人如果不愿公开自己的姓名和报案、控告、举报的行为，应当为他保守秘密。

第一百一十二条 人民法院、人民检察院或者公安机关对于报案、控告、举报和自首的材料，应当按照管辖范围，迅速进行审查，认为有犯罪事实需要追究刑事责任的时候，应当立案；认为没有犯罪事实，或者犯罪事实显著轻微，不需要追究刑事责任的时候，不予立案，并且将不立案的原因通知控告人。控告人如果不服，可以申请复议。

第一百一十三条 人民检察院认为公安机关对应当立案侦查的案件而不立案侦查的，或者被害人认为公安机关对应当立案侦查的案件而不立案侦查，向人民检察院提出的，人民检察院应当要求公安机关说明不立案的理由。人民检察院认为公安机关不立案理由不能成立的，应当通知公安机关立案，公安机关接到通知后应当立案。

第一百一十四条 对于自诉案件，被害人有权向人民法院直接起诉。被害人死亡或者丧失行为能力的，被害人的法定代理人、近亲属有权向人民法院起诉。人民法院应当依法受理。

第二章 侦查

第一节 一般规定

第一百一十五条 公安机关对已经立案的刑事案件，应当进行侦查，收集、调取犯罪嫌疑人有罪或者无罪、罪轻或者罪重的证据材料。对现行犯或者重大嫌疑分子可以依法先行拘留，对符合逮捕条件的犯罪嫌疑人，应当依法逮捕。

第一百一十六条 公安机关经过侦查，对有证据证明有犯罪事实的案件，应当进行预审，对收集、调取的证据材料予以核实。

第一百一十七条 当事人和辩护人、诉讼代理人、利害关系人对于司法机关及其工作人员有下列行为之一的，有权向该机关申诉或者控告：

（一）采取强制措施法定期限届满，不予以释放、解除或者变更的；

（二）应当退还取保候审保证金不退还的；

（三）对与案件无关的财物采取

查封、扣押、冻结措施的；

（四）应当解除查封、扣押、冻结不解除的；

（五）贪污、挪用、私分、调换、违反规定使用查封、扣押、冻结的财物的。

受理申诉或者控告的机关应当及时处理。对处理不服的，可以向同级人民检察院申诉；人民检察院直接受理的案件，可以向上一级人民检察院申诉。人民检察院对申诉应当及时进行审查，情况属实，通知有关机关予以纠正。

第二节 讯问犯罪嫌疑人

第一百一十八条 讯问犯罪嫌疑人必须由人民检察院或者公安机关的侦查人员负责进行。讯问的时候，侦查人员不得少于二人。

犯罪嫌疑人被送交看守所羁押以后，侦查人员对其进行讯问，应当在看守所内进行。

第一百一十九条 对不需要逮捕、拘留的犯罪嫌疑人，可以传唤到犯罪嫌疑人所在市、县内的指定地点或者到他的住处进行讯问，但是应当出示人民检察院或者公安机关的证明文件。对在现场发现的犯罪嫌疑人，经出示工作证件，可以口头传唤，但应当在讯问笔录中注明。

传唤、拘传持续的时间不得超过十二小时；案情特别重大、复杂，需要采取拘留、逮捕措施的，传唤、拘传持续的时间不得超过二十四小时。

不得以连续传唤、拘传的形式变相拘禁犯罪嫌疑人。传唤、拘传犯罪嫌疑人，应当保证犯罪嫌疑人的饮食和必要的休息时间。

第一百二十条 侦查人员在讯问犯罪嫌疑人的时候，应当首先讯问犯罪嫌疑人是否有犯罪行为，让他陈述有罪的情节或者无罪的辩解，然后向他提出问题。犯罪嫌疑人对侦查人员的提问，应当如实回答。但是对与本案无关的问题，有拒绝回答的权利。

侦查人员在讯问犯罪嫌疑人的时候，应当告知犯罪嫌疑人享有的诉讼权利，如实供述自己罪行可以从宽处理和认罪认罚的法律规定。

第一百二十一条 讯问聋、哑的犯罪嫌疑人，应当有通晓聋、哑手势的人参加，并且将这种情况记明笔录。

第一百二十二条 讯问笔录应当交犯罪嫌疑人核对，对于没有阅读能力的，应当向他宣读。如果记载有遗漏或者差错，犯罪嫌疑人可以提出补充或者改正。犯罪嫌疑人承认笔录没有错误后，应当签名或者盖章。侦查人员也应当在笔录上签名。犯罪嫌疑人请求自行书写供述的，应当准许。必要的时候，侦查人员也可以要犯罪嫌疑人亲笔书写供词。

第一百二十三条 侦查人员在讯问犯罪嫌疑人的时候,可以对讯问过程进行录音或者录像;对于可能判处无期徒刑、死刑的案件或者其他重大犯罪案件,应当对讯问过程进行录音或者录像。

录音或者录像应当全程进行,保持完整性。

第三节 询问证人

第一百二十四条 侦查人员询问证人,可以在现场进行,也可以到证人所在单位、住处或者证人提出的地点进行,在必要的时候,可以通知证人到人民检察院或者公安机关提供证言。在现场询问证人,应当出示工作证件,到证人所在单位、住处或者证人提出的地点询问证人,应当出示人民检察院或者公安机关的证明文件。

询问证人应当个别进行。

第一百二十五条 询问证人,应当告知他应当如实地提供证据、证言和有意作伪证或者隐匿罪证要负的法律责任。

第一百二十六条 本法第一百二十二条的规定,也适用于询问证人。

第一百二十七条 询问被害人,适用本节各条规定。

第四节 勘验、检查

第一百二十八条 侦查人员对于与犯罪有关的场所、物品、人身、尸体应当进行勘验或者检查。在必要的时候,可以指派或者聘请具有专门知识的人,在侦查人员的主持下进行勘验、检查。

第一百二十九条 任何单位和个人,都有义务保护犯罪现场,并且立即通知公安机关派员勘验。

第一百三十条 侦查人员执行勘验、检查,必须持有人民检察院或者公安机关的证明文件。

第一百三十一条 对于死因不明的尸体,公安机关有权决定解剖,并且通知死者家属到场。

第一百三十二条 为了确定被害人、犯罪嫌疑人的某些特征、伤害情况或者生理状态,可以对人身进行检查,可以提取指纹信息,采集血液、尿液等生物样本。

犯罪嫌疑人如果拒绝检查,侦查人员认为必要的时候,可以强制检查。

检查妇女的身体,应当由女工作人员或者医师进行。

第一百三十三条 勘验、检查的情况应当写成笔录,由参加勘验、检查的人和见证人签名或者盖章。

第一百三十四条 人民检察院审查案件的时候,对公安机关的勘验、检查,认为需要复验、复查时,可以要求公安机关复验、复查,并且可以派检察人员参加。

第一百三十五条　为了查明案情，在必要的时候，经公安机关负责人批准，可以进行侦查实验。

侦查实验的情况应当写成笔录，由参加实验的人签名或者盖章。

侦查实验，禁止一切足以造成危险、侮辱人格或者有伤风化的行为。

第五节　搜查

第一百三十六条　为了收集犯罪证据、查获犯罪人，侦查人员可以对犯罪嫌疑人以及可能隐藏罪犯或者犯罪证据的人的身体、物品、住处和其他有关的地方进行搜查。

第一百三十七条　任何单位和个人，有义务按照人民检察院和公安机关的要求，交出可以证明犯罪嫌疑人有罪或者无罪的物证、书证、视听资料等证据。

第一百三十八条　进行搜查，必须向被搜查人出示搜查证。

在执行逮捕、拘留的时候，遇有紧急情况，不另用搜查证也可以进行搜查。

第一百三十九条　在搜查的时候，应当有被搜查人或者他的家属，邻居或者其他见证人在场。

搜查妇女的身体，应当由女工作人员进行。

第一百四十条　搜查的情况应当写成笔录，由侦查人员和被搜查人或者他的家属，邻居或者其他见证人签名或者盖章。如果被搜查人或者他的家属在逃或者拒绝签名、盖章，应当在笔录上注明。

第六节　查封、扣押物证、书证

第一百四十一条　在侦查活动中发现的可用以证明犯罪嫌疑人有罪或者无罪的各种财物、文件，应当查封、扣押；与案件无关的财物、文件，不得查封、扣押。

对查封、扣押的财物、文件，要妥善保管或者封存，不得使用、调换或者损毁。

第一百四十二条　对查封、扣押的财物、文件，应当会同在场见证人和被查封、扣押财物、文件持有人查点清楚，当场开列清单一式二份，由侦查人员、见证人和持有人签名或者盖章，一份交给持有人，另一份附卷备查。

第一百四十三条　侦查人员认为需要扣押犯罪嫌疑人的邮件、电报的时候，经公安机关或者人民检察院批准，即可通知邮电机关将有关的邮件、电报检交扣押。

不需要继续扣押的时候，应即通知邮电机关。

第一百四十四条　人民检察院、公安机关根据侦查犯罪的需要，可以依照规定查询、冻结犯罪嫌疑人的存款、汇款、债券、股票、基金份额等财产。有关单位和个人应当配合。

犯罪嫌疑人的存款、汇款、债券、股票、基金份额等财产已被冻结的,不得重复冻结。

第一百四十五条　对查封、扣押的财物、文件、邮件、电报或者冻结的存款、汇款、债券、股票、基金份额等财产,经查明确实与案件无关的,应当在三日以内解除查封、扣押、冻结,予以退还。

第七节　鉴定

第一百四十六条　为了查明案情,需要解决案件中某些专门性问题的时候,应当指派、聘请有专门知识的人进行鉴定。

第一百四十七条　鉴定人进行鉴定后,应当写出鉴定意见,并且签名。

鉴定人故意作虚假鉴定的,应当承担法律责任。

第一百四十八条　侦查机关应当将用作证据的鉴定意见告知犯罪嫌疑人、被害人。如果犯罪嫌疑人、被害人提出申请,可以补充鉴定或者重新鉴定。

第一百四十九条　对犯罪嫌疑人作精神病鉴定的期间不计入办案期限。

第八节　技术侦查措施

第一百五十条　公安机关在立案后,对于危害国家安全犯罪、恐怖活动犯罪、黑社会性质的组织犯罪、重大毒品犯罪或者其他严重危害社会的犯罪案件,根据侦查犯罪的需要,经过严格的批准手续,可以采取技术侦查措施。

人民检察院在立案后,对于利用职权实施的严重侵犯公民人身权利的重大犯罪案件,根据侦查犯罪的需要,经过严格的批准手续,可以采取技术侦查措施,按照规定交有关机关执行。

追捕被通缉或者批准、决定逮捕的在逃的犯罪嫌疑人、被告人,经过批准,可以采取追捕所必需的技术侦查措施。

第一百五十一条　批准决定应当根据侦查犯罪的需要,确定采取技术侦查措施的种类和适用对象。批准决定自签发之日起三个月以内有效。对于不需要继续采取技术侦查措施的,应当及时解除;对于复杂、疑难案件,期限届满仍有必要继续采取技术侦查措施的,经过批准,有效期可以延长,每次不得超过三个月。

第一百五十二条　采取技术侦查措施,必须严格按照批准的措施种类、适用对象和期限执行。

侦查人员对采取技术侦查措施过程中知悉的国家秘密、商业秘密和个人隐私,应当保密;对采取技术侦查措施获取的与案件无关的材料,必须及时销毁。

采取技术侦查措施获取的材料,只能用于对犯罪的侦查、起诉和审判,不得用于其他用途。

公安机关依法采取技术侦查措施,有关单位和个人应当配合,并对有关情况予以保密。

第一百五十三条 为了查明案情,在必要的时候,经公安机关负责人决定,可以由有关人员隐匿其身份实施侦查。但是,不得诱使他人犯罪,不得采用可能危害公共安全或者发生重大人身危险的方法。

对涉及给付毒品等违禁品或者财物的犯罪活动,公安机关根据侦查犯罪的需要,可以依照规定实施控制下交付。

第一百五十四条 依照本节规定采取侦查措施收集的材料在刑事诉讼中可以作为证据使用。如果使用该证据可能危及有关人员的人身安全,或者可能产生其他严重后果的,应当采取不暴露有关人员身份、技术方法等保护措施,必要的时候,可以由审判人员在庭外对证据进行核实。

第九节 通缉

第一百五十五条 应当逮捕的犯罪嫌疑人如果在逃,公安机关可以发布通缉令,采取有效措施,追捕归案。

各级公安机关在自己管辖的地区以内,可以直接发布通缉令;超出自己管辖的地区,应当报请有权决定的上级机关发布。

第十节 侦查终结

第一百五十六条 对犯罪嫌疑人逮捕后的侦查羁押期限不得超过二个月。案情复杂、期限届满不能终结的案件,可以经上一级人民检察院批准延长一个月。

第一百五十七条 因为特殊原因,在较长时间内不宜交付审判的特别重大复杂的案件,由最高人民检察院报请全国人民代表大会常务委员会批准延期审理。

第一百五十八条 下列案件在本法第一百五十六条规定的期限届满不能侦查终结的,经省、自治区、直辖市人民检察院批准或者决定,可以延长二个月:

(一)交通十分不便的边远地区的重大复杂案件;

(二)重大的犯罪集团案件;

(三)流窜作案的重大复杂案件;

(四)犯罪涉及面广,取证困难的重大复杂案件。

第一百五十九条 对犯罪嫌疑人可能判处十年有期徒刑以上刑罚,依照本法第一百五十八条规定延长期限届满,仍不能侦查终结的,经省、自治区、直辖市人民检察院批准或者决定,可以再延长二个月。

第一百六十条　在侦查期间,发现犯罪嫌疑人另有重要罪行的,自发现之日起依照本法第一百五十六条的规定重新计算侦查羁押期限。

犯罪嫌疑人不讲真实姓名、住址,身份不明的,应当对其身份进行调查,侦查羁押期限自查清其身份之日起计算,但是不得停止对其犯罪行为的侦查取证。对于犯罪事实清楚,证据确实、充分,确实无法查明其身份的,也可以按其自报的姓名起诉、审判。

第一百六十一条　在案件侦查终结前,辩护律师提出要求的,侦查机关应当听取辩护律师的意见,并记录在案。辩护律师提出书面意见的,应当附卷。

第一百六十二条　公安机关侦查终结的案件,应当做到犯罪事实清楚,证据确实、充分,并且写出起诉意见书,连同案卷材料、证据一并移送同级人民检察院审查决定;同时将案件移送情况告知犯罪嫌疑人及其辩护律师。

犯罪嫌疑人自愿认罪的,应当记录在案,随案移送,并在起诉意见书中写明有关情况。

第一百六十三条　在侦查过程中,发现不应对犯罪嫌疑人追究刑事责任的,应当撤销案件;犯罪嫌疑人已被逮捕的,应当立即释放,发给释放证明,并且通知原批准逮捕的人民检察院。

第十一节　人民检察院
对直接受理的案件的侦查

第一百六十四条　人民检察院对直接受理的案件的侦查适用本章规定。

第一百六十五条　人民检察院直接受理的案件中符合本法第八十一条、第八十二条第四项、第五项规定情形,需要逮捕、拘留犯罪嫌疑人的,由人民检察院作出决定,由公安机关执行。

第一百六十六条　人民检察院对直接受理的案件中被拘留的人,应当在拘留后的二十四小时以内进行讯问。在发现不应当拘留的时候,必须立即释放,发给释放证明。

第一百六十七条　人民检察院对直接受理的案件中被拘留的人,认为需要逮捕的,应当在十四日以内作出决定。在特殊情况下,决定逮捕的时间可以延长一日至三日。对不需要逮捕的,应当立即释放;对需要继续侦查,并且符合取保候审、监视居住条件的,依法取保候审或者监视居住。

第一百六十八条　人民检察院侦查终结的案件,应当作出提起公诉、不起诉或者撤销案件的决定。

第三章 提起公诉

第一百六十九条 凡需要提起公诉的案件，一律由人民检察院审查决定。

第一百七十条 人民检察院对监察机关移送起诉的案件，依照本法和监察法的有关规定进行审查。人民检察院经审查，认为需要补充核实的，应当退回监察机关补充调查，必要时可以自行补充侦查。

对于监察机关移送起诉的已采取留置措施的案件，人民检察院应当对犯罪嫌疑人先行拘留，留置措施自动解除。人民检察院应当在拘留后的十日以内作出是否逮捕、取保候审或者监视居住的决定。在特殊情况下，决定的时间可以延长一日至四日。人民检察院决定采取强制措施的期间不计入审查起诉期限。

第一百七十一条 人民检察院审查案件的时候，必须查明：

（一）犯罪事实、情节是否清楚，证据是否确实、充分，犯罪性质和罪名的认定是否正确；

（二）有无遗漏罪行和其他应当追究刑事责任的人；

（三）是否属于不应追究刑事责任的；

（四）有无附带民事诉讼；

（五）侦查活动是否合法。

第一百七十二条 人民检察院对于监察机关、公安机关移送起诉的案件，应当在一个月以内作出决定，重大、复杂的案件，可以延长十五日；犯罪嫌疑人认罪认罚，符合速裁程序适用条件的，应当在十日以内作出决定，对可能判处的有期徒刑超过一年的，可以延长至十五日。

人民检察院审查起诉的案件，改变管辖的，从改变后的人民检察院收到案件之日起计算审查起诉期限。

第一百七十三条 人民检察院审查案件，应当讯问犯罪嫌疑人，听取辩护人或者值班律师、被害人及其诉讼代理人的意见，并记录在案。辩护人或者值班律师、被害人及其诉讼代理人提出书面意见的，应当附卷。

犯罪嫌疑人认罪认罚的，人民检察院应当告知其享有的诉讼权利和认罪认罚的法律规定，听取犯罪嫌疑人、辩护人或者值班律师、被害人及其诉讼代理人对下列事项的意见，并记录在案：

（一）涉嫌的犯罪事实、罪名及适用的法律规定；

（二）从轻、减轻或者免除处罚等从宽处罚的建议；

（三）认罪认罚后案件审理适用的程序；

（四）其他需要听取意见的事项。

人民检察院依照前两款规定听取

值班律师意见的,应当提前为值班律师了解案件有关情况提供必要的便利。

第一百七十四条 犯罪嫌疑人自愿认罪,同意量刑建议和程序适用的,应当在辩护人或者值班律师在场的情况下签署认罪认罚具结书。

犯罪嫌疑人认罪认罚,有下列情形之一的,不需要签署认罪认罚具结书:

(一)犯罪嫌疑人是盲、聋、哑人,或者是尚未完全丧失辨认或者控制自己行为能力的精神病人的;

(二)未成年犯罪嫌疑人的法定代理人、辩护人对未成年人认罪认罚有异议的;

(三)其他不需要签署认罪认罚具结书的情形。

第一百七十五条 人民检察院审查案件,可以要求公安机关提供法庭审判所必需的证据材料;认为可能存在本法第五十六条规定的以非法方法收集证据情形的,可以要求其对证据收集的合法性作出说明。

人民检察院审查案件,对于需要补充侦查的,可以退回公安机关补充侦查,也可以自行侦查。

对于补充侦查的案件,应当在一个月以内补充侦查完毕。补充侦查以二次为限。补充侦查完毕移送人民检察院后,人民检察院重新计算审查起诉期限。

对于二次补充侦查的案件,人民检察院仍然认为证据不足,不符合起诉条件的,应当作出不起诉的决定。

第一百七十六条 人民检察院认为犯罪嫌疑人的犯罪事实已经查清,证据确实、充分,依法应当追究刑事责任的,应当作出起诉决定,按照审判管辖的规定,向人民法院提起公诉,并将案卷材料、证据移送人民法院。

犯罪嫌疑人认罪认罚的,人民检察院应当就主刑、附加刑、是否适用缓刑等提出量刑建议,并随案移送认罪认罚具结书等材料。

第一百七十七条 犯罪嫌疑人没有犯罪事实,或者有本法第十六条规定的情形之一的,人民检察院应当作出不起诉决定。

对于犯罪情节轻微,依照刑法规定不需要判处刑罚或者免除刑罚的,人民检察院可以作出不起诉决定。

人民检察院决定不起诉的案件,应当同时对侦查中查封、扣押、冻结的财物解除查封、扣押、冻结。对被不起诉人需要给予行政处罚、处分或者需要没收其违法所得的,人民检察院应当提出检察意见,移送有关主管机关处理。有关主管机关应当将处理结果及时通知人民检察院。

第一百七十八条 不起诉的决

定,应当公开宣布,并且将不起诉决定书送达被不起诉人和他的所在单位。如果被不起诉人在押,应当立即释放。

第一百七十九条 对于公安机关移送起诉的案件,人民检察院决定不起诉的,应当将不起诉决定书送达公安机关。公安机关认为不起诉的决定有错误的时候,可以要求复议,如果意见不被接受,可以向上一级人民检察院提请复核。

第一百八十条 对于有被害人的案件,决定不起诉的,人民检察院应当将不起诉决定书送达被害人。被害人如果不服,可以自收到决定书后七日以内向上一级人民检察院申诉,请求提起公诉。人民检察院应当将复查决定告知被害人。对人民检察院维持不起诉决定的,被害人可以向人民法院起诉。被害人也可以不经申诉,直接向人民法院起诉。人民法院受理案件后,人民检察院应当将有关案件材料移送人民法院。

第一百八十一条 对于人民检察院依照本法第一百七十七条第二款规定作出的不起诉决定,被不起诉人如果不服,可以自收到决定书后七日以内向人民检察院申诉。人民检察院应当作出复查决定,通知被不起诉的人,同时抄送公安机关。

第一百八十二条 犯罪嫌疑人自愿如实供述涉嫌犯罪的事实,有重大立功或者案件涉及国家重大利益的,经最高人民检察院核准,公安机关可以撤销案件,人民检察院可以作出不起诉决定,也可以对涉嫌数罪中的一项或者多项不起诉。

根据前款规定不起诉或者撤销案件的,人民检察院、公安机关应当及时对查封、扣押、冻结的财物及其孳息作出处理。

第三编 审判

第一章 审判组织

第一百八十三条 基层人民法院、中级人民法院审判第一审案件,应当由审判员三人或者由审判员和人民陪审员共三人或者七人组成合议庭进行,但是基层人民法院适用简易程序、速裁程序的案件可以由审判员一人独任审判。

高级人民法院审判第一审案件,应当由审判员三人至七人或者由审判员和人民陪审员共三人或者七人组成合议庭进行。

最高人民法院审判第一审案件,应当由审判员三人至七人组成合议庭进行。

人民法院审判上诉和抗诉案件,由审判员三人或者五人组成合议庭进行。

合议庭的成员人数应当是单数。

第一百八十四条 合议庭进行评

议的时候,如果意见分歧,应当按多数人的意见作出决定,但是少数人的意见应当写入笔录。评议笔录由合议庭的组成人员签名。

第一百八十五条 合议庭开庭审理并且评议后,应当作出判决。对于疑难、复杂、重大的案件,合议庭认为难以作出决定的,由合议庭提请院长决定提交审判委员会讨论决定。审判委员会的决定,合议庭应当执行。

第二章 第一审程序

第一节 公诉案件

第一百八十六条 人民法院对提起公诉的案件进行审查后,对于起诉书中有明确的指控犯罪事实的,应当决定开庭审判。

第一百八十七条 人民法院决定开庭审判后,应当确定合议庭的组成人员,将人民检察院的起诉书副本至迟在开庭十日以前送达被告人及其辩护人。

在开庭以前,审判人员可以召集公诉人、当事人和辩护人、诉讼代理人,对回避、出庭证人名单、非法证据排除等与审判相关的问题,了解情况,听取意见。

人民法院确定开庭日期后,应当将开庭的时间、地点通知人民检察院,传唤当事人,通知辩护人、诉讼代理人、证人、鉴定人和翻译人员,传票和通知书至迟在开庭三日以前送达。公开审判的案件,应当在开庭三日以前先期公布案由、被告人姓名、开庭时间和地点。

上述活动情形应当写入笔录,由审判人员和书记员签名。

第一百八十八条 人民法院审判第一审案件应当公开进行。但是有关国家秘密或者个人隐私的案件,不公开审理;涉及商业秘密的案件,当事人申请不公开审理的,可以不公开审理。

不公开审理的案件,应当当庭宣布不公开审理的理由。

第一百八十九条 人民法院审判公诉案件,人民检察院应当派员出席法庭支持公诉。

第一百九十条 开庭的时候,审判长查明当事人是否到庭,宣布案由;宣布合议庭的组成人员、书记员、公诉人、辩护人、诉讼代理人、鉴定人和翻译人员的名单;告知当事人有权对合议庭组成人员、书记员、公诉人、鉴定人和翻译人员申请回避;告知被告人享有辩护权利。

被告人认罪认罚的,审判长应当告知被告人享有的诉讼权利和认罪认罚的法律规定,审查认罪认罚的自愿性和认罪认罚具结书内容的真实性、合法性。

第一百九十一条 公诉人在法庭上宣读起诉书后,被告人、被害人可以就起诉书指控的犯罪进行陈述,公诉人可以讯问被告人。

被害人、附带民事诉讼的原告人和辩护人、诉讼代理人,经审判长许可,可以向被告人发问。

审判人员可以讯问被告人。

第一百九十二条 公诉人、当事人或者辩护人、诉讼代理人对证人证言有异议,且该证人证言对案件定罪量刑有重大影响,人民法院认为证人有必要出庭作证的,证人应当出庭作证。

人民警察就其执行职务时目击的犯罪情况作为证人出庭作证,适用前款规定。

公诉人、当事人或者辩护人、诉讼代理人对鉴定意见有异议,人民法院认为鉴定人有必要出庭的,鉴定人应当出庭作证。经人民法院通知,鉴定人拒不出庭作证的,鉴定意见不得作为定案的根据。

第一百九十三条 经人民法院通知,证人没有正当理由不出庭作证的,人民法院可以强制其到庭,但是被告人的配偶、父母、子女除外。

证人没有正当理由拒绝出庭或者出庭后拒绝作证的,予以训诫,情节严重的,经院长批准,处以十日以下的拘留。被处罚人对拘留决定不服的,可以向上一级人民法院申请复议。复议期间不停止执行。

第一百九十四条 证人作证,审判人员应当告知他要如实地提供证言和有意作伪证或者隐匿罪证要负的法律责任。公诉人、当事人和辩护人、诉讼代理人经审判长许可,可以对证人、鉴定人发问。审判长认为发问的内容与案件无关的时候,应当制止。

审判人员可以询问证人、鉴定人。

第一百九十五条 公诉人、辩护人应当向法庭出示物证,让当事人辨认,对未到庭的证人的证言笔录、鉴定人的鉴定意见、勘验笔录和其他作为证据的文书,应当当庭宣读。审判人员应当听取公诉人、当事人和辩护人、诉讼代理人的意见。

第一百九十六条 法庭审理过程中,合议庭对证据有疑问的,可以宣布休庭,对证据进行调查核实。

人民法院调查核实证据,可以进行勘验、检查、查封、扣押、鉴定和查询、冻结。

第一百九十七条 法庭审理过程中,当事人和辩护人、诉讼代理人有权申请通知新的证人到庭,调取新的物证,申请重新鉴定或者勘验。

公诉人、当事人和辩护人、诉讼代理人可以申请法庭通知有专门知识的人出庭,就鉴定人作出的鉴定意见提出意见。

法庭对于上述申请,应当作出是否同意的决定。

第二款规定的有专门知识的人出庭,适用鉴定人的有关规定。

第一百九十八条 法庭审理过程中,对与定罪、量刑有关的事实、证据都应当进行调查、辩论。

经审判长许可,公诉人、当事人和辩护人、诉讼代理人可以对证据和案件情况发表意见并且可以互相辩论。

审判长在宣布辩论终结后,被告人有最后陈述的权利。

第一百九十九条 在法庭审判过程中,如果诉讼参与人或者旁听人员违反法庭秩序,审判长应当警告制止。对不听制止的,可以强行带出法庭;情节严重的,处以一千元以下的罚款或者十五日以下的拘留。罚款、拘留必须经院长批准。被处罚人对罚款、拘留的决定不服的,可以向上一级人民法院申请复议。复议期间不停止执行。

对聚众哄闹、冲击法庭或者侮辱、诽谤、威胁、殴打司法工作人员或者诉讼参与人,严重扰乱法庭秩序,构成犯罪的,依法追究刑事责任。

第二百条 在被告人最后陈述后,审判长宣布休庭,合议庭进行评议,根据已经查明的事实、证据和有关的法律规定,分别作出以下判决:

(一)案件事实清楚,证据确实、充分,依据法律认定被告人有罪的,应当作出有罪判决;

(二)依据法律认定被告人无罪的,应当作出无罪判决;

(三)证据不足,不能认定被告人有罪的,应当作出证据不足、指控的犯罪不能成立的无罪判决。

第二百零一条 对于认罪认罚案件,人民法院依法作出判决时,一般应当采纳人民检察院指控的罪名和量刑建议,但有下列情形的除外:

(一)被告人的行为不构成犯罪或者不应当追究其刑事责任的;

(二)被告人违背意愿认罪认罚的;

(三)被告人否认指控的犯罪事实的;

(四)起诉指控的罪名与审理认定的罪名不一致的;

(五)其他可能影响公正审判的情形。

人民法院经审理认为量刑建议明显不当,或者被告人、辩护人对量刑建议提出异议的,人民检察院可以调整量刑建议。人民检察院不调整量刑建议或者调整量刑建议后仍然明显不当的,人民法院应当依法作出判决。

第二百零二条 宣告判决,一律公开进行。

当庭宣告判决的,应当在五日以内将判决书送达当事人和提起公诉的人民检察院;定期宣告判决的,应当在宣告后立即将判决书送达当事人和提起公诉的人民检察院。判决书应当同时送达辩护人、诉讼代理人。

第二百零三条 判决书应当由审判人员和书记员署名,并且写明上诉的期限和上诉的法院。

第二百零四条 在法庭审判过程中,遇有下列情形之一,影响审判进行的,可以延期审理:

(一)需要通知新的证人到庭,调取新的物证,重新鉴定或者勘验的;

(二)检察人员发现提起公诉的案件需要补充侦查,提出建议的;

(三)由于申请回避而不能进行审判的。

第二百零五条 依照本法第二百零四条第二项的规定延期审理的案件,人民检察院应当在一个月以内补充侦查完毕。

第二百零六条 在审判过程中,有下列情形之一,致使案件在较长时间内无法继续审理的,可以中止审理:

(一)被告人患有严重疾病,无法出庭的;

(二)被告人脱逃的;

(三)自诉人患有严重疾病,无法出庭,未委托诉讼代理人出庭的;

(四)由于不能抗拒的原因。

中止审理的原因消失后,应当恢复审理。中止审理的期间不计入审理期限。

第二百零七条 法庭审判的全部活动,应当由书记员写成笔录,经审判长审阅后,由审判长和书记员签名。

法庭笔录中的证人证言部分,应当当庭宣读或者交给证人阅读。证人在承认没有错误后,应当签名或者盖章。

法庭笔录应当交给当事人阅读或者向他宣读。当事人认为记载有遗漏或者差错的,可以请求补充或者改正。当事人承认没有错误后,应当签名或者盖章。

第二百零八条 人民法院审理公诉案件,应当在受理后二个月以内宣判,至迟不得超过三个月。对于可能判处死刑的案件或者附带民事诉讼的案件,以及有本法第一百五十八条规定情形之一的,经上一级人民法院批准,可以延长三个月;因特殊情况还需要延长的,报请最高人民法院批准。

人民法院改变管辖的案件,从改变后的人民法院收到案件之日起计算审理期限。

人民检察院补充侦查的案件,补充侦查完毕移送人民法院后,人民法院重新计算审理期限。

第二百零九条 人民检察院发现人民法院审理案件违反法律规定的诉讼程序,有权向人民法院提出纠正意见。

第二节 自诉案件

第二百一十条 自诉案件包括下列案件:

(一)告诉才处理的案件;

(二)被害人有证据证明的轻微刑事案件;

(三)被害人有证据证明对被告人侵犯自己人身、财产权利的行为应当依法追究刑事责任,而公安机关或者人民检察院不予追究被告人刑事责任的案件。

第二百一十一条 人民法院对于自诉案件进行审查后,按照下列情形分别处理:

(一)犯罪事实清楚,有足够证据的案件,应当开庭审判;

(二)缺乏罪证的自诉案件,如果自诉人提不出补充证据,应当说服自诉人撤回自诉,或者裁定驳回。

自诉人经两次依法传唤,无正当理由拒不到庭的,或者未经法庭许可中途退庭的,按撤诉处理。

法庭审理过程中,审判人员对证据有疑问,需要调查核实的,适用本法第一百九十六条的规定。

第二百一十二条 人民法院对自诉案件,可以进行调解;自诉人在宣告判决前,可以同被告人自行和解或者撤回自诉。本法第二百一十条第三项规定的案件不适用调解。

人民法院审理自诉案件的期限,被告人被羁押的,适用本法第二百零八条第一款、第二款的规定;未被羁押的,应当在受理后六个月以内宣判。

第二百一十三条 自诉案件的被告人在诉讼过程中,可以对自诉人提起反诉。反诉适用自诉的规定。

第三节 简易程序

第二百一十四条 基层人民法院管辖的案件,符合下列条件的,可以适用简易程序审判:

(一)案件事实清楚、证据充分的;

(二)被告人承认自己所犯罪行,对指控的犯罪事实没有异议的;

(三)被告人对适用简易程序没有异议的。

人民检察院在提起公诉的时候,可以建议人民法院适用简易程序。

第二百一十五条 有下列情形之一的,不适用简易程序:

(一)被告人是盲、聋、哑人,或者是尚未完全丧失辨认或者控制自己行为能力的精神病人的;

(二)有重大社会影响的;

(三)共同犯罪案件中部分被告人不认罪或者对适用简易程序有异议的;

(四)其他不宜适用简易程序审理的。

第二百一十六条　适用简易程序审理案件,对可能判处三年有期徒刑以下刑罚的,可以组成合议庭进行审判,也可以由审判员一人独任审判;对可能判处的有期徒刑超过三年的,应当组成合议庭进行审判。

适用简易程序审理公诉案件,人民检察院应当派员出席法庭。

第二百一十七条　适用简易程序审理案件,审判人员应当询问被告人对指控的犯罪事实的意见,告知被告人适用简易程序审理的法律规定,确认被告人是否同意适用简易程序审理。

第二百一十八条　适用简易程序审理案件,经审判人员许可,被告人及其辩护人可以同公诉人、自诉人及其诉讼代理人互相辩论。

第二百一十九条　适用简易程序审理案件,不受本章第一节关于送达期限、讯问被告人、询问证人、鉴定人、出示证据、法庭辩论程序规定的限制。但在判决宣告前应当听取被告人的最后陈述意见。

第二百二十条　适用简易程序审理案件,人民法院应当在受理后二十日以内审结;对可能判处的有期徒刑超过三年的,可以延长至一个半月。

第二百二十一条　人民法院在审理过程中,发现不宜适用简易程序的,应当按照本章第一节或者第二节的规定重新审理。

第四节　速裁程序

第二百二十二条　基层人民法院管辖的可能判处三年有期徒刑以下刑罚的案件,案件事实清楚,证据确实、充分,被告人认罪认罚并同意适用速裁程序的,可以适用速裁程序,由审判员一人独任审判。

人民检察院在提起公诉的时候,可以建议人民法院适用速裁程序。

第二百二十三条　有下列情形之一的,不适用速裁程序:

(一)被告人是盲、聋、哑人,或者是尚未完全丧失辨认或者控制自己行为能力的精神病人的;

(二)被告人是未成年人的;

(三)案件有重大社会影响的;

(四)共同犯罪案件中部分被告人对指控的犯罪事实、罪名、量刑建议或者适用速裁程序有异议的;

(五)被告人与被害人或者其法定代理人没有就附带民事诉讼赔偿等事项达成调解或者和解协议的;

(六)其他不宜适用速裁程序审理的。

第二百二十四条　适用速裁程序审理案件,不受本章第一节规定的送达期限的限制,一般不进行法庭调查、法庭辩论,但在判决宣告前应当听取辩护人的意见和被告人的最后陈述意见。

适用速裁程序审理案件，应当当庭宣判。

第二百二十五条 适用速裁程序审理案件，人民法院应当在受理后十日以内审结；对可能判处的有期徒刑超过一年的，可以延长至十五日。

第二百二十六条 人民法院在审理过程中，发现有被告人的行为不构成犯罪或者不应当追究其刑事责任、被告人违背意愿认罪认罚、被告人否认指控的犯罪事实或者其他不宜适用速裁程序审理的情形，应当按照本章第一节或者第三节的规定重新审理。

第三章　第二审程序

第二百二十七条 被告人、自诉人和他们的法定代理人，不服地方各级人民法院第一审的判决、裁定，有权用书状或者口头向上一级人民法院上诉。被告人的辩护人和近亲属，经被告人同意，可以提出上诉。

附带民事诉讼的当事人和他们的法定代理人，可以对地方各级人民法院第一审的判决、裁定中的附带民事诉讼部分，提出上诉。

对被告人的上诉权，不得以任何借口加以剥夺。

第二百二十八条 地方各级人民检察院认为本级人民法院第一审的判决、裁定确有错误的时候，应当向上一级人民法院提出抗诉。

第二百二十九条 被害人及其法定代理人不服地方各级人民法院第一审的判决的，自收到判决书后五日以内，有权请求人民检察院提出抗诉。人民检察院自收到被害人及其法定代理人的请求后五日以内，应当作出是否抗诉的决定并且答复请求人。

第二百三十条 不服判决的上诉和抗诉的期限为十日，不服裁定的上诉和抗诉的期限为五日，从接到判决书、裁定书的第二日起算。

第二百三十一条 被告人、自诉人、附带民事诉讼的原告人和被告人通过原审人民法院提出上诉的，原审人民法院应当在三日以内将上诉状连同案卷、证据移送上一级人民法院，同时将上诉状副本送交同级人民检察院和对方当事人。

被告人、自诉人、附带民事诉讼的原告人和被告人直接向第二审人民法院提出上诉的，第二审人民法院应当在三日以内将上诉状交原审人民法院送交同级人民检察院和对方当事人。

第二百三十二条 地方各级人民检察院对同级人民法院第一审判决、裁定的抗诉，应当通过原审人民法院提出抗诉书，并且将抗诉书抄送上一级人民检察院。原审人民法院应当将抗诉书连同案卷、证据移送上一级人民法院，并且将抗诉书副本送交当事人。

上级人民检察院如果认为抗诉不当，可以向同级人民法院撤回抗诉，并且通知下级人民检察院。

第二百三十三条 第二审人民法院应当就第一审判决认定的事实和适用法律进行全面审查，不受上诉或者抗诉范围的限制。

共同犯罪的案件只有部分被告人上诉的，应当对全案进行审查，一并处理。

第二百三十四条 第二审人民法院对于下列案件，应当组成合议庭，开庭审理：

（一）被告人、自诉人及其法定代理人对第一审认定的事实、证据提出异议，可能影响定罪量刑的上诉案件；

（二）被告人被判处死刑的上诉案件；

（三）人民检察院抗诉的案件；

（四）其他应当开庭审理的案件。

第二审人民法院决定不开庭审理的，应当讯问被告人，听取其他当事人、辩护人、诉讼代理人的意见。

第二审人民法院开庭审理上诉、抗诉案件，可以到案件发生地或者原审人民法院所在地进行。

第二百三十五条 人民检察院提出抗诉的案件或者第二审人民法院开庭审理的公诉案件，同级人民检察院都应当派员出席法庭。第二审人民法院应当在决定开庭审理后及时通知人民检察院查阅案卷。人民检察院应当在一个月以内查阅完毕。人民检察院查阅案卷的时间不计入审理期限。

第二百三十六条 第二审人民法院对不服第一审判决的上诉、抗诉案件，经过审理后，应当按照下列情形分别处理：

（一）原判决认定事实和适用法律正确、量刑适当的，应当裁定驳回上诉或者抗诉，维持原判；

（二）原判决认定事实没有错误，但适用法律有错误，或者量刑不当的，应当改判；

（三）原判决事实不清楚或者证据不足的，可以在查清事实后改判；也可以裁定撤销原判，发回原审人民法院重新审判。

原审人民法院对于依照前款第三项规定发回重新审判的案件作出判决后，被告人提出上诉或者人民检察院提出抗诉的，第二审人民法院应当依法作出判决或者裁定，不得再发回原审人民法院重新审判。

第二百三十七条 第二审人民法院审理被告人或者他的法定代理人、辩护人、近亲属上诉的案件，不得加重被告人的刑罚。第二审人民法院发回原审人民法院重新审判的案件，除有新的犯罪事实，人民检察院补充起诉的以外，原审人民法院也不得加重被告人的刑罚。

人民检察院提出抗诉或者自诉人提出上诉的，不受前款规定的限制。

第二百三十八条　第二审人民法院发现第一审人民法院的审理有下列违反法律规定的诉讼程序的情形之一的，应当裁定撤销原判，发回原审人民法院重新审判：

（一）违反本法有关公开审判的规定的；

（二）违反回避制度的；

（三）剥夺或者限制了当事人的法定诉讼权利，可能影响公正审判的；

（四）审判组织的组成不合法的；

（五）其他违反法律规定的诉讼程序，可能影响公正审判的。

第二百三十九条　原审人民法院对于发回重新审判的案件，应当另行组成合议庭，依照第一审程序进行审判。对于重新审判后的判决，依照本法第二百二十七条、第二百二十八条、第二百二十九条的规定可以上诉、抗诉。

第二百四十条　第二审人民法院对不服第一审裁定的上诉或者抗诉，经过审查后，应当参照本法第二百三十六条、第二百三十八条和第二百三十九条的规定，分别情形用裁定驳回上诉、抗诉，或者撤销、变更原裁定。

第二百四十一条　第二审人民法院发回原审人民法院重新审判的案件，原审人民法院从收到发回的案件之日起，重新计算审理期限。

第二百四十二条　第二审人民法院审判上诉或者抗诉案件的程序，除本章已有规定的以外，参照第一审程序的规定进行。

第二百四十三条　第二审人民法院受理上诉、抗诉案件，应当在二个月以内审结。对于可能判处死刑的案件或者附带民事诉讼的案件，以及有本法第一百五十八条规定情形之一的，经省、自治区、直辖市高级人民法院批准或者决定，可以延长二个月；因特殊情况还需要延长的，报请最高人民法院批准。

最高人民法院受理上诉、抗诉案件的审理期限，由最高人民法院决定。

第二百四十四条　第二审的判决、裁定和最高人民法院的判决、裁定，都是终审的判决、裁定。

第二百四十五条　公安机关、人民检察院和人民法院对查封、扣押、冻结的犯罪嫌疑人、被告人的财物及其孳息，应当妥善保管，以供核查，并制作清单，随案移送。任何单位和个人不得挪用或者自行处理。对被害人的合法财产，应当及时返还。对违禁品或者不宜长期保存的物品，应当依照国家有关规定处理。

对作为证据使用的实物应当随案

移送，对不宜移送的，应当将其清单、照片或者其他证明文件随案移送。

人民法院作出的判决，应当对查封、扣押、冻结的财物及其孳息作出处理。

人民法院作出的判决生效以后，有关机关应当根据判决对查封、扣押、冻结的财物及其孳息进行处理。对查封、扣押、冻结的赃款赃物及其孳息，除依法返还被害人的以外，一律上缴国库。

司法工作人员贪污、挪用或者私自处理查封、扣押、冻结的财物及其孳息的，依法追究刑事责任；不构成犯罪的，给予处分。

第四章 死刑复核程序

第二百四十六条 死刑由最高人民法院核准。

第二百四十七条 中级人民法院判处死刑的第一审案件，被告人不上诉的，应当由高级人民法院复核后，报请最高人民法院核准。高级人民法院不同意判处死刑的，可以提审或者发回重新审判。

高级人民法院判处死刑的第一审案件被告人不上诉的，和判处死刑的第二审案件，都应当报请最高人民法院核准。

第二百四十八条 中级人民法院判处死刑缓期二年执行的案件，由高级人民法院核准。

第二百四十九条 最高人民法院复核死刑案件，高级人民法院复核死刑缓期执行的案件，应当由审判员三人组成合议庭进行。

第二百五十条 最高人民法院复核死刑案件，应当作出核准或者不核准死刑的裁定。对于不核准死刑的，最高人民法院可以发回重新审判或者予以改判。

第二百五十一条 最高人民法院复核死刑案件，应当讯问被告人，辩护律师提出要求的，应当听取辩护律师的意见。

在复核死刑案件过程中，最高人民检察院可以向最高人民法院提出意见。最高人民法院应当将死刑复核结果通报最高人民检察院。

第五章 审判监督程序

第二百五十二条 当事人及其法定代理人、近亲属，对已经发生法律效力的判决、裁定，可以向人民法院或者人民检察院提出申诉，但是不能停止判决、裁定的执行。

第二百五十三条 当事人及其法定代理人、近亲属的申诉符合下列情形之一的，人民法院应当重新审判：

（一）有新的证据证明原判决、裁定认定的事实确有错误，可能影响定罪量刑的；

(二)据以定罪量刑的证据不确实、不充分,依法应当予以排除,或者证明案件事实的主要证据之间存在矛盾的;

(三)原判决、裁定适用法律确有错误的;

(四)违反法律规定的诉讼程序,可能影响公正审判的;

(五)审判人员在审理该案件的时候,有贪污受贿,徇私舞弊,枉法裁判行为的。

第二百五十四条　各级人民法院院长对本院已经发生法律效力的判决和裁定,如果发现在认定事实上或者在适用法律上确有错误,必须提交审判委员会处理。

最高人民法院对各级人民法院已经发生法律效力的判决和裁定,上级人民法院对下级人民法院已经发生法律效力的判决和裁定,如果发现确有错误,有权提审或者指令下级人民法院再审。

最高人民检察院对各级人民法院已经发生法律效力的判决和裁定,上级人民检察院对下级人民法院已经发生法律效力的判决和裁定,如果发现确有错误,有权按照审判监督程序向同级人民法院提出抗诉。

人民检察院抗诉的案件,接受抗诉的人民法院应当组成合议庭重新审理,对于原判决事实不清楚或者证据不足的,可以指令下级人民法院再审。

第二百五十五条　上级人民法院指令下级人民法院再审的,应当指令原审人民法院以外的下级人民法院审理;由原审人民法院审理更为适宜的,也可以指令原审人民法院审理。

第二百五十六条　人民法院按照审判监督程序重新审判的案件,由原审人民法院审理的,应当另行组成合议庭进行。如果原来是第一审案件,应当依照第一审程序进行审判,所作的判决、裁定,可以上诉、抗诉;如果原来是第二审案件,或者是上级人民法院提审的案件,应当依照第二审程序进行审判,所作的判决、裁定,是终审的判决、裁定。

人民法院开庭审理的再审案件,同级人民检察院应当派员出席法庭。

第二百五十七条　人民法院决定再审的案件,需要对被告人采取强制措施的,由人民法院依法决定;人民检察院提出抗诉的再审案件,需要对被告人采取强制措施的,由人民检察院依法决定。

人民法院按照审判监督程序审判的案件,可以决定中止原判决、裁定的执行。

第二百五十八条　人民法院按照审判监督程序重新审判的案件,应当在作出提审、再审决定之日起三个月以内审结,需要延长期限的,不得超过六个月。

接受抗诉的人民法院按照审判监督程序审判抗诉的案件,审理期限适用前款规定;对需要指令下级人民法院再审的,应当自接受抗诉之日起一个月以内作出决定,下级人民法院审理案件的期限适用前款规定。

第四编 执行

第二百五十九条 判决和裁定在发生法律效力后执行。

下列判决和裁定是发生法律效力的判决和裁定:

(一)已过法定期限没有上诉、抗诉的判决和裁定;

(二)终审的判决和裁定;

(三)最高人民法院核准的死刑的判决和高级人民法院核准的死刑缓期二年执行的判决。

第二百六十条 第一审人民法院判决被告人无罪、免除刑事处罚的,如果被告人在押,在宣判后应当立即释放。

第二百六十一条 最高人民法院判处和核准的死刑立即执行的判决,应当由最高人民法院院长签发执行死刑的命令。

被判处死刑缓期二年执行的罪犯,在死刑缓期执行期间,如果没有故意犯罪,死刑缓期执行期满,应当予以减刑的,由执行机关提出书面意见,报请高级人民法院裁定;如果故意犯罪,情节恶劣,查证属实,应当执行死刑的,由高级人民法院报请最高人民法院核准;对于故意犯罪未执行死刑的,死刑缓期执行的期间重新计算,并报最高人民法院备案。

第二百六十二条 下级人民法院接到最高人民法院执行死刑的命令后,应当在七日以内交付执行。但是发现有下列情形之一的,应当停止执行,并且立即报告最高人民法院,由最高人民法院作出裁定:

(一)在执行前发现判决可能有错误的;

(二)在执行前罪犯揭发重大犯罪事实或者有其他重大立功表现,可能需要改判的;

(三)罪犯正在怀孕。

前款第一项、第二项停止执行的原因消失后,必须报请最高人民法院院长再签发执行死刑的命令才能执行;由于前款第三项原因停止执行的,应当报请最高人民法院依法改判。

第二百六十三条 人民法院在交付执行死刑前,应当通知同级人民检察院派员临场监督。

死刑采用枪决或者注射等方法执行。

死刑可以在刑场或者指定的羁押场所内执行。

指挥执行的审判人员,对罪犯应当验明正身,讯问有无遗言、信札,然后交付执行人员执行死刑。在执行前,如果发现可能有错误,应当暂停执行,报请最高人民法院裁定。

执行死刑应当公布,不应示众。

执行死刑后,在场书记员应当写成笔录。交付执行的人民法院应当将执行死刑情况报告最高人民法院。

执行死刑后,交付执行的人民法院应当通知罪犯家属。

第二百六十四条 罪犯被交付执行刑罚的时候,应当由交付执行的人民法院在判决生效后十日以内将有关的法律文书送达公安机关、监狱或者其他执行机关。

对被判处死刑缓期二年执行、无期徒刑、有期徒刑的罪犯,由公安机关依法将该罪犯送交监狱执行刑罚。对被判处有期徒刑的罪犯,在被交付执行刑罚前,剩余刑期在三个月以下的,由看守所代为执行。对被判处拘役的罪犯,由公安机关执行。

对未成年犯应当在未成年犯管教所执行刑罚。

执行机关应当将罪犯及时收押,并且通知罪犯家属。

判处有期徒刑、拘役的罪犯,执行期满,应当由执行机关发给释放证明书。

第二百六十五条 对被判处有期徒刑或者拘役的罪犯,有下列情形之一的,可以暂予监外执行:

(一)有严重疾病需要保外就医的;

(二)怀孕或者正在哺乳自己婴儿的妇女;

(三)生活不能自理,适用暂予监外执行不致危害社会的。

对被判处无期徒刑的罪犯,有前款第二项规定情形的,可以暂予监外执行。

对适用保外就医可能有社会危险性的罪犯,或者自伤自残的罪犯,不得保外就医。

对罪犯确有严重疾病,必须保外就医的,由省级人民政府指定的医院诊断并开具证明文件。

在交付执行前,暂予监外执行由交付执行的人民法院决定;在交付执行后,暂予监外执行由监狱或者看守所提出书面意见,报省级以上监狱管理机关或者设区的市一级以上公安机关批准。

第二百六十六条 监狱、看守所提出暂予监外执行的书面意见的,应当将书面意见的副本抄送人民检察院。人民检察院可以向决定或者批准机关提出书面意见。

第二百六十七条 决定或者批准暂予监外执行的机关应当将暂予监外执行决定抄送人民检察院。人民检察院认为暂予监外执行不当的，应当自接到通知之日起一个月以内将书面意见送交决定或者批准暂予监外执行的机关，决定或者批准暂予监外执行的机关接到人民检察院的书面意见后，应当立即对该决定进行重新核查。

第二百六十八条 对暂予监外执行的罪犯，有下列情形之一的，应当及时收监：

（一）发现不符合暂予监外执行条件的；

（二）严重违反有关暂予监外执行监督管理规定的；

（三）暂予监外执行的情形消失后，罪犯刑期未满的。

对于人民法院决定暂予监外执行的罪犯应当予以收监的，由人民法院作出决定，将有关的法律文书送达公安机关、监狱或者其他执行机关。

不符合暂予监外执行条件的罪犯通过贿赂等非法手段被暂予监外执行的，在监外执行的期间不计入执行刑期。罪犯在暂予监外执行期间脱逃的，脱逃的期间不计入执行刑期。

罪犯在暂予监外执行期间死亡的，执行机关应当及时通知监狱或者看守所。

第二百六十九条 对被判处管制、宣告缓刑、假释或者暂予监外执行的罪犯，依法实行社区矫正，由社区矫正机构负责执行。

第二百七十条 对被判处剥夺政治权利的罪犯，由公安机关执行。执行期满，应当由执行机关书面通知本人及其所在单位、居住地基层组织。

第二百七十一条 被判处罚金的罪犯，期满不缴纳的，人民法院应当强制缴纳；如果由于遭遇不能抗拒的灾祸等原因缴纳确实有困难的，经人民法院裁定，可以延期缴纳、酌情减少或者免除。

第二百七十二条 没收财产的判决，无论附加适用或者独立适用，都由人民法院执行；在必要的时候，可以会同公安机关执行。

第二百七十三条 罪犯在服刑期间又犯罪的，或者发现了判决的时候所没有发现的罪行，由执行机关移送人民检察院处理。

被判处管制、拘役、有期徒刑或者无期徒刑的罪犯，在执行期间确有悔改或者立功表现，应当依法予以减刑、假释的时候，由执行机关提出建议书，报请人民法院审核裁定，并将建议书副本抄送人民检察院。人民检察院可以向人民法院提出书面意见。

第二百七十四条 人民检察院认为人民法院减刑、假释的裁定不当，应当在收到裁定书副本后二十日以内，向人民法院提出书面纠正意见。人民法院应当在收到纠正意见后一个月以内重新组成合议庭进行审理，作出最终裁定。

第二百七十五条 监狱和其他执行机关在刑罚执行中，如果认为判决有错误或者罪犯提出申诉，应当转请人民检察院或者原判人民法院处理。

第二百七十六条 人民检察院对执行机关执行刑罚的活动是否合法实行监督。如果发现有违法的情况，应当通知执行机关纠正。

第五编 特别程序

第一章 未成年人刑事案件诉讼程序

第二百七十七条 对犯罪的未成年人实行教育、感化、挽救的方针，坚持教育为主、惩罚为辅的原则。

人民法院、人民检察院和公安机关办理未成年人刑事案件，应当保障未成年人行使其诉讼权利，保障未成年人得到法律帮助，并由熟悉未成年人身心特点的审判人员、检察人员、侦查人员承办。

第二百七十八条 未成年犯罪嫌疑人、被告人没有委托辩护人的，人民法院、人民检察院、公安机关应当通知法律援助机构指派律师为其提供辩护。

第二百七十九条 公安机关、人民检察院、人民法院办理未成年人刑事案件，根据情况可以对未成年犯罪嫌疑人、被告人的成长经历、犯罪原因、监护教育等情况进行调查。

第二百八十条 对未成年犯罪嫌疑人、被告人应当严格限制适用逮捕措施。人民检察院审查批准逮捕和人民法院决定逮捕，应当讯问未成年犯罪嫌疑人、被告人，听取辩护律师的意见。

对被拘留、逮捕和执行刑罚的未成年人与成年人应当分别关押、分别管理、分别教育。

第二百八十一条 对于未成年人刑事案件，在讯问和审判的时候，应当通知未成年犯罪嫌疑人、被告人的法定代理人到场。无法通知、法定代理人不能到场或者法定代理人是共犯的，也可以通知未成年犯罪嫌疑人、被告人的其他成年亲属，所在学校、单位、居住地基层组织或者未成年人保护组织的代表到场，并将有关情况记录在案。到场的法定代理人可以代为行使未成年犯罪嫌疑人、被告人的诉讼权利。

到场的法定代理人或者其他人员认为办案人员在讯问、审判中侵犯未成年人合法权益的，可以提出意见。讯问笔录、法庭笔录应当交给到场的法定代理人或者其他人员阅读或者向他宣读。

讯问女性未成年犯罪嫌疑人，应当有女工作人员在场。

审判未成年人刑事案件，未成年

被告人最后陈述后,其法定代理人可以进行补充陈述。

询问未成年被害人、证人,适用第一款、第二款、第三款的规定。

第二百八十二条 对于未成年人涉嫌刑法分则第四章、第五章、第六章规定的犯罪,可能判处一年有期徒刑以下刑罚,符合起诉条件,但有悔罪表现的,人民检察院可以作出附条件不起诉的决定。人民检察院在作出附条件不起诉的决定以前,应当听取公安机关、被害人的意见。

对附条件不起诉的决定,公安机关要求复议、提请复核或者被害人申诉的,适用本法第一百七十九条、第一百八十条的规定。

未成年犯罪嫌疑人及其法定代理人对人民检察院决定附条件不起诉有异议的,人民检察院应当作出起诉的决定。

第二百八十三条 在附条件不起诉的考验期内,由人民检察院对被附条件不起诉的未成年犯罪嫌疑人进行监督考察。未成年犯罪嫌疑人的监护人,应当对未成年犯罪嫌疑人加强管教,配合人民检察院做好监督考察工作。

附条件不起诉的考验期为六个月以上一年以下,从人民检察院作出附条件不起诉的决定之日起计算。

被附条件不起诉的未成年犯罪嫌疑人,应当遵守下列规定:

(一)遵守法律法规,服从监督;

(二)按照考察机关的规定报告自己的活动情况;

(三)离开所居住的市、县或者迁居,应当报经考察机关批准;

(四)按照考察机关的要求接受矫治和教育。

第二百八十四条 被附条件不起诉的未成年犯罪嫌疑人,在考验期内有下列情形之一的,人民检察院应当撤销附条件不起诉的决定,提起公诉:

(一)实施新的犯罪或者发现决定附条件不起诉以前还有其他犯罪需要追诉的;

(二)违反治安管理规定或者考察机关有关附条件不起诉的监督管理规定,情节严重的。

被附条件不起诉的未成年犯罪嫌疑人,在考验期内没有上述情形,考验期满的,人民检察院应当作出不起诉的决定。

第二百八十五条 审判的时候被告人不满十八周岁的案件,不公开审理。但是,经未成年被告人及其法定代理人同意,未成年被告人所在学校和未成年人保护组织可以派代表到场。

第二百八十六条 犯罪的时候不满十八周岁,被判处五年有期徒刑以下刑罚的,应当对相关犯罪记录予以封存。

犯罪记录被封存的，不得向任何单位和个人提供，但司法机关为办案需要或者有关单位根据国家规定进行查询的除外。依法进行查询的单位，应当对被封存的犯罪记录的情况予以保密。

第二百八十七条　办理未成年人刑事案件，除本章已有规定的以外，按照本法的其他规定进行。

第二章　当事人和解的公诉案件诉讼程序

第二百八十八条　下列公诉案件，犯罪嫌疑人、被告人真诚悔罪，通过向被害人赔偿损失、赔礼道歉等方式获得被害人谅解，被害人自愿和解的，双方当事人可以和解：

（一）因民间纠纷引起，涉嫌刑法分则第四章、第五章规定的犯罪案件，可能判处三年有期徒刑以下刑罚的；

（二）除渎职犯罪以外的可能判处七年有期徒刑以下刑罚的过失犯罪案件。

犯罪嫌疑人、被告人在五年以内曾经故意犯罪的，不适用本章规定的程序。

第二百八十九条　双方当事人和解的，公安机关、人民检察院、人民法院应当听取当事人和其他有关人员的意见，对和解的自愿性、合法性进行审查，并主持制作和解协议书。

第二百九十条　对于达成和解协议的案件，公安机关可以向人民检察院提出从宽处理的建议。人民检察院可以向人民法院提出从宽处罚的建议；对于犯罪情节轻微，不需要判处刑罚的，可以作出不起诉的决定。人民法院可以依法对被告人从宽处罚。

第三章　缺席审判程序

第二百九十一条　对于贪污贿赂犯罪案件，以及需要及时进行审判，经最高人民检察院核准的严重危害国家安全犯罪、恐怖活动犯罪案件，犯罪嫌疑人、被告人在境外，监察机关、公安机关移送起诉，人民检察院认为犯罪事实已经查清，证据确实、充分，依法应当追究刑事责任的，可以向人民法院提起公诉。人民法院进行审查后，对于起诉书中有明确的指控犯罪事实，符合缺席审判程序适用条件的，应当决定开庭审判。

前款案件，由犯罪地、被告人离境前居住地或者最高人民法院指定的中级人民法院组成合议庭进行审理。

第二百九十二条　人民法院应当通过有关国际条约规定的或者外交途径提出的司法协助方式，或者被告人所在地法律允许的其他方式，将传票和人民检察院的起诉书副本送达被告人。传票和起诉书副本送达后,被告人未按要求到案的,人民法院应当开庭审理,依法作出判决,并对违法所得及其他涉案财产作出处理。

第二百九十三条　人民法院缺席审判案件,被告人有权委托辩护人,被告人的近亲属可以代为委托辩护人。被告人及其近亲属没有委托辩护人的,人民法院应当通知法律援助机构指派律师为其提供辩护。

第二百九十四条　人民法院应当将判决书送达被告人及其近亲属、辩护人。被告人或者其近亲属不服判决的,有权向上一级人民法院上诉。辩护人经被告人或者其近亲属同意,可以提出上诉。

人民检察院认为人民法院的判决确有错误的,应当向上一级人民法院提出抗诉。

第二百九十五条　在审理过程中,被告人自动投案或者被抓获的,人民法院应当重新审理。

罪犯在判决、裁定发生法律效力后到案的,人民法院应当将罪犯交付执行刑罚。交付执行刑罚前,人民法院应当告知罪犯有权对判决、裁定提出异议。罪犯对判决、裁定提出异议的,人民法院应当重新审理。

依照生效判决、裁定对罪犯的财产进行的处理确有错误的,应当予以返还、赔偿。

第二百九十六条　因被告人患有严重疾病无法出庭,中止审理超过六个月,被告人仍无法出庭,被告人及其法定代理人、近亲属申请或者同意恢复审理的,人民法院可以在被告人不出庭的情况下缺席审理,依法作出判决。

第二百九十七条　被告人死亡的,人民法院应当裁定终止审理,但有证据证明被告人无罪,人民法院经缺席审理确认无罪的,应当依法作出判决。

人民法院按照审判监督程序重新审判的案件,被告人死亡的,人民法院可以缺席审理,依法作出判决。

第四章　犯罪嫌疑人、被告人逃匿、死亡案件违法所得的没收程序

第二百九十八条　对于贪污贿赂犯罪、恐怖活动犯罪等重大犯罪案件,犯罪嫌疑人、被告人逃匿,在通缉一年后不能到案,或者犯罪嫌疑人、被告人死亡,依照刑法规定应当追缴其违法所得及其他涉案财产的,人民检察院可以向人民法院提出没收违法所得的申请。

公安机关认为有前款规定情形的,应当写出没收违法所得意见书,移送人民检察院。

没收违法所得的申请应当提供与

犯罪事实、违法所得相关的证据材料,并列明财产的种类、数量、所在地及查封、扣押、冻结的情况。

人民法院在必要的时候,可以查封、扣押、冻结申请没收的财产。

第二百九十九条 没收违法所得的申请,由犯罪地或者犯罪嫌疑人、被告人居住地的中级人民法院组成合议庭进行审理。

人民法院受理没收违法所得的申请后,应当发出公告。公告期间为六个月。犯罪嫌疑人、被告人的近亲属和其他利害关系人有权申请参加诉讼,也可以委托诉讼代理人参加诉讼。

人民法院在公告期满后对没收违法所得的申请进行审理。利害关系人参加诉讼的,人民法院应当开庭审理。

第三百条 人民法院经审理,对经查证属于违法所得及其他涉案财产,除依法返还被害人的以外,应当裁定予以没收;对不属于应当追缴的财产的,应当裁定驳回申请,解除查封、扣押、冻结措施。

对于人民法院依照前款规定作出的裁定,犯罪嫌疑人、被告人的近亲属和其他利害关系人或者人民检察院可以提出上诉、抗诉。

第三百零一条 在审理过程中,在逃的犯罪嫌疑人、被告人自动投案或者被抓获的,人民法院应当终止审理。

没收犯罪嫌疑人、被告人财产确有错误的,应当予以返还、赔偿。

第五章 依法不负刑事责任的精神病人的强制医疗程序

第三百零二条 实施暴力行为,危害公共安全或者严重危害公民人身安全,经法定程序鉴定依法不负刑事责任的精神病人,有继续危害社会可能的,可以予以强制医疗。

第三百零三条 根据本章规定对精神病人强制医疗的,由人民法院决定。

公安机关发现精神病人符合强制医疗条件的,应当写出强制医疗意见书,移送人民检察院。对于公安机关移送的或者在审查起诉过程中发现的精神病人符合强制医疗条件的,人民检察院应当向人民法院提出强制医疗的申请。人民法院在审理案件过程中发现被告人符合强制医疗条件的,可以作出强制医疗的决定。

对实施暴力行为的精神病人,在人民法院决定强制医疗前,公安机关可以采取临时的保护性约束措施。

第三百零四条 人民法院受理强制医疗的申请后,应当组成合议庭进行审理。

人民法院审理强制医疗案件,应当通知被申请人或者被告人的法定代理人到场。被申请人或者被告人没有委托诉讼代理人的,人民法院应当通知法律援助机构指派律师为其提供法律帮助。

第三百零五条 人民法院经审理,对于被申请人或者被告人符合强制医疗条件的,应当在一个月以内作出强制医疗的决定。

被决定强制医疗的人、被害人及其法定代理人、近亲属对强制医疗决定不服的,可以向上一级人民法院申请复议。

第三百零六条 强制医疗机构应当定期对被强制医疗的人进行诊断评估。对于已不具有人身危险性,不需要继续强制医疗的,应当及时提出解除意见,报决定强制医疗的人民法院批准。

被强制医疗的人及其近亲属有权申请解除强制医疗。

第三百零七条 人民检察院对强制医疗的决定和执行实行监督。

附则

第三百零八条 军队保卫部门对军队内部发生的刑事案件行使侦查权。

中国海警局履行海上维权执法职责,对海上发生的刑事案件行使侦查权。

对罪犯在监狱内犯罪的案件由监狱进行侦查。

军队保卫部门、中国海警局、监狱办理刑事案件,适用本法的有关规定。

中华人民共和国监察法

(2018年3月20日通过)

2018年3月20日第十三届全国人民代表大会第一次会议通过

目 录

第一章 总 则
第二章 监察机关及其职责
第三章 监察范围和管辖
第四章 监察权限
第五章 监察程序
第六章 反腐败国际合作
第七章 对监察机关和监察人员的监督
第八章 法律责任
第九章 附 则

第一章 总 则

第一条 为了深化国家监察体制改革,加强对所有行使公权力的公职人员的监督,实现国家监察全面覆盖,深入开展反腐败工作,推进国家治理体系和治理能力现代化,根据宪法,制定本法。

第二条 坚持中国共产党对国家监察工作的领导,以马克思列宁主义、毛泽东思想、邓小平理论、"三个代表"重要思想、科学发展观、习近平新时代中国特色社会主义思想为指导,构建集中统一、权威高效的中国特色国家监察体制。

第三条 各级监察委员会是行使国家监察职能的专责机关,依照本法对所有行使公权力的公职人员(以下称公职人员)进行监察,调查职务违法和职务犯罪,开展廉政建设和反腐败工作,维护宪法和法律的尊严。

第四条 监察委员会依照法律规定独立行使监察权,不受行政机关、社会团体和个人的干涉。

监察机关办理职务违法和职务犯罪案件,应当与审判机关、检察机关、执法部门互相配合,互相制约。

监察机关在工作中需要协助的,有关机关和单位应当根据监察机关的要求依法予以协助。

第五条 国家监察工作严格遵照宪法和法律,以事实为根据,以法律为准绳;在适用法律上一律平等,保障当事人的合法权益;权责对等,严格监督;惩戒与教育相结合,宽严相济。

第六条 国家监察工作坚持标本兼治、综合治理,强化监督问责,严厉惩治腐败;深化改革、健全法治,有效制约和监督权力;加强法治教育和道德教育,弘扬中华优秀传统文化,构建不敢腐、不能腐、不想腐的长效机制。

第二章 监察机关及其职责

第七条 中华人民共和国国家监察委员会是最高监察机关。

省、自治区、直辖市、自治州、县、自治县、市、市辖区设立监察委员会。

第八条 国家监察委员会由全国人民代表大会产生,负责全国监察工作。

国家监察委员会由主任、副主任若干人、委员若干人组成,主任由全国人民代表大会选举,副主任、委员由国家监察委员会主任提请全国人民代表大会常务委员会任免。

国家监察委员会主任每届任期同全国人民代表大会每届任期相同,连续任职不得超过两届。

国家监察委员会对全国人民代表大会及其常务委员会负责,并接受其监督。

第九条 地方各级监察委员会由本级人民代表大会产生,负责本行政区域内的监察工作。

地方各级监察委员会由主任、副主任若干人、委员若干人组成,主任由本级人民代表大会选举,副主任、委员由监察委员会主任提请本级人民代表大会常务委员会任免。

地方各级监察委员会主任每届任期同本级人民代表大会每届任期相同。

地方各级监察委员会对本级人民代表大会及其常务委员会和上一级监察委员会负责,并接受其监督。

第十条 国家监察委员会领导地方各级监察委员会的工作,上级监察委员会领导下级监察委员会的工作。

第十一条 监察委员会依照本法和有关法律规定履行监督、调查、处置职责:

(一)对公职人员开展廉政教育,对其依法履职、秉公用权、廉洁从政从业以及道德操守情况进行监督检查;

(二)对涉嫌贪污贿赂、滥用职权、玩忽职守、权力寻租、利益输送、徇私舞弊以及浪费国家资财等职务违法和职务犯罪进行调查;

(三)对违法的公职人员依法作出政务处分决定;对履行职责不力、失职失责的领导人员进行问责;对涉嫌职务犯罪的,将调查结果移送人民检察院依法审查、提起公诉;向监察对象所在单位提出监察建议。

第十二条　各级监察委员会可以向本级中国共产党机关、国家机关、法律法规授权或者委托管理公共事务的组织和单位以及所管辖的行政区域、国有企业等派驻或者派出监察机构、监察专员。

监察机构、监察专员对派驻或者派出它的监察委员会负责。

第十三条　派驻或者派出的监察机构、监察专员根据授权,按照管理权限依法对公职人员进行监督,提出监察建议,依法对公职人员进行调查、处置。

第十四条　国家实行监察官制度,依法确定监察官的等级设置、任免、考评和晋升等制度。

第三章　监察范围和管辖

第十五条　监察机关对下列公职人员和有关人员进行监察:

(一)中国共产党机关、人民代表大会及其常务委员会机关、人民政府、监察委员会、人民法院、人民检察院、中国人民政治协商会议各级委员会机关、民主党派机关和工商业联合会机关的公务员,以及参照《中华人民共和国公务员法》管理的人员;

(二)法律、法规授权或者受国家机关依法委托管理公共事务的组织中从事公务的人员;

(三)国有企业管理人员;

(四)公办的教育、科研、文化、医疗卫生、体育等单位中从事管理的人员;

(五)基层群众性自治组织中从事管理的人员;

(六)其他依法履行公职的人员。

第十六条　各级监察机关按照管理权限管辖本辖区内本法第十五条规定的人员所涉监察事项。

上级监察机关可以办理下一级监察机关管辖范围内的监察事项,必要时也可以办理所辖各级监察机关管辖范围内的监察事项。

监察机关之间对监察事项的管辖有争议的,由其共同的上级监察机关确定。

第十七条　上级监察机关可以将其所管辖的监察事项指定下级监察机关管辖,也可以将下级监察机关有管辖权的监察事项指定给其他监察机关管辖。

监察机关认为所管辖的监察事项重大、复杂,需要由上级监察机关管辖的,可以报请上级监察机关管辖。

第四章　监察权限

第十八条　监察机关行使监督、调查职权,有权依法向有关单位和个人了解情况,收集、调取证据。有关单位和个人应当如实提供。

监察机关及其工作人员对监督、

调查过程中知悉的国家秘密、商业秘密、个人隐私，应当保密。

任何单位和个人不得伪造、隐匿或者毁灭证据。

第十九条 对可能发生职务违法的监察对象，监察机关按照管理权限，可以直接或者委托有关机关、人员进行谈话或者要求说明情况。

第二十条 在调查过程中，对涉嫌职务违法的被调查人，监察机关可以要求其就涉嫌违法行为作出陈述，必要时向被调查人出具书面通知。

对涉嫌贪污贿赂、失职渎职等职务犯罪的被调查人，监察机关可以进行讯问，要求其如实供述涉嫌犯罪的情况。

第二十一条 在调查过程中，监察机关可以询问证人等人员。

第二十二条 被调查人涉嫌贪污贿赂、失职渎职等严重职务违法或者职务犯罪，监察机关已经掌握其部分违法犯罪事实及证据，仍有重要问题需要进一步调查，并有下列情形之一的，经监察机关依法审批，可以将其留置在特定场所：

（一）涉及案情重大、复杂的；

（二）可能逃跑、自杀的；

（三）可能串供或者伪造、隐匿、毁灭证据的；

（四）可能有其他妨碍调查行为的。

对涉嫌行贿犯罪或者共同职务犯罪的涉案人员，监察机关可以依照前款规定采取留置措施。

留置场所的设置、管理和监督依照国家有关规定执行。

第二十三条 监察机关调查涉嫌贪污贿赂、失职渎职等严重职务违法或者职务犯罪，根据工作需要，可以依照规定查询、冻结涉案单位和个人的存款、汇款、债券、股票、基金份额等财产。有关单位和个人应当配合。

冻结的财产经查明与案件无关的，应当在查明后三日内解除冻结，予以退还。

第二十四条 监察机关可以对涉嫌职务犯罪的被调查人以及可能隐藏被调查人或者犯罪证据的人的身体、物品、住处和其他有关地方进行搜查。在搜查时，应当出示搜查证，并有被搜查人或者其家属等见证人在场。

搜查女性身体，应当由女性工作人员进行。

监察机关进行搜查时，可以根据工作需要提请公安机关配合。公安机关应当依法予以协助。

第二十五条 监察机关在调查过程中，可以调取、查封、扣押用以证明被调查人涉嫌违法犯罪的财物、文件和电子数据等信息。采取调取、查封、扣押措施，应当收集原物原件，会同持有人或者保管人、见证人，当面逐一拍照、登记、编号，开列清单，由在场人员当场核对、签名，并将清单副本交财物、文件的持有人或者保管人。

对调取、查封、扣押的财物、文件，监察机关应当设立专门账户、专门场所，确定专门人员妥善保管，严格履行交接、调取手续，定期对账核实，不得毁损或者用于其他目的。对价值不明物品应当及时鉴定，专门封存保管。

查封、扣押的财物、文件经查明与案件无关的，应当在查明后三日内解除查封、扣押，予以退还。

第二十六条 监察机关在调查过程中，可以直接或者指派、聘请具有专门知识、资格的人员在调查人员主持下进行勘验检查。勘验检查情况应当制作笔录，由参加勘验检查的人员和见证人签名或者盖章。

第二十七条 监察机关在调查过程中，对于案件中的专门性问题，可以指派、聘请有专门知识的人进行鉴定。鉴定人进行鉴定后，应当出具鉴定意见，并且签名。

第二十八条 监察机关调查涉嫌重大贪污贿赂等职务犯罪，根据需要，经过严格的批准手续，可以采取技术调查措施，按照规定交有关机关执行。

批准决定应当明确采取技术调查措施的种类和适用对象，自签发之日起三个月以内有效；对于复杂、疑难案件，期限届满仍有必要继续采取技术调查措施的，经过批准，有效期可以延长，每次不得超过三个月。对于不需要继续采取技术调查措施的，应当及时解除。

第二十九条 依法应当留置的被调查人如果在逃，监察机关可以决定在本行政区域内通缉，由公安机关发布通缉令，追捕归案。通缉范围超出本行政区域的，应当报请有权决定的上级监察机关决定。

第三十条 监察机关为防止被调查人及相关人员逃匿境外，经省级以上监察机关批准，可以对被调查人及相关人员采取限制出境措施，由公安机关依法执行。对于不需要继续采取限制出境措施的，应当及时解除。

第三十一条 涉嫌职务犯罪的被调查人主动认罪认罚，有下列情形之一的，监察机关经领导人员集体研究，并报上一级监察机关批准，可以在移送人民检察院时提出从宽处罚的建议：

（一）自动投案，真诚悔罪悔过的；

（二）积极配合调查工作，如实供述监察机关还未掌握的违法犯罪行为的；

（三）积极退赃，减少损失的；

（四）具有重大立功表现或者案件涉及国家重大利益等情形的。

第三十二条　职务违法犯罪的涉案人员揭发有关被调查人职务违法犯罪行为,查证属实的,或者提供重要线索,有助于调查其他案件的,监察机关经领导人员集体研究,并报上一级监察机关批准,可以在移送人民检察院时提出从宽处罚的建议。

第三十三条　监察机关依照本法规定收集的物证、书证、证人证言、被调查人供述和辩解、视听资料、电子数据等证据材料,在刑事诉讼中可以作为证据使用。

监察机关在收集、固定、审查、运用证据时,应当与刑事审判关于证据的要求和标准相一致。

以非法方法收集的证据应当依法予以排除,不得作为案件处置的依据。

第三十四条　人民法院、人民检察院、公安机关、审计机关等国家机关在工作中发现公职人员涉嫌贪污贿赂、失职渎职等职务违法或者职务犯罪的问题线索,应当移送监察机关,由监察机关依法调查处置。

被调查人既涉嫌严重职务违法或者职务犯罪,又涉嫌其他违法犯罪的,一般应当由监察机关为主调查,其他机关予以协助。

第五章　监察程序

第三十五条　监察机关对于报案或者举报,应当接受并按照有关规定处理。对于不属于本机关管辖的,应当移送主管机关处理。

第三十六条　监察机关应当严格按照程序开展工作,建立问题线索处置、调查、审理各部门相互协调、相互制约的工作机制。

监察机关应当加强对调查、处置工作全过程的监督管理,设立相应的工作部门履行线索管理、监督检查、督促办理、统计分析等管理协调职能。

第三十七条　监察机关对监察对象的问题线索,应当按照有关规定提出处置意见,履行审批手续,进行分类办理。线索处置情况应当定期汇总、通报,定期检查、抽查。

第三十八条　需要采取初步核实方式处置问题线索的,监察机关应当依法履行审批程序,成立核查组。初步核实工作结束后,核查组应当撰写初步核实情况报告,提出处理建议。承办部门应当提出分类处理意见。初步核实情况报告和分类处理意见报监察机关主要负责人审批。

第三十九条　经过初步核实,对监察对象涉嫌职务违法犯罪,需要追究法律责任的,监察机关应当按照规定的权限和程序办理立案手续。

监察机关主要负责人依法批准立案后,应当主持召开专题会议,研究确定调查方案,决定需要采取的调查措施。

立案调查决定应当向被调查人宣布，并通报相关组织。涉嫌严重职务违法或者职务犯罪的，应当通知被调查人家属，并向社会公开发布。

第四十条　监察机关对职务违法和职务犯罪案件，应当进行调查，收集被调查人有无违法犯罪以及情节轻重的证据，查明违法犯罪事实，形成相互印证、完整稳定的证据链。

严禁以威胁、引诱、欺骗及其他非法方式收集证据，严禁侮辱、打骂、虐待、体罚或者变相体罚被调查人和涉案人员。

第四十一条　调查人员采取讯问、询问、留置、搜查、调取、查封、扣押、勘验检查等调查措施，均应当依照规定出示证件，出具书面通知，由二人以上进行，形成笔录、报告等书面材料，并由相关人员签名、盖章。

调查人员进行讯问以及搜查、查封、扣押等重要取证工作，应当对全过程进行录音录像，留存备查。

第四十二条　调查人员应当严格执行调查方案，不得随意扩大调查范围、变更调查对象和事项。

对调查过程中的重要事项，应当集体研究后按程序请示报告。

第四十三条　监察机关采取留置措施，应当由监察机关领导人员集体研究决定。设区的市级以下监察机关采取留置措施，应当报上一级监察机关批准。省级监察机关采取留置措施，应当报国家监察委员会备案。

留置时间不得超过三个月。在特殊情况下，可以延长一次，延长时间不得超过三个月。省级以下监察机关采取留置措施的，延长留置时间应当报上一级监察机关批准。监察机关发现采取留置措施不当的，应当及时解除。

监察机关采取留置措施，可以根据工作需要提请公安机关配合。公安机关应当依法予以协助。

第四十四条　对被调查人采取留置措施后，应当在二十四小时以内，通知被留置人员所在单位和家属，但有可能毁灭、伪造证据，干扰证人作证或者串供等有碍调查情形的除外。有碍调查的情形消失后，应当立即通知被留置人员所在单位和家属。

监察机关应当保障被留置人员的饮食、休息和安全，提供医疗服务。讯问被留置人员应当合理安排讯问时间和时长，讯问笔录由被讯问人阅看后签名。

被留置人员涉嫌犯罪移送司法机关后，被依法判处管制、拘役和有期徒刑的，留置一日折抵管制二日，折抵拘役、有期徒刑一日。

第四十五条　监察机关根据监督、调查结果，依法作出如下处置：

（一）对有职务违法行为但情节较轻的公职人员，按照管理权限，直接或者委托有关机关、人员，进行谈话提醒、批评教育、责令检查，或者予以诫勉；

（二）对违法的公职人员依照法定程序作出警告、记过、记大过、降级、撤职、开除等政务处分决定；

（三）对不履行或者不正确履行职责负有责任的领导人员，按照管理权限对其直接作出问责决定，或者向有权作出问责决定的机关提出问责建议；

（四）对涉嫌职务犯罪的，监察机关经调查认为犯罪事实清楚，证据确实、充分的，制作起诉意见书，连同案卷材料、证据一并移送人民检察院依法审查、提起公诉；

（五）对监察对象所在单位廉政建设和履行职责存在的问题等提出监察建议。

监察机关经调查，对没有证据证明被调查人存在违法犯罪行为的，应当撤销案件，并通知被调查人所在单位。

第四十六条　监察机关经调查，对违法取得的财物，依法予以没收、追缴或者责令退赔；对涉嫌犯罪取得的财物，应当随案移送人民检察院。

第四十七条　对监察机关移送的案件，人民检察院依照《中华人民共和国刑事诉讼法》对被调查人采取强制措施。

人民检察院经审查，认为犯罪事实已经查清，证据确实、充分，依法应当追究刑事责任的，应当作出起诉决定。

人民检察院经审查，认为需要补充核实的，应当退回监察机关补充调查，必要时可以自行补充侦查。对于补充调查的案件，应当在一个月内补充调查完毕。补充调查以二次为限。

人民检察院对于有《中华人民共和国刑事诉讼法》规定的不起诉的情形，经上一级人民检察院批准，依法作出不起诉的决定。监察机关认为不起诉的决定有错误的，可以向上一级人民检察院提请复议。

第四十八条　监察机关在调查贪污贿赂、失职渎职等职务犯罪案件过程中，被调查人逃匿或者死亡，有必要继续调查的，经省级以上监察机关批准，应当继续调查并作出结论。被调查人逃匿，在通缉一年后不能到案，或者死亡的，由监察机关提请人民检察院依照法定程序，向人民法院提出没收违法所得的申请。

第四十九条　监察对象对监察机关作出的涉及本人的处理决定不服的，可以在收到处理决定之日起一个月内，向作出决定的监察机关申请复审，复审机关应当在一个月内作出复审决定；监察对象对复审决定仍不服的，可以在收到复审决定之日起一个月内,向上一级监察机关申请复核,复核机关应当在二个月内作出复核决定。复审、复核期间,不停止原处理决定的执行。复核机关经审查,认定处理决定有错误的,原处理机关应当及时予以纠正。

第六章 反腐败国际合作

第五十条 国家监察委员会统筹协调与其他国家、地区、国际组织开展的反腐败国际交流、合作,组织反腐败国际条约实施工作

第五十一条 国家监察委员会组织协调有关方面加强与有关国家、地区、国际组织在反腐败执法、引渡、司法协助、被判刑人的移管、资产追回和信息交流等领域的合作。

第五十二条 国家监察委员会加强对反腐败国际追逃追赃和防逃工作的组织协调,督促有关单位做好相关工作:

(一)对于重大贪污贿赂、失职渎职等职务犯罪案件,被调查人逃匿到国(境)外,掌握证据比较确凿的,通过开展境外追逃合作,追捕归案;

(二)向赃款赃物所在国请求查询、冻结、扣押、没收、追缴、返还涉案资产;

(三)查询、监控涉嫌职务犯罪的公职人员及其相关人员进出国(境)和跨境资金流动情况,在调查案件过程中设置防逃程序。

第七章 对监察机关和监察人员的监督

第五十三条 各级监察委员会应当接受本级人民代表大会及其常务委员会的监督。

各级人民代表大会常务委员会听取和审议本级监察委员会的专项工作报告,组织执法检查。

县级以上各级人民代表大会及其常务委员会举行会议时,人民代表大会代表或者常务委员会组成人员可以依照法律规定的程序,就监察工作中的有关问题提出询问或者质询。

第五十四条 监察机关应当依法公开监察工作信息,接受民主监督、社会监督、舆论监督。

第五十五条 监察机关通过设立内部专门的监督机构等方式,加强对监察人员执行职务和遵守法律情况的监督,建设忠诚、干净、担当的监察队伍。

第五十六条 监察人员必须模范遵守宪法和法律,忠于职守、秉公执法,清正廉洁、保守秘密;必须具有良好的政治素质,熟悉监察业务,具备运用法律、法规、政策和调查取证等能力,自觉接受监督。

第五十七条 对于监察人员打听案情、过问案件、说情干预的,办理监

察事项的监察人员应当及时报告。有关情况应当登记备案。

发现办理监察事项的监察人员未经批准接触被调查人、涉案人员及其特定关系人,或者存在交往情形的,知情人应当及时报告。有关情况应当登记备案。

第五十八条 办理监察事项的监察人员有下列情形之一的,应当自行回避,监察对象、检举人及其他有关人员也有权要求其回避:

(一)是监察对象或者检举人的近亲属的;

(二)担任过本案的证人的;

(三)本人或者其近亲属与办理的监察事项有利害关系的;

(四)有可能影响监察事项公正处理的其他情形的。

第五十九条 监察机关涉密人员离岗离职后,应当遵守脱密期管理规定,严格履行保密义务,不得泄露相关秘密。

监察人员辞职、退休三年内,不得从事与监察和司法工作相关联且可能发生利益冲突的职业。

第六十条 监察机关及其工作人员有下列行为之一的,被调查人及其近亲属有权向该机关申诉:

(一)留置法定期限届满,不予以解除的;

(二)查封、扣押、冻结与案件无关的财物的;

(三)应当解除查封、扣押、冻结措施而不解除的;

(四)贪污、挪用、私分、调换以及违反规定使用查封、扣押、冻结的财物的;

(五)其他违反法律法规、侵害被调查人合法权益的行为。

受理申诉的监察机关应当在受理申诉之日起一个月内作出处理决定。申诉人对处理决定不服的,可以在收到处理决定之日起一个月内向上一级监察机关申请复查,上一级监察机关应当在收到复查申请之日起二个月内作出处理决定,情况属实的,及时予以纠正。

第六十一条 对调查工作结束后发现立案依据不充分或者失实,案件处置出现重大失误,监察人员严重违法的,应当追究负有责任的领导人员和直接责任人员的责任。

第八章 法律责任

第六十二条 有关单位拒不执行监察机关作出的处理决定,或者无正当理由拒不采纳监察建议的,由其主管部门、上级机关责令改正,对单位给予通报批评;对负有责任的领导人员和直接责任人员依法给予处理。

第六十三条 有关人员违反本法规定,有下列行为之一的,由其所在单

位、主管部门、上级机关或者监察机关责令改正,依法给予处理:

(一)不按要求提供有关材料,拒绝、阻碍调查措施实施等拒不配合监察机关调查的;

(二)提供虚假情况,掩盖事实真相的;

(三)串供或者伪造、隐匿、毁灭证据的;

(四)阻止他人揭发检举、提供证据的;

(五)其他违反本法规定的行为,情节严重的。

第六十四条　监察对象对控告人、检举人、证人或者监察人员进行报复陷害的;控告人、检举人、证人捏造事实诬告陷害监察对象的,依法给予处理。

第六十五条　监察机关及其工作人员有下列行为之一的,对负有责任的领导人员和直接责任人员依法给予处理:

(一)未经批准、授权处置问题线索,发现重大案情隐瞒不报,或者私自留存、处理涉案材料的;

(二)利用职权或者职务上的影响干预调查工作、以案谋私的;

(三)违法窃取、泄露调查工作信息,或者泄露举报事项、举报受理情况以及举报人信息的;

(四)对被调查人或者涉案人员逼供、诱供,或者侮辱、打骂、虐待、体罚或者变相体罚的;

(五)违反规定处置查封、扣押、冻结的财物的;

(六)违反规定发生办案安全事故,或者发生安全事故后隐瞒不报、报告失实、处置不当的;

(七)违反规定采取留置措施的;

(八)违反规定限制他人出境,或者不按规定解除出境限制的;

(九)其他滥用职权、玩忽职守、徇私舞弊的行为。

第六十六条　违反本法规定,构成犯罪的,依法追究刑事责任。

第六十七条　监察机关及其工作人员行使职权,侵犯公民、法人和其他组织的合法权益造成损害的,依法给予国家赔偿。

第九章　附　则

第六十八条　中国人民解放军和中国人民武装警察部队开展监察工作,由中央军事委员会根据本法制定具体规定。

第六十九条　本法自公布之日起施行。《中华人民共和国行政监察法》同时废止。

全国人民代表大会常务委员会关于《中华人民共和国刑事诉讼法》第七十九条第三款的解释①

（2014年4月24日通过）

2014年4月24日第十二届全国人民代表大会常务委员会第八次会议通过

全国人民代表大会常务委员会根据司法实践中遇到的情况，讨论了刑事诉讼法第七十九条第三款关于违反取保候审、监视居住规定情节严重可以逮捕的规定，是否适用于可能判处徒刑以下刑罚的犯罪嫌疑人、被告人的问题，解释如下：

根据刑事诉讼法第七十九条第三款的规定，对于被取保候审、监视居住的可能判处徒刑以下刑罚的犯罪嫌疑人、被告人，违反取保候审、监视居住规定，严重影响诉讼活动正常进行的，可以予以逮捕。

现予公告。

---

① 本立法解释系针对《2012年刑事诉讼法》所作解释，其中涉及的"刑事诉讼法第七十九条第三款"在《2018年刑事诉讼法》中为第八十一条第四款。

全国人民代表大会常务委员会关于《中华人民共和国刑事诉讼法》第二百五十四条第五款、第二百五十七条第二款的解释①

（2014年4月24日通过）

2014年4月24日第十二届全国人民代表大会常务委员会第八次会议通过

全国人民代表大会常务委员会根据司法实践中遇到的情况，讨论了刑事诉讼法第二百五十四条第五款、第二百五十七条第二款的含义及人民法院决定暂予监外执行的案件，由哪个机关负责组织病情诊断、妊娠检查和生活不能自理的鉴别和由哪个机关对予以收监执行的罪犯送交执行刑罚的问题，解释如下：

罪犯在被交付执行前，因有严重疾病、怀孕或者正在哺乳自己婴儿的妇女、生活不能自理的原因，依法提出暂予监外执行的申请的，有关病情诊断、妊娠检查和生活不能自理的鉴别，由人民法院负责组织进行。

根据刑事诉讼法第二百五十七条第二款的规定，对人民法院决定暂予监外执行的罪犯，有刑事诉讼法第二百五十七条第一款规定的情形，依法应当予以收监的，在人民法院作出决定后，由公安机关依照刑事诉讼法第二百五十三条第二款的规定送交执行刑罚。

现予公告。

---

① 本立法解释系针对《2012年刑事诉讼法》所作解释，其中涉及的"刑事诉讼法第二百五十四条第五款、第二百五十七条第二款"在《2018年刑事诉讼法》中为第二百六十五条第五款、第二百六十八条第二款，"刑事诉讼法第二百五十七条第一款"在《2018年刑事诉讼法》中为第二百六十八条第一款，"刑事诉讼法第二百五十三条第二款"在《2018年刑事诉讼法》中为第二百六十四条第二款。

全国人民代表大会常务委员会关于《中华人民共和国刑事诉讼法》第二百七十一条第二款的解释[①]

（2014年4月24日通过）

2014年4月24日第十二届全国人民代表大会常务委员会第八次会议通过

全国人民代表大会常务委员会根据司法实践中遇到的情况，讨论了刑事诉讼法第二百七十一条第二款的含义及被害人对附条件不起诉的案件能否依照第一百七十六条的规定向人民法院起诉的问题，解释如下：

人民检察院办理未成年人刑事案件，在作出附条件不起诉的决定以及考验期满作出不起诉的决定以前，应当听取被害人的意见。被害人对人民检察院对未成年犯罪嫌疑人作出的附条件不起诉的决定和不起诉的决定，可以向上一级人民检察院申诉，不适用刑事诉讼法第一百七十六条关于被害人可以向人民法院起诉的规定。

现予公告。

[①] 本立法解释系针对《2012年刑事诉讼法》所作解释，其中涉及的"刑事诉讼法第二百七十一条第二款"在《2018年刑事诉讼法》中为第二百八十二条第二款，"刑事诉讼法第一百七十六条"在《2018年刑事诉讼法》中为第一百八十条。

最高人民法院关于适用《中华人民共和国刑事诉讼法》的解释

(法释[2021]1号)

2020年12月7日最高人民法院审判委员会第1820次会议通过,自2021年3月1日起施行

目 录

第一章 管辖
第二章 回避
第三章 辩护与代理
第四章 证据
  第一节 一般规定
  第二节 物证、书证的审查与认定
  第三节 证人证言、被害人陈述的审查与认定
  第四节 被告人供述和辩解的审查与认定
  第五节 鉴定意见的审查与认定
  第六节 勘验、检查、辨认、侦查实验等笔录的审查与认定
  第七节 视听资料、电子数据的审查与认定
  第八节 技术调查、侦查证据的审查与认定
  第九节 非法证据排除
  第十节 证据的综合审查与运用
第五章 强制措施
第六章 附带民事诉讼
第七章 期间、送达、审理期限
第八章 审判组织
第九章 公诉案件第一审普通程序
  第一节 审查受理与庭前准备
  第二节 庭前会议与庭审衔接
  第三节 宣布开庭与法庭调查
  第四节 法庭辩论与最后陈述
  第五节 评议案件与宣告判决
  第六节 法庭纪律与其他规定
第十章 自诉案件第一审程序
第十一章 单位犯罪案件的审理
第十二章 认罪认罚案件的审理
第十三章 简易程序
第十四章 速裁程序
第十五章 第二审程序
第十六章 在法定刑以下判处刑罚和特殊假释的核准
第十七章 死刑复核程序

第十八章 涉案财物处理
第十九章 审判监督程序
第二十章 涉外刑事案件的审理和刑事司法协助
　第一节 涉外刑事案件的审理
　第二节 刑事司法协助
第二十一章 执行程序
　第一节 死刑的执行
　第二节 死刑缓期执行、无期徒刑、有期徒刑、拘役的交付执行
　第三节 管制、缓刑、剥夺政治权利的交付执行
　第四节 刑事裁判涉财产部分和附带民事裁判的执行
　第五节 减刑、假释案件的审理
　第六节 缓刑、假释的撤销
第二十二章 未成年人刑事案件诉讼程序
　第一节 一般规定
　第二节 开庭准备
　第三节 审判
　第四节 执行
第二十三章 当事人和解的公诉案件诉讼程序
第二十四章 缺席审判程序
第二十五章 犯罪嫌疑人、被告人逃匿、死亡案件违法所得的没收程序
第二十六章 依法不负刑事责任的精神病人的强制医疗程序
第二十七章 附则

2018年10月26日，第十三届全国人民代表大会常务委员会第六次会议通过了《关于修改〈中华人民共和国刑事诉讼法〉的决定》。为正确理解和适用修改后的刑事诉讼法，结合人民法院审判工作实际，制定本解释。

第一章 管辖

第一条 人民法院直接受理的自诉案件包括：

（一）告诉才处理的案件：

1. 侮辱、诽谤案（刑法第二百四十六条规定的，但严重危害社会秩序和国家利益的除外）；

2. 暴力干涉婚姻自由案（刑法第二百五十七条第一款规定的）；

3. 虐待案（刑法第二百六十条第一款规定的，但被害人没有能力告诉或者因受到强制、威吓无法告诉的除外）；

4. 侵占案（刑法第二百七十条规定的）。

（二）人民检察院没有提起公诉，被害人有证据证明的轻微刑事案件：

1. 故意伤害案（刑法第二百三十四条第一款规定的）；

2. 非法侵入住宅案（刑法第二百四十五条规定的）；

3. 侵犯通信自由案（刑法第二百

五十二条规定的);

4. 重婚案(刑法第二百五十八条规定的);

5. 遗弃案(刑法第二百六十一条规定的);

6. 生产、销售伪劣商品案(刑法分则第三章第一节规定的,但严重危害社会秩序和国家利益的除外);

7. 侵犯知识产权案(刑法分则第三章第七节规定的,但严重危害社会秩序和国家利益的除外);

8. 刑法分则第四章、第五章规定的,可能判处三年有期徒刑以下刑罚的案件。

本项规定的案件,被害人直接向人民法院起诉的,人民法院应当依法受理。对其中证据不足,可以由公安机关受理的,或者认为对被告人可能判处三年有期徒刑以上刑罚的,应当告知被害人向公安机关报案,或者移送公安机关立案侦查。

(三)被害人有证据证明对被告人侵犯自己人身、财产权利的行为应当依法追究刑事责任,且有证据证明曾经提出控告,而公安机关或者人民检察院不予追究被告人刑事责任的案件。

第二条 犯罪地包括犯罪行为地和犯罪结果地。

针对或者主要利用计算机网络实施的犯罪,犯罪地包括用于实施犯罪行为的网络服务使用的服务器所在地,网络服务提供者所在地,被侵害的信息网络系统及其管理者所在地,犯罪过程中被告人、被害人使用的信息网络系统所在地,以及被害人被侵害时所在地和被害人财产遭受损失地等。

第三条 被告人的户籍地为其居住地。经常居住地与户籍地不一致的,经常居住地为其居住地。经常居住地为被告人被追诉前已连续居住一年以上的地方,但住院就医的除外。

被告单位登记的住所地为其居住地。主要营业地或者主要办事机构所在地与登记的住所地不一致的,主要营业地或者主要办事机构所在地为其居住地。

第四条 在中华人民共和国内水、领海发生的刑事案件,由犯罪地或者被告人登陆地的人民法院管辖。由被告人居住地的人民法院审判更为适宜的,可以由被告人居住地的人民法院管辖。

第五条 在列车上的犯罪,被告人在列车运行途中被抓获的,由前方停靠站所在地负责审判铁路运输刑事案件的人民法院管辖。必要时,也可以由始发站或者终点站所在地负责审判铁路运输刑事案件的人民法院管辖。

被告人不是在列车运行途中被抓

获的,由负责该列车乘务的铁路公安机关对应的审判铁路运输刑事案件的人民法院管辖;被告人在列车运行途经车站被抓获的,也可以由该车站所在地负责审判铁路运输刑事案件的人民法院管辖。

第六条 在国际列车上的犯罪,根据我国与相关国家签订的协定确定管辖;没有协定的,由该列车始发或者前方停靠的中国车站所在地负责审判铁路运输刑事案件的人民法院管辖。

第七条 在中华人民共和国领域外的中国船舶内的犯罪,由该船舶最初停泊的中国口岸所在地或者被告人登陆地、入境地的人民法院管辖。

第八条 在中华人民共和国领域外的中国航空器内的犯罪,由该航空器在中国最初降落地的人民法院管辖。

第九条 中国公民在中国驻外使领馆内的犯罪,由其主管单位所在地或者原户籍地的人民法院管辖。

第十条 中国公民在中华人民共和国领域外的犯罪,由其登陆地、入境地、离境前居住地或者现居住地的人民法院管辖;被害人是中国公民的,也可以由被害人离境前居住地或者现居住地的人民法院管辖。

第十一条 外国人在中华人民共和国领域外对中华人民共和国国家或者公民犯罪,根据《中华人民共和国刑法》应当受处罚的,由该外国人登陆地、入境地或者入境后居住地的人民法院管辖,也可以由被害人离境前居住地或者现居住地的人民法院管辖。

第十二条 对中华人民共和国缔结或者参加的国际条约所规定的罪行,中华人民共和国在所承担条约义务的范围内行使刑事管辖权的,由被告人被抓获地、登陆地或者入境地的人民法院管辖。

第十三条 正在服刑的罪犯在判决宣告前还有其他罪没有判决的,由原审地人民法院管辖;由罪犯服刑地或者犯罪地的人民法院审判更为适宜的,可以由罪犯服刑地或者犯罪地的人民法院管辖。

罪犯在服刑期间又犯罪的,由服刑地的人民法院管辖。

罪犯在脱逃期间又犯罪的,由服刑地的人民法院管辖。但是,在犯罪地抓获罪犯并发现其在脱逃期间犯罪的,由犯罪地的人民法院管辖。

第十四条 人民检察院认为可能判处无期徒刑、死刑,向中级人民法院提起公诉的案件,中级人民法院受理后,认为不需要判处无期徒刑、死刑的,应当依法审判,不再交基层人民法院审判。

第十五条 一人犯数罪、共同犯罪或者其他需要并案审理的案件,其中一人或者一罪属于上级人民法院管辖的,全案由上级人民法院管辖。

第十六条 上级人民法院决定审判下级人民法院管辖的第一审刑事案件的,应当向下级人民法院下达改变管辖决定书,并书面通知同级人民检察院。

第十七条 基层人民法院对可能判处无期徒刑、死刑的第一审刑事案件,应当移送中级人民法院审判。

基层人民法院对下列第一审刑事案件,可以请求移送中级人民法院审判:

(一)重大、复杂案件;

(二)新类型的疑难案件;

(三)在法律适用上具有普遍指导意义的案件。

需要将案件移送中级人民法院审判的,应当在报请院长决定后,至迟于案件审理期限届满十五日以前书面请求移送。中级人民法院应当在接到申请后十日以内作出决定。不同意移送的,应当下达不同意移送决定书,由请求移送的人民法院依法审判;同意移送的,应当下达同意移送决定书,并书面通知同级人民检察院。

第十八条 有管辖权的人民法院因案件涉及本院院长需要回避或者其他原因,不宜行使管辖权的,可以请求移送上一级人民法院管辖。上一级人民法院可以管辖,也可以指定与提出请求的人民法院同级的其他人民法院管辖。

第十九条 两个以上同级人民法院都有管辖权的案件,由最初受理的人民法院审判。必要时,可以移送主要犯罪地的人民法院审判。

管辖权发生争议的,应当在审理期限内协商解决;协商不成的,由争议的人民法院分别层报共同的上级人民法院指定管辖。

第二十条 管辖不明的案件,上级人民法院可以指定下级人民法院审判。

有关案件,由犯罪地、被告人居住地以外的人民法院审判更为适宜的,上级人民法院可以指定下级人民法院管辖。

第二十一条 上级人民法院指定管辖,应当将指定管辖决定书送达被指定管辖的人民法院和其他有关的人民法院。

第二十二条 原受理案件的人民法院在收到上级人民法院改变管辖决定书、同意移送决定书或者指定其他人民法院管辖的决定书后,对公诉案件,应当书面通知同级人民检察院,并将案卷材料退回,同时书面通知当事人;对自诉案件,应当将案卷材料移送被指定管辖的人民法院,并书面通知当事人。

第二十三条 第二审人民法院发

回重新审判的案件,人民检察院撤回起诉后,又向原第一审人民法院的下级人民法院重新提起公诉的,下级人民法院应当将有关情况层报原第二审人民法院。原第二审人民法院根据具体情况,可以决定将案件移送原第一审人民法院或者其他人民法院审判。

第二十四条 人民法院发现被告人还有其他犯罪被起诉的,可以并案审理;涉及同种犯罪的,一般应当并案审理。

人民法院发现被告人还有其他犯罪被审查起诉、立案侦查、立案调查的,可以参照前款规定协商人民检察院、公安机关、监察机关并案处理,但可能造成审判过分迟延的除外。

根据前两款规定并案处理的案件,由最初受理地的人民法院审判。必要时,可以由主要犯罪地的人民法院审判。

第二十五条 第二审人民法院在审理过程中,发现被告人还有其他犯罪没有判决的,参照前条规定处理。第二审人民法院决定并案审理的,应当发回第一审人民法院,由第一审人民法院作出处理。

第二十六条 军队和地方互涉刑事案件,按照有关规定确定管辖。

第二章 回避

第二十七条 审判人员具有下列情形之一的,应当自行回避,当事人及其法定代理人有权申请其回避:

(一)是本案的当事人或者是当事人的近亲属的;

(二)本人或者其近亲属与本案有利害关系的;

(三)担任过本案的证人、鉴定人、辩护人、诉讼代理人、翻译人员的;

(四)与本案的辩护人、诉讼代理人有近亲属关系的;

(五)与本案当事人有其他利害关系,可能影响公正审判的。

第二十八条 审判人员具有下列情形之一的,当事人及其法定代理人有权申请其回避:

(一)违反规定会见本案当事人、辩护人、诉讼代理人的;

(二)为本案当事人推荐、介绍辩护人、诉讼代理人,或者为律师、其他人员介绍办理本案的;

(三)索取、接受本案当事人及其委托的人的财物或者其他利益的;

(四)接受本案当事人及其委托的人的宴请,或者参加由其支付费用的活动的;

(五)向本案当事人及其委托的人借用款物的;

(六)有其他不正当行为,可能影响公正审判的。

第二十九条 参与过本案调查、侦查、审查起诉工作的监察、侦查、检察人员,调至人民法院工作的,不得担任本案的审判人员。

在一个审判程序中参与过本案审判工作的合议庭组成人员或者独任审判员,不得再参与本案其他程序的审判。但是,发回重新审判的案件,在第一审人民法院作出裁判后又进入第二审程序、在法定刑以下判处刑罚的复核程序或者死刑复核程序的,原第二审程序、在法定刑以下判处刑罚的复核程序或者死刑复核程序中的合议庭组成人员不受本款规定的限制。

第三十条 依照法律和有关规定应当实行任职回避的,不得担任案件的审判人员。

第三十一条 人民法院应当依法告知当事人及其法定代理人有权申请回避,并告知其合议庭组成人员、独任审判员、法官助理、书记员等人员的名单。

第三十二条 审判人员自行申请回避,或者当事人及其法定代理人申请审判人员回避的,可以口头或者书面提出,并说明理由,由院长决定。

院长自行申请回避,或者当事人及其法定代理人申请院长回避的,由审判委员会讨论决定。审判委员会讨论时,由副院长主持,院长不得参加。

第三十三条 当事人及其法定代理人依照刑事诉讼法第三十条和本解释第二十八条的规定申请回避的,应当提供证明材料。

第三十四条 应当回避的审判人员没有自行回避,当事人及其法定代理人也没有申请其回避的,院长或者审判委员会应当决定其回避。

第三十五条 对当事人及其法定代理人提出的回避申请,人民法院可以口头或者书面作出决定,并将决定告知申请人。

当事人及其法定代理人申请回避被驳回的,可以在接到决定时申请复议一次。不属于刑事诉讼法第二十九条、第三十条规定情形的回避申请,由法庭当庭驳回,并不得申请复议。

第三十六条 当事人及其法定代理人申请出庭的检察人员回避的,人民法院应当区分情况作出处理:

(一)属于刑事诉讼法第二十九条、第三十条规定情形的回避申请,应当决定休庭,并通知人民检察院尽快作出决定;

(二)不属于刑事诉讼法第二十九条、第三十条规定情形的回避申请,应当当庭驳回,并不得申请复议。

第三十七条 本章所称的审判人员,包括人民法院院长、副院长、审判委员会委员、庭长、副庭长、审判员和人民陪审员。

第三十八条 法官助理、书记员、翻译人员和鉴定人适用审判人员回避的有关规定,其回避问题由院长决定。

第三十九条 辩护人、诉讼代理人可以依照本章的有关规定要求回避、申请复议。

第三章 辩护与代理

第四十条 人民法院审判案件,应当充分保障被告人依法享有的辩护权利。

被告人除自己行使辩护权以外,还可以委托辩护人辩护。下列人员不得担任辩护人:

(一)正在被执行刑罚或者处于缓刑、假释考验期间的人;

(二)依法被剥夺、限制人身自由的人;

(三)被开除公职或者被吊销律师、公证员执业证书的人;

(四)人民法院、人民检察院、监察机关、公安机关、国家安全机关、监狱的现职人员;

(五)人民陪审员;

(六)与本案审理结果有利害关系的人;

(七)外国人或者无国籍人;

(八)无行为能力或者限制行为能力的人。

前款第三项至第七项规定的人员,如果是被告人的监护人、近亲属,由被告人委托担任辩护人的,可以准许。

第四十一条 审判人员和人民法院其他工作人员从人民法院离任后二年内,不得以律师身份担任辩护人。

审判人员和人民法院其他工作人员从人民法院离任后,不得担任原任职法院所审理案件的辩护人,但系被告人的监护人、近亲属的除外。

审判人员和人民法院其他工作人员的配偶、子女或者父母不得担任其任职法院所审理案件的辩护人,但系被告人的监护人、近亲属的除外。

第四十二条 对接受委托担任辩护人的,人民法院应当核实其身份证明和授权委托书。

第四十三条 一名被告人可以委托一至二人作为辩护人。

一名辩护人不得为两名以上的同案被告人,或者未同案处理但犯罪事实存在关联的被告人辩护。

第四十四条 被告人没有委托辩护人的,人民法院自受理案件之日起三日以内,应当告知其有权委托辩护人;被告人因经济困难或者其他原因没有委托辩护人的,应当告知其可以申请法律援助;被告人属于应当提供法律援助情形的,应当告知其将依法通知法律援助机构指派律师为其提供辩护。

被告人没有委托辩护人,法律援助机构也没有指派律师为其提供辩护的,人民法院应当告知被告人有权约见值班律师,并为被告人约见值班律师提供便利。

告知可以采取口头或者书面方式。

第四十五条　审判期间,在押的被告人要求委托辩护人的,人民法院应当在三日以内向其监护人、近亲属或者其指定的人员转达要求。被告人应当提供有关人员的联系方式。有关人员无法通知的,应当告知被告人。

第四十六条　人民法院收到在押被告人提出的法律援助或者法律帮助申请,应当依照有关规定及时转交法律援助机构或者通知值班律师。

第四十七条　对下列没有委托辩护人的被告人,人民法院应当通知法律援助机构指派律师为其提供辩护:

(一)盲、聋、哑人;

(二)尚未完全丧失辨认或者控制自己行为能力的精神病人;

(三)可能被判处无期徒刑、死刑的人。

高级人民法院复核死刑案件,被告人没有委托辩护人的,应当通知法律援助机构指派律师为其提供辩护。

死刑缓期执行期间故意犯罪的案件,适用前两款规定。

第四十八条　具有下列情形之一,被告人没有委托辩护人的,人民法院可以通知法律援助机构指派律师为其提供辩护:

(一)共同犯罪案件中,其他被告人已经委托辩护人的;

(二)案件有重大社会影响的;

(三)人民检察院抗诉的;

(四)被告人的行为可能不构成犯罪的;

(五)有必要指派律师提供辩护的其他情形。

第四十九条　人民法院通知法律援助机构指派律师提供辩护的,应当将法律援助通知书、起诉书副本或者判决书送达法律援助机构;决定开庭审理的,除适用简易程序或者速裁程序审理的以外,应当在开庭十五日以前将上述材料送达法律援助机构。

法律援助通知书应当写明案由、被告人姓名、提供法律援助的理由、审判人员的姓名和联系方式;已确定开庭审理的,应当写明开庭的时间、地点。

第五十条　被告人拒绝法律援助机构指派的律师为其辩护,坚持自己行使辩护权的,人民法院应当准许。

属于应当提供法律援助的情形,被告人拒绝指派的律师为其辩护的,人民法院应当查明原因。理由正当的,应当准许,但被告人应当在五日以内另行委托辩护人;被告人未另行委托辩护人的,人民法院应当在三日以内通知法律援助机构另行指派律师为其提供辩护。

第五十一条　对法律援助机构指派律师为被告人提供辩护，被告人的监护人、近亲属又代为委托辩护人的，应当听取被告人的意见，由其确定辩护人人选。

第五十二条　审判期间，辩护人接受被告人委托的，应当在接受委托之日起三日以内，将委托手续提交人民法院。

接受法律援助机构指派为被告人提供辩护的，适用前款规定。

第五十三条　辩护律师可以查阅、摘抄、复制案卷材料。其他辩护人经人民法院许可，也可以查阅、摘抄、复制案卷材料。合议庭、审判委员会的讨论记录以及其他依法不公开的材料不得查阅、摘抄、复制。

辩护人查阅、摘抄、复制案卷材料的，人民法院应当提供便利，并保证必要的时间。

值班律师查阅案卷材料的，适用前两款规定。

复制案卷材料可以采用复印、拍照、扫描、电子数据拷贝等方式。

第五十四条　对作为证据材料向人民法院移送的讯问录音录像，辩护律师申请查阅的，人民法院应当准许。

第五十五条　查阅、摘抄、复制案卷材料，涉及国家秘密、商业秘密、个人隐私的，应当保密；对不公开审理案件的信息、材料，或者在办案过程中获悉的案件重要信息、证据材料，不得违反规定泄露、披露，不得用于办案以外的用途。人民法院可以要求相关人员出具承诺书。

违反前款规定的，人民法院可以通报司法行政机关或者有关部门，建议给予相应处罚；构成犯罪的，依法追究刑事责任。

第五十六条　辩护律师可以同在押的或者被监视居住的被告人会见和通信。其他辩护人经人民法院许可，也可以同在押的或者被监视居住的被告人会见和通信。

第五十七条　辩护人认为在调查、侦查、审查起诉期间监察机关、公安机关、人民检察院收集的证明被告人无罪或者罪轻的证据材料未随案移送，申请人民法院调取的，应当以书面形式提出，并提供相关线索或者材料。人民法院接受申请后，应当向人民检察院调取。人民检察院移送相关证据材料后，人民法院应当及时通知辩护人。

第五十八条　辩护律师申请向被害人及其近亲属、被害人提供的证人收集与本案有关的材料，人民法院认为确有必要的，应当签发准许调查书。

第五十九条　辩护律师向证人或者有关单位、个人收集、调取与本案有关的证据材料，因证人或者有关单位、个人不同意，申请人民法院收集、调取,或者申请通知证人出庭作证,人民法院认为确有必要的,应当同意。

第六十条 辩护律师直接申请人民法院向证人或者有关单位、个人收集、调取证据材料,人民法院认为确有必要,且不宜或者不能由辩护律师收集、调取的,应当同意。

人民法院向有关单位收集、调取的书面证据材料,必须由提供人签名,并加盖单位印章;向个人收集、调取的书面证据材料,必须由提供人签名。

人民法院对有关单位、个人提供的证据材料,应当出具收据,写明证据材料的名称、收到的时间、件数、页数以及是否为原件等,由书记员、法官助理或者审判人员签名。

收集、调取证据材料后,应当及时通知辩护律师查阅、摘抄、复制,并告知人民检察院。

第六十一条 本解释第五十八条至第六十条规定的申请,应当以书面形式提出,并说明理由,写明需要收集、调取证据材料的内容或者需要调查问题的提纲。

对辩护律师的申请,人民法院应当在五日以内作出是否准许、同意的决定,并通知申请人;决定不准许、不同意的,应当说明理由。

第六十二条 人民法院自受理自诉案件之日起三日以内,应当告知自诉人及其法定代理人、附带民事诉讼当事人及其法定代理人,有权委托诉讼代理人,并告知其如果经济困难,可以申请法律援助。

第六十三条 当事人委托诉讼代理人的,参照适用刑事诉讼法第三十三条和本解释的有关规定。

第六十四条 诉讼代理人有权根据事实和法律,维护被害人、自诉人或者附带民事诉讼当事人的诉讼权利和其他合法权益。

第六十五条 律师担任诉讼代理人的,可以查阅、摘抄、复制案卷材料。其他诉讼代理人经人民法院许可,也可以查阅、摘抄、复制案卷材料。

律师担任诉讼代理人,需要收集、调取与本案有关的证据材料的,参照适用本解释第五十九条至第六十一条的规定。

第六十六条 诉讼代理人接受当事人委托或者法律援助机构指派后,应当在三日以内将委托手续或者法律援助手续提交人民法院。

第六十七条 辩护律师向人民法院告知其委托人或者其他人准备实施、正在实施危害国家安全、公共安全以及严重危害他人人身安全犯罪的,人民法院应当记录在案,立即转告主管机关依法处理,并为反映有关情况的辩护律师保密。

第六十八条 律师担任辩护人、

诉讼代理人,经人民法院准许,可以带一名助理参加庭审。律师助理参加庭审的,可以从事辅助工作,但不得发表辩护、代理意见。

第四章 证据

第一节 一般规定

第六十九条 认定案件事实,必须以证据为根据。

第七十条 审判人员应当依照法定程序收集、审查、核实、认定证据。

第七十一条 证据未经当庭出示、辨认、质证等法庭调查程序查证属实,不得作为定案的根据。

第七十二条 应当运用证据证明的案件事实包括:

(一)被告人、被害人的身份;

(二)被指控的犯罪是否存在;

(三)被指控的犯罪是否为被告人所实施;

(四)被告人有无刑事责任能力,有无罪过,实施犯罪的动机、目的;

(五)实施犯罪的时间、地点、手段、后果以及案件起因等;

(六)是否系共同犯罪或者犯罪事实存在关联,以及被告人在犯罪中的地位、作用;

(七)被告人有无从重、从轻、减轻、免除处罚情节;

(八)有关涉案财物处理的事实;

(九)有关附带民事诉讼的事实;

(十)有关管辖、回避、延期审理等的程序事实;

(十一)与定罪量刑有关的其他事实。

认定被告人有罪和对被告人从重处罚,适用证据确实、充分的证明标准。

第七十三条 对提起公诉的案件,人民法院应当审查证明被告人有罪、无罪、罪重、罪轻的证据材料是否全部随案移送;未随案移送的,应当通知人民检察院在指定时间内移送。人民检察院未移送的,人民法院应当根据在案证据对案件事实作出认定。

第七十四条 依法应当对讯问过程录音录像的案件,相关录音录像未随案移送的,必要时,人民法院可以通知人民检察院在指定时间内移送。人民检察院未移送,导致不能排除属于刑事诉讼法第五十六条规定的以非法方法收集证据情形的,对有关证据应当依法排除;导致有关证据的真实性无法确认的,不得作为定案的根据。

第七十五条 行政机关在行政执法和查办案件过程中收集的物证、书证、视听资料、电子数据等证据材料,经法庭查证属实,且收集程序符合有关法律、行政法规规定的,可以作为定案的根据。

根据法律、行政法规规定行使国家行政管理职权的组织,在行政执法和查办案件过程中收集的证据材料,视为行政机关收集的证据材料。

第七十六条 监察机关依法收集的证据材料,在刑事诉讼中可以作为证据使用。

对前款规定证据的审查判断,适用刑事审判关于证据的要求和标准。

第七十七条 对来自境外的证据材料,人民检察院应当随案移送有关材料来源、提供人、提取人、提取时间等情况的说明。经人民法院审查,相关证据材料能够证明案件事实且符合刑事诉讼法规定的,可以作为证据使用,但提供人或者我国与有关国家签订的双边条约对材料的使用范围有明确限制的除外;材料来源不明或者真实性无法确认的,不得作为定案的根据。

当事人及其辩护人、诉讼代理人提供来自境外的证据材料的,该证据材料应当经所在国公证机关证明,所在国中央外交主管机关或者其授权机关认证,并经中华人民共和国驻该国使领馆认证,或者履行中华人民共和国与该所在国订立的有关条约中规定的证明手续,但我国与该国之间有互免认证协定的除外。

第七十八条 控辩双方提供的证据材料涉及外国语言、文字的,应当附中文译本。

第七十九条 人民法院依照刑事诉讼法第一百九十六条的规定调查核实证据,必要时,可以通知检察人员、辩护人、自诉人及其法定代理人到场。上述人员未到场的,应当记录在案。

人民法院调查核实证据时,发现对定罪量刑有重大影响的新的证据材料的,应当告知检察人员、辩护人、自诉人及其法定代理人。必要时,也可以直接提取,并及时通知检察人员、辩护人、自诉人及其法定代理人查阅、摘抄、复制。

第八十条 下列人员不得担任见证人:

(一)生理上、精神上有缺陷或者年幼,不具有相应辨别能力或者不能正确表达的人;

(二)与案件有利害关系,可能影响案件公正处理的人;

(三)行使勘验、检查、搜查、扣押、组织辨认等监察调查、刑事诉讼职权的监察、公安、司法机关的工作人员或者其聘用的人员。

对见证人是否属于前款规定的人员,人民法院可以通过相关笔录载明的见证人的姓名、身份证件种类及号码、联系方式以及常住人口信息登记表等材料进行审查。

由于客观原因无法由符合条件的人员担任见证人的,应当在笔录材料中注明情况,并对相关活动进行全程录音录像。

第八十一条　公开审理案件时，公诉人、诉讼参与人提出涉及国家秘密、商业秘密或者个人隐私的证据的，法庭应当制止；确与本案有关的，可以根据具体情况，决定将案件转为不公开审理，或者对相关证据的法庭调查不公开进行。

第二节　物证、书证的审查与认定

第八十二条　对物证、书证应当着重审查以下内容：

（一）物证、书证是否为原物、原件，是否经过辨认、鉴定；物证的照片、录像、复制品或者书证的副本、复制件是否与原物、原件相符，是否由二人以上制作，有无制作人关于制作过程以及原物、原件存放于何处的文字说明和签名；

（二）物证、书证的收集程序、方式是否符合法律、有关规定；经勘验、检查、搜查提取、扣押的物证、书证，是否附有相关笔录、清单，笔录、清单是否经调查人员或者侦查人员、物品持有人、见证人签名，没有签名的，是否注明原因；物品的名称、特征、数量、质量等是否注明清楚；

（三）物证、书证在收集、保管、鉴定过程中是否受损或者改变；

（四）物证、书证与案件事实有无关联；对现场遗留与犯罪有关的具备鉴定条件的血迹、体液、毛发、指纹等生物样本、痕迹、物品，是否已作DNA鉴定、指纹鉴定等，并与被告人或者被害人的相应生物特征、物品等比对；

（五）与案件事实有关联的物证、书证是否全面收集。

第八十三条　据以定案的物证应当是原物。原物不便搬运、不易保存、依法应当返还或者依法应当由有关部门保管、处理的，可以拍摄、制作足以反映原物外形和特征的照片、录像、复制品。必要时，审判人员可以前往保管场所查看原物。

物证的照片、录像、复制品，不能反映原物的外形和特征的，不得作为定案的根据。

物证的照片、录像、复制品，经与原物核对无误、经鉴定或者以其他方式确认真实的，可以作为定案的根据。

第八十四条　据以定案的书证应当是原件。取得原件确有困难的，可以使用副本、复制件。

对书证的更改或者更改迹象不能作出合理解释，或者书证的副本、复制件不能反映原件及其内容的，不得作为定案的根据。

书证的副本、复制件，经与原件核对无误、经鉴定或者以其他方式确认真实的，可以作为定案的根据。

第八十五条　对与案件事实可能有关联的血迹、体液、毛发、人体组织、指纹、足迹、字迹等生物样本、痕迹和物品,应当提取而没有提取,应当鉴定而没有鉴定,应当移送鉴定意见而没有移送,导致案件事实存疑,人民法院应当通知人民检察院依法补充收集、调取、移送证据。

第八十六条 在勘验、检查、搜查过程中提取、扣押的物证、书证,未附笔录或者清单,不能证明物证、书证来源的,不得作为定案的根据。

物证、书证的收集程序、方式有下列瑕疵,经补正或者作出合理解释的,可以采用:

(一)勘验、检查、搜查、提取笔录或者扣押清单上没有调查人员或者侦查人员、物品持有人、见证人签名,或者对物品的名称、特征、数量、质量等注明不详的;

(二)物证的照片、录像、复制品,书证的副本、复制件未注明与原件核对无异,无复制时间,或者无被收集、调取人签名的;

(三)物证的照片、录像、复制品,书证的副本、复制件没有制作人关于制作过程和原物、原件存放地点的说明,或者说明中无签名的;

(四)有其他瑕疵的。

物证、书证的来源、收集程序有疑问,不能作出合理解释的,不得作为定案的根据。

第三节 证人证言、被害人
陈述的审查与认定

第八十七条 对证人证言应当着重审查以下内容:

(一)证言的内容是否为证人直接感知;

(二)证人作证时的年龄,认知、记忆和表达能力,生理和精神状态是否影响作证;

(三)证人与案件当事人、案件处理结果有无利害关系;

(四)询问证人是否个别进行;

(五)询问笔录的制作、修改是否符合法律、有关规定,是否注明询问的起止时间和地点,首次询问时是否告知证人有关权利义务和法律责任,证人对询问笔录是否核对确认;

(六)询问未成年证人时,是否通知其法定代理人或者刑事诉讼法第二百八十一条第一款规定的合适成年人到场,有关人员是否到场;

(七)有无以暴力、威胁等非法方法收集证人证言的情形;

(八)证言之间以及与其他证据之间能否相互印证,有无矛盾;存在矛盾的,能否得到合理解释。

第八十八条 处于明显醉酒、中毒或者麻醉等状态,不能正常感知或者正确表达的证人所提供的证言,不得作为证据使用。

证人的猜测性、评论性、推断性的证言，不得作为证据使用，但根据一般生活经验判断符合事实的除外。

第八十九条 证人证言具有下列情形之一的，不得作为定案的根据：

（一）询问证人没有个别进行的；

（二）书面证言没有经证人核对确认的；

（三）询问聋、哑人，应当提供通晓聋、哑手势的人员而未提供的；

（四）询问不通晓当地通用语言、文字的证人，应当提供翻译人员而未提供的。

第九十条 证人证言的收集程序、方式有下列瑕疵，经补正或者作出合理解释的，可以采用；不能补正或者作出合理解释的，不得作为定案的根据：

（一）询问笔录没有填写询问人、记录人、法定代理人姓名以及询问的起止时间、地点的；

（二）询问地点不符合规定的；

（三）询问笔录没有记录告知证人有关权利义务和法律责任的；

（四）询问笔录反映出在同一时段，同一询问人员询问不同证人的；

（五）询问未成年人，其法定代理人或者合适成年人不在场的。

第九十一条 证人当庭作出的证言，经控辩双方质证、法庭查证属实的，应当作为定案的根据。

证人当庭作出的证言与其庭前证言矛盾，证人能够作出合理解释，并有其他证据印证的，应当采信其庭审证言；不能作出合理解释，而其庭前证言有其他证据印证的，可以采信其庭前证言。

经人民法院通知，证人没有正当理由拒绝出庭或者出庭后拒绝作证，法庭对其证言的真实性无法确认的，该证人证言不得作为定案的根据。

第九十二条 对被害人陈述的审查与认定，参照适用本节的有关规定。

第四节 被告人供述和辩解的审查与认定

第九十三条 对被告人供述和辩解应当着重审查以下内容：

（一）讯问的时间、地点，讯问人的身份、人数以及讯问方式等是否符合法律、有关规定；

（二）讯问笔录的制作、修改是否符合法律、有关规定，是否注明讯问的具体起止时间和地点，首次讯问时是否告知被告人有关权利和法律规定，被告人是否核对确认；

（三）讯问未成年被告人时，是否通知其法定代理人或者合适成年人到场，有关人员是否到场；

（四）讯问女性未成年被告人时，是否有女性工作人员在场；

（五）有无以刑讯逼供等非法方

法收集被告人供述的情形;

（六）被告人的供述是否前后一致，有无反复以及出现反复的原因;

（七）被告人的供述和辩解是否全部随案移送;

（八）被告人的辩解内容是否符合案情和常理，有无矛盾;

（九）被告人的供述和辩解与同案被告人的供述和辩解以及其他证据能否相互印证，有无矛盾;存在矛盾的，能否得到合理解释。

必要时，可以结合现场执法音视频记录、讯问录音录像、被告人进出看守所的健康检查记录、笔录等，对被告人的供述和辩解进行审查。

第九十四条 被告人供述具有下列情形之一的，不得作为定案的根据：

（一）讯问笔录没有经被告人核对确认的;

（二）讯问聋、哑人，应当提供通晓聋、哑手势的人员而未提供的;

（三）讯问不通晓当地通用语言、文字的被告人，应当提供翻译人员而未提供的;

（四）讯问未成年人，其法定代理人或者合适成年人不在场的。

第九十五条 讯问笔录有下列瑕疵，经补正或者作出合理解释的，可以采用;不能补正或者作出合理解释的，不得作为定案的根据：

（一）讯问笔录填写的讯问时间、讯问地点、讯问人、记录人、法定代理人等有误或者存在矛盾的;

（二）讯问人没有签名的;

（三）首次讯问笔录没有记录告知被讯问人有关权利和法律规定的。

第九十六条 审查被告人供述和辩解，应当结合控辩双方提供的所有证据以及被告人的全部供述和辩解进行。

被告人庭审中翻供，但不能合理说明翻供原因或者其辩解与全案证据矛盾，而其庭前供述与其他证据相互印证的，可以采信其庭前供述。

被告人庭前供述和辩解存在反复，但庭审中供认，且与其他证据相互印证的，可以采信其庭审供述;被告人庭前供述和辩解存在反复，庭审中不供认，且无其他证据与庭前供述印证的，不得采信其庭前供述。

第五节 鉴定意见的审查与认定

第九十七条 对鉴定意见应当着重审查以下内容：

（一）鉴定机构和鉴定人是否具有法定资质;

（二）鉴定人是否存在应当回避的情形;

（三）检材的来源、取得、保管、送检是否符合法律、有关规定，与相关提取笔录、扣押清单等记载的内容是否

相符,检材是否可靠;

（四）鉴定意见的形式要件是否完备,是否注明提起鉴定的事由、鉴定委托人、鉴定机构、鉴定要求、鉴定过程、鉴定方法、鉴定日期等相关内容,是否由鉴定机构盖章并由鉴定人签名;

（五）鉴定程序是否符合法律、有关规定;

（六）鉴定的过程和方法是否符合相关专业的规范要求;

（七）鉴定意见是否明确;

（八）鉴定意见与案件事实有无关联;

（九）鉴定意见与勘验、检查笔录及相关照片等其他证据是否矛盾;存在矛盾的,能否得到合理解释;

（十）鉴定意见是否依法及时告知相关人员,当事人对鉴定意见有无异议。

第九十八条　鉴定意见具有下列情形之一的,不得作为定案的根据:

（一）鉴定机构不具备法定资质,或者鉴定事项超出该鉴定机构业务范围、技术条件的;

（二）鉴定人不具备法定资质,不具有相关专业技术或者职称,或者违反回避规定的;

（三）送检材料、样本来源不明,或者因污染不具备鉴定条件的;

（四）鉴定对象与送检材料、样本不一致的;

（五）鉴定程序违反规定的;

（六）鉴定过程和方法不符合相关专业的规范要求的;

（七）鉴定文书缺少签名、盖章的;

（八）鉴定意见与案件事实没有关联的;

（九）违反有关规定的其他情形。

第九十九条　经人民法院通知,鉴定人拒不出庭作证的,鉴定意见不得作为定案的根据。

鉴定人由于不能抗拒的原因或者有其他正当理由无法出庭的,人民法院可以根据情况决定延期审理或者重新鉴定。

鉴定人无正当理由拒不出庭作证的,人民法院应当通报司法行政机关或者有关部门。

第一百条　因无鉴定机构,或者根据法律、司法解释的规定,指派、聘请有专门知识的人就案件的专门性问题出具的报告,可以作为证据使用。

对前款规定的报告的审查与认定,参照适用本节的有关规定。

经人民法院通知,出具报告的人拒不出庭作证的,有关报告不得作为定案的根据。

第一百零一条　有关部门对事故进行调查形成的报告,在刑事诉讼中可以作为证据使用;报告中涉及专门性问题的意见,经法庭查证属实,且调查程序符合法律、有关规定的,可以作为定案的根据。

第六节 勘验、检查、辨认、侦查实验等笔录的审查与认定

第一百零二条 对勘验、检查笔录应当着重审查以下内容:

(一)勘验、检查是否依法进行,笔录制作是否符合法律、有关规定,勘验、检查人员和见证人是否签名或者盖章;

(二)勘验、检查笔录是否记录了提起勘验、检查的事由,勘验、检查的时间、地点,在场人员、现场方位、周围环境等,现场的物品、人身、尸体等的位置、特征等情况,以及勘验、检查的过程;文字记录与实物或者绘图、照片、录像是否相符;现场、物品、痕迹是否伪造、有无破坏;人身特征、伤害情况、生理状态有无伪装或者变化等;

(三)补充进行勘验、检查的,是否说明了再次勘验、检查的原由,前后勘验、检查的情况是否矛盾。

第一百零三条 勘验、检查笔录存在明显不符合法律、有关规定的情形,不能作出合理解释的,不得作为定案的根据。

第一百零四条 对辨认笔录应当着重审查辨认的过程、方法,以及辨认笔录的制作是否符合有关规定。

第一百零五条 辨认笔录具有下列情形之一的,不得作为定案的根据:

(一)辨认不是在调查人员、侦查人员主持下进行的;

(二)辨认前使辨认人见到辨认对象的;

(三)辨认活动没有个别进行的;

(四)辨认对象没有混杂在具有类似特征的其他对象中,或者供辨认的对象数量不符合规定的;

(五)辨认中给辨认人明显暗示或者明显有指认嫌疑的;

(六)违反有关规定,不能确定辨认笔录真实性的其他情形。

第一百零六条 对侦查实验笔录应当着重审查实验的过程、方法,以及笔录的制作是否符合有关规定。

第一百零七条 侦查实验的条件与事件发生时的条件有明显差异,或者存在影响实验结论科学性的其他情形的,侦查实验笔录不得作为定案的根据。

第七节 视听资料、电子数据的审查与认定

第一百零八条 对视听资料应当着重审查以下内容:

(一)是否附有提取过程的说明,来源是否合法;

(二)是否为原件,有无复制及复

制份数;是复制件的,是否附有无法调取原件的原因、复制件制作过程和原件存放地点的说明,制作人、原视听资料持有人是否签名;

(三)制作过程中是否存在威胁、引诱当事人等违反法律、有关规定的情形;

(四)是否写明制作人、持有人的身份,制作的时间、地点、条件和方法;

(五)内容和制作过程是否真实,有无剪辑、增加、删改等情形;

(六)内容与案件事实有无关联。

对视听资料有疑问的,应当进行鉴定。

第一百零九条 视听资料具有下列情形之一的,不得作为定案的根据:

(一)系篡改、伪造或者无法确定真伪的;

(二)制作、取得的时间、地点、方式等有疑问,不能作出合理解释的。

第一百一十条 对电子数据是否真实,应当着重审查以下内容:

(一)是否移送原始存储介质;在原始存储介质无法封存、不便移动时,有无说明原因,并注明收集、提取过程及原始存储介质的存放地点或者电子数据的来源等情况;

(二)是否具有数字签名、数字证书等特殊标识;

(三)收集、提取的过程是否可以重现;

(四)如有增加、删除、修改等情形的,是否附有说明;

(五)完整性是否可以保证。

第一百一十一条 对电子数据是否完整,应当根据保护电子数据完整性的相应方法进行审查、验证:

(一)审查原始存储介质的扣押、封存状态;

(二)审查电子数据的收集、提取过程,查看录像;

(三)比对电子数据完整性校验值;

(四)与备份的电子数据进行比较;

(五)审查冻结后的访问操作日志;

(六)其他方法。

第一百一十二条 对收集、提取电子数据是否合法,应当着重审查以下内容:

(一)收集、提取电子数据是否由二名以上调查人员、侦查人员进行,取证方法是否符合相关技术标准;

(二)收集、提取电子数据,是否附有笔录、清单,并经调查人员、侦查人员、电子数据持有人、提供人、见证人签名或者盖章;没有签名或者盖章的,是否注明原因;对电子数据的类别、文件格式等是否注明清楚;

(三)是否依照有关规定由符合条件的人员担任见证人,是否对相关活动进行录像；

（四）采用技术调查、侦查措施收集、提取电子数据的，是否依法经过严格的批准手续；

（五）进行电子数据检查的，检查程序是否符合有关规定。

第一百一十三条 电子数据的收集、提取程序有下列瑕疵，经补正或者作出合理解释的，可以采用；不能补正或者作出合理解释的，不得作为定案的根据：

（一）未以封存状态移送的；

（二）笔录或者清单上没有调查人员或者侦查人员、电子数据持有人、提供人、见证人签名或者盖章的；

（三）对电子数据的名称、类别、格式等注明不清的；

（四）有其他瑕疵的。

第一百一十四条 电子数据具有下列情形之一的，不得作为定案的根据：

（一）系篡改、伪造或者无法确定真伪的；

（二）有增加、删除、修改等情形，影响电子数据真实性的；

（三）其他无法保证电子数据真实性的情形。

第一百一十五条 对视听资料、电子数据，还应当审查是否移送文字抄清材料以及对绰号、暗语、俗语、方言等不易理解内容的说明。未移送的，必要时，可以要求人民检察院移送。

第八节 技术调查、侦查证据的审查与认定

第一百一十六条 依法采取技术调查、侦查措施收集的材料在刑事诉讼中可以作为证据使用。

采取技术调查、侦查措施收集的材料，作为证据使用的，应当随案移送。

第一百一十七条 使用采取技术调查、侦查措施收集的证据材料可能危及有关人员的人身安全，或者可能产生其他严重后果的，可以采取下列保护措施：

（一）使用化名等代替调查、侦查人员及有关人员的个人信息；

（二）不具体写明技术调查、侦查措施使用的技术设备和技术方法；

（三）其他必要的保护措施。

第一百一十八条 移送技术调查、侦查证据材料的，应当附采取技术调查、侦查措施的法律文书、技术调查、侦查证据材料清单和有关说明材料。

移送采用技术调查、侦查措施收集的视听资料、电子数据的，应当制作新的存储介质，并附制作说明，写明原始证据材料、原始存储介质的存放地点等信息，由制作人签名，并加盖单位

印章。

第一百一十九条 对采取技术调查、侦查措施收集的证据材料,除根据相关证据材料所属的证据种类,依照本章第二节至第七节的相应规定进行审查外,还应当着重审查以下内容:

(一)技术调查、侦查措施所针对的案件是否符合法律规定;

(二)技术调查措施是否经过严格的批准手续,按照规定交有关机关执行;技术侦查措施是否在刑事立案后,经过严格的批准手续;

(三)采取技术调查、侦查措施的种类、适用对象和期限是否按照批准决定载明的内容执行;

(四)采取技术调查、侦查措施收集的证据材料与其他证据是否矛盾;存在矛盾的,能否得到合理解释。

第一百二十条 采取技术调查、侦查措施收集的证据材料,应当经过当庭出示、辨认、质证等法庭调查程序查证。

当庭调查技术调查、侦查证据材料可能危及有关人员的人身安全,或者可能产生其他严重后果的,法庭应当采取不暴露有关人员身份和技术调查、侦查措施使用的技术设备、技术方法等保护措施。必要时,审判人员可以在庭外对证据进行核实。

第一百二十一条 采用技术调查、侦查证据作为定案根据的,人民法院在裁判文书中可以表述相关证据的名称、证据种类和证明对象,但不得表述有关人员身份和技术调查、侦查措施使用的技术设备、技术方法等。

第一百二十二条 人民法院认为应当移送的技术调查、侦查证据材料未随案移送的,应当通知人民检察院在指定时间内移送。人民检察院未移送的,人民法院应当根据在案证据对案件事实作出认定。

第九节 非法证据排除

第一百二十三条 采用下列非法方法收集的被告人供述,应当予以排除:

(一)采用殴打、违法使用戒具等暴力方法或者变相肉刑的恶劣手段,使被告人遭受难以忍受的痛苦而违背意愿作出的供述;

(二)采用以暴力或者严重损害本人及其近亲属合法权益等相威胁的方法,使被告人遭受难以忍受的痛苦而违背意愿作出的供述;

(三)采用非法拘禁等非法限制人身自由的方法收集的被告人供述。

第一百二十四条 采用刑讯逼供方法使被告人作出供述,之后被告人受该刑讯逼供行为影响而作出的与该供述相同的重复性供述,应当一并排除,但下列情形除外:

(一)调查、侦查期间,监察机关、

侦查机关根据控告、举报或者自己发现等,确认或者不能排除以非法方法收集证据而更换调查、侦查人员,其他调查、侦查人员再次讯问时告知有关权利和认罪的法律后果,被告人自愿供述的;

(二)审查逮捕、审查起诉和审判期间,检察人员、审判人员讯问时告知诉讼权利和认罪的法律后果,被告人自愿供述的。

第一百二十五条 采用暴力、威胁以及非法限制人身自由等非法方法收集的证人证言、被害人陈述,应当予以排除。

第一百二十六条 收集物证、书证不符合法定程序,可能严重影响司法公正的,应当予以补正或者作出合理解释;不能补正或者作出合理解释的,对该证据应当予以排除。

认定"可能严重影响司法公正",应当综合考虑收集证据违反法定程序以及所造成后果的严重程度等情况。

第一百二十七条 当事人及其辩护人、诉讼代理人申请人民法院排除以非法方法收集的证据的,应当提供涉嫌非法取证的人员、时间、地点、方式、内容等相关线索或者材料。

第一百二十八条 人民法院向被告人及其辩护人送达起诉书副本时,应当告知其申请排除非法证据的,应当在开庭审理前提出,但庭审期间才发现相关线索或者材料的除外。

第一百二十九条 开庭审理前,当事人及其辩护人、诉讼代理人申请人民法院排除非法证据的,人民法院应当在开庭前及时将申请书或者申请笔录及相关线索、材料的复制件送交人民检察院。

第一百三十条 开庭审理前,人民法院可以召开庭前会议,就非法证据排除等问题了解情况,听取意见。

在庭前会议中,人民检察院可以通过出示有关证据材料等方式,对证据收集的合法性加以说明。必要时,可以通知调查人员、侦查人员或者其他人员参加庭前会议,说明情况。

第一百三十一条 在庭前会议中,人民检察院可以撤回有关证据。撤回的证据,没有新的理由,不得在庭审中出示。

当事人及其辩护人、诉讼代理人可以撤回排除非法证据的申请。撤回申请后,没有新的线索或者材料,不得再次对有关证据提出排除申请。

第一百三十二条 当事人及其辩护人、诉讼代理人在开庭审理前未申请排除非法证据,在庭审过程中提出申请的,应当说明理由。人民法院经审查,对证据收集的合法性有疑问的,应当进行调查;没有疑问的,驳回申请。

驳回排除非法证据的申请后,当事人及其辩护人、诉讼代理人没有新的线索或者材料,以相同理由再次提出申请的,人民法院不再审查。

第一百三十三条 控辩双方在庭前会议中对证据收集是否合法未达成一致意见,人民法院对证据收集的合法性有疑问的,应当在庭审中进行调查;对证据收集的合法性没有疑问,且无新的线索或者材料表明可能存在非法取证的,可以决定不再进行调查并说明理由。

第一百三十四条 庭审期间,法庭决定对证据收集的合法性进行调查的,应当先行当庭调查。但为防止庭审过分迟延,也可以在法庭调查结束前调查。

第一百三十五条 法庭决定对证据收集的合法性进行调查的,由公诉人通过宣读调查、侦查讯问笔录、出示提讯登记、体检记录、对讯问合法性的核查材料等证据材料,有针对性地播放讯问录音录像,提请法庭通知有关调查人员、侦查人员或者其他人员出庭说明情况等方式,证明证据收集的合法性。

讯问录音录像涉及国家秘密、商业秘密、个人隐私或者其他不宜公开内容的,法庭可以决定对讯问录音录像不公开播放、质证。

公诉人提交的取证过程合法的说明材料,应当经有关调查人员、侦查人员签名,并加盖单位印章。未经签名或者盖章的,不得作为证据使用。上述说明材料不能单独作为证明取证过程合法的根据。

第一百三十六条 控辩双方申请法庭通知调查人员、侦查人员或者其他人员出庭说明情况,法庭认为有必要的,应当通知有关人员出庭。

根据案件情况,法庭可以依职权通知调查人员、侦查人员或者其他人员出庭说明情况。

调查人员、侦查人员或者其他人员出庭的,应当向法庭说明证据收集过程,并就相关情况接受控辩双方和法庭的询问。

第一百三十七条 法庭对证据收集的合法性进行调查后,确认或者不能排除存在刑事诉讼法第五十六条规定的以非法方法收集证据情形的,对有关证据应当排除。

第一百三十八条 具有下列情形之一的,第二审人民法院应当对证据收集的合法性进行审查,并根据刑事诉讼法和本解释的有关规定作出处理:

(一)第一审人民法院对当事人及其辩护人、诉讼代理人排除非法证据的申请没有审查,且以该证据作为定案根据的;

(二)人民检察院或者被告人、自

诉人及其法定代理人不服第一审人民法院作出的有关证据收集合法性的调查结论,提出抗诉、上诉的;

(三)当事人及其辩护人、诉讼代理人在第一审结束后才发现相关线索或者材料,申请人民法院排除非法证据的。

第十节 证据的综合审查与运用

第一百三十九条 对证据的真实性,应当综合全案证据进行审查。

对证据的证明力,应当根据具体情况,从证据与案件事实的关联程度、证据之间的联系等方面进行审查判断。

第一百四十条 没有直接证据,但间接证据同时符合下列条件的,可以认定被告人有罪:

(一)证据已经查证属实;

(二)证据之间相互印证,不存在无法排除的矛盾和无法解释的疑问;

(三)全案证据形成完整的证据链;

(四)根据证据认定案件事实足以排除合理怀疑,结论具有唯一性;

(五)运用证据进行的推理符合逻辑和经验。

第一百四十一条 根据被告人的供述、指认提取到了隐蔽性很强的物证、书证,且被告人的供述与其他证明犯罪事实发生的证据相互印证,并排除串供、逼供、诱供等可能性的,可以认定被告人有罪。

第一百四十二条 对监察机关、侦查机关出具的被告人到案经过、抓获经过等材料,应当审查是否有出具该说明材料的办案人员、办案机关的签名、盖章。

对到案经过、抓获经过或者确定被告人有重大嫌疑的根据有疑问的,应当通知人民检察院补充说明。

第一百四十三条 下列证据应当慎重使用,有其他证据印证的,可以采信:

(一)生理上、精神上有缺陷,对案件事实的认知和表达存在一定困难,但尚未丧失正确认知、表达能力的被害人、证人和被告人所作的陈述、证言和供述;

(二)与被告人有亲属关系或者其他密切关系的证人所作的有利于被告人的证言,或者与被告人有利害冲突的证人所作的不利于被告人的证言。

第一百四十四条 证明被告人自首、坦白、立功的证据材料,没有加盖接受被告人投案、坦白、检举揭发等的单位的印章,或者接受人员没有签名的,不得作为定案的根据。

对被告人及其辩护人提出有自首、坦白、立功的事实和理由,有关机关未予认定，或者有关机关提出被告人有自首、坦白、立功表现，但证据材料不全的，人民法院应当要求有关机关提供证明材料，或者要求有关人员作证，并结合其他证据作出认定。

第一百四十五条 证明被告人具有累犯、毒品再犯情节等的证据材料，应当包括前罪的裁判文书、释放证明等材料；材料不全的，应当通知人民检察院提供。

第一百四十六条 审查被告人实施被指控的犯罪时或者审判时是否达到相应法定责任年龄，应当根据户籍证明、出生证明文件、学籍卡、人口普查登记、无利害关系人的证言等证据综合判断。

证明被告人已满十二周岁、十四周岁、十六周岁、十八周岁或者不满七十五周岁的证据不足的，应当作出有利于被告人的认定。

第五章 强制措施

第一百四十七条 人民法院根据案件情况，可以决定对被告人拘传、取保候审、监视居住或者逮捕。

对被告人采取、撤销或者变更强制措施的，由院长决定；决定继续取保候审、监视居住的，可以由合议庭或者独任审判员决定。

第一百四十八条 对经依法传唤拒不到庭的被告人，或者根据案件情况有必要拘传的被告人，可以拘传。

拘传被告人，应当由院长签发拘传票，由司法警察执行，执行人员不得少于二人。

拘传被告人，应当出示拘传票。对抗拒拘传的被告人，可以使用戒具。

第一百四十九条 拘传被告人，持续的时间不得超过十二小时；案情特别重大、复杂，需要采取逮捕措施的，持续的时间不得超过二十四小时。不得以连续拘传的形式变相拘禁被告人。应当保证被拘传人的饮食和必要的休息时间。

第一百五十条 被告人具有刑事诉讼法第六十七条第一款规定情形之一的，人民法院可以决定取保候审。

对被告人决定取保候审的，应当责令其提出保证人或者交纳保证金，不得同时使用保证人保证与保证金保证。

第一百五十一条 对下列被告人决定取保候审的，可以责令其提出一至二名保证人：

（一）无力交纳保证金的；

（二）未成年或者已满七十五周岁的；

（三）不宜收取保证金的其他被告人。

第一百五十二条 人民法院应当审查保证人是否符合法定条件。符合条件的，应当告知其必须履行的保证义务,以及不履行义务的法律后果,并由其出具保证书。

第一百五十三条 对决定取保候审的被告人使用保证金保证的,应当依照刑事诉讼法第七十二条第一款的规定确定保证金的具体数额,并责令被告人或者为其提供保证金的单位、个人将保证金一次性存入公安机关指定银行的专门账户。

第一百五十四条 人民法院向被告人宣布取保候审决定后,应当将取保候审决定书等相关材料送交当地公安机关。

对被告人使用保证金保证的,应当在核实保证金已经存入公安机关指定银行的专门账户后,将银行出具的收款凭证一并送交公安机关。

第一百五十五条 被告人被取保候审期间,保证人不愿继续履行保证义务或者丧失履行保证义务能力的,人民法院应当在收到保证人的申请或者公安机关的书面通知后三日以内,责令被告人重新提出保证人或者交纳保证金,或者变更强制措施,并通知公安机关。

第一百五十六条 人民法院发现保证人未履行保证义务的,应当书面通知公安机关依法处理。

第一百五十七条 根据案件事实和法律规定,认为已经构成犯罪的被告人在取保候审期间逃匿的,如果系保证人协助被告人逃匿,或者保证人明知被告人藏匿地点但拒绝向司法机关提供,对保证人应当依法追究责任。

第一百五十八条 人民法院发现使用保证金保证的被取保候审人违反刑事诉讼法第七十一条第一款、第二款规定的,应当书面通知公安机关依法处理。

人民法院收到公安机关已经没收保证金的书面通知或者变更强制措施的建议后,应当区别情形,在五日以内责令被告人具结悔过,重新交纳保证金或者提出保证人,或者变更强制措施,并通知公安机关。

人民法院决定对被依法没收保证金的被告人继续取保候审的,取保候审的期限连续计算。

第一百五十九条 对取保候审的被告人的判决、裁定生效后,如果保证金属于其个人财产,且需要用以退赔被害人、履行附带民事赔偿义务或者执行财产刑的,人民法院可以书面通知公安机关移交全部保证金,由人民法院作出处理,剩余部分退还被告人。

第一百六十条 对具有刑事诉讼法第七十四条第一款、第二款规定情形的被告人,人民法院可以决定监视居住。

人民法院决定对被告人监视居住的,应当核实其住处;没有固定住处的,应当为其指定居所。

第一百六十一条 人民法院向被告人宣布监视居住决定后,应当将监视居住决定书等相关材料送交被告人住处或者指定居所所在地的公安机关执行。

对被告人指定居所监视居住后,人民法院应当在二十四小时以内,将监视居住的原因和处所通知其家属;确实无法通知的,应当记录在案。

第一百六十二条 人民检察院、公安机关已经对犯罪嫌疑人取保候审、监视居住,案件起诉至人民法院后,需要继续取保候审、监视居住或者变更强制措施的,人民法院应当在七日以内作出决定,并通知人民检察院、公安机关。

决定继续取保候审、监视居住的,应当重新办理手续、期限重新计算;继续使用保证金保证的,不再收取保证金。

第一百六十三条 对具有刑事诉讼法第八十一条第一款、第三款规定情形的被告人,人民法院应当决定逮捕。

第一百六十四条 被取保候审的被告人具有下列情形之一的,人民法院应当决定逮捕:

（一）故意实施新的犯罪的;

（二）企图自杀或者逃跑的;

（三）毁灭、伪造证据,干扰证人作证或者串供的;

（四）打击报复、恐吓滋扰被害人、证人、鉴定人、举报人、控告人等的;

（五）经传唤,无正当理由不到案,影响审判活动正常进行的;

（六）擅自改变联系方式或者居住地,导致无法传唤,影响审判活动正常进行的;

（七）未经批准,擅自离开所居住的市、县,影响审判活动正常进行,或者两次未经批准,擅自离开所居住的市、县的;

（八）违反规定进入特定场所、与特定人员会见或者通信、从事特定活动,影响审判活动正常进行,或者两次违反有关规定的;

（九）依法应当决定逮捕的其他情形。

第一百六十五条 被监视居住的被告人具有下列情形之一的,人民法院应当决定逮捕:

（一）具有前条第一项至第五项规定情形之一的;

（二）未经批准,擅自离开执行监视居住的处所,影响审判活动正常进行,或者两次未经批准,擅自离开执行监视居住的处所的;

（三）未经批准,擅自会见他人或者通信,影响审判活动正常进行,或者

两次未经批准,擅自会见他人或者通信的;

(四)对因患有严重疾病、生活不能自理,或者因怀孕、正在哺乳自己婴儿而未予逮捕的被告人,疾病痊愈或者哺乳期已满的;

(五)依法应当决定逮捕的其他情形。

第一百六十六条 对可能判处徒刑以下刑罚的被告人,违反取保候审、监视居住规定,严重影响诉讼活动正常进行的,可以决定逮捕。

第一百六十七条 人民法院作出逮捕决定后,应当将逮捕决定书等相关材料送交公安机关执行,并将逮捕决定书抄送人民检察院。逮捕被告人后,人民法院应当将逮捕的原因和羁押的处所,在二十四小时以内通知其家属;确实无法通知的,应当记录在案。

第一百六十八条 人民法院对决定逮捕的被告人,应当在逮捕后二十四小时以内讯问。发现不应当逮捕的,应当立即释放。必要时,可以依法变更强制措施。

第一百六十九条 被逮捕的被告人具有下列情形之一的,人民法院可以变更强制措施:

(一)患有严重疾病、生活不能自理的;

(二)怀孕或者正在哺乳自己婴儿的;

(三)系生活不能自理的人的唯一扶养人。

第一百七十条 被逮捕的被告人具有下列情形之一的,人民法院应当立即释放;必要时,可以依法变更强制措施:

(一)第一审人民法院判决被告人无罪、不负刑事责任或者免予刑事处罚的;

(二)第一审人民法院判处管制、宣告缓刑、单独适用附加刑,判决尚未发生法律效力的;

(三)被告人被羁押的时间已到第一审人民法院对其判处的刑期期限的;

(四)案件不能在法律规定的期限内审结的。

第一百七十一条 人民法院决定释放被告人的,应当立即将释放通知书送交公安机关执行。

第一百七十二条 被采取强制措施的被告人,被判处管制、缓刑的,在社区矫正开始后,强制措施自动解除;被单处附加刑的,在判决、裁定发生法律效力后,强制措施自动解除;被判处监禁刑的,在刑罚开始执行后,强制措施自动解除。

第一百七十三条 对人民法院决定逮捕的被告人,人民检察院建议释放或者变更强制措施的,人民法院应当在收到建议后十日以内将处理情况通知人民检察院。

第一百七十四条 被告人及其法定代理人、近亲属或者辩护人申请变更、解除强制措施的,应当说明理由。人民法院收到申请后,应当在三日以内作出决定。同意变更、解除强制措施的,应当依照本解释规定处理;不同意的,应当告知申请人,并说明理由。

第六章 附带民事诉讼

第一百七十五条 被害人因人身权利受到犯罪侵犯或者财物被犯罪分子毁坏而遭受物质损失的,有权在刑事诉讼过程中提起附带民事诉讼;被害人死亡或者丧失行为能力的,其法定代理人、近亲属有权提起附带民事诉讼。

因受到犯罪侵犯,提起附带民事诉讼或者单独提起民事诉讼要求赔偿精神损失的,人民法院一般不予受理。

第一百七十六条 被告人非法占有、处置被害人财产的,应当依法予以追缴或者责令退赔。被害人提起附带民事诉讼的,人民法院不予受理。追缴、退赔的情况,可以作为量刑情节考虑。

第一百七十七条 国家机关工作人员在行使职权时,侵犯他人人身、财产权利构成犯罪,被害人或者其法定代理人、近亲属提起附带民事诉讼的,人民法院不予受理,但应当告知其可以依法申请国家赔偿。

第一百七十八条 人民法院受理刑事案件后,对符合刑事诉讼法第一百零一条和本解释第一百七十五条第一款规定的,可以告知被害人或者其法定代理人、近亲属有权提起附带民事诉讼。

有权提起附带民事诉讼的人放弃诉讼权利的,应当准许,并记录在案。

第一百七十九条 国家财产、集体财产遭受损失,受损失的单位未提起附带民事诉讼,人民检察院在提起公诉时提起附带民事诉讼的,人民法院应当受理。

人民检察院提起附带民事诉讼的,应当列为附带民事诉讼原告人。

被告人非法占有、处置国家财产、集体财产的,依照本解释第一百七十六条的规定处理。

第一百八十条 附带民事诉讼中依法负有赔偿责任的人包括:

(一)刑事被告人以及未被追究刑事责任的其他共同侵害人;

(二)刑事被告人的监护人;

(三)死刑罪犯的遗产继承人;

(四)共同犯罪案件中,案件审结前死亡的被告人的遗产继承人;

(五)对被害人的物质损失依法应当承担赔偿责任的其他单位和个人。

附带民事诉讼被告人的亲友自愿代为赔偿的,可以准许。

第一百八十一条 被害人或者其法定代理人、近亲属仅对部分共同侵害人提起附带民事诉讼的,人民法院应当告知其可以对其他共同侵害人,包括没有被追究刑事责任的共同侵害人,一并提起附带民事诉讼,但共同犯罪案件中同案犯在逃的除外。

被害人或者其法定代理人、近亲属放弃对其他共同侵害人的诉讼权利的,人民法院应当告知其相应法律后果,并在裁判文书中说明其放弃诉讼请求的情况。

第一百八十二条 附带民事诉讼的起诉条件是:

(一)起诉人符合法定条件;

(二)有明确的被告人;

(三)有请求赔偿的具体要求和事实、理由;

(四)属于人民法院受理附带民事诉讼的范围。

第一百八十三条 共同犯罪案件,同案犯在逃的,不应列为附带民事诉讼被告人。逃跑的同案犯到案后,被害人或者其法定代理人、近亲属可以对其提起附带民事诉讼,但已经从其他共同犯罪人处获得足额赔偿的除外。

第一百八十四条 附带民事诉讼应当在刑事案件立案后及时提起。

提起附带民事诉讼应当提交附带民事起诉状。

第一百八十五条 侦查、审查起诉期间,有权提起附带民事诉讼的人提出赔偿要求,经公安机关、人民检察院调解,当事人双方已经达成协议并全部履行,被害人或者其法定代理人、近亲属又提起附带民事诉讼的,人民法院不予受理,但有证据证明调解违反自愿、合法原则的除外。

第一百八十六条 被害人或者其法定代理人、近亲属提起附带民事诉讼的,人民法院应当在七日以内决定是否受理。符合刑事诉讼法第一百零一条以及本解释有关规定的,应当受理;不符合的,裁定不予受理。

第一百八十七条 人民法院受理附带民事诉讼后,应当在五日以内将附带民事起诉状副本送达附带民事诉讼被告人及其法定代理人,或者将口头起诉的内容及时通知附带民事诉讼被告人及其法定代理人,并制作笔录。

人民法院送达附带民事起诉状副本时,应当根据刑事案件的审理期限,确定被告人及其法定代理人的答辩准备时间。

第一百八十八条 附带民事诉讼当事人对自己提出的主张,有责任提供证据。

第一百八十九条 人民法院对可能因被告人的行为或者其他原因,使附带民事判决难以执行的案件,根据附带民事诉讼原告人的申请,可以裁定采取保全措施,查封、扣押或者冻结被告人的财产;附带民事诉讼原告人未提出申请的,必要时,人民法院也可以采取保全措施。

有权提起附带民事诉讼的人因情况紧急,不立即申请保全将会使其合法权益受到难以弥补的损害的,可以在提起附带民事诉讼前,向被保全财产所在地、被申请人居住地或者对案件有管辖权的人民法院申请采取保全措施。申请人在人民法院受理刑事案件后十五日以内未提附带民事诉讼的,人民法院应当解除保全措施。

人民法院采取保全措施,适用民事诉讼法第一百条至第一百零五条的有关规定,但民事诉讼法第一百零一条第三款的规定除外。

第一百九十条 人民法院审理附带民事诉讼案件,可以根据自愿、合法的原则进行调解。经调解达成协议的,应当制作调解书。调解书经双方当事人签收后即具有法律效力。

调解达成协议并即时履行完毕的,可以不制作调解书,但应当制作笔录,经双方当事人、审判人员、书记员签名后即发生法律效力。

第一百九十一条 调解未达成协议或者调解书签收前当事人反悔的,附带民事诉讼应当同刑事诉讼一并判决。

第一百九十二条 对附带民事诉讼作出判决,应当根据犯罪行为造成的物质损失,结合案件具体情况,确定被告人应当赔偿的数额。

犯罪行为造成被害人人身损害的,应当赔偿医疗费、护理费、交通费等为治疗和康复支付的合理费用,以及因误工减少的收入。造成被害人残疾的,还应当赔偿残疾生活辅助器具费等费用;造成被害人死亡的,还应当赔偿丧葬费等费用。

驾驶机动车致人伤亡或者造成公私财产重大损失,构成犯罪的,依照《中华人民共和国道路交通安全法》第七十六条的规定确定赔偿责任。

附带民事诉讼当事人就民事赔偿问题达成调解、和解协议的,赔偿范围、数额不受第二款、第三款规定的限制。

第一百九十三条 人民检察院提起附带民事诉讼的,人民法院经审理,认为附带民事诉讼被告人依法应当承担赔偿责任的,应当判令附带民事诉讼被告人直接向遭受损失的单位作出赔偿;遭受损失的单位已经终止,有权利义务继受人的,应当判令其向继受人作出赔偿;没有权利义务继受人的,应当判令其向人民检察院交付赔偿款,由人民检察院上缴国库。

第一百九十四条 审理刑事附带

民事诉讼案件,人民法院应当结合被告人赔偿被害人物质损失的情况认定其悔罪表现,并在量刑时予以考虑。

第一百九十五条 附带民事诉讼原告人经传唤,无正当理由拒不到庭,或者未经法庭许可中途退庭的,应当按撤诉处理。

刑事被告人以外的附带民事诉讼被告人经传唤,无正当理由拒不到庭,或者未经法庭许可中途退庭的,附带民事部分可以缺席判决。

刑事被告人以外的附带民事诉讼被告人下落不明,或者用公告送达以外的其他方式无法送达,可能导致刑事案件审判过分迟延的,可以不将其列为附带民事诉讼被告人,告知附带民事诉讼原告人另行提起民事诉讼。

第一百九十六条 附带民事诉讼应当同刑事案件一并审判,只有为了防止刑事案件审判的过分迟延,才可以在刑事案件审判后,由同一审判组织继续审理附带民事诉讼;同一审判组织的成员确实不能继续参与审判的,可以更换。

第一百九十七条 人民法院认定公诉案件被告人的行为不构成犯罪,对已经提起的附带民事诉讼,经调解不能达成协议的,可以一并作出刑事附带民事判决,也可以告知附带民事原告人另行提起民事诉讼。

人民法院准许人民检察院撤回起诉的公诉案件,对已经提起的附带民事诉讼,可以进行调解;不宜调解或者经调解不能达成协议的,应当裁定驳回起诉,并告知附带民事诉讼原告人可以另行提起民事诉讼。

第一百九十八条 第一审期间未提起附带民事诉讼,在第二审期间提起的,第二审人民法院可以依法进行调解;调解不成的,告知当事人可以在刑事判决、裁定生效后另行提起民事诉讼。

第一百九十九条 人民法院审理附带民事诉讼案件,不收取诉讼费。

第二百条 被害人或者其法定代理人、近亲属在刑事诉讼过程中未提起附带民事诉讼,另行提起民事诉讼的,人民法院可以进行调解,或者根据本解释第一百九十二条第二款、第三款的规定作出判决。

第二百零一条 人民法院审理附带民事诉讼案件,除刑法、刑事诉讼法以及刑事司法解释已有规定的以外,适用民事法律的有关规定。

第七章 期间、送达、审理期限

第二百零二条 以月计算的期间,自本月某日至下月同日为一个月;期限起算日为本月最后一日的,至下月最后一日为一个月;下月同日不存在的,自本月某日至下月最后一日为一个月;半个月一律按十五日计算。

以年计算的刑期,自本年本月某日至次年同月同日的前一日为一年;次年同月同日不存在的,自本年本月某日至次年同月最后一日的前一日为一年。以月计算的刑期,自本月某日至下月同日的前一日为一个月;刑期起算日为本月最后一日的,至下月最后一日的前一日为一个月;下月同日不存在的,自本月某日至下月最后一日的前一日为一个月;半个月一律按十五日计算。

第二百零三条 当事人由于不能抗拒的原因或者有其他正当理由而耽误期限,依法申请继续进行应当在期满前完成的诉讼活动的,人民法院查证属实后,应当裁定准许。

第二百零四条 送达诉讼文书,应当由收件人签收。收件人不在的,可以由其成年家属或者所在单位负责收件的人员代收。收件人或者代收人在送达回证上签收的日期为送达日期。

收件人或者代收人拒绝签收的,送达人可以邀请见证人到场,说明情况,在送达回证上注明拒收的事由和日期,由送达人、见证人签名或者盖章,将诉讼文书留在收件人、代收人的住处或者单位;也可以把诉讼文书留在受送达人的住处,并采用拍照、录像等方式记录送达过程,即视为送达。

第二百零五条 直接送达诉讼文书有困难的,可以委托收件人所在地的人民法院代为送达或者邮寄送达。

第二百零六条 委托送达的,应当将委托函、委托送达的诉讼文书及送达回证寄送受托法院。受托法院收到后,应当登记,在十日以内送达收件人,并将送达回证寄送委托法院;无法送达的,应当告知委托法院,并将诉讼文书及送达回证退回。

第二百零七条 邮寄送达的,应当将诉讼文书、送达回证邮寄给收件人。签收日期为送达日期。

第二百零八条 诉讼文书的收件人是军人的,可以通过其所在部队团级以上单位的政治部门转交。

收件人正在服刑的,可以通过执行机关转交。

收件人正在接受专门矫治教育等的,可以通过相关机构转交。

由有关部门、单位代为转交诉讼文书的,应当请有关部门、单位收到后立即交收件人签收,并将送达回证及时寄送人民法院。

第二百零九条 指定管辖案件的审理期限,自被指定管辖的人民法院收到指定管辖决定书和案卷、证据材料之日起计算。

第二百一十条 对可能判处死刑的案件或者附带民事诉讼的案件,以及有刑事诉讼法第一百五十八条规定情形之一的案件,上一级人民法院可以批准延长审理期限一次,期限为三个月。因特殊情况还需要延长的,应当报请最高人民法院批准。

申请批准延长审理期限的,应当在期限届满十五日以前层报。有权决定的人民法院不同意的,应当在审理期限届满五日以前作出决定。

因特殊情况报请最高人民法院批准延长审理期限,最高人民法院经审查,予以批准的,可以延长审理期限一至三个月。期限届满案件仍然不能审结的,可以再次提出申请。

第二百一十一条　审判期间,对被告人作精神病鉴定的时间不计入审理期限。

第八章　审判组织

第二百一十二条　合议庭由审判员担任审判长。院长或者庭长参加审理案件时,由其本人担任审判长。

审判员依法独任审判时,行使与审判长相同的职权。

第二百一十三条　基层人民法院、中级人民法院、高级人民法院审判下列第一审刑事案件,由审判员和人民陪审员组成合议庭进行:

(一)涉及群体利益、公共利益的;

(二)人民群众广泛关注或者其他社会影响较大的;

(三)案情复杂或者有其他情形,需要由人民陪审员参加审判的。

基层人民法院、中级人民法院、高级人民法院审判下列第一审刑事案件,由审判员和人民陪审员组成七人合议庭进行:

(一)可能判处十年以上有期徒刑、无期徒刑、死刑,且社会影响重大的;

(二)涉及征地拆迁、生态环境保护、食品药品安全,且社会影响重大的;

(三)其他社会影响重大的。

第二百一十四条　开庭审理和评议案件,应当由同一合议庭进行。合议庭成员在评议案件时,应当独立发表意见并说明理由。意见分歧的,应当按多数意见作出决定,但少数意见应当记入笔录。评议笔录由合议庭的组成人员在审阅确认无误后签名。评议情况应当保密。

第二百一十五条　人民陪审员参加三人合议庭审判案件,应当对事实认定、法律适用独立发表意见,行使表决权。

人民陪审员参加七人合议庭审判案件,应当对事实认定独立发表意见,并与审判员共同表决;对法律适用可以发表意见,但不参加表决。

第二百一十六条　合议庭审理、评议后,应当及时作出判决、裁定。

对下列案件,合议庭应当提请院

长决定提交审判委员会讨论决定：

（一）高级人民法院、中级人民法院拟判处死刑立即执行的案件，以及中级人民法院拟判处死刑缓期执行的案件；

（二）本院已经发生法律效力的判决、裁定确有错误需要再审的案件；

（三）人民检察院依照审判监督程序提出抗诉的案件。

对合议庭成员意见有重大分歧的案件、新类型案件、社会影响重大的案件以及其他疑难、复杂、重大的案件，合议庭认为难以作出决定的，可以提请院长决定提交审判委员会讨论决定。

人民陪审员可以要求合议庭将案件提请院长决定是否提交审判委员会讨论决定。

对提请院长决定提交审判委员会讨论决定的案件，院长认为不必要的，可以建议合议庭复议一次。

独任审判的案件，审判员认为有必要的，也可以提请院长决定提交审判委员会讨论决定。

第二百一十七条 审判委员会的决定，合议庭、独任审判员应当执行；有不同意见的，可以建议院长提交审判委员会复议。

第九章　公诉案件
第一审普通程序

第一节　审查受理与庭前准备

第二百一十八条 对提起公诉的案件，人民法院应当在收到起诉书（一式八份，每增加一名被告人，增加起诉书五份）和案卷、证据后，审查以下内容：

（一）是否属于本院管辖；

（二）起诉书是否写明被告人的身份，是否受过或者正在接受刑事处罚、行政处罚、处分，被采取留置措施的情况，被采取强制措施的时间、种类、羁押地点，犯罪的时间、地点、手段、后果以及其他可能影响定罪量刑的情节；有多起犯罪事实的，是否在起诉书中将事实分别列明；

（三）是否移送证明指控犯罪事实及影响量刑的证据材料，包括采取技术调查、侦查措施的法律文书和所收集的证据材料；

（四）是否查封、扣押、冻结被告人的违法所得或者其他涉案财物，查封、扣押、冻结是否逾期；是否随案移送涉案财物、附涉案财物清单；是否列明涉案财物权属情况；是否就涉案财物处理提供相关证据材料；

（五）是否列明被害人的姓名、住址、联系方式；是否附有证人、鉴定人名单；是否申请法庭通知证人、鉴定人、有专门知识的人出庭，并列明有关人员的姓名、性别、年龄、职业、住址、联系方式；是否附有需要保护的证人、鉴定人、被害人名单；

（六）当事人已委托辩护人、诉

代理人或者已接受法律援助的,是否列明辩护人、诉讼代理人的姓名、住址、联系方式;

(七)是否提起附带民事诉讼;提起附带民事诉讼的,是否列明附带民事诉讼当事人的姓名、住址、联系方式等,是否附有相关证据材料;

(八)监察调查、侦查、审查起诉程序的各种法律手续和诉讼文书是否齐全;

(九)被告人认罪认罚的,是否提出量刑建议、移送认罪认罚具结书等材料;

(十)有无刑事诉讼法第十六条第二项至第六项规定的不追究刑事责任的情形。

第二百一十九条 人民法院对提起公诉的案件审查后,应当按照下列情形分别处理:

(一)不属于本院管辖的,应当退回人民检察院;

(二)属于刑事诉讼法第十六条第二项至第六项规定情形的,应当退回人民检察院;属于告诉才处理的案件,应当同时告知被害人有权提起自诉;

(三)被告人不在案的,应当退回人民检察院;但是,对人民检察院按照缺席审判程序提起公诉的,应当依照本解释第二十四章的规定作出处理;

(四)不符合前条第二项至第九项规定之一,需要补充材料的,应当通知人民检察院在三日以内补送;

(五)依照刑事诉讼法第二百条第三项规定宣告被告人无罪后,人民检察院根据新的事实、证据重新起诉的,应当依法受理;

(六)依照本解释第二百九十六条规定裁定准许撤诉的案件,没有新的影响定罪量刑的事实、证据,重新起诉的,应当退回人民检察院;

(七)被告人真实身份不明,但符合刑事诉讼法第一百六十条第二款规定的,应当依法受理。

对公诉案件是否受理,应当在七日以内审查完毕。

第二百二十条 对一案起诉的共同犯罪或者关联犯罪案件,被告人人数众多、案情复杂,人民法院经审查认为,分案审理更有利于保障庭审质量和效率的,可以分案审理。分案审理不得影响当事人质证权等诉讼权利的行使。

对分案起诉的共同犯罪或者关联犯罪案件,人民法院经审查认为,合并审理更有利于查明案件事实、保障诉讼权利、准确定罪量刑的,可以并案审理。

第二百二十一条 开庭审理前,人民法院应当进行下列工作:

(一)确定审判长及合议庭组成人员;

（二）开庭十日以前将起诉书副本送达被告人、辩护人；

（三）通知当事人、法定代理人、辩护人、诉讼代理人在开庭五日以前提供证人、鉴定人名单，以及拟当庭出示的证据；申请证人、鉴定人、有专门知识的人出庭的，应当列明有关人员的姓名、性别、年龄、职业、住址、联系方式；

（四）开庭三日以前将开庭的时间、地点通知人民检察院；

（五）开庭三日以前将传唤当事人的传票和通知辩护人、诉讼代理人、法定代理人、证人、鉴定人等出庭的通知书送达；通知有关人员出庭，也可以采取电话、短信、传真、电子邮件、即时通讯等能够确认对方收悉的方式；对被害人人数众多的涉众型犯罪案件，可以通过互联网公布相关文书，通知有关人员出庭；

（六）公开审理的案件，在开庭三日以前公布案由、被告人姓名、开庭时间和地点。

上述工作情况应当记录在案。

第二百二十二条 审判案件应当公开进行。

案件涉及国家秘密或者个人隐私的，不公开审理；涉及商业秘密，当事人提出申请的，法庭可以决定不公开审理。

不公开审理的案件，任何人不得旁听，但具有刑事诉讼法第二百八十五条规定情形的除外。

第二百二十三条 精神病人、醉酒的人、未经人民法院批准的未成年人以及其他不宜旁听的人不得旁听案件审理。

第二百二十四条 被害人人数众多，且案件不属于附带民事诉讼范围的，被害人可以推选若干代表人参加庭审。

第二百二十五条 被害人、诉讼代理人经传唤或者通知未到庭，不影响开庭审理的，人民法院可以开庭审理。

辩护人经通知未到庭，被告人同意的，人民法院可以开庭审理，但被告人属于应当提供法律援助情形的除外。

第二节 庭前会议与庭审衔接

第二百二十六条 案件具有下列情形之一的，人民法院可以决定召开庭前会议：

（一）证据材料较多、案情重大复杂的；

（二）控辩双方对事实、证据存在较大争议的；

（三）社会影响重大的；

（四）需要召开庭前会议的其他情形。

第二百二十七条 控辩双方可以申请人民法院召开庭前会议，提出申请应当说明理由。人民法院经审查认为有必要的，应当召开庭前会议；决定不召开的，应当告知申请人。

第二百二十八条 庭前会议可以就下列事项向控辩双方了解情况，听取意见：

（一）是否对案件管辖有异议；

（二）是否申请有关人员回避；

（三）是否申请不公开审理；

（四）是否申请排除非法证据；

（五）是否提供新的证据材料；

（六）是否申请重新鉴定或者勘验；

（七）是否申请收集、调取证明被告人无罪或者罪轻的证据材料；

（八）是否申请证人、鉴定人、有专门知识的人、调查人员、侦查人员或者其他人员出庭，是否对出庭人员名单有异议；

（九）是否对涉案财物的权属情况和人民检察院的处理建议有异议；

（十）与审判相关的其他问题。

庭前会议中，人民法院可以开展附带民事调解。

对第一款规定中可能导致庭审中断的程序性事项，人民法院可以在庭前会议后依法作出处理，并在庭审中说明处理决定和理由。控辩双方没有新的理由，在庭审中再次提出有关申请或者异议的，法庭可以在说明庭前会议情况和处理决定理由后，依法予以驳回。

庭前会议情况应当制作笔录，由参会人员核对后签名。

第二百二十九条 庭前会议中，审判人员可以询问控辩双方对证据材料有无异议，对有异议的证据，应当在庭审时重点调查；无异议的，庭审时举证、质证可以简化。

第二百三十条 庭前会议由审判长主持，合议庭其他审判员也可以主持庭前会议。

召开庭前会议应当通知公诉人、辩护人到场。

庭前会议准备就非法证据排除了解情况、听取意见，或者准备询问控辩双方对证据材料的意见的，应当通知被告人到场。有多名被告人的案件，可以根据情况确定参加庭前会议的被告人。

第二百三十一条 庭前会议一般不公开进行。

根据案件情况，庭前会议可以采用视频等方式进行。

第二百三十二条 人民法院在庭前会议中听取控辩双方对案件事实、证据材料的意见后，对明显事实不清、证据不足的案件，可以建议人民检察院补充材料或者撤回起诉。建议撤回起诉的案件，人民检察院不同意的，开庭审理后，没有新的事实和理由，一般不准许撤回起诉。

第二百三十三条 对召开庭前会议的案件，可以在开庭时告知庭前会议情况。对庭前会议中达成一致意见的事项，法庭在向控辩双方核实后，可以当庭予以确认；未达成一致意见的事项，法庭可以归纳控辩双方争议焦点，听取控辩双方意见，依法作出处理。

控辩双方在庭前会议中就有关事项达成一致意见，在庭审中反悔的，除有正当理由外，法庭一般不再进行处理。

第三节 宣布开庭与法庭调查

第二百三十四条 开庭审理前，书记员应当依次进行下列工作：

（一）受审判长委托，查明公诉人、当事人、辩护人、诉讼代理人、证人及其他诉讼参与人是否到庭；

（二）核实旁听人员中是否有证人、鉴定人、有专门知识的人；

（三）请公诉人、辩护人、诉讼代理人及其他诉讼参与人入庭；

（四）宣读法庭规则；

（五）请审判长、审判员、人民陪审员入庭；

（六）审判人员就座后，向审判长报告开庭前的准备工作已经就绪。

第二百三十五条 审判长宣布开庭，传被告人到庭后，应当查明被告人的下列情况：

（一）姓名、出生日期、民族、出生地、文化程度、职业、住址，或者被告单位的名称、住所地、法定代表人、实际控制人以及诉讼代表人的姓名、职务；

（二）是否受过刑事处罚、行政处罚、处分及其种类、时间；

（三）是否被采取留置措施及留置的时间，是否被采取强制措施及强制措施的种类、时间；

（四）收到起诉书副本的日期；有附带民事诉讼的，附带民事诉讼被告人收到附带民事起诉状的日期。

被告人较多的，可以在开庭前查明上述情况，但开庭时审判长应当作出说明。

第二百三十六条 审判长宣布案件的来源、起诉的案由、附带民事诉讼当事人的姓名及是否公开审理；不公开审理的，应当宣布理由。

第二百三十七条 审判长宣布合议庭组成人员、法官助理、书记员、公诉人的名单，以及辩护人、诉讼代理人、鉴定人、翻译人员等诉讼参与人的名单。

第二百三十八条 审判长应当告知当事人及其法定代理人、辩护人、诉讼代理人在法庭审理过程中依法享有下列诉讼权利：

（一）可以申请合议庭组成人员、法官助理、书记员、公诉人、鉴定人和翻译人员回避；

（二）可以提出证据，申请通知新的证人到庭、调取新的证据，申请重新鉴定或者勘验；

（三）被告人可以自行辩护；

（四）被告人可以在法庭辩论终结后作最后陈述。

第二百三十九条　审判长应当询问当事人及其法定代理人、辩护人、诉讼代理人是否申请回避、申请何人回避和申请回避的理由。

当事人及其法定代理人、辩护人、诉讼代理人申请回避的，依照刑事诉讼法及本解释的有关规定处理。

同意或者驳回回避申请的决定及复议决定，由审判长宣布，并说明理由。必要时，也可以由院长到庭宣布。

第二百四十条　审判长宣布法庭调查开始后，应当先由公诉人宣读起诉书；公诉人宣读起诉书后，审判长应当询问被告人对起诉书指控的犯罪事实和罪名有无异议。

有附带民事诉讼的，公诉人宣读起诉书后，由附带民事诉讼原告人或者其法定代理人、诉讼代理人宣读附带民事起诉状。

第二百四十一条　在审判长主持下，被告人、被害人可以就起诉书指控的犯罪事实分别陈述。

第二百四十二条　在审判长主持下，公诉人可以就起诉书指控的犯罪事实讯问被告人。

经审判长准许，被害人及其法定代理人、诉讼代理人可以就公诉人讯问的犯罪事实补充发问；附带民事诉讼原告人及其法定代理人、诉讼代理人可以就附带民事部分的事实向被告人发问；被告人的法定代理人、辩护人，附带民事诉讼被告人及其法定代理人、诉讼代理人可以在控诉方、附带民事诉讼原告方就某一问题讯问、发问完毕后向被告人发问。

根据案件情况，就证据问题对被告人的讯问、发问可以在举证、质证环节进行。

第二百四十三条　讯问同案审理的被告人，应当分别进行。

第二百四十四条　经审判长准许，控辩双方可以向被害人、附带民事诉讼原告人发问。

第二百四十五条　必要时，审判人员可以讯问被告人，也可以向被害人、附带民事诉讼当事人发问。

第二百四十六条　公诉人可以提请法庭通知证人、鉴定人、有专门知识的人、调查人员、侦查人员或者其他人员出庭，或者出示证据。被害人及其法定代理人、诉讼代理人，附带民事诉讼原告人及其诉讼代理人也可以提出申请。

在控诉方举证后,被告人及其法定代理人、辩护人可以提请法庭通知证人、鉴定人、有专门知识的人、调查人员、侦查人员或者其他人员出庭,或者出示证据。

第二百四十七条 控辩双方申请证人出庭作证,出示证据,应当说明证据的名称、来源和拟证明的事实。法庭认为有必要的,应当准许;对方提出异议,认为有关证据与案件无关或者明显重复、不必要,法庭经审查异议成立的,可以不予准许。

第二百四十八条 已经移送人民法院的案卷和证据材料,控辩双方需要出示的,可以向法庭提出申请,法庭可以准许。案卷和证据材料应当在质证后当庭归还。

需要播放录音录像或者需要将证据材料交由法庭、公诉人或者诉讼参与人查看的,法庭可以指令值庭法警或者相关人员予以协助。

第二百四十九条 公诉人、当事人或者辩护人、诉讼代理人对证人证言有异议,且该证人证言对定罪量刑有重大影响,或者对鉴定意见有异议,人民法院认为证人、鉴定人有必要出庭作证的,应当通知证人、鉴定人出庭。

控辩双方对侦破经过、证据来源、证据真实性或者合法性等有异议,申请调查人员、侦查人员或者有关人员出庭,人民法院认为有必要的,应当通知调查人员、侦查人员或者有关人员出庭。

第二百五十条 公诉人、当事人及其辩护人、诉讼代理人申请法庭通知有专门知识的人出庭,就鉴定意见提出意见的,应当说明理由。法庭认为有必要的,应当通知有专门知识的人出庭。

申请有专门知识的人出庭,不得超过二人。有多种类鉴定意见的,可以相应增加人数。

第二百五十一条 为查明案件事实、调查核实证据,人民法院可以依职权通知证人、鉴定人、有专门知识的人、调查人员、侦查人员或者其他人员出庭。

第二百五十二条 人民法院通知有关人员出庭的,可以要求控辩双方予以协助。

第二百五十三条 证人具有下列情形之一,无法出庭作证的,人民法院可以准许其不出庭:

(一)庭审期间身患严重疾病或者行动极为不便的;

(二)居所远离开庭地点且交通极为不便的;

(三)身处国外短期无法回国的;

(四)有其他客观原因,确实无法出庭的。

具有前款规定情形的,可以通过

视频等方式作证。

第二百五十四条 证人出庭作证所支出的交通、住宿、就餐等费用，人民法院应当给予补助。

第二百五十五条 强制证人出庭的，应当由院长签发强制证人出庭令，由法警执行。必要时，可以商请公安机关协助。

第二百五十六条 证人、鉴定人、被害人因出庭作证，本人或者其近亲属的人身安全面临危险的，人民法院应当采取不公开其真实姓名、住址和工作单位等个人信息，或者不暴露其外貌、真实声音等保护措施。辩护律师经法庭许可，查阅对证人、鉴定人、被害人使用化名情况的，应当签署保密承诺书。

审判期间，证人、鉴定人、被害人提出保护请求的，人民法院应当立即审查；认为确有保护必要的，应当及时决定采取相应保护措施。必要时，可以商请公安机关协助。

第二百五十七条 决定对出庭作证的证人、鉴定人、被害人采取不公开个人信息的保护措施的，审判人员应当在开庭前核实其身份，对证人、鉴定人如实作证的保证书不得公开，在判决书、裁定书等法律文书中可以使用化名等代替其个人信息。

第二百五十八条 证人出庭的，法庭应当核实其身份、与当事人及本案的关系，并告知其有关权利义务和法律责任。证人应当保证向法庭如实提供证言，并在保证书上签名。

第二百五十九条 证人出庭后，一般先向法庭陈述证言；其后，经审判长许可，由申请通知证人出庭的一方发问，发问完毕后，对方也可以发问。

法庭依职权通知证人出庭的，发问顺序由审判长根据案件情况确定。

第二百六十条 鉴定人、有专门知识的人、调查人员、侦查人员或者其他人员出庭的，参照适用前两条规定。

第二百六十一条 向证人发问应当遵循以下规则：

（一）发问的内容应当与本案事实有关；

（二）不得以诱导方式发问；

（三）不得威胁证人；

（四）不得损害证人的人格尊严。

对被告人、被害人、附带民事诉讼当事人、鉴定人、有专门知识的人、调查人员、侦查人员或者其他人员的讯问、发问，适用前款规定。

第二百六十二条 控辩双方的讯问、发问方式不当或者内容与本案无关的，对方可以提出异议，申请审判长制止，审判长应当判明情况予以支持或者驳回；对方未提出异议的，审判长也可以根据情况予以制止。

第二百六十三条 审判人员认为

必要时，可以询问证人、鉴定人、有专门知识的人、调查人员、侦查人员或者其他人员。

第二百六十四条　向证人、调查人员、侦查人员发问应当分别进行。

第二百六十五条　证人、鉴定人、有专门知识的人、调查人员、侦查人员或者其他人员不得旁听对本案的审理。有关人员作证或者发表意见后，审判长应当告知其退庭。

第二百六十六条　审理涉及未成年人的刑事案件，询问未成年被害人、证人，通知未成年被害人、证人出庭作证，适用本解释第二十二章的有关规定。

第二百六十七条　举证方当庭出示证据后，由对方发表质证意见。

第二百六十八条　对可能影响定罪量刑的关键证据和控辩双方存在争议的证据，一般应当单独举证、质证，充分听取质证意见。

对控辩双方无异议的非关键证据，举证方可以仅就证据的名称及拟证明的事实作出说明。

召开庭前会议的案件，举证、质证可以按照庭前会议确定的方式进行。

根据案件和庭审情况，法庭可以对控辩双方的举证、质证方式进行必要的指引。

第二百六十九条　审理过程中，法庭认为有必要的，可以传唤同案被告人、分案审理的共同犯罪或者关联犯罪案件的被告人等到庭对质。

第二百七十条　当庭出示的证据，尚未移送人民法院的，应当在质证后当庭移交。

第二百七十一条　法庭对证据有疑问的，可以告知公诉人、当事人及其法定代理人、辩护人、诉讼代理人补充证据或者作出说明；必要时，可以宣布休庭，对证据进行调查核实。

对公诉人、当事人及其法定代理人、辩护人、诉讼代理人补充的和审判人员庭外调查核实取得的证据，应当经过当庭质证才能作为定案的根据。但是，对不影响定罪量刑的非关键证据、有利于被告人的量刑证据以及认定被告人有犯罪前科的裁判文书等证据，经庭外征求意见，控辩双方没有异议的除外。

有关情况，应当记录在案。

第二百七十二条　公诉人申请出示开庭前未移送或者提交人民法院的证据，辩护方提出异议的，审判长应当要求公诉人说明理由；理由成立并确有出示必要的，应当准许。

辩护方提出需要对新的证据作辩护准备的，法庭可以宣布休庭，并确定准备辩护的时间。

辩护方申请出示开庭前未提交的证据，参照适用前两款规定。

第二百七十三条　法庭审理过程

中,控辩双方申请通知新的证人到庭,调取新的证据,申请重新鉴定或者勘验的,应当提供证人的基本信息、证据的存放地点,说明拟证明的事项,申请重新鉴定或者勘验的理由。法庭认为有必要的,应当同意,并宣布休庭;根据案件情况,可以决定延期审理。

人民法院决定重新鉴定的,应当及时委托鉴定,并将鉴定意见告知人民检察院、当事人及其辩护人、诉讼代理人。

第二百七十四条 审判期间,公诉人发现案件需要补充侦查,建议延期审理的,合议庭可以同意,但建议延期审理不得超过两次。

人民检察院将补充收集的证据移送人民法院的,人民法院应当通知辩护人、诉讼代理人查阅、摘抄、复制。

补充侦查期限届满后,人民检察院未将补充的证据材料移送人民法院的,人民法院可以根据在案证据作出判决、裁定。

第二百七十五条 人民法院向人民检察院调取需要调查核实的证据材料,或者根据被告人、辩护人的申请,向人民检察院调取在调查、侦查、审查起诉期间收集的有关被告人无罪或者罪轻的证据材料,应当通知人民检察院在收到调取证据材料决定书后三日以内移交。

第二百七十六条 法庭审理过程中,对与量刑有关的事实、证据,应当进行调查。

人民法院除应当审查被告人是否具有法定量刑情节外,还应当根据案件情况审查以下影响量刑的情节:

(一)案件起因;

(二)被害人有无过错及过错程度,是否对矛盾激化负有责任及责任大小;

(三)被告人的近亲属是否协助抓获被告人;

(四)被告人平时表现,有无悔罪态度;

(五)退赃、退赔及赔偿情况;

(六)被告人是否取得被害人或者其近亲属谅解;

(七)影响量刑的其他情节。

第二百七十七条 审判期间,合议庭发现被告人可能有自首、坦白、立功等法定量刑情节,而人民检察院移送的案卷中没有相关证据材料的,应当通知人民检察院在指定时间内移送。

审判期间,被告人提出新的立功线索的,人民法院可以建议人民检察院补充侦查。

第二百七十八条 对被告人认罪的案件,在确认被告人了解起诉书指控的犯罪事实和罪名,自愿认罪且知悉认罪的法律后果后,法庭调查可以主要围绕量刑和其他有争议的问题进行。

对被告人不认罪或者辩护人作无罪辩护的案件，法庭调查应当在查明定罪事实的基础上，查明有关量刑事实。

第二百七十九条 法庭审理过程中，应当对查封、扣押、冻结财物及其孳息的权属、来源等情况，是否属于违法所得或者依法应当追缴的其他涉案财物进行调查，由公诉人说明情况、出示证据、提出处理建议，并听取被告人、辩护人等诉讼参与人的意见。

案外人对查封、扣押、冻结的财物及其孳息提出权属异议的，人民法院应当听取案外人的意见；必要时，可以通知案外人出庭。

经审查，不能确认查封、扣押、冻结的财物及其孳息属于违法所得或者依法应当追缴的其他涉案财物的，不得没收。

第四节 法庭辩论与最后陈述

第二百八十条 合议庭认为案件事实已经调查清楚的，应当由审判长宣布法庭调查结束，开始就定罪、量刑、涉案财物处理的事实、证据、适用法律等问题进行法庭辩论。

第二百八十一条 法庭辩论应在审判长的主持下，按照下列顺序进行：

（一）公诉人发言；
（二）被害人及其诉讼代理人发言；
（三）被告人自行辩护；
（四）辩护人辩护；
（五）控辩双方进行辩论。

第二百八十二条 人民检察院可以提出量刑建议并说明理由；建议判处管制、宣告缓刑的，一般应当附有调查评估报告，或者附有委托调查函。

当事人及其辩护人、诉讼代理人可以对量刑提出意见并说明理由。

第二百八十三条 对被告人认罪的案件，法庭辩论时，应当指引控辩双方主要围绕量刑和其他有争议的问题进行。

对被告人不认罪或者辩护人作无罪辩护的案件，法庭辩论时，可以指引控辩双方先辩论定罪问题，后辩论量刑和其他问题。

第二百八十四条 附带民事部分的辩论应当在刑事部分的辩论结束后进行，先由附带民事诉讼原告人及其诉讼代理人发言，后由附带民事诉讼被告人及其诉讼代理人答辩。

第二百八十五条 法庭辩论过程中，审判长应当充分听取控辩双方的意见，对控辩双方与案件无关、重复或者指责对方的发言应当提醒、制止。

第二百八十六条 法庭辩论过程中，合议庭发现与定罪、量刑有关的新的事实,有必要调查的,审判长可以宣布恢复法庭调查,在对新的事实调查后,继续法庭辩论。

第二百八十七条 审判长宣布法庭辩论终结后,合议庭应当保证被告人充分行使最后陈述的权利。

被告人在最后陈述中多次重复自己的意见的,法庭可以制止;陈述内容蔑视法庭、公诉人,损害他人及社会公共利益,或者与本案无关的,应当制止。

在公开审理的案件中,被告人最后陈述的内容涉及国家秘密、个人隐私或者商业秘密的,应当制止。

第二百八十八条 被告人在最后陈述中提出新的事实、证据,合议庭认为可能影响正确裁判的,应当恢复法庭调查;被告人提出新的辩解理由,合议庭认为可能影响正确裁判的,应当恢复法庭辩论。

第二百八十九条 公诉人当庭发表与起诉书不同的意见,属于变更、追加、补充或者撤回起诉的,人民法院应当要求人民检察院在指定时间内以书面方式提出;必要时,可以宣布休庭。人民检察院在指定时间内未提出的,人民法院应当根据法庭审理情况,就起诉书指控的犯罪事实依法作出判决、裁定。

人民检察院变更、追加、补充起诉的,人民法院应当给予被告人及其辩护人必要的准备时间。

第二百九十条 辩护人应当及时将书面辩护意见提交人民法院。

第五节 评议案件与宣告判决

第二百九十一条 被告人最后陈述后,审判长应当宣布休庭,由合议庭进行评议。

第二百九十二条 开庭审理的全部活动,应当由书记员制作笔录;笔录经审判长审阅后,分别由审判长和书记员签名。

第二百九十三条 法庭笔录应当在庭审后交由当事人、法定代理人、辩护人、诉讼代理人阅读或者向其宣读。

法庭笔录中的出庭证人、鉴定人、有专门知识的人、调查人员、侦查人员或者其他人员的证言、意见部分,应当在庭审后分别交由有关人员阅读或者向其宣读。

前两款所列人员认为记录有遗漏或者差错的,可以请求补充或者改正;确认无误后,应当签名;拒绝签名的,应当记录在案;要求改变庭审中陈述的,不予准许。

第二百九十四条 合议庭评议案件,应当根据已经查明的事实、证据和有关法律规定,在充分考虑控辩双方意见的基础上,确定被告人是否有罪、构成何罪,有无从重、从轻、减轻或者免除处罚情节,应否处以刑罚、判处何种刑罚,附带民事诉讼如何解决,查封、扣押、冻结的财物及其孳息如何处理等,并依法作出判决、裁定。

第二百九十五条 对第一审公诉案件,人民法院审理后,应当按照下列情形分别作出判决、裁定:

(一)起诉指控的事实清楚,证据确实、充分,依据法律认定指控被告人的罪名成立的,应当作出有罪判决;

(二)起诉指控的事实清楚,证据确实、充分,但指控的罪名不当的,应当依据法律和审理认定的事实作出有罪判决;

(三)案件事实清楚,证据确实、充分,依据法律认定被告人无罪的,应当判决宣告被告人无罪;

(四)证据不足,不能认定被告人有罪的,应当以证据不足、指控的犯罪不能成立,判决宣告被告人无罪;

(五)案件部分事实清楚,证据确实、充分的,应当作出有罪或者无罪的判决;对事实不清、证据不足部分,不予认定;

(六)被告人因未达到刑事责任年龄,不予刑事处罚的,应当判决宣告被告人不负刑事责任;

(七)被告人是精神病人,在不能辨认或者不能控制自己行为时造成危害结果,不予刑事处罚的,应当判决宣告被告人不负刑事责任;被告人符合强制医疗条件的,应当依照本解释第二十六章的规定进行审理并作出判决;

(八)犯罪已过追诉时效期限且不是必须追诉,或者经特赦令免除刑罚的,应当裁定终止审理;

(九)属于告诉才处理的案件,应当裁定终止审理,并告知被害人有权提起自诉;

(十)被告人死亡的,应当裁定终止审理;但有证据证明被告人无罪,经缺席审理确认无罪的,应当判决宣告被告人无罪。

对涉案财物,人民法院应当根据审理查明的情况,依照本解释第十八章的规定作出处理。

具有第一款第二项规定情形的,人民法院应当在判决前听取控辩双方的意见,保障被告人、辩护人充分行使辩护权。必要时,可以再次开庭,组织控辩双方围绕被告人的行为构成何罪及如何量刑进行辩论。

第二百九十六条 在开庭后、宣告判决前,人民检察院要求撤回起诉的,人民法院应当审查撤回起诉的理由,作出是否准许的裁定。

第二百九十七条 审判期间,人民法院发现新的事实,可能影响定罪量刑的,或者需要补查补证的,应当通知人民检察院,由其决定是否补充、变更、追加起诉或者补充侦查。

人民检察院不同意或者在指定时间内未回复书面意见的，人民法院应当就起诉指控的事实，依照本解释第二百九十五条的规定作出判决、裁定。

第二百九十八条 对依照本解释第二百一十九条第一款第五项规定受理的案件，人民法院应当在判决中写明被告人曾被人民检察院提起公诉，因证据不足，指控的犯罪不能成立，被人民法院依法判决宣告无罪的情况；前案依照刑事诉讼法第二百条第三项规定作出的判决不予撤销。

第二百九十九条 合议庭成员、法官助理、书记员应当在评议笔录上签名，在判决书、裁定书等法律文书上署名。

第三百条 裁判文书应当写明裁判依据，阐释裁判理由，反映控辩双方的意见并说明采纳或者不予采纳的理由。

适用普通程序审理的被告人认罪的案件，裁判文书可以适当简化。

第三百零一条 庭审结束后、评议前，部分合议庭成员不能继续履行审判职责的，人民法院应当依法更换合议庭组成人员，重新开庭审理。

评议后、宣判前，部分合议庭成员因调离、退休等正常原因不能参加宣判，在不改变原评议结论的情况下，可以由审判本案的其他审判员宣判，裁判文书上仍署审判本案的合议庭成员的姓名。

第三百零二条 当庭宣告判决的，应当在五日以内送达判决书。定期宣告判决的，应当在宣判前，先期公告宣判的时间和地点，传唤当事人并通知公诉人、法定代理人、辩护人和诉讼代理人；判决宣告后，应当立即送达判决书。

第三百零三条 判决书应当送达人民检察院、当事人、法定代理人、辩护人、诉讼代理人，并可以送达被告人的近亲属。被害人死亡，其近亲属申请领取判决书的，人民法院应当及时提供。

判决生效后，还应当送达被告人的所在单位或者户籍地的公安派出所，或者被告单位的注册登记机关。被告人系外国人，且在境内有居住地的，应当送达居住地的公安派出所。

第三百零四条 宣告判决，一律公开进行。宣告判决结果时，法庭内全体人员应当起立。

公诉人、辩护人、诉讼代理人、被害人、自诉人或者附带民事诉讼原告人未到庭的，不影响宣判的进行。

第六节　法庭纪律与其他规定

第三百零五条 在押被告人出庭受审时，不着监管机构的识别服。

庭审期间不得对被告人使用戒

具,但法庭认为其人身危险性大,可能危害法庭安全的除外。

第三百零六条 庭审期间,全体人员应当服从法庭指挥,遵守法庭纪律,尊重司法礼仪,不得实施下列行为:

(一)鼓掌、喧哗、随意走动;

(二)吸烟、进食;

(三)拨打、接听电话,或者使用即时通讯工具;

(四)对庭审活动进行录音、录像、拍照或者使用即时通讯工具等传播庭审活动的;

(五)其他危害法庭安全或者扰乱法庭秩序的行为。

旁听人员不得进入审判活动区,不得随意站立、走动,不得发言和提问。

记者经许可实施第一款第四项规定的行为,应当在指定的时间及区域进行,不得干扰庭审活动。

第三百零七条 有关人员危害法庭安全或者扰乱法庭秩序的,审判长应当按照下列情形分别处理:

(一)情节较轻的,应当警告制止;根据具体情况,也可以进行训诫;

(二)训诫无效的,责令退出法庭;拒不退出的,指令法警强行带出法庭;

(三)情节严重的,报经院长批准后,可以对行为人处一千元以下的罚款或者十五日以下的拘留。

未经许可对庭审活动进行录音、录像、拍照或者使用即时通讯工具等传播庭审活动的,可以暂扣相关设备及存储介质,删除相关内容。

有关人员对罚款、拘留的决定不服的,可以直接向上一级人民法院申请复议,也可以通过决定罚款、拘留的人民法院向上一级人民法院申请复议。通过决定罚款、拘留的人民法院申请复议的,该人民法院应当自收到复议申请之日起三日以内,将复议申请、罚款或者拘留决定书和有关事实、证据材料一并报上一级人民法院复议。复议期间,不停止决定的执行。

第三百零八条 担任辩护人、诉讼代理人的律师严重扰乱法庭秩序,被强行带出法庭或者被处以罚款、拘留的,人民法院应当通报司法行政机关,并可以建议依法给予相应处罚。

第三百零九条 实施下列行为之一,危害法庭安全或者扰乱法庭秩序,构成犯罪的,依法追究刑事责任:

(一)非法携带枪支、弹药、管制刀具或者爆炸性、易燃性、毒害性、放射性以及传染病病原体等危险物质进入法庭;

(二)哄闹、冲击法庭;

(三)侮辱、诽谤、威胁、殴打司法工作人员或者诉讼参与人;

(四)毁坏法庭设施,抢夺、损毁

诉讼文书、证据;

(五)其他危害法庭安全或者扰乱法庭秩序的行为。

第三百一十条 辩护人严重扰乱法庭秩序,被责令退出法庭、强行带出法庭或者被处以罚款、拘留,被告人自行辩护的,庭审继续进行;被告人要求另行委托辩护人,或者被告人属于应当提供法律援助情形的,应当宣布休庭。

辩护人、诉讼代理人被责令退出法庭、强行带出法庭或者被处以罚款后,具结保证书,保证服从法庭指挥、不再扰乱法庭秩序的,经法庭许可,可以继续担任辩护人、诉讼代理人。

辩护人、诉讼代理人具有下列情形之一的,不得继续担任同一案件的辩护人、诉讼代理人:

(一)擅自退庭的;

(二)无正当理由不出庭或者不按时出庭,严重影响审判顺利进行的;

(三)被拘留或者具结保证书后再次被责令退出法庭、强行带出法庭的。

第三百一十一条 被告人在一个审判程序中更换辩护人一般不得超过两次。

被告人当庭拒绝辩护人辩护,要求另行委托辩护人或者指派律师的,合议庭应当准许。被告人拒绝辩护人辩护后,没有辩护人的,应当宣布休庭;仍有辩护人的,庭审可以继续进行。

有多名被告人的案件,部分被告人拒绝辩护人辩护后,没有辩护人的,根据案件情况,可以对该部分被告人另案处理,对其他被告人的庭审继续进行。

重新开庭后,被告人再次当庭拒绝辩护人辩护的,可以准许,但被告人不得再次另行委托辩护人或者要求另行指派律师,由其自行辩护。

被告人属于应当提供法律援助的情形,重新开庭后再次当庭拒绝辩护人辩护的,不予准许。

第三百一十二条 法庭审理过程中,辩护人拒绝为被告人辩护,有正当理由的,应当准许;是否继续庭审,参照适用前条规定。

第三百一十三条 依照前两条规定另行委托辩护人或者通知法律援助机构指派律师的,自案件宣布休庭之日起至第十五日止,由辩护人准备辩护,但被告人及其辩护人自愿缩短时间的除外。

庭审结束后、判决宣告前另行委托辩护人的,可以不重新开庭;辩护人提交书面辩护意见的,应当接受。

第三百一十四条 有多名被告人的案件,部分被告人具有刑事诉讼法第二百零六条第一款规定情形的,人民法院可以对全案中止审理;根据案件情况,也可以对该部分被告人中止审理,对其他被告人继续审理。

对中止审理的部分被告人,可以根据案件情况另案处理。

第三百一十五条 人民检察院认为人民法院审理案件违反法定程序,在庭审后提出书面纠正意见,人民法院认为正确的,应当采纳。

第十章 自诉案件第一审程序

第三百一十六条 人民法院受理自诉案件必须符合下列条件:

(一)符合刑事诉讼法第二百一十条、本解释第一条的规定;

(二)属于本院管辖;

(三)被害人告诉;

(四)有明确的被告人、具体的诉讼请求和证明被告人犯罪事实的证据。

第三百一十七条 本解释第一条规定的案件,如果被害人死亡、丧失行为能力或者因受强制、威吓等无法告诉,或者是限制行为能力人以及因年老、患病、盲、聋、哑等不能亲自告诉,其法定代理人、近亲属告诉或者代为告诉的,人民法院应当依法受理。

被害人的法定代理人、近亲属告诉或代为告诉的,应当提供与被害人关系的证明和被害人不能亲自告诉的原因的证明。

第三百一十八条 提起自诉应当提交刑事自诉状;同时提起附带民事诉讼的,应当提交刑事附带民事自诉状。

第三百一十九条 自诉状一般应当包括以下内容:

(一)自诉人(代为告诉人)、被告人的姓名、性别、年龄、民族、出生地、文化程度、职业、工作单位、住址、联系方式;

(二)被告人实施犯罪的时间、地点、手段、情节和危害后果等;

(三)具体的诉讼请求;

(四)致送的人民法院和具状时间;

(五)证据的名称、来源等;

(六)证人的姓名、住址、联系方式等。

对两名以上被告人提出告诉的,应当按照被告人的人数提供自诉状副本。

第三百二十条 对自诉案件,人民法院应当在十五日以内审查完毕。经审查,符合受理条件的,应当决定立案,并书面通知自诉人或者代为告诉人。

具有下列情形之一的,应当说服自诉人撤回起诉;自诉人不撤回起诉的,裁定不予受理:

(一)不属于本解释第一条规定的案件的;

(二)缺乏罪证的;

(三)犯罪已过追诉时效期限的;

（四）被告人死亡的；

（五）被告人下落不明的；

（六）除因证据不足而撤诉的以外，自诉人撤诉后，就同一事实又告诉的；

（七）经人民法院调解结案后，自诉人反悔，就同一事实再行告诉的；

（八）属于本解释第一条第二项规定的案件，公安机关正在立案侦查或者人民检察院正在审查起诉的；

（九）不服人民检察院对未成年犯罪嫌疑人作出的附条件不起诉决定或者附条件不起诉考验期满后作出的不起诉决定，向人民法院起诉的。

第三百二十一条 对已经立案，经审查缺乏罪证的自诉案件，自诉人提不出补充证据的，人民法院应当说服其撤回起诉或者裁定驳回起诉；自诉人撤回起诉或者被驳回起诉后，又提出了新的足以证明被告人有罪的证据，再次提起自诉的，人民法院应当受理。

第三百二十二条 自诉人对不予受理或者驳回起诉的裁定不服的，可以提起上诉。

第二审人民法院查明第一审人民法院作出的不予受理裁定有错误的，应当在撤销原裁定的同时，指令第一审人民法院立案受理；查明第一审人民法院驳回起诉裁定有错误的，应当在撤销原裁定的同时，指令第一审人民法院进行审理。

第三百二十三条 自诉人明知有其他共同侵害人，但只对部分侵害人提起自诉的，人民法院应当受理，并告知其放弃告诉的法律后果；自诉人放弃告诉，判决宣告后又对其他共同侵害人就同一事实提起自诉的，人民法院不予受理。

共同被害人中只有部分人告诉的，人民法院应当通知其他被害人参加诉讼，并告知其不参加诉讼的法律后果。被通知人接到通知后表示不参加诉讼或者不出庭的，视为放弃告诉。第一审宣判后，被通知人就同一事实又提起自诉的，人民法院不予受理。但是，当事人另行提起民事诉讼的，不受本解释限制。

第三百二十四条 被告人实施两个以上犯罪行为，分别属于公诉案件和自诉案件，人民法院可以一并审理。对自诉部分的审理，适用本章的规定。

第三百二十五条 自诉案件当事人因客观原因不能取得的证据，申请人民法院调取的，应当说明理由，并提供相关线索或者材料。人民法院认为有必要的，应当及时调取。

对通过信息网络实施的侮辱、诽谤行为，被害人向人民法院告诉，但提供证据确有困难的，人民法院可以要求公安机关提供协助。

第三百二十六条 对犯罪事实清

楚,有足够证据的自诉案件,应当开庭审理。

第三百二十七条　自诉案件符合简易程序适用条件的,可以适用简易程序审理。

不适用简易程序审理的自诉案件,参照适用公诉案件第一审普通程序的有关规定。

第三百二十八条　人民法院审理自诉案件,可以在查明事实、分清是非的基础上,根据自愿、合法的原则进行调解。调解达成协议的,应当制作刑事调解书,由审判人员、法官助理、书记员署名,并加盖人民法院印章。调解书经双方当事人签收后,即具有法律效力。调解没有达成协议,或者调解书签收前当事人反悔的,应当及时作出判决。

刑事诉讼法第二百一十条第三项规定的案件不适用调解。

第三百二十九条　判决宣告前,自诉案件的当事人可以自行和解,自诉人可以撤回自诉。

人民法院经审查,认为和解、撤回自诉确属自愿的,应当裁定准许;认为系被强迫、威吓等,并非自愿的,不予准许。

第三百三十条　裁定准许撤诉的自诉案件,被告人被采取强制措施的,人民法院应当立即解除。

第三百三十一条　自诉人经两次传唤,无正当理由拒不到庭,或者未经法庭准许中途退庭的,人民法院应当裁定按撤诉处理。

部分自诉人撤诉或者被裁定按撤诉处理的,不影响案件的继续审理。

第三百三十二条　被告人在自诉案件审判期间下落不明的,人民法院可以裁定中止审理;符合条件的,可以对被告人依法决定逮捕。

第三百三十三条　对自诉案件,应当参照刑事诉讼法第二百条和本解释第二百九十五条的有关规定作出判决。对依法宣告无罪的案件,有附带民事诉讼的,其附带民事部分可以依法进行调解或者一并作出判决,也可以告知附带民事诉讼原告人另行提起民事诉讼。

第三百三十四条　告诉才处理和被害人有证据证明的轻微刑事案件的被告人或者其法定代理人在诉讼过程中,可以对自诉人提起反诉。反诉必须符合下列条件:

(一)反诉的对象必须是本案自诉人;

(二)反诉的内容必须是与本案有关的行为;

(三)反诉的案件必须符合本解释第一条第一项、第二项的规定。

反诉案件适用自诉案件的规定,应当与自诉案件一并审理。自诉人撤诉的,不影响反诉案件的继续审理。

第十一章 单位犯罪案件的审理

第三百三十五条 人民法院受理单位犯罪案件,除依照本解释第二百一十八条的有关规定进行审查外,还应当审查起诉书是否列明被告单位的名称、住所地、联系方式、法定代表人、实际控制人、主要负责人以及代表被告单位出庭的诉讼代表人的姓名、职务、联系方式。需要人民检察院补充材料的,应当通知人民检察院在三日以内补送。

第三百三十六条 被告单位的诉讼代表人,应当是法定代表人、实际控制人或者主要负责人;法定代表人、实际控制人或者主要负责人被指控为单位犯罪直接责任人员或者因客观原因无法出庭的,应当由被告单位委托其他负责人或者职工作为诉讼代表人。但是,有关人员被指控为单位犯罪直接责任人员或者知道案件情况、负有作证义务的除外。

依据前款规定难以确定诉讼代表人的,可以由被告单位委托律师等单位以外的人员作为诉讼代表人。

诉讼代表人不得同时担任被告单位或者被指控为单位犯罪直接责任人员的有关人员的辩护人。

第三百三十七条 开庭审理单位犯罪案件,应当通知被告单位的诉讼代表人出庭;诉讼代表人不符合前条规定的,应当要求人民检察院另行确定。

被告单位的诉讼代表人不出庭的,应当按照下列情形分别处理:

(一)诉讼代表人系被告单位的法定代表人、实际控制人或者主要负责人,无正当理由拒不出庭的,可以拘传其到庭;因客观原因无法出庭,或者下落不明的,应当要求人民检察院另行确定诉讼代表人;

(二)诉讼代表人系其他人员的,应当要求人民检察院另行确定诉讼代表人。

第三百三十八条 被告单位的诉讼代表人享有刑事诉讼法规定的有关被告人的诉讼权利。开庭时,诉讼代表人席位置于审判台前左侧,与辩护人席并列。

第三百三十九条 被告单位委托辩护人的,参照适用本解释的有关规定。

第三百四十条 对应当认定为单位犯罪的案件,人民检察院只作为自然人犯罪起诉的,人民法院应当建议人民检察院对犯罪单位追加起诉。人民检察院仍以自然人犯罪起诉的,人民法院应当依法审理,按照单位犯罪直接负责的主管人员或者其他直接责任人员追究刑事责任,并援引刑法分则关于追究单位犯罪中直接负责的主管人员和其他直接责任人员刑事责任的条款。

第三百四十一条 被告单位的违法所得及其他涉案财物,尚未被依法追缴或者查封、扣押、冻结的,人民法院应当决定追缴或者查封、扣押、冻结。

第三百四十二条 为保证判决的执行,人民法院可以先行查封、扣押、冻结被告单位的财产,或者由被告单位提出担保。

第三百四十三条 采取查封、扣押、冻结等措施,应当严格依照法定程序进行,最大限度降低对被告单位正常生产经营活动的影响。

第三百四十四条 审判期间,被告单位被吊销营业执照、宣告破产但尚未完成清算、注销登记的,应当继续审理;被告单位被撤销、注销的,对单位犯罪直接负责的主管人员和其他直接责任人员应当继续审理。

第三百四十五条 审判期间,被告单位合并、分立的,应当将原单位列为被告单位,并注明合并、分立情况。对被告单位所判处的罚金以其在新单位的财产及收益为限。

第三百四十六条 审理单位犯罪案件,本章没有规定的,参照适用本解释的有关规定。

第十二章 认罪认罚案件的审理

第三百四十七条 刑事诉讼法第十五条规定的"认罪",是指犯罪嫌疑人、被告人自愿如实供述自己的罪行,对指控的犯罪事实没有异议。

刑事诉讼法第十五条规定的"认罚",是指犯罪嫌疑人、被告人真诚悔罪,愿意接受处罚。

被告人认罪认罚的,可以依照刑事诉讼法第十五条的规定,在程序上从简、实体上从宽处理。

第三百四十八条 对认罪认罚案件,应当根据案件情况,依法适用速裁程序、简易程序或者普通程序审理。

第三百四十九条 对人民检察院提起公诉的认罪认罚案件,人民法院应当重点审查以下内容:

(一)人民检察院讯问犯罪嫌疑人时,是否告知其诉讼权利和认罪认罚的法律规定;

(二)是否随案移送听取犯罪嫌疑人、辩护人或者值班律师、被害人及其诉讼代理人意见的笔录;

(三)被告人与被害人达成调解、和解协议或者取得被害人谅解的,是否随案移送调解、和解协议、被害人谅解书等相关材料;

(四)需要签署认罪认罚具结书的,是否随案移送具结书。

未随案移送前款规定的材料的,应当要求人民检察院补充。

第三百五十条 人民法院应当将被告人认罪认罚作为其是否具有社会

危险性的重要考虑因素。被告人罪行较轻,采用非羁押性强制措施足以防止发生社会危险性的,应当依法适用非羁押性强制措施。

第三百五十一条 对认罪认罚案件,法庭审理时应当告知被告人享有的诉讼权利和认罪认罚的法律规定,审查认罪认罚的自愿性和认罪认罚具结书内容的真实性、合法性。

第三百五十二条 对认罪认罚案件,人民检察院起诉指控的事实清楚,但指控的罪名与审理认定的罪名不一致的,人民法院应当听取人民检察院、被告人及其辩护人对审理认定罪名的意见,依法作出判决。

第三百五十三条 对认罪认罚案件,人民法院经审理认为量刑建议明显不当,或者被告人、辩护人对量刑建议提出异议的,人民检察院可以调整量刑建议。人民检察院不调整或者调整后仍然明显不当的,人民法院应当依法作出判决。

适用速裁程序审理认罪认罚案件,需要调整量刑建议的,应当在庭前或者当庭作出调整;调整量刑建议后,仍然符合速裁程序适用条件的,继续适用速裁程序审理。

第三百五十四条 对量刑建议是否明显不当,应当根据审理认定的犯罪事实、认罪认罚的具体情况,结合相关犯罪的法定刑、类似案件的刑罚适用等作出审查判断。

第三百五十五条 对认罪认罚案件,人民法院一般应当对被告人从轻处罚;符合非监禁刑适用条件的,应当适用非监禁刑;具有法定减轻处罚情节的,可以减轻处罚。

对认罪认罚案件,应当根据被告人认罪认罚的阶段早晚以及认罪认罚的主动性、稳定性、彻底性等,在从宽幅度上体现差异。

共同犯罪案件,部分被告人认罪认罚的,可以依法对该部分被告人从宽处罚,但应当注意全案的量刑平衡。

第三百五十六条 被告人在人民检察院提起公诉前未认罪认罚,在审判阶段认罪认罚的,人民法院可以不再通知人民检察院提出或者调整量刑建议。

对前款规定的案件,人民法院应当就定罪量刑听取控辩双方意见,根据刑事诉讼法第十五条和本解释第三百五十五条的规定作出判决。

第三百五十七条 对被告人在第一审程序中未认罪认罚,在第二审程序中认罪认罚的案件,应当根据其认罪认罚的具体情况决定是否从宽,并依法作出裁判。确定从宽幅度时应当与第一审程序认罪认罚有所区别。

第三百五十八条 案件审理过程中,被告人不再认罪认罚的,人民法院应当根据审理查明的事实,依法作出裁判。需要转换程序的,依照本解释的相关规定处理。

第十三章　简易程序

第三百五十九条　基层人民法院受理公诉案件后,经审查认为案件事实清楚、证据充分的,在将起诉书副本送达被告人时,应当询问被告人对指控的犯罪事实的意见,告知其适用简易程序的法律规定。被告人对指控的犯罪事实没有异议并同意适用简易程序的,可以决定适用简易程序,并在开庭前通知人民检察院和辩护人。

对人民检察院建议或者被告人及其辩护人申请适用简易程序审理的案件,依照前款规定处理;不符合简易程序适用条件的,应当通知人民检察院或者被告人及其辩护人。

第三百六十条　具有下列情形之一的,不适用简易程序:

(一)被告人是盲、聋、哑人的;

(二)被告人是尚未完全丧失辨认或者控制自己行为能力的精神病人的;

(三)案件有重大社会影响的;

(四)共同犯罪案件中部分被告人不认罪或者对适用简易程序有异议的;

(五)辩护人作无罪辩护的;

(六)被告人认罪但经审查认为可能不构成犯罪的;

(七)不宜适用简易程序审理的其他情形。

第三百六十一条　适用简易程序审理的案件,符合刑事诉讼法第三十五条第一款规定的,人民法院应当告知被告人及其近亲属可以申请法律援助。

第三百六十二条　适用简易程序审理案件,人民法院应当在开庭前将开庭的时间、地点通知人民检察院、自诉人、被告人、辩护人,也可以通知其他诉讼参与人。

通知可以采用简便方式,但应当记录在案。

第三百六十三条　适用简易程序审理案件,被告人有辩护人的,应当通知其出庭。

第三百六十四条　适用简易程序审理案件,审判长或者独任审判员应当当庭询问被告人对指控的犯罪事实的意见,告知被告人适用简易程序审理的法律规定,确认被告人是否同意适用简易程序。

第三百六十五条　适用简易程序审理案件,可以对庭审作如下简化:

(一)公诉人可以摘要宣读起诉书;

(二)公诉人、辩护人、审判人员对被告人的讯问、发问可以简化或者省略;

(三)对控辩双方无异议的证据,可以仅就证据的名称及所证明的

事项作出说明;对控辩双方有异议或者法庭认为有必要调查核实的证据,应当出示,并进行质证;

(四)控辩双方对与定罪量刑有关的事实、证据没有异议的,法庭审理可以直接围绕罪名确定和量刑问题进行。

适用简易程序审理案件,判决宣告前应当听取被告人的最后陈述。

第三百六十六条 适用简易程序独任审判过程中,发现对被告人可能判处的有期徒刑超过三年的,应当转由合议庭审理。

第三百六十七条 适用简易程序审理案件,裁判文书可以简化。

适用简易程序审理案件,一般应当当庭宣判。

第三百六十八条 适用简易程序审理案件,在法庭审理过程中,具有下列情形之一的,应当转为普通程序审理:

(一)被告人的行为可能不构成犯罪的;

(二)被告人可能不负刑事责任的;

(三)被告人当庭对起诉指控的犯罪事实予以否认的;

(四)案件事实不清、证据不足的;

(五)不应当或者不宜适用简易程序的其他情形。

决定转为普通程序审理的案件,审理期限应当从作出决定之日起计算。

第十四章 速裁程序

第三百六十九条 对人民检察院在提起公诉时建议适用速裁程序的案件,基层人民法院经审查认为案件事实清楚,证据确实、充分,可能判处三年有期徒刑以下刑罚的,在将起诉书副本送达被告人时,应当告知被告人适用速裁程序的法律规定,询问其是否同意适用速裁程序。被告人同意适用速裁程序的,可以决定适用速裁程序,并在开庭前通知人民检察院和辩护人。

对人民检察院未建议适用速裁程序的案件,人民法院经审查认为符合速裁程序适用条件的,可以决定适用速裁程序,并在开庭前通知人民检察院和辩护人。

被告人及其辩护人可以向人民法院提出适用速裁程序的申请。

第三百七十条 具有下列情形之一的,不适用速裁程序:

(一)被告人是盲、聋、哑人的;

(二)被告人是尚未完全丧失辨认或者控制自己行为能力的精神病人的;

(三)被告人是未成年人的;

(四)案件有重大社会影响的;

(五)共同犯罪案件中部分被告人对指控的犯罪事实、罪名、量刑建议或者适用速裁程序有异议的；

（六）被告人与被害人或者其法定代理人没有就附带民事诉讼赔偿等事项达成调解、和解协议的；

（七）辩护人作无罪辩护的；

（八）其他不宜适用速裁程序的情形。

第三百七十一条 适用速裁程序审理案件，人民法院应当在开庭前将开庭的时间、地点通知人民检察院、被告人、辩护人，也可以通知其他诉讼参与人。

通知可以采用简便方式，但应当记录在案。

第三百七十二条 适用速裁程序审理案件，可以集中开庭，逐案审理。公诉人简要宣读起诉书后，审判人员应当当庭询问被告人对指控事实、证据、量刑建议以及适用速裁程序的意见，核实具结书签署的自愿性、真实性、合法性，并核实附带民事诉讼赔偿等情况。

第三百七十三条 适用速裁程序审理案件，一般不进行法庭调查、法庭辩论，但在判决宣告前应当听取辩护人的意见和被告人的最后陈述。

第三百七十四条 适用速裁程序审理案件，裁判文书可以简化。

适用速裁程序审理案件，应当当庭宣判。

第三百七十五条 适用速裁程序审理案件，在法庭审理过程中，具有下列情形之一的，应当转为普通程序或者简易程序审理：

（一）被告人的行为可能不构成犯罪或者不应当追究刑事责任的；

（二）被告人违背意愿认罪认罚的；

（三）被告人否认指控的犯罪事实的；

（四）案件疑难、复杂或者对适用法律有重大争议的；

（五）其他不宜适用速裁程序的情形。

第三百七十六条 决定转为普通程序或者简易程序审理的案件，审理期限应当从作出决定之日起计算。

第三百七十七条 适用速裁程序审理的案件，第二审人民法院依照刑事诉讼法第二百三十六条第一款第三项的规定发回原审人民法院重新审判的，原审人民法院应当适用第一审普通程序重新审判。

第十五章 第二审程序

第三百七十八条 地方各级人民法院在宣告第一审判决、裁定时，应当告知被告人、自诉人及其法定代理人不服判决和准许撤回起诉、终止审理等裁定的，有权在法定期限内以书面或者口头形式，通过本院或者直接向上一级人民法院提出上诉；被告人的辩护人、近亲属经被告人同意,也可以提出上诉;附带民事诉讼当事人及其法定代理人,可以对判决、裁定中的附带民事部分提出上诉。

被告人、自诉人、附带民事诉讼当事人及其法定代理人是否提出上诉,以其在上诉期满前最后一次的意思表示为准。

第三百七十九条 人民法院受理的上诉案件,一般应当有上诉状正本及副本。

上诉状内容一般包括:第一审判决书、裁定书的文号和上诉人收到的时间,第一审人民法院的名称,上诉的请求和理由,提出上诉的时间。被告人的辩护人、近亲属经被告人同意提出上诉的,还应当写明其与被告人的关系,并应以被告人作为上诉人。

第三百八十条 上诉、抗诉必须在法定期限内提出。不服判决的上诉、抗诉的期限为十日;不服裁定的上诉、抗诉的期限为五日。上诉、抗诉的期限,从接到判决书、裁定书的第二日起计算。

对附带民事判决、裁定的上诉、抗诉期限,应当按照刑事部分的上诉、抗诉期限确定。附带民事部分另行审判的,上诉期限也应当按照刑事诉讼法规定的期限确定。

第三百八十一条 上诉人通过第一审人民法院提出上诉的,第一审人民法院应当审查。上诉符合法律规定的,应当在上诉期满后三日以内将上诉状连同案卷、证据移送上一级人民法院,并将上诉状副本送交同级人民检察院和对方当事人。

第三百八十二条 上诉人直接向第二审人民法院提出上诉的,第二审人民法院应当在收到上诉状后三日以内将上诉状交第一审人民法院。第一审人民法院应当审查上诉是否符合法律规定。符合法律规定的,应当在接到上诉状后三日以内将上诉状连同案卷、证据移送上一级人民法院,并将上诉状副本送交同级人民检察院和对方当事人。

第三百八十三条 上诉人在上诉期限内要求撤回上诉的,人民法院应当准许。

上诉人在上诉期满后要求撤回上诉的,第二审人民法院经审查,认为原判认定事实和适用法律正确,量刑适当的,应当裁定准许;认为原判确有错误的,应当不予准许,继续按照上诉案件审理。

被判处死刑立即执行的被告人提出上诉,在第二审开庭后宣告裁判前申请撤回上诉的,应当不予准许,继续按照上诉案件审理。

第三百八十四条 地方各级人民检察院对同级人民法院第一审判决、裁定的抗诉,应当通过第一审人民法院提交抗诉书。第一审人民法院应当在抗诉期满后三日以内将抗诉书连同案卷、证据移送上一级人民法院,并将抗诉书副本送交当事人。

第三百八十五条 人民检察院在抗诉期限内要求撤回抗诉的,人民法院应当准许。

人民检察院在抗诉期满后要求撤回抗诉的,第二审人民法院可以裁定准许,但是认为原判存在将无罪判为有罪、轻罪重判等情形的,应当不予准许,继续审理。

上级人民检察院认为下级人民检察院抗诉不当,向第二审人民法院要求撤回抗诉的,适用前两款规定。

第三百八十六条 在上诉、抗诉期满前撤回上诉、抗诉的,第一审判决、裁定在上诉、抗诉期满之日起生效。在上诉、抗诉期满后要求撤回上诉、抗诉,第二审人民法院裁定准许的,第一审判决、裁定应当自第二审裁定书送达上诉人或者抗诉机关之日起生效。

第三百八十七条 第二审人民法院对第一审人民法院移送的上诉、抗诉案卷、证据,应当审查是否包括下列内容:

(一)移送上诉、抗诉案件函;

(二)上诉状或者抗诉书;

(三)第一审判决书、裁定书八份(每增加一名被告人增加一份)及其电子文本;

(四)全部案卷、证据,包括案件审理报告和其他应当移送的材料。

前款所列材料齐全的,第二审人民法院应当收案;材料不全的,应当通知第一审人民法院及时补送。

第三百八十八条 第二审人民法院审理上诉、抗诉案件,应当就第一审判决、裁定认定的事实和适用法律进行全面审查,不受上诉、抗诉范围的限制。

第三百八十九条 共同犯罪案件,只有部分被告人提出上诉,或者自诉人只对部分被告人的判决提出上诉,或者人民检察院只对部分被告人的判决提出抗诉的,第二审人民法院应当对全案进行审查,一并处理。

第三百九十条 共同犯罪案件,上诉的被告人死亡,其他被告人未上诉的,第二审人民法院应当对死亡的被告人终止审理;但有证据证明被告人无罪,经缺席审理确认无罪的,应当判决宣告被告人无罪。

具有前款规定的情形,第二审人民法院仍应对全案进行审查,对其他同案被告人作出判决、裁定。

第三百九十一条 对上诉、抗诉案件,应当着重审查下列内容:

(一)第一审判决认定的事实是否清楚,证据是否确实、充分;

(二)第一审判决适用法律是否

正确,量刑是否适当;

(三)在调查、侦查、审查起诉、第一审程序中,有无违反法定程序的情形;

(四)上诉、抗诉是否提出新的事实、证据;

(五)被告人的供述和辩解情况;

(六)辩护人的辩护意见及采纳情况;

(七)附带民事部分的判决、裁定是否合法、适当;

(八)对涉案财物的处理是否正确;

(九)第一审人民法院合议庭、审判委员会讨论的意见。

第三百九十二条 第二审期间,被告人除自行辩护外,还可以继续委托第一审辩护人或者另行委托辩护人辩护。

共同犯罪案件,只有部分被告人提出上诉,或者自诉人只对部分被告人的判决提出上诉,或者人民检察院只对部分被告人的判决提出抗诉的,其他同案被告人也可以委托辩护人辩护。

第三百九十三条 下列案件,根据刑事诉讼法第二百三十四条的规定,应当开庭审理:

(一)被告人、自诉人及其法定代理人对第一审认定的事实、证据提出异议,可能影响定罪量刑的上诉案件;

(二)被告人被判处死刑的上诉案件;

(三)人民检察院抗诉的案件;

(四)应当开庭审理的其他案件。

被判处死刑的被告人没有上诉,同案的其他被告人上诉的案件,第二审人民法院应当开庭审理。

第三百九十四条 对上诉、抗诉案件,第二审人民法院经审查,认为原判事实不清、证据不足,或者具有刑事诉讼法第二百三十八条规定的违反法定诉讼程序情形,需要发回重新审判的,可以不开庭审理。

第三百九十五条 第二审期间,人民检察院或者被告人及其辩护人提交新证据的,人民法院应当及时通知对方查阅、摘抄或者复制。

第三百九十六条 开庭审理第二审公诉案件,应当在决定开庭审理后及时通知人民检察院查阅案卷。自通知后的第二日起,人民检察院查阅案卷的时间不计入审理期限。

第三百九十七条 开庭审理上诉、抗诉的公诉案件,应当通知同级人民检察院派员出庭。

抗诉案件,人民检察院接到开庭通知后不派员出庭,且未说明原因的,人民法院可以裁定按人民检察院撤回抗诉处理。

第三百九十八条 开庭审理上诉、抗诉案件,除参照适用第一审程序

的有关规定外,应当按照下列规定进行:

(一)法庭调查阶段,审判人员宣读第一审判决书、裁定书后,上诉案件由上诉人或者辩护人先宣读上诉状或者陈述上诉理由,抗诉案件由检察员先宣读抗诉书;既有上诉又有抗诉的案件,先由检察员宣读抗诉书,再由上诉人或者辩护人宣读上诉状或者陈述上诉理由;

(二)法庭辩论阶段,上诉案件,先由上诉人、辩护人发言,后由检察员、诉讼代理人发言;抗诉案件,先由检察员、诉讼代理人发言,后由被告人、辩护人发言;既有上诉又有抗诉的案件,先由检察员、诉讼代理人发言,后由上诉人、辩护人发言。

第三百九十九条 开庭审理上诉、抗诉案件,可以重点围绕对第一审判决、裁定有争议的问题或者有疑问的部分进行。根据案件情况,可以按照下列方式审理:

(一)宣读第一审判决书,可以只宣读案由、主要事实、证据名称和判决主文等;

(二)法庭调查应当重点围绕对第一审判决提出异议的事实、证据以及新的证据等进行;对没有异议的事实、证据和情节,可以直接确认;

(三)对同案审理案件中未上诉的被告人,未被申请出庭或者人民法院认为没有必要到庭的,可以不再传唤到庭;

(四)被告人犯有数罪的案件,对其中事实清楚且无异议的犯罪,可以不在庭审时审理。

同案审理的案件,未提出上诉、人民检察院也未对其判决提出抗诉的被告人要求出庭的,应当准许。出庭的被告人可以参加法庭调查和辩论。

第四百条 第二审案件依法不开庭审理的,应当讯问被告人,听取其他当事人、辩护人、诉讼代理人的意见。合议庭全体成员应当阅卷,必要时应当提交书面阅卷意见。

第四百零一条 审理被告人或者其法定代理人、辩护人、近亲属提出上诉的案件,不得对被告人的刑罚作出实质不利的改判,并应当执行下列规定:

(一)同案审理的案件,只有部分被告人上诉的,既不得加重上诉人的刑罚,也不得加重其他同案被告人的刑罚;

(二)原判认定的罪名不当的,可以改变罪名,但不得加重刑罚或者对刑罚执行产生不利影响;

(三)原判认定的罪数不当的,可以改变罪数,并调整刑罚,但不得加重决定执行的刑罚或者对刑罚执行产生不利影响;

(四)原判对被告人宣告缓刑

的,不得撤销缓刑或者延长缓刑考验期;

(五)原判没有宣告职业禁止、禁止令的,不得增加宣告;原判宣告职业禁止、禁止令的,不得增加内容、延长期限;

(六)原判对被告人判处死刑缓期执行没有限制减刑、决定终身监禁的,不得限制减刑、决定终身监禁;

(七)原判判处的刑罚不当、应当适用附加刑而没有适用的,不得直接加重刑罚、适用附加刑。原判判处的刑罚畸轻,必须依法改判的,应当在第二审判决、裁定生效后,依照审判监督程序重新审判。

人民检察院抗诉或者自诉人上诉的案件,不受前款规定的限制。

第四百零二条 人民检察院只对部分被告人的判决提出抗诉,或者自诉人只对部分被告人的判决提出上诉的,第二审人民法院不得对其他同案被告人加重刑罚。

第四百零三条 被告人或者其法定代理人、辩护人、近亲属提出上诉,人民检察院未提出抗诉的案件,第二审人民法院发回重新审判后,除有新的犯罪事实且人民检察院补充起诉的以外,原审人民法院不得加重被告人的刑罚。

对前款规定的案件,原审人民法院对上诉发回重新审判的案件依法作出判决后,人民检察院抗诉的,第二审人民法院不得改判为重于原审人民法院第一次判处的刑罚。

第四百零四条 第二审人民法院认为第一审判决事实不清、证据不足的,可以在查清事实后改判,也可以裁定撤销原判,发回原审人民法院重新审判。

有多名被告人的案件,部分被告人的犯罪事实不清、证据不足或者有新的犯罪事实需要追诉,且有关犯罪与其他同案被告人没有关联的,第二审人民法院根据案件情况,可以对该部分被告人分案处理,将该部分被告人发回原审人民法院重新审判。原审人民法院重新作出判决后,被告人上诉或者人民检察院抗诉,其他被告人的案件尚未作出第二审判决、裁定的,第二审人民法院可以并案审理。

第四百零五条 原判事实不清、证据不足,第二审人民法院发回重新审判的案件,原审人民法院重新作出判决后,被告人上诉或者人民检察院抗诉的,第二审人民法院应当依法作出判决、裁定,不得再发回重新审判。

第四百零六条 第二审人民法院发现原审人民法院在重新审判过程中,有刑事诉讼法第二百三十八条规定的情形之一,或者违反第二百三十九条规定的,应当裁定撤销原判,发回重新审判。

第四百零七条 第二审人民法院审理对刑事部分提出上诉、抗诉，附带民事部分已经发生法律效力的案件，发现第一审判决、裁定中的附带民事部分确有错误的，应当依照审判监督程序对附带民事部分予以纠正。

第四百零八条 刑事附带民事诉讼案件，只有附带民事诉讼当事人及其法定代理人上诉的，第一审刑事部分的判决在上诉期满后即发生法律效力。

应当送监执行的第一审刑事被告人是第二审附带民事诉讼被告人的，在第二审附带民事诉讼案件审结前，可以暂缓送监执行。

第四百零九条 第二审人民法院审理对附带民事部分提出上诉，刑事部分已经发生法律效力的案件，应当对全案进行审查，并按照下列情形分别处理：

（一）第一审判决的刑事部分并无不当的，只需就附带民事部分作出处理；

（二）第一审判决的刑事部分确有错误的，依照审判监督程序对刑事部分进行再审，并将附带民事部分与刑事部分一并审理。

第四百一十条 第二审期间，第一审附带民事诉讼原告人增加独立的诉讼请求或者第一审附带民事诉讼被告人提出反诉的，第二审人民法院可以根据自愿、合法的原则进行调解；调解不成的，告知当事人另行起诉。

第四百一十一条 对第二审自诉案件，必要时可以调解，当事人也可以自行和解。调解结案的，应当制作调解书，第一审判决、裁定视为自动撤销。当事人自行和解的，依照本解释第三百二十九条的规定处理；裁定准许撤回自诉的，应当撤销第一审判决、裁定。

第四百一十二条 第二审期间，自诉案件的当事人提出反诉的，应当告知其另行起诉。

第四百一十三条 第二审人民法院可以委托第一审人民法院代为宣判，并向当事人送达第二审判决书、裁定书。第一审人民法院应当在代为宣判后五日以内将宣判笔录送交第二审人民法院，并在送达完毕后及时将送达回证送交第二审人民法院。

委托宣判的，第二审人民法院应当直接向同级人民检察院送达第二审判决书、裁定书。

第二审判决、裁定是终审的判决、裁定的，自宣告之日起发生法律效力。

第十六章　在法定刑以下判处刑罚和特殊假释的核准

第四百一十四条 报请最高人民法院核准在法定刑以下判处刑罚的案件，应当按照下列情形分别处理：

（一）被告人未上诉、人民检察院

未抗诉的,在上诉、抗诉期满后三日以内报请上一级人民法院复核。上级人民法院同意原判的,应当书面层报最高人民法院核准;不同意的,应当裁定发回重新审判,或者按照第二审程序提审;

(二)被告人上诉或者人民检察院抗诉的,上一级人民法院维持原判,或者改判后仍在法定刑以下判处刑罚的,应当依照前项规定层报最高人民法院核准。

第四百一十五条 对符合刑法第六十三条第二款规定的案件,第一审人民法院未在法定刑以下判处刑罚的,第二审人民法院可以在法定刑以下判处刑罚,并层报最高人民法院核准。

第四百一十六条 报请最高人民法院核准在法定刑以下判处刑罚的案件,应当报送判决书、报请核准的报告各五份,以及全部案卷、证据。

第四百一十七条 对在法定刑以下判处刑罚的案件,最高人民法院予以核准的,应当作出核准裁定书;不予核准的,应当作出不核准裁定书,并撤销原判决、裁定,发回原审人民法院重新审判或者指定其他下级人民法院重新审判。

第四百一十八条 依照本解释第四百一十四条、第四百一十七条规定发回第二审人民法院重新审判的案件,第二审人民法院可以直接改判;必须通过开庭查清事实、核实证据或者纠正原审程序违法的,应当开庭审理。

第四百一十九条 最高人民法院和上级人民法院复核在法定刑以下判处刑罚案件的审理期限,参照适用刑事诉讼法第二百四十三条的规定。

第四百二十条 报请最高人民法院核准因罪犯具有特殊情况,不受执行刑期限制的假释案件,应当按照下列情形分别处理:

(一)中级人民法院依法作出假释裁定后,应当报请高级人民法院复核。高级人民法院同意的,应当书面报请最高人民法院核准;不同意的,应当裁定撤销中级人民法院的假释裁定;

(二)高级人民法院依法作出假释裁定的,应当报请最高人民法院核准。

第四百二十一条 报请最高人民法院核准因罪犯具有特殊情况,不受执行刑期限制的假释案件,应当报送报请核准的报告、罪犯具有特殊情况的报告、假释裁定书各五份,以及全部案卷。

第四百二十二条 对因罪犯具有特殊情况,不受执行刑期限制的假释案件,最高人民法院予以核准的,应当作出核准裁定书;不予核准的,应当作出不核准裁定书,并撤销原裁定。

第十七章　死刑复核程序

第四百二十三条　报请最高人民法院核准死刑的案件，应当按照下列情形分别处理：

（一）中级人民法院判处死刑的第一审案件，被告人未上诉、人民检察院未抗诉的，在上诉、抗诉期满后十日以内报请高级人民法院复核。高级人民法院同意判处死刑的，应当在作出裁定后十日以内报请最高人民法院核准；认为原判认定的某一具体事实或者引用的法律条款等存在瑕疵，但判处被告人死刑并无不当的，可以在纠正后作出核准的判决、裁定；不同意判处死刑的，应当依照第二审程序提审或者发回重新审判；

（二）中级人民法院判处死刑的第一审案件，被告人上诉或者人民检察院抗诉，高级人民法院裁定维持的，应当在作出裁定后十日以内报请最高人民法院核准；

（三）高级人民法院判处死刑的第一审案件，被告人未上诉、人民检察院未抗诉的，应当在上诉、抗诉期满后十日以内报请最高人民法院核准。

高级人民法院复核死刑案件，应当讯问被告人。

第四百二十四条　中级人民法院判处死刑缓期执行的第一审案件，被告人未上诉、人民检察院未抗诉的，应当报请高级人民法院核准。

高级人民法院复核死刑缓期执行案件，应当讯问被告人。

第四百二十五条　报请复核的死刑、死刑缓期执行案件，应当一案一报。报送的材料包括报请复核的报告，第一、二审裁判文书，案件综合报告各五份以及全部案卷、证据。案件综合报告，第一、二审裁判文书和审理报告应当附送电子文本。

同案审理的案件应当报送全案卷、证据。

曾经发回重新审判的案件，原第一、二审案卷应当一并报送。

第四百二十六条　报请复核死刑、死刑缓期执行的报告，应当写明案由、简要案情、审理过程和判决结果。

案件综合报告应当包括以下内容：

（一）被告人、被害人的基本情况。被告人有前科或者曾受过行政处罚、处分的，应当写明；

（二）案件的由来和审理经过。案件曾经发回重新审判的，应当写明发回重新审判的原因、时间、案号等；

（三）案件侦破情况。通过技术调查、侦查措施抓获被告人、侦破案件，以及与自首、立功认定有关的情况，应当写明；

（四）第一审审理情况。包括控辩双方意见，第一审认定的犯罪事

实,合议庭和审判委员会意见;

（五）第二审审理或者高级人民法院复核情况。包括上诉理由、人民检察院的意见,第二审审理或者高级人民法院复核认定的事实、证据采信情况及理由,控辩双方意见及采纳情况;

（六）需要说明的问题。包括共同犯罪案件中另案处理的同案犯的处理情况,案件有无重大社会影响,以及当事人的反应等情况;

（七）处理意见。写明合议庭和审判委员会的意见。

第四百二十七条 复核死刑、死刑缓期执行案件,应当全面审查以下内容:

（一）被告人的年龄,被告人有无刑事责任能力、是否系怀孕的妇女;

（二）原判认定的事实是否清楚,证据是否确实、充分;

（三）犯罪情节、后果及危害程度;

（四）原判适用法律是否正确,是否必须判处死刑,是否必须立即执行;

（五）有无法定、酌定从重、从轻或者减轻处罚情节;

（六）诉讼程序是否合法;

（七）应当审查的其他情况。

复核死刑、死刑缓期执行案件,应当重视审查被告人及其辩护人的辩解、辩护意见。

第四百二十八条 高级人民法院复核死刑缓期执行案件,应当按照下列情形分别处理:

（一）原判认定事实和适用法律正确、量刑适当、诉讼程序合法的,应当裁定核准;

（二）原判认定的某一具体事实或者引用的法律条款等存在瑕疵,但判处被告人死刑缓期执行并无不当的,可以在纠正后作出核准的判决、裁定;

（三）原判认定事实正确,但适用法律有错误,或者量刑过重的,应当改判;

（四）原判事实不清、证据不足的,可以裁定不予核准,并撤销原判,发回重新审判,或者依法改判;

（五）复核期间出现新的影响定罪量刑的事实、证据的,可以裁定不予核准,并撤销原判,发回重新审判,或者依照本解释第二百七十一条的规定审理后依法改判;

（六）原审违反法定诉讼程序,可能影响公正审判的,应当裁定不予核准,并撤销原判,发回重新审判。

复核死刑缓期执行案件,不得加重被告人的刑罚。

第四百二十九条 最高人民法院复核死刑案件,应当按照下列情形分别处理:

（一）原判认定事实和适用法律正确、量刑适当、诉讼程序合法的,应当裁定核准；

（二）原判认定的某一具体事实或者引用的法律条款等存在瑕疵，但判处被告人死刑并无不当的，可以在纠正后作出核准的判决、裁定；

（三）原判事实不清、证据不足的，应当裁定不予核准，并撤销原判，发回重新审判；

（四）复核期间出现新的影响定罪量刑的事实、证据的，应当裁定不予核准，并撤销原判，发回重新审判；

（五）原判认定事实正确、证据充分，但依法不应当判处死刑的，应当裁定不予核准，并撤销原判，发回重新审判；根据案件情况，必要时，也可以依法改判；

（六）原审违反法定诉讼程序，可能影响公正审判的，应当裁定不予核准，并撤销原判，发回重新审判。

第四百三十条　最高人民法院裁定不予核准死刑的，根据案件情况，可以发回第二审人民法院或者第一审人民法院重新审判。

对最高人民法院发回第二审人民法院重新审判的案件，第二审人民法院一般不得发回第一审人民法院重新审判。

第一审人民法院重新审判的，应当开庭审理。第二审人民法院重新审判的，可以直接改判；必须通过开庭查清事实、核实证据或者纠正原审程序违法的，应当开庭审理。

第四百三十一条　高级人民法院依照复核程序审理后报请最高人民法院核准死刑，最高人民法院裁定不予核准，发回高级人民法院重新审判的，高级人民法院可以依照第二审程序提审或者发回重新审判。

第四百三十二条　最高人民法院裁定不予核准死刑，发回重新审判的案件，原审人民法院应当另行组成合议庭审理，但本解释第四百二十九条第四项、第五项规定的案件除外。

第四百三十三条　依照本解释第四百三十条、第四百三十一条发回重新审判的案件，第一审人民法院判处死刑、死刑缓期执行的，上一级人民法院依照第二审程序或者复核程序审理后，应当依法作出判决或者裁定，不得再发回重新审判。但是，第一审人民法院有刑事诉讼法第二百三十八条规定的情形或者违反刑事诉讼法第二百三十九条规定的除外。

第四百三十四条　死刑复核期间，辩护律师要求当面反映意见的，最高人民法院有关合议庭应当在办公场所听取其意见，并制作笔录；辩护律师提出书面意见的，应当附卷。

第四百三十五条　死刑复核期间，最高人民检察院提出意见的，最高人民法院应当审查，并将采纳情况及理由反馈最高人民检察院。

第四百三十六条 最高人民法院应当根据有关规定向最高人民检察院通报死刑案件复核结果。

第十八章 涉案财物处理

第四百三十七条 人民法院对查封、扣押、冻结的涉案财物及其孳息，应当妥善保管，并制作清单，附卷备查；对人民检察院随案移送的实物，应当根据清单核查后妥善保管。任何单位和个人不得挪用或者自行处理。

查封不动产、车辆、船舶、航空器等财物，应当扣押其权利证书，经拍照或者录像后原地封存，或者交持有人、被告人的近亲属保管，登记并写明财物的名称、型号、权属、地址等详细信息，并通知有关财物的登记、管理部门办理查封登记手续。

扣押物品，应当登记并写明物品名称、型号、规格、数量、重量、质量、成色、纯度、颜色、新旧程度、缺损特征和来源等。扣押货币、有价证券，应当登记并写明货币、有价证券的名称、数额、面额等，货币应当存入银行专门账户，并登记银行存款凭证的名称、内容。扣押文物、金银、珠宝、名贵字画等贵重物品以及违禁品，应当拍照，需要鉴定的，应当及时鉴定。对扣押的物品应当根据有关规定及时估价。

冻结存款、汇款、债券、股票、基金份额等财产，应当登记并写明编号、种类、面值、张数、金额等。

第四百三十八条 对被害人的合法财产，权属明确的，应当依法及时返还，但须经拍照、鉴定、估价，并在案卷中注明返还的理由，将原物照片、清单和被害人的领取手续附卷备查；权属不明的，应当在人民法院判决、裁定生效后，按比例返还被害人，但已获退赔的部分应予扣除。

第四百三十九条 审判期间，对不宜长期保存、易贬值或者市场价格波动大的财产，或者有效期即将届满的票据等，经权利人申请或者同意，并经院长批准，可以依法先行处置，所得款项由人民法院保管。

涉案财物先行处置应当依法、公开、公平。

第四百四十条 对作为证据使用的实物，应当随案移送。第一审判决、裁定宣告后，被告人上诉或者人民检察院抗诉的，第一审人民法院应当将上述证据移送第二审人民法院。

第四百四十一条 对实物未随案移送的，应当根据情况，分别审查以下内容：

（一）大宗的、不便搬运的物品，是否随案移送查封、扣押清单，并附原物照片和封存手续，注明存放地点等；

（二）易腐烂、霉变和不易保管的

物品,查封、扣押机关变卖处理后,是否随案移送原物照片、清单、变价处理的凭证(复印件)等;

(三)枪支弹药、剧毒物品、易燃易爆物品以及其他违禁品、危险物品,查封、扣押机关根据有关规定处理后,是否随案移送原物照片和清单等。

上述未随案移送的实物,应当依法鉴定、估价的,还应当审查是否附有鉴定、估价意见。

对查封、扣押的货币、有价证券等,未移送实物的,应当审查是否附有原物照片、清单或者其他证明文件。

第四百四十二条 法庭审理过程中,应当依照本解释第二百七十九条的规定,依法对查封、扣押、冻结的财物及其孳息进行审查。

第四百四十三条 被告人将依法应当追缴的涉案财物用于投资或者置业的,对因此形成的财产及其收益,应当追缴。

被告人将依法应当追缴的涉案财物与其他合法财产共同用于投资或者置业的,对因此形成的财产中与涉案财物对应的份额及其收益,应当追缴。

第四百四十四条 对查封、扣押、冻结的财物及其孳息,应当在判决书中写明名称、金额、数量、存放地点及其处理方式等。涉案财物较多,不宜在判决主文中详细列明的,可以附清单。

判决追缴违法所得或者责令退赔的,应当写明追缴、退赔的金额或者财物的名称、数量等情况;已经发还的,应当在判决书中写明。

第四百四十五条 查封、扣押、冻结的财物及其孳息,经审查,确属违法所得或者依法应当追缴的其他涉案财物的,应当判决返还被害人,或者没收上缴国库,但法律另有规定的除外。

对判决时尚未追缴到案或者尚未足额退赔的违法所得,应当判决继续追缴或者责令退赔。

判决返还被害人的涉案财物,应当通知被害人认领;无人认领的,应当公告通知;公告满一年无人认领的,应当上缴国库;上缴国库后有人认领,经查证属实的,应当申请退库予以返还;原物已经拍卖、变卖的,应当返还价款。

对侵犯国有财产的案件,被害单位已经终止且没有权利义务继受人,或者损失已经被核销的,查封、扣押、冻结的财物及其孳息应当上缴国库。

第四百四十六条 第二审期间,发现第一审判决未对随案移送的涉案财物及其孳息作出处理的,可以裁定撤销原判,发回原审人民法院重新审判,由原审人民法院依法对涉案财物及其孳息一并作出处理。

判决生效后,发现原判未对随案移送的涉案财物及其孳息作出处的，由原审人民法院依法对涉案财物及其孳息另行作出处理。

第四百四十七条　随案移送的或者人民法院查封、扣押的财物及其孳息，由第一审人民法院在判决生效后负责处理。

实物未随案移送、由扣押机关保管的，人民法院应当在判决生效后十日以内，将判决书、裁定书送达扣押机关，并告知其在一个月以内将执行回单送回，确因客观原因无法按时完成的，应当说明原因。

第四百四十八条　对冻结的存款、汇款、债券、股票、基金份额等财产判决没收的，第一审人民法院应当在判决生效后，将判决书、裁定书送达相关金融机构和财政部门，通知相关金融机构依法上缴国库并在接到执行通知书后十五日以内，将上缴国库的凭证、执行回单送回。

第四百四十九条　查封、扣押、冻结的财物与本案无关但已列入清单的，应当由查封、扣押、冻结机关依法处理。

查封、扣押、冻结的财物属于被告人合法所有的，应当在赔偿被害人损失、执行财产刑后及时返还被告人。

第四百五十条　查封、扣押、冻结财物及其处理，本解释没有规定的，参照适用其他司法解释的有关规定。

第十九章　审判监督程序

第四百五十一条　当事人及其法定代理人、近亲属对已经发生法律效力的判决、裁定提出申诉的，人民法院应当审查处理。

案外人认为已经发生法律效力的判决、裁定侵害其合法权益，提出申诉的，人民法院应当审查处理。

申诉可以委托律师代为进行。

第四百五十二条　向人民法院申诉，应当提交以下材料：

（一）申诉状。应当写明当事人的基本情况、联系方式以及申诉的事实与理由；

（二）原一、二审判决书、裁定书等法律文书。经过人民法院复查或者再审的，应当附有驳回申诉通知书、再审决定书、再审判决书、裁定书；

（三）其他相关材料。以有新的证据证明原判决、裁定认定的事实确有错误为由申诉的，应当同时附有相关证据材料；申请人民法院调查取证的，应当附有相关线索或者材料。

申诉符合前款规定的，人民法院应当出具收到申诉材料的回执。申诉不符合前款规定的，人民法院应当告知申诉人补充材料；申诉人拒绝补充必要材料且无正当理由的，不予审查。

第四百五十三条　申诉由终审人民法院审查处理。但是，第二审人民法院裁定准许撤回上诉的案件，申诉人对第一审判决提出申诉的，可以由第一审人民法院审查处理。

上一级人民法院对未经终审人民法院审查处理的申诉，可以告知申诉人向终审人民法院提出申诉，或者直接交终审人民法院审查处理，并告知申诉人；案件疑难、复杂、重大的，也可以直接审查处理。

对未经终审人民法院及其上一级人民法院审查处理，直接向上级人民法院申诉的，上级人民法院应当告知申诉人向下级人民法院提出。

第四百五十四条 最高人民法院或者上级人民法院可以指定终审人民法院以外的人民法院对申诉进行审查。被指定的人民法院审查后，应当制作审查报告，提出处理意见，层报最高人民法院或者上级人民法院审查处理。

第四百五十五条 对死刑案件的申诉，可以由原核准的人民法院直接审查处理，也可以交由原审人民法院审查。原审人民法院应当制作审查报告，提出处理意见，层报原核准的人民法院审查处理。

第四百五十六条 对立案审查的申诉案件，人民法院可以听取当事人和原办案单位的意见，也可以对原判据以定罪量刑的证据和新的证据进行核实。必要时，可以进行听证。

第四百五十七条 对立案审查的申诉案件，应当在三个月以内作出决定，至迟不得超过六个月。因案件疑难、复杂、重大或者其他特殊原因需要延长审查期限的，参照本解释第二百一十条的规定处理。

经审查，具有下列情形之一的，应当根据刑事诉讼法第二百五十三条的规定，决定重新审判：

（一）有新的证据证明原判决、裁定认定的事实确有错误，可能影响定罪量刑的；

（二）据以定罪量刑的证据不确实、不充分、依法应当排除的；

（三）证明案件事实的主要证据之间存在矛盾的；

（四）主要事实依据被依法变更或者撤销的；

（五）认定罪名错误的；

（六）量刑明显不当的；

（七）对违法所得或者其他涉案财物的处理确有明显错误的；

（八）违反法律关于溯及力规定的；

（九）违反法定诉讼程序，可能影响公正裁判的；

（十）审判人员在审理该案件时有贪污受贿、徇私舞弊、枉法裁判行为的。

申诉不具有上述情形的，应当说服申诉人撤回申诉；对仍然坚持申的,应当书面通知驳回。

第四百五十八条 具有下列情形之一,可能改变原判决、裁定据以定罪量刑的事实的证据,应当认定为刑事诉讼法第二百五十三条第一项规定的"新的证据":

(一)原判决、裁定生效后新发现的证据;

(二)原判决、裁定生效前已经发现,但未予收集的证据;

(三)原判决、裁定生效前已经收集,但未经质证的证据;

(四)原判决、裁定所依据的鉴定意见,勘验、检查等笔录被改变或者否定的;

(五)原判决、裁定所依据的被告人供述、证人证言等证据发生变化,影响定罪量刑,且有合理理由的。

第四百五十九条 申诉人对驳回申诉不服,可以向上一级人民法院申诉。上一级人民法院经审查认为申诉不符合刑事诉讼法第二百五十三条和本解释第四百五十七条第二款规定的,应当说服申诉人撤回申诉;对仍然坚持申诉的,应当驳回或者通知不予重新审判。

第四百六十条 各级人民法院院长发现本院已经发生法律效力的判决、裁定确有错误的,应当提交审判委员会讨论决定是否再审。

第四百六十一条 上级人民法院发现下级人民法院已经发生法律效力的判决、裁定确有错误的,可以指令下级人民法院再审;原判决、裁定认定事实正确但适用法律错误,或者案件疑难、复杂、重大,或者有不宜由原审人民法院审理情形的,也可以提审。

上级人民法院指令下级人民法院再审的,一般应当指令原审人民法院以外的下级人民法院审理;由原审人民法院审理更有利于查明案件事实、纠正裁判错误的,可以指令原审人民法院审理。

第四百六十二条 对人民检察院依照审判监督程序提出抗诉的案件,人民法院应当在收到抗诉书后一个月以内立案。但是,有下列情形之一的,应当区别情况予以处理:

(一)不属于本院管辖的,应当将案件退回人民检察院;

(二)按照抗诉书提供的住址无法向被抗诉的原审被告人送达抗诉书的,应当通知人民检察院在三日以内重新提供原审被告人的住址;逾期未提供的,将案件退回人民检察院;

(三)以有新的证据为由提出抗诉,但未附相关证据材料或者有关证据不是指向原起诉事实的,应当通知人民检察院在三日以内补送相关材料;逾期未补送的,将案件退回人民检察院。

决定退回的抗诉案件,人民检察

院经补充相关材料后再次抗诉,经审查符合受理条件的,人民法院应当受理。

第四百六十三条 对人民检察院依照审判监督程序提出抗诉的案件,接受抗诉的人民法院应当组成合议庭审理。对原判事实不清、证据不足,包括有新的证据证明原判可能有错误,需要指令下级人民法院再审的,应当在立案之日起一个月以内作出决定,并将指令再审决定书送达抗诉的人民检察院。

第四百六十四条 对决定依照审判监督程序重新审判的案件,人民法院应当制作再审决定书。再审期间不停止原判决、裁定的执行,但被告人可能经再审改判无罪,或者可能经再审减轻原判刑罚而致刑期届满的,可以决定中止原判决、裁定的执行,必要时,可以对被告人采取取保候审、监视居住措施。

第四百六十五条 依照审判监督程序重新审判的案件,人民法院应当重点针对申诉、抗诉和决定再审的理由进行审理。必要时,应当对原判决、裁定认定的事实、证据和适用法律进行全面审查。

第四百六十六条 原审人民法院审理依照审判监督程序重新审判的案件,应当另行组成合议庭。

原来是第一审案件,应当依照第一审程序进行审判,所作的判决、裁定可以上诉、抗诉;原来是第二审案件,或者是上级人民法院提审的案件,应当依照第二审程序进行审判,所作的判决、裁定是终审的判决、裁定。

符合刑事诉讼法第二百九十六条、第二百九十七条规定的,可以缺席审判。

第四百六十七条 对依照审判监督程序重新审判的案件,人民法院在依照第一审程序进行审判的过程中,发现原审被告人还有其他犯罪的,一般应当并案审理,但分案审理更为适宜的,可以分案审理。

第四百六十八条 开庭审理再审案件,再审决定书或者抗诉书只针对部分原审被告人,其他同案原审被告人不出庭不影响审理的,可以不出庭参加诉讼。

第四百六十九条 除人民检察院抗诉的以外,再审一般不得加重原审被告人的刑罚。再审决定书或者抗诉书只针对部分原审被告人的,不得加重其他同案原审被告人的刑罚。

第四百七十条 人民法院审理人民检察院抗诉的再审案件,人民检察院在开庭审理前撤回抗诉的,应当裁定准许;人民检察院接到出庭通知后不派员出庭,且未说明原因的,可以裁定按撤回抗诉处理,并通知诉讼参与人。

人民法院审理申诉人申诉的再审

案件,申诉人在再审期间撤回申诉的,可以裁定准许;但认为原判决确有错误的,应当不予准许,继续按照再审案件审理。申诉人经依法通知无正当理由拒不到庭,或者未经法庭许可中途退庭的,可以裁定按撤回申诉处理,但申诉人不是原审当事人的除外。

第四百七十一条 开庭审理的再审案件,系人民法院决定再审的,由合议庭组成人员宣读再审决定书;系人民检察院抗诉的,由检察员宣读抗诉书;系申诉人申诉的,由申诉人或者其辩护人、诉讼代理人陈述申诉理由。

第四百七十二条 再审案件经过重新审理后,应当按照下列情形分别处理:

(一)原判决、裁定认定事实和适用法律正确、量刑适当的,应当裁定驳回申诉或者抗诉,维持原判决、裁定;

(二)原判决、裁定定罪准确、量刑适当,但在认定事实、适用法律等方面有瑕疵的,应当裁定纠正并维持原判决、裁定;

(三)原判决、裁定认定事实没有错误,但适用法律错误或者量刑不当的,应当撤销原判决、裁定,依法改判;

(四)依照第二审程序审理的案件,原判决、裁定事实不清、证据不足的,可以在查清事实后改判,也可以裁定撤销原判,发回原审人民法院重新审判;

原判决、裁定事实不清或者证据不足,经审理事实已经查清的,应当根据查清的事实依法裁判;事实仍无法查清,证据不足,不能认定被告人有罪的,应当撤销原判决、裁定,判决宣告被告人无罪。

第四百七十三条 原判决、裁定认定被告人姓名等身份信息有误,但认定事实和适用法律正确、量刑适当的,作出生效判决、裁定的人民法院可以通过裁定对有关信息予以更正。

第四百七十四条 对再审改判宣告无罪并依法享有申请国家赔偿权利的当事人,人民法院宣判时,应当告知其在判决发生法律效力后可以依法申请国家赔偿。

第二十章 涉外刑事案件的审理和刑事司法协助

第一节 涉外刑事案件的审理

第四百七十五条 本解释所称的涉外刑事案件是指:

(一)在中华人民共和国领域内,外国人犯罪或者我国公民对外国、外国人犯罪的案件;

(二)符合刑法第七条、第十条规定情形的我国公民在中华人民共和国领域外犯罪的案件;

(三)符合刑法第八条、第十条规定情形的外国人犯罪的案件;

(四)符合刑法第九条规定情形

的中华人民共和国在所承担国际条约义务范围内行使管辖权的案件。

第四百七十六条 第一审涉外刑事案件，除刑事诉讼法第二十一条至第二十三条规定的以外，由基层人民法院管辖。必要时，中级人民法院可以指定辖区内若干基层人民法院集中管辖第一审涉外刑事案件，也可以依照刑事诉讼法第二十四条的规定，审理基层人民法院管辖的第一审涉外刑事案件。

第四百七十七条 外国人的国籍，根据其入境时持用的有效证件确认；国籍不明的，根据公安机关或者有关国家驻华使领馆出具的证明确认。

国籍无法查明的，以无国籍人对待，适用本章有关规定，在裁判文书中写明"国籍不明"。

第四百七十八条 在刑事诉讼中，外国籍当事人享有我国法律规定的诉讼权利并承担相应义务。

第四百七十九条 涉外刑事案件审判期间，人民法院应当将下列事项及时通报同级人民政府外事主管部门，并依照有关规定通知有关国家驻华使领馆：

（一）人民法院决定对外国籍被告人采取强制措施的情况，包括外国籍当事人的姓名（包括译名）、性别、入境时间、护照或者证件号码、采取的强制措施及法律依据、羁押地点等；

（二）开庭的时间、地点、是否公开审理等事项；

（三）宣判的时间、地点。

涉外刑事案件宣判后，应当将处理结果及时通报同级人民政府外事主管部门。

对外国籍被告人执行死刑的，死刑裁决下达后执行前，应当通知其国籍国驻华使领馆。

外国籍被告人在案件审理中死亡的，应当及时通报同级人民政府外事主管部门，并通知有关国家驻华使领馆。

第四百八十条 需要向有关国家驻华使领馆通知有关事项的，应当层报高级人民法院，由高级人民法院按照下列规定通知：

（一）外国籍当事人国籍国与我国签订有双边领事条约的，根据条约规定办理；未与我国签订双边领事条约，但参加《维也纳领事关系公约》的，根据公约规定办理；未与我国签订领事条约，也未参加《维也纳领事关系公约》，但与我国有外交关系的，可以根据外事主管部门的意见，按照互惠原则，根据有关规定和国际惯例办理；

（二）在外国驻华领馆领区内发生的涉外刑事案件，通知有关外国驻该地区的领馆；在外国领馆领区外发生的涉外刑事案件，通知有关外国驻华使馆；与我国有外交关系，但未设使

领馆的国家,可以通知其代管国家驻华使领馆;无代管国家、代管国家不明的,可以不通知;

(三)双边领事条约规定通知时限的,应当在规定的期限内通知;没有规定的,应当根据或者参照《维也纳领事关系公约》和国际惯例尽快通知,至迟不得超过七日;

(四)双边领事条约没有规定必须通知,外国籍当事人要求不通知其国籍国驻华使领馆的,可以不通知,但应当由其本人出具书面声明。

高级人民法院向外国驻华使领馆通知有关事项,必要时,可以请人民政府外事主管部门协助。

第四百八十一条　人民法院受理涉外刑事案件后,应当告知在押的外国籍被告人享有与其国籍国驻华使领馆联系、与其监护人、近亲属会见、通信,以及请求人民法院提供翻译的权利。

第四百八十二条　涉外刑事案件审判期间,外国籍被告人在押,其国籍国驻华使领馆官员要求探视的,可以向受理案件的人民法院所在地的高级人民法院提出。人民法院应当根据我国与被告人国籍国签订的双边领事条约规定的时限予以安排;没有条约规定的,应当尽快安排。必要时,可以请人民政府外事主管部门协助。

涉外刑事案件审判期间,外国籍被告人在押,其监护人、近亲属申请会见的,可以向受理案件的人民法院所在地的高级人民法院提出,并依照本解释第四百八十六条的规定提供与被告人关系的证明。人民法院经审查认为不妨碍案件审判的,可以批准。

被告人拒绝接受探视、会见的,应当由其本人出具书面声明。拒绝出具书面声明的,应当记录在案;必要时,应当录音录像。

探视、会见被告人应当遵守我国法律规定。

第四百八十三条　人民法院审理涉外刑事案件,应当公开进行,但依法不应公开审理的除外。

公开审理的涉外刑事案件,外国籍当事人国籍国驻华使领馆官员要求旁听的,可以向受理案件的人民法院所在地的高级人民法院提出申请,人民法院应当安排。

第四百八十四条　人民法院审判涉外刑事案件,使用中华人民共和国通用的语言、文字,应当为外国籍当事人提供翻译。翻译人员应当在翻译文件上签名。

人民法院的诉讼文书为中文本。外国籍当事人不通晓中文的,应当附有外文译本,译本不加盖人民法院印章,以中文本为准。

外国籍当事人通晓中国语言、文字,拒绝他人翻译,或者不需要诉讼文书外文译本的,应当由其本人出具书面声明。拒绝出具书面声明的,应当记录在案;必要时,应当录音录像。

第四百八十五条 外国籍被告人委托律师辩护,或者外国籍附带民事诉讼原告人、自诉人委托律师代理诉讼的,应当委托具有中华人民共和国律师资格并依法取得执业证书的律师。

外国籍被告人在押的,其监护人、近亲属或者其国籍国驻华使领馆可以代为委托辩护人。其监护人、近亲属代为委托的,应当提供与被告人关系的有效证明。

外国籍当事人委托其监护人、近亲属担任辩护人、诉讼代理人的,被委托人应当提供与当事人关系的有效证明。经审查,符合刑事诉讼法、有关司法解释规定的,人民法院应当准许。

外国籍被告人没有委托辩护人的,人民法院可以通知法律援助机构为其指派律师提供辩护。被告人拒绝辩护人辩护的,应当由其出具书面声明,或者将其口头声明记录在案;必要时,应当录音录像。被告人属于应当提供法律援助情形的,依照本解释第五十条规定处理。

第四百八十六条 外国籍当事人从中华人民共和国领域外寄交或者托交给中国律师或者中国公民的委托书,以及外国籍当事人的监护人、近亲属提供的与当事人关系的证明,必须经所在国公证机关证明,所在国中央外交主管机关或者其授权机关认证,并经中华人民共和国驻该国使领馆认证,或者履行中华人民共和国与该所在国订立的有关条约中规定的证明手续,但我国与该国之间有互免认证协定的除外。

第四百八十七条 对涉外刑事案件的被告人,可以决定限制出境;对开庭审理案件时必须到庭的证人,可以要求暂缓出境。限制外国人出境的,应当通报同级人民政府外事主管部门和当事人国籍国驻华使领馆。

人民法院决定限制外国人和中国公民出境的,应当书面通知被限制出境的人在案件审理终结前不得离境,并可以采取扣留护照或者其他出入境证件的办法限制其出境;扣留证件的,应当履行必要手续,并发给本人扣留证件的证明。

需要对外国人和中国公民在口岸采取边控措施的,受理案件的人民法院应当按照规定制作边控对象通知书,并附有关法律文书,层报高级人民法院办理交控手续。紧急情况下,需要采取临时边控措施的,受理案件的人民法院可以先向有关口岸所在地出入境边防检查机关交控,但应当在七日以内按照规定层报高级人民法院办理手续。

第四百八十八条 涉外刑事案件，符合刑事诉讼法第二百零八条第一款、第二百四十三条规定的，经有关人民法院批准或者决定，可以延长审理期限。

第四百八十九条 涉外刑事案件宣判后，外国籍当事人国籍国驻华使领馆要求提供裁判文书的，可以向受理案件的人民法院所在地的高级人民法院提出，人民法院可以提供。

第四百九十条 涉外刑事案件审理过程中的其他事项，依照法律、司法解释和其他有关规定办理。

第二节 刑事司法协助

第四百九十一条 请求和提供司法协助，应当依照《中华人民共和国国际刑事司法协助法》、我国与有关国家、地区签订的刑事司法协助条约、移管被判刑人条约和有关法律规定进行。

对请求书的签署机关、请求书及所附材料的语言文字、有关办理期限和具体程序等事项，在不违反中华人民共和国法律的基本原则的情况下，可以按照刑事司法协助条约规定或者双方协商办理。

第四百九十二条 外国法院请求的事项有损中华人民共和国的主权、安全、社会公共利益以及违反中华人民共和国法律的基本原则的，人民法院不予协助；属于有关法律规定的可以拒绝提供刑事司法协助情形的，可以不予协助。

第四百九十三条 人民法院请求外国提供司法协助的，应当层报最高人民法院，经最高人民法院审核同意后交由有关对外联系机关及时向外国提出请求。

外国法院请求我国提供司法协助，有关对外联系机关认为属于人民法院职权范围的，经最高人民法院审核同意后转有关人民法院办理。

第四百九十四条 人民法院请求外国提供司法协助的请求书，应当依照刑事司法协助条约的规定提出；没有条约或者条约没有规定的，应当载明法律规定的相关信息并附相关材料。请求书及其所附材料应当以中文制作，并附有被请求国官方文字的译本。

外国请求我国法院提供司法协助的请求书，应当依照刑事司法协助条约的规定提出；没有条约或者条约没有规定的，应当载明我国法律规定的相关信息并附相关材料。请求书及所附材料应当附有中文译本。

第四百九十五条 人民法院向在中华人民共和国领域外居住的当事人送达刑事诉讼文书，可以采用下列方式：

（一）根据受送达人所在国与中华人民共和国缔结或者共同参加的国

际条约规定的方式送达；

（二）通过外交途径送达；

（三）对中国籍当事人，所在国法律允许或者经所在国同意的，可以委托我国驻受送达人所在国的使领馆代为送达；

（四）当事人是自诉案件的自诉人或者附带民事诉讼原告人的，可以向有权代其接受送达的诉讼代理人送达；

（五）当事人是外国单位的，可以向其在中华人民共和国领域内设立的代表机构或者有权接受送达的分支机构、业务代办人送达；

（六）受送达人所在国法律允许的，可以邮寄送达；自邮寄之日起满三个月，送达回证未退回，但根据各种情况足以认定已经送达的，视为送达；

（七）受送达人所在国法律允许的，可以采用传真、电子邮件等能够确认受送达人收悉的方式送达。

第四百九十六条 人民法院通过外交途径向在中华人民共和国领域外居住的受送达人送达刑事诉讼文书的，所送达的文书应当经高级人民法院审查后报最高人民法院审核。最高人民法院认为可以发出的，由最高人民法院交外交部主管部门转递。

外国法院通过外交途径请求人民法院送达刑事诉讼文书的，由该国驻华使馆将法律文书交我国外交部主管部门转最高人民法院。最高人民法院审核后认为属于人民法院职权范围，且可以代为送达的，应当转有关人民法院办理。

第二十一章　执行程序

第一节　死刑的执行

第四百九十七条 被判处死刑缓期执行的罪犯，在死刑缓期执行期间犯罪的，应当由罪犯服刑地的中级人民法院依法审判，所作的判决可以上诉、抗诉。

认定故意犯罪，情节恶劣，应当执行死刑的，在判决、裁定发生法律效力后，应当层报最高人民法院核准执行死刑。

对故意犯罪未执行死刑的，不再报高级人民法院核准，死刑缓期执行的期间重新计算，并层报最高人民法院备案。备案不影响判决、裁定的生效和执行。

最高人民法院经备案审查，认为原判不予执行死刑错误，确需改判的，应当依照审判监督程序予以纠正。

第四百九十八条 死刑缓期执行的期间，从判决或者裁定核准死刑缓期执行的法律文书宣告或者送达之日起计算。

死刑缓期执行期满，依法应当减刑的，人民法院应当及时减刑。死刑缓期执行期满减为无期徒刑、有期徒刑的,刑期自死刑缓期执行期满之日起计算。

第四百九十九条 最高人民法院的执行死刑命令,由高级人民法院交付第一审人民法院执行。第一审人民法院接到执行死刑命令后,应当在七日以内执行。

在死刑缓期执行期间故意犯罪,最高人民法院核准执行死刑的,由罪犯服刑地的中级人民法院执行。

第五百条 下级人民法院在接到执行死刑命令后、执行前,发现有下列情形之一的,应当暂停执行,并立即将请求停止执行死刑的报告和相关材料层报最高人民法院:

(一)罪犯可能有其他犯罪的;

(二)共同犯罪的其他犯罪嫌疑人到案,可能影响罪犯量刑的;

(三)共同犯罪的其他罪犯被暂停或者停止执行死刑,可能影响罪犯量刑的;

(四)罪犯揭发重大犯罪事实或者有其他重大立功表现,可能需要改判的;

(五)罪犯怀孕的;

(六)判决、裁定可能有影响定罪量刑的其他错误的。

最高人民法院经审查,认为可能影响罪犯定罪量刑的,应当裁定停止执行死刑;认为不影响的,应当决定继续执行死刑。

第五百零一条 最高人民法院在执行死刑命令签发后、执行前,发现有前条第一款规定情形的,应当立即裁定停止执行死刑,并将有关材料移交下级人民法院。

第五百零二条 下级人民法院接到最高人民法院停止执行死刑的裁定后,应当会同有关部门调查核实停止执行死刑的事由,并及时将调查结果和意见层报最高人民法院审核。

第五百零三条 对下级人民法院报送的停止执行死刑的调查结果和意见,由最高人民法院原作出核准死刑判决、裁定的合议庭负责审查;必要时,另行组成合议庭进行审查。

第五百零四条 最高人民法院对停止执行死刑的案件,应当按照下列情形分别处理:

(一)确认罪犯怀孕的,应当改判;

(二)确认罪犯有其他犯罪,依法应当追诉的,应当裁定不予核准死刑,撤销原判,发回重新审判;

(三)确认原判决、裁定有错误或者罪犯有重大立功表现,需要改判的,应当裁定不予核准死刑,撤销原判,发回重新审判;

(四)确认原判决、裁定没有错误,罪犯没有重大立功表现,或者重大立功表现不影响原判决、裁定执行的,应当裁定继续执行死刑,并由院长重新签发执行死刑的命令。

第五百零五条 第一审人民法院在执行死刑前，应当告知罪犯有权会见其近亲属。罪犯申请会见并提供具体联系方式的，人民法院应当通知其近亲属。确实无法与罪犯近亲属取得联系，或者其近亲属拒绝会见的，应当告知罪犯。罪犯申请通过录音录像等方式留下遗言的，人民法院可以准许。

罪犯近亲属申请会见的，人民法院应当准许并及时安排，但罪犯拒绝会见的除外。罪犯拒绝会见的，应当记录在案并及时告知其近亲属；必要时，应当录音录像。

罪犯申请会见近亲属以外的亲友，经人民法院审查，确有正当理由的，在确保安全的情况下可以准许。

罪犯申请会见未成年子女的，应当经未成年子女的监护人同意；会见可能影响未成年人身心健康的，人民法院可以通过视频方式安排会见，会见时监护人应当在场。

会见一般在罪犯羁押场所进行。

会见情况应当记录在案，附卷存档。

第五百零六条 第一审人民法院在执行死刑三日以前，应当通知同级人民检察院派员临场监督。

第五百零七条 死刑采用枪决或者注射等方法执行。

采用注射方法执行死刑的，应当在指定的刑场或者羁押场所内执行。

采用枪决、注射以外的其他方法执行死刑的，应当事先层报最高人民法院批准。

第五百零八条 执行死刑前，指挥执行的审判人员应当对罪犯验明正身，讯问有无遗言、信札，并制作笔录，再交执行人员执行死刑。

执行死刑应当公布，禁止游街示众或者其他有辱罪犯人格的行为。

第五百零九条 执行死刑后，应当由法医验明罪犯确实死亡，在场书记员制作笔录。负责执行的人民法院应当在执行死刑后十五日以内将执行情况，包括罪犯被执行死刑前后的照片，上报最高人民法院。

第五百一十条 执行死刑后，负责执行的人民法院应当办理以下事项：

（一）对罪犯的遗书、遗言笔录，应当及时审查；涉及财产继承、债务清偿、家事嘱托等内容的，将遗书、遗言笔录交给家属，同时复制附卷备查；涉及案件线索等问题的，抄送有关机关；

（二）通知罪犯家属在限期内领取罪犯骨灰；没有火化条件或者因民族、宗教等原因不宜火化的，通知领取尸体；过期不领取的，由人民法院通知有关单位处理，并要求有关单位出具处理情况的说明；对罪犯骨灰或者尸体的处理情况，应当记录在案；

(三)对外国籍罪犯执行死刑后,通知外国驻华使领馆的程序和时限,根据有关规定办理。

第二节 死刑缓期执行、无期徒刑、有期徒刑、拘役的交付执行

第五百一十一条 被判处死刑缓期执行、无期徒刑、有期徒刑、拘役的罪犯,第一审人民法院应当在判决、裁定生效后十日以内,将判决书、裁定书、起诉书副本、自诉状复印件、执行通知书、结案登记表送达公安机关、监狱或者其他执行机关。

第五百一十二条 同案审理的案件中,部分被告人被判处死刑,对未被判处死刑的同案被告人需要羁押执行刑罚的,应当根据前条规定及时交付执行。但是,该同案被告人参与实施有关死刑之罪的,应当在复核讯问被判处死刑的被告人后交付执行。

第五百一十三条 执行通知书回执经看守所盖章后,应当附卷备查。

第五百一十四条 罪犯在被交付执行前,因有严重疾病、怀孕或者正在哺乳自己婴儿的妇女、生活不能自理的原因,依法提出暂予监外执行的申请,有关病情诊断、妊娠检查和生活不能自理的鉴别,由人民法院负责组织进行。

第五百一十五条 被判处无期徒刑、有期徒刑或者拘役的罪犯,符合刑事诉讼法第二百六十五条第一款、第二款的规定,人民法院决定暂予监外执行的,应当制作暂予监外执行决定书,写明罪犯基本情况、判决确定的罪名和刑罚、决定暂予监外执行的原因、依据等。

人民法院在作出暂予监外执行决定前,应当征求人民检察院的意见。

人民检察院认为人民法院的暂予监外执行决定不当,在法定期限内提出书面意见的,人民法院应当立即对该决定重新核查,并在一个月以内作出决定。

对暂予监外执行的罪犯,适用本解释第五百一十九条的有关规定,依法实行社区矫正。

人民法院决定暂予监外执行的,由看守所或者执行取保候审、监视居住的公安机关自收到决定之日起十日以内将罪犯移送社区矫正机构。

第五百一十六条 人民法院收到社区矫正机构的收监执行建议书后,经审查,确认暂予监外执行的罪犯具有下列情形之一的,应当作出收监执行的决定:

(一)不符合暂予监外执行条件的;

(二)未经批准离开所居住的市、县,经警告拒不改正,或者拒不报告行踪、脱离监管的;

（三）因违反监督管理规定受到治安管理处罚，仍不改正的；

（四）受到执行机关两次警告，仍不改正的；

（五）保外就医期间不按规定提交病情复查情况，经警告拒不改正的；

（六）暂予监外执行的情形消失后，刑期未满的；

（七）保证人丧失保证条件或者因不履行义务被取消保证人资格，不能在规定期限内提出新的保证人的；

（八）违反法律、行政法规和监督管理规定，情节严重的其他情形。

第五百一十七条 人民法院应当在收到社区矫正机构的收监执行建议书后三十日以内作出决定。收监执行决定书一经作出，立即生效。

人民法院应当将收监执行决定书送达社区矫正机构和公安机关，并抄送人民检察院，由公安机关将罪犯交付执行。

第五百一十八条 被收监执行的罪犯有不计入执行刑期情形的，人民法院应当在作出收监决定时，确定不计入执行刑期的具体时间。

第三节 管制、缓刑、剥夺政治权利的交付执行

第五百一十九条 对被判处管制、宣告缓刑的罪犯，人民法院应当依法确定社区矫正执行地。社区矫正执行地为罪犯的居住地；罪犯在多个地方居住的，可以确定其经常居住地为执行地；罪犯的居住地、经常居住地无法确定或者不适宜执行社区矫正的，应当根据有利于罪犯接受矫正、更好地融入社会的原则，确定执行地。

宣判时，应当告知罪犯自判决、裁定生效之日起十日以内到执行地社区矫正机构报到，以及不按期报到的后果。

人民法院应当自判决、裁定生效之日起五日以内通知执行地社区矫正机构，并在十日以内将判决书、裁定书、执行通知书等法律文书送达执行地社区矫正机构，同时抄送人民检察院和执行地公安机关。人民法院与社区矫正执行地不在同一地方的，由执行地社区矫正机构将法律文书转送所在地的人民检察院和公安机关。

第五百二十条 对单处剥夺政治权利的罪犯，人民法院应当在判决、裁定生效后十日以内，将判决书、裁定书、执行通知书等法律文书送达罪犯居住地的县级公安机关，并抄送罪犯居住地的县级人民检察院。

第四节 刑事裁判涉财产部分和附带民事裁判的执行

第五百二十一条 刑事裁判涉财产部分的执行，是指发生法律效力的刑事裁判中下列判项的执行：

（一）罚金、没收财产；

（二）追缴、责令退赔违法所得；

（三）处置随案移送的赃款赃物；

（四）没收随案移送的供犯罪所用本人财物；

（五）其他应当由人民法院执行的相关涉财产的判项。

第五百二十二条　刑事裁判涉财产部分和附带民事裁判应当由人民法院执行的，由第一审人民法院负责裁判执行的机构执行。

第五百二十三条　罚金在判决规定的期限内一次或者分期缴纳。期满无故不缴纳或者未足额缴纳的，人民法院应当强制缴纳。经强制缴纳仍不能全部缴纳的，在任何时候，包括主刑执行完毕后，发现被执行人有可供执行的财产的，应当追缴。

行政机关对被告人就同一事实已经处以罚款的，人民法院判处罚金时应当折抵，扣除行政处罚已执行的部分。

第五百二十四条　因遭遇不能抗拒的灾祸等原因缴纳罚金确有困难，被执行人申请延期缴纳、酌情减少或者免除罚金的，应当提交相关证明材料。人民法院应当在收到申请后一个月以内作出裁定。符合法定条件的，应当准许；不符合条件的，驳回申请。

第五百二十五条　判处没收财产的，判决生效后，应当立即执行。

第五百二十六条　执行财产刑，应当参照被扶养人住所地政府公布的上年度当地居民最低生活费标准，保留被执行人及其所扶养人的生活必需费用。

第五百二十七条　被判处财产刑，同时又承担附带民事赔偿责任的被执行人，应当先履行民事赔偿责任。

第五百二十八条　执行刑事裁判涉财产部分、附带民事裁判过程中，当事人、利害关系人认为执行行为违反法律规定，或者案外人对被执行标的书面提出异议的，人民法院应当参照民事诉讼法的有关规定处理。

第五百二十九条　执行刑事裁判涉财产部分、附带民事裁判过程中，具有下列情形之一的，人民法院应当裁定终结执行：

（一）据以执行的判决、裁定被撤销的；

（二）被执行人死亡或者被执行死刑，且无财产可供执行的；

（三）被判处罚金的单位终止，且无财产可供执行的；

（四）依照刑法第五十三条规定免除罚金的；

（五）应当终结执行的其他情形。

裁定终结执行后，发现被执行人的财产有被隐匿、转移等情形的，应当追缴。

第五百三十条 被执行财产在外地的,第一审人民法院可以委托财产所在地的同级人民法院执行。

第五百三十一条 刑事裁判涉财产部分、附带民事裁判全部或者部分被撤销的,已经执行的财产应当全部或者部分返还被执行人;无法返还的,应当依法赔偿。

第五百三十二条 刑事裁判涉财产部分、附带民事裁判的执行,刑事诉讼法及有关刑事司法解释没有规定的,参照适用民事执行的有关规定。

第五节　减刑、假释案件的审理

第五百三十三条 被判处死刑缓期执行的罪犯,在死刑缓期执行期间,没有故意犯罪的,死刑缓期执行期满后,应当裁定减刑;死刑缓期执行期满后,尚未裁定减刑前又犯罪的,应当在依法减刑后,对其所犯新罪另行审判。

第五百三十四条 对减刑、假释案件,应当按照下列情形分别处理:

(一)对被判处死刑缓期执行的罪犯的减刑,由罪犯服刑地的高级人民法院在收到同级监狱管理机关审核同意的减刑建议书后一个月以内作出裁定。

(二)对被判处无期徒刑的罪犯的减刑、假释,由罪犯服刑地的高级人民法院在收到同级监狱管理机关审核同意的减刑、假释建议书后一个月以内作出裁定,案情复杂或者情况特殊的,可以延长一个月;

(三)对被判处有期徒刑和被减为有期徒刑的罪犯的减刑、假释,由罪犯服刑地的中级人民法院在收到执行机关提出的减刑、假释建议书后一个月以内作出裁定,案情复杂或者情况特殊的,可以延长一个月;

(四)对被判处管制、拘役的罪犯的减刑,由罪犯服刑地的中级人民法院在收到同级执行机关审核同意的减刑建议书后一个月以内作出裁定。

对社区矫正对象的减刑,由社区矫正执行地的中级以上人民法院在收到社区矫正机构减刑建议书后三十日以内作出裁定。

第五百三十五条 受理减刑、假释案件,应当审查执行机关移送的材料是否包括下列内容:

(一)减刑、假释建议书;

(二)原审法院的裁判文书、执行通知书、历次减刑裁定书的复制件;

(三)证明罪犯确有悔改、立功或者重大立功表现具体事实的书面材料;

(四)罪犯评审鉴定表、奖惩审批表等;

(五)罪犯假释后对所居住社区影响的调查评估报告;

（六）刑事裁判涉财产部分、附带民事裁判的执行、履行情况；

（七）根据案件情况需要移送的其他材料。

人民检察院对报请减刑、假释案件提出意见的，执行机关应当一并移送受理减刑、假释案件的人民法院。

经审查，材料不全的，应当通知提请减刑、假释的执行机关在三日以内补送；逾期未补送的，不予立案。

第五百三十六条　审理减刑、假释案件，对罪犯积极履行刑事裁判涉财产部分、附带民事裁判确定的义务的，可以认定有悔改表现，在减刑、假释时从宽掌握；对确有履行能力而不履行或者不全部履行的，在减刑、假释时从严掌握。

第五百三十七条　审理减刑、假释案件，应当在立案后五日以内对下列事项予以公示：

（一）罪犯的姓名、年龄等个人基本情况；

（二）原判认定的罪名和刑期；

（三）罪犯历次减刑情况；

（四）执行机关的减刑、假释建议和依据。

公示应当写明公示期限和提出意见的方式。

第五百三十八条　审理减刑、假释案件，应当组成合议庭，可以采用书面审理的方式，但下列案件应当开庭审理：

（一）因罪犯有重大立功表现提请减刑的；

（二）提请减刑的起始时间、间隔时间或者减刑幅度不符合一般规定的；

（三）被提请减刑、假释罪犯系职务犯罪罪犯，组织、领导、参加、包庇、纵容黑社会性质组织罪犯，破坏金融管理秩序罪犯或者金融诈骗罪犯的；

（四）社会影响重大或者社会关注度高的；

（五）公示期间收到不同意见的；

（六）人民检察院提出异议的；

（七）有必要开庭审理的其他案件。

第五百三十九条　人民法院作出减刑、假释裁定后，应当在七日以内送达提请减刑、假释的执行机关、同级人民检察院以及罪犯本人。人民检察院认为减刑、假释裁定不当，在法定期限内提出书面纠正意见的，人民法院应当在收到意见后另行组成合议庭审理，并在一个月以内作出裁定。

对假释的罪犯，适用本解释第五百一十九条的有关规定，依法实行社区矫正。

第五百四十条　减刑、假释裁定作出前，执行机关书面提请撤回减刑、假释建议的，人民法院可以决定是否准许。

第五百四十一条 人民法院发现本院已经生效的减刑、假释裁定确有错误的，应当另行组成合议庭审理；发现下级人民法院已经生效的减刑、假释裁定确有错误的，可以指令下级人民法院另行组成合议庭审理，也可以自行组成合议庭审理。

第六节 缓刑、假释的撤销

第五百四十二条 罪犯在缓刑、假释考验期限内犯新罪或者被发现在判决宣告前还有其他罪没有判决，应当撤销缓刑、假释的，由审判新罪的人民法院撤销原判决、裁定宣告的缓刑、假释，并书面通知原审人民法院和执行机关。

第五百四十三条 人民法院收到社区矫正机构的撤销缓刑建议书后，经审查，确认罪犯在缓刑考验期限内具有下列情形之一的，应当作出撤销缓刑的裁定：

（一）违反禁止令，情节严重的；

（二）无正当理由不按规定时间报到或者接受社区矫正期间脱离监管，超过一个月的；

（三）因违反监督管理规定受到治安管理处罚，仍不改正的；

（四）受到执行机关二次警告，仍不改正的；

（五）违反法律、行政法规和监督管理规定，情节严重的其他情形。

人民法院收到社区矫正机构的撤销假释建议书后，经审查，确认罪犯在假释考验期限内具有前款第二项、第四项规定情形之一，或者有其他违反监督管理规定的行为，尚未构成新的犯罪的，应当作出撤销假释的裁定。

第五百四十四条 被提请撤销缓刑、假释的罪犯可能逃跑或者可能发生社会危险，社区矫正机构在提出撤销缓刑、假释建议的同时，提请人民法院决定对其予以逮捕的，人民法院应当在四十八小时以内作出是否逮捕的决定。决定逮捕的，由公安机关执行。逮捕后的羁押期限不得超过三十日。

第五百四十五条 人民法院应当在收到社区矫正机构的撤销缓刑、假释建议书后三十日以内作出裁定。撤销缓刑、假释的裁定一经作出，立即生效。

人民法院应当将撤销缓刑、假释裁定书送达社区矫正机构和公安机关，并抄送人民检察院，由公安机关将罪犯送交执行。执行以前被逮捕的，羁押一日折抵刑期一日。

第二十二章 未成年人刑事案件诉讼程序

第一节 一般规定

第五百四十六条 人民法院审理未成年人刑事案件，应当贯彻教育、感化、挽救的方针，坚持教育为主、惩罚为辅的原则,加强对未成年人的特殊保护。

第五百四十七条　人民法院应当加强同政府有关部门、人民团体、社会组织等的配合,推动未成年人刑事案件人民陪审、情况调查、安置帮教等工作的开展,充分保障未成年人的合法权益,积极参与社会治安综合治理。

第五百四十八条　人民法院应当加强同政府有关部门、人民团体、社会组织等的配合,对遭受性侵害或者暴力伤害的未成年被害人及其家庭实施必要的心理干预、经济救助、法律援助、转学安置等保护措施。

第五百四十九条　人民法院应当确定专门机构或者指定专门人员,负责审理未成年人刑事案件。审理未成年人刑事案件的人员应当经过专门培训,熟悉未成年人身心特点、善于做未成年人思想教育工作。

参加审理未成年人刑事案件的人民陪审员,可以从熟悉未成年人身心特点、关心未成年人保护工作的人民陪审员名单中随机抽取确定。

第五百五十条　被告人实施被指控的犯罪时不满十八周岁、人民法院立案时不满二十周岁的案件,由未成年人案件审判组织审理。

下列案件可以由未成年人案件审判组织审理:

(一)人民法院立案时不满二十二周岁的在校学生犯罪案件;

(二)强奸、猥亵、虐待、遗弃未成年人等侵害未成年人人身权利的犯罪案件;

(三)由未成年人案件审判组织审理更为适宜的其他案件。

共同犯罪案件有未成年被告人的或者其他涉及未成年人的刑事案件,是否由未成年人案件审判组织审理,由院长根据实际情况决定。

第五百五十一条　对分案起诉至同一人民法院的未成年人与成年人共同犯罪案件,可以由同一个审判组织审理;不宜由同一个审判组织审理的,可以分别审理。

未成年人与成年人共同犯罪案件,由不同人民法院或者不同审判组织分别审理的,有关人民法院或者审判组织应当互相了解共同犯罪被告人的审判情况,注意全案的量刑平衡。

第五百五十二条　对未成年人刑事案件,必要时,上级人民法院可以根据刑事诉讼法第二十七条的规定,指定下级人民法院将案件移送其他人民法院审判。

第五百五十三条　对未成年被告人应当严格限制适用逮捕措施。

人民法院决定逮捕,应当讯问未成年被告人,听取辩护律师的意见。

对被逮捕且没有完成义务教育的未成年被告人,人民法院应当与教育行政部门互相配合,保证其接受义务教育。

第五百五十四条 人民法院对无固定住所、无法提供保证人的未成年被告人适用取保候审的,应当指定合适成年人作为保证人,必要时可以安排取保候审的被告人接受社会观护。

第五百五十五条 人民法院审理未成年人刑事案件,在讯问和开庭时,应当通知未成年被告人的法定代理人到场。法定代理人无法通知、不能到场或者是共犯的,也可以通知合适成年人到场,并将有关情况记录在案。

到场的法定代理人或者其他人员,除依法行使刑事诉讼法第二百八十一条第二款规定的权利外,经法庭同意,可以参与对未成年被告人的法庭教育等工作。

适用简易程序审理未成年人刑事案件,适用前两款规定。

第五百五十六条 询问未成年被害人、证人,适用前条规定。

审理未成年人遭受性侵害或者暴力伤害案件,在询问未成年被害人、证人时,应当采取同步录音录像等措施,尽量一次完成;未成年被害人、证人是女性的,应当由女性工作人员进行。

第五百五十七条 开庭审理时被告人不满十八周岁的案件,一律不公开审理。经未成年被告人及其法定代理人同意,未成年被告人所在学校和未成年人保护组织可以派代表到场。到场代表的人数和范围,由法庭决定。经法庭同意,到场代表可以参与对未成年被告人的法庭教育工作。

对依法公开审理,但可能需要封存犯罪记录的案件,不得组织人员旁听;有旁听人员的,应当告知其不得传播案件信息。

第五百五十八条 开庭审理涉及未成年人的刑事案件,未成年被害人、证人一般不出庭作证;必须出庭的,应当采取保护其隐私的技术手段和心理干预等保护措施。

第五百五十九条 审理涉及未成年人的刑事案件,不得向外界披露未成年人的姓名、住所、照片以及可能推断出未成年人身份的其他资料。

查阅、摘抄、复制的案卷材料,涉及未成年人的,不得公开和传播。

第五百六十条 人民法院发现有关单位未尽到未成年人教育、管理、救助、看护等保护职责的,应当向该单位提出司法建议。

第五百六十一条 人民法院应当结合实际,根据涉及未成年人刑事案件的特点,开展未成年人法治宣传教育工作。

第五百六十二条 审理未成年人刑事案件,本章没有规定的,适用本解释的有关规定。

第二节 开庭准备

第五百六十三条 人民法院向未成年被告人送达起诉书副本时，应当向其讲明被指控的罪行和有关法律规定，并告知其审判程序和诉讼权利、义务。

第五百六十四条 审判时不满十八周岁的未成年被告人没有委托辩护人的，人民法院应当通知法律援助机构指派熟悉未成年人身心特点的律师为其提供辩护。

第五百六十五条 未成年被害人及其法定代理人因经济困难或者其他原因没有委托诉讼代理人的，人民法院应当帮助其申请法律援助。

第五百六十六条 对未成年人刑事案件，人民法院决定适用简易程序审理的，应当征求未成年被告人及其法定代理人、辩护人的意见。上述人员提出异议的，不适用简易程序。

第五百六十七条 被告人实施被指控的犯罪时不满十八周岁，开庭时已满十八周岁、不满二十周岁的，人民法院开庭时，一般应当通知其近亲属到庭。经法庭同意，近亲属可以发表意见。近亲属无法通知、不能到场或者是共犯的，应当记录在案。

第五百六十八条 对人民检察院移送的关于未成年被告人性格特点、家庭情况、社会交往、成长经历、犯罪原因、犯罪前后的表现、监护教育等情况的调查报告，以及辩护人提交的反映未成年被告人上述情况的书面材料，法庭应当接受。

必要时，人民法院可以委托社区矫正机构、共青团、社会组织等对未成年被告人的上述情况进行调查，或者自行调查。

第五百六十九条 人民法院根据情况，可以对未成年被告人、被害人、证人进行心理疏导；根据实际需要并经未成年被告人及其法定代理人同意，可以对未成年被告人进行心理测评。

心理疏导、心理测评可以委托专门机构、专业人员进行。

心理测评报告可以作为办理案件和教育未成年人的参考。

第五百七十条 开庭前和休庭时，法庭根据情况，可以安排未成年被告人与其法定代理人或者合适成年人会见。

第三节 审判

第五百七十一条 人民法院应当在辩护台靠近旁听区一侧为未成年被告人的法定代理人或者合适成年人设置席位。

审理可能判处五年有期徒刑以下刑罚或者过失犯罪的未成年人刑事案

件,可以采取适合未成年人特点的方式设置法庭席位。

第五百七十二条 未成年被告人或者其法定代理人当庭拒绝辩护人辩护的,适用本解释第三百一十一条第二款、第三款的规定。

重新开庭后,未成年被告人或者其法定代理人再次当庭拒绝辩护人辩护的,不予准许。重新开庭时被告人已满十八周岁的,可以准许,但不得再另行委托辩护人或者要求另行指派律师,由其自行辩护。

第五百七十三条 法庭审理过程中,审判人员应当根据未成年被告人的智力发育程度和心理状态,使用适合未成年人的语言表达方式。

发现有对未成年被告人威胁、训斥、诱供或者讽刺等情形的,审判长应当制止。

第五百七十四条 控辩双方提出对未成年被告人判处管制、宣告缓刑等量刑建议的,应当向法庭提供有关未成年被告人能够获得监护、帮教以及对所居住社区无重大不良影响的书面材料。

第五百七十五条 对未成年被告人情况的调查报告,以及辩护人提交的有关未成年被告人情况的书面材料,法庭应当审查并听取控辩双方意见。上述报告和材料可以作为办理案件和教育未成年人的参考。

人民法院可以通知作出调查报告的人员出庭说明情况,接受控辩双方和法庭的询问。

第五百七十六条 法庭辩论结束后,法庭可以根据未成年人的生理、心理特点和案件情况,对未成年被告人进行法治教育;判决未成年被告人有罪的,宣判后,应当对未成年被告人进行法治教育。

对未成年被告人进行教育,其法定代理人以外的成年亲属或者教师、辅导员等参与有利于感化、挽救未成年人的,人民法院应当邀请其参加有关活动。

适用简易程序审理的案件,对未成年被告人进行法庭教育,适用前两款规定。

第五百七十七条 未成年被告人最后陈述后,法庭应当询问其法定代理人是否补充陈述。

第五百七十八条 对未成年人刑事案件,宣告判决应当公开进行。

对依法应当封存犯罪记录的案件,宣判时,不得组织人员旁听;有旁听人员的,应当告知其不得传播案件信息。

第五百七十九条 定期宣告判决的未成年人刑事案件,未成年被告人的法定代理人无法通知、不能到场或者是共犯的,法庭可以通知合适成年人到庭,并在宣判后向未成年被告人的成年亲属送达判决书。

第四节 执行

第五百八十条 将未成年罪犯送监执行刑罚或者送交社区矫正时，人民法院应当将有关未成年罪犯的调查报告及其在案件审理中的表现材料，连同有关法律文书，一并送达执行机关。

第五百八十一条 犯罪时不满十八周岁，被判处五年有期徒刑以下刑罚以及免予刑事处罚的未成年人的犯罪记录，应当封存。

司法机关或者有关单位向人民法院申请查询封存的犯罪记录的，应当提供查询的理由和依据。对查询申请，人民法院应当及时作出是否同意的决定。

第五百八十二条 人民法院可以与未成年犯管教所等服刑场所建立联系，了解未成年罪犯的改造情况，协助做好帮教、改造工作，并可以对正在服刑的未成年罪犯进行回访考察。

第五百八十三条 人民法院认为必要时，可以督促被收监服刑的未成年罪犯的父母或者其他监护人及时探视。

第五百八十四条 对被判处管制、宣告缓刑、裁定假释、决定暂予监外执行的未成年罪犯，人民法院可以协助社区矫正机构制定帮教措施。

第五百八十五条 人民法院可以适时走访被判处管制、宣告缓刑、免予刑事处罚、裁定假释、决定暂予监外执行等的未成年罪犯及其家庭，了解未成年罪犯的管理和教育情况，引导未成年罪犯的家庭承担管教责任，为未成年罪犯改过自新创造良好环境。

第五百八十六条 被判处管制、宣告缓刑、免予刑事处罚、裁定假释、决定暂予监外执行等的未成年罪犯，具备就学、就业条件的，人民法院可以就其安置问题向有关部门提出建议，并附送必要的材料。

第二十三章 当事人和解的公诉案件诉讼程序

第五百八十七条 对符合刑事诉讼法第二百八十八条规定的公诉案件，事实清楚、证据充分的，人民法院应当告知当事人可以自行和解；当事人提出申请的，人民法院可以主持双方当事人协商以达成和解。

根据案件情况，人民法院可以邀请人民调解员、辩护人、诉讼代理人、当事人亲友等参与促成双方当事人和解。

第五百八十八条 符合刑事诉讼法第二百八十八条规定的公诉案件，被害人死亡的，其近亲属可以与被告人和解。近亲属有多人的，达成和解协议，应当经处于最先继承顺序的所有近亲属同意。

被害人系无行为能力或者限制行为能力人的,其法定代理人、近亲属可以代为和解。

第五百八十九条 被告人的近亲属经被告人同意,可以代为和解。

被告人系限制行为能力人的,其法定代理人可以代为和解。

被告人的法定代理人、近亲属依照前两款规定代为和解的,和解协议约定的赔礼道歉等事项,应当由被告人本人履行。

第五百九十条 对公安机关、人民检察院主持制作的和解协议书,当事人提出异议的,人民法院应当审查。经审查,和解自愿、合法的,予以确认,无需重新制作和解协议书;和解违反自愿、合法原则的,应当认定无效。和解协议被认定无效后,双方当事人重新达成和解的,人民法院应当主持制作新的和解协议书。

第五百九十一条 审判期间,双方当事人和解的,人民法院应当听取当事人及其法定代理人等有关人员的意见。双方当事人在庭外达成和解的,人民法院应当通知人民检察院,并听取其意见。经审查,和解自愿、合法的,应当主持制作和解协议书。

第五百九十二条 和解协议书应当包括以下内容:

(一)被告人承认自己所犯罪行,对犯罪事实没有异议,并真诚悔罪;

(二)被告人通过向被害人赔礼道歉、赔偿损失等方式获得被害人谅解;涉及赔偿损失的,应当写明赔偿的数额、方式等;提起附带民事诉讼的,由附带民事诉讼原告人撤回起诉;

(三)被害人自愿和解,请求或者同意对被告人依法从宽处罚。

和解协议书应当由双方当事人和审判人员签名,但不加盖人民法院印章。

和解协议书一式三份,双方当事人各持一份,另一份交人民法院附卷备查。

对和解协议中的赔偿损失内容,双方当事人要求保密的,人民法院应当准许,并采取相应的保密措施。

第五百九十三条 和解协议约定的赔偿损失内容,被告人应当在协议签署后即时履行。

和解协议已经全部履行,当事人反悔的,人民法院不予支持,但有证据证明和解违反自愿、合法原则的除外。

第五百九十四条 双方当事人在侦查、审查起诉期间已经达成和解协议并全部履行,被害人或者其法定代理人、近亲属又提起附带民事诉讼的,人民法院不予受理,但有证据证明和解违反自愿、合法原则的除外。

第五百九十五条 被害人或者其法定代理人、近亲属提起附带民事诉讼后,双方愿意和解,但被告人不能即时履行全部赔偿义务的,人民法院应当制作附带民事调解书。

第五百九十六条　对达成和解协议的案件,人民法院应当对被告人从轻处罚;符合非监禁刑适用条件的,应当适用非监禁刑;判处法定最低刑仍然过重的,可以减轻处罚;综合全案认为犯罪情节轻微不需要判处刑罚的,可以免予刑事处罚。

共同犯罪案件,部分被告人与被害人达成和解协议的,可以依法对该部分被告人从宽处罚,但应当注意全案的量刑平衡。

第五百九十七条　达成和解协议的,裁判文书应当叙明,并援引刑事诉讼法的相关条文。

第二十四章　缺席审判程序

第五百九十八条　对人民检察院依照刑事诉讼法第二百九十一条第一款的规定提起公诉的案件,人民法院应当重点审查以下内容:

(一)是否属于可以适用缺席审判程序的案件范围;

(二)是否属于本院管辖;

(三)是否写明被告人的基本情况,包括明确的境外居住地、联系方式等;

(四)是否写明被告人涉嫌有关犯罪的主要事实,并附证据材料;

(五)是否写明被告人有无近亲属以及近亲属的姓名、身份、住址、联系方式等情况;

(六)是否列明违法所得及其他涉案财产的种类、数量、价值、所在地等,并附证据材料;

(七)是否附有查封、扣押、冻结违法所得及其他涉案财产的清单和相关法律手续。

前款规定的材料需要翻译件的,人民法院应当要求人民检察院一并移送。

第五百九十九条　对人民检察院依照刑事诉讼法第二百九十一条第一款的规定提起公诉的案件,人民法院审查后,应当按照下列情形分别处理:

(一)符合缺席审判程序适用条件,属于本院管辖,且材料齐全的,应当受理;

(二)不属于可以适用缺席审判程序的案件范围、不属于本院管辖或者不符合缺席审判程序的其他适用条件的,应当退回人民检察院;

(三)材料不全的,应当通知人民检察院在三十日以内补送;三十日以内不能补送的,应当退回人民检察院。

第六百条　对人民检察院依照刑事诉讼法第二百九十一条第一款的规定提起公诉的案件,人民法院立案后,应当将传票和起诉书副本送达被告人，传票应当载明被告人到案期限以及不按要求到案的法律后果等事项；应当将起诉书副本送达被告人近亲属，告知其有权代为委托辩护人，并通知其敦促被告人归案。

第六百零一条 人民法院审理人民检察院依照刑事诉讼法第二百九十一条第一款的规定提起公诉的案件，被告人有权委托或者由近亲属代为委托一至二名辩护人。委托律师担任辩护人的，应当委托具有中华人民共和国律师资格并依法取得执业证书的律师；在境外委托的，应当依照本解释第四百八十六条的规定对授权委托进行公证、认证。

被告人及其近亲属没有委托辩护人的，人民法院应当通知法律援助机构指派律师为被告人提供辩护。

被告人及其近亲属拒绝法律援助机构指派的律师辩护的，依照本解释第五十条第二款的规定处理。

第六百零二条 人民法院审理人民检察院依照刑事诉讼法第二百九十一条第一款的规定提起公诉的案件，被告人的近亲属申请参加诉讼的，应当在收到起诉书副本后、第一审开庭前提出，并提供与被告人关系的证明材料。有多名近亲属的，应当推选一至二人参加诉讼。

对被告人的近亲属提出申请的，人民法院应当及时审查决定。

第六百零三条 人民法院审理人民检察院依照刑事诉讼法第二百九十一条第一款的规定提起公诉的案件，参照适用公诉案件第一审普通程序的有关规定。被告人的近亲属参加诉讼的，可以发表意见，出示证据，申请法庭通知证人、鉴定人等出庭，进行辩论。

第六百零四条 对人民检察院依照刑事诉讼法第二百九十一条第一款的规定提起公诉的案件，人民法院审理后应当参照本解释第二百九十五条的规定作出判决、裁定。

作出有罪判决的，应当达到证据确实、充分的证明标准。

经审理认定的罪名不属于刑事诉讼法第二百九十一条第一款规定的罪名的，应当终止审理。

适用缺席审判程序审理案件，可以对违法所得及其他涉案财产一并作出处理。

第六百零五条 因被告人患有严重疾病导致或缺乏受审能力，无法出庭受审，中止审理超过六个月，被告人仍无法出庭，被告人及其法定代理人、近亲属申请或者同意恢复审理的，人民法院可以根据刑事诉讼法第二百九十六条的规定缺席审判。

符合前款规定的情形，被告人无法表达意愿的，其法定代理人、近亲属可以代为申请或者同意恢复审理。

第六百零六条 人民法院受理案件后被告人死亡的,应当裁定终止审理;但有证据证明被告人无罪,经缺席审理确认无罪的,应当判决宣告被告人无罪。

前款所称"有证据证明被告人无罪,经缺席审理确认无罪",包括案件事实清楚,证据确实、充分,依据法律认定被告人无罪的情形,以及证据不足,不能认定被告人有罪的情形。

第六百零七条 人民法院按照审判监督程序重新审判的案件,被告人死亡的,可以缺席审理。有证据证明被告人无罪,经缺席审理确认被告人无罪的,应当判决宣告被告人无罪;虽然构成犯罪,但原判量刑畸重的,应当依法作出判决。

第六百零八条 人民法院缺席审理案件,本章没有规定的,参照适用本解释的有关规定。

第二十五章 犯罪嫌疑人、被告人逃匿、死亡案件违法所得的没收程序

第六百零九条 刑事诉讼法第二百九十八条规定的"贪污贿赂犯罪、恐怖活动犯罪等"犯罪案件,是指下列案件:

(一)贪污贿赂、失职渎职等职务犯罪案件;

(二)刑法分则第二章规定的相关恐怖活动犯罪案件,以及恐怖活动组织、恐怖活动人员实施的杀人、爆炸、绑架等犯罪案件;

(三)危害国家安全、走私、洗钱、金融诈骗、黑社会性质组织、毒品犯罪案件;

(四)电信诈骗、网络诈骗犯罪案件。

第六百一十条 在省、自治区、直辖市或者全国范围内具有较大影响的犯罪案件,或者犯罪嫌疑人、被告人逃匿境外的犯罪案件,应当认定为刑事诉讼法第二百九十八条第一款规定的"重大犯罪案件"。

第六百一十一条 犯罪嫌疑人、被告人死亡,依照刑法规定应当追缴其违法所得及其他涉案财产,人民检察院提出没收违法所得申请的,人民法院应当依法受理。

第六百一十二条 对人民检察院提出的没收违法所得申请,人民法院应当审查以下内容:

(一)是否属于可以适用违法所得没收程序的案件范围;

(二)是否属于本院管辖;

(三)是否写明犯罪嫌疑人、被告人基本情况,以及涉嫌有关犯罪的情况,并附证据材料;

(四)是否写明犯罪嫌疑人、被告人逃匿、被通缉、脱逃、下落不明、死亡等情况,并附证据材料;

（五）是否列明违法所得及其他涉案财产的种类、数量、价值、所在地等，并附证据材料；

（六）是否附有查封、扣押、冻结违法所得及其他涉案财产的清单和法律手续；

（七）是否写明犯罪嫌疑人、被告人有无利害关系人，利害关系人的姓名、身份、住址、联系方式及其要求等情况；

（八）是否写明申请没收的理由和法律依据；

（九）其他依法需要审查的内容和材料。

前款规定的材料需要翻译件的，人民法院应当要求人民检察院一并移送。

第六百一十三条 对没收违法所得的申请，人民法院应当在三十日以内审查完毕，并按照下列情形分别处理：

（一）属于没收违法所得申请受案范围和本院管辖，且材料齐全、有证据证明有犯罪事实的，应当受理；

（二）不属于没收违法所得申请受案范围或者本院管辖的，应当退回人民检察院；

（三）没收违法所得申请不符合"有证据证明有犯罪事实"标准要求的，应当通知人民检察院撤回申请；

（四）材料不全的，应当通知人民检察院在七日以内补送；七日以内不能补送的，应当退回人民检察院。

人民检察院尚未查封、扣押、冻结申请没收的财产或者查封、扣押、冻结期限即将届满，涉案财产有被隐匿、转移或者毁损、灭失危险的，人民法院可以查封、扣押、冻结申请没收的财产。

第六百一十四条 人民法院受理没收违法所得的申请后，应当在十五日以内发布公告。公告应当载明以下内容：

（一）案由、案件来源；

（二）犯罪嫌疑人、被告人的基本情况；

（三）犯罪嫌疑人、被告人涉嫌犯罪的事实；

（四）犯罪嫌疑人、被告人逃匿、被通缉、脱逃、下落不明、死亡等情况；

（五）申请没收的财产的种类、数量、价值、所在地等以及已查封、扣押、冻结财产的清单和法律手续；

（六）申请没收的财产属于违法所得及其他涉案财产的相关事实；

（七）申请没收的理由和法律依据；

（八）利害关系人申请参加诉讼的期限、方式以及未按照该期限、方式申请参加诉讼可能承担的不利法律后果；

（九）其他应当公告的情况。

公告期为六个月，公告期间不适

用中止、中断、延长的规定。

第六百一十五条 公告应当在全国公开发行的报纸、信息网络媒体、最高人民法院的官方网站发布，并在人民法院公告栏发布。必要时，公告可以在犯罪地、犯罪嫌疑人、被告人居住地或者被申请没收财产所在地发布。最后发布的公告的日期为公告日期。发布公告的，应当采取拍照、录像等方式记录发布过程。

人民法院已经掌握境内利害关系人联系方式的，应当直接送达含有公告内容的通知；直接送达有困难的，可以委托代为送达、邮寄送达。经受送达人同意的，可以采用传真、电子邮件等能够确认其收悉的方式告知公告内容，并记录在案。

人民法院已经掌握境外犯罪嫌疑人、被告人、利害关系人联系方式，经受送达人同意的，可以采用传真、电子邮件等能够确认其收悉的方式告知公告内容，并记录在案；受送达人未表示同意，或者人民法院未掌握境外犯罪嫌疑人、被告人、利害关系人联系方式，其所在国、地区的主管机关明确提出应当向受送达人送达含有公告内容的通知的，人民法院可以决定是否送达。决定送达的，应当依照本解释第四百九十三条的规定请求所在国、地区提供司法协助。

第六百一十六条 刑事诉讼法第二百九十九条第二款、第三百条第二款规定的"其他利害关系人"，是指除犯罪嫌疑人、被告人的近亲属以外的，对申请没收的财产主张权利的自然人和单位。

第六百一十七条 犯罪嫌疑人、被告人的近亲属和其他利害关系人申请参加诉讼的，应当在公告期间内提出。犯罪嫌疑人、被告人的近亲属应当提供其与犯罪嫌疑人、被告人关系的证明材料，其他利害关系人应当提供证明其对违法所得及其他涉案财产主张权利的证据材料。

利害关系人可以委托诉讼代理人参加诉讼。委托律师担任诉讼代理人的，应当委托具有中华人民共和国律师资格并依法取得执业证书的律师；在境外委托的，应当依照本解释第四百八十六条的规定对授权委托进行公证、认证。

利害关系人在公告期满后申请参加诉讼，能够合理说明理由的，人民法院应当准许。

第六百一十八条 犯罪嫌疑人、被告人逃匿境外，委托诉讼代理人申请参加诉讼，且违法所得或者其他涉案财产所在国、地区主管机关明确提出意见予以支持的，人民法院可以准许。

人民法院准许参加诉讼的，犯罪嫌疑人、被告人的诉讼代理人依照本解释关于利害关系人的诉讼代理人的规定行使诉讼权利。

第六百一十九条 公告期满后，人民法院应当组成合议庭对申请没收违法所得的案件进行审理。

利害关系人申请参加或者委托诉讼代理人参加诉讼的，应当开庭审理。没有利害关系人申请参加诉讼的，或者利害关系人及其诉讼代理人无正当理由拒不到庭的，可以不开庭审理。

人民法院确定开庭日期后，应当将开庭的时间、地点通知人民检察院、利害关系人及其诉讼代理人、证人、鉴定人、翻译人员。通知书应当依照本解释第六百一十五条第二款、第三款规定的方式，至迟在开庭审理三日以前送达；受送达人在境外的，至迟在开庭审理三十日以前送达。

第六百二十条 开庭审理申请没收违法所得的案件，按照下列程序进行：

（一）审判长宣布法庭调查开始后，先由检察员宣读申请书，后由利害关系人、诉讼代理人发表意见；

（二）法庭应当依次就犯罪嫌疑人、被告人是否实施了贪污贿赂犯罪、恐怖活动犯罪等重大犯罪并已经通缉一年不能到案，或者是否已经死亡，以及申请没收的财产是否依法应当追缴进行调查；调查时，先由检察员出示证据，后由利害关系人、诉讼代理人出示证据，并进行质证；

（三）法庭辩论阶段，先由检察员发言，后由利害关系人、诉讼代理人发言，并进行辩论。

利害关系人接到通知后无正当理由拒不到庭，或者未经法庭许可中途退庭的，可以转为不开庭审理，但还有其他利害关系人参加诉讼的除外。

第六百二十一条 对申请没收违法所得的案件，人民法院审理后，应当按照下列情形分别处理：

（一）申请没收的财产属于违法所得及其他涉案财产的，除依法返还被害人的以外，应当裁定没收；

（二）不符合刑事诉讼法第二百九十八条第一款规定的条件的，应当裁定驳回申请，解除查封、扣押、冻结措施。

申请没收的财产具有高度可能属于违法所得及其他涉案财产的，应当认定为前款规定的"申请没收的财产属于违法所得及其他涉案财产"。巨额财产来源不明犯罪案件中，没有利害关系人对违法所得及其他涉案财产主张权利，或者利害关系人对违法所得及其他涉案财产虽然主张权利但提供的证据没有达到相应证明标准的，应当视为"申请没收的财产属于违法所得及其他涉案财产"。

第六百二十二条 对没收违法所得或者驳回申请的裁定，犯罪嫌疑人、被告人的近亲属和其他利害关系人或者人民检察院可以在五日以内提出上诉、抗诉。

第六百二十三条 对不服第一审没收违法所得或者驳回申请裁定的上诉、抗诉案件，第二审人民法院经审理，应当按照下列情形分别处理：

（一）第一审裁定认定事实清楚和适用法律正确的，应当驳回上诉或者抗诉，维持原裁定；

（二）第一审裁定认定事实清楚，但适用法律有错误的，应当改变原裁定；

（三）第一审裁定认定事实不清的，可以在查清事实后改变原裁定，也可以撤销原裁定，发回原审人民法院重新审判；

（四）第一审裁定违反法定诉讼程序，可能影响公正审判的，应当撤销原裁定，发回原审人民法院重新审判。

第一审人民法院对发回重新审判的案件作出裁定后，第二审人民法院对不服第一审人民法院裁定的上诉、抗诉，应当依法作出裁定，不得再发回原审人民法院重新审判；但是，第一审人民法院在重新审判过程中违反法定诉讼程序，可能影响公正审判的除外。

第六百二十四条 利害关系人非因故意或者重大过失在第一审期间未参加诉讼，在第二审期间申请参加诉讼的，人民法院应当准许，并撤销原裁定，发回原审人民法院重新审判。

第六百二十五条 在审理申请没收违法所得的案件过程中，在逃的犯罪嫌疑人、被告人到案的，人民法院应当裁定终止审理。人民检察院向原受理申请的人民法院提起公诉的，可以由同一审判组织审理。

第六百二十六条 在审理案件过程中，被告人脱逃或者死亡，符合刑事诉讼法第二百九十八条第一款规定的，人民检察院可以向人民法院提出没收违法所得的申请；符合刑事诉讼法第二百九十一条第一款规定的，人民检察院可以按照缺席审判程序向人民法院提起公诉。

人民检察院向原受理案件的人民法院提出没收违法所得申请的，可以由同一审判组织审理。

第六百二十七条 审理申请没收违法所得案件的期限，参照公诉案件第一审普通程序和第二审程序的审理期限执行。

公告期间和请求刑事司法协助的时间不计入审理期限。

第六百二十八条 没收违法所得裁定生效后，犯罪嫌疑人、被告人到案并对没收裁定提出异议，人民检察院向原作出裁定的人民法院提起公诉的，可以由同一审判组织审理。

人民法院经审理，应当按照下列情形分别处理：

(一)原裁定正确的,予以维持,不再对涉案财产作出判决;

(二)原裁定确有错误的,应当撤销原裁定,并在判决中对有关涉案财产一并作出处理。

人民法院生效的没收裁定确有错误的,除第一款规定的情形外,应当依照审判监督程序予以纠正。

第六百二十九条 人民法院审理申请没收违法所得的案件,本章没有规定的,参照适用本解释的有关规定。

第二十六章 依法不负刑事责任的精神病人的强制医疗程序

第六百三十条 实施暴力行为,危害公共安全或者严重危害公民人身安全,社会危害性已经达到犯罪程度,但经法定程序鉴定依法不负刑事责任的精神病人,有继续危害社会可能的,可以予以强制医疗。

第六百三十一条 人民检察院申请对依法不负刑事责任的精神病人强制医疗的案件,由被申请人实施暴力行为所在地的基层人民法院管辖;由被申请人居住地的人民法院审判更为适宜的,可以由被申请人居住地的基层人民法院管辖。

第六百三十二条 对人民检察院提出的强制医疗申请,人民法院应当审查以下内容:

(一)是否属于本院管辖;

(二)是否写明被申请人的身份,实施暴力行为的时间、地点、手段、所造成的损害等情况,并附证据材料;

(三)是否附有法医精神病鉴定意见和其他证明被申请人属于依法不负刑事责任的精神病人的证据材料;

(四)是否列明被申请人的法定代理人的姓名、住址、联系方式;

(五)需要审查的其他事项。

第六百三十三条 对人民检察院提出的强制医疗申请,人民法院应当在七日以内审查完毕,并按照下列情形分别处理:

(一)属于强制医疗程序受案范围和本院管辖,且材料齐全的,应当受理;

(二)不属于本院管辖的,应当退回人民检察院;

(三)材料不全的,应当通知人民检察院在三日以内补送;三日以内不能补送的,应当退回人民检察院。

第六百三十四条 审理强制医疗案件,应当通知被申请人或者被告人的法定代理人到场;被申请人或者被告人的法定代理人经通知未到场的,可以通知被申请人或者被告人的其他近亲属到场。

被申请人或者被告人没有委托诉讼代理人的,应当自受理强制医疗申请或者发现被告人符合强制医疗条件之日起三日以内,通知法律援助机构指派律师担任其诉讼代理人,为其提供法律帮助。

第六百三十五条 审理强制医疗案件,应当组成合议庭,开庭审理。但是,被申请人、被告人的法定代理人请求不开庭审理,并经人民法院审查同意的除外。

审理强制医疗案件,应当会见被申请人,听取被害人及其法定代理人的意见。

第六百三十六条 开庭审理申请强制医疗的案件,按照下列程序进行:

(一)审判长宣布法庭调查开始后,先由检察员宣读申请书,后由被申请人的法定代理人、诉讼代理人发表意见;

(二)法庭依次就被申请人是否实施了危害公共安全或者严重危害公民人身安全的暴力行为、是否属于依法不负刑事责任的精神病人、是否有继续危害社会的可能进行调查;调查时,先由检察员出示证据,后由被申请人的法定代理人、诉讼代理人出示证据,并进行质证;必要时,可以通知鉴定人出庭对鉴定意见作出说明;

(三)法庭辩论阶段,先由检察员发言,后由被申请人的法定代理人、诉讼代理人发言,并进行辩论。

被申请人要求出庭,人民法院经审查其身体和精神状态,认为可以出庭的,应当准许。出庭的被申请人,在法庭调查、辩论阶段,可以发表意见。

检察员宣读申请书后,被申请人的法定代理人、诉讼代理人无异议的,法庭调查可以简化。

第六百三十七条 对申请强制医疗的案件,人民法院审理后,应当按照下列情形分别处理:

(一)符合刑事诉讼法第三百零二条规定的强制医疗条件的,应当作出对被申请人强制医疗的决定;

(二)被申请人属于依法不负刑事责任的精神病人,但不符合强制医疗条件的,应当作出驳回强制医疗申请的决定;被申请人已经造成危害结果的,应当同时责令其家属或者监护人严加看管和医疗;

(三)被申请人具有完全或者部分刑事责任能力,依法应当追究刑事责任的,应当作出驳回强制医疗申请的决定,并退回人民检察院依法处理。

第六百三十八条 第一审人民法院在审理刑事案件过程中,发现被告人可能符合强制医疗条件的,应当依照法定程序对被告人进行法医精神病鉴定。经鉴定,被告人属于依法不负刑事责任的精神病人的,应当适用强制医疗程序,对案件进行审理。

开庭审理前款规定的案件,应当先由合议庭组成人员宣读对被告人的法医精神病鉴定意见,说明被告人可能符合强制医疗的条件,后依次由公诉人和被告人的法定代理人、诉讼代理人发表意见。经审判长许可，公诉人和被告人的法定代理人、诉讼代理人可以进行辩论。

第六百三十九条 对前条规定的案件，人民法院审理后，应当按照下列情形分别处理：

（一）被告人符合强制医疗条件的，应当判决宣告被告人不负刑事责任，同时作出对被告人强制医疗的决定；

（二）被告人属于依法不负刑事责任的精神病人，但不符合强制医疗条件的，应当判决宣告被告人无罪或者不负刑事责任；被告人已经造成危害结果的，应当同时责令其家属或者监护人严加看管和医疗；

（三）被告人具有完全或者部分刑事责任能力，依法应当追究刑事责任的，应当依照普通程序继续审理。

第六百四十条 第二审人民法院在审理刑事案件过程中，发现被告人可能符合强制医疗条件的，可以依照强制医疗程序对案件作出处理，也可以裁定发回原审人民法院重新审判。

第六百四十一条 人民法院决定强制医疗的，应当在作出决定后五日以内，向公安机关送达强制医疗决定书和强制医疗执行通知书，由公安机关将被决定强制医疗的人送交强制医疗。

第六百四十二条 被决定强制医疗的人、被害人及其法定代理人、近亲属对强制医疗决定不服的，可以自收到决定书第二日起五日以内向上一级人民法院申请复议。复议期间不停止执行强制医疗的决定。

第六百四十三条 对不服强制医疗决定的复议申请，上一级人民法院应当组成合议庭审理，并在一个月以内，按照下列情形分别作出复议决定：

（一）被决定强制医疗的人符合强制医疗条件的，应当驳回复议申请，维持原决定；

（二）被决定强制医疗的人不符合强制医疗条件的，应当撤销原决定；

（三）原审违反法定诉讼程序，可能影响公正审判的，应当撤销原决定，发回原审人民法院重新审判。

第六百四十四条 对本解释第六百三十九条第一项规定的判决、决定，人民检察院提出抗诉，同时被决定强制医疗的人、被害人及其法定代理人、近亲属申请复议的，上一级人民法院应当依照第二审程序一并处理。

第六百四十五条 被强制医疗的人及其近亲属申请解除强制医疗的，应当向决定强制医疗的人民法院提出。

被强制医疗的人及其近亲属提出的解除强制医疗申请被人民法院驳回，六个月后再次提出申请的，人民法院应当受理。

第六百四十六条 强制医疗机构提出解除强制医疗意见,或者被强制医疗的人及其近亲属申请解除强制医疗的,人民法院应当审查是否附有对被强制医疗的人的诊断评估报告。

强制医疗机构提出解除强制医疗意见,未附诊断评估报告的,人民法院应当要求其提供。

被强制医疗的人及其近亲属向人民法院申请解除强制医疗,强制医疗机构未提供诊断评估报告的,申请人可以申请人民法院调取。必要时,人民法院可以委托鉴定机构对被强制医疗的人进行鉴定。

第六百四十七条 强制医疗机构提出解除强制医疗意见,或者被强制医疗的人及其近亲属申请解除强制医疗的,人民法院应当组成合议庭进行审查,并在一个月以内,按照下列情形分别处理:

(一)被强制医疗的人已不具有人身危险性,不需要继续强制医疗的,应当作出解除强制医疗的决定,并可责令被强制医疗的人的家属严加看管和医疗;

(二)被强制医疗的人仍具有人身危险性,需要继续强制医疗的,应当作出继续强制医疗的决定。

对前款规定的案件,必要时,人民法院可以开庭审理,通知人民检察院派员出庭。

人民法院应当在作出决定后五日以内,将决定书送达强制医疗机构、申请解除强制医疗的人、被决定强制医疗的人和人民检察院。决定解除强制医疗的,应当通知强制医疗机构在收到决定书的当日解除强制医疗。

第六百四十八条 人民检察院认为强制医疗决定或者解除强制医疗决定不当,在收到决定书后二十日以内提出书面纠正意见的,人民法院应当另行组成合议庭审理,并在一个月以内作出决定。

第六百四十九条 审理强制医疗案件,本章没有规定的,参照适用本解释的有关规定。

第二十七章 附则

第六百五十条 人民法院讯问被告人,宣告判决,审理减刑、假释案件等,可以根据情况采取视频方式。

第六百五十一条 向人民法院提出自诉、上诉、申诉、申请等的,应当以书面形式提出。书写有困难的,除另有规定的以外,可以口头提出,由人民法院工作人员制作笔录或者记录在案,并向口述人宣读或者交其阅读。

第六百五十二条 诉讼期间制作、形成的工作记录、告知笔录等材料,应当由制作人员和其他有关人员签名、盖章。宣告或者送达裁判文书、通知书等诉讼文书的,应当由接受宣告或者送达的人在诉讼文书、送达回证上签名、盖章。

诉讼参与人未签名、盖章的,应当捺指印;刑事被告人除签名、盖章外,还应当捺指印。

当事人拒绝签名、盖章、捺指印的,办案人员应当在诉讼文书或者笔录材料中注明情况,有见证人见证或者有录音录像证明的,不影响相关诉讼文书或者笔录材料的效力。

第六百五十三条 本解释的有关规定适用于军事法院等专门人民法院。

第六百五十四条 本解释有关公安机关的规定,依照刑事诉讼法的有关规定,适用于国家安全机关、军队保卫部门、中国海警局和监狱。

第六百五十五条 本解释自2021年3月1日起施行。最高人民法院2012年12月20日发布的《关于适用〈中华人民共和国刑事诉讼法〉的解释》(法释〔2012〕21号)同时废止。最高人民法院以前发布的司法解释和规范性文件,与本解释不一致的,以本解释为准。

人民检察院刑事诉讼规则

(高检发释字〔2019〕4号)

2019年12月2日最高人民检察院第十三届检察委员会第二十八次会议通过,自2019年12月30日起施行

目 录

第一章 通 则
第二章 管 辖
第三章 回 避
第四章 辩护与代理
第五章 证 据
第六章 强制措施
 第一节 拘 传
 第二节 取保候审
 第三节 监视居住
 第四节 拘 留
 第五节 逮 捕
 第六节 监察机关移送案件的强制措施
 第七节 其他规定
第七章 案件受理
第八章 立 案
 第一节 立案审查
 第二节 立案决定
第九章 侦 查
 第一节 一般规定
 第二节 讯问犯罪嫌疑人
 第三节 询问证人、被害人
 第四节 勘验、检查
 第五节 搜 查
 第六节 调取、查封、扣押、查询、冻结
 第七节 鉴 定
 第八节 辨 认
 第九节 技术侦查措施
 第十节 通 缉
 第十一节 侦查终结
第十章 审查逮捕和审查起诉
 第一节 一般规定
 第二节 认罪认罚从宽案件办理
 第三节 审查批准逮捕
 第四节 审查决定逮捕
 第五节 延长侦查羁押期限和重新计算侦查羁押期限
 第六节 核准追诉
 第七节 审查起诉
 第八节 起 诉
 第九节 不起诉

第十一章　出席法庭
　第一节　出席第一审法庭
　第二节　简易程序
　第三节　速裁程序
　第四节　出席第二审法庭
　第五节　出席再审法庭
第十二章　特别程序
　第一节　未成年人刑事案件诉讼程序
　第二节　当事人和解的公诉案件诉讼程序
　第三节　缺席审判程序
　第四节　犯罪嫌疑人、被告人逃匿、死亡案件违法所得的没收程序
　第五节　依法不负刑事责任的精神病人的强制医疗程序
第十三章　刑事诉讼法律监督
　第一节　一般规定
　第二节　刑事立案监督
　第三节　侦查活动监督
　第四节　审判活动监督
　第五节　羁押必要性审查
　第六节　刑事判决、裁定监督
　第七节　死刑复核监督
　第八节　羁押期限和办案期限监督
第十四章　刑罚执行和监管执法监督
　第一节　一般规定
　第二节　交付执行监督
　第三节　减刑、假释、暂予监外执行监督
　第四节　社区矫正监督
　第五节　刑事裁判涉财产部分执行监督
　第六节　死刑执行监督
　第七节　强制医疗执行监督
　第八节　监管执法监督
　第九节　事故检察
第十五章　案件管理
第十六章　刑事司法协助
第十七章　附　　则

第一章　通　则

第一条　为保证人民检察院在刑事诉讼中严格依照法定程序办案,正确履行职权,实现惩罚犯罪与保障人权的统一,根据《中华人民共和国刑事诉讼法》《中华人民共和国人民检察院组织法》和有关法律规定,结合人民检察院工作实际,制定本规则。

第二条　人民检察院在刑事诉讼中的任务,是立案侦查直接受理的案件、审查逮捕、审查起诉和提起公诉、对刑事诉讼实行法律监督,保证准确及时地查明犯罪事实,正确应用法律,惩罚犯罪分子,保障无罪的人不受刑事追究,保障刑事法律的统一正确实施,维护社会主义法制,尊重和保障人权,保护公民的人身权利、财产权利、民主权利和其他权利,保障社会主义建设事业的顺利进行。

第三条　人民检察院办理刑事案件,应当严格遵守《中华人民共和国刑事诉讼法》以及其他法律的有关规定,秉持客观公正的立场,尊重和保障人权,既要追诉犯罪,也要保障无罪的人不受刑事追究。

第四条　人民检察院办理刑事案件,由检察官、检察长、检察委员会在各自职权范围内对办案事项作出决定,并依照规定承担相应司法责任。

检察官在检察长领导下开展工作。重大办案事项,由检察长决定。检察长可以根据案件情况,提交检察委员会讨论决定。其他办案事项,检察长可以自行决定,也可以委托检察官决定。

本规则对应当由检察长或者检察委员会决定的重大办案事项有明确规定的,依照本规则的规定。本规则没有明确规定的,省级人民检察院可以制定有关规定,报最高人民检察院批准。

以人民检察院名义制发的法律文书,由检察长签发;属于检察官职权范围内决定事项的,检察长可以授权检察官签发。

重大、疑难、复杂或者有社会影响的案件,应当向检察长报告。

第五条　人民检察院办理刑事案件,根据案件情况,可以由一名检察官独任办理,也可以由两名以上检察官组成办案组办理。由检察官办案组办理的,检察长应当指定一名检察官担任主办检察官,组织、指挥办案组办理案件。

检察官办理案件,可以根据需要配备检察官助理、书记员、司法警察、检察技术人员等检察辅助人员。检察辅助人员依照法律规定承担相应的检察辅助事务。

第六条　人民检察院根据检察工作需要设置业务机构,在刑事诉讼中按照分工履行职责。

业务机构负责人对本部门的办案活动进行监督管理。需要报请检察长决定的事项和需要向检察长报告的案件,应当先由业务机构负责人审核。业务机构负责人可以主持召开检察官联席会议进行讨论,也可以直接报请检察长决定或者向检察长报告。

第七条　检察长不同意检察官处理意见的,可以要求检察官复核,也可以直接作出决定,或者提请检察委员会讨论决定。

检察官执行检察长决定时,认为决定错误的,应当书面提出意见。检察长不改变原决定的,检察官应当执行。

第八条　对同一刑事案件的审查逮捕、审查起诉、出庭支持公诉和立案监督、侦查监督、审判监督等工作,由同一检察官或者检察官办案组负责,但是审查逮捕、审查起诉由不同人民检察院管辖,或者依照法律、有关规定应当另行指派检察官或者检察官办案组办理的除外。

人民检察院履行审查逮捕和审查起诉职责的办案部门,本规则中统称为负责捕诉的部门。

第九条 最高人民检察院领导地方各级人民检察院和专门人民检察院的工作,上级人民检察院领导下级人民检察院的工作。检察长统一领导人民检察院的工作。

上级人民检察院可以依法统一调用辖区的检察人员办理案件,调用的决定应当以书面形式作出。被调用的检察官可以代表办理案件的人民检察院履行出庭支持公诉等各项检察职责。

第十条 上级人民检察院对下级人民检察院作出的决定,有权予以撤销或者变更;发现下级人民检察院办理的案件有错误的,有权指令下级人民检察院予以纠正。

下级人民检察院对上级人民检察院的决定应当执行。如果认为有错误的,应当在执行的同时向上级人民检察院报告。

第十一条 犯罪嫌疑人、被告人自愿如实供述自己的罪行,承认指控的犯罪事实,愿意接受处罚的,可以依法从宽处理。

认罪认罚从宽制度适用于所有刑事案件。人民检察院办理刑事案件的各个诉讼环节,都应当做好认罪认罚的相关工作。

第十二条 人民检察院办理刑事案件的活动依照规定接受人民监督员监督。

第二章 管 辖

第十三条 人民检察院在对诉讼活动实行法律监督中发现的司法工作人员利用职权实施的非法拘禁、刑讯逼供、非法搜查等侵犯公民权利、损害司法公正的犯罪,可以由人民检察院立案侦查。

对于公安机关管辖的国家机关工作人员利用职权实施的重大犯罪案件,需要由人民检察院直接受理的,经省级以上人民检察院决定,可以由人民检察院立案侦查。

第十四条 人民检察院办理直接受理侦查的案件,由设区的市级人民检察院立案侦查。基层人民检察院发现犯罪线索的,应当报设区的市级人民检察院决定立案侦查。

设区的市级人民检察院根据案件情况也可以将案件交由基层人民检察院立案侦查,或者要求基层人民检察院协助侦查。对于刑事执行派出检察院辖区内与刑事执行活动有关的犯罪线索,可以交由刑事执行派出检察院立案侦查。

最高人民检察院、省级人民检察院发现犯罪线索的,可以自行立案侦查,也可以将犯罪线索交由指定的省级人民检察院或者设区的市级人民检察院立案侦查。

第十五条 对本规则第十三条第二款规定的案件,人民检察院需要直接立案侦查的,应当层报省级人民检察院决定。

报请省级人民检察院决定立案侦查的案件,应当制作提请批准直接受理书,写明案件情况以及需要由人民检察院立案侦查的理由,并附有关材料。

省级人民检察院应当在收到提请批准直接受理书后十日以内作出是否立案侦查的决定。省级人民检察院可以决定由设区的市级人民检察院立案侦查,也可以自行立案侦查。

第十六条 上级人民检察院在必要的时候,可以直接立案侦查或者组织、指挥、参与侦查下级人民检察院管辖的案件。下级人民检察院认为案情重大、复杂,需要由上级人民检察院立案侦查的案件,可以请求移送上级人民检察院立案侦查。

第十七条 人民检察院办理直接受理侦查的案件,发现犯罪嫌疑人同时涉嫌监察机关管辖的职务犯罪线索的,应当及时与同级监察机关沟通。

经沟通,认为全案由监察机关管辖更为适宜的,人民检察院应当将案件和相应职务犯罪线索一并移送监察机关;认为由监察机关和人民检察院分别管辖更为适宜的,人民检察院应当将监察机关管辖的相应职务犯罪线索移送监察机关,对依法由人民检察院管辖的犯罪案件继续侦查。

人民检察院应当及时将沟通情况报告上一级人民检察院。沟通期间不得停止对案件的侦查。

第十八条 人民检察院办理直接受理侦查的案件涉及公安机关管辖的刑事案件,应当将属于公安机关管辖的刑事案件移送公安机关。如果涉嫌的主罪属于公安机关管辖,由公安机关为主侦查,人民检察院予以配合;如果涉嫌的主罪属于人民检察院管辖,由人民检察院为主侦查,公安机关予以配合。

对于一人犯数罪、共同犯罪、共同犯罪的犯罪嫌疑人还实施其他犯罪、多个犯罪嫌疑人实施的犯罪存在关联,并案处理有利于查明案件事实和诉讼进行的,人民检察院可以在职责范围内对相关犯罪案件并案处理。

第十九条 本规则第十三条规定的案件,由犯罪嫌疑人工作单位所在地的人民检察院管辖。如果由其他人民检察院管辖更为适宜的,可以由其他人民检察院管辖。

第二十条　对管辖不明确的案件,可以由有关人民检察院协商确定管辖。

第二十一条　几个人民检察院都有权管辖的案件,由最初受理的人民检察院管辖。必要时,可以由主要犯罪地的人民检察院管辖。

第二十二条　对于下列案件,上级人民检察院可以指定管辖：

（一）管辖有争议的案件；

（二）需要改变管辖的案件；

（三）需要集中管辖的特定类型的案件；

（四）其他需要指定管辖的案件。

对前款案件的审查起诉指定管辖的,人民检察院应当与相应的人民法院协商一致。对前款第三项案件的审查逮捕指定管辖的,人民检察院应当与相应的公安机关协商一致。

第二十三条　军事检察院等专门人民检察院的管辖以及军队与地方互涉刑事案件的管辖,按照有关规定执行。

第三章　回　避

第二十四条　检察人员在受理举报和办理案件过程中,发现有刑事诉讼法第二十九条或者第三十条规定的情形之一的,应当自行提出回避；没有自行提出回避的,人民检察院应当决定其回避,当事人及其法定代理人有权要求其回避。

第二十五条　检察人员自行回避的,应当书面或者口头提出,并说明理由。口头提出的,应当记录在案。

第二十六条　人民检察院应当告知当事人及其法定代理人有依法申请回避的权利,并告知办理相关案件的检察人员、书记员等人员的姓名、职务等有关情况。

第二十七条　当事人及其法定代理人要求检察人员回避的,应当书面或者口头向人民检察院提出,并说明理由。口头提出的,应当记录在案。根据刑事诉讼法第三十条的规定要求检察人员回避,应当提供有关证明材料。

人民检察院经过审查或者调查,认为检察人员符合回避条件的,应当作出回避决定；不符合回避条件的,应当驳回申请。

第二十八条　在开庭审理过程中,当事人及其法定代理人向法庭申请出庭的检察人员回避的,在收到人民法院通知后,人民检察院应当作出回避或者驳回申请的决定。不属于刑事诉讼法第二十九条、第三十条规定情形的回避申请,出席法庭的检察人员应当建议法庭当庭驳回。

第二十九条　检察长的回避,由检察委员会讨论决定。检察委员会讨论检察长回避问题时,由副检察长主持,检察长不得参加。

其他检察人员的回避，由检察长决定。

第三十条　当事人及其法定代理人要求公安机关负责人回避，向同级人民检察院提出，或者向公安机关提出后，公安机关移送同级人民检察院的，由检察长提交检察委员会讨论决定。

第三十一条　检察长应当回避，本人没有自行回避，当事人及其法定代理人也没有申请其回避的，检察委员会应当决定其回避。

其他检察人员有前款规定情形的，检察长应当决定其回避。

第三十二条　人民检察院作出驳回申请回避的决定后，应当告知当事人及其法定代理人如不服本决定，有权在收到驳回申请回避的决定书后五日以内向原决定机关申请复议一次。

第三十三条　当事人及其法定代理人对驳回申请回避的决定不服申请复议的，决定机关应当在三日以内作出复议决定并书面通知申请人。

第三十四条　对人民检察院直接受理的案件进行侦查的人员或者进行补充侦查的人员在回避决定作出以前和复议期间，不得停止对案件的侦查。

第三十五条　参加过同一案件侦查的人员，不得承办该案的审查逮捕、审查起诉、出庭支持公诉和诉讼监督工作，但在审查起诉阶段参加自行补充侦查的人员除外。

第三十六条　被决定回避的检察长在回避决定作出以前所取得的证据和进行的诉讼行为是否有效，由检察委员会根据案件具体情况决定。

被决定回避的其他检察人员在回避决定作出以前所取得的证据和进行的诉讼行为是否有效，由检察长根据案件具体情况决定。

被决定回避的公安机关负责人在回避决定作出以前所进行的诉讼行为是否有效，由作出决定的人民检察院检察委员会根据案件具体情况决定。

第三十七条　本规则关于回避的规定，适用于书记员、司法警察和人民检察院聘请或者指派的翻译人员、鉴定人。

书记员、司法警察和人民检察院聘请或者指派的翻译人员、鉴定人的回避由检察长决定。

辩护人、诉讼代理人可以依照刑事诉讼法及本规则关于回避的规定要求回避、申请复议。

第四章　辩护与代理

第三十八条　人民检察院在办案过程中，应当依法保障犯罪嫌疑人行使辩护权利。

第三十九条　辩护人、诉讼代理人向人民检察院提出有关申请、要求或者提交有关书面材料的，负责案件管理的部门应当接收并及时移送办案部门或者与办案部门联系，具体业务由办案部门负责办理，本规则另有规定的除外。

第四十条 人民检察院负责侦查的部门在第一次讯问犯罪嫌疑人或者对其采取强制措施时，应当告知犯罪嫌疑人有权委托辩护人，并告知其如果因经济困难或者其他原因没有委托辩护人的，可以申请法律援助。属于刑事诉讼法第三十五条规定情形的，应当告知犯罪嫌疑人有权获得法律援助。

人民检察院自收到移送起诉案卷材料之日起三日以内，应当告知犯罪嫌疑人有权委托辩护人，并告知其如果因经济困难或者其他原因没有委托辩护人的，可以申请法律援助。属于刑事诉讼法第三十五条规定情形的，应当告知犯罪嫌疑人有权获得法律援助。

当面口头告知的，应当记入笔录，由被告知人签名；电话告知的，应当记录在案；书面告知的，应当将送达回执入卷。

第四十一条 在押或者被指定居所监视居住的犯罪嫌疑人向人民检察院提出委托辩护人要求的，人民检察院应当及时向其监护人、近亲属或者其指定的人员转达要求，并记录在案。

第四十二条 人民检察院办理直接受理侦查案件和审查起诉案件，发现犯罪嫌疑人是盲、聋、哑人或者是尚未完全丧失辨认或者控制自己行为能力的精神病人，或者可能被判处无期徒刑、死刑，没有委托辩护人的，应当自发现之日起三日以内书面通知法律援助机构指派律师为其提供辩护。

第四十三条 人民检察院收到在押或者被指定居所监视居住的犯罪嫌疑人提出的法律援助申请，应当在二十四小时以内将申请材料转交法律援助机构，并通知犯罪嫌疑人的监护人、近亲属或者其委托的其他人员协助提供有关证件、证明等材料。

第四十四条 属于应当提供法律援助的情形，犯罪嫌疑人拒绝法律援助机构指派的律师作为辩护人的，人民检察院应当查明拒绝的原因。有正当理由的，予以准许，但犯罪嫌疑人需另行委托辩护人；犯罪嫌疑人未另行委托辩护人的，应当书面通知法律援助机构另行指派律师为其提供辩护。

第四十五条 辩护人接受委托后告知人民检察院，或者法律援助机构指派律师后通知人民检察院的，人民检察院负责案件管理的部门应当及时登记辩护人的相关信息，并将有关情况和材料及时通知、移交办案部门。

负责案件管理的部门对办理业务的辩护律师，应当查验其律师执业证书、律师事务所证明和授权委托书或者法律援助公函。对其他辩护人、诉讼代理人，应当查验其身份证明和授权委托书。

第四十六条 人民检察院负责案件管理的部门应当依照法律规定对辩护人、诉讼代理人的资格进行审查，办案部门应当予以协助。

第四十七条 自人民检察院对案件审查起诉之日起，应当允许辩护律师查阅、摘抄、复制本案的案卷材料。案卷材料包括案件的诉讼文书和证据材料。

人民检察院直接受理侦查案件移送起诉，审查起诉案件退回补充侦查、改变管辖、提起公诉的，应当及时告知辩护律师。

第四十八条 自人民检察院对案件审查起诉之日起，律师以外的辩护人向人民检察院申请查阅、摘抄、复制本案的案卷材料或者申请同在押、被监视居住的犯罪嫌疑人会见和通信的，由人民检察院负责捕诉的部门进行审查并作出是否许可的决定，在三日以内书面通知申请人。

人民检察院许可律师以外的辩护人同在押或者被监视居住的犯罪嫌疑人通信的，可以要求看守所或者公安机关将书信送交人民检察院进行检查。

律师以外的辩护人申请查阅、摘抄、复制案卷材料或者申请同在押、被监视居住的犯罪嫌疑人会见和通信，具有下列情形之一的，人民检察院可以不予许可：

（一）同案犯罪嫌疑人在逃的；

（二）案件事实不清，证据不足，或者遗漏罪行、遗漏同案犯罪嫌疑人需要补充侦查的；

（三）涉及国家秘密或者商业秘密的；

（四）有事实表明存在串供、毁灭、伪造证据或者危害证人人身安全可能的。

第四十九条 辩护律师或者经过许可的其他辩护人到人民检察院查阅、摘抄、复制本案的案卷材料，由负责案件管理的部门及时安排，由办案部门提供案卷材料。因办案部门工作等原因无法及时安排的，应当向辩护人说明，并自即日起三个工作日以内安排辩护人阅卷，办案部门应当予以配合。

人民检察院应当为辩护人查阅、摘抄、复制案卷材料设置专门的场所或者电子卷宗阅卷终端设备。必要时，人民检察院可以派员在场协助。

辩护人复制案卷材料可以采取复印、拍照、扫描、刻录等方式，人民检察院不收取费用。

第五十条 案件提请批准逮捕或者移送起诉后，辩护人认为公安机关在侦查期间收集的证明犯罪嫌疑人无罪或者罪轻的证据材料未提交，申请人民检察院向公安机关调取的，人民检察院负责捕诉的部门应当及时审查。经审查，认为辩护人申请调取的证据已收集并且与案件事实有联系的，应当予以调取；认为辩护人申请调取的证据未收集或者与案件事实没有联系的，应当决定不予调取并向辩护人说明理由。公安机关移送相关证据材料的，人民检察院应当在三日以内告知辩护人。

人民检察院办理直接受理侦查的案件，适用前款规定。

第五十一条 在人民检察院侦查、审查逮捕、审查起诉过程中，辩护人收集的有关犯罪嫌疑人不在犯罪现场、未达到刑事责任年龄、属于依法不负刑事责任的精神病人的证据，告知人民检察院的，人民检察院应当及时审查。

第五十二条 案件移送起诉后，辩护律师依据刑事诉讼法第四十三条第一款的规定申请人民检察院收集、调取证据的，人民检察院负责捕诉的部门应当及时审查。经审查，认为需要收集、调取证据的，应当决定收集、调取并制作笔录附卷；决定不予收集、调取的，应当书面说明理由。

人民检察院根据辩护律师的申请收集、调取证据时，辩护律师可以

在场。

第五十三条 辩护律师申请人民检察院许可其向被害人或者其近亲属、被害人提供的证人收集与本案有关材料的，人民检察院负责捕诉的部门应当及时进行审查。人民检察院应当在五日以内作出是否许可的决定，通知辩护律师；不予许可的，应当书面说明理由。

第五十四条 在人民检察院侦查、审查逮捕、审查起诉过程中，辩护人要求听取其意见的，办案部门应当及时安排。辩护人提出书面意见的，办案部门应当接收并登记。

听取辩护人意见应当制作笔录或者记录在案，辩护人提出的书面意见应当附卷。

辩护人提交案件相关材料的，办案部门应当将辩护人提交材料的目的、来源及内容等情况记录在案，一并附卷。

第五十五条 人民检察院自收到移送起诉案卷材料之日起三日以内，应当告知被害人及其法定代理人或者其近亲属、附带民事诉讼的当事人及其法定代理人有权委托诉讼代理人。被害人及其法定代理人、近亲属因经济困难没有委托诉讼代理人的，应当告知其可以申请法律援助。

当面口头告知的，应当记入笔录，由被告知人签名；电话告知的，应当记录在案；书面告知的，应当将送达

回执入卷。被害人众多或者不确定,无法以上述方式逐一告知的,可以公告告知。无法告知的,应当记录在案。

被害人有法定代理人的,应当告知其法定代理人;没有法定代理人的,应当告知其近亲属。

法定代理人或者近亲属为二人以上的,可以告知其中一人。告知时应当按照刑事诉讼法第一百零八条第三项、第六项列举的顺序择先进行。

当事人及其法定代理人、近亲属委托诉讼代理人的,参照刑事诉讼法第三十三条等法律规定执行。

第五十六条 经人民检察院许可,诉讼代理人查阅、摘抄、复制本案案卷材料的,参照本规则第四十九条的规定办理。

律师担任诉讼代理人,需要申请人民检察院收集、调取证据的,参照本规则第五十二条的规定办理。

第五十七条 辩护人、诉讼代理人认为公安机关、人民检察院、人民法院及其工作人员具有下列阻碍其依法行使诉讼权利行为之一,向同级或者上一级人民检察院申诉或者控告的,人民检察院负责控告申诉检察的部门应当接受并依法办理,其他办案部门应当予以配合:

(一)违反规定,对辩护人、诉讼代理人提出的回避要求不予受理或者对不予回避决定不服的复议申请不予受理的;

(二)未依法告知犯罪嫌疑人、被告人有权委托辩护人的;

(三)未转达在押或者被监视居住的犯罪嫌疑人、被告人委托辩护人的要求或者未转交其申请法律援助材料的;

(四)应当通知而不通知法律援助机构为符合条件的犯罪嫌疑人、被告人或者被申请强制医疗的人指派律师提供辩护或者法律援助的;

(五)在规定时间内不受理、不答复辩护人提出的变更强制措施申请或者解除强制措施要求的;

(六)未依法告知辩护律师犯罪嫌疑人涉嫌的罪名和案件有关情况的;

(七)违法限制辩护律师同在押、被监视居住的犯罪嫌疑人、被告人会见和通信的;

(八)违法不允许辩护律师查阅、摘抄、复制本案的案卷材料的;

(九)违法限制辩护律师收集、核实有关证据材料的;

(十)没有正当理由不同意辩护律师收集、调取证据或者通知证人出庭作证的申请,或者不答复、不说明理由的;

(十一)未依法提交证明犯罪嫌疑人、被告人无罪或者罪轻的证据材

料的;

(十二) 未依法听取辩护人、诉讼代理人意见的;

(十三) 未依法将开庭的时间、地点及时通知辩护人、诉讼代理人的;

(十四) 未依法向辩护人、诉讼代理人及时送达本案的法律文书或者及时告知案件移送情况的;

(十五) 阻碍辩护人、诉讼代理人在法庭审理过程中依法行使诉讼权利的;

(十六) 其他阻碍辩护人、诉讼代理人依法行使诉讼权利的。

对于直接向上一级人民检察院申诉或者控告的,上一级人民检察院可以交下级人民检察院办理,也可以直接办理。

辩护人、诉讼代理人认为看守所及其工作人员有阻碍其依法行使诉讼权利的行为,向人民检察院申诉或者控告的,由负责刑事执行检察的部门接受并依法办理;其他办案部门收到申诉或者控告的,应当及时移送负责刑事执行检察的部门。

第五十八条 辩护人、诉讼代理人认为其依法行使诉讼权利受到阻碍向人民检察院申诉或者控告的,人民检察院应当及时受理并调查核实,在十日以内办结并书面答复。情况属实的,通知有关机关或者本院有关部门、下级人民检察院予以纠正。

第五十九条 辩护律师告知人民检察院其委托人或者其他人员准备实施、正在实施危害国家安全、危害公共安全以及严重危及他人人身安全犯罪的,人民检察院应当接受并立即移送有关机关依法处理。

人民检察院应当为反映情况的辩护律师保密。

第六十条 人民检察院发现辩护人有帮助犯罪嫌疑人、被告人隐匿、毁灭、伪造证据、串供,或者威胁、引诱证人作伪证以及其他干扰司法机关诉讼活动的行为,可能涉嫌犯罪的,应当将涉嫌犯罪的线索或者证据材料移送有管辖权的机关依法处理。

人民检察院发现辩护律师在刑事诉讼中违反法律、法规或者执业纪律的,应当及时向其所在的律师事务所、所属的律师协会以及司法行政机关通报。

第五章 证 据

第六十一条 人民检察院认定案件事实,应当以证据为根据。

公诉案件中被告人有罪的举证责任由人民检察院承担。人民检察院在提起公诉指控犯罪时,应当提出确实、充分的证据,并运用证据加以证明。

人民检察院提起公诉,应当秉持客观公正立场,对被告人有罪、罪重、罪轻的证据都应当向人民法院提出。

第六十二条 证据的审查认定,应当结合案件的具体情况,从证据与待证事实的关联程度、各证据之间的联系、是否依照法定程序收集等方面进行综合审查判断。

第六十三条 人民检察院侦查终结或者提起公诉的案件,证据应当确实、充分。证据确实、充分,应当符合以下条件:

(一)定罪量刑的事实都有证据证明;

(二)据以定案的证据均经法定程序查证属实;

(三)综合全案证据,对所认定事实已排除合理怀疑。

第六十四条 行政机关在行政执法和查办案件过程中收集的物证、书证、视听资料、电子数据等证据材料,经人民检察院审查符合法定要求的,可以作为证据使用。

行政机关在行政执法和查办案件过程中收集的鉴定意见、勘验、检查笔录,经人民检察院审查符合法定要求的,可以作为证据使用。

第六十五条 监察机关依照法律规定收集的物证、书证、证人证言、被调查人供述和辩解、视听资料、电子数据等证据材料,在刑事诉讼中可以作为证据使用。

第六十六条 对采用刑讯逼供等非法方法收集的犯罪嫌疑人供述和采用暴力、威胁等非法方法收集的证人证言、被害人陈述,应当依法排除,不得作为移送审查逮捕、批准或者决定逮捕、移送起诉以及提起公诉的依据。

第六十七条 对采用下列方法收集的犯罪嫌疑人供述,应当予以排除:

(一)采用殴打、违法使用戒具等暴力方法或者变相肉刑的恶劣手段,使犯罪嫌疑人遭受难以忍受的痛苦而违背意愿作出的供述;

(二)采用以暴力或者严重损害本人及其近亲属合法权益等威胁的方法,使犯罪嫌疑人遭受难以忍受的痛苦而违背意愿作出的供述;

(三)采用非法拘禁等非法限制人身自由的方法收集的供述。

第六十八条 对采用刑讯逼供方法使犯罪嫌疑人作出供述,之后犯罪嫌疑人受该刑讯逼供行为影响而作出的与该供述相同的重复性供述,应当一并排除,但下列情形除外:

(一)侦查期间,根据控告、举报或者自己发现等,公安机关确认或者不能排除以非法方法收集证据而更换侦查人员,其他侦查人员再次讯问时告知诉讼权利和认罪认罚的法律规定,犯罪嫌疑人自愿供述的;

(二)审查逮捕、审查起诉期间,检察人员讯问时告知诉讼权利和认罪认罚的法律规定,犯罪嫌疑人自愿供述的。

第六十九条 采用暴力、威胁以及非法限制人身自由等非法方法收集的证人证言、被害人陈述,应当予以排除。

第七十条 收集物证、书证不符合法定程序,可能严重影响司法公正的,人民检察院应当及时要求公安机关补正或者作出书面解释;不能补正或者无法作出合理解释的,对该证据应当予以排除。

对公安机关的补正或者解释,人民检察院应当予以审查。经补正或者作出合理解释的,可以作为批准或者决定逮捕、提起公诉的依据。

第七十一条 对重大案件,人民检察院驻看守所检察人员在侦查终结前应当对讯问合法性进行核查并全程同步录音、录像,核查情况应当及时通知本院负责捕诉的部门。

负责捕诉的部门认为确有刑讯逼供等非法取证情形的,应当要求公安机关依法排除非法证据,不得作为提请批准逮捕、移送起诉的依据。

第七十二条 人民检察院发现侦查人员以非法方法收集证据的,应当及时进行调查核实。

当事人及其辩护人或者值班律师、诉讼代理人报案、控告、举报侦查人员采用刑讯逼供等非法方法收集证据,并提供涉嫌非法取证的人员、时间、地点、方式和内容等材料或者线索的,人民检察院应当受理并进行审查。根据现有材料无法证明证据收集合法性的,应当及时进行调查核实。

上一级人民检察院接到对侦查人员采用刑讯逼供等非法方法收集证据的报案、控告、举报,可以直接进行调查核实,也可以交由下级人民检察院调查核实。交由下级人民检察院调查核实的,下级人民检察院应当及时将调查结果报告上一级人民检察院。

人民检察院决定调查核实的,应当及时通知公安机关。

第七十三条 人民检察院经审查认定存在非法取证行为的,对该证据应当予以排除,其他证据不能证明犯罪嫌疑人实施犯罪行为的,应当不批准或者决定逮捕。已经移送起诉的,可以依法将案件退回监察机关补充调查或者退回公安机关补充侦查,或者作出不起诉决定。被排除的非法证据应当随案移送,并写明为依法排除的非法证据。

对于侦查人员的非法取证行为,尚未构成犯罪的,应当依法向其所在机关提出纠正意见。对于需要补正或者作出合理解释的,应当提出明确要求。

对于非法取证行为涉嫌犯罪需要追究刑事责任的,应当依法立案侦查。

第七十四条 人民检察院认为可能存在以刑讯逼供等非法方法收集证

据情形的,可以书面要求监察机关或者公安机关对证据收集的合法性作出说明。说明应当加盖单位公章,并由调查人员或者侦查人员签名。

第七十五条 对于公安机关立案侦查的案件,存在下列情形之一的,人民检察院在审查逮捕、审查起诉和审判阶段,可以调取公安机关讯问犯罪嫌疑人的录音、录像,对证据收集的合法性以及犯罪嫌疑人、被告人供述的真实性进行审查:

(一)认为讯问活动可能存在刑讯逼供等非法取证行为的;

(二)犯罪嫌疑人、被告人或者辩护人提出犯罪嫌疑人、被告人供述系非法取得,并提供相关线索或者材料的;

(三)犯罪嫌疑人、被告人提出讯问活动违反法定程序或者翻供,并提供相关线索或者材料的;

(四)犯罪嫌疑人、被告人或者辩护人提出讯问笔录内容不真实,并提供相关线索或者材料的;

(五)案情重大、疑难、复杂的。

人民检察院调取公安机关讯问犯罪嫌疑人的录音、录像,公安机关未提供,人民检察院经审查认为不能排除有刑讯逼供等非法取证行为的,相关供述不得作为批准逮捕、提起公诉的依据。

人民检察院直接受理侦查的案件,负责侦查的部门移送审查逮捕、移送起诉时,应当将讯问录音、录像连同案卷材料一并移送审查。

第七十六条 对于提起公诉的案件,被告人及其辩护人提出审前供述系非法取得,并提供相关线索或者材料的,人民检察院可以将讯问录音、录像连同案卷材料一并移送人民法院。

第七十七条 在法庭审理过程中,被告人或者辩护人对讯问活动合法性提出异议,公诉人可以要求被告人及其辩护人提供相关线索或者材料。必要时,公诉人可以提请法庭当庭播放相关时段的讯问录音、录像,对有关异议或者事实进行质证。

需要播放的讯问录音、录像中涉及国家秘密、商业秘密、个人隐私或者含有其他不宜公开内容的,公诉人应当建议在法庭组成人员、公诉人、侦查人员、被告人及其辩护人范围内播放。因涉及国家秘密、商业秘密、个人隐私或者其他犯罪线索等内容,人民检察院对讯问录音、录像的相关内容进行技术处理的,公诉人应当向法庭作出说明。

第七十八条 人民检察院认为第一审人民法院有关证据收集合法性的审查、调查结论导致第一审判决、裁定错误的,可以依照刑事诉讼法第二百二十八条的规定向人民法院提出抗诉。

第七十九条　人民检察院在办理危害国家安全犯罪、恐怖活动犯罪、黑社会性质的组织犯罪、毒品犯罪等案件过程中，证人、鉴定人、被害人因在诉讼中作证，本人或者其近亲属人身安全面临危险，向人民检察院请求保护的，人民检察院应当受理并及时进行审查。对于确实存在人身安全危险的，应当立即采取必要的保护措施。人民检察院发现存在上述情形的，应当主动采取保护措施。

人民检察院可以采取以下一项或者多项保护措施：

（一）不公开真实姓名、住址和工作单位等个人信息；

（二）建议法庭采取不暴露外貌、真实声音等出庭作证措施；

（三）禁止特定的人员接触证人、鉴定人、被害人及其近亲属；

（四）对人身和住宅采取专门性保护措施；

（五）其他必要的保护措施。

人民检察院依法决定不公开证人、鉴定人、被害人的真实姓名、住址和工作单位等个人信息的，可以在起诉书、询问笔录等法律文书、证据材料中使用化名。但是应当另行书面说明使用化名的情况并标明密级，单独成卷。

人民检察院依法采取保护措施的，可以要求有关单位和个人予以配合。

对证人及其近亲属进行威胁、侮辱、殴打或者打击报复，构成犯罪或者应当给予治安管理处罚的，人民检察院应当移送公安机关处理；情节轻微的，予以批评教育、训诫。

第八十条　证人在人民检察院侦查、审查逮捕、审查起诉期间因履行作证义务而支出的交通、住宿、就餐等费用，人民检察院应当给予补助。

第六章　强制措施

第一节　拘　传

第八十一条　人民检察院根据案件情况，对犯罪嫌疑人可以拘传。

第八十二条　拘传时，应当向被拘传的犯罪嫌疑人出示拘传证。对抗拒拘传的，可以使用戒具，强制到案。

执行拘传的人员不得少于二人。

第八十三条　拘传的时间从犯罪嫌疑人到案时开始计算。犯罪嫌疑人到案后，应当责令其在拘传证上填写到案时间，签名或者盖章，并捺指印，然后立即讯问。拘传结束后，应当责令犯罪嫌疑人在拘传证上填写拘传结束时间。犯罪嫌疑人拒绝填写的，应当在拘传证上注明。

一次拘传持续的时间不得超过十二小时；案情特别重大、复杂，需要采取拘留、逮捕措施的，拘传持续的时间不得超过二十四小时。两次拘传间隔的时间一般不得少于十二小时,不得以连续拘传的方式变相拘禁犯罪嫌疑人。

拘传犯罪嫌疑人,应当保证犯罪嫌疑人的饮食和必要的休息时间。

第八十四条　人民检察院拘传犯罪嫌疑人,应当在犯罪嫌疑人所在市、县内的地点进行。

犯罪嫌疑人工作单位与居住地不在同一市、县的,拘传应当在犯罪嫌疑人工作单位所在的市、县内进行;特殊情况下,也可以在犯罪嫌疑人居住地所在的市、县内进行。

第八十五条　需要对被拘传的犯罪嫌疑人变更强制措施的,应当在拘传期限内办理变更手续。

在拘传期间决定不采取其他强制措施的,拘传期限届满,应当结束拘传。

第二节　取保候审

第八十六条　人民检察院对于具有下列情形之一的犯罪嫌疑人,可以取保候审:

(一)可能判处管制、拘役或者独立适用附加刑的;

(二)可能判处有期徒刑以上刑罚,采取取保候审不致发生社会危险性的;

(三)患有严重疾病、生活不能自理,怀孕或者正在哺乳自己婴儿的妇女,采取取保候审不致发生社会危险性的;

(四)羁押期限届满,案件尚未办结,需要采取取保候审的。

第八十七条　人民检察院对于严重危害社会治安的犯罪嫌疑人,以及其他犯罪性质恶劣、情节严重的犯罪嫌疑人不得取保候审。

第八十八条　被羁押或者监视居住的犯罪嫌疑人及其法定代理人、近亲属或者辩护人向人民检察院申请取保候审,人民检察院应当在三日以内作出是否同意的答复。经审查符合本规则第八十六条规定情形之一的,可以对被羁押或者监视居住的犯罪嫌疑人依法办理取保候审手续。经审查不符合取保候审条件的,应当告知申请人,并说明不同意取保候审的理由。

第八十九条　人民检察院决定对犯罪嫌疑人取保候审,应当责令犯罪嫌疑人提出保证人或者交纳保证金。

对同一犯罪嫌疑人决定取保候审,不得同时使用保证人保证和保证金保证方式。

对符合取保候审条件,具有下列情形之一的犯罪嫌疑人,人民检察院决定取保候审时,可以责令其提供一至二名保证人:

(一)无力交纳保证金的;

(二)系未成年人或者已满七十五周岁的人;

(三) 其他不宜收取保证金的。

第九十条　采取保证人保证方式的，保证人应当符合刑事诉讼法第六十九条规定的条件，并经人民检察院审查同意。

第九十一条　人民检察院应当告知保证人履行以下义务：

(一) 监督被保证人遵守刑事诉讼法第七十一条的规定；

(二) 发现被保证人可能发生或者已经发生违反刑事诉讼法第七十一条规定的行为的，及时向执行机关报告。

保证人保证承担上述义务后，应当在取保候审保证书上签名或者盖章。

第九十二条　采取保证金保证方式的，人民检察院可以根据犯罪嫌疑人的社会危险性，案件的性质、情节，可能判处刑罚的轻重，犯罪嫌疑人的经济状况等，责令犯罪嫌疑人交纳一千元以上的保证金。对于未成年犯罪嫌疑人，可以责令交纳五百元以上的保证金。

第九十三条　人民检察院决定对犯罪嫌疑人取保候审的，应当制作取保候审决定书，载明取保候审开始的时间、保证方式、被取保候审人应当履行的义务和应当遵守的规定。

人民检察院作出取保候审决定时，可以根据犯罪嫌疑人涉嫌犯罪的性质、危害后果、社会影响，犯罪嫌疑人、被害人的具体情况等，有针对性地责令其遵守以下一项或者多项规定：

(一) 不得进入特定的场所；

(二) 不得与特定的人员会见或者通信；

(三) 不得从事特定的活动；

(四) 将护照等出入境证件、驾驶证件交执行机关保存。

第九十四条　人民检察院应当向取保候审的犯罪嫌疑人宣读取保候审决定书，由犯罪嫌疑人签名或者盖章，并捺指印，责令犯罪嫌疑人遵守刑事诉讼法第七十一条的规定，告知其违反规定应负的法律责任。以保证金方式保证的，应当同时告知犯罪嫌疑人一次性将保证金存入公安机关指定银行的专门账户。

第九十五条　向犯罪嫌疑人宣布取保候审决定后，人民检察院应当将执行取保候审通知书送达公安机关执行，并告知公安机关在执行期间拟批准犯罪嫌疑人离开所居住的市、县的，应当事先征得人民检察院同意。以保证人方式保证的，应当将取保候审保证书同时送交公安机关。

人民检察院核实保证金已经交纳到公安机关指定银行的凭证后，应当将银行出具的凭证及其他有关材料与执行取保候审通知书一并送交公安机关。

第九十六条　采取保证人保证方式的，如果保证人在取保候审期间不愿继续保证或者丧失保证条件的，人民检察院应当在收到保证人不愿继续保证的申请或者发现其丧失保证条件后三日以内，责令犯罪嫌疑人重新提出保证人或者交纳保证金，并将变更情况通知公安机关。

第九十七条　采取保证金保证方式的，被取保候审人拒绝交纳保证金或者交纳保证金不足决定数额时，人民检察院应当作出变更取保候审措施、变更保证方式或者变更保证金数额的决定，并将变更情况通知公安机关。

第九十八条　公安机关在执行取保候审期间向人民检察院征询是否同意批准犯罪嫌疑人离开所居住的市、县时，人民检察院应当根据案件的具体情况及时作出决定，并通知公安机关。

第九十九条　人民检察院发现保证人没有履行刑事诉讼法第七十条规定的义务，应当通知公安机关，要求公安机关对保证人作出罚款决定。构成犯罪的，依法追究保证人的刑事责任。

第一百条　人民检察院发现犯罪嫌疑人违反刑事诉讼法第七十一条的规定，已交纳保证金的，应当书面通知公安机关没收部分或者全部保证金，并且根据案件的具体情况，责令犯罪嫌疑人具悔过，重新交纳保证金、提出保证人，或者决定对其监视居住、予以逮捕。

公安机关发现犯罪嫌疑人违反刑事诉讼法第七十一条的规定，提出没收保证金或者变更强制措施意见的，人民检察院应当在收到意见后五日以内作出决定，并通知公安机关。

重新交纳保证金的程序适用本规则第九十二条的规定；提出保证人的程序适用本规则第九十条、第九十一条的规定。对犯罪嫌疑人继续取保候审的，取保候审的时间应当累计计算。

对犯罪嫌疑人决定监视居住的，应当办理监视居住手续。监视居住的期限应当自执行监视居住决定之日起计算并告知犯罪嫌疑人。

第一百零一条　犯罪嫌疑人有下列违反取保候审规定的行为，人民检察院应当对犯罪嫌疑人予以逮捕：

（一）故意实施新的犯罪；

（二）企图自杀、逃跑；

（三）实施毁灭、伪造证据，串供或者干扰证人作证，足以影响侦查、审查起诉工作正常进行；

（四）对被害人、证人、鉴定人、举报人、控告人及其他人员实施打击报复。

犯罪嫌疑人有下列违反取保候审规定的行为，人民检察院可以对犯罪嫌疑人予以逮捕：

（一）未经批准，擅自离开所居住

的市、县，造成严重后果，或者两次未经批准，擅自离开所居住的市、县；

（二）经传讯不到案，造成严重后果，或者经两次传讯不到案；

（三）住址、工作单位和联系方式发生变动，未在二十四小时以内向公安机关报告，造成严重后果；

（四）违反规定进入特定场所、与特定人员会见或者通信、从事特定活动，严重妨碍诉讼程序正常进行。

有前两款情形，需要对犯罪嫌疑人予以逮捕的，可以先行拘留；已交纳保证金的，同时书面通知公安机关没收保证金。

第一百零二条 人民检察院决定对犯罪嫌疑人取保候审，最长不得超过十二个月。

第一百零三条 公安机关决定对犯罪嫌疑人取保候审，案件移送人民检察院审查起诉后，对于需要继续取保候审的，人民检察院应当依法重新作出取保候审决定，并对犯罪嫌疑人办理取保候审手续。取保候审的期限应当重新计算并告知犯罪嫌疑人。对继续采取保证金方式取保候审的，被取保候审人没有违反刑事诉讼法第七十一条规定的，不变更保证金数额，不再重新收取保证金。

第一百零四条 在取保候审期间，不得中断对案件的侦查、审查起诉。

第一百零五条 取保候审期限届满或者发现不应当追究犯罪嫌疑人的刑事责任的，应当及时解除或者撤销取保候审。

解除或者撤销取保候审的决定，应当及时通知执行机关，并将解除或者撤销取保候审的决定书送达犯罪嫌疑人；有保证人的，应当通知保证人解除保证义务。

第一百零六条 犯罪嫌疑人在取保候审期间没有违反刑事诉讼法第七十一条的规定，或者发现不应当追究犯罪嫌疑人刑事责任的，变更、解除或者撤销取保候审时，应当告知犯罪嫌疑人可以凭变更、解除或者撤销取保候审的通知或者有关法律文书到银行领取退还的保证金。

第三节 监视居住

第一百零七条 人民检察院对于符合逮捕条件，具有下列情形之一的犯罪嫌疑人，可以监视居住：

（一）患有严重疾病、生活不能自理的；

（二）怀孕或者正在哺乳自己婴儿的妇女；

（三）系生活不能自理的人的唯一扶养人；

（四）因为案件的特殊情况或者办理案件的需要，采取监视居住措施更为适宜的；

(五)羁押期限届满,案件尚未办结,需要采取监视居住措施的。

前款第三项中的扶养包括父母、祖父母、外祖父母对子女、孙子女、外孙子女的抚养和子女、孙子女、外孙子女对父母、祖父母、外祖父母的赡养以及配偶、兄弟姐妹之间的相互扶养。

对符合取保候审条件,但犯罪嫌疑人不能提出保证人,也不交纳保证金的,可以监视居住。

第一百零八条 人民检察院应当向被监视居住的犯罪嫌疑人宣读监视居住决定书,由犯罪嫌疑人签名或者盖章,并捺指印,责令犯罪嫌疑人遵守刑事诉讼法第七十七条的规定,告知其违反规定应负的法律责任。

指定居所监视居住的,不得要求被监视居住人支付费用。

第一百零九条 人民检察院核实犯罪嫌疑人住处或者为其指定居所后,应当制作监视居住执行通知书,将有关法律文书和案由、犯罪嫌疑人基本情况材料,送交监视居住地的公安机关执行,必要时人民检察院可以协助公安机关执行。

人民检察院应当告知公安机关在执行期间拟批准犯罪嫌疑人离开执行监视居住的处所、会见他人或者通信的,应当事先征得人民检察院同意。

第一百一十条 人民检察院可以根据案件的具体情况,商请公安机关对被监视居住的犯罪嫌疑人采取电子监控、不定期检查等监视方法,对其遵守监视居住规定的情况进行监督。

人民检察院办理直接受理侦查的案件对犯罪嫌疑人采取监视居住的,在侦查期间可以商请公安机关对其通信进行监控。

第一百一十一条 犯罪嫌疑人有下列违反监视居住规定的行为,人民检察院应当对犯罪嫌疑人予以逮捕:

(一)故意实施新的犯罪行为;

(二)企图自杀、逃跑;

(三)实施毁灭、伪造证据或者串供、干扰证人作证行为,足以影响侦查、审查起诉工作正常进行;

(四)对被害人、证人、鉴定人、举报人、控告人及其他人员实施打击报复。

犯罪嫌疑人有下列违反监视居住规定的行为,人民检察院可以对犯罪嫌疑人予以逮捕:

(一)未经批准,擅自离开执行监视居住的处所,造成严重后果,或者两次未经批准,擅自离开执行监视居住的处所;

(二)未经批准,擅自会见他人或者通信,造成严重后果,或者两次未经批准,擅自会见他人或者通信;

(三)经传讯不到案,造成严重后果,或者经两次传讯不到案。

有前两款情形,需要对犯罪嫌疑

人予以逮捕的,可以先行拘留。

第一百一十二条 人民检察院决定对犯罪嫌疑人监视居住,最长不得超过六个月。

第一百一十三条 公安机关决定对犯罪嫌疑人监视居住,案件移送人民检察院审查起诉后,对于需要继续监视居住的,人民检察院应当依法重新作出监视居住决定,并对犯罪嫌疑人办理监视居住手续。监视居住的期限应当重新计算并告知犯罪嫌疑人。

第一百一十四条 在监视居住期间,不得中断对案件的侦查、审查起诉。

第一百一十五条 监视居住期限届满或者发现不应当追究犯罪嫌疑人刑事责任的,应当解除或者撤销监视居住。

解除或者撤销监视居住的决定应当通知执行机关,并将解除或者撤销监视居住的决定书送达犯罪嫌疑人。

第一百一十六条 监视居住应当在犯罪嫌疑人的住处执行。犯罪嫌疑人无固定住处的,可以在指定的居所执行。

固定住处是指犯罪嫌疑人在办案机关所在地的市、县内工作、生活的合法居所。

指定的居所应当符合下列条件:

(一)具备正常的生活、休息条件;

(二)便于监视、管理;

(三)能够保证安全。

采取指定居所监视居住,不得在看守所、拘留所、监狱等羁押、监管场所以及留置室、讯问室等专门的办案场所、办公区域执行。

第一百一十七条 在指定的居所执行监视居住,除无法通知的以外,人民检察院应当在执行监视居住后二十四小时以内,将指定居所监视居住的原因通知被监视居住人的家属。无法通知的,应当将原因写明附卷。无法通知的情形消除后,应当立即通知。

无法通知包括下列情形:

(一)被监视居住人无家属的;

(二)与其家属无法取得联系;

(三)受自然灾害等不可抗力阻碍。

第一百一十八条 对于公安机关、人民法院决定指定居所监视居住的案件,由批准或者决定的公安机关、人民法院的同级人民检察院负责捕诉的部门对决定是否合法实行监督。

人民检察院决定指定居所监视居住的案件,由负责控告申诉检察的部门对决定是否合法实行监督。

第一百一十九条 被指定居所监视居住人及其法定代理人、近亲属或者辩护人认为指定居所监视居住决定存在违法情形,提出控告或者举报的,人民检察院应当受理。

人民检察院可以要求有关机关提

供指定居所监视居住决定书和相关案卷材料。经审查，发现存在下列违法情形之一的，应当及时通知其纠正：

（一）不符合指定居所监视居住的适用条件的；

（二）未按法定程序履行批准手续的；

（三）在决定过程中有其他违反刑事诉讼法规定的行为的。

第一百二十条　对于公安机关、人民法院决定指定居所监视居住的案件，由人民检察院负责刑事执行检察的部门对指定居所监视居住的执行活动是否合法实行监督。发现存在下列违法情形之一的，应当及时提出纠正意见：

（一）执行机关收到指定居所监视居住决定书、执行通知书等法律文书后不派员执行或者不及时派员执行的；

（二）在执行指定居所监视居住后二十四小时以内没有通知被监视居住人的家属的；

（三）在羁押场所、专门的办案场所执行监视居住的；

（四）为被监视居住人通风报信、私自传递信件、物品的；

（五）违反规定安排辩护人同被监视居住人会见、通信，或者违法限制被监视居住人与辩护人会见、通信的；

（六）对被监视居住人刑讯逼供、体罚、虐待或者变相体罚、虐待的；

（七）有其他侵犯被监视居住人合法权利行为或者其他违法行为的。

被监视居住人及其法定代理人、近亲属或者辩护人认为执行机关或者执行人员存在上述违法情形，提出控告或者举报的，人民检察院应当受理。

人民检察院决定指定居所监视居住的案件，由负责控告申诉检察的部门对指定居所监视居住的执行活动是否合法实行监督。

第四节　拘　留

第一百二十一条　人民检察院对于具有下列情形之一的犯罪嫌疑人，可以决定拘留：

（一）犯罪后企图自杀、逃跑或者在逃的；

（二）有毁灭、伪造证据或者串供可能的。

第一百二十二条　人民检察院作出拘留决定后，应当将有关法律文书和案由、犯罪嫌疑人基本情况的材料送交同级公安机关执行。必要时，人民检察院可以协助公安机关执行。

拘留后，应当立即将被拘留人送看守所羁押，至迟不得超过二十四小时。

第一百二十三条　对犯罪嫌疑人拘留后，除无法通知的以外，人民检察院应当在二十四小时以内，通知被拘留人的家属。

无法通知的,应当将原因写明附卷。无法通知的情形消除后,应当立即通知其家属。

第一百二十四条 对被拘留的犯罪嫌疑人,应当在拘留后二十四小时以内进行讯问。

第一百二十五条 对被拘留的犯罪嫌疑人,发现不应当拘留的,应当立即释放;依法可以取保候审或者监视居住的,按照本规则的有关规定办理取保候审或者监视居住手续。

对被拘留的犯罪嫌疑人,需要逮捕的,按照本规则的有关规定办理逮捕手续;决定不予逮捕的,应当及时变更强制措施。

第一百二十六条 人民检察院直接受理侦查的案件,拘留犯罪嫌疑人的羁押期限为十四日,特殊情况下可以延长一日至三日。

第一百二十七条 公民将正在实行犯罪或者在犯罪后即被发觉的、通缉在案的、越狱逃跑的、正在被追捕的犯罪嫌疑人或者犯罪人扭送到人民检察院的,人民检察院应当予以接受,并且根据具体情况决定是否采取相应的紧急措施。不属于自己管辖的,应当移送主管机关处理。

第五节 逮 捕

第一百二十八条 人民检察院对有证据证明有犯罪事实,可能判处徒刑以上刑罚的犯罪嫌疑人,采取取保候审尚不足以防止发生下列社会危险性的,应当批准或者决定逮捕:

(一)可能实施新的犯罪的;

(二)有危害国家安全、公共安全或者社会秩序的现实危险的;

(三)可能毁灭、伪造证据,干扰证人作证或者串供的;

(四)可能对被害人、举报人、控告人实施打击报复的;

(五)企图自杀或者逃跑的。

有证据证明有犯罪事实是指同时具备下列情形:

(一)有证据证明发生了犯罪事实;

(二)有证据证明该犯罪事实是犯罪嫌疑人实施的;

(三)证明犯罪嫌疑人实施犯罪行为的证据已经查证属实。

犯罪事实既可以是单一犯罪行为的事实,也可以是数个犯罪行为中任何一个犯罪行为的事实。

第一百二十九条 犯罪嫌疑人具有下列情形之一的,可以认定为"可能实施新的犯罪":

(一)案发前或者案发后正在策划、组织或者预备实施新的犯罪的;

(二)扬言实施新的犯罪的;

(三)多次作案、连续作案、流窜作案的;

(四)一年内曾因故意实施同类违法行为受到行政处罚的;

(五)以犯罪所得为主要生活来源的;

(六)有吸毒、赌博等恶习的;

(七)其他可能实施新的犯罪的情形。

第一百三十条 犯罪嫌疑人具有下列情形之一的,可以认定为"有危害国家安全、公共安全或者社会秩序的现实危险":

(一)案发前或者案发后正在积极策划、组织或者预备实施危害国家安全、公共安全或者社会秩序的重大违法犯罪行为的;

(二)曾因危害国家安全、公共安全或者社会秩序受到刑事处罚或者行政处罚的;

(三)在危害国家安全、黑恶势力、恐怖活动、毒品犯罪中起组织、策划、指挥作用或者积极参加的;

(四)其他有危害国家安全、公共安全或者社会秩序的现实危险的情形。

第一百三十一条 犯罪嫌疑人具有下列情形之一的,可以认定为"可能毁灭、伪造证据,干扰证人作证或者串供":

(一)曾经或者企图毁灭、伪造、隐匿、转移证据的;

(二)曾经或者企图威逼、恐吓、利诱、收买证人,干扰证人作证的;

(三)有同案犯罪嫌疑人或者与其在事实上存在密切关联犯罪的犯罪嫌疑人在逃,重要证据尚未收集到位的;

(四)其他可能毁灭、伪造证据,干扰证人作证或者串供的情形。

第一百三十二条 犯罪嫌疑人具有下列情形之一的,可以认定为"可能对被害人、举报人、控告人实施打击报复":

(一)扬言或者准备、策划对被害人、举报人、控告人实施打击报复的;

(二)曾经对被害人、举报人、控告人实施打击、要挟、迫害等行为的;

(三)采取其他方式滋扰被害人、举报人、控告人的正常生活、工作的;

(四)其他可能对被害人、举报人、控告人实施打击报复的情形。

第一百三十三条 犯罪嫌疑人具有下列情形之一的,可以认定为"企图自杀或者逃跑":

(一)着手准备自杀、自残或者逃跑的;

(二)曾经自杀、自残或者逃跑的;

(三)有自杀、自残或者逃跑的意思表示的;

(四)曾经以暴力、威胁手段抗拒抓捕的;

(五)其他企图自杀或者逃跑的

情形。

第一百三十四条 人民检察院办理审查逮捕案件，应当全面把握逮捕条件，对有证据证明有犯罪事实、可能判处徒刑以上刑罚的犯罪嫌疑人，除具有刑事诉讼法第八十一条第三款、第四款规定的情形外，应当严格审查是否具备社会危险性条件。

第一百三十五条 人民检察院审查认定犯罪嫌疑人是否具有社会危险性，应当以公安机关移送的社会危险性相关证据为依据，并结合案件具体情况综合认定。必要时，可以通过讯问犯罪嫌疑人、询问证人等诉讼参与人、听取辩护律师意见等方式，核实相关证据。

依据在案证据不能认定犯罪嫌疑人符合逮捕社会危险性条件的，人民检察院可以要求公安机关补充相关证据，公安机关没有补充移送的，应当作出不批准逮捕的决定。

第一百三十六条 对有证据证明有犯罪事实，可能判处十年有期徒刑以上刑罚的犯罪嫌疑人，应当批准或者决定逮捕。

对有证据证明有犯罪事实，可能判处徒刑以上刑罚，犯罪嫌疑人曾经故意犯罪或者不讲真实姓名、住址、身份不明的，应当批准或者决定逮捕。

第一百三十七条 人民检察院经审查认为被取保候审、监视居住的犯罪嫌疑人违反取保候审、监视居住规定，依照本规则第一百零一条、第一百一十一条的规定办理。

对于被取保候审、监视居住的可能判处徒刑以下刑罚的犯罪嫌疑人，违反取保候审、监视居住规定，严重影响诉讼活动正常进行的，可以予以逮捕。

第一百三十八条 对实施多个犯罪行为或者共同犯罪案件的犯罪嫌疑人，符合本规则第一百二十八条的规定，具有下列情形之一的，应当批准或者决定逮捕：

（一）有证据证明犯有数罪中的一罪的；

（二）有证据证明实施多次犯罪中的一次犯罪的；

（三）共同犯罪中，已有证据证明有犯罪事实的犯罪嫌疑人。

第一百三十九条 对具有下列情形之一的犯罪嫌疑人，人民检察院应当作出不批准逮捕或者不予逮捕的决定：

（一）不符合本规则规定的逮捕条件的；

（二）具有刑事诉讼法第十六条规定的情形之一的。

第一百四十条 犯罪嫌疑人涉嫌的罪行较轻，且没有其他重大犯罪嫌疑，具有下列情形之一的，可以作出不批准逮捕或者不予逮捕的决定：

（一）属于预备犯、中止犯，或者

防卫过当、避险过当的；

（二）主观恶性较小的初犯，共同犯罪中的从犯、胁从犯，犯罪后自首、有立功表现或者积极退赃、赔偿损失、确有悔罪表现的；

（三）过失犯罪的犯罪嫌疑人，犯罪后有悔罪表现，有效控制损失或者积极赔偿损失的；

（四）犯罪嫌疑人与被害人双方根据刑事诉讼法的有关规定达成和解协议，经审查，认为和解系自愿、合法且已经履行或者提供担保的；

（五）犯罪嫌疑人认罪认罚的；

（六）犯罪嫌疑人系已满十四周岁未满十八周岁的未成年人或者在校学生，本人有悔罪表现，其家庭、学校或者所在社区、居民委员会、村民委员会具备监护、帮教条件的；

（七）犯罪嫌疑人系已满七十五周岁的人。

第一百四十一条 对符合刑事诉讼法第七十四条第一款规定的犯罪嫌疑人，人民检察院经审查认为不需要逮捕的，可以在作出不批准逮捕决定的同时，向公安机关提出采取监视居住措施的建议。

第六节 监察机关移送案件的强制措施

第一百四十二条 对于监察机关移送起诉的已采取留置措施的案件，人民检察院应当在受理案件后，及时对犯罪嫌疑人作出拘留决定，交公安机关执行。执行拘留后，留置措施自动解除。

第一百四十三条 人民检察院应当在执行拘留后十日以内，作出是否逮捕、取保候审或者监视居住的决定。特殊情况下，决定的时间可以延长一日至四日。

人民检察院决定采取强制措施的期间不计入审查起诉期限。

第一百四十四条 除无法通知的以外，人民检察院应当在公安机关执行拘留、逮捕后二十四小时以内，通知犯罪嫌疑人的家属。

第一百四十五条 人民检察院应当自收到移送起诉的案卷材料之日起三日以内告知犯罪嫌疑人有权委托辩护人。对已经采取留置措施的，应当在执行拘留时告知。

第一百四十六条 对于监察机关移送起诉的未采取留置措施的案件，人民检察院受理后，在审查起诉过程中根据案件情况，可以依照本规则相关规定决定是否采取逮捕、取保候审或者监视居住措施。

第一百四十七条 对于监察机关移送起诉案件的犯罪嫌疑人采取强制措施，本节未规定的，适用本规则相关规定。

第七节 其他规定

第一百四十八条 人民检察院对担任县级以上各级人民代表大会代表的犯罪嫌疑人决定采取拘传、取保候审、监视居住、拘留、逮捕强制措施的，应当报请该代表所属的人民代表大会主席团或者常务委员会许可。

人民检察院对担任本级人民代表大会代表的犯罪嫌疑人决定采取强制措施的，应当报请本级人民代表大会主席团或者常务委员会许可。

对担任上级人民代表大会代表的犯罪嫌疑人决定采取强制措施的，应当层报该代表所属的人民代表大会同级的人民检察院报请许可。

对担任下级人民代表大会代表的犯罪嫌疑人决定采取强制措施的，可以直接报请该代表所属的人民代表大会主席团或者常务委员会许可，也可以委托该代表所属的人民代表大会同级的人民检察院报请许可。

对担任两级以上的人民代表大会代表的犯罪嫌疑人决定采取强制措施的，分别依照本条第二、三、四款的规定报请许可。

对担任办案单位所在省、市、县（区）以外的其他地区人民代表大会代表的犯罪嫌疑人决定采取强制措施的，应当委托该代表所属的人民代表大会同级的人民检察院报请许可；担任两级以上人民代表大会代表的，应当分别委托该代表所属的人民代表大会同级的人民检察院报请许可。

对于公安机关提请人民检察院批准逮捕的案件，犯罪嫌疑人担任人民代表大会代表的，报请许可手续由公安机关负责办理。

担任县级以上人民代表大会代表的犯罪嫌疑人，经报请该代表所属人民代表大会主席团或者常务委员会许可后被刑事拘留的，适用逮捕措施时不需要再次报请许可。

第一百四十九条 担任县级以上人民代表大会代表的犯罪嫌疑人因现行犯被人民检察院拘留的，人民检察院应当立即向该代表所属的人民代表大会主席团或者常务委员会报告。报告的程序参照本规则第一百四十八条报请许可的程序规定。

对担任乡、民族乡、镇的人民代表大会代表的犯罪嫌疑人决定采取强制措施的，由县级人民检察院向乡、民族乡、镇的人民代表大会报告。

第一百五十条 犯罪嫌疑人及其法定代理人、近亲属或者辩护人认为人民检察院采取强制措施法定期限届满，要求解除、变更强制措施或者释放犯罪嫌疑人的，人民检察院应当在收到申请后三日以内作出决定。

经审查，认为法定期限届满的，应当决定解除、变更强制措施或者释放犯罪嫌疑人,并通知公安机关执行;认为法定期限未满的,书面答复申请人。

第一百五十一条 犯罪嫌疑人及其法定代理人、近亲属或者辩护人向人民检察院提出变更强制措施申请的,人民检察院应当在收到申请后三日以内作出决定。

经审查,同意变更强制措施的,应当在作出决定的同时通知公安机关执行;不同意变更强制措施的,应当书面告知申请人,并说明不同意的理由。

犯罪嫌疑人及其法定代理人、近亲属或者辩护人提出变更强制措施申请的,应当说明理由,有证据和其他材料的,应当附上相关材料。

第一百五十二条 人民检察院在侦查、审查起诉期间,对犯罪嫌疑人拘留、逮捕后发生依法延长侦查羁押期限、审查起诉期限,重新计算侦查羁押期限、审查起诉期限等期限改变的情形的,应当及时将变更后的期限书面通知看守所。

第一百五十三条 人民检察院决定对涉嫌犯罪的机关事业单位工作人员取保候审、监视居住、拘留、逮捕的,应当在采取或者解除强制措施后五日以内告知其所在单位;决定撤销案件或者不起诉的,应当在作出决定后十日以内告知其所在单位。

第一百五十四条 取保候审变更为监视居住,或者取保候审、监视居住变更为拘留、逮捕的,在变更的同时原强制措施自动解除,不再办理解除法律手续。

第一百五十五条 人民检察院已经对犯罪嫌疑人取保候审、监视居住,案件起诉至人民法院后,人民法院决定取保候审、监视居住或者变更强制措施的,原强制措施自动解除,不再办理解除法律手续。

第七章 案件受理

第一百五十六条 下列案件,由人民检察院负责案件管理的部门统一受理:

(一)公安机关提请批准逮捕、移送起诉、提请批准延长侦查羁押期限、要求复议、提请复核、申请复查、移送申请强制医疗、移送申请没收违法所得的案件;

(二)监察机关移送起诉、提请没收违法所得、对不起诉决定提请复议的案件;

(三)下级人民检察院提出或者提请抗诉、报请指定管辖、报请核准追诉、报请核准缺席审判或者提请死刑复核监督的案件;

(四)人民法院通知出席第二审法庭或者再审法庭的案件;

(五)其他依照规定由负责案件管理的部门受理的案件。

第一百五十七条 人民检察院负

责案件管理的部门受理案件时,应当接收案卷材料,并立即审查下列内容:

(一)依据移送的法律文书载明的内容确定案件是否属于本院管辖;

(二)案卷材料是否齐备、规范,符合有关规定的要求;

(三)移送的款项或者物品与移送清单是否相符;

(四)犯罪嫌疑人是否在案以及采取强制措施的情况;

(五)是否在规定的期限内移送案件。

第一百五十八条 人民检察院负责案件管理的部门对接收的案卷材料审查后,认为具备受理条件的,应当及时进行登记,并立即将案卷材料和案件受理登记表移送办案部门办理。

经审查,认为案卷材料不齐备的,应当及时要求移送案件的单位补送相关材料。对于案卷装订不符合要求的,应当要求移送案件的单位重新装订后移送。

对于移送起诉的案件,犯罪嫌疑人在逃的,应当要求公安机关采取措施保证犯罪嫌疑人到案后再移送起诉。共同犯罪案件中部分犯罪嫌疑人在逃的,对在案犯罪嫌疑人的移送起诉应当受理。

第一百五十九条 对公安机关送达的执行情况回执和人民法院送达的判决书、裁定书等法律文书,人民检察院负责案件管理的部门应当接收,即时登记。

第一百六十条 人民检察院直接受理侦查的案件,移送审查逮捕、移送起诉的,按照本规则第一百五十六条至第一百五十八条的规定办理。

第一百六十一条 人民检察院负责控告申诉检察的部门统一接受报案、控告、举报、申诉和犯罪嫌疑人投案自首,并依法审查,在七日以内作出以下处理:

(一)属于本院管辖且符合受理条件的,应当予以受理;

(二)不属于本院管辖的报案、控告、举报、自首,应当移送主管机关处理。必须采取紧急措施的,应当先采取紧急措施,然后移送主管机关。不属于本院管辖的申诉,应当告知其向有管辖权的机关提出;

(三)案件情况不明的,应当进行必要的调查核实,查明情况后依法作出处理。

负责控告申诉检察的部门可以向下级人民检察院交办控告、申诉、举报案件,并依照有关规定进行督办。

第一百六十二条 控告、申诉符合下列条件的,人民检察院应当受理:

(一)属于人民检察院受理案件范围;

(二)本院具有管辖权;

(三)申诉人是原案的当事人或

者其法定代理人、近亲属；

（四）控告、申诉材料符合受理要求。

控告人、申诉人委托律师代理控告、申诉，符合上述条件的，应当受理。

控告、申诉材料不齐备的，应当告知控告人、申诉人补齐。受理时间从控告人、申诉人补齐相关材料之日起计算。

第一百六十三条 对于收到的群众来信，负责控告申诉检察的部门应当在七日以内进行程序性答复，办案部门应当在三个月以内将办理进展或者办理结果答复来信人。

第一百六十四条 负责控告申诉检察的部门对受理的刑事申诉案件应当根据事实、法律进行审查，必要时可以进行调查核实。认为原案处理可能错误的，应当移送相关办案部门办理；认为原案处理没有错误的，应当书面答复申诉人。

第一百六十五条 办案部门应当在规定期限内办结控告、申诉案件，制作相关法律文书，送达报案人、控告人、申诉人、举报人、自首人，并做好释法说理工作。

第八章 立 案

第一节 立案审查

第一百六十六条 人民检察院直接受理侦查案件的线索，由负责侦查的部门统一受理、登记和管理。负责控告申诉检察的部门接受的控告、举报，或者本院其他办案部门发现的案件线索，属于人民检察院直接受理侦查案件线索的，应当在七日以内移送负责侦查的部门。

负责侦查的部门对案件线索进行审查后，认为属于本院管辖，需要进一步调查核实的，应当报检察长决定。

第一百六十七条 对于人民检察院直接受理侦查案件的线索，上级人民检察院在必要时，可以直接调查核实或者组织、指挥、参与下级人民检察院的调查核实，可以将下级人民检察院管辖的案件线索指定辖区内其他人民检察院调查核实，也可以将本院管辖的案件线索交由下级人民检察院调查核实；下级人民检察院认为案件线索重大、复杂，需要由上级人民检察院调查核实的，可以提请移送上级人民检察院调查核实。

第一百六十八条 调查核实一般不得接触被调查对象。必须接触被调查对象的，应当经检察长批准。

第一百六十九条 进行调查核实，可以采取询问、查询、勘验、检查、鉴定、调取证据材料等不限制被调查对象人身、财产权利的措施。不得对被调查对象采取强制措施，不得查封、扣押、冻结被调查对象的财产，不得采取技术侦查措施。

第一百七十条 负责侦查的部门调查核实后，应当制作审查报告。

调查核实终结后，相关材料应当立卷归档。立案进入侦查程序的，对于作为诉讼证据以外的其他材料应当归入侦查内卷。

第二节 立案决定

第一百七十一条 人民检察院对于直接受理的案件，经审查认为有犯罪事实需要追究刑事责任的，应当制作立案报告书，经检察长批准后予以立案。

符合立案条件，但犯罪嫌疑人尚未确定的，可以依据已查明的犯罪事实作出立案决定。

对具有下列情形之一的，报请检察长决定不予立案：

（一）具有刑事诉讼法第十六条规定情形之一的；

（二）认为没有犯罪事实的；

（三）事实或者证据尚不符合立案条件的。

第一百七十二条 对于其他机关或者本院其他办案部门移送的案件线索，决定不予立案的，负责侦查的部门应当制作不立案通知书，写明案由和案件来源、决定不立案的原因和法律依据，自作出不立案决定之日起十日以内送达移送案件线索的机关或者部门。

第一百七十三条 对于控告和实名举报，决定不予立案的，应当制作不立案通知书，写明案由和案件来源、决定不立案的原因和法律依据，由负责侦查的部门在十五日以内送达控告人、举报人，同时告知本院负责控告申诉检察的部门。

控告人如果不服，可以在收到不立案通知书后十日以内向上一级人民检察院申请复议。不立案的复议，由上一级人民检察院负责侦查的部门审查办理。

人民检察院认为被控告人、被举报人的行为未构成犯罪，决定不予立案，但需要追究其党纪、政纪、违法责任的，应当移送有管辖权的主管机关处理。

第一百七十四条 错告对被控告人、被举报人造成不良影响的，人民检察院应当自作出不立案决定之日起一个月以内向其所在单位或者有关部门通报调查核实的结论，澄清事实。

属于诬告陷害的，应当移送有关机关处理。

第一百七十五条 人民检察院决定对人民代表大会代表立案，应当按照本规则第一百四十八条、第一百四十九条规定的程序向该代表所属的人民代表大会主席团或者常务委员会进行通报。

第九章 侦 查

第一节 一般规定

第一百七十六条 人民检察院办理直接受理侦查的案件,应当全面、客观地收集、调取犯罪嫌疑人有罪或者无罪、罪轻或者罪重的证据材料,并依法进行审查、核实。办案过程中必须重证据,重调查研究,不轻信口供。严禁刑讯逼供和以威胁、引诱、欺骗以及其他非法方法收集证据,不得强迫任何人证实自己有罪。

第一百七十七条 人民检察院办理直接受理侦查的案件,应当保障犯罪嫌疑人和其他诉讼参与人依法享有的辩护权和其他各项诉讼权利。

第一百七十八条 人民检察院办理直接受理侦查的案件,应当严格依照刑事诉讼法规定的程序,严格遵守刑事案件办案期限的规定,依法提请批准逮捕、移送起诉、不起诉或者撤销案件。

对犯罪嫌疑人采取强制措施,应当经检察长批准。

第一百七十九条 人民检察院办理直接受理侦查的案件,应当对侦查过程中知悉的国家秘密、商业秘密及个人隐私予以保密。

第一百八十条 办理案件的人民检察院需要派员到本辖区以外进行搜查、调取物证、书证等证据材料,或者查封、扣押财物和文件的,应当持相关法律文书和证明文件等与当地人民检察院联系,当地人民检察院应当予以协助。

需要到本辖区以外调取证据材料的,必要时,可以向证据所在地的人民检察院发函调取证据。调取证据的函件应当注明具体的取证对象、地址和内容。证据所在地的人民检察院应当在收到函件后一个月以内将取证结果送达办理案件的人民检察院。

被请求协助的人民检察院有异议的,可以与办理案件的人民检察院进行协商。必要时,报请共同的上级人民检察院决定。

第一百八十一条 人民检察院对于直接受理案件的侦查,可以适用刑事诉讼法第二编第二章规定的各项侦查措施。

刑事诉讼法规定进行侦查活动需要制作笔录的,应当制作笔录。必要时,可以对相关活动进行录音、录像。

第二节 讯问犯罪嫌疑人

第一百八十二条 讯问犯罪嫌疑人,由检察人员负责进行。讯问时,检察人员或者检察人员和书记员不得少于二人。

讯问同案的犯罪嫌疑人,应当个别进行。

第一百八十三条 对于不需要逮

捕、拘留的犯罪嫌疑人，可以传唤到犯罪嫌疑人所在市、县内的指定地点或者到他的住处进行讯问。

传唤犯罪嫌疑人，应当出示传唤证和工作证件，并责令犯罪嫌疑人在传唤证上签名或者盖章，并捺指印。

犯罪嫌疑人到案后，应当由其在传唤证上填写到案时间。传唤结束时，应当由其在传唤证上填写传唤结束时间。拒绝填写的，应当在传唤证上注明。

对在现场发现的犯罪嫌疑人，经出示工作证件，可以口头传唤，并将传唤的原因和依据告知被传唤人。在讯问笔录中应当注明犯罪嫌疑人到案时间、到案经过和传唤结束时间。

本规则第八十四条第二款的规定适用于传唤犯罪嫌疑人。

第一百八十四条 传唤犯罪嫌疑人时，其家属在场的，应当当场将传唤的原因和处所口头告知其家属，并在讯问笔录中注明。其家属不在场的，应当及时将传唤的原因和处所通知被传唤人家属。无法通知的，应当在讯问笔录中注明。

第一百八十五条 传唤持续的时间不得超过十二小时。案情特别重大、复杂，需要采取拘留、逮捕措施的，传唤持续的时间不得超过二十四小时。两次传唤间隔的时间一般不得少于十二小时，不得以连续传唤的方式变相拘禁犯罪嫌疑人。

传唤犯罪嫌疑人，应当保证犯罪嫌疑人的饮食和必要的休息时间。

第一百八十六条 犯罪嫌疑人被送交看守所羁押后，检察人员对其进行讯问，应当填写提讯、提解证，在看守所讯问室进行。

因辨认、鉴定、侦查实验或者追缴犯罪有关财物的需要，经检察长批准，可以提押犯罪嫌疑人出所，并应当由两名以上司法警察押解。不得以讯问为目的将犯罪嫌疑人提押出所进行讯问。

第一百八十七条 讯问犯罪嫌疑人一般按照下列顺序进行：

（一）核实犯罪嫌疑人的基本情况，包括姓名、出生年月日、户籍地、公民身份号码、民族、职业、文化程度、工作单位及职务、住所、家庭情况、社会经历、是否属于人大代表、政协委员等；

（二）告知犯罪嫌疑人在侦查阶段的诉讼权利，有权自行辩护或者委托律师辩护，告知其如实供述自己罪行可以依法从宽处理和认罪认罚的法律规定；

（三）讯问犯罪嫌疑人是否有犯罪行为，让他陈述有罪的事实或者无罪的辩解，应当允许其连贯陈述。

犯罪嫌疑人对检察人员的提问，应当如实回答。但是对与本案无关的问题,有拒绝回答的权利。

讯问犯罪嫌疑人时,应当告知犯罪嫌疑人将对讯问进行全程同步录音、录像。告知情况应当在录音、录像中予以反映,并记明笔录。

讯问时,对犯罪嫌疑人提出的辩解要认真查核。严禁刑讯逼供和以威胁、引诱、欺骗以及其他非法的方法获取供述。

第一百八十八条 讯问犯罪嫌疑人,应当制作讯问笔录。讯问笔录应当忠实于原话,字迹清楚,详细具体,并交犯罪嫌疑人核对。犯罪嫌疑人没有阅读能力的,应当向他宣读。如果记载有遗漏或者差错,应当补充或者改正。犯罪嫌疑人认为讯问笔录没有错误的,由其在笔录上逐页签名或者盖章,并捺指印,在末页写明"以上笔录我看过(向我宣读过),和我说的相符",同时签名或者盖章,并捺指印,注明日期。如果犯罪嫌疑人拒绝签名、盖章、捺指印的,应当在笔录上注明。讯问的检察人员、书记员也应当在笔录上签名。

第一百八十九条 犯罪嫌疑人请求自行书写供述的,检察人员应当准许。必要时,检察人员也可以要求犯罪嫌疑人亲笔书写供述。犯罪嫌疑人应当在亲笔供述的末页签名或者盖章,并捺指印,注明书写日期。检察人员收到后,应当在首页右上方写明"于某年某月某日收到",并签名。

第一百九十条 人民检察院办理直接受理侦查的案件,应当在每次讯问犯罪嫌疑人时,对讯问过程实行全程录音、录像,并在讯问笔录中注明。

第三节 询问证人、被害人

第一百九十一条 人民检察院在侦查过程中,应当及时询问证人,并且告知证人履行作证的权利和义务。

人民检察院应当保证一切与案件有关或者了解案情的公民有客观充分地提供证据的条件,并为他们保守秘密。除特殊情况外,人民检察院可以吸收他们协助调查。

第一百九十二条 询问证人,应当由检察人员负责进行。询问时,检察人员或者检察人员和书记员不得少于二人。

第一百九十三条 询问证人,可以在现场进行,也可以到证人所在单位、住处或者证人提出的地点进行。必要时,也可以通知证人到人民检察院提供证言。到证人提出的地点进行询问的,应当在笔录中记明。

询问证人应当个别进行。

在现场询问证人,应当出示工作证件。到证人所在单位、住处或者证人提出的地点询问证人,应当出示人民检察院的证明文件。

第一百九十四条 询问证人,应

当问明证人的基本情况以及与当事人的关系,并且告知证人应当如实提供证据、证言和故意作伪证或者隐匿罪证应当承担的法律责任,但是不得向证人泄露案情,不得采用拘禁、暴力、威胁、引诱、欺骗以及其他非法方法获取证言。

询问重大或者有社会影响的案件的重要证人,应当对询问过程实行全程录音、录像,并在询问笔录中注明。

第一百九十五条 询问被害人,适用询问证人的规定。

第四节 勘验、检查

第一百九十六条 检察人员对与犯罪有关的场所、物品、人身、尸体应当进行勘验或者检查。必要时,可以指派检察技术人员或者聘请其他具有专门知识的人,在检察人员的主持下进行勘验、检查。

第一百九十七条 勘验时,人民检察院应当邀请两名与案件无关的见证人在场。

勘查现场,应当拍摄现场照片。勘查的情况应当写明笔录并制作现场图,由参加勘查的人和见证人签名。勘查重大案件的现场,应当录像。

第一百九十八条 人民检察院解剖死因不明的尸体,应当通知死者家属到场,并让其在解剖通知书上签名或者盖章。

死者家属无正当理由拒不到场或者拒绝签名、盖章的,不影响解剖的进行,但是应当在解剖通知书上记明。对于身份不明的尸体,无法通知死者家属的,应当记明笔录。

第一百九十九条 为了确定被害人、犯罪嫌疑人的某些特征、伤害情况或者生理状态,人民检察院可以对其人身进行检查,可以提取指纹信息,采集血液、尿液等生物样本。

必要时,可以指派、聘请法医或者医师进行人身检查。采集血液等生物样本应当由医师进行。

犯罪嫌疑人如果拒绝检查,检察人员认为必要时可以强制检查。

检查妇女的身体,应当由女工作人员或者医师进行。

人身检查不得采用损害被检查人生命、健康或者贬低其名誉、人格的方法。在人身检查过程中知悉的被检查人的个人隐私,检察人员应当予以保密。

第二百条 为了查明案情,必要时经检察长批准,可以进行侦查实验。

侦查实验,禁止一切足以造成危险、侮辱人格或者有伤风化的行为。

第二百零一条 侦查实验,必要时可以聘请有关专业人员参加,也可以要求犯罪嫌疑人、被害人、证人参加。

第五节 搜查

第二百零二条 人民检察院有权

要求有关单位和个人,交出能够证明犯罪嫌疑人有罪或者无罪以及犯罪情节轻重的证据。

第二百零三条 为了收集犯罪证据,查获犯罪人,经检察长批准,检察人员可以对犯罪嫌疑人以及可能隐藏罪犯或者犯罪证据的人的身体、物品、住处、工作地点和其他有关的地方进行搜查。

第二百零四条 搜查应当在检察人员的主持下进行,可以有司法警察参加。必要时,可以指派检察技术人员参加或者邀请当地公安机关、有关单位协助进行。

执行搜查的人员不得少于二人。

第二百零五条 搜查时,应当向被搜查人或者他的家属出示搜查证。

在执行逮捕、拘留的时候,遇有下列紧急情况之一,不另用搜查证也可以进行搜查:

（一）可能随身携带凶器的;

（二）可能隐藏爆炸、剧毒等危险物品的;

（三）可能隐匿、毁弃、转移犯罪证据的;

（四）可能隐匿其他犯罪嫌疑人的;

（五）其他紧急情况。

搜查结束后,搜查人员应当在二十四小时以内补办有关手续。

第二百零六条 搜查时,应当有被搜查人或者其家属、邻居或者其他见证人在场,并且对被搜查人或者其家属说明阻碍搜查、妨碍公务应负的法律责任。

搜查妇女的身体,应当由女工作人员进行。

第二百零七条 搜查时,如果遇到阻碍,可以强制进行搜查。对以暴力、威胁方法阻碍搜查的,应当予以制止,或者由司法警察将其带离现场。阻碍搜查构成犯罪的,应当依法追究刑事责任。

第六节 调取、查封、
扣押、查询、冻结

第二百零八条 检察人员可以凭人民检察院的证明文件,向有关单位和个人调取能够证明犯罪嫌疑人有罪或者无罪以及犯罪情节轻重的证据材料,并且可以根据需要拍照、录像、复印和复制。

第二百零九条 调取物证应当调取原物。原物不便搬运、保存,或者依法应当返还被害人,或者因保密工作需要不能调取原物的,可以将原物封存,并拍照、录像。对原物拍照或者录像应当足以反映原物的外形、内容。

调取书证、视听资料应当调取原件。取得原件确有困难或者因保密需要不能调取原件的,可以调取副本或者复制件。

调取书证、视听资料的副本、复制件和物证的照片、录像的,应当书面记明不能调取原件、原物的原因,制作过程和原件、原物存放地点,并由制作人员和原书证、视听资料、物证持有人签名或者盖章。

第二百一十条 在侦查活动中发现的可以证明犯罪嫌疑人有罪、无罪或者犯罪情节轻重的各种财物和文件,应当查封或者扣押;与案件无关的,不得查封或者扣押。查封或者扣押应当经检察长批准。

不能立即查明是否与案件有关的可疑的财物和文件,也可以查封或者扣押,但应当及时审查。经查明确实与案件无关的,应当在三日以内解除查封或者予以退还。

持有人拒绝交出应当查封、扣押的财物和文件的,可以强制查封、扣押。

对于犯罪嫌疑人、被告人到案时随身携带的物品需要扣押的,可以依照前款规定办理。对于与案件无关的个人用品,应当逐件登记,并随案移交或者退还其家属。

第二百一十一条 对犯罪嫌疑人使用违法所得与合法收入共同购置的不可分割的财产,可以先行查封、扣押、冻结。对无法分割退还的财产,应当在结案后予以拍卖、变卖,对不属于违法所得的部分予以退还。

第二百一十二条 人民检察院根据侦查犯罪的需要,可以依照规定查询、冻结犯罪嫌疑人的存款、汇款、债券、股票、基金份额等财产,并可以要求有关单位和个人配合。

查询、冻结前款规定的财产,应当制作查询、冻结财产通知书,通知银行或者其他金融机构、邮政部门执行。冻结财产的,应当经检察长批准。

第二百一十三条 犯罪嫌疑人的存款、汇款、债券、股票、基金份额等财产已冻结的,人民检察院不得重复冻结,可以轮候冻结。人民检察院应当要求有关银行或者其他金融机构、邮政部门在解除冻结或者作出处理前通知人民检察院。

第二百一十四条 扣押、冻结债券、股票、基金份额等财产,应当书面告知当事人或者其法定代理人、委托代理人有权申请出售。

对于被扣押、冻结的债券、股票、基金份额等财产,在扣押、冻结期间权利人申请出售,经审查认为不损害国家利益、被害人利益,不影响诉讼正常进行的,以及扣押、冻结的汇票、本票、支票的有效期即将届满的,经检察长批准,可以在案件办结前依法出售或者变现,所得价款由人民检察院指定的银行账户保管,并及时告知当事人或者其近亲属。

第二百一十五条 对于冻结的存

款、汇款、债券、股票、基金份额等财产，经查明确实与案件无关的，应当在三日以内解除冻结，并通知财产所有人。

第二百一十六条 查询、冻结与案件有关的单位的存款、汇款、债券、股票、基金份额等财产的办法适用本规则第二百一十二条至第二百一十五条的规定。

第二百一十七条 对于扣押的款项和物品，应当在三日以内将款项存入唯一合规账户，将物品送负责案件管理的部门保管。法律或者有关规定另有规定的除外。

对于查封、扣押在人民检察院的物品、文件、邮件、电报，人民检察院应当妥善保管。经查明确实与案件无关的，应当在三日以内作出解除或者退还决定，并通知有关单位、当事人办理相关手续。

第七节 鉴　定

第二百一十八条 人民检察院为了查明案情，解决案件中某些专门性的问题，可以进行鉴定。

鉴定由人民检察院有鉴定资格的人员进行。必要时，也可以聘请其他有鉴定资格的人员进行，但是应当征得鉴定人所在单位同意。

第二百一十九条 人民检察院应当为鉴定人提供必要条件，及时向鉴定人送交有关检材和对比样本等原始材料，介绍与鉴定有关的情况，并明确提出要求鉴定解决的问题，但是不得暗示或者强迫鉴定人作出某种鉴定意见。

第二百二十条 对于鉴定意见，检察人员应当进行审查，必要时可以进行补充鉴定或者重新鉴定。重新鉴定的，应当另行指派或者聘请鉴定人。

第二百二十一条 用作证据的鉴定意见，人民检察院办案部门应当告知犯罪嫌疑人、被害人；被害人死亡或者没有诉讼行为能力的，应当告知其法定代理人、近亲属或诉讼代理人。

犯罪嫌疑人、被害人或被害人的法定代理人、近亲属、诉讼代理人提出申请，可以补充鉴定或者重新鉴定，鉴定费用由请求方承担。但原鉴定违反法定程序的，由人民检察院承担。

犯罪嫌疑人的辩护人或者近亲属以犯罪嫌疑人有患精神病可能而申请对犯罪嫌疑人进行鉴定的，鉴定费用由申请方承担。

第二百二十二条 对犯罪嫌疑人作精神病鉴定的期间不计入羁押期限和办案期限。

第八节 辨　认

第二百二十三条 为了查明案情，必要时，检察人员可以让被害人、证人和犯罪嫌疑人对与犯罪有关的物品、文件、尸体或场所进行辨认;也可以让被害人、证人对犯罪嫌疑人进行辨认,或者让犯罪嫌疑人对其他犯罪嫌疑人进行辨认。

第二百二十四条　辨认应当在检察人员的主持下进行,执行辨认的人员不得少于二人。在辨认前,应当向辨认人详细询问被辨认对象的具体特征,避免辨认人见到被辨认对象,并应当告知辨认人有意作虚假辨认应负的法律责任。

第二百二十五条　几名辨认人对同一被辨认对象进行辨认时,应当由每名辨认人单独进行。必要时,可以有见证人在场。

第二百二十六条　辨认时,应当将辨认对象混杂在其他对象中。不得在辨认前向辨认人展示辨认对象及其影像资料,不得给辨认人任何暗示。

辨认犯罪嫌疑人时,被辨认的人数不得少于七人,照片不得少于十张。

辨认物品时,同类物品不得少于五件,照片不得少于五张。

对犯罪嫌疑人的辨认,辨认人不愿公开进行时,可以在不暴露辨认人的情况下进行,并应当为其保守秘密。

第九节　技术侦查措施

第二百二十七条　人民检察院在立案后,对于利用职权实施的严重侵犯公民人身权利的重大犯罪案件,经过严格的批准手续,可以采取技术侦查措施,交有关机关执行。

第二百二十八条　人民检察院办理直接受理侦查的案件,需要追捕被通缉或者决定逮捕的在逃犯罪嫌疑人、被告人的,经过批准,可以采取追捕所必需的技术侦查措施,不受本规则第二百二十七条规定的案件范围的限制。

第二百二十九条　人民检察院采取技术侦查措施应当根据侦查犯罪的需要,确定采取技术侦查措施的种类和适用对象,按照有关规定报请批准。批准决定自签发之日起三个月以内有效。对于不需要继续采取技术侦查措施的,应当及时解除;对于复杂、疑难案件,期限届满仍有必要继续采取技术侦查措施的,应当在期限届满前十日以内制作呈请延长技术侦查措施期限报告书,写明延长的期限及理由,经过原批准机关批准,有效期可以延长,每次不得超过三个月。

采取技术侦查措施收集的材料作为证据使用的,批准采取技术侦查措施的法律文书应当附卷,辩护律师可以依法查阅、摘抄、复制。

第二百三十条　采取技术侦查措施收集的物证、书证及其他证据材料,检察人员应当制作相应的说明材料,写明获取证据的时间、地点、数量、特征以及采取技术侦查措施的批准机关、种类等,并签名和盖章。

对于使用技术侦查措施获取的证据材料,如果可能危及特定人员的人身安全、涉及国家秘密或者公开后可能暴露侦查秘密或者严重损害商业秘密、个人隐私的,应当采取不暴露有关人员身份、技术方法等保护措施。必要时,可以建议不在法庭上质证,由审判人员在庭外对证据进行核实。

第二百三十一条 检察人员对采取技术侦查措施过程中知悉的国家秘密、商业秘密和个人隐私,应当保密;对采取技术侦查措施获取的与案件无关的材料,应当及时销毁,并对销毁情况制作记录。

采取技术侦查措施获取的证据、线索及其他有关材料,只能用于对犯罪的侦查、起诉和审判,不得用于其他用途。

第十节 通 缉

第二百三十二条 人民检察院办理直接受理侦查的案件,应当逮捕的犯罪嫌疑人在逃,或者已被逮捕的犯罪嫌疑人脱逃的,经检察长批准,可以通缉。

第二百三十三条 各级人民检察院需要在本辖区内通缉犯罪嫌疑人的,可以直接决定通缉;需要在本辖区外通缉犯罪嫌疑人的,由有决定权的上级人民检察院决定。

第二百三十四条 人民检察院应当将通缉通知书和通缉对象的照片、身份、特征、案情简况送达公安机关,由公安机关发布通缉令,追捕归案。

第二百三十五条 为防止犯罪嫌疑人等涉案人员逃往境外,需要在边防口岸采取边控措施的,人民检察院应当按照有关规定制作边控对象通知书,商请公安机关办理边控手续。

第二百三十六条 应当逮捕的犯罪嫌疑人潜逃出境的,可以按照有关规定层报最高人民检察院商请国际刑警组织中国国家中心局,请求有关方面协助,或者通过其他法律规定的途径进行追捕。

第十一节 侦查终结

第二百三十七条 人民检察院经过侦查,认为犯罪事实清楚,证据确实、充分,依法应当追究刑事责任的,应当写出侦查终结报告,并且制作起诉意见书。

犯罪嫌疑人自愿认罪的,应当记录在案,随案移送,并在起诉意见书中写明有关情况。

对于犯罪情节轻微,依照刑法规定不需要判处刑罚或者免除刑罚的案件,应当写出侦查终结报告,并且制作不起诉意见书。

侦查终结报告和起诉意见书或者不起诉意见书应当报请检察长批准。

第二百三十八条 负责侦查的部门应当将起诉意见书或者不起诉意见书、查封、扣押、冻结的犯罪嫌疑人的财物及其孳息、文件清单以及对查封、扣押、冻结的涉案财物的处理意见和其他案卷材料，一并移送本院负责捕诉的部门审查。国家或者集体财产遭受损失的，在提出提起公诉意见的同时，可以提出提起附带民事诉讼的意见。

第二百三十九条 在案件侦查过程中，犯罪嫌疑人委托辩护律师的，检察人员可以听取辩护律师的意见。

辩护律师要求当面提出意见的，检察人员应当听取意见，并制作笔录附卷。辩护律师提出书面意见的，应当附卷。

侦查终结前，犯罪嫌疑人提出无罪或者罪轻的辩解，辩护律师提出犯罪嫌疑人无罪或者依法不应当追究刑事责任意见的，人民检察院应当依法予以核实。

案件侦查终结移送起诉时，人民检察院应当同时将案件移送情况告知犯罪嫌疑人及其辩护律师。

第二百四十条 人民检察院侦查终结的案件，需要在异地起诉、审判的，应当在移送起诉前与人民法院协商指定管辖的相关事宜。

第二百四十一条 上级人民检察院侦查终结的案件，依照刑事诉讼法的规定应当由下级人民检察院提起公诉或者不起诉的，应当将有关决定、侦查终结报告连同案卷材料交由下级人民检察院审查。

下级人民检察院认为上级人民检察院的决定有错误的，可以向上级人民检察院报告。上级人民检察院维持原决定的，下级人民检察院应当执行。

第二百四十二条 人民检察院在侦查过程中或者侦查终结后，发现具有下列情形之一的，负责侦查的部门应当制作拟撤销案件意见书，报请检察长决定：

（一）具有刑事诉讼法第十六条规定情形之一的；

（二）没有犯罪事实的，或者依照刑法规定不负刑事责任或者不是犯罪的；

（三）虽有犯罪事实，但不是犯罪嫌疑人所为的。

对于共同犯罪的案件，如有符合本条规定情形的犯罪嫌疑人，应当撤销对该犯罪嫌疑人的立案。

第二百四十三条 地方各级人民检察院决定撤销案件的，负责侦查的部门应当将撤销案件意见书连同本案全部案卷材料，在法定期限届满七日前报上一级人民检察院审查；重大、复杂案件在法定期限届满十日前报上一级人民检察院审查。

对于共同犯罪案件,应当将处理同案犯罪嫌疑人的有关法律文书以及案件事实、证据材料复印件等,一并报送上一级人民检察院。

上一级人民检察院负责侦查的部门应当对案件事实、证据和适用法律进行全面审查。必要时,可以讯问犯罪嫌疑人。

上一级人民检察院负责侦查的部门审查后,应当提出是否同意撤销案件的意见,报请检察长决定。

人民检察院决定撤销案件的,应当告知控告人、举报人,听取其意见并记明笔录。

第二百四十四条 上一级人民检察院审查下级人民检察院报送的拟撤销案件,应当在收到案件后七日以内批复;重大、复杂案件,应当在收到案件后十日以内批复。情况紧急或者因其他特殊原因不能按时送达的,可以先行通知下级人民检察院执行。

第二百四十五条 上一级人民检察院同意撤销案件的,下级人民检察院应当作出撤销案件决定,并制作撤销案件决定书。上一级人民检察院不同意撤销案件的,下级人民检察院应当执行上一级人民检察院的决定。

报请上一级人民检察院审查期间,犯罪嫌疑人羁押期限届满的,应当依法释放犯罪嫌疑人或者变更强制措施。

第二百四十六条 撤销案件的决定,应当分别送达犯罪嫌疑人所在单位和犯罪嫌疑人。犯罪嫌疑人死亡的,应当送达犯罪嫌疑人原所在单位。如果犯罪嫌疑人在押,应当制作决定释放通知书,通知公安机关依法释放。

第二百四十七条 人民检察院作出撤销案件决定的,应当在三十日以内报经检察长批准,对犯罪嫌疑人的违法所得作出处理。情况特殊的,可以延长三十日。

第二百四十八条 人民检察院撤销案件时,对犯罪嫌疑人的违法所得及其他涉案财产应当区分不同情形,作出相应处理:

(一)因犯罪嫌疑人死亡而撤销案件,依照刑法规定应当追缴其违法所得及其他涉案财产的,按照本规则第十二章第四节的规定办理。

(二)因其他原因撤销案件,对于查封、扣押、冻结的犯罪嫌疑人违法所得及其他涉案财产需要没收的,应当提出检察意见,移送有关主管机关处理。

(三)对于冻结的犯罪嫌疑人存款、汇款、债券、股票、基金份额等财产需要返还被害人的,可以通知金融机构、邮政部门返还被害人;对于查封、扣押的犯罪嫌疑人的违法所得及其他涉案财产需要返还被害人的,直接决定返还被害人。

人民检察院申请人民法院裁定处理犯罪嫌疑人涉案财产的，应当向人民法院移送有关案卷材料。

第二百四十九条 人民检察院撤销案件时，对查封、扣押、冻结的犯罪嫌疑人的涉案财物需要返还犯罪嫌疑人的，应当解除查封、扣押或者书面通知有关金融机构、邮政部门解除冻结，返还犯罪嫌疑人或者其合法继承人。

第二百五十条 查封、扣押、冻结的财物，除依法应当返还被害人或者经查明确实与案件无关的以外，不得在诉讼程序终结之前处理。法律或者有关规定另有规定的除外。

第二百五十一条 处理查封、扣押、冻结的涉案财物，应当由检察长决定。

第二百五十二条 人民检察院直接受理侦查的共同犯罪案件，如果同案犯罪嫌疑人在逃，但在案犯罪嫌疑人犯罪事实清楚，证据确实、充分的，对在案犯罪嫌疑人应当根据本规则第二百三十七条的规定分别移送起诉或者移送不起诉。

由于同案犯罪嫌疑人在逃，在案犯罪嫌疑人的犯罪事实无法查清的，对在案犯罪嫌疑人应当根据案件的不同情况分别报请延长侦查羁押期限、变更强制措施或者解除强制措施。

第二百五十三条 人民检察院直接受理侦查的案件，对犯罪嫌疑人没有采取取保候审、监视居住、拘留或者逮捕措施的，负责侦查的部门应当在立案后二年以内提出移送起诉、移送不起诉或者撤销案件的意见；对犯罪嫌疑人采取取保候审、监视居住、拘留或者逮捕措施的，负责侦查的部门应当在解除或者撤销强制措施后一年以内提出移送起诉、移送不起诉或者撤销案件的意见。

第二百五十四条 人民检察院直接受理侦查的案件，撤销案件以后，又发现新的事实或者证据，认为有犯罪事实需要追究刑事责任的，可以重新立案侦查。

第十章 审查逮捕和审查起诉

第一节 一般规定

第二百五十五条 人民检察院办理审查逮捕、审查起诉案件，应当全面审查证明犯罪嫌疑人有罪或者无罪、罪轻或者罪重的证据。

第二百五十六条 经公安机关商请或者人民检察院认为确有必要时，可以派员适时介入重大、疑难、复杂案件的侦查活动，参加公安机关对于重大案件的讨论，对案件性质、收集证据、适用法律等提出意见，监督侦查活动是否合法。

经监察机关商请，人民检察院可

以派员介入监察机关办理的职务犯罪案件。

第二百五十七条 对于批准逮捕后要求公安机关继续侦查、不批准逮捕后要求公安机关补充侦查或者审查起诉阶段退回公安机关补充侦查的案件,人民检察院应当分别制作继续侦查提纲或者补充侦查提纲,写明需要继续侦查或者补充侦查的事项、理由、侦查方向、需补充收集的证据及其证明作用等,送交公安机关。

第二百五十八条 人民检察院讯问犯罪嫌疑人时,应当首先查明犯罪嫌疑人的基本情况,依法告知犯罪嫌疑人诉讼权利和义务,以及认罪认罚的法律规定,听取其供述和辩解。犯罪嫌疑人翻供的,应当讯问其原因。犯罪嫌疑人申请排除非法证据的,应当告知其提供相关线索或者材料。犯罪嫌疑人检举揭发他人犯罪的,应当予以记录,并依照有关规定移送有关机关、部门处理。

讯问犯罪嫌疑人应当制作讯问笔录,并交犯罪嫌疑人核对或者向其宣读。经核对无误后逐页签名或者盖章,并捺指印后附卷。犯罪嫌疑人请求自行书写供述的,应当准许,但不得以自行书写的供述代替讯问笔录。

犯罪嫌疑人被羁押的,讯问应当在看守所讯问室进行。

第二百五十九条 办理审查逮捕、审查起诉案件,可以询问证人、被害人、鉴定人等诉讼参与人,并制作笔录附卷。询问时,应当告知其诉讼权利和义务。

询问证人、被害人的地点按照刑事诉讼法第一百二十四条的规定执行。

第二百六十条 讯问犯罪嫌疑人、询问被害人、证人、鉴定人,听取辩护人、被害人及其诉讼代理人的意见,应当由检察人员负责进行。检察人员或者检察人员和书记员不得少于二人。

讯问犯罪嫌疑人、询问证人、鉴定人、被害人,应当个别进行。

第二百六十一条 办理审查逮捕案件,犯罪嫌疑人已经委托辩护律师的,可以听取辩护律师的意见。辩护律师提出要求的,应当听取辩护律师的意见。对辩护律师的意见应当制作笔录,辩护律师提出的书面意见应当附卷。

办理审查起诉案件,应当听取辩护人或者值班律师、被害人及其诉讼代理人的意见,并制作笔录。辩护人或者值班律师、被害人及其诉讼代理人提出书面意见的,应当附卷。

对于辩护律师在审查逮捕、审查起诉阶段多次提出意见的,均应如实记录。

辩护律师提出犯罪嫌疑人不构成

犯罪、无社会危险性、不适宜羁押或者侦查活动有违法犯罪情形等书面意见的,检察人员应当审查,并在相关工作文书中说明是否采纳的情况和理由。

第二百六十二条　直接听取辩护人、被害人及其诉讼代理人的意见有困难的,可以通过电话、视频等方式听取意见并记录在案,或者通知辩护人、被害人及其诉讼代理人提出书面意见。无法通知或者在指定期限内未提出意见的,应当记录在案。

第二百六十三条　对于公安机关提请批准逮捕、移送起诉的案件,检察人员审查时发现存在本规则第七十五条第一款规定情形的,可以调取公安机关讯问犯罪嫌疑人的录音、录像并审查相关的录音、录像。对于重大、疑难、复杂的案件,必要时可以审查全部录音、录像。

对于监察机关移送起诉的案件,认为需要调取有关录音、录像的,可以商监察机关调取。

对于人民检察院直接受理侦查的案件,审查时发现负责侦查的部门未按照本规则第七十五条第三款的规定移送录音、录像或者移送不全的,应当要求其补充移送。对取证合法性或者讯问笔录真实性等产生疑问的,应当有针对性地审查相关的录音、录像。对于重大、疑难、复杂的案件,可以审查全部录音、录像。

第二百六十四条　经审查讯问犯罪嫌疑人录音、录像,发现公安机关、本院负责侦查的部门讯问不规范,讯问过程存在违法行为,录音、录像内容与讯问笔录不一致等情形的,应当逐一列明并向公安机关、本院负责侦查的部门书面提出,要求其予以纠正、补正或者书面作出合理解释。发现讯问笔录与讯问犯罪嫌疑人录音、录像内容有重大实质性差异的,或者公安机关、本院负责侦查的部门不能补正或者作出合理解释的,该讯问笔录不能作为批准或者决定逮捕、提起公诉的依据。

第二百六十五条　犯罪嫌疑人及其辩护人申请排除非法证据,并提供相关线索或者材料的,人民检察院应当调查核实。发现侦查人员以刑讯逼供等非法方法收集证据的,应当依法排除相关证据并提出纠正意见。

审查逮捕期限届满前,经审查无法确定存在非法取证的行为,但也不能排除非法取证可能的,该证据不作为批准逮捕的依据。检察官应当根据在案的其他证据认定案件事实和决定是否逮捕,并在作出批准或者不批准逮捕的决定后,继续对可能存在的非法取证行为进行调查核实。经调查核实确认存在以刑讯逼供等非法方法收集证据情形的,应当向公安机关提出纠正意见。以非法方法收集的证据，不得作为提起公诉的依据。

第二百六十六条 审查逮捕期间，犯罪嫌疑人申请排除非法证据，但未提交相关线索或者材料，人民检察院经全面审查案件事实、证据，未发现侦查人员存在以非法方法收集证据的情形，认为符合逮捕条件的，可以批准逮捕。

审查起诉期间，犯罪嫌疑人及其辩护人又提出新的线索或者证据，或者人民检察院发现新的证据，经调查核实认为侦查人员存在以刑讯逼供等非法方法收集证据情形的，应当依法排除非法证据，不得作为提起公诉的依据。

排除非法证据后，犯罪嫌疑人不再符合逮捕条件但案件需要继续审查起诉的，应当及时变更强制措施。案件不符合起诉条件的，应当作出不起诉决定。

第二节 认罪认罚从宽案件办理

第二百六十七条 人民检察院办理犯罪嫌疑人认罪认罚案件，应当保障犯罪嫌疑人获得有效法律帮助，确保其了解认罪认罚的性质和法律后果，自愿认罪认罚。

人民检察院受理案件后，应当向犯罪嫌疑人了解其委托辩护人的情况。犯罪嫌疑人自愿认罪认罚、没有辩护人的，在审查逮捕阶段，人民检察院应当要求公安机关通知值班律师为其提供法律帮助；在审查起诉阶段，人民检察院应当通知值班律师为其提供法律帮助。符合通知辩护条件的，应当依法通知法律援助机构指派律师为其提供辩护。

第二百六十八条 人民检察院应当商法律援助机构设立法律援助工作站派驻值班律师或者及时安排值班律师，为犯罪嫌疑人提供法律咨询、程序选择建议、申请变更强制措施、对案件处理提出意见等法律帮助。

人民检察院应当告知犯罪嫌疑人有权约见值班律师，并为其约见值班律师提供便利。

第二百六十九条 犯罪嫌疑人认罪认罚的，人民检察院应当告知其享有的诉讼权利和认罪认罚的法律规定，听取犯罪嫌疑人、辩护人或者值班律师、被害人及其诉讼代理人对下列事项的意见，并记录在案：

（一）涉嫌的犯罪事实、罪名及适用的法律规定；

（二）从轻、减轻或者免除处罚等从宽处罚的建议；

（三）认罪认罚后案件审理适用的程序；

（四）其他需要听取意见的事项。

依照前款规定听取值班律师意见的，应当提前为值班律师了解案件有关情况提供必要的便利。自人民检察院对案件审查起诉之日起,值班律师可以查阅案卷材料,了解案情。人民检察院应当为值班律师查阅案卷材料提供便利。

人民检察院不采纳辩护人或者值班律师所提意见的,应当向其说明理由。

第二百七十条 批准或者决定逮捕,应当将犯罪嫌疑人涉嫌犯罪的性质、情节,认罪认罚等情况,作为是否可能发生社会危险性的考虑因素。

已经逮捕的犯罪嫌疑人认罪认罚的,人民检察院应当及时对羁押必要性进行审查。经审查,认为没有继续羁押必要的,应当予以释放或者变更强制措施。

第二百七十一条 审查起诉阶段,对于在侦查阶段认罪认罚的案件,人民检察院应当重点审查以下内容:

(一)犯罪嫌疑人是否自愿认罪认罚,有无因受到暴力、威胁、引诱而违背意愿认罪认罚;

(二)犯罪嫌疑人认罪认罚时的认知能力和精神状态是否正常;

(三)犯罪嫌疑人是否理解认罪认罚的性质和可能导致的法律后果;

(四)公安机关是否告知犯罪嫌疑人享有的诉讼权利,如实供述自己罪行可以从宽处理和认罪认罚的法律规定,并听取意见;

(五)起诉意见书中是否写明犯罪嫌疑人认罪认罚情况;

(六)犯罪嫌疑人是否真诚悔罪,是否向被害人赔礼道歉。

经审查,犯罪嫌疑人违背意愿认罪认罚的,人民检察院可以重新开展认罪认罚工作。存在刑讯逼供等非法取证行为的,依照法律规定处理。

第二百七十二条 犯罪嫌疑人自愿认罪认罚,同意量刑建议和程序适用的,应当在辩护人或者值班律师在场的情况下签署认罪认罚具结书。具结书应当包括犯罪嫌疑人如实供述罪行、同意量刑建议和程序适用等内容,由犯罪嫌疑人及其辩护人、值班律师签名。

犯罪嫌疑人具有下列情形之一的,不需要签署认罪认罚具结书:

(一)犯罪嫌疑人是盲、聋、哑人,或者是尚未完全丧失辨认或者控制自己行为能力的精神病人的;

(二)未成年犯罪嫌疑人的法定代理人、辩护人对未成年人认罪认罚有异议的;

(三)其他不需要签署认罪认罚具结书的情形。

有前款情形,犯罪嫌疑人未签署认罪认罚具结书的,不影响认罪认罚从宽制度的适用。

第二百七十三条 犯罪嫌疑人认

罪认罚,人民检察院经审查,认为符合速裁程序适用条件的,应当在十日以内作出是否提起公诉的决定,对可能判处的有期徒刑超过一年的,可以延长至十五日;认为不符合速裁程序适用条件的,应当在本规则第三百五十一条规定的期限以内作出是否提起公诉的决定。

对于公安机关建议适用速裁程序办理的案件,人民检察院负责案件管理的部门应当在受理案件的当日将案件移送负责捕诉的部门。

第二百七十四条 认罪认罚案件,人民检察院向人民法院提起公诉的,应当提出量刑建议,在起诉书中写明被告人认罪认罚情况,并移送认罪认罚具结书等材料。量刑建议可以另行制作文书,也可以在起诉书中写明。

第二百七十五条 犯罪嫌疑人认罪认罚的,人民检察院应当就主刑、附加刑、是否适用缓刑等提出量刑建议。量刑建议一般应当为确定刑。对新类型、不常见犯罪案件,量刑情节复杂的重罪案件等,也可以提出幅度刑量刑建议。

第二百七十六条 办理认罪认罚案件,人民检察院应当将犯罪嫌疑人是否与被害方达成和解或者调解协议,或者赔偿被害方损失,取得被害方谅解,或者自愿承担公益损害修复、赔偿责任,作为提出量刑建议的重要考虑因素。

犯罪嫌疑人自愿认罪并且愿意积极赔偿损失,但由于被害方赔偿请求明显不合理,未能达成和解或者调解协议的,一般不影响对犯罪嫌疑人从宽处理。

对于符合当事人和解程序适用条件的公诉案件,犯罪嫌疑人认罪认罚的,人民检察院应当积极促使当事人自愿达成和解。和解协议书和被害方出具的谅解意见应当随案移送。被害方符合司法救助条件的,人民检察院应当积极协调办理。

第二百七十七条 犯罪嫌疑人认罪认罚,人民检察院拟提出适用缓刑或者判处管制的量刑建议,可以委托犯罪嫌疑人居住地的社区矫正机构进行调查评估,也可以自行调查评估。

第二百七十八条 犯罪嫌疑人认罪认罚,人民检察院依照刑事诉讼法第一百七十七条第二款作出不起诉决定后,犯罪嫌疑人反悔的,人民检察院应当进行审查,并区分下列情形依法作出处理:

(一)发现犯罪嫌疑人没有犯罪事实,或者符合刑事诉讼法第十六条规定的情形之一的,应当撤销原不起诉决定,依照刑事诉讼法第一百七十七条第一款的规定重新作出不起诉决定;

(二)犯罪嫌疑人犯罪情节轻

微,依照刑法不需要判处刑罚或者免除刑罚的,可以维持原不起诉决定;

(三)排除认罪认罚因素后,符合起诉条件的,应当根据案件具体情况撤销原不起诉决定,依法提起公诉。

第二百七十九条 犯罪嫌疑人自愿如实供述涉嫌犯罪的事实,有重大立功或者案件涉及国家重大利益的,经最高人民检察院核准,公安机关可以撤销案件,人民检察院可以作出不起诉决定,也可以对涉嫌数罪中的一项或者多项不起诉。

前款规定的不起诉,应当由检察长决定。决定不起诉的,人民检察院应当及时对查封、扣押、冻结的财物及其孳息作出处理。

第三节 审查批准逮捕

第二百八十条 人民检察院办理审查逮捕案件,可以讯问犯罪嫌疑人;具有下列情形之一的,应当讯问犯罪嫌疑人:

(一)对是否符合逮捕条件有疑问的;

(二)犯罪嫌疑人要求向检察人员当面陈述的;

(三)侦查活动可能有重大违法行为的;

(四)案情重大、疑难、复杂的;

(五)犯罪嫌疑人认罪认罚的;

(六)犯罪嫌疑人系未成年人的;

(七)犯罪嫌疑人是盲、聋、哑人或者是尚未完全丧失辨认或者控制自己行为能力的精神病人的。

讯问未被拘留的犯罪嫌疑人,讯问前应当听取公安机关的意见。

办理审查逮捕案件,对被拘留的犯罪嫌疑人不予讯问的,应当送达听取犯罪嫌疑人意见书,由犯罪嫌疑人填写后及时收回审查并附卷。经审查认为应当讯问犯罪嫌疑人的,应当及时讯问。

第二百八十一条 对有重大影响的案件,可以采取当面听取侦查人员、犯罪嫌疑人及其辩护人等意见的方式进行公开审查。

第二百八十二条 对公安机关提请批准逮捕的犯罪嫌疑人,已经被拘留的,人民检察院应当在收到提请批准逮捕书后七日以内作出是否批准逮捕的决定;未被拘留的,应当在收到提请批准逮捕书后十五日以内作出是否批准逮捕的决定,重大、复杂案件,不得超过二十日。

第二百八十三条 上级公安机关指定犯罪地或者犯罪嫌疑人居住地以外的下级公安机关立案侦查的案件,需要逮捕犯罪嫌疑人的,由侦查该案件的公安机关提请同级人民检察院审查批准逮捕。人民检察院应当依法作出批准或者不批准逮捕的决定。

第二百八十四条 对公安机关提

请批准逮捕的犯罪嫌疑人,人民检察院经审查认为符合本规则第一百二十八条、第一百三十六条、第一百三十八条规定情形,应当作出批准逮捕的决定,连同案卷材料送达公安机关执行,并可以制作继续侦查提纲,送交公安机关。

第二百八十五条 对公安机关提请批准逮捕的犯罪嫌疑人,具有本规则第一百三十九条至第一百四十一条规定情形,人民检察院作出不批准逮捕决定的,应当说明理由,连同案卷材料送达公安机关执行。需要补充侦查的,应当制作补充侦查提纲,送交公安机关。

人民检察院办理审查逮捕案件,不另行侦查,不得直接提出采取取保候审措施的意见。

对于因犯罪嫌疑人没有犯罪事实、具有刑事诉讼法第十六条规定的情形之一或者证据不足,人民检察院拟作出不批准逮捕决定的,应当经检察长批准。

第二百八十六条 人民检察院应当将批准逮捕的决定交公安机关立即执行,并要求公安机关将执行回执及时送达作出批准决定的人民检察院。如果未能执行,也应当要求其将回执及时送达人民检察院,并写明未能执行的原因。对于人民检察院不批准逮捕的,应当要求公安机关在收到不批准逮捕决定书后,立即释放在押的犯罪嫌疑人或者变更强制措施,并将执行回执在收到不批准逮捕决定书后三日以内送达作出不批准逮捕决定的人民检察院。

公安机关在收到不批准逮捕决定书后对在押的犯罪嫌疑人不立即释放或者变更强制措施的,人民检察院应当提出纠正意见。

第二百八十七条 对于没有犯罪事实或者犯罪嫌疑人具有刑事诉讼法第十六条规定情形之一,人民检察院作出不批准逮捕决定的,应当同时告知公安机关撤销案件。

对于有犯罪事实需要追究刑事责任,但不是被立案侦查的犯罪嫌疑人实施,或者共同犯罪案件中部分犯罪嫌疑人不负刑事责任,人民检察院作出不批准逮捕决定的,应当同时告知公安机关对有关犯罪嫌疑人终止侦查。

公安机关在收到不批准逮捕决定书后超过十五日未要求复议、提请复核,也不撤销案件或者终止侦查的,人民检察院应当发出纠正违法通知书。公安机关仍不纠正的,报上一级人民检察院协商同级公安机关处理。

第二百八十八条 人民检察院办理公安机关提请批准逮捕的案件,发现遗漏应当逮捕的犯罪嫌疑人的,应当经检察长批准,要求公安机关提请批准逮捕。公安机关不提请批准逮捕或者说明的不提请批准逮捕的理由不成立的，人民检察院可以直接作出逮捕决定，送达公安机关执行。

第二百八十九条　对已经作出的批准逮捕决定发现确有错误的，人民检察院应当撤销原批准逮捕决定，送达公安机关执行。

对已经作出的不批准逮捕决定发现确有错误，需要批准逮捕的，人民检察院应当撤销原不批准逮捕决定，并重新作出批准逮捕决定，送达公安机关执行。

对因撤销原批准逮捕决定而被释放的犯罪嫌疑人或者逮捕后公安机关变更为取保候审、监视居住的犯罪嫌疑人，又发现需要逮捕的，人民检察院应当重新办理逮捕手续。

第二百九十条　对不批准逮捕的案件，公安机关要求复议的，人民检察院负责捕诉的部门应当另行指派检察官或者检察官办案组进行审查，并在收到要求复议意见书和案卷材料后七日以内，经检察长批准，作出是否变更的决定，通知公安机关。

第二百九十一条　对不批准逮捕的案件，公安机关提请上一级人民检察院复核的，上一级人民检察院应当在收到提请复核意见书和案卷材料后十五日以内，经检察长批准，作出是否变更的决定，通知下级人民检察院和公安机关执行。需要改变原决定的，应当通知作出不批准逮捕决定的人民检察院撤销原不批准逮捕决定，另行制作批准逮捕决定书。必要时，上级人民检察院也可以直接作出批准逮捕决定，通知下级人民检察院送达公安机关执行。

对于经复议复核维持原不批准逮捕决定的，人民检察院向公安机关送达复议复核决定时应当说明理由。

第二百九十二条　人民检察院作出不批准逮捕决定，并且通知公安机关补充侦查的案件，公安机关在补充侦查后又要求复议的，人民检察院应当告知公安机关重新提请批准逮捕。公安机关坚持要求复议的，人民检察院不予受理。

对于公安机关补充侦查后应当提请批准逮捕而不提请批准逮捕的，按照本规则第二百八十八条的规定办理。

第二百九十三条　对公安机关提请批准逮捕的案件，负责捕诉的部门应当将批准、变更、撤销逮捕措施的情况书面通知本院负责刑事执行检察的部门。

第二百九十四条　外国人、无国籍人涉嫌危害国家安全犯罪的案件或者涉及国与国之间政治、外交关系的案件以及在适用法律上确有疑难的案件，需要逮捕犯罪嫌疑人的，按照刑事诉讼法关于管辖的规定,分别由基层人民检察院或者设区的市级人民检察院审查并提出意见,层报最高人民检察院审查。最高人民检察院认为需要逮捕的,经征求外交部的意见后,作出批准逮捕的批复;认为不需要逮捕的,作出不批准逮捕的批复。基层人民检察院或者设区的市级人民检察院根据最高人民检察院的批复,依法作出批准或者不批准逮捕的决定。层报过程中,上级人民检察院认为不需要逮捕的,应当作出不批准逮捕的批复。报送的人民检察院根据批复依法作出不批准逮捕的决定。

基层人民检察院或者设区的市级人民检察院认为不需要逮捕的,可以直接依法作出不批准逮捕的决定。

外国人、无国籍人涉嫌本条第一款规定以外的其他犯罪案件,决定批准逮捕的人民检察院应当在作出批准逮捕决定后四十八小时以内报上一级人民检察院备案,同时向同级人民政府外事部门通报。上一级人民检察院经审查发现批准逮捕决定错误的,应当依法及时纠正。

第二百九十五条　人民检察院办理审查逮捕的危害国家安全犯罪案件,应当报上一级人民检察院备案。

上一级人民检察院经审查发现错误的,应当依法及时纠正。

第四节　审查决定逮捕

第二百九十六条　人民检察院办理直接受理侦查的案件,需要逮捕犯罪嫌疑人的,由负责侦查的部门制作逮捕犯罪嫌疑人意见书,连同案卷材料、讯问犯罪嫌疑人录音、录像一并移送本院负责捕诉的部门审查。犯罪嫌疑人已被拘留的,负责侦查的部门应当在拘留后七日以内将案件移送本院负责捕诉的部门审查。

第二百九十七条　对本院负责侦查的部门移送审查逮捕的案件,犯罪嫌疑人已被拘留的,负责捕诉的部门应当在收到逮捕犯罪嫌疑人意见书后七日以内,报请检察长决定是否逮捕,特殊情况下,决定逮捕的时间可以延长一日至三日;犯罪嫌疑人未被拘留的,负责捕诉的部门应当在收到逮捕犯罪嫌疑人意见书后十五日以内,报请检察长决定是否逮捕,重大、复杂案件,不得超过二十日。

第二百九十八条　对犯罪嫌疑人决定逮捕的,负责捕诉的部门应当将逮捕决定书连同案卷材料、讯问犯罪嫌疑人录音、录像移交负责侦查的部门,并可以对收集证据、适用法律提出意见。由负责侦查的部门通知公安机关执行,必要时可以协助执行。

第二百九十九条　对犯罪嫌疑人决定不予逮捕的,负责捕诉的部门应当将不予逮捕的决定连同案卷材料、讯问犯罪嫌疑人录音、录像移交负责侦查的部门,并说明理由。需要补充侦查的,应当制作补充侦查提纲。犯罪嫌疑人已被拘留的,负责侦查的部门应当通知公安机关立即释放。

第三百条 对应当逮捕而本院负责侦查的部门未移送审查逮捕的犯罪嫌疑人,负责捕诉的部门应当向负责侦查的部门提出移送审查逮捕犯罪嫌疑人的建议。建议不被采纳的,应当报请检察长决定。

第三百零一条 逮捕犯罪嫌疑人后,应当立即送看守所羁押。除无法通知的以外,负责侦查的部门应当把逮捕的原因和羁押的处所,在二十四小时以内通知其家属。对于无法通知的,在无法通知的情形消除后,应当立即通知其家属。

第三百零二条 对被逮捕的犯罪嫌疑人,应当在逮捕后二十四小时以内进行讯问。

发现不应当逮捕的,应当经检察长批准,撤销逮捕决定或者变更为其他强制措施,并通知公安机关执行,同时通知负责捕诉的部门。

对按照前款规定被释放或者变更强制措施的犯罪嫌疑人,又发现需要逮捕的,应当重新移送审查逮捕。

第三百零三条 已经作出不予逮捕的决定,又发现需要逮捕犯罪嫌疑人的,应当重新办理逮捕手续。

第三百零四条 犯罪嫌疑人在异地羁押的,负责侦查的部门应当将决定、变更、撤销逮捕措施的情况书面通知羁押地人民检察院负责刑事执行检察的部门。

第五节 延长侦查羁押期限和重新计算侦查羁押期限

第三百零五条 人民检察院办理直接受理侦查的案件,对犯罪嫌疑人逮捕后的侦查羁押期限不得超过二个月。案情复杂、期限届满不能终结的案件,可以经上一级人民检察院批准延长一个月。

第三百零六条 设区的市级人民检察院和基层人民检察院办理直接受理侦查的案件,符合刑事诉讼法第一百五十八条规定,在本规则第三百零五条规定的期限届满前不能侦查终结的,经省级人民检察院批准,可以延长二个月。

省级人民检察院直接受理侦查的案件,有前款情形的,可以直接决定延长二个月。

第三百零七条 设区的市级人民检察院和基层人民检察院办理直接受理侦查的案件,对犯罪嫌疑人可能判处十年有期徒刑以上刑罚,依照本规则第三百零六条的规定依法延长羁押期限届满,仍不能侦查终结的,经省级人民检察院批准，可以再延长二个月。

省级人民检察院办理直接受理侦查的案件，有前款情形的，可以直接决定再延长二个月。

第三百零八条　最高人民检察院办理直接受理侦查的案件，依照刑事诉讼法的规定需要延长侦查羁押期限的，直接决定延长侦查羁押期限。

第三百零九条　公安机关需要延长侦查羁押期限的，人民检察院应当要求其在侦查羁押期限届满七日前提请批准延长侦查羁押期限。

人民检察院办理直接受理侦查的案件，负责侦查的部门认为需要延长侦查羁押期限的，应当按照前款规定向本院负责捕诉的部门移送延长侦查羁押期限意见书及有关材料。

对于超过法定羁押期限提请延长侦查羁押期限的，不予受理。

第三百一十条　人民检察院审查批准或者决定延长羁押期限，由负责捕诉的部门办理。

受理案件的人民检察院对延长侦查羁押期限的意见审查后，应当提出是否同意延长侦查羁押期限的意见，将公安机关延长侦查羁押期限的意见和本院的审查意见层报有决定权的人民检察院审查决定。

第三百一十一条　对于同时具备下列条件的案件，人民检察院应当作出批准延长侦查羁押期限一个月的决定：

（一）符合刑事诉讼法第一百五十六条的规定；

（二）符合逮捕条件；

（三）犯罪嫌疑人有继续羁押的必要。

第三百一十二条　犯罪嫌疑人虽然符合逮捕条件，但经审查，公安机关在对犯罪嫌疑人执行逮捕后二个月以内未有效开展侦查工作或者侦查取证工作没有实质进展的，人民检察院可以作出不批准延长侦查羁押期限的决定。

犯罪嫌疑人不符合逮捕条件，需要撤销下级人民检察院逮捕决定的，上级人民检察院在作出不批准延长侦查羁押期限决定的同时，应当作出撤销逮捕的决定，或者通知下级人民检察院撤销逮捕决定。

第三百一十三条　有决定权的人民检察院作出批准延长侦查羁押期限或者不批准延长侦查羁押期限的决定后，应当将决定书交由最初受理案件的人民检察院送达公安机关。

最初受理案件的人民检察院负责捕诉的部门收到批准延长侦查羁押期限决定书或者不批准延长侦查羁押期限决定书，应当书面告知本院负责刑事执行检察的部门。

第三百一十四条　因为特殊原因，在较长时间内不宜交付审判的特别重大复杂的案件，由最高人民检察院报请全国人民代表大会常务委员会批准延期审理。

第三百一十五条 人民检察院在侦查期间发现犯罪嫌疑人另有重要罪行的,自发现之日起依照本规则第三百零五条的规定重新计算侦查羁押期限。

另有重要罪行是指与逮捕时的罪行不同种的重大犯罪或者同种的影响罪名认定、量刑档次的重大犯罪。

第三百一十六条 人民检察院重新计算侦查羁押期限,应当由负责侦查的部门提出重新计算侦查羁押期限的意见,移送本院负责捕诉的部门审查。负责捕诉的部门审查后应当提出是否同意重新计算侦查羁押期限的意见,报检察长决定。

第三百一十七条 对公安机关重新计算侦查羁押期限的备案,由负责捕诉的部门审查。负责捕诉的部门认为公安机关重新计算侦查羁押期限不当的,应当提出纠正意见。

第三百一十八条 人民检察院直接受理侦查的案件,不能在法定侦查羁押期限内侦查终结的,应当依法释放犯罪嫌疑人或者变更强制措施。

第三百一十九条 负责捕诉的部门审查延长侦查羁押期限、审查重新计算侦查羁押期限,可以讯问犯罪嫌疑人,听取辩护律师和侦查人员的意见,调取案卷及相关材料等。

第六节 核准追诉

第三百二十条 法定最高刑为无期徒刑、死刑的犯罪,已过二十年追诉期限的,不再追诉。如果认为必须追诉的,须报请最高人民检察院核准。

第三百二十一条 须报请最高人民检察院核准追诉的案件,公安机关在核准之前可以依法对犯罪嫌疑人采取强制措施。

公安机关报请核准追诉并提请逮捕犯罪嫌疑人,人民检察院经审查认为必须追诉而且符合法定逮捕条件的,可以依法批准逮捕,同时要求公安机关在报请核准追诉期间不得停止对案件的侦查。

未经最高人民检察院核准,不得对案件提起公诉。

第三百二十二条 报请核准追诉的案件应当同时符合下列条件:

(一)有证据证明存在犯罪事实,且犯罪事实是犯罪嫌疑人实施的;

(二)涉嫌犯罪的行为应当适用的法定量刑幅度的最高刑为无期徒刑或者死刑;

(三)涉嫌犯罪的性质、情节和后果特别严重,虽然已过二十年追诉期限,但社会危害性和影响依然存在,不追诉会严重影响社会稳定或者产生其他严重后果,而必须追诉的;

(四)犯罪嫌疑人能够及时到案

接受追诉。

第三百二十三条 公安机关报请核准追诉的案件，由同级人民检察院受理并层报最高人民检察院审查决定。

第三百二十四条 地方各级人民检察院对公安机关报请核准追诉的案件，应当及时进行审查并开展必要的调查。经检察委员会审议提出是否同意核准追诉的意见，制作报请核准追诉案件报告书，连同案卷材料一并层报最高人民检察院。

第三百二十五条 最高人民检察院收到省级人民检察院报送的报请核准追诉案件报告书及案卷材料后，应当及时审查，必要时指派检察人员到案发地了解案件有关情况。经检察长批准，作出是否核准追诉的决定，并制作核准追诉决定书或者不予核准追诉决定书，逐级下达至最初受理案件的人民检察院，由其送达报请核准追诉的公安机关。

第三百二十六条 对已经采取强制措施的案件，强制措施期限届满不能作出是否核准追诉决定的，应当对犯罪嫌疑人变更强制措施或者延长侦查羁押期限。

第三百二十七条 最高人民检察院决定核准追诉的案件，最初受理案件的人民检察院应当监督公安机关的侦查工作。

最高人民检察院决定不予核准追诉，公安机关未及时撤销案件的，同级人民检察院应当提出纠正意见。犯罪嫌疑人在押的，应当立即释放。

第七节 审查起诉

第三百二十八条 各级人民检察院提起公诉，应当与人民法院审判管辖相适应。负责捕诉的部门收到移送起诉的案件后，经审查认为不属于本院管辖的，应当在发现之日起五日以内经由负责案件管理的部门移送有管辖权的人民检察院。

属于上级人民法院管辖的第一审案件，应当报送上级人民检察院，同时通知移送起诉的公安机关；属于同级其他人民法院管辖的第一审案件，应当移送有管辖权的人民检察院或者报送共同的上级人民检察院指定管辖，同时通知移送起诉的公安机关。

上级人民检察院受理同级公安机关移送起诉的案件，认为属于下级人民法院管辖的，可以交下级人民检察院审查，由下级人民检察院向同级人民法院提起公诉，同时通知移送起诉的公安机关。

一人犯数罪、共同犯罪和其他需要并案审理的案件，只要其中一人或者一罪属于上级人民检察院管辖的，全案由上级人民检察院审查起诉。

公安机关移送起诉的案件，需要

依照刑事诉讼法的规定指定审判管辖的,人民检察院应当在公安机关移送起诉前协商同级人民法院办理指定管辖有关事宜。

第三百二十九条 监察机关移送起诉的案件,需要依照刑事诉讼法的规定指定审判管辖的,人民检察院应当在监察机关移送起诉二十日前协商同级人民法院办理指定管辖有关事宜。

第三百三十条 人民检察院审查移送起诉的案件,应当查明:

(一)犯罪嫌疑人身份状况是否清楚,包括姓名、性别、国籍、出生年月日、职业和单位等;单位犯罪的,单位的相关情况是否清楚;

(二)犯罪事实、情节是否清楚;实施犯罪的时间、地点、手段、危害后果是否明确;

(三)认定犯罪性质和罪名的意见是否正确;有无法定的从重、从轻、减轻或者免除处罚情节及酌定从重、从轻情节;共同犯罪案件的犯罪嫌疑人在犯罪活动中的责任认定是否恰当;

(四)犯罪嫌疑人是否认罪认罚;

(五)证明犯罪事实的证据材料是否随案移送;证明相关财产系违法所得的证据材料是否随案移送;不宜移送的证据的清单、复制件、照片或者其他证明文件是否随案移送;

(六)证据是否确实、充分,是否依法收集,有无应当排除非法证据的情形;

(七)采取侦查措施包括技术侦查措施的法律手续和诉讼文书是否完备;

(八)有无遗漏罪行和其他应当追究刑事责任的人;

(九)是否属于不应当追究刑事责任的;

(十)有无附带民事诉讼;对于国家财产、集体财产遭受损失的,是否需要由人民检察院提起附带民事诉讼;对于破坏生态环境和资源保护,食品药品安全领域侵害众多消费者合法权益,侵害英雄烈士的姓名、肖像、名誉、荣誉等损害社会公共利益的行为,是否需要由人民检察院提起附带民事公益诉讼;

(十一)采取的强制措施是否适当,对于已经逮捕的犯罪嫌疑人,有无继续羁押的必要;

(十二)侦查活动是否合法;

(十三)涉案财物是否查封、扣押、冻结并妥善保管,清单是否齐备;对被害人合法财产的返还和对违禁品或者不宜长期保存的物品的处理是否妥当,移送的证明文件是否完备。

第三百三十一条 人民检察院办理审查起诉案件应当讯问犯罪嫌疑人。

第三百三十二条　人民检察院认为需要对案件中某些专门性问题进行鉴定而监察机关或者公安机关没有鉴定的，应当要求监察机关或者公安机关进行鉴定。必要时，也可以由人民检察院进行鉴定，或者由人民检察院聘请有鉴定资格的人进行鉴定。

人民检察院自行进行鉴定的，可以商请监察机关或者公安机关派员参加，必要时可以聘请有鉴定资格或者有专门知识的人参加。

第三百三十三条　在审查起诉中，发现犯罪嫌疑人可能患有精神病的，人民检察院应当依照本规则的有关规定对犯罪嫌疑人进行鉴定。

犯罪嫌疑人的辩护人或者近亲属以犯罪嫌疑人可能患有精神病而申请对犯罪嫌疑人进行鉴定的，人民检察院也可以依照本规则的有关规定对犯罪嫌疑人进行鉴定。鉴定费用由申请方承担。

第三百三十四条　人民检察院对鉴定意见有疑问的，可以询问鉴定人或者有专门知识的人并制作笔录附卷，也可以指派有鉴定资格的检察技术人员或者聘请其他有鉴定资格的人进行补充鉴定或者重新鉴定。

人民检察院对鉴定意见等技术性证据材料需要进行专门审查的，按照有关规定交检察技术人员或者其他有专门知识的人进行审查并出具审查意见。

第三百三十五条　人民检察院审查案件时，对监察机关或者公安机关的勘验、检查，认为需要复验、复查的，应当要求其复验、复查，人民检察院可以派员参加；也可以自行复验、复查，商请监察机关或者公安机关派员参加，必要时也可以指派检察技术人员或者聘请其他有专门知识的人参加。

第三百三十六条　人民检察院对物证、书证、视听资料、电子数据及勘验、检查、辨认、侦查实验等笔录存在疑问的，可以要求调查人员或者侦查人员提供获取、制作的有关情况，必要时也可以询问提供相关证据材料的人员和见证人并制作笔录附卷，对物证、书证、视听资料、电子数据进行鉴定。

第三百三十七条　人民检察院在审查起诉阶段认为需要逮捕犯罪嫌疑人的，应当经检察长决定。

第三百三十八条　对于人民检察院正在审查起诉的案件，被逮捕的犯罪嫌疑人及其法定代理人、近亲属或者辩护人认为羁押期限届满，向人民检察院提出释放犯罪嫌疑人或者变更强制措施要求的，人民检察院应当在三日以内审查决定。经审查，认为法定期限届满的，应当决定释放或者依法变更强制措施，并通知公安机关执行；认为法定期限未满的，书面答复申请人。

第三百三十九条 人民检察院对案件进行审查后，应当依法作出起诉或者不起诉以及是否提起附带民事诉讼、附带民事公益诉讼的决定。

第三百四十条 人民检察院对监察机关或者公安机关移送的案件进行审查后，在人民法院作出生效判决之前，认为需要补充提供证据材料的，可以书面要求监察机关或者公安机关提供。

第三百四十一条 人民检察院在审查起诉中发现有应当排除的非法证据，应当依法排除，同时可以要求监察机关或者公安机关另行指派调查人员或者侦查人员重新取证。必要时，人民检察院也可以自行调查取证。

第三百四十二条 人民检察院认为犯罪事实不清、证据不足或者存在遗漏罪行、遗漏同案犯罪嫌疑人等情形需要补充侦查的，应当制作补充侦查提纲，连同案卷材料一并退回公安机关补充侦查。人民检察院也可以自行侦查，必要时可以要求公安机关提供协助。

第三百四十三条 人民检察院对于监察机关移送起诉的案件，认为需要补充调查的，应当退回监察机关补充调查。必要时，可以自行补充侦查。

需要退回补充调查的案件，人民检察院应当出具补充调查决定书、补充调查提纲，写明补充调查的事项、理由、调查方向、需补充收集的证据及其证明作用等，连同案卷材料一并送交监察机关。

人民检察院决定退回补充调查的案件，犯罪嫌疑人已被采取强制措施的，应当将退回补充调查情况书面通知强制措施执行机关。监察机关需要讯问的，人民检察院应当予以配合。

第三百四十四条 对于监察机关移送起诉的案件，具有下列情形之一的，人民检察院可以自行补充侦查：

（一）证人证言、犯罪嫌疑人供述和辩解、被害人陈述的内容主要情节一致，个别情节不一致的；

（二）物证、书证等证据材料需要补充鉴定的；

（三）其他由人民检察院查证更为便利、更有效率、更有利于查清案件事实的情形。

自行补充侦查完毕后，应当将相关证据材料入卷，同时抄送监察机关。人民检察院自行补充侦查的，可以商请监察机关提供协助。

第三百四十五条 人民检察院负责捕诉的部门对本院负责侦查的部门移送起诉的案件进行审查后，认为犯罪事实不清、证据不足或者存在遗漏罪行、遗漏同案犯罪嫌疑人等情形需要补充侦查的，应当制作补充侦查提纲，连同案卷材料一并退回负责侦查的部门补充侦查。必要时，也可以自行侦查,可以要求负责侦查的部门予以协助。

第三百四十六条 退回监察机关补充调查、退回公安机关补充侦查的案件,均应当在一个月以内补充调查、补充侦查完毕。

补充调查、补充侦查以二次为限。

补充调查、补充侦查完毕移送起诉后,人民检察院重新计算审查起诉期限。

人民检察院负责捕诉的部门退回本院负责侦查的部门补充侦查的期限、次数按照本条第一款至第三款的规定执行。

第三百四十七条 补充侦查期限届满,公安机关未将案件重新移送起诉的,人民检察院应当要求公安机关说明理由。

人民检察院发现公安机关违反法律规定撤销案件的,应当提出纠正意见。

第三百四十八条 人民检察院在审查起诉中决定自行侦查的,应当在审查起诉期限内侦查完毕。

第三百四十九条 人民检察院对已经退回监察机关二次补充调查或者退回公安机关二次补充侦查的案件,在审查起诉中又发现新的犯罪事实,应当将线索移送监察机关或者公安机关。对已经查清的犯罪事实,应当依法提起公诉。

第三百五十条 对于在审查起诉期间改变管辖的案件,改变后的人民检察院对于符合刑事诉讼法第一百七十五条第二款规定的案件,可以经原受理案件的人民检察院协助,直接退回原侦查案件的公安机关补充侦查,也可以自行侦查。改变管辖前后退回补充侦查的次数总共不得超过二次。

第三百五十一条 人民检察院对于移送起诉的案件,应当在一个月以内作出决定;重大、复杂的案件,一个月以内不能作出决定的,可以延长十五日。

人民检察院审查起诉的案件,改变管辖的,从改变后的人民检察院收到案件之日起计算审查起诉期限。

第三百五十二条 追缴的财物中,属于被害人的合法财产,不需要在法庭出示的,应当及时返还被害人,并由被害人在发还款物清单上签名或者盖章,注明返还的理由,并将清单、照片附卷。

第三百五十三条 追缴的财物中,属于违禁品或者不宜长期保存的物品,应当依照国家有关规定处理,并将清单、照片、处理结果附卷。

第三百五十四条 人民检察院在审查起诉阶段,可以适用本规则规定的侦查措施和程序。

第八节 起 诉

第三百五十五条 人民检察院认为犯罪嫌疑人的犯罪事实已经查清,证据确实、充分,依法应当追究刑事责任的,应当作出起诉决定。

具有下列情形之一的,可以认为犯罪事实已经查清:

(一)属于单一罪行的案件,查清的事实足以定罪量刑或者与定罪量刑有关的事实已经查清,不影响定罪量刑的事实无法查清的;

(二)属于数个罪行的案件,部分罪行已经查清并符合起诉条件,其他罪行无法查清的;

(三)无法查清作案工具、赃物去向,但有其他证据足以对被告人定罪量刑的;

(四)证人证言、犯罪嫌疑人供述和辩解、被害人陈述的内容主要情节一致,个别情节不一致,但不影响定罪的。

对于符合前款第二项情形的,应当以已经查清的罪行起诉。

第三百五十六条 人民检察院在办理公安机关移送起诉的案件中,发现遗漏罪行或者有依法应当移送起诉的同案犯罪嫌疑人未移送起诉的,应当要求公安机关补充侦查或者补充移送起诉。对于犯罪事实清楚,证据确实、充分的,也可以直接提起公诉。

第三百五十七条 人民检察院立案侦查时认为属于直接受理侦查的案件,在审查起诉阶段发现属于监察机关管辖的,应当及时商监察机关办理。属于公安机关管辖,案件事实清楚,证据确实、充分,符合起诉条件的,可以直接起诉;事实不清、证据不足的,应当及时移送有管辖权的机关办理。

在审查起诉阶段,发现公安机关移送起诉的案件属于监察机关管辖,或者监察机关移送起诉的案件属于公安机关管辖,但案件事实清楚,证据确实、充分,符合起诉条件的,经征求监察机关、公安机关意见后,没有不同意见的,可以直接起诉;提出不同意见,或者事实不清、证据不足的,应当将案件退回移送案件的机关并说明理由,建议其移送有管辖权的机关办理。

第三百五十八条 人民检察院决定起诉的,应当制作起诉书。

起诉书的主要内容包括:

(一)被告人的基本情况,包括姓名、性别、出生年月日、出生地和户籍地、公民身份号码、民族、文化程度、职业、工作单位及职务、住址,是否受过刑事处分及处分的种类和时间,采取强制措施的情况等;如果是单位犯罪,应当写明犯罪单位的名称和组织机构代码、所在地址、联系方式,法定代表人和诉讼代表人的姓名、职务、联系方式;如果还有应当负刑事责任的直接负责的主管人员或其他直接责任人员，应当按上述被告人基本情况的内容叙写；

（二）案由和案件来源；

（三）案件事实，包括犯罪的时间、地点、经过、手段、动机、目的、危害后果等与定罪量刑有关的事实要素。起诉书叙述的指控犯罪事实的必备要素应当明晰、准确。被告人被控有多项犯罪事实的，应当逐一列举，对于犯罪手段相同的同一犯罪可以概括叙写；

（四）起诉的根据和理由，包括被告人触犯的刑法条款、犯罪的性质及认定的罪名、处罚条款、法定从轻、减轻或者从重处罚的情节，共同犯罪各被告人应负的罪责等；

（五）被告人认罪认罚情况，包括认罪认罚的内容、具结书签署情况等。

被告人真实姓名、住址无法查清的，可以按其绰号或者自报的姓名、住址制作起诉书，并在起诉书中注明。被告人自报的姓名可能造成损害他人名誉、败坏道德风俗等不良影响的，可以对被告人编号并按编号制作起诉书，附具被告人的照片，记明足以确定被告人面貌、体格、指纹以及其他反映被告人特征的事项。

起诉书应当附有被告人现在处所，证人、鉴定人、需要出庭的有专门知识的人的名单，需要保护的被害人、证人、鉴定人的化名名单，查封、扣押、冻结的财物及孳息的清单，附带民事诉讼、附带民事公益诉讼情况以及其他需要附注的情况。

证人、鉴定人、有专门知识的人的名单应当列明姓名、性别、年龄、职业、住址、联系方式，并注明证人、鉴定人是否出庭。

第三百五十九条　人民检察院提起公诉的案件，应当向人民法院移送起诉书、案卷材料、证据和认罪认罚具结书等材料。

起诉书应当一式八份，每增加一名被告人增加起诉书五份。

关于被害人姓名、住址、联系方式、被告人被采取强制措施的种类、是否在案及羁押处所等问题，人民检察院应当在起诉书中列明，不再单独移送材料；对于涉及被害人隐私或者为保护证人、鉴定人、被害人人身安全，而不宜公开证人、鉴定人、被害人姓名、住址、工作单位和联系方式等个人信息的，可以在起诉书中使用化名。但是应当另行书面说明使用化名的情况并标明密级，单独成卷。

第三百六十条　人民检察院对于犯罪嫌疑人、被告人或者证人等翻供、翻证的材料以及对犯罪嫌疑人、被告人有利的其他证据材料，应当移送人民法院。

第三百六十一条　人民法院向人民检察院提出书面意见要求补充移送

材料,人民检察院认为有必要移送的,应当自收到通知之日起三日以内补送。

第三百六十二条　对提起公诉后,在人民法院宣告判决前补充收集的证据材料,人民检察院应当及时移送人民法院。

第三百六十三条　在审查起诉期间,人民检察院可以根据辩护人的申请,向监察机关、公安机关调取在调查、侦查期间收集的证明犯罪嫌疑人、被告人无罪或者罪轻的证据材料。

第三百六十四条　人民检察院提起公诉的案件,可以向人民法院提出量刑建议。除有减轻处罚或者免除处罚情节外,量刑建议应当在法定量刑幅度内提出。建议判处有期徒刑、管制、拘役的,可以具有一定的幅度,也可以提出具体确定的建议。

提出量刑建议的,可以制作量刑建议书,与起诉书一并移送人民法院。量刑建议书的主要内容应当包括被告人所犯罪行的法定刑、量刑情节、建议人民法院对被告人判处刑罚的种类、刑罚幅度、可以适用的刑罚执行方式以及提出量刑建议的依据和理由等。

认罪认罚案件的量刑建议,按照本章第二节的规定办理。

第九节　不起诉

第三百六十五条　人民检察院对于监察机关或者公安机关移送起诉的案件,发现犯罪嫌疑人没有犯罪事实,或者符合刑事诉讼法第十六条规定的情形之一的,经检察长批准,应当作出不起诉决定。

对于犯罪事实并非犯罪嫌疑人所为,需要重新调查或者侦查的,应当在作出不起诉决定后书面说明理由,将案卷材料退回监察机关或者公安机关并建议重新调查或者侦查。

第三百六十六条　负责捕诉的部门对于本院负责侦查的部门移送起诉的案件,发现具有本规则第三百六十五条第一款规定情形的,应当退回本院负责侦查的部门,建议撤销案件。

第三百六十七条　人民检察院对于二次退回补充调查或者补充侦查的案件,仍然认为证据不足,不符合起诉条件的,经检察长批准,依法作出不起诉决定。

人民检察院对于经过一次退回补充调查或者补充侦查的案件,认为证据不足,不符合起诉条件,且没有再次退回补充调查或者补充侦查必要的,经检察长批准,可以作出不起诉决定。

第三百六十八条　具有下列情形之一,不能确定犯罪嫌疑人构成犯罪和需要追究刑事责任的,属于证据不足,不符合起诉条件:

(一)犯罪构成要件事实缺乏必

要的证据予以证明的;

(二)据以定罪的证据存在疑问,无法查证属实的;

(三)据以定罪的证据之间、证据与案件事实之间的矛盾不能合理排除的;

(四)根据证据得出的结论具有其他可能性,不能排除合理怀疑的;

(五)根据证据认定案件事实不符合逻辑和经验法则,得出的结论明显不符合常理的。

第三百六十九条 人民检察院根据刑事诉讼法第一百七十五条第四款规定决定不起诉的,在发现新的证据,符合起诉条件时,可以提起公诉。

第三百七十条 人民检察院对于犯罪情节轻微,依照刑法规定不需要判处刑罚或者免除刑罚的,经检察长批准,可以作出不起诉决定。

第三百七十一条 人民检察院直接受理侦查的案件,以及监察机关移送起诉的案件,拟作不起诉决定的,应当报请上一级人民检察院批准。

第三百七十二条 人民检察院决定不起诉的,应当制作不起诉决定书。

不起诉决定书的主要内容包括:

(一)被不起诉人的基本情况,包括姓名、性别、出生年月日、出生地和户籍地、公民身份号码、民族、文化程度、职业、工作单位及职务、住址,是否受过刑事处分,采取强制措施的情况以及羁押处所等;如果是单位犯罪,应当写明犯罪单位的名称和组织机构代码、所在地址、联系方式,法定代表人和诉讼代表人的姓名、职务、联系方式;

(二)案由和案件来源;

(三)案件事实,包括否定或者指控被不起诉人构成犯罪的事实以及作为不起诉决定根据的事实;

(四)不起诉的法律根据和理由,写明作出不起诉决定适用的法律条款;

(五)查封、扣押、冻结的涉案财物的处理情况;

(六)有关告知事项。

第三百七十三条 人民检察院决定不起诉的案件,可以根据案件的不同情况,对被不起诉人予以训诫或者责令具结悔过、赔礼道歉、赔偿损失。

对被不起诉人需要给予行政处罚、政务处分或者其他处分的,经检察长批准,人民检察院应当提出检察意见,连同不起诉决定书一并移送有关主管机关处理,并要求有关主管机关及时通报处理情况。

第三百七十四条 人民检察院决定不起诉的案件,应当同时书面通知作出查封、扣押、冻结决定的机关或者执行查封、扣押、冻结决定的机关解除查封、扣押、冻结。

第三百七十五条 人民检察院决

定不起诉的案件，需要没收违法所得的，经检察长批准，应当提出检察意见，移送有关主管机关处理，并要求有关主管机关及时通报处理情况。具体程序可以参照本规则第二百四十八条的规定办理。

第三百七十六条 不起诉的决定，由人民检察院公开宣布。公开宣布不起诉决定的活动应当记录在案。

不起诉决定书自公开宣布之日起生效。

被不起诉人在押的，应当立即释放；被采取其他强制措施的，应当通知执行机关解除。

第三百七十七条 不起诉决定书应当送达被害人或者其近亲属及其诉讼代理人、被不起诉人及其辩护人以及被不起诉人所在单位。送达时，应当告知被害人或者其近亲属及其诉讼代理人，如果对不起诉决定不服，可以自收到不起诉决定书后七日以内向上一级人民检察院申诉；也可以不经申诉，直接向人民法院起诉。依照刑事诉讼法第一百七十七条第二款作出不起诉决定的，应当告知被不起诉人，如果对不起诉决定不服，可以自收到不起诉决定书后七日以内向人民检察院申诉。

第三百七十八条 对于监察机关或者公安机关移送起诉的案件，人民检察院决定不起诉的，应当将不起诉决定书送达监察机关或者公安机关。

第三百七十九条 监察机关认为不起诉的决定有错误，向上一级人民检察院提请复议的，上一级人民检察院应当在收到提请复议意见书后三十日以内，经检察长批准，作出复议决定，通知监察机关。

公安机关认为不起诉决定有错误要求复议的，人民检察院负责捕诉的部门应当另行指派检察官或者检察官办案组进行审查，并在收到要求复议意见书后三十日以内，经检察长批准，作出复议决定，通知公安机关。

第三百八十条 公安机关对不起诉决定提请复核的，上一级人民检察院应当在收到提请复核意见书后三十日以内，经检察长批准，作出复核决定，通知提请复核的公安机关和下级人民检察院。经复核认为下级人民检察院不起诉决定错误的，应当指令下级人民检察院纠正，或者撤销、变更下级人民检察院作出的不起诉决定。

第三百八十一条 被害人不服不起诉决定，在收到不起诉决定书后七日以内提出申诉的，由作出不起诉决定的人民检察院的上一级人民检察院负责捕诉的部门进行复查。

被害人向作出不起诉决定的人民检察院提出申诉的，作出决定的人民检察院应当将申诉材料连同案卷一并报送上一级人民检察院。

第三百八十二条 被害人不服不起诉决定,在收到不起诉决定书七日以后提出申诉的,由作出不起诉决定的人民检察院负责控告申诉检察的部门进行审查。经审查,认为不起诉决定正确的,出具审查结论直接答复申诉人,并做好释法说理工作;认为不起诉决定可能存在错误的,移送负责捕诉的部门进行复查。

第三百八十三条 人民检察院应当将复查决定书送达被害人、被不起诉人和作出不起诉决定的人民检察院。

上级人民检察院经复查作出起诉决定的,应当撤销下级人民检察院的不起诉决定,交由下级人民检察院提起公诉,并将复查决定抄送移送起诉的监察机关或者公安机关。

第三百八十四条 人民检察院收到人民法院受理被害人对被不起诉人起诉的通知后,应当终止复查,将作出不起诉决定所依据的有关案卷材料移送人民法院。

第三百八十五条 对于人民检察院依照刑事诉讼法第一百七十七条第二款规定作出的不起诉决定,被不起诉人不服,在收到不起诉决定书后七日以内提出申诉的,应当由作出决定的人民检察院负责捕诉的部门进行复查;被不起诉人在收到不起诉决定书七日以后提出申诉的,由负责控告申诉检察的部门进行审查。经审查,认为不起诉决定正确的,出具审查结论直接答复申诉人,并做好释法说理工作;认为不起诉决定可能存在错误的,移送负责捕诉的部门复查。

人民检察院应当将复查决定书送达被不起诉人、被害人。复查后,撤销不起诉决定,变更不起诉的事实或者法律依据的,应当同时将复查决定书抄送移送起诉的监察机关或者公安机关。

第三百八十六条 人民检察院复查不服不起诉决定的申诉,应当在立案后三个月以内报经检察长批准作出复查决定。案情复杂的,不得超过六个月。

第三百八十七条 被害人、被不起诉人对不起诉决定不服提出申诉的,应当递交申诉书,写明申诉理由。没有书写能力的,也可以口头提出申诉。人民检察院应当根据其口头提出的申诉制作笔录。

第三百八十八条 人民检察院发现不起诉决定确有错误,符合起诉条件的,应当撤销不起诉决定,提起公诉。

第三百八十九条 最高人民检察院对地方各级人民检察院的起诉、不起诉决定,上级人民检察院对下级人民检察院的起诉、不起诉决定,发现确有错误的,应当予以撤销或者指令下级人民检察院纠正。

第十一章　出席法庭

第一节　出席第一审法庭

第三百九十条　提起公诉的案件，人民检察院应当派员以国家公诉人的身份出席第一审法庭，支持公诉。

公诉人应当由检察官担任。检察官助理可以协助检察官出庭。根据需要可以配备书记员担任记录。

第三百九十一条　对于提起公诉后人民法院改变管辖的案件，提起公诉的人民检察院参照本规则第三百二十八条的规定将案件移送与审判管辖相对应的人民检察院。

接受移送的人民检察院重新对案件进行审查的，根据刑事诉讼法第一百七十二条第二款的规定自收到案件之日起计算审查起诉期限。

第三百九十二条　人民法院决定开庭审判的，公诉人应当做好以下准备工作：

（一）进一步熟悉案情，掌握证据情况；

（二）深入研究与本案有关的法律政策问题；

（三）充实审判中可能涉及的专业知识；

（四）拟定讯问被告人、询问证人、鉴定人、有专门知识的人和宣读、出示、播放证据的计划并制定质证方案；

（五）对可能出现证据合法性争议的，拟定证明证据合法性的提纲并准备相关材料；

（六）拟定公诉意见，准备辩论提纲；

（七）需要对出庭证人等的保护向人民法院提出建议或者配合工作的，做好相关准备。

第三百九十三条　人民检察院在开庭审理前收到人民法院或者被告人及其辩护人、被害人、证人等送交的反映证据系非法取得的书面材料的，应当进行审查。对于审查逮捕、审查起诉期间已经提出并经查证不存在非法取证行为的，应当通知人民法院、有关当事人和辩护人，并按照查证的情况做好庭审准备。对于新的材料或者线索，可以要求监察机关、公安机关对证据收集的合法性进行说明或者提供相关证明材料。

第三百九十四条　人民法院通知人民检察院派员参加庭前会议的，由出席法庭的公诉人参加。检察官助理可以协助。根据需要可以配备书记员担任记录。

人民检察院认为有必要召开庭前会议的，可以建议人民法院召开庭前会议。

第三百九十五条　在庭前会议中，公诉人可以对案件管辖、回避、出庭证人、鉴定人、有专门知识的人的名单、辩护人提供的无罪证据、非法证据排除、不公开审理、延期审理、适用简易程序或者速裁程序、庭审方案等与审判相关的问题提出和交换意见，了解辩护人收集的证据等情况。

对辩护人收集的证据有异议的，应当提出，并简要说明理由。

公诉人通过参加庭前会议，了解案件事实、证据和法律适用的争议和不同意见，解决有关程序问题，为参加法庭审理做好准备。

第三百九十六条 当事人、辩护人、诉讼代理人在庭前会议中提出证据系非法取得，人民法院认为可能存在以非法方法收集证据情形的，人民检察院应当对证据收集的合法性进行说明。需要调查核实的，在开庭审理前进行。

第三百九十七条 人民检察院向人民法院移送全部案卷材料后，在法庭审理过程中，公诉人需要出示、宣读、播放有关证据的，可以申请法庭出示、宣读、播放。

人民检察院基于出庭准备和庭审举证工作的需要，可以取回有关案卷材料和证据。

取回案卷材料和证据后，辩护律师要求查阅案卷材料的，应当允许辩护律师在人民检察院查阅、摘抄、复制案卷材料。

第三百九十八条 公诉人在法庭上应当依法进行下列活动：

（一）宣读起诉书，代表国家指控犯罪，提请人民法院对被告人依法审判；

（二）讯问被告人；

（三）询问证人、被害人、鉴定人；

（四）申请法庭出示物证，宣读书证、未到庭证人的证言笔录、鉴定人的鉴定意见、勘验、检查、辨认、侦查实验等笔录和其他作为证据的文书，播放作为证据的视听资料、电子数据等；

（五）对证据采信、法律适用和案件情况发表意见，提出量刑建议及理由，针对被告人、辩护人的辩护意见进行答辩，全面阐述公诉意见；

（六）维护诉讼参与人的合法权利；

（七）对法庭审理案件有无违反法律规定诉讼程序的情况记明笔录；

（八）依法从事其他诉讼活动。

第三百九十九条 在法庭审理中，公诉人应当客观、全面、公正地向法庭出示与定罪、量刑有关的证明被告人有罪、罪重或者罪轻的证据。

按照审判长要求，或者经审判长同意，公诉人可以按照以下方式举证、质证：

（一）对于可能影响定罪量刑的关键证据和控辩双方存在争议的证据，一般应当单独举证、质证；

(二)对于不影响定罪量刑且控辩双方无异议的证据,可以仅就证据的名称及其证明的事项、内容作出说明;

(三)对于证明方向一致、证明内容相近或者证据种类相同,存在内在逻辑关系的证据,可以归纳、分组举证、质证。

公诉人出示证据时,可以借助多媒体设备等方式出示、播放或者演示证据内容。

定罪证据与量刑证据需要分开的,应当分别出示。

第四百条 公诉人讯问被告人、询问证人、被害人、鉴定人,出示物证,宣读书证、未出庭证人的证言笔录等应当围绕下列事实进行:

(一)被告人的身份;

(二)指控的犯罪事实是否存在,是否为被告人所实施;

(三)实施犯罪行为的时间、地点、方法、手段、结果,被告人犯罪后的表现等;

(四)犯罪集团或者其他共同犯罪案件中参与犯罪人员的各自地位和应负的责任;

(五)被告人有无刑事责任能力,有无故意或者过失,行为的动机、目的;

(六)有无依法不应当追究刑事责任的情况,有无法定的从重或者从轻、减轻以及免除处罚的情节;

(七)犯罪对象、作案工具的主要特征,与犯罪有关的财物的来源、数量以及去向;

(八)被告人全部或者部分否认起诉书指控的犯罪事实的,否认的根据和理由能否成立;

(九)与定罪、量刑有关的其他事实。

第四百零一条 在法庭审理中,下列事实不必提出证据进行证明:

(一)为一般人共同知晓的常识性事实;

(二)人民法院生效裁判所确认并且未依审判监督程序重新审理的事实;

(三)法律、法规的内容以及适用等属于审判人员履行职务所应当知晓的事实;

(四)在法庭审理中不存在异议的程序事实;

(五)法律规定的推定事实;

(六)自然规律或者定律。

第四百零二条 讯问被告人、询问证人不得采取可能影响陈述或者证言客观真实的诱导性发问以及其他不当发问方式。

辩护人向被告人或者证人进行诱导性发问以及其他不当发问可能影响陈述或者证言的客观真实的,公诉人可以要求审判长制止或者要求对该项陈述或者证言不予采纳。

讯问共同犯罪案件的被告人、询问证人应当个别进行。

被告人、证人、被害人对同一事实的陈述存在矛盾的，公诉人可以建议法庭传唤有关被告人、通知有关证人同时到庭对质，必要时可以建议法庭询问被害人。

第四百零三条 被告人在庭审中的陈述与在侦查、审查起诉中的供述一致或者不一致的内容不影响定罪量刑的，可以不宣读被告人供述笔录。

被告人在庭审中的陈述与在侦查、审查起诉中的供述不一致，足以影响定罪量刑的，可以宣读被告人供述笔录，并针对笔录中被告人的供述内容对被告人进行讯问，或者提出其他证据进行证明。

第四百零四条 公诉人对证人证言有异议，且该证人证言对案件定罪量刑有重大影响的，可以申请人民法院通知证人出庭作证。

人民警察就其执行职务时目击的犯罪情况作为证人出庭作证，适用前款规定。

公诉人对鉴定意见有异议的，可以申请人民法院通知鉴定人出庭作证。经人民法院通知，鉴定人拒不出庭作证的，公诉人可以建议法庭不予采纳该鉴定意见作为定案的根据，也可以申请法庭重新通知鉴定人出庭作证或者申请重新鉴定。

必要时，公诉人可以申请法庭通知有专门知识的人出庭，就鉴定人作出的鉴定意见提出意见。

当事人或者辩护人、诉讼代理人对证人证言、鉴定意见有异议的，公诉人认为必要时，可以申请人民法院通知证人、鉴定人出庭作证。

第四百零五条 证人应当由人民法院通知并负责安排出庭作证。

对于经人民法院通知而未到庭的证人或者出庭后拒绝作证的证人的证言笔录，公诉人应当当庭宣读。

对于经人民法院通知而未到庭的证人的证言笔录存在疑问，确实需要证人出庭作证，且可以强制其到庭的，公诉人应当建议人民法院强制证人到庭作证和接受质证。

第四百零六条 证人在法庭上提供证言，公诉人应当按照审判长确定的顺序向证人发问。可以要求证人就其所了解的与案件有关的事实进行陈述，也可以直接发问。

证人不能连贯陈述的，公诉人可以直接发问。

向证人发问，应当针对证言中有遗漏、矛盾、模糊不清和有争议的内容，并着重围绕与定罪量刑紧密相关的事实进行。

发问采取一问一答形式，提问应当简洁、清楚。

证人进行虚假陈述的,应当通过发问澄清事实,必要时可以宣读在侦查、审查起诉阶段制作的该证人的证言笔录或者出示、宣读其他证据。

当事人和辩护人、诉讼代理人向证人发问后,公诉人可以根据证人回答的情况,经审判长许可,再次向证人发问。

询问鉴定人、有专门知识的人参照上述规定进行。

第四百零七条 必要时,公诉人可以建议法庭采取不暴露证人、鉴定人、被害人外貌、真实声音等出庭作证保护措施,或者建议法庭根据刑事诉讼法第一百五十四条的规定在庭外对证据进行核实。

第四百零八条 对于鉴定意见、勘验、检查、辨认、侦查实验等笔录和其他作为证据的文书以及经人民法院通知而未到庭的被害人的陈述笔录,公诉人应当当庭宣读。

第四百零九条 公诉人向法庭出示物证,一般应当出示原物,原物不易搬运、不易保存或者已返还被害人的,可以出示反映原物外形和特征的照片、录像、复制品,并向法庭说明情况及与原物的同一性。

公诉人向法庭出示书证,一般应当出示原件。获取书证原件确有困难的,可以出示书证副本或者复制件,并向法庭说明情况及与原件的同一性。

公诉人向法庭出示物证、书证,应当对该物证、书证所要证明的内容、获取情况作出说明,并向当事人、证人等问明物证的主要特征,让其辨认。对该物证、书证进行鉴定的,应当宣读鉴定意见。

第四百一十条 在法庭审理过程中,被告人及其辩护人提出被告人庭前供述系非法取得,审判人员认为需要进行法庭调查的,公诉人可以通过出示讯问笔录、提讯登记、体检记录、采取强制措施或者侦查措施的法律文书、侦查终结前对讯问合法性进行核查的材料等证据材料,有针对性地播放讯问录音、录像,提请法庭通知调查人员、侦查人员或者其他人员出庭说明情况等方式,对证据收集的合法性加以证明。

审判人员认为可能存在刑事诉讼法第五十六条规定的以非法方法收集其他证据的情形,需要进行法庭调查的,公诉人可以参照前款规定对证据收集的合法性进行证明。

公诉人不能当庭证明证据收集的合法性,需要调查核实的,可以建议法庭休庭或者延期审理。

在法庭审理期间,人民检察院可以要求监察机关或者公安机关对证据收集的合法性进行说明或者提供相关证明材料。必要时,可以自行调查核实。

第四百一十一条 公诉人对证据收集的合法性进行证明后,法庭仍有疑问的,可以建议法庭休庭,由人民法院对相关证据进行调查核实。人民法院调查核实证据,通知人民检察院派员到场的,人民检察院可以派员到场。

第四百一十二条 在法庭审理过程中,对证据合法性以外的其他程序事实存在争议的,公诉人应当出示、宣读有关诉讼文书、侦查或者审查起诉活动笔录。

第四百一十三条 对于搜查、查封、扣押、冻结、勘验、检查、辨认、侦查实验等活动中形成的笔录存在争议,需要调查人员、侦查人员以及上述活动的见证人出庭陈述有关情况的,公诉人可以建议合议庭通知其出庭。

第四百一十四条 在法庭审理过程中,合议庭对证据有疑问或者人民法院根据辩护人、被告人的申请,向人民检察院调取在侦查、审查起诉中收集的有关被告人无罪或者罪轻的证据材料,人民检察院应当自收到人民法院要求调取证据材料决定书后三日以内移交。没有上述材料的,应当向人民法院说明情况。

第四百一十五条 在法庭审理过程中,合议庭对证据有疑问并在休庭后进行勘验、检查、查封、扣押、鉴定和查询、冻结,人民检察院应当依法进行监督,发现上述活动有违法情况的,应当提出纠正意见。

第四百一十六条 人民法院根据申请收集、调取的证据或者在合议庭休庭后自行调查取得的证据,应当经过庭审出示、质证才能决定是否作为判决的依据。未经庭审出示、质证直接采纳为判决依据的,人民检察院应当提出纠正意见。

第四百一十七条 在法庭审理过程中,经审判长许可,公诉人可以逐一对正在调查的证据和案件情况发表意见,并同被告人、辩护人进行辩论。证据调查结束时,公诉人应当发表总结性意见。

在法庭辩论中,公诉人与被害人、诉讼代理人意见不一致的,公诉人应当认真听取被害人、诉讼代理人的意见,阐明自己的意见和理由。

第四百一十八条 人民检察院向人民法院提出量刑建议的,公诉人应当在发表公诉意见时提出。

对认罪认罚案件,人民法院经审理认为人民检察院的量刑建议明显不当向人民检察院提出的,或者被告人、辩护人对量刑建议提出异议的,人民检察院可以调整量刑建议。

第四百一十九条 适用普通程序审理的认罪认罚案件,公诉人可以建议适当简化法庭调查、辩论程序。

第四百二十条 在法庭审判过程

中，遇有下列情形之一的，公诉人可以建议法庭延期审理：

（一）发现事实不清、证据不足，或者遗漏罪行、遗漏同案犯罪嫌疑人，需要补充侦查或者补充提供证据的；

（二）被告人揭发他人犯罪行为或者提供重要线索，需要补充侦查进行查证的；

（三）发现遗漏罪行或者遗漏同案犯罪嫌疑人，虽不需要补充侦查和补充提供证据，但需要补充、追加起诉的；

（四）申请人民法院通知证人、鉴定人出庭作证或者有专门知识的人出庭提出意见的；

（五）需要调取新的证据，重新鉴定或者勘验的；

（六）公诉人出示、宣读开庭前移送人民法院的证据以外的证据，或者补充、追加、变更起诉，需要给予被告人、辩护人必要时间进行辩护准备的；

（七）被告人、辩护人向法庭出示公诉人不掌握的与定罪量刑有关的证据，需要调查核实的；

（八）公诉人对证据收集的合法性进行证明，需要调查核实的。

在人民法院开庭审理前发现具有前款情形之一的，人民检察院可以建议人民法院延期审理。

第四百二十一条 法庭宣布延期审理后，人民检察院应当在补充侦查期限内提请人民法院恢复法庭审理或者撤回起诉。

公诉人在法庭审理过程中建议延期审理的次数不得超过两次，每次不得超过一个月。

第四百二十二条 在审判过程中，对于需要补充提供法庭审判所必需的证据或者补充侦查的，人民检察院应当自行收集证据和进行侦查，必要时可以要求监察机关或者公安机关提供协助；也可以书面要求监察机关或者公安机关补充提供证据。

人民检察院补充侦查，适用本规则第六章、第九章、第十章的规定。

补充侦查不得超过一个月。

第四百二十三条 人民法院宣告判决前，人民检察院发现被告人的真实身份或者犯罪事实与起诉书中叙述的身份或者指控犯罪事实不符的，或者事实、证据没有变化，但罪名、适用法律与起诉书不一致的，可以变更起诉。发现遗漏同案犯罪嫌疑人或者罪行的，应当要求公安机关补充移送起诉或者补充侦查；对于犯罪事实清楚，证据确实、充分的，可以直接追加、补充起诉。

第四百二十四条 人民法院宣告判决前，人民检察院发现具有下列情形之一的，经检察长批准，可以撤回起诉：

（一）不存在犯罪事实的；

（二）犯罪事实并非被告人所为的；

（三）情节显著轻微、危害不大，不认为是犯罪的；

（四）证据不足或证据发生变化，不符合起诉条件的；

（五）被告人因未达到刑事责任年龄，不负刑事责任的；

（六）法律、司法解释发生变化导致不应当追究被告人刑事责任的；

（七）其他不应当追究被告人刑事责任的。

对于撤回起诉的案件，人民检察院应当在撤回起诉后三十日以内作出不起诉决定。需要重新调查或者侦查的，应当在作出不起诉决定后将案卷材料退回监察机关或者公安机关，建议监察机关或者公安机关重新调查或者侦查，并书面说明理由。

对于撤回起诉的案件，没有新的事实或者新的证据，人民检察院不得再行起诉。

新的事实是指原起诉书中未指控的犯罪事实。该犯罪事实触犯的罪名既可以是原指控罪名的同一罪名，也可以是其他罪名。

新的证据是指撤回起诉后收集、调取的足以证明原指控犯罪事实的证据。

第四百二十五条 在法庭审理过程中，人民法院建议人民检察院补充侦查、补充起诉、追加起诉或者变更起诉的，人民检察院应当审查有关理由，并作出是否补充侦查、补充起诉、追加起诉或者变更起诉的决定。人民检察院不同意的，可以要求人民法院就起诉指控的犯罪事实依法作出裁判。

第四百二十六条 变更、追加、补充或者撤回起诉应当以书面方式在判决宣告前向人民法院提出。

第四百二十七条 出庭的书记员应当制作出庭笔录，详细记载庭审的时间、地点、参加人员、公诉人出庭执行任务情况和法庭调查、法庭辩论的主要内容以及法庭判决结果，由公诉人和书记员签名。

第四百二十八条 人民检察院应当当庭向人民法院移交取回的案卷材料和证据。在审判长宣布休庭后，公诉人应当与审判人员办理交接手续。无法当庭移交的，应当在休庭后三日以内移交。

第四百二十九条 人民检察院对查封、扣押、冻结的被告人财物及其孳息，应当根据不同情况作以下处理：

（一）对作为证据使用的实物，应当依法随案移送；对不宜移送的，应当将其清单、照片或者其他证明文件随案移送。

（二）冻结在金融机构、邮政部门

的违法所得及其他涉案财产,应当向人民法院随案移送该金融机构、邮政部门出具的证明文件。待人民法院作出生效判决、裁定后,由人民法院通知该金融机构上缴国库。

(三)查封、扣押的涉案财物,对依法不移送的,应当随案移送清单、照片或者其他证明文件。待人民法院作出生效判决、裁定后,由人民检察院根据人民法院的通知上缴国库,并向人民法院送交执行回单。

(四)对于被扣押、冻结的债券、股票、基金份额等财产,在扣押、冻结期间权利人申请出售的,参照本规则第二百一十四条的规定办理。

第二节 简易程序

第四百三十条 人民检察院对于基层人民法院管辖的案件,符合下列条件的,可以建议人民法院适用简易程序审理:

(一)案件事实清楚、证据充分的;

(二)被告人承认自己所犯罪行,对指控的犯罪事实没有异议的;

(三)被告人对适用简易程序没有异议的。

第四百三十一条 具有下列情形之一的,人民检察院不得建议人民法院适用简易程序:

(一)被告人是盲、聋、哑人,或者是尚未完全丧失辨认或者控制自己行为能力的精神病人的;

(二)有重大社会影响的;

(三)共同犯罪案件中部分被告人不认罪或者对适用简易程序有异议的;

(四)比较复杂的共同犯罪案件;

(五)辩护人作无罪辩护或者对主要犯罪事实有异议的;

(六)其他不宜适用简易程序的。

人民法院决定适用简易程序审理的案件,人民检察院认为具有刑事诉讼法第二百一十五条规定情形之一的,应当向人民法院提出纠正意见;具有其他不宜适用简易程序情形的,人民检察院可以建议人民法院不适用简易程序。

第四百三十二条 基层人民检察院审查案件,认为案件事实清楚、证据充分的,应当在讯问犯罪嫌疑人时,了解其是否承认自己所犯罪行,对指控的犯罪事实有无异议,告知其适用简易程序的法律规定,确认其是否同意适用简易程序。

第四百三十三条 适用简易程序审理的公诉案件,人民检察院应当派员出席法庭。

第四百三十四条 公诉人出席简易程序法庭时,应当主要围绕量刑以及其他有争议的问题进行法庭调查和法庭辩论。在确认被告人庭前收到起诉书并对起诉书指控的犯罪事实没有异议后,可以简化宣读起诉书,根据案件情况决定是否讯问被告人,询问证人、鉴定人和出示证据。

根据案件情况,公诉人可以建议法庭简化法庭调查和法庭辩论程序。

第四百三十五条 适用简易程序审理的公诉案件,公诉人发现不宜适用简易程序审理的,应当建议法庭按照第一审普通程序重新审理。

第四百三十六条 转为普通程序审理的案件,公诉人需要为出席法庭进行准备的,可以建议人民法院延期审理。

第三节 速裁程序

第四百三十七条 人民检察院对基层人民法院管辖的案件,符合下列条件的,在提起公诉时,可以建议人民法院适用速裁程序审理:

(一)可能判处三年有期徒刑以下刑罚;

(二)案件事实清楚,证据确实、充分;

(三)被告人认罪认罚、同意适用速裁程序。

第四百三十八条 具有下列情形之一的,人民检察院不得建议人民法院适用速裁程序:

(一)被告人是盲、聋、哑人,或者是尚未完全丧失辨认或者控制自己行为能力的精神病人的;

(二)被告人是未成年人的;

(三)案件有重大社会影响的;

(四)共同犯罪案件中部分被告人对指控的犯罪事实、罪名、量刑建议或者适用速裁程序有异议的;

(五)被告人与被害人或者其法定代理人没有就附带民事诉讼赔偿等事项达成调解或者和解协议的;

(六)其他不宜适用速裁程序审理的。

第四百三十九条 公安机关、犯罪嫌疑人及其辩护人建议适用速裁程序,人民检察院经审查认为符合条件的,可以建议人民法院适用速裁程序审理。

公安机关、辩护人未建议适用速裁程序,人民检察院经审查认为符合速裁程序适用条件,且犯罪嫌疑人同意适用的,可以建议人民法院适用速裁程序审理。

第四百四十条 人民检察院建议人民法院适用速裁程序的案件,起诉书内容可以适当简化,重点写明指控的事实和适用的法律。

第四百四十一条 人民法院适用速裁程序审理的案件,人民检察院应当派员出席法庭。

第四百四十二条 公诉人出席速裁程序法庭时,可以简要宣读起诉书指控的犯罪事实、证据、适用法律及量刑建议,一般不再讯问被告人。

第四百四十三条 适用速裁程序审理的案件,人民检察院发现有不宜适用速裁程序审理情形的,应当建议人民法院转为普通程序或者简易程序重新审理。

第四百四十四条 转为普通程序审理的案件,公诉人需要为出席法庭进行准备的,可以建议人民法院延期审理。

第四节 出席第二审法庭

第四百四十五条 对提出抗诉的案件或者公诉案件中人民法院决定开庭审理的上诉案件,同级人民检察院应当指派检察官出席第二审法庭。检察官助理可以协助检察官出庭。根据需要可以配备书记员担任记录。

第四百四十六条 检察官出席第二审法庭的任务是:

(一)支持抗诉或者听取上诉意见,对原审人民法院作出的错误判决或者裁定提出纠正意见;

(二)维护原审人民法院正确的判决或者裁定,建议法庭维持原判;

(三)维护诉讼参与人的合法权利;

(四)对法庭审理案件有无违反法律规定诉讼程序的情况记明笔录;

(五)依法从事其他诉讼活动。

第四百四十七条 对抗诉和上诉案件,第二审人民法院的同级人民检察院可以调取下级人民检察院与案件有关的材料。

人民检察院在接到第二审人民法院决定开庭、查阅案卷通知后,可以查阅或者调阅案卷材料。查阅或者调阅案卷材料应当在接到人民法院的通知之日起一个月以内完成。在一个月以内无法完成的,可以商请人民法院延期审理。

第四百四十八条 检察人员应当客观全面地审查原审案卷材料,不受上诉或者抗诉范围的限制。应当审查原审判决认定案件事实、适用法律是否正确,证据是否确实、充分,量刑是否适当,审判活动是否合法,并应当审查下级人民检察院的抗诉书或者上诉人的上诉状,了解抗诉或者上诉的理由是否正确、充分,重点审查有争议的案件事实、证据和法律适用问题,有针对性地做好庭审准备工作。

第四百四十九条 检察人员在审查第一审案卷材料时,应当复核主要证据,可以讯问原审被告人。必要时,可以补充收集证据、重新鉴定或者补充鉴定。需要原侦查案件的公安机关补充收集证据的,可以要求其补充收集。

被告人、辩护人提出被告人自首、立功等可能影响定罪量刑的材料和线索,可以移交公安机关调查核实,也可以自行调查核实。发现遗漏罪行或者同案犯罪嫌疑人的,应当建议公安机关侦查。

对于下列原审被告人,应当进行讯问:

(一)提出上诉的;

(二)人民检察院提出抗诉的;

(三)被判处无期徒刑以上刑罚的。

第四百五十条　人民检察院办理死刑上诉、抗诉案件,应当进行下列工作:

(一)讯问原审被告人,听取原审被告人的上诉理由或者辩解;

(二)听取辩护人的意见;

(三)复核主要证据,必要时询问证人;

(四)必要时补充收集证据;

(五)对鉴定意见有疑问的,可以重新鉴定或者补充鉴定;

(六)根据案件情况,可以听取被害人的意见。

第四百五十一条　出席第二审法庭前,检察人员应当制作讯问原审被告人、询问被害人、证人、鉴定人和出示、宣读、播放证据计划,拟写答辩提纲,并制作出庭意见。

第四百五十二条　在法庭审理中,检察官应当针对原审判决或者裁定认定事实或适用法律、量刑等方面的问题,围绕抗诉或者上诉理由以及辩护人的辩护意见,讯问原审被告人,询问被害人、证人、鉴定人,出示和宣读证据,并提出意见和进行辩论。

第四百五十三条　需要出示、宣读、播放第一审期间已移交人民法院的证据的,出庭的检察官可以申请法庭出示、宣读、播放。

在第二审法庭宣布休庭后需要移交证据材料的,参照本规则第四百二十八条的规定办理。

第五节　出席再审法庭

第四百五十四条　人民法院开庭审理再审案件,同级人民检察院应当派员出席法庭。

第四百五十五条　人民检察院对于人民法院按照审判监督程序重新审判的案件,应当对原判决、裁定认定的事实、证据、适用法律进行全面审查,重点审查有争议的案件事实、证据和法律适用问题。

第四百五十六条　人民检察院派员出席再审法庭,如果再审案件按照第一审程序审理,参照本章第一节有关规定执行;如果再审案件按照第二审程序审理,参照本章第四节有关规定执行。

第十二章　特别程序

第一节　未成年人刑事案件诉讼程序

第四百五十七条　人民检察院办

理未成年人刑事案件,应当贯彻"教育、感化、挽救"方针和"教育为主、惩罚为辅"的原则,坚持优先保护、特殊保护、双向保护,以帮助教育和预防重新犯罪为目的。

人民检察院可以借助社会力量开展帮助教育未成年人的工作。

第四百五十八条 人民检察院应当指定熟悉未成年人身心特点的检察人员办理未成年人刑事案件。

第四百五十九条 人民检察院办理未成年人与成年人共同犯罪案件,一般应当对未成年人与成年人分案办理、分别起诉。不宜分案处理的,应当对未成年人采取隐私保护、快速办理等特殊保护措施。

第四百六十条 人民检察院受理案件后,应当向未成年犯罪嫌疑人及其法定代理人了解其委托辩护人的情况,并告知其有权委托辩护人。

未成年犯罪嫌疑人没有委托辩护人的,人民检察院应当书面通知法律援助机构指派律师为其提供辩护。

对于公安机关未通知法律援助机构指派律师为未成年犯罪嫌疑人提供辩护的,人民检察院应当提出纠正意见。

第四百六十一条 人民检察院根据情况可以对未成年犯罪嫌疑人的成长经历、犯罪原因、监护教育等情况进行调查,并制作社会调查报告,作为办案和教育的参考。

人民检察院开展社会调查,可以委托有关组织和机构进行。开展社会调查应当尊重和保护未成年人隐私,不得向不知情人员泄露未成年犯罪嫌疑人的涉案信息。

人民检察院应当对公安机关移送的社会调查报告进行审查。必要时,可以进行补充调查。

人民检察院制作的社会调查报告应当随案移送人民法院。

第四百六十二条 人民检察院对未成年犯罪嫌疑人审查逮捕,应当根据未成年犯罪嫌疑人涉嫌犯罪的性质、情节、主观恶性、有无监护与社会帮教条件、认罪认罚等情况,综合衡量其社会危险性,严格限制适用逮捕措施。

第四百六十三条 对于罪行较轻,具备有效监护条件或者社会帮教措施,没有社会危险性或者社会危险性较小的未成年犯罪嫌疑人,应当不批准逮捕。

对于罪行比较严重,但主观恶性不大,有悔罪表现,具备有效监护条件或者社会帮教措施,具有下列情形之一,不逮捕不致发生社会危险性的未成年犯罪嫌疑人,可以不批准逮捕:

(一)初次犯罪、过失犯罪的;

(二)犯罪预备、中止、未遂的;

(三)防卫过当、避险过当的;

(四)有自首或者立功表现的;

（五）犯罪后认罪认罚，或者积极退赃，尽力减少和赔偿损失，被害人谅解的；

（六）不属于共同犯罪的主犯或者集团犯罪中的首要分子的；

（七）属于已满十四周岁不满十六周岁的未成年人或者系在校学生的；

（八）其他可以不批准逮捕的情形。

对于没有固定住所、无法提供保证人的未成年犯罪嫌疑人适用取保候审的，可以指定合适的成年人作为保证人。

第四百六十四条 审查逮捕未成年犯罪嫌疑人，应当重点查清其是否已满十四、十六、十八周岁。

对犯罪嫌疑人实际年龄难以判断，影响对该犯罪嫌疑人是否应当负刑事责任认定的，应当不批准逮捕。需要补充侦查的，同时通知公安机关。

第四百六十五条 在审查逮捕、审查起诉中，人民检察院应当讯问未成年犯罪嫌疑人，听取辩护人的意见，并制作笔录附卷。辩护人提出书面意见的，应当附卷。对于辩护人提出犯罪嫌疑人无罪、罪轻或者减轻、免除刑事责任、不适宜羁押或者侦查活动有违法情形等意见的，检察人员应当进行审查，并在相关工作文书中叙明辩护人提出的意见，说明是否采纳的情况和理由。

讯问未成年犯罪嫌疑人，应当通知其法定代理人到场，告知法定代理人依法享有的诉讼权利和应当履行的义务。到场的法定代理人可以代为行使未成年犯罪嫌疑人的诉讼权利，代为行使权利时不得损害未成年犯罪嫌疑人的合法权益。

无法通知、法定代理人不能到场或者法定代理人是共犯的，也可以通知未成年犯罪嫌疑人的其他成年亲属，所在学校、单位或者居住地的村民委员会、居民委员会、未成年人保护组织的代表到场，并将有关情况记录在案。未成年犯罪嫌疑人明确拒绝法定代理人以外的合适成年人到场，且有正当理由的，人民检察院可以准许，但应当在征求其意见后通知其他合适成年人到场。

到场的法定代理人或者其他人员认为检察人员在讯问中侵犯未成年犯罪嫌疑人合法权益提出意见的，人民检察院应当记录在案。对合理意见，应当接受并纠正。讯问笔录应当交由到场的法定代理人或者其他人员阅读或者向其宣读，并由其在笔录上签名或者盖章，并捺指印。

讯问女性未成年犯罪嫌疑人，应当有女性检察人员参加。

询问未成年被害人、证人，适用本条第二款至第五款的规定。询问应当以一次为原则,避免反复询问。

第四百六十六条 讯问未成年犯罪嫌疑人应当保护其人格尊严。

讯问未成年犯罪嫌疑人一般不得使用戒具。对于确有人身危险性必须使用戒具的,在现实危险消除后应当立即停止使用。

第四百六十七条 未成年犯罪嫌疑人认罪认罚的,人民检察院应当告知本人及其法定代理人享有的诉讼权利和认罪认罚的法律规定,并依照刑事诉讼法第一百七十三条的规定,听取、记录未成年犯罪嫌疑人及其法定代理人、辩护人、被害人及其诉讼代理人的意见。

第四百六十八条 未成年犯罪嫌疑人认罪认罚的,应当在法定代理人、辩护人在场的情况下签署认罪认罚具结书。法定代理人、辩护人对认罪认罚有异议的,不需要签署具结书。

因未成年犯罪嫌疑人的法定代理人、辩护人对其认罪认罚有异议而不签署具结书的,人民检察院应当对未成年人认罪认罚情况,法定代理人、辩护人的异议情况如实记录。提起公诉的,应当将该材料与其他案卷材料一并移送人民法院。

未成年犯罪嫌疑人的法定代理人、辩护人对认罪认罚有异议而不签署具结书的,不影响从宽处理。

法定代理人无法到场的,合适成年人可以代为行使到场权、知情权、异议权等。法定代理人未到场的原因以及听取合适成年人意见等情况应当记录在案。

第四百六十九条 对于符合刑事诉讼法第二百八十二条第一款规定条件的未成年人刑事案件,人民检察院可以作出附条件不起诉的决定。

人民检察院在作出附条件不起诉的决定以前,应当听取公安机关、被害人、未成年犯罪嫌疑人及其法定代理人、辩护人的意见,并制作笔录附卷。

第四百七十条 未成年犯罪嫌疑人及其法定代理人对拟作出附条件不起诉决定提出异议的,人民检察院应当提起公诉。但是,未成年犯罪嫌疑人及其法定代理人提出无罪辩解,人民检察院经审查认为无罪辩解理由成立的,应当按照本规则第三百六十五条的规定作出不起诉决定。

未成年犯罪嫌疑人及其法定代理人对案件作附条件不起诉处理没有异议,仅对所附条件及考验期有异议的,人民检察院可以依法采纳其合理的意见,对考察的内容、方式、时间等进行调整;其意见不利于对未成年犯罪嫌疑人帮教,人民检察院不采纳的,应当进行释法说理。

人民检察院作出起诉决定前,未成年犯罪嫌疑人及其法定代理人撤回异议的,人民检察院可以依法作出附条件不起诉决定。

第四百七十一条 人民检察院作出附条件不起诉的决定后,应当制作附条件不起诉决定书,并在三日以内送达公安机关、被害人或者其近亲属及其诉讼代理人、未成年犯罪嫌疑人及其法定代理人、辩护人。

人民检察院应当当面向未成年犯罪嫌疑人及其法定代理人宣布附条件不起诉决定,告知考验期限、在考验期内应当遵守的规定以及违反规定应负的法律责任,并制作笔录附卷。

第四百七十二条 对附条件不起诉的决定,公安机关要求复议、提请复核或者被害人提出申诉的,具体程序参照本规则第三百七十九条至第三百八十三条的规定。被害人不服附条件不起诉决定的,应当告知其不适用刑事诉讼法第一百八十条关于被害人可以向人民法院起诉的规定,并做好释法说理工作。

前款规定的复议、复核、申诉由相应人民检察院负责未成年人检察的部门进行审查。

第四百七十三条 人民检察院作出附条件不起诉决定的,应当确定考验期。考验期为六个月以上一年以下,从人民检察院作出附条件不起诉的决定之日起计算。

第四百七十四条 在附条件不起诉的考验期内,由人民检察院对被附条件不起诉的未成年犯罪嫌疑人进行监督考察。人民检察院应当要求未成年犯罪嫌疑人的监护人对未成年犯罪嫌疑人加强管教,配合人民检察院做好监督考察工作。

人民检察院可以会同未成年犯罪嫌疑人的监护人、所在学校、单位、居住地的村民委员会、居民委员会、未成年人保护组织等的有关人员,定期对未成年犯罪嫌疑人进行考察、教育,实施跟踪帮教。

第四百七十五条 人民检察院对于被附条件不起诉的未成年犯罪嫌疑人,应当监督考察其是否遵守下列规定:

(一)遵守法律法规,服从监督;

(二)按照规定报告自己的活动情况;

(三)离开所居住的市、县或者迁居,应当报经批准;

(四)按照要求接受矫治和教育。

第四百七十六条 人民检察院可以要求被附条件不起诉的未成年犯罪嫌疑人接受下列矫治和教育:

(一)完成戒瘾治疗、心理辅导或者其他适当的处遇措施;

(二)向社区或者公益团体提供公益劳动;

(三)不得进入特定场所,与特定的人员会见或者通信,从事特定的活动;

(四)向被害人赔偿损失、赔礼道歉等;

(五)接受相关教育;

(六)遵守其他保护被害人安全以及预防再犯的禁止性规定。

第四百七十七条 考验期届满,检察人员应当制作附条件不起诉考察意见书,提出起诉或者不起诉的意见,报请检察长决定。

考验期满作出不起诉的决定以前,应当听取被害人意见。

第四百七十八条 考验期满作出不起诉决定,被害人提出申诉的,依照本规则第四百七十二条规定办理。

第四百七十九条 被附条件不起诉的未成年犯罪嫌疑人,在考验期内具有下列情形之一的,人民检察院应当撤销附条件不起诉的决定,提起公诉:

(一)实施新的犯罪的;

(二)发现决定附条件不起诉以前还有其他犯罪需要追诉的;

(三)违反治安管理规定,造成严重后果,或者多次违反治安管理规定的;

(四)违反有关附条件不起诉的监督管理规定,造成严重后果,或者多次违反有关附条件不起诉的监督管理规定的。

第四百八十条 被附条件不起诉的未成年犯罪嫌疑人,在考验期内没有本规则第四百七十九条规定的情形,考验期满的,人民检察院应当作出不起诉的决定。

第四百八十一条 人民检察院办理未成年人刑事案件过程中,应当对涉案未成年人的资料予以保密,不得公开或者传播涉案未成年人的姓名、住所、照片、图像及可能推断出该未成年人的其他资料。

第四百八十二条 犯罪的时候不满十八周岁,被判处五年有期徒刑以下刑罚的,人民检察院应当在收到人民法院生效判决、裁定后,对犯罪记录予以封存。

生效判决、裁定由第二审人民法院作出的,同级人民检察院依照前款规定封存犯罪记录时,应当通知下级人民检察院对相关犯罪记录予以封存。

第四百八十三条 人民检察院应当将拟封存的未成年人犯罪记录、案卷等相关材料装订成册,加密保存,不予公开,并建立专门的未成年人犯罪档案库,执行严格的保管制度。

第四百八十四条 除司法机关为办案需要或者有关单位根据国家规定进行查询的以外,人民检察院不得向任何单位和个人提供封存的犯罪记录,并不得提供未成年人有犯罪记录的证明。

司法机关或者有关单位需要查询

犯罪记录的,应当向封存犯罪记录的人民检察院提出书面申请。人民检察院应当在七日以内作出是否许可的决定。

第四百八十五条　未成年人犯罪记录封存后,没有法定事由、未经法定程序不得解封。

对被封存犯罪记录的未成年人,符合下列条件之一的,应当对其犯罪记录解除封存:

(一)实施新的犯罪,且新罪与封存记录之罪数罪并罚后被决定执行五年有期徒刑以上刑罚的;

(二)发现漏罪,且漏罪与封存记录之罪数罪并罚后被决定执行五年有期徒刑以上刑罚的。

第四百八十六条　人民检察院对未成年犯罪嫌疑人作出不起诉决定后,应当对相关记录予以封存。除司法机关为办案需要进行查询外,不得向任何单位和个人提供。封存的具体程序参照本规则第四百八十三条至第四百八十五条的规定。

第四百八十七条　被封存犯罪记录的未成年人或者其法定代理人申请出具无犯罪记录证明的,人民检察院应当出具。需要协调公安机关、人民法院为其出具无犯罪记录证明的,人民检察院应当予以协助。

第四百八十八条　负责未成年人检察的部门应当依法对看守所、未成年犯管教所监管未成年人的活动实行监督,配合做好对未成年人的教育。发现没有对未成年犯罪嫌疑人、被告人与成年犯罪嫌疑人、被告人分别关押、管理或者违反规定对未成年犯留所执行刑罚的,应当依法提出纠正意见。

负责未成年人检察的部门发现社区矫正机构违反未成年人社区矫正相关规定的,应当依法提出纠正意见。

第四百八十九条　本节所称未成年人刑事案件,是指犯罪嫌疑人实施涉嫌犯罪行为时已满十四周岁、未满十八周岁的刑事案件。

本节第四百六十条、第四百六十五条、第四百六十六条、第四百六十七条、第四百六十八条所称的未成年犯罪嫌疑人,是指在诉讼过程中未满十八周岁的人。犯罪嫌疑人实施涉嫌犯罪行为时未满十八周岁,在诉讼过程中已满十八周岁的,人民检察院可以根据案件的具体情况适用上述规定。

第四百九十条　人民检察院办理侵害未成年人犯罪案件,应当采取适合未成年被害人身心特点的方法,充分保护未成年被害人的合法权益。

第四百九十一条　办理未成年人刑事案件,除本节已有规定的以外,按照刑事诉讼法和其他有关规定进行。

第二节 当事人和解的公诉案件诉讼程序

第四百九十二条 下列公诉案件,双方当事人可以和解:

(一)因民间纠纷引起,涉嫌刑法分则第四章、第五章规定的犯罪案件,可能判处三年有期徒刑以下刑罚的;

(二)除渎职犯罪以外的可能判处七年有期徒刑以下刑罚的过失犯罪案件。

当事人和解的公诉案件应当同时符合下列条件:

(一)犯罪嫌疑人真诚悔罪,向被害人赔偿损失、赔礼道歉等;

(二)被害人明确表示对犯罪嫌疑人予以谅解;

(三)双方当事人自愿和解,符合有关法律规定;

(四)属于侵害特定被害人的故意犯罪或者有直接被害人的过失犯罪;

(五)案件事实清楚,证据确实、充分。

犯罪嫌疑人在五年以内曾经故意犯罪的,不适用本节规定的程序。

犯罪嫌疑人在犯刑事诉讼法第二百八十八条第一款规定的犯罪前五年内曾经故意犯罪,无论该故意犯罪是否已经追究,均应当认定为前款规定的五年以内曾经故意犯罪。

第四百九十三条 被害人死亡的,其法定代理人、近亲属可以与犯罪嫌疑人和解。

被害人系无行为能力或者限制行为能力人的,其法定代理人可以代为和解。

第四百九十四条 犯罪嫌疑人系限制行为能力人的,其法定代理人可以代为和解。

犯罪嫌疑人在押的,经犯罪嫌疑人同意,其法定代理人、近亲属可以代为和解。

第四百九十五条 双方当事人可以就赔偿损失、赔礼道歉等民事责任事项进行和解,并且可以就被害人及其法定代理人或者近亲属是否要求或者同意公安机关、人民检察院、人民法院对犯罪嫌疑人依法从宽处理进行协商,但不得对案件的事实认定、证据采信、法律适用和定罪量刑等依法属于公安机关、人民检察院、人民法院职权范围的事宜进行协商。

第四百九十六条 双方当事人可以自行达成和解,也可以经人民调解委员会、村民委员会、居民委员会、当事人所在单位或者同事、亲友等组织或者个人调解后达成和解。

人民检察院对于本规则第四百九十二条规定的公诉案件,可以建议当事人进行和解,并告知相应的权利义务，必要时可以提供法律咨询。

第四百九十七条　人民检察院应当对和解的自愿性、合法性进行审查，重点审查以下内容：

（一）双方当事人是否自愿和解；

（二）犯罪嫌疑人是否真诚悔罪，是否向被害人赔礼道歉，赔偿数额与其所造成的损害和赔偿能力是否相适应；

（三）被害人及其法定代理人或者近亲属是否明确表示对犯罪嫌疑人予以谅解；

（四）是否符合法律规定；

（五）是否损害国家、集体和社会公共利益或者他人的合法权益；

（六）是否符合社会公德。

审查时，应当听取双方当事人和其他有关人员对和解的意见，告知刑事案件可能从宽处理的法律后果和双方的权利义务，并制作笔录附卷。

第四百九十八条　经审查认为双方自愿和解，内容合法，且符合本规则第四百九十二条规定的范围和条件的，人民检察院应当主持制作和解协议书。

和解协议书的主要内容包括：

（一）双方当事人的基本情况；

（二）案件的主要事实；

（三）犯罪嫌疑人真诚悔罪，承认自己所犯罪行，对指控的犯罪没有异议，向被害人赔偿损失、赔礼道歉等；

赔偿损失的，应当写明赔偿的数额、履行的方式、期限等；

（四）被害人及其法定代理人或者近亲属对犯罪嫌疑人予以谅解，并要求或者同意公安机关、人民检察院、人民法院对犯罪嫌疑人依法从宽处理。

和解协议书应当由双方当事人签字，可以写明和解协议书系在人民检察院主持下制作。检察人员不在当事人和解协议书上签字，也不加盖人民检察院印章。

和解协议书一式三份，双方当事人各持一份，另一份交人民检察院附卷备查。

第四百九十九条　和解协议书约定的赔偿损失内容，应当在双方签署协议后立即履行，至迟在人民检察院作出从宽处理决定前履行。确实难以一次性履行的，在提供有效担保并且被害人同意的情况下，也可以分期履行。

第五百条　双方当事人在侦查阶段达成和解协议，公安机关向人民检察院提出从宽处理建议的，人民检察院在审查逮捕和审查起诉时应当充分考虑公安机关的建议。

第五百零一条　人民检察院对于公安机关提请批准逮捕的案件，双方当事人达成和解协议的，可以作为有无社会危险性或者社会危险性大小的因素予以考虑。经审查认为不需要逮捕的,可以作出不批准逮捕的决定;在审查起诉阶段可以依法变更强制措施。

第五百零二条 人民检察院对于公安机关移送起诉的案件,双方当事人达成和解协议的,可以作为是否需要判处刑罚或者免除刑罚的因素予以考虑。符合法律规定的不起诉条件的,可以决定不起诉。

对于依法应当提起公诉的,人民检察院可以向人民法院提出从宽处罚的量刑建议。

第五百零三条 人民检察院拟对当事人达成和解的公诉案件作出不起诉决定的,应当听取双方当事人对和解的意见,并且查明犯罪嫌疑人是否已经切实履行和解协议、不能即时履行的是否已经提供有效担保,将其作为是否决定不起诉的因素予以考虑。

当事人在不起诉决定作出之前反悔的,可以另行达成和解。不能另行达成和解的,人民检察院应当依法作出起诉或者不起诉决定。

当事人在不起诉决定作出之后反悔的,人民检察院不撤销原决定,但有证据证明和解违反自愿、合法原则的除外。

第五百零四条 犯罪嫌疑人或者其亲友等以暴力、威胁、欺骗或者其他非法方法强迫、引诱被害人和解,或者在协议履行完毕之后威胁、报复被害

人的,应当认定和解协议无效。已经作出不批准逮捕或者不起诉决定的,人民检察院根据案件情况可以撤销原决定,对犯罪嫌疑人批准逮捕或者提起公诉。

第三节 缺席审判程序

第五百零五条 对于监察机关移送起诉的贪污贿赂犯罪案件,犯罪嫌疑人、被告人在境外,人民检察院认为犯罪事实已经查清,证据确实、充分,依法应当追究刑事责任的,可以向人民法院提起公诉。

对于公安机关移送起诉的需要及时进行审判的严重危害国家安全犯罪、恐怖活动犯罪案件,犯罪嫌疑人、被告人在境外,人民检察院认为犯罪事实已经查清,证据确实、充分,依法应当追究刑事责任的,经最高人民检察院核准,可以向人民法院提起公诉。

前两款规定的案件,由有管辖权的中级人民法院的同级人民检察院提起公诉。

人民检察院提起公诉的,应当向人民法院提交被告人已出境的证据。

第五百零六条 人民检察院对公安机关移送起诉的需要报请最高人民检察院核准的案件,经检察委员会讨论提出提起公诉意见的,应当层报最高人民检察院核准。报送材料包括起诉意见书、案件审查报告、报请核准的

报告及案件证据材料。

第五百零七条 最高人民检察院收到下级人民检察院报请核准提起公诉的案卷材料后,应当及时指派检察官对案卷材料进行审查,提出核准或者不予核准的意见,报检察长决定。

第五百零八条 报请核准的人民检察院收到最高人民检察院核准决定书后,应当提起公诉,起诉书中应当载明经最高人民检察院核准的内容。

第五百零九条 审查起诉期间,犯罪嫌疑人自动投案或者被抓获的,人民检察院应当重新审查。

对严重危害国家安全犯罪、恐怖活动犯罪案件报请核准期间,犯罪嫌疑人自动投案或者被抓获的,报请核准的人民检察院应当及时撤回报请,重新审查案件。

第五百一十条 提起公诉后被告人到案,人民法院拟重新审理的,人民检察院应当商人民法院将案件撤回并重新审查。

第五百一十一条 因被告人患有严重疾病无法出庭,中止审理超过六个月,被告人仍无法出庭,被告人及其法定代理人、近亲属申请或者同意恢复审理的,人民检察院可以建议人民法院适用缺席审判程序审理。

第四节 犯罪嫌疑人、被告人逃匿、死亡案件违法所得的没收程序

第五百一十二条 对于贪污贿赂犯罪、恐怖活动犯罪等重大犯罪案件,犯罪嫌疑人、被告人逃匿,在通缉一年后不能到案,依照刑法规定应当追缴其违法所得及其他涉案财产的,人民检察院可以向人民法院提出没收违法所得的申请。

对于犯罪嫌疑人、被告人死亡,依照刑法规定应当追缴其违法所得及其他涉案财产的,人民检察院也可以向人民法院提出没收违法所得的申请。

第五百一十三条 犯罪嫌疑人、被告人为逃避侦查和刑事追究潜逃、隐匿,或者在刑事诉讼过程中脱逃的,应当认定为"逃匿"。

犯罪嫌疑人、被告人因意外事故下落不明满二年,或者因意外事故下落不明,经有关机关证明其不可能生存的,按照前款规定处理。

第五百一十四条 公安机关发布通缉令或者公安部通过国际刑警组织发布红色国际通报,应当认定为"通缉"。

第五百一十五条 犯罪嫌疑人、被告人通过实施犯罪直接或者间接产生、获得的任何财产,应当认定为"违法所得"。

违法所得已经部分或者全部转变、转化为其他财产的,转变、转化后的财产应当视为前款规定的"违法所得"。

来自违法所得转变、转化后的财

产收益,或者来自已经与违法所得相混合财产中违法所得相应部分的收益,也应当视为第一款规定的违法所得。

第五百一十六条 犯罪嫌疑人、被告人非法持有的违禁品、供犯罪所用的本人财物,应当认定为"其他涉案财产"。

第五百一十七条 刑事诉讼法第二百九十九条第三款规定的"利害关系人"包括犯罪嫌疑人、被告人的近亲属和其他对申请没收的财产主张权利的自然人和单位。

刑事诉讼法第二百九十九条第二款、第三百条第二款规定的"其他利害关系人"是指前款规定的"其他对申请没收的财产主张权利的自然人和单位"。

第五百一十八条 人民检察院审查监察机关或者公安机关移送的没收违法所得意见书,向人民法院提出没收违法所得的申请以及对违法所得没收程序中调查活动、审判活动的监督,由负责捕诉的部门办理。

第五百一十九条 没收违法所得的申请,应当由有管辖权的中级人民法院的同级人民检察院提出。

第五百二十条 人民检察院向人民法院提出没收违法所得的申请,应当制作没收违法所得申请书。没收违法所得申请书应当载明以下内容:

(一)犯罪嫌疑人、被告人的基本情况,包括姓名、性别、出生年月日、出生地、户籍地、公民身份号码、民族、文化程度、职业、工作单位及职务、住址等;

(二)案由及案件来源;

(三)犯罪嫌疑人、被告人的犯罪事实及相关证据材料;

(四)犯罪嫌疑人、被告人逃匿、被通缉或者死亡的情况;

(五)申请没收的财产种类、数量、价值、所在地以及查封、扣押、冻结财产清单和相关法律手续;

(六)申请没收的财产属于违法所得及其他涉案财产的相关事实及证据材料;

(七)提出没收违法所得申请的理由和法律依据;

(八)有无近亲属和其他利害关系人以及利害关系人的姓名、身份、住址、联系方式;

(九)其他应当写明的内容。

上述材料需要翻译件的,人民检察院应当随没收违法所得申请书一并移送人民法院。

第五百二十一条 监察机关或者公安机关向人民检察院移送没收违法所得意见书,应当由有管辖权的人民检察院的同级监察机关或者公安机关移送。

第五百二十二条 人民检察院审

查监察机关或者公安机关移送的没收违法所得意见书,应当审查下列内容:

(一)是否属于本院管辖;

(二)是否符合刑事诉讼法第二百九十八条第一款规定的条件;

(三)犯罪嫌疑人基本情况,包括姓名、性别、国籍、出生年月日、职业和单位等;

(四)犯罪嫌疑人涉嫌犯罪的事实和相关证据材料;

(五)犯罪嫌疑人逃匿、下落不明、被通缉或者死亡的情况,通缉令或者死亡证明是否随案移送;

(六)违法所得及其他涉案财产的种类、数量、所在地以及查封、扣押、冻结的情况,查封、扣押、冻结的财产清单和相关法律手续是否随案移送;

(七)违法所得及其他涉案财产的相关事实和证据材料;

(八)有无近亲属和其他利害关系人以及利害关系人的姓名、身份、住址、联系方式。

对于与犯罪事实、违法所得及其他涉案财产相关的证据材料,不宜移送的,应当审查证据的清单、复制件、照片或者其他证明文件是否随案移送。

第五百二十三条 人民检察院应当在接到监察机关或者公安机关移送的没收违法所得意见书后三十日以内作出是否提出没收违法所得申请的决定。三十日以内不能作出决定的,可以延长十五日。

对于监察机关或者公安机关移送的没收违法所得案件,经审查认为不符合刑事诉讼法第二百九十八条第一款规定条件的,应当作出不提出没收违法所得申请的决定,并向监察机关或者公安机关书面说明理由;认为需要补充证据的,应当书面要求监察机关或者公安机关补充证据,必要时也可以自行调查。

监察机关或者公安机关补充证据的时间不计入人民检察院办案期限。

第五百二十四条 人民检察院发现公安机关应当启动违法所得没收程序而不启动的,可以要求公安机关在七日以内书面说明不启动的理由。

经审查,认为公安机关不启动理由不能成立的,应当通知公安机关启动程序。

第五百二十五条 人民检察院发现公安机关在违法所得没收程序的调查活动中有违法情形的,应当向公安机关提出纠正意见。

第五百二十六条 在审查监察机关或者公安机关移送的没收违法所得意见书的过程中,在逃的犯罪嫌疑人、被告人自动投案或者被抓获的,人民检察院应当终止审查,并将案卷退回监察机关或者公安机关处理。

第五百二十七条 人民检察院直

接受理侦查的案件，犯罪嫌疑人死亡而撤销案件，符合刑事诉讼法第二百九十八条第一款规定条件的，负责侦查的部门应当启动违法所得没收程序进行调查。

负责侦查的部门进行调查应当查明犯罪嫌疑人涉嫌的犯罪事实，犯罪嫌疑人死亡的情况，以及犯罪嫌疑人的违法所得及其他涉案财产的情况，并可以对违法所得及其他涉案财产依法进行查封、扣押、查询、冻结。

负责侦查的部门认为符合刑事诉讼法第二百九十八条第一款规定条件的，应当写出没收违法所得意见书，连同案卷材料一并移送有管辖权的人民检察院负责侦查的部门，并由有管辖权的人民检察院负责侦查的部门移送本院负责捕诉的部门。

负责捕诉的部门对没收违法所得意见书进行审查，作出是否提出没收违法所得申请的决定，具体程序按照本规则第五百二十二条、第五百二十三条的规定办理。

第五百二十八条　在人民检察院审查起诉过程中，犯罪嫌疑人死亡，或者贪污贿赂犯罪、恐怖活动犯罪等重大犯罪案件的犯罪嫌疑人逃匿，在通缉一年后不能到案，依照刑法规定应当追缴其违法所得及其他涉案财产的，人民检察院可以直接提出没收违法所得的申请。

在人民法院审理案件过程中，被告人死亡而裁定终止审理，或者被告人脱逃而裁定中止审理，人民检察院可以依法另行向人民法院提出没收违法所得的申请。

第五百二十九条　人民法院对没收违法所得的申请进行审理，人民检察院应当承担举证责任。

人民法院对没收违法所得的申请开庭审理的，人民检察院应当派员出席法庭。

第五百三十条　出席法庭的检察官应当宣读没收违法所得申请书，并在法庭调查阶段就申请没收的财产属于违法所得及其他涉案财产等相关事实出示、宣读证据。

第五百三十一条　人民检察院发现人民法院或者审判人员审理没收违法所得案件违反法律规定的诉讼程序，应当向人民法院提出纠正意见。

人民检察院认为同级人民法院按照违法所得没收程序所作的第一审裁定确有错误的，应当在五日以内向上一级人民法院提出抗诉。

最高人民检察院、省级人民检察院认为下级人民法院按照违法所得没收程序所作的已经发生法律效力的裁定确有错误的，应当按照审判监督程序向同级人民法院提出抗诉。

第五百三十二条　在审理案件过程中，在逃的犯罪嫌疑人、被告人自动投案或者被抓获,人民法院按照刑事诉讼法第三百零一条第一款的规定终止审理的,人民检察院应当将案卷退回监察机关或者公安机关处理。

第五百三十三条　对于刑事诉讼法第二百九十八条第一款规定以外需要没收违法所得的,按照有关规定执行。

第五节　依法不负刑事责任的精神病人的强制医疗程序

第五百三十四条　对于实施暴力行为,危害公共安全或者严重危害公民人身安全,已经达到犯罪程度,经法定程序鉴定依法不负刑事责任的精神病人,有继续危害社会可能的,人民检察院应当向人民法院提出强制医疗的申请。

提出强制医疗的申请以及对强制医疗决定的监督,由负责捕诉的部门办理。

第五百三十五条　强制医疗的申请由被申请人实施暴力行为所在地的基层人民检察院提出;由被申请人居住地的人民检察院提出更为适宜的,可以由被申请人居住地的基层人民检察院提出。

第五百三十六条　人民检察院向人民法院提出强制医疗的申请,应当制作强制医疗申请书。强制医疗申请书的主要内容包括:

(一)涉案精神病人的基本情况,包括姓名、性别、出生年月日、出生地、户籍地、公民身份号码、民族、文化程度、职业、工作单位及职务、住址,采取临时保护性约束措施的情况及处所等;

(二)涉案精神病人的法定代理人的基本情况,包括姓名、住址、联系方式等;

(三)案由及案件来源;

(四)涉案精神病人实施危害公共安全或者严重危害公民人身安全的暴力行为的事实,包括实施暴力行为的时间、地点、手段、后果等及相关证据情况;

(五)涉案精神病人不负刑事责任的依据,包括有关鉴定意见和其他证据材料;

(六)涉案精神病人继续危害社会的可能;

(七)提出强制医疗申请的理由和法律依据。

第五百三十七条　人民检察院审查公安机关移送的强制医疗意见书,应当查明:

(一)是否属于本院管辖;

(二)涉案精神病人身份状况是否清楚,包括姓名、性别、国籍、出生年月日、职业和单位等;

(三)涉案精神病人实施危害公共安全或者严重危害公民人身安全的

暴力行为的事实；

（四）公安机关对涉案精神病人进行鉴定的程序是否合法，涉案精神病人是否依法不负刑事责任；

（五）涉案精神病人是否有继续危害社会的可能；

（六）证据材料是否随案移送，不宜移送的证据的清单、复制件、照片或者其他证明文件是否随案移送；

（七）证据是否确实、充分；

（八）采取的临时保护性约束措施是否适当。

第五百三十八条 人民检察院办理公安机关移送的强制医疗案件，可以采取以下方式开展调查，调查情况应当记录并附卷：

（一）会见涉案精神病人，听取涉案精神病人的法定代理人、诉讼代理人意见；

（二）询问办案人员、鉴定人；

（三）向被害人及其法定代理人、近亲属了解情况；

（四）向涉案精神病人的主治医生、近亲属、邻居、其他知情人员或者基层组织等了解情况；

（五）就有关专门性技术问题委托具有法定资质的鉴定机构、鉴定人进行鉴定。

第五百三十九条 人民检察院应当在接到公安机关移送的强制医疗意见书后三十日以内作出是否提出强制医疗申请的决定。

对于公安机关移送的强制医疗案件，经审查认为不符合刑事诉讼法第三百零二条规定条件的，应当作出不提出强制医疗申请的决定，并向公安机关书面说明理由。认为需要补充证据的，应当书面要求公安机关补充证据，必要时也可以自行调查。

公安机关补充证据的时间不计入人民检察院办案期限。

第五百四十条 人民检察院发现公安机关应当启动强制医疗程序而不启动的，可以要求公安机关在七日以内书面说明不启动的理由。

经审查，认为公安机关不启动理由不能成立的，应当通知公安机关启动强制医疗程序。

公安机关收到启动强制医疗程序通知书后，未按要求启动强制医疗程序的，人民检察院应当提出纠正意见。

第五百四十一条 人民检察院对公安机关移送的强制医疗案件，发现公安机关对涉案精神病人进行鉴定违反法律规定，具有下列情形之一的，应当依法提出纠正意见：

（一）鉴定机构不具备法定资质的；

（二）鉴定人不具备法定资质或者违反回避规定的；

（三）鉴定程序违反法律或者有关规定，鉴定的过程和方法违反相关专业规范要求的；

（四）鉴定文书不符合法定形式要件的；

（五）鉴定意见没有依法及时告知相关人员的；

（六）鉴定人故意作虚假鉴定的；

（七）其他违反法律规定的情形。

人民检察院对精神病鉴定程序进行监督，可以要求公安机关补充鉴定或者重新鉴定。必要时，可以询问鉴定人并制作笔录，或者委托具有法定资质的鉴定机构进行补充鉴定或者重新鉴定。

第五百四十二条 人民检察院发现公安机关对涉案精神病人不应当采取临时保护性约束措施而采取的，应当提出纠正意见。

认为公安机关应当采取临时保护性约束措施而未采取的，应当建议公安机关采取临时保护性约束措施。

第五百四十三条 在审查起诉中，犯罪嫌疑人经鉴定系依法不负刑事责任的精神病人的，人民检察院应当作出不起诉决定。认为符合刑事诉讼法第三百零二条规定条件的，应当向人民法院提出强制医疗的申请。

第五百四十四条 人民法院对强制医疗案件开庭审理的，人民检察院应当派员出席法庭。

第五百四十五条 人民检察院发现人民法院强制医疗案件审理活动具有下列情形之一的，应当提出纠正意见：

（一）未通知被申请人或者被告人的法定代理人到场的；

（二）被申请人或者被告人没有委托诉讼代理人，未通知法律援助机构指派律师为其提供法律帮助的；

（三）未组成合议庭或者合议庭组成人员不合法的；

（四）未经被申请人、被告人的法定代理人请求直接作出不开庭审理决定的；

（五）未会见被申请人的；

（六）被申请人、被告人要求出庭且具备出庭条件，未准许其出庭的；

（七）违反法定审理期限的；

（八）收到人民检察院对强制医疗决定不当的书面纠正意见后，未另行组成合议庭审理或者未在一个月以内作出复议决定的；

（九）人民法院作出的强制医疗决定或者驳回强制医疗申请决定不当的；

（十）其他违反法律规定的情形。

第五百四十六条 出席法庭的检察官发现人民法院或者审判人员审理强制医疗案件违反法律规定的诉讼程序，应当记录在案，并在休庭后及时向检察长报告，由人民检察院在庭审后向人民法院提出纠正意见。

第五百四十七条 人民检察院认

为人民法院作出的强制医疗决定或者驳回强制医疗申请的决定,具有下列情形之一的,应当在收到决定书副本后二十日以内向人民法院提出纠正意见:

(一)据以作出决定的事实不清或者确有错误的;

(二)据以作出决定的证据不确实、不充分的;

(三)据以作出决定的证据依法应当予以排除的;

(四)据以作出决定的主要证据之间存在矛盾的;

(五)有确实、充分的证据证明应当决定强制医疗而予以驳回的,或者不应当决定强制医疗而决定强制医疗的;

(六)审理过程中严重违反法定诉讼程序,可能影响公正审理和决定的。

第五百四十八条 人民法院在审理案件过程中发现被告人符合强制医疗条件,适用强制医疗程序对案件进行审理的,人民检察院应当在庭审中发表意见。

人民法院作出宣告被告人无罪或者不负刑事责任的判决和强制医疗决定的,人民检察院应当进行审查。对判决确有错误的,应依法提出抗诉;对强制医疗决定不当或者未作出强制医疗的决定不当的,应当提出纠正意见。

第五百四十九条 人民法院收到被决定强制医疗的人、被害人及其法定代理人、近亲属复议申请后,未组成合议庭审理,或者未在一个月以内作出复议决定,或者有其他违法行为的,人民检察院应当提出纠正意见。

第五百五十条 人民检察院对于人民法院批准解除强制医疗的决定实行监督,发现人民法院解除强制医疗的决定不当的,应当提出纠正意见。

第十三章 刑事诉讼法律监督

第一节 一般规定

第五百五十一条 人民检察院对刑事诉讼活动实行法律监督,发现违法情形的,依法提出抗诉、纠正意见或者检察建议。

人民检察院对于涉嫌违法的事实,可以采取以下方式进行调查核实:

(一)讯问、询问犯罪嫌疑人;

(二)询问证人、被害人或者其他诉讼参与人;

(三)询问办案人员;

(四)询问在场人员或者其他可能知情的人员;

(五)听取申诉人或者控告人的意见;

(六)听取辩护人、值班律师意见;

(七)调取、查询、复制相关登记表册、法律文书、体检记录及案卷材料等;

（八）调取讯问笔录、询问笔录及相关录音、录像或其他视听资料；

（九）进行伤情、病情检查或者鉴定；

（十）其他调查核实方式。

人民检察院在调查核实过程中不得限制被调查对象的人身、财产权利。

第五百五十二条 人民检察院发现刑事诉讼活动中的违法行为，对于情节较轻的，由检察人员以口头方式提出纠正意见；对于情节较重的，经检察长决定，发出纠正违法通知书。对于带有普遍性的违法情形，经检察长决定，向相关机关提出检察建议。构成犯罪的，移送有关机关、部门依法追究刑事责任。

有申诉人、控告人的，调查核实和纠正违法情况应予告知。

第五百五十三条 人民检察院发出纠正违法通知书的，应当监督落实。被监督单位在纠正违法通知书规定的期限内没有回复纠正情况的，人民检察院应当督促回复。经督促被监督单位仍不回复或者没有正当理由不纠正的，人民检察院应当向上一级人民检察院报告。

第五百五十四条 被监督单位对纠正意见申请复查的，人民检察院应当在收到被监督单位的书面意见后七日以内进行复查，并将复查结果及时通知申请复查的单位。经过复查，认为纠正意见正确的，应当及时向上一级人民检察院报告；认为纠正意见错误的，应当及时予以撤销。

上一级人民检察院经审查，认为下级人民检察院纠正意见正确的，应当及时通报被监督单位的上级机关或者主管机关，并建议其督促被监督单位予以纠正；认为下级人民检察院纠正意见错误的，应当书面通知下级人民检察院予以撤销，下级人民检察院应当执行，并及时向被监督单位说明情况。

第五百五十五条 当事人和辩护人、诉讼代理人、利害关系人对于办案机关及其工作人员有刑事诉讼法第一百一十七条规定的行为，向该机关申诉或者控告，对该机关作出的处理不服或者该机关未在规定时间内作出答复，而向人民检察院申诉的，办案机关的同级人民检察院应当受理。

人民检察院直接受理侦查的案件，当事人和辩护人、诉讼代理人、利害关系人对办理案件的人民检察院的处理不服的，可以向上一级人民检察院申诉，上一级人民检察院应当受理。

未向办案机关申诉或者控告，或者办案机关在规定时间内尚未作出处理决定，直接向人民检察院申诉的，人民检察院应当告知其向办案机关申诉或者控告。人民检察院在审查逮捕、审查起诉中发现有刑事诉讼法第一百一十七规定的违法情形的，可以直接监督纠正。

当事人和辩护人、诉讼代理人、利害关系人对刑事诉讼法第一百一十七条规定情形之外的违法行为提出申诉或者控告的，人民检察院应当受理，并及时审查，依法处理。

第五百五十六条 对人民检察院及其工作人员办理案件中违法行为的申诉、控告，由负责控告申诉检察的部门受理和审查办理。对其他司法机关处理决定不服向人民检察院提出的申诉，由负责控告申诉检察的部门受理后，移送相关办案部门审查办理。

审查办理的部门应当在受理之日起十五日以内提出审查意见。人民检察院对刑事诉讼法第一百一十七条的申诉，经审查认为需要其他司法机关说明理由的，应当要求有关机关说明理由，并在收到理由说明后十五日以内提出审查意见。

人民检察院及其工作人员办理案件中存在的违法情形属实的，应当予以纠正；不存在违法行为的，书面答复申诉人、控告人。

其他司法机关对申诉、控告的处理不正确的，人民检察院应当通知有关机关予以纠正；处理正确的，书面答复申诉人、控告人。

第二节 刑事立案监督

第五百五十七条 被害人及其法定代理人、近亲属或者行政执法机关，认为公安机关对其控告或者移送的案件应当立案侦查而不立案侦查，或者当事人认为公安机关不应立案而立案，向人民检察院提出的，人民检察院应当受理并进行审查。

人民检察院发现公安机关可能存在应当立案侦查而不立案侦查情形的，应当依法进行审查。

人民检察院接到控告、举报或者发现行政执法机关不移送涉嫌犯罪案件的，经检察长批准，应当向行政执法机关提出检察意见，要求其按照管辖规定向公安机关移送涉嫌犯罪案件。

第五百五十八条 人民检察院负责控告申诉检察的部门受理对公安机关应当立案而不立案或者不应当立案而立案的控告、申诉，应当根据事实、法律进行审查。认为需要公安机关说明不立案或者立案理由的，应当及时将案件移送负责捕诉的部门办理；认为公安机关立案或者不立案决定正确的，应当制作相关法律文书，答复控告人、申诉人。

第五百五十九条 人民检察院经审查，认为需要公安机关说明不立案理由的，应当要求公安机关书面说明不立案的理由。

对于有证据证明公安机关可能存在违法动用刑事手段插手民事、经济纠纷，或者利用立案实施报复陷害、敲诈勒索以及谋取其他非法利益等违法立案情形，尚未提请批准逮捕或者移送起诉的，人民检察院应当要求公安机关书面说明立案理由。

第五百六十条 人民检察院要求公安机关说明不立案或者立案理由，应当书面通知公安机关，并且告知公安机关在收到通知后七日以内，书面说明不立案或者立案的情况、依据和理由，连同有关证据材料回复人民检察院。

第五百六十一条 公安机关说明不立案或者立案的理由后，人民检察院应当进行审查。认为公安机关不立案或者立案理由不能成立的，经检察长决定，应当通知公安机关立案或者撤销案件。

人民检察院认为公安机关不立案或者立案理由成立的，应当在十日以内将不立案或者立案的依据和理由告知被害人及其法定代理人、近亲属或者行政执法机关。

第五百六十二条 公安机关对当事人的报案、控告、举报或者行政执法机关移送的涉嫌犯罪案件受理后未在规定期限内作出是否立案决定，当事人或者行政执法机关向人民检察院提出的，人民检察院应当受理并进行审查。经审查，认为尚未超过规定期限的，应当移送公安机关处理，并答复报案人、控告人、举报人或者行政执法机关；认为超过规定期限的，应当要求公安机关在七日以内书面说明逾期不作出是否立案决定的理由，连同有关证据材料回复人民检察院。公安机关在七日以内不说明理由也不作出立案或者不立案决定的，人民检察院应当提出纠正意见。人民检察院经审查有关证据材料认为符合立案条件的，应当通知公安机关立案。

第五百六十三条 人民检察院通知公安机关立案或者撤销案件，应当制作通知立案书或者通知撤销案件书，说明依据和理由，连同证据材料送达公安机关，并且告知公安机关应当在收到通知立案书后十五日以内立案，对通知撤销案件书没有异议的应当立即撤销案件，并将立案决定书或者撤销案件决定书及时送达人民检察院。

第五百六十四条 人民检察院通知公安机关立案或者撤销案件的，应当依法对执行情况进行监督。

公安机关在收到通知立案书或者通知撤销案件书后超过十五日不予立案或者未要求复议、提请复核也不撤销案件的，人民检察院应当发出纠正违法通知书。公安机关仍不纠正的，报上一级人民检察院协商同级公安机关处理。

公安机关立案后三个月以内未侦查终结的，人民检察院可以向公安机关发出立案监督案件催办函，要求公安机关及时向人民检察院反馈侦查工作进展情况。

第五百六十五条 公安机关认为人民检察院撤销案件通知有错误，要求同级人民检察院复议的，人民检察院应当重新审查。在收到要求复议意见书和案卷材料后七日以内作出是否变更的决定，并通知公安机关。

公安机关不接受人民检察院复议决定，提请上一级人民检察院复核的，上级人民检察院应当在收到提请复核意见书和案卷材料后十五日以内作出是否变更的决定，通知下级人民检察院和公安机关执行。

上级人民检察院复核认为撤销案件通知有错误的，下级人民检察院应当立即纠正；上级人民检察院复核认为撤销案件通知正确的，应当作出复核决定并送达下级公安机关。

第五百六十六条 人民检察院负责捕诉的部门发现本院负责侦查的部门对应当立案侦查的案件不立案侦查或者对不应当立案侦查的案件立案侦查的，应当建议负责侦查的部门立案侦查或者撤销案件。建议不被采纳的，应当报请检察长决定。

第三节 侦查活动监督

第五百六十七条 人民检察院应当对侦查活动中是否存在以下违法行为进行监督：

（一）采用刑讯逼供以及其他非法方法收集犯罪嫌疑人供述的；

（二）讯问犯罪嫌疑人依法应当录音或者录像而没有录音或者录像，或者未在法定羁押场所讯问犯罪嫌疑人的；

（三）采用暴力、威胁以及非法限制人身自由等非法方法收集证人证言、被害人陈述，或者以暴力、威胁等方法阻止证人作证或者指使他人作伪证的；

（四）伪造、隐匿、销毁、调换、私自涂改证据，或者帮助当事人毁灭、伪造证据的；

（五）违反刑事诉讼法关于决定、执行、变更、撤销强制措施的规定，或者强制措施法定期限届满，不予释放、解除或者变更的；

（六）应当退还取保候审保证金不退还的；

（七）违反刑事诉讼法关于讯问、询问、勘验、检查、搜查、鉴定、采取技术侦查措施等规定的；

（八）对与案件无关的财物采取查封、扣押、冻结措施，或者应当解除查封、扣押、冻结而不解除的；

（九）贪污、挪用、私分、调换、违反规定使用查封、扣押、冻结的财物及其孳息的；

（十）不应当撤案而撤案的；

（十一）侦查人员应当回避而不回避的；

（十二）依法应当告知犯罪嫌疑人诉讼权利而不告知，影响犯罪嫌疑人行使诉讼权利的；

（十三）对犯罪嫌疑人拘留、逮捕、指定居所监视居住后依法应当通知家属而未通知的；

（十四）阻碍当事人、辩护人、诉讼代理人、值班律师依法行使诉讼权利的；

（十五）应当对证据收集的合法性出具说明或者提供证明材料而不出具、不提供的；

（十六）侦查活动中的其他违反法律规定的行为。

第五百六十八条　人民检察院发现侦查活动中的违法情形已涉嫌犯罪，属于人民检察院管辖的，依法立案侦查；不属于人民检察院管辖的，依照有关规定移送有管辖权的机关。

第五百六十九条　人民检察院负责捕诉的部门发现本院负责侦查的部门在侦查活动中有违法情形，应当提出纠正意见。需要追究相关人员违法违纪责任的，应当报告检察长。

上级人民检察院发现下级人民检察院在侦查活动中有违法情形，应当通知其纠正。下级人民检察院应当及时纠正，并将纠正情况报告上级人民检察院。

第四节　审判活动监督

第五百七十条　人民检察院应当对审判活动中是否存在以下违法行为进行监督：

（一）人民法院对刑事案件的受理违反管辖规定的；

（二）人民法院审理案件违反法定审理和送达期限的；

（三）法庭组成人员不符合法律规定，或者依照规定应当回避而不回避的；

（四）法庭审理案件违反法定程序的；

（五）侵犯当事人、其他诉讼参与人的诉讼权利和其他合法权利的；

（六）法庭审理时对有关程序问题所作的决定违反法律规定的；

（七）违反法律规定裁定发回重审的；

（八）故意毁弃、篡改、隐匿、伪造、偷换证据或者其他诉讼材料，或者依据未经法定程序调查、质证的证据定案的；

（九）依法应当调查收集相关证据而不收集的；

（十）徇私枉法，故意违背事实和法律作枉法裁判的；

（十一）收受、索取当事人及其近亲属或者其委托的律师等人财物或者其他利益的；

（十二）违反法律规定采取强制措施或者采取强制措施法定期限届满，不予释放、解除或者变更的；

（十三）应当退还取保候审保证金不退还的；

（十四）对与案件无关的财物采取查封、扣押、冻结措施，或者应当解除查封、扣押、冻结而不解除的；

（十五）贪污、挪用、私分、调换、违反规定使用查封、扣押、冻结的财物及其孳息的；

（十六）其他违反法律规定的行为。

第五百七十一条 人民检察院检察长或者检察长委托的副检察长，可以列席同级人民法院审判委员会会议，依法履行法律监督职责。

第五百七十二条 人民检察院在审判活动监督中，发现人民法院或者审判人员审理案件违反法律规定的诉讼程序，应当向人民法院提出纠正意见。

人民检察院对违反程序的庭审活动提出纠正意见，应当由人民检察院在庭审后提出。出席法庭的检察人员发现法庭审判违反法律规定的诉讼程序，应当在休庭后及时向检察长报告。

第五节 羁押必要性审查

第五百七十三条 犯罪嫌疑人、被告人被逮捕后，人民检察院仍应当对羁押的必要性进行审查。

第五百七十四条 人民检察院在办案过程中可以依职权主动进行羁押必要性审查。

犯罪嫌疑人、被告人及其法定代理人、近亲属或者辩护人可以申请人民检察院进行羁押必要性审查。申请时应当说明不需要继续羁押的理由，有相关证据或者其他材料的应当提供。

看守所根据在押人员身体状况，可以建议人民检察院进行羁押必要性审查。

第五百七十五条 负责捕诉的部门依法对侦查和审判阶段的羁押必要性进行审查。经审查认为不需要继续羁押的，应当建议公安机关或者人民法院释放犯罪嫌疑人、被告人或者变更强制措施。

审查起诉阶段，负责捕诉的部门经审查认为不需要继续羁押的，应当直接释放犯罪嫌疑人或者变更强制措施。

负责刑事执行检察的部门收到有关材料或者发现不需要继续羁押的，应当及时将有关材料和意见移送负责捕诉的部门。

第五百七十六条 办案机关对应的同级人民检察院负责控告申诉检察的部门或者负责案件管理的部门收到羁押必要性审查申请后，应当在当日移送本院负责捕诉的部门。

其他人民检察院收到羁押必要性审查申请的,应当告知申请人向办案机关对应的同级人民检察院提出申请,或者在二日以内将申请材料移送办案机关对应的同级人民检察院,并告知申请人。

第五百七十七条 人民检察院可以采取以下方式进行羁押必要性审查:

(一)审查犯罪嫌疑人、被告人不需要继续羁押的理由和证明材料;

(二)听取犯罪嫌疑人、被告人及其法定代理人、辩护人的意见;

(三)听取被害人及其法定代理人、诉讼代理人的意见,了解是否达成和解协议;

(四)听取办案机关的意见;

(五)调查核实犯罪嫌疑人、被告人的身体健康状况;

(六)需要采取的其他方式。

必要时,可以依照有关规定进行公开审查。

第五百七十八条 人民检察院应当根据犯罪嫌疑人、被告人涉嫌的犯罪事实、主观恶性、悔罪表现、身体状况、案件进展情况、可能判处的刑罚和有无再危害社会的危险等因素,综合评估有无必要继续羁押犯罪嫌疑人、被告人。

第五百七十九条 人民检察院发现犯罪嫌疑人、被告人具有下列情形之一的,应当向办案机关提出释放或者变更强制措施的建议:

(一)案件证据发生重大变化,没有证据证明有犯罪事实或者犯罪行为系犯罪嫌疑人、被告人所为的;

(二)案件事实或者情节发生变化,犯罪嫌疑人、被告人可能被判处拘役、管制、独立适用附加刑、免予刑事处罚或者判决无罪的;

(三)继续羁押犯罪嫌疑人、被告人,羁押期限将超过依法可能判处的刑期的;

(四)案件事实基本查清,证据已经收集固定,符合取保候审或者监视居住条件的。

第五百八十条 人民检察院发现犯罪嫌疑人、被告人具有下列情形之一,且具有悔罪表现,不予羁押不致发生社会危险性的,可以向办案机关提出释放或者变更强制措施的建议:

(一)预备犯或者中止犯;

(二)共同犯罪中的从犯或者胁从犯;

(三)过失犯罪的;

(四)防卫过当或者避险过当的;

(五)主观恶性较小的初犯;

(六)系未成年人或者已满七十五周岁的人;

(七)与被害方依法自愿达成和解协议,且已经履行或者提供担保的;

(八)认罪认罚的;

（九）患有严重疾病、生活不能自理的；

（十）怀孕或者正在哺乳自己婴儿的妇女；

（十一）系生活不能自理的人的唯一扶养人；

（十二）可能被判处一年以下有期徒刑或者宣告缓刑的；

（十三）其他不需要继续羁押的情形。

第五百八十一条 人民检察院向办案机关发出释放或者变更强制措施建议书的，应当说明不需要继续羁押犯罪嫌疑人、被告人的理由和法律依据，并要求办案机关在十日以内回复处理情况。

人民检察院应当跟踪办案机关对释放或者变更强制措施建议的处理情况。办案机关未在十日以内回复处理情况的，应当提出纠正意见。

第五百八十二条 对于依申请审查的案件，人民检察院办结后，应当将提出建议的情况和公安机关、人民法院的处理情况，或者有继续羁押必要的审查意见和理由及时书面告知申请人。

第六节 刑事判决、裁定监督

第五百八十三条 人民检察院依法对人民法院的判决、裁定是否正确实行法律监督，对人民法院确有错误的判决、裁定，应当依法提出抗诉。

第五百八十四条 人民检察院认为同级人民法院第一审判决、裁定具有下列情形之一的，应当提出抗诉：

（一）认定的事实确有错误或者据以定罪量刑的证据不确实、不充分的；

（二）有确实、充分证据证明有罪判无罪，或者无罪判有罪的；

（三）重罪轻判，轻罪重判，适用刑罚明显不当的；

（四）认定罪名不正确，一罪判数罪、数罪判一罪，影响量刑或者造成严重社会影响的；

（五）免除刑事处罚或者适用缓刑、禁止令、限制减刑等错误的；

（六）人民法院在审理过程中严重违反法律规定的诉讼程序的。

第五百八十五条 人民检察院在收到人民法院第一审判决书或者裁定书后，应当及时审查。对于需要提出抗诉的案件，应当报请检察长决定。

第五百八十六条 人民检察院对同级人民法院第一审判决的抗诉，应当在接到判决书后第二日起十日以内提出；对第一审裁定的抗诉，应当在接到裁定书后第二日起五日以内提出。

第五百八十七条 人民检察院对同级人民法院第一审判决、裁定的抗诉，应当制作抗诉书，通过原审人民法院向上一级人民法院提出,并将抗诉书副本连同案卷材料报送上一级人民检察院。

第五百八十八条 被害人及其法定代理人不服地方各级人民法院第一审的判决,在收到判决书后五日以内请求人民检察院提出抗诉的,人民检察院应当立即进行审查,在收到被害人及其法定代理人的请求后五日以内作出是否抗诉的决定,并且答复请求人。经审查认为应当抗诉的,适用本规则第五百八十四条至第五百八十七条的规定办理。

被害人及其法定代理人在收到判决书五日以后请求人民检察院提出抗诉的,由人民检察院决定是否受理。

第五百八十九条 上一级人民检察院对下级人民检察院按照第二审程序提出抗诉的案件,认为抗诉正确的,应当支持抗诉。

上一级人民检察院认为抗诉不当的,应当听取下级人民检察院的意见。听取意见后,仍然认为抗诉不当的,应当向同级人民法院撤回抗诉,并且通知下级人民检察院。

上一级人民检察院在上诉、抗诉期限内,发现下级人民检察院应当提出抗诉而没有提出抗诉的案件,可以指令下级人民检察院依法提出抗诉。

上一级人民检察院支持或者部分支持抗诉意见的,可以变更、补充抗诉理由,及时制作支持抗诉意见书,并通知提出抗诉的人民检察院。

第五百九十条 第二审人民法院发回原审人民法院按照第一审程序重新审判的案件,如果人民检察院认为重新审判的判决、裁定确有错误的,可以按照第二审程序提出抗诉。

第五百九十一条 人民检察院认为人民法院已经发生法律效力的判决、裁定确有错误,具有下列情形之一的,应当按照审判监督程序向人民法院提出抗诉:

(一)有新的证据证明原判决、裁定认定的事实确有错误,可能影响定罪量刑的;

(二)据以定罪量刑的证据不确实、不充分的;

(三)据以定罪量刑的证据依法应当予以排除的;

(四)据以定罪量刑的主要证据之间存在矛盾的;

(五)原判决、裁定的主要事实依据被依法变更或者撤销的;

(六)认定罪名错误且明显影响量刑的;

(七)违反法律关于追诉时效期限的规定的;

(八)量刑明显不当的;

(九)违反法律规定的诉讼程序,可能影响公正审判的;

(十)审判人员在审理案件的时

候有贪污受贿、徇私舞弊、枉法裁判行为的。

对于同级人民法院已经发生法律效力的判决、裁定，人民检察院认为可能有错误的，应当另行指派检察官或者检察官办案组进行审查。经审查，认为有前款规定情形之一的，应当提请上一级人民检察院提出抗诉。

对已经发生法律效力的判决、裁定的审查，参照本规则第五百八十五条的规定办理。

第五百九十二条 对于高级人民法院判处死刑缓期二年执行的案件，省级人民检察院认为确有错误提请抗诉的，一般应当在收到生效判决、裁定后三个月以内提出，至迟不得超过六个月。

第五百九十三条 当事人及其法定代理人、近亲属认为人民法院已经发生法律效力的判决、裁定确有错误，向人民检察院申诉的，由作出生效判决、裁定的人民法院的同级人民检察院依法办理。

当事人及其法定代理人、近亲属直接向上级人民检察院申诉的，上级人民检察院可以交由作出生效判决、裁定的人民法院的同级人民检察院受理；案情重大、疑难、复杂的，上级人民检察院可以直接受理。

当事人及其法定代理人、近亲属对人民法院已经发生法律效力的判决、裁定提出申诉，经人民检察院复查决定不予抗诉后继续提出申诉的，上一级人民检察院应当受理。

第五百九十四条 对不服人民法院已经发生法律效力的判决、裁定的申诉，经两级人民检察院办理且省级人民检察院已经复查的，如果没有新的证据，人民检察院不再复查，但原审被告人可能被宣告无罪或者判决、裁定有其他重大错误可能的除外。

第五百九十五条 人民检察院对已经发生法律效力的判决、裁定的申诉复查后，认为需要提请或者提出抗诉的，报请检察长决定。

地方各级人民检察院对不服同级人民法院已经发生法律效力的判决、裁定的申诉复查后，认为需要提出抗诉的，应当提请上一级人民检察院抗诉。

上级人民检察院对下一级人民检察院提请抗诉的申诉案件进行审查后，认为需要提出抗诉的，应当向同级人民法院提出抗诉。

人民法院开庭审理时，同级人民检察院应当派员出席法庭。

第五百九十六条 人民检察院对不服人民法院已经发生法律效力的判决、裁定的申诉案件复查终结后，应当制作刑事申诉复查通知书，在十日以内通知申诉人。

经复查向上一级人民检察院提请

抗诉的,应当在上一级人民检察院作出是否抗诉的决定后制作刑事申诉复查通知书。

第五百九十七条 最高人民检察院发现各级人民法院已经发生法律效力的判决或者裁定,上级人民检察院发现下级人民法院已经发生法律效力的判决或者裁定确有错误时,可以直接向同级人民法院提出抗诉,或者指令作出生效判决、裁定人民法院的上一级人民检察院向同级人民法院提出抗诉。

第五百九十八条 人民检察院按照审判监督程序向人民法院提出抗诉的,应当将抗诉书副本报送上一级人民检察院。

第五百九十九条 对按照审判监督程序提出抗诉的案件,人民检察院认为人民法院再审作出的判决、裁定仍然确有错误的,如果案件是依照第一审程序审判的,同级人民检察院应当按照第二审程序向上一级人民法院提出抗诉;如果案件是依照第二审程序审判的,上一级人民检察院应当按照审判监督程序向同级人民法院提出抗诉。

第六百条 人民检察院办理按照第二审程序、审判监督程序抗诉的案件,认为需要对被告人采取强制措施的,参照本规则相关规定。决定采取强制措施应当经检察长批准。

第六百零一条 人民检察院对自诉案件的判决、裁定的监督,适用本节的规定。

第七节 死刑复核监督

第六百零二条 最高人民检察院依法对最高人民法院的死刑复核活动实行法律监督。

省级人民检察院依法对高级人民法院复核未上诉且未抗诉死刑立即执行案件和死刑缓期二年执行案件的活动实行法律监督。

第六百零三条 最高人民检察院、省级人民检察院通过办理下列案件对死刑复核活动实行法律监督:

(一)人民法院向人民检察院通报的死刑复核案件;

(二)下级人民检察院提请监督或者报告重大情况的死刑复核案件;

(三)当事人及其近亲属或者受委托的律师向人民检察院申请监督的死刑复核案件;

(四)认为应当监督的其他死刑复核案件。

第六百零四条 省级人民检察院对于进入最高人民法院死刑复核程序的案件,发现具有下列情形之一的,应当及时向最高人民检察院提请监督:

(一)案件事实不清、证据不足,依法应当发回重新审判或者改判的;

(二)被告人具有从宽处罚情节,依法不应当判处死刑的;

(三)适用法律错误的;

(四)违反法律规定的诉讼程序,可能影响公正审判的;

(五)其他应当提请监督的情形。

第六百零五条 省级人民检察院发现死刑复核案件被告人有自首、立功、怀孕或者被告人家属与被害人家属达成赔偿谅解协议等新的重大情况,影响死刑适用的,应当及时向最高人民检察院报告。

第六百零六条 当事人及其近亲属或者受委托的律师向最高人民检察院提出不服死刑裁判的申诉,由负责死刑复核监督的部门审查。

第六百零七条 对于适用死刑存在较大分歧或者在全国有重大影响的死刑第二审案件,省级人民检察院应当及时报最高人民检察院备案。

第六百零八条 高级人民法院死刑复核期间,设区的市级人民检察院向省级人民检察院报告重大情况、备案等程序,参照本规则第六百零五条、第六百零七条规定办理。

第六百零九条 对死刑复核监督案件的审查可以采取下列方式:

(一)审查人民法院移送的材料、下级人民检察院报送的相关案卷材料、当事人及其近亲属或者受委托的律师提交的材料;

(二)向下级人民检察院调取案件审查报告、公诉意见书、出庭意见书等,了解案件相关情况;

(三)向人民法院调阅或者查阅案卷材料;

(四)核实或者委托核实主要证据;

(五)讯问被告人、听取受委托的律师的意见;

(六)就有关技术性问题向专门机构或者有专门知识的人咨询,或者委托进行证据审查;

(七)需要采取的其他方式。

第六百一十条 审查死刑复核监督案件,具有下列情形之一的,应当听取下级人民检察院的意见:

(一)对案件主要事实、证据有疑问的;

(二)对适用死刑存在较大争议的;

(三)可能引起司法办案重大风险的;

(四)其他应当听取意见的情形。

第六百一十一条 最高人民检察院经审查发现死刑复核案件具有下列情形之一的,应当经检察长决定,依法向最高人民法院提出检察意见:

(一)认为适用死刑不当,或者案件事实不清、证据不足,依法不应当核准死刑的;

(二)认为不予核准死刑的理由

不成立,依法应当核准死刑的;

(三)发现新的事实和证据,可能影响被告人定罪量刑的;

(四)严重违反法律规定的诉讼程序,可能影响公正审判的;

(五)司法工作人员在办理案件时,有贪污受贿、徇私舞弊、枉法裁判等行为的;

(六)其他需要提出检察意见的情形。

同意最高人民法院核准或者不核准意见的,应当经检察长批准,书面回复最高人民法院。

对于省级人民检察院提请监督、报告重大情况的案件,最高人民检察院认为具有影响死刑适用情形的,应当及时将有关材料转送最高人民法院。

第八节 羁押期限和办案期限监督

第六百一十二条 人民检察院依法对羁押期限和办案期限是否合法实行法律监督。

第六百一十三条 对公安机关、人民法院办理案件相关期限的监督,犯罪嫌疑人、被告人被羁押的,由人民检察院负责刑事执行检察的部门承担;犯罪嫌疑人、被告人未被羁押的,由人民检察院负责捕诉的部门承担。对人民检察院办理案件相关期限的监督,由负责案件管理的部门承担。

第六百一十四条 人民检察院在办理案件过程中,犯罪嫌疑人、被告人被羁押,具有下列情形之一的,办案部门应当在作出决定或者收到决定书、裁定书后十日以内通知本院负有监督职责的部门:

(一)批准或者决定延长侦查羁押期限的;

(二)对于人民检察院直接受理侦查的案件,决定重新计算侦查羁押期限、变更或者解除强制措施的;

(三)对犯罪嫌疑人、被告人进行精神病鉴定的;

(四)审查起诉期间改变管辖、延长审查起诉期限的;

(五)案件退回补充侦查,或者补充侦查完毕移送起诉后重新计算审查起诉期限的;

(六)人民法院决定适用简易程序、速裁程序审理第一审案件,或者将案件由简易程序转为普通程序,由速裁程序转为简易程序、普通程序重新审理的;

(七)人民法院改变管辖,决定延期审理、中止审理,或者同意人民检察院撤回起诉的。

第六百一十五条 人民检察院发现看守所的羁押期限管理活动具有下列情形之一的,应当依法提出纠正意见:

(一)未及时督促办案机关办理

换押手续的；

（二）未在犯罪嫌疑人、被告人羁押期限届满前七日以内向办案机关发出羁押期限即将届满通知书的；

（三）犯罪嫌疑人、被告人被超期羁押后，没有立即书面报告人民检察院并通知办案机关的；

（四）收到犯罪嫌疑人、被告人及其法定代理人、近亲属或者辩护人提出的变更强制措施、羁押必要性审查、羁押期限届满要求释放或者变更强制措施的申请、申诉、控告后，没有及时转送有关办案机关或者人民检察院的；

（五）其他违法情形。

第六百一十六条 人民检察院发现公安机关的侦查羁押期限执行情况具有下列情形之一的，应当依法提出纠正意见：

（一）未按规定办理换押手续的；

（二）决定重新计算侦查羁押期限、经批准延长侦查羁押期限，未书面通知人民检察院和看守所的；

（三）对犯罪嫌疑人进行精神病鉴定，没有书面通知人民检察院和看守所的；

（四）其他违法情形。

第六百一十七条 人民检察院发现人民法院的审理期限执行情况具有下列情形之一的，应当依法提出纠正意见：

（一）在一审、二审和死刑复核阶段未按规定办理换押手续的；

（二）违反刑事诉讼法的规定重新计算审理期限、批准延长审理期限、改变管辖、延期审理、中止审理或者发回重审的；

（三）决定重新计算审理期限、批准延长审理期限、改变管辖、延期审理、中止审理、对被告人进行精神病鉴定，没有书面通知人民检察院和看守所的；

（四）其他违法情形。

第六百一十八条 人民检察院发现同级或者下级公安机关、人民法院超期羁押的，应当向该办案机关发出纠正违法通知书。

发现上级公安机关、人民法院超期羁押的，应当及时层报该办案机关的同级人民检察院，由同级人民检察院向该办案机关发出纠正违法通知书。

对异地羁押的案件，发现办案机关超期羁押的，应当通报该办案机关的同级人民检察院，由其依法向办案机关发出纠正违法通知书。

第六百一十九条 人民检察院发出纠正违法通知书后，有关办案机关未回复意见或者继续超期羁押的，应当及时报告上一级人民检察院。

对于造成超期羁押的直接责任人员，可以书面建议其所在单位或者有关主管机关依照法律或者有关规定予以处分；对于造成超期羁押情节严重，涉嫌犯罪的，应当依法追究其刑事责任。

第六百二十条 人民检察院办理直接受理侦查的案件或者审查逮捕、审查起诉案件，在犯罪嫌疑人侦查羁押期限、办案期限即将届满前，负责案件管理的部门应当依照有关规定向本院办案部门进行期限届满提示。发现办案部门办理案件超过规定期限的，应当依照有关规定提出纠正意见。

第十四章　刑罚执行和监管执法监督

第一节　一般规定

第六百二十一条 人民检察院依法对刑事判决、裁定和决定的执行工作以及监狱、看守所等的监管执法活动实行法律监督。

第六百二十二条 人民检察院根据工作需要，可以对监狱、看守所等场所采取巡回检察、派驻检察等方式进行监督。

第六百二十三条 人民检察院对监狱、看守所等场所进行监督，除可以采取本规则第五百五十一条规定的调查核实措施外，还可以采取实地查看禁闭室、会见室、监区、监舍等有关场所，列席监狱、看守所有关会议，与有关监管民警进行谈话，召开座谈会，开展问卷调查等方式。

第六百二十四条 人民检察院对刑罚执行和监管执法活动实行监督，可以根据下列情形分别处理：

（一）发现执法瑕疵、安全隐患，或者违法情节轻微的，口头提出纠正意见，并记录在案；

（二）发现严重违法，发生重大事故，或者口头提出纠正意见后七日以内未予纠正的，书面提出纠正意见；

（三）发现存在可能导致执法不公问题，或者存在重大监管漏洞、重大安全隐患、重大事故风险等问题的，提出检察建议。

对于在巡回检察中发现的前款规定的问题、线索的整改落实情况，通过巡回检察进行督导。

第二节　交付执行监督

第六百二十五条 人民检察院发现人民法院、公安机关、看守所等机关的交付执行活动具有下列情形之一的，应当依法提出纠正意见：

（一）交付执行的第一审人民法院没有在法定期间内将判决书、裁定书、人民检察院的起诉书副本、自诉状复印件、执行通知书、结案登记表等法律文书送达公安机关、监狱、社区矫正机构等执行机关的；

（二）对被判处死刑缓期二年执行、无期徒刑或者有期徒刑余刑在三个月以上的罪犯,公安机关、看守所自接到人民法院执行通知书等法律文书后三十日以内,没有将成年罪犯送交监狱执行刑罚,或者没有将未成年罪犯送交未成年犯管教所执行刑罚的;

(三)对需要收监执行刑罚而判决、裁定生效前未被羁押的罪犯,第一审人民法院没有及时将罪犯收监送交公安机关,并将判决书、裁定书、执行通知书等法律文书送达公安机关的;

(四)公安机关对需要收监执行刑罚但下落不明的罪犯,在收到人民法院的判决书、裁定书、执行通知书等法律文书后,没有及时抓捕、通缉的;

(五)对被判处管制、宣告缓刑或者人民法院决定暂予监外执行的罪犯,在判决、裁定生效后或者收到人民法院暂予监外执行决定后,未依法交付罪犯居住地社区矫正机构执行,或者对被单处剥夺政治权利的罪犯,在判决、裁定生效后,未依法交付罪犯居住地公安机关执行的,或者人民法院依法交付执行,社区矫正机构或者公安机关应当接收而拒绝接收的;

(六)其他违法情形。

第六百二十六条 人民法院判决被告人无罪、免予刑事处罚、判处管制、宣告缓刑、单处罚金或者剥夺政治权利,被告人被羁押的,人民检察院应当监督被告人是否被立即释放。发现被告人没有被立即释放的,应当立即向人民法院或者看守所提出纠正意见。

第六百二十七条 人民检察院发现公安机关未依法执行拘役、剥夺政治权利,拘役执行期满未依法发给释放证明,或者剥夺政治权利执行期满未书面通知本人及其所在单位、居住地基层组织等违法情形的,应当依法提出纠正意见。

第六百二十八条 人民检察院发现监狱、看守所对服刑期满或者依法应当予以释放的人员没有按期释放,对被裁定假释的罪犯依法应当交付罪犯居住地社区矫正机构实行社区矫正而不交付,对主刑执行完毕仍然需要执行附加剥夺政治权利的罪犯依法应当交付罪犯居住地公安机关执行而不交付,或者对服刑期未满又无合法释放根据的罪犯予以释放等违法行为的,应当依法提出纠正意见。

第三节 减刑、假释、暂予监外执行监督

第六百二十九条 人民检察院发现人民法院、监狱、看守所、公安机关暂予监外执行的活动具有下列情形之一的,应当依法提出纠正意见:

(一)将不符合法定条件的罪犯提请、决定暂予监外执行的;

（二）提请、决定暂予监外执行的程序违反法律规定或者没有完备的合法手续，或者对于需要保外就医的罪犯没有省级人民政府指定医院的诊断证明和开具的证明文件的；

（三）监狱、看守所提出暂予监外执行书面意见，没有同时将书面意见副本抄送人民检察院的；

（四）罪犯被决定或者批准暂予监外执行后，未依法交付罪犯居住地社区矫正机构实行社区矫正的；

（五）对符合暂予监外执行条件的罪犯没有依法提请暂予监外执行的；

（六）人民法院在作出暂予监外执行决定前，没有依法征求人民检察院意见的；

（七）发现罪犯不符合暂予监外执行条件，在暂予监外执行期间严重违反暂予监外执行监督管理规定，或者暂予监外执行的条件消失且刑期未满，应当收监执行而未及时收监执行的；

（八）人民法院决定将暂予监外执行的罪犯收监执行，并将有关法律文书送达公安机关、监狱、看守所后，监狱、看守所未及时收监执行的；

（九）对不符合暂予监外执行条件的罪犯通过贿赂、欺骗等非法手段被暂予监外执行以及在暂予监外执行期间脱逃的罪犯，监狱、看守所未建议人民法院将其监外执行期间、脱逃期间不计入执行刑期或者对罪犯执行刑期计算的建议违法、不当的；

（十）暂予监外执行的罪犯刑期届满，未及时办理释放手续的；

（十一）其他违法情形。

第六百三十条　人民检察院收到监狱、看守所抄送的暂予监外执行书面意见副本后，应当逐案进行审查，发现罪犯不符合暂予监外执行法定条件或者提请暂予监外执行违反法定程序的，应当在十日以内报经检察长批准，向决定或者批准机关提出书面检察意见，同时抄送执行机关。

第六百三十一条　人民检察院接到决定或者批准机关抄送的暂予监外执行决定书后，应当及时审查下列内容：

（一）是否属于被判处有期徒刑或者拘役的罪犯；

（二）是否属于有严重疾病需要保外就医的罪犯；

（三）是否属于怀孕或者正在哺乳自己婴儿的妇女；

（四）是否属于生活不能自理，适用暂予监外执行不致危害社会的罪犯；

（五）是否属于适用保外就医可能有社会危险性的罪犯，或者自伤自残的罪犯；

（六）决定或者批准机关是否符合刑事诉讼法第二百六十五条第五款

的规定；

（七）办理暂予监外执行是否符合法定程序。

第六百三十二条　人民检察院经审查认为暂予监外执行不当的，应当自接到通知之日起一个月以内，向决定或者批准暂予监外执行的机关提出纠正意见。下级人民检察院认为暂予监外执行不当的，应当立即层报决定或者批准暂予监外执行的机关的同级人民检察院，由其决定是否向决定或者批准暂予监外执行的机关提出纠正意见。

第六百三十三条　人民检察院向决定或者批准暂予监外执行的机关提出不同意暂予监外执行的书面意见后，应当监督其对决定或者批准暂予监外执行的结果进行重新核查，并监督重新核查的结果是否符合法律规定。对核查不符合法律规定的，应当依法提出纠正意见，并向上一级人民检察院报告。

第六百三十四条　对于暂予监外执行的罪犯，人民检察院发现罪犯不符合暂予监外执行条件、严重违反有关暂予监外执行的监督管理规定或暂予监外执行的情形消失而罪犯刑期未满的，应当通知执行机关收监执行，或者建议决定或者批准暂予监外执行的机关作出收监执行决定。

第六百三十五条　人民检察院收到执行机关抄送的减刑、假释建议书副本后，应当逐案进行审查。发现减刑、假释建议不当或者提请减刑、假释违反法定程序的，应当在十日以内报经检察长批准，向审理减刑、假释案件的人民法院提出书面检察意见，同时也可以向执行机关提出书面纠正意见。案情复杂或者情况特殊的，可以延长十日。

第六百三十六条　人民检察院发现监狱等执行机关提请人民法院裁定减刑、假释的活动具有下列情形之一的，应当依法提出纠正意见：

（一）将不符合减刑、假释法定条件的罪犯，提请人民法院裁定减刑、假释的；

（二）对依法应当减刑、假释的罪犯，不提请人民法院裁定减刑、假释的；

（三）提请对罪犯减刑、假释违反法定程序，或者没有完备的合法手续的；

（四）提请对罪犯减刑的减刑幅度、起始时间、间隔时间或者减刑后又假释的间隔时间不符合有关规定的；

（五）被提请减刑、假释的罪犯被减刑后实际执行的刑期或者假释考验期不符合有关法律规定的；

（六）其他违法情形。

第六百三十七条　人民法院开庭审理减刑、假释案件，人民检察院应当指派检察人员出席法庭，发表意见。

第六百三十八条 人民检察院收到人民法院减刑、假释的裁定书副本后,应当及时审查下列内容:

(一)被减刑、假释的罪犯是否符合法定条件,对罪犯减刑的减刑幅度、起始时间、间隔时间或者减刑后又假释的间隔时间、罪犯被减刑后实际执行的刑期或者假释考验期是否符合有关规定;

(二)执行机关提请减刑、假释的程序是否合法;

(三)人民法院审理、裁定减刑、假释的程序是否合法;

(四)人民法院对罪犯裁定不予减刑、假释是否符合有关规定;

(五)人民法院减刑、假释裁定书是否依法送达执行并向社会公布。

第六百三十九条 人民检察院经审查认为人民法院减刑、假释的裁定不当,应当在收到裁定书副本后二十日以内,向作出减刑、假释裁定的人民法院提出纠正意见。

第六百四十条 对人民法院减刑、假释裁定的纠正意见,由作出减刑、假释裁定的人民法院的同级人民检察院书面提出。

下级人民检察院发现人民法院减刑、假释裁定不当的,应当向作出减刑、假释裁定的人民法院的同级人民检察院报告。

第六百四十一条 人民检察院对人民法院减刑、假释的裁定提出纠正意见后,应当监督人民法院是否在收到纠正意见后一个月以内重新组成合议庭进行审理,并监督重新作出的裁定是否符合法律规定。对最终裁定不符合法律规定的,应当向同级人民法院提出纠正意见。

第四节 社区矫正监督

第六百四十二条 人民检察院发现社区矫正决定机关、看守所、监狱、社区矫正机构在交付、接收社区矫正对象活动中违反有关规定的,应当依法提出纠正意见。

第六百四十三条 人民检察院发现社区矫正执法活动具有下列情形之一的,应当依法提出纠正意见:

(一)社区矫正对象报到后,社区矫正机构未履行法定告知义务,致使其未按照有关规定接受监督管理的;

(二)违反法律规定批准社区矫正对象离开所居住的市、县,或者违反人民法院禁止令的内容批准社区矫正对象进入特定区域或者场所的;

(三)没有依法监督管理而导致社区矫正对象脱管的;

(四)社区矫正对象违反监督管理规定或者人民法院的禁止令,未依法予以警告、未提请公安机关给予治安管理处罚的;

(五)对社区矫正对象有殴打、体

罚、虐待、侮辱人格、强迫其参加超时间或者超体力社区服务等侵犯其合法权利行为的；

（六）未依法办理解除、终止社区矫正的；

（七）其他违法情形。

第六百四十四条 人民检察院发现对社区矫正对象的刑罚变更执行活动具有下列情形之一的，应当依法提出纠正意见：

（一）社区矫正机构未依法向人民法院、公安机关、监狱管理机关提出撤销缓刑、撤销假释建议或者对暂予监外执行的收监执行建议，或者未依法向人民法院提出减刑建议的；

（二）人民法院、公安机关、监狱管理机关未依法作出裁定、决定，或者未依法送达的；

（三）公安机关未依法将罪犯送交看守所、监狱，或者看守所、监狱未依法收监执行的；

（四）公安机关未依法对在逃的罪犯实施追捕的；

（五）其他违法情形。

第五节 刑事裁判涉财产部分执行监督

第六百四十五条 人民检察院发现人民法院执行刑事裁判涉财产部分具有下列情形之一的，应当依法提出纠正意见：

（一）执行立案活动违法的；

（二）延期缴纳、酌情减少或者免除罚金违法的；

（三）中止执行或者终结执行违法的；

（四）被执行人有履行能力，应当执行而不执行的；

（五）损害被执行人、被害人、利害关系人或者案外人合法权益的；

（六）刑事裁判全部或者部分被撤销后未依法返还或者赔偿的；

（七）执行的财产未依法上缴国库的；

（八）其他违法情形。

人民检察院对人民法院执行刑事裁判涉财产部分进行监督，可以对公安机关查封、扣押、冻结涉案财物的情况，人民法院审判部门、立案部门、执行部门移送、立案、执行情况，被执行人的履行能力等情况向有关单位和个人进行调查核实。

第六百四十六条 人民检察院发现被执行人或者其他人员有隐匿、转移、变卖财产等妨碍执行情形的，可以建议人民法院及时查封、扣押、冻结。

公安机关不依法向人民法院移送涉案财物、相关清单、照片和其他证明文件，或者对涉案财物的查封、扣押、冻结、返还、处置等活动存在违法情形的，人民检察院应当依法提出纠正意见。

第六节 死刑执行监督

第六百四十七条 被判处死刑立即执行的罪犯在被执行死刑时，人民检察院应当指派检察官临场监督。

死刑执行临场监督由人民检察院负责刑事执行检察的部门承担。人民检察院派驻看守所、监狱的检察人员应当予以协助，负责捕诉的部门应当提供有关情况。

执行死刑过程中，人民检察院临场监督人员根据需要可以进行拍照、录像。执行死刑后，人民检察院临场监督人员应当检查罪犯是否确已死亡，并填写死刑执行临场监督笔录，签名后入卷归档。

第六百四十八条 省级人民检察院负责案件管理的部门收到高级人民法院报请最高人民法院复核的死刑判决书、裁定书副本后，应当在三日以内将判决书、裁定书副本移送本院负责刑事执行检察的部门。

判处死刑的案件一审是由中级人民法院审理的，省级人民检察院应当及时将死刑判决书、裁定书副本移送中级人民法院的同级人民检察院负责刑事执行检察的部门。

人民检察院收到同级人民法院执行死刑临场监督通知后，应当查明同级人民法院是否收到最高人民法院核准死刑的裁定或者作出的死刑判决、裁定和执行死刑的命令。

第六百四十九条 执行死刑前，人民检察院发现具有下列情形之一的，应当建议人民法院立即停止执行，并层报最高人民检察院负责死刑复核监督的部门：

（一）被执行人并非应当执行死刑的罪犯的；

（二）罪犯犯罪时不满十八周岁，或者审判的时候已满七十五周岁，依法不应当适用死刑的；

（三）罪犯正在怀孕的；

（四）共同犯罪的其他犯罪嫌疑人到案，共同犯罪的其他罪犯被暂停或者停止执行死刑，可能影响罪犯量刑的；

（五）罪犯可能有其他犯罪的；

（六）罪犯揭发他人重大犯罪事实或者有其他重大立功表现，可能需要改判的；

（七）判决、裁定可能有影响定罪量刑的其他错误的。

在执行死刑活动中，发现人民法院有侵犯被执行死刑罪犯的人身权、财产权或者其近亲属、继承人合法权利等违法情形的，人民检察院应当依法提出纠正意见。

第六百五十条 判处被告人死刑缓期二年执行的判决、裁定在执行过程中，人民检察院监督的内容主要包括：

（一）死刑缓期执行期满，符合法律规定应当减为无期徒刑、有期徒刑条件的，监狱是否及时提出减刑建议提请人民法院裁定，人民法院是否依法裁定；

（二）罪犯在缓期执行期间故意犯罪，监狱是否依法侦查和移送起诉；罪犯确系故意犯罪，情节恶劣，查证属实，应当执行死刑的，人民法院是否依法核准或者裁定执行死刑。

被判处死刑缓期二年执行的罪犯在死刑缓期执行期间故意犯罪，执行机关向人民检察院移送起诉的，由罪犯服刑所在地设区的市级人民检察院审查决定是否提起公诉。

人民检察院发现人民法院对被判处死刑缓期二年执行的罪犯减刑不当的，应当依照本规则第六百三十九条、第六百四十条的规定，向人民法院提出纠正意见。罪犯在死刑缓期执行期间又故意犯罪，经人民检察院起诉后，人民法院仍然予以减刑的，人民检察院应当依照本规则相关规定，向人民法院提出抗诉。

第七节 强制医疗执行监督

第六百五十一条 人民检察院发现人民法院、公安机关、强制医疗机构在对依法不负刑事责任的精神病人强制医疗的交付执行、医疗、解除等活动中违反有关规定的，应当依法提出纠正意见。

第六百五十二条 人民检察院在强制医疗执行监督中发现被强制医疗的人不符合强制医疗条件或者需要依法追究刑事责任，人民法院作出的强制医疗决定可能错误的，应当在五日以内将有关材料转交作出强制医疗决定的人民法院的同级人民检察院。收到材料的人民检察院负责捕诉的部门应当在二十日以内进行审查，并将审查情况和处理意见反馈负责强制医疗执行监督的人民检察院。

第六百五十三条 人民检察院发现公安机关在对涉案精神病人采取临时保护性约束措施时有违法情形的，应当依法提出纠正意见。

第八节 监管执法监督

第六百五十四条 人民检察院发现看守所收押活动和监狱收监活动中具有下列情形之一的，应当依法提出纠正意见：

（一）没有收押、收监文书、凭证，文书、凭证不齐全，或者被收押、收监人员与文书、凭证不符的；

（二）依法应当收押、收监而不收押、收监，或者对依法不应当关押的人员收押、收监的；

（三）未告知被收押、收监人员权利、义务的；

（四）其他违法情形。

第六百五十五条　人民检察院发现监狱、看守所等执行机关在管理、教育改造罪犯等活动中有违法行为的，应当依法提出纠正意见。

第六百五十六条　看守所对收押的犯罪嫌疑人进行身体检查时，人民检察院驻看守所检察人员可以在场。发现收押的犯罪嫌疑人有伤或者身体异常的，应当要求看守所进行拍照或者录像，由送押人员、犯罪嫌疑人说明原因，在体检记录中写明，并由送押人员、收押人员和犯罪嫌疑人签字确认。必要时，驻看守所检察人员可以自行拍照或者录像，并将相关情况记录在案。

第六百五十七条　人民检察院发现看守所、监狱等监管场所有殴打、体罚、虐待、违法使用戒具、违法适用禁闭等侵害在押人员人身权利情形的，应当依法提出纠正意见。

第六百五十八条　人民检察院发现看守所违反有关规定，有下列情形之一的，应当依法提出纠正意见：

（一）为在押人员通风报信，私自传递信件、物品，帮助伪造、毁灭、隐匿证据或者干扰证人作证、串供的；

（二）违反规定同意侦查人员将犯罪嫌疑人提出看守所讯问的；

（三）收到在押犯罪嫌疑人、被告人及其法定代理人、近亲属或者辩护人变更强制措施申请或者其他申请、申诉、控告、举报，不及时转交、转告人民检察院或者有关办案机关的；

（四）应当安排辩护律师依法会见在押的犯罪嫌疑人、被告人而没有安排的；

（五）违法安排辩护律师或者其他人员会见在押的犯罪嫌疑人、被告人的；

（六）辩护律师会见犯罪嫌疑人、被告人时予以监听的；

（七）其他违法情形。

第六百五十九条　人民检察院发现看守所代为执行刑罚的活动具有下列情形之一的，应当依法提出纠正意见：

（一）将被判处有期徒刑剩余刑期在三个月以上的罪犯留所服刑的；

（二）将留所服刑罪犯与犯罪嫌疑人、被告人混押、混管、混教的；

（三）其他违法情形。

第六百六十条　人民检察院发现监狱没有按照规定对罪犯进行分押分管、监狱人民警察没有对罪犯实行直接管理等违反监管规定情形的，应当依法提出纠正意见。

人民检察院发现监狱具有未按照规定安排罪犯与亲属或者监护人会见、对伤病罪犯未及时治疗以及未执行国家规定的罪犯生活标准等侵犯罪犯合法权益情形的，应当依法提出纠正意见。

第六百六十一条 人民检察院发现看守所出所活动和监狱出监活动具有下列情形之一的,应当依法提出纠正意见:

(一)没有出所、出监文书、凭证,文书、凭证不齐全,或者出所、出监人员与文书、凭证不符的;

(二)应当释放而没有释放,不应当释放而释放,或者未依照规定送达释放通知书的;

(三)对提押、押解、转押出所的在押人员,特许离监、临时离监、调监或者暂予监外执行的罪犯,未依照规定派员押送并办理交接手续的;

(四)其他违法情形。

第九节 事故检察

第六百六十二条 人民检察院发现看守所、监狱、强制医疗机构等场所具有下列情形之一的,应当开展事故检察:

(一)被监管人、被强制医疗人非正常死亡、伤残、脱逃的;

(二)被监管人破坏监管秩序,情节严重的;

(三)突发公共卫生事件的;

(四)其他重大事故。

发生被监管人、被强制医疗人非正常死亡的,应当组织巡回检察。

第六百六十三条 人民检察院应当对看守所、监狱、强制医疗机构等场所或者主管机关的事故调查结论进行审查。具有下列情形之一的,人民检察院应当调查核实:

(一)被监管人、被强制医疗人及其法定代理人、近亲属对调查结论有异议的,人民检察院认为有必要调查的;

(二)人民检察院对调查结论有异议的;

(三)其他需要调查的。

人民检察院应当将调查核实的结论书面通知监管场所或者主管机关和被监管人、被强制医疗人的近亲属。认为监管场所或者主管机关处理意见不当,或者监管执法存在问题的,应当提出纠正意见或者检察建议;认为可能存在违法犯罪情形的,应当移送有关部门处理。

第十五章 案件管理

第六百六十四条 人民检察院负责案件管理的部门对检察机关办理案件的受理、期限、程序、质量等进行管理、监督、预警。

第六百六十五条 人民检察院负责案件管理的部门发现本院办案活动具有下列情形之一的,应当及时提出纠正意见:

(一)查封、扣押、冻结、保管、处理涉案财物不符合有关法律和规定的；

（二）法律文书制作、使用不符合法律和有关规定的；

（三）违反羁押期限、办案期限规定的；

（四）侵害当事人、辩护人、诉讼代理人的诉讼权利的；

（五）未依法对立案、侦查、审查逮捕、公诉、审判等诉讼活动以及执行活动中的违法行为履行法律监督职责的；

（六）其他应当提出纠正意见的情形。

情节轻微的，可以口头指出；情节较重的，应当发送案件流程监控通知书，提示办案部门及时查明情况并予以纠正；情节严重的，应当同时向检察长报告。

办案部门收到案件流程监控通知书后，应当在十日以内将核查情况书面回复负责案件管理的部门。

第六百六十六条　人民检察院负责案件管理的部门对以本院名义制发法律文书实施监督管理。

第六百六十七条　人民检察院办理的案件，办结后需要向其他单位移送案卷材料的，统一由负责案件管理的部门审核移送材料是否规范、齐备。

负责案件管理的部门认为材料规范、齐备，符合移送条件的，应当立即由办案部门按照规定移送；认为材料不符合要求的，应当及时通知办案部门补送、更正。

第六百六十八条　监察机关或者公安机关随案移送涉案财物及其孳息的，人民检察院负责案件管理的部门应当在受理案件时进行审查，并及时办理入库保管手续。

第六百六十九条　人民检察院负责案件管理的部门对扣押的涉案物品进行保管，并对查封、扣押、冻结、处理涉案财物工作进行监督管理。对违反规定的行为提出纠正意见；涉嫌违法违纪的，报告检察长。

第六百七十条　人民检察院办案部门需要调用、移送、处理查封、扣押、冻结的涉案财物的，应当按照规定办理审批手续。审批手续齐全的，负责案件管理的部门应当办理出库手续。

第十六章　刑事司法协助

第六百七十一条　人民检察院依据国际刑事司法协助法等有关法律和有关刑事司法协助条约进行刑事司法协助。

第六百七十二条　人民检察院刑事司法协助的范围包括刑事诉讼文书送达，调查取证，安排证人作证或者协助调查，查封、扣押、冻结涉案财物，返还违法所得及其他涉案财物，移管被判刑人以及其他协助。

第六百七十三条　最高人民检察

院是检察机关开展国际刑事司法协助的主管机关,负责审核地方各级人民检察院向外国提出的刑事司法协助请求,审查处理对外联系机关转递的外国提出的刑事司法协助请求,审查决定是否批准执行外国的刑事司法协助请求,承担其他与国际刑事司法协助相关的工作。

办理刑事司法协助相关案件的地方各级人民检察院应当向最高人民检察院层报需要向外国提出的刑事司法协助请求,执行最高人民检察院交办的外国提出的刑事司法协助请求。

第六百七十四条 地方各级人民检察院需要向外国请求刑事司法协助的,应当制作刑事司法协助请求书并附相关材料。经省级人民检察院审核同意后,报送最高人民检察院。

刑事司法协助请求书应当依照相关刑事司法协助条约的规定制作;没有条约或者条约没有规定的,可以参照国际刑事司法协助法第十三条的规定制作。被请求方有特殊要求的,在不违反我国法律的基本原则的情况下,可以按照被请求方的特殊要求制作。

第六百七十五条 最高人民检察院收到地方各级人民检察院刑事司法协助请求书及所附相关材料后,应当依照国际刑事司法协助法和有关条约进行审查。对符合规定、所附材料齐全的,最高人民检察院是对外联系机关的,应当及时向外国提出请求;不是对外联系机关的,应当通过对外联系机关向外国提出请求。对不符合规定或者材料不齐全的,应当退回提出请求的人民检察院或者要求其补充、修正。

第六百七十六条 最高人民检察院收到外国提出的刑事司法协助请求后,应当对请求书及所附材料进行审查。对于请求书形式和内容符合要求的,应当按照职责分工,将请求书及所附材料转交有关主管机关或者省级人民检察院处理;对于请求书形式和内容不符合要求的,可以要求请求方补充材料或者重新提出请求。

外国提出的刑事司法协助请求明显损害我国主权、安全和社会公共利益的,可以直接拒绝提供协助。

第六百七十七条 最高人民检察院在收到对外联系机关转交的刑事司法协助请求书及所附材料后,经审查,分别作出以下处理:

(一)根据国际刑事司法协助法和刑事司法协助条约的规定,认为可以协助执行的,作出决定并安排有关省级人民检察院执行;

(二)根据国际刑事司法协助法或者刑事司法协助条约的规定,认为应当全部或者部分拒绝协助的,将请求书及所附材料退回对外联系机关并说明理由；

（三）对执行请求有保密要求或者有其他附加条件的，通过对外联系机关向外国提出，在外国接受条件并且作出书面保证后，决定附条件执行；

（四）需要补充材料的，书面通过对外联系机关要求请求方在合理期限内提供。

第六百七十八条 有关省级人民检察院收到最高人民检察院交办的外国刑事司法协助请求后，应当依法执行，或者交由下级人民检察院执行。

负责执行的人民检察院收到刑事司法协助请求书和所附材料后，应当立即安排执行，并将执行结果及有关材料报经省级人民检察院审查后，报送最高人民检察院。

对于不能执行的，应当将刑事司法协助请求书和所附材料，连同不能执行的理由，通过省级人民检察院报送最高人民检察院。

因请求书提供的地址不详或者材料不齐全，人民检察院难以执行该项请求的，应当立即通过最高人民检察院书面通知对外联系机关，要求请求方补充提供材料。

第六百七十九条 最高人民检察院应当对执行结果进行审查。对于符合请求要求和有关规定的，通过对外联系机关转交或者转告请求方。

第十七章 附 则

第六百八十条 人民检察院办理国家安全机关、海警机关、监狱移送的刑事案件以及对国家安全机关、海警机关、监狱立案、侦查活动的监督，适用本规则关于公安机关的规定。

第六百八十一条 军事检察院等专门人民检察院办理刑事案件，适用本规则和其他有关规定。

第六百八十二条 本规则所称检察官，包括检察长、副检察长、检察委员会委员、检察员。

本规则所称检察人员，包括检察官和检察官助理。

第六百八十三条 本规则由最高人民检察院负责解释。

第六百八十四条 本规则自2019年12月30日起施行。本规则施行后，《人民检察院刑事诉讼规则（试行）》（高检发释字〔2012〕2号）同时废止；最高人民检察院以前发布的司法解释和规范性文件与本规则不一致的，以本规则为准。

公安机关办理刑事案件程序规定

(2020年7月20日修正)

2012年12月13日公安部令第127号修订发布根据2020年7月20日公安部令第159号《公安部关于修改〈公安机关办理刑事案件程序规定〉的决定》修正

目 录

第一章 任务和基本原则
第二章 管辖
第三章 回避
第四章 律师参与刑事诉讼
第五章 证据
第六章 强制措施
 第一节 拘传
 第二节 取保候审
 第三节 监视居住
 第四节 拘留
 第五节 逮捕
 第六节 羁押
 第七节 其他规定
第七章 立案、撤案
 第一节 受案
 第二节 立案
 第三节 撤案
第八章 侦查
 第一节 一般规定
 第二节 讯问犯罪嫌疑人
 第三节 询问证人、被害人
 第四节 勘验、检查
 第五节 搜查
 第六节 查封、扣押
 第七节 查询、冻结
 第八节 鉴定
 第九节 辨认
 第十节 技术侦查
 第十一节 通缉
 第十二节 侦查终结
 第十三节 补充侦查
第九章 执行刑罚
 第一节 罪犯的交付
 第二节 减刑、假释、暂予监外执行
 第三节 剥夺政治权利
 第四节 对又犯新罪罪犯的处理
第十章 特别程序
 第一节 未成年人刑事案件诉讼程序
 第二节 当事人和解的公诉案件诉

讼程序

第三节 犯罪嫌疑人逃匿、死亡案件违法所得的没收程序

第四节 依法不负刑事责任的精神病人的强制医疗程序

第十一章 办案协作

第十二章 外国人犯罪案件的办理

第十三章 刑事司法协助和警务合作

第十四章 附则

第一章 任务和基本原则

第一条 为了保障《中华人民共和国刑事诉讼法》的贯彻实施，保证公安机关在刑事诉讼中正确履行职权，规范办案程序，确保办案质量，提高办案效率，制定本规定。

第二条 公安机关在刑事诉讼中的任务，是保证准确、及时地查明犯罪事实，正确应用法律，惩罚犯罪分子，保障无罪的人不受刑事追究，教育公民自觉遵守法律，积极同犯罪行为作斗争，维护社会主义法制，尊重和保障人权，保护公民的人身权利、财产权利、民主权利和其他权利，保障社会主义建设事业的顺利进行。

第三条 公安机关在刑事诉讼中的基本职权，是依照法律对刑事案件立案、侦查、预审；决定、执行强制措施；对依法不追究刑事责任的不予立案，已经追究的撤销案件；对侦查终结应当起诉的案件，移送人民检察院审查决定；对不够刑事处罚的犯罪嫌疑人需要行政处理的，依法予以处理或者移送有关部门；对被判处有期徒刑的罪犯，在被交付执行刑罚前，剩余刑期在三个月以下的，代为执行刑罚；执行拘役、剥夺政治权利、驱逐出境。

第四条 公安机关进行刑事诉讼，必须依靠群众，以事实为根据，以法律为准绳。对于一切公民，在适用法律上一律平等，在法律面前，不允许有任何特权。

第五条 公安机关进行刑事诉讼，同人民法院、人民检察院分工负责，互相配合，互相制约，以保证准确有效地执行法律。

第六条 公安机关进行刑事诉讼，依法接受人民检察院的法律监督。

第七条 公安机关进行刑事诉讼，应当建立、完善和严格执行办案责任制度、执法过错责任追究制度等内部执法监督制度。

在刑事诉讼中，上级公安机关发现下级公安机关作出的决定或者办理的案件有错误的，有权予以撤销或者变更，也可以指令下级公安机关予以纠正。

下级公安机关对上级公安机关的决定必须执行，如果认为有错误，可以在执行的同时向上级公安机关报告。

第八条 公安机关办理刑事案

件，应当重证据，重调查研究，不轻信口供。严禁刑讯逼供和以威胁、引诱、欺骗以及其他非法方法收集证据，不得强迫任何人证实自己有罪。

第九条　公安机关在刑事诉讼中，应当保障犯罪嫌疑人、被告人和其他诉讼参与人依法享有的辩护权和其他诉讼权利。

第十条　公安机关办理刑事案件，应当向同级人民检察院提请批准逮捕、移送审查起诉。

第十一条　公安机关办理刑事案件，对不通晓当地通用的语言文字的诉讼参与人，应当为他们翻译。

在少数民族聚居或者多民族杂居的地区，应当使用当地通用的语言进行讯问。对外公布的诉讼文书，应当使用当地通用的文字。

第十二条　公安机关办理刑事案件，各地区、各部门之间应当加强协作和配合，依法履行协查、协办职责。

上级公安机关应当加强监督、协调和指导。

第十三条　根据《中华人民共和国引渡法》《中华人民共和国国际刑事司法协助法》，中华人民共和国缔结或者参加的国际条约和公安部签订的双边、多边合作协议，或者按照互惠原则，我国公安机关可以和外国警察机关开展刑事司法协助和警务合作。

第二章　管　辖

第十四条　根据刑事诉讼法的规定，除下列情形外，刑事案件由公安机关管辖：

（一）监察机关管辖的职务犯罪案件；

（二）人民检察院管辖的在对诉讼活动实行法律监督中发现的司法工作人员利用职权实施的非法拘禁、刑讯逼供、非法搜查等侵犯公民权利、损害司法公正的犯罪，以及经省级以上人民检察院决定立案侦查的公安机关管辖的国家机关工作人员利用职权实施的重大犯罪案件；

（三）人民法院管辖的自诉案件。对于人民法院直接受理的被害人有证据证明的轻微刑事案件，因证据不足驳回起诉，人民法院移送公安机关或者被害人向公安机关控告的，公安机关应当受理；被害人直接向公安机关控告的，公安机关应当受理；

（四）军队保卫部门管辖的军人违反职责的犯罪和军队内部发生的刑事案件；

（五）监狱管辖的罪犯在监狱内犯罪的刑事案件；

（六）海警部门管辖的海（岛屿）岸线以外我国管辖海域内发生的刑事案件。对于发生在沿海港岙口、码头、滩涂、台轮停泊点等区域的，由公安机关管辖；

（七）其他依照法律和规定应当由其他机关管辖的刑事案件。

第十五条 刑事案件由犯罪地的公安机关管辖。如果由犯罪嫌疑人居住地的公安机关管辖更为适宜的，可以由犯罪嫌疑人居住地的公安机关管辖。

法律、司法解释或者其他规范性文件对有关犯罪案件的管辖作出特别规定的，从其规定。

第十六条 犯罪地包括犯罪行为发生地和犯罪结果发生地。犯罪行为发生地，包括犯罪行为的实施地以及预备地、开始地、途经地、结束地等与犯罪行为有关的地点；犯罪行为有连续、持续或者继续状态的，犯罪行为连续、持续或者继续实施的地方都属于犯罪行为发生地。犯罪结果发生地，包括犯罪对象被侵害地、犯罪所得的实际取得地、藏匿地、转移地、使用地、销售地。

居住地包括户籍所在地、经常居住地。经常居住地是指公民离开户籍所在地最后连续居住一年以上的地方，但住院就医的除外。单位登记的住所地为其居住地。主要营业地或者主要办事机构所在地与登记的住所地不一致的，主要营业地或者主要办事机构所在地为其居住地。

第十七条 针对或者主要利用计算机网络实施的犯罪，用于实施犯罪行为的网络服务使用的服务器所在地，网络服务提供者所在地，被侵害的网络信息系统及其管理者所在地，以及犯罪过程中犯罪嫌疑人、被害人使用的网络信息系统所在地，被害人被侵害时所在地和被害人财产遭受损失地公安机关可以管辖。

第十八条 行驶中的交通工具上发生的刑事案件，由交通工具最初停靠地公安机关管辖；必要时，交通工具始发地、途经地、目的地公安机关也可以管辖。

第十九条 在中华人民共和国领域外的中国航空器内发生的刑事案件，由该航空器在中国最初降落地的公安机关管辖。

第二十条 中国公民在中国驻外使、领馆内的犯罪，由其主管单位所在地或者原户籍地的公安机关管辖。

中国公民在中华人民共和国领域外的犯罪，由其入境地、离境前居住地或者现居住地的公安机关管辖；被害人是中国公民的，也可由被害人离境前居住地或者现居住地的公安机关管辖。

第二十一条 几个公安机关都有权管辖的刑事案件，由最初受理的公安机关管辖。必要时，可以由主要犯罪地的公安机关管辖。

具有下列情形之一的，公安机关

可以在职责范围内并案侦查：

（一）一人犯数罪的；

（二）共同犯罪的；

（三）共同犯罪的犯罪嫌疑人还实施其他犯罪的；

（四）多个犯罪嫌疑人实施的犯罪存在关联，并案处理有利于查明犯罪事实的。

第二十二条　对管辖不明确或者有争议的刑事案件，可以由有关公安机关协商。协商不成的，由共同的上级公安机关指定管辖。

对情况特殊的刑事案件，可以由共同的上级公安机关指定管辖。

提请上级公安机关指定管辖时，应当在有关材料中列明犯罪嫌疑人基本情况、涉嫌罪名、案件基本事实、管辖争议情况、协商情况和指定管辖理由，经公安机关负责人批准后，层报有权指定管辖的上级公安机关。

第二十三条　上级公安机关指定管辖的，应当将指定管辖决定书分别送达被指定管辖的公安机关和其他有关的公安机关，并根据办案需要抄送同级人民法院、人民检察院。

原受理案件的公安机关，在收到上级公安机关指定其他公安机关管辖的决定书后，不再行使管辖权，同时应当将犯罪嫌疑人、涉案财物以及案卷材料等移送被指定管辖的公安机关。

对指定管辖的案件，需要逮捕犯罪嫌疑人的，由被指定管辖的公安机关提请同级人民检察院审查批准；需要提起公诉的，由该公安机关移送同级人民检察院审查决定。

第二十四条　县级公安机关负责侦查发生在本辖区内的刑事案件。

设区的市一级以上公安机关负责下列犯罪中重大案件的侦查：

（一）危害国家安全犯罪；

（二）恐怖活动犯罪；

（三）涉外犯罪；

（四）经济犯罪；

（五）集团犯罪；

（六）跨区域犯罪。

上级公安机关认为有必要的，可以侦查下级公安机关管辖的刑事案件；下级公安机关认为案情重大需要上级公安机关侦查的刑事案件，可以请求上一级公安机关管辖。

第二十五条　公安机关内部对刑事案件的管辖，按照刑事侦查机构的设置及其职责分工确定。

第二十六条　铁路公安机关管辖铁路系统的机关、厂、段、院、校、所、队、工区等单位发生的刑事案件，车站工作区域内、列车内发生的刑事案件，铁路沿线发生的盗窃或者破坏铁路、通信、电力线路和其他重要设施的刑事案件，以及内部职工在铁路线上工作时发生的刑事案件。

铁路系统的计算机信息系统延伸

到地方涉及铁路业务的网点，其计算机信息系统发生的刑事案件由铁路公安机关管辖。

对倒卖、伪造、变造火车票的刑事案件，由最初受理案件的铁路公安机关或者地方公安机关管辖。必要时，可以移送主要犯罪地的铁路公安机关或者地方公安机关管辖。

在列车上发生的刑事案件，犯罪嫌疑人在列车运行途中被抓获的，由前方停靠站所在地的铁路公安机关管辖；必要时，也可以由列车始发站、终点站所在地的铁路公安机关管辖。犯罪嫌疑人不是在列车运行途中被抓获的，由负责该列车乘务的铁路公安机关管辖；但在列车运行途经的车站被抓获的，也可以由该车站所在地的铁路公安机关管辖。

在国际列车上发生的刑事案件，根据我国与相关国家签订的协定确定管辖；没有协定的，由该列车始发或者前方停靠的中国车站所在地的铁路公安机关管辖。

铁路建设施工工地发生的刑事案件由地方公安机关管辖。

第二十七条 民航公安机关管辖民航系统的机关、厂、段、院、校、所、队、工区等单位、机场工作区域内、民航飞机内发生的刑事案件。

重大飞行事故刑事案件由犯罪结果发生地机场公安机关管辖。犯罪结果发生地未设机场公安机关或者不在机场公安机关管辖范围内的，由地方公安机关管辖，有关机场公安机关予以协助。

第二十八条 海关走私犯罪侦查机构管辖中华人民共和国海关关境内发生的涉税走私犯罪和发生在海关监管区内的非涉税走私犯罪等刑事案件。

第二十九条 公安机关侦查的刑事案件的犯罪嫌疑人涉及监察机关管辖的案件时，应当及时与同级监察机关协商，一般应当由监察机关为主调查，公安机关予以协助。

第三十条 公安机关侦查的刑事案件涉及人民检察院管辖的案件时，应当将属于人民检察院管辖的刑事案件移送人民检察院。涉嫌主罪属于公安机关管辖的，由公安机关为主侦查；涉嫌主罪属于人民检察院管辖的，公安机关予以配合。

公安机关侦查的刑事案件涉及其他侦查机关管辖的案件时，参照前款规定办理。

第三十一条 公安机关和军队互涉刑事案件的管辖分工按照有关规定办理。

公安机关和武装警察部队互涉刑事案件的管辖分工依照公安机关和军队互涉刑事案件的管辖分工的原则办理。

第三章 回 避

第三十二条 公安机关负责人、侦查人员有下列情形之一的,应当自行提出回避申请,没有自行提出回避申请的,应当责令其回避,当事人及其法定代理人也有权要求他们回避:

(一)是本案的当事人或者是当事人的近亲属的;

(二)本人或者他的近亲属和本案有利害关系的;

(三)担任过本案的证人、鉴定人、辩护人、诉讼代理人的;

(四)与本案当事人有其他关系,可能影响公正处理案件的。

第三十三条 公安机关负责人、侦查人员不得有下列行为:

(一)违反规定会见本案当事人及其委托人;

(二)索取、接受本案当事人及委托人的财物或者其他利益;

(三)接受本案当事人及其委托人的宴请,或者参加由其支付费用的活动;

(四)其他可能影响案件公正办理的不正当行为。

违反前款规定的,应当责令其回避并依法追究法律责任。当事人及其法定代理人有权要求其回避。

第三十四条 公安机关负责人、侦查人员自行提出回避申请的,应当说明回避的理由;口头提出申请的,公安机关应当记录在案。

当事人及其法定代理人要求公安机关负责人、侦查人员回避,应当提出申请,并说明理由;口头提出申请的,公安机关应当记录在案。

第三十五条 侦查人员的回避,由县级以上公安机关负责人决定;县级以上公安机关负责人的回避,由同级人民检察院检察委员会决定。

第三十六条 当事人及其法定代理人对侦查人员提出回避申请的,公安机关应当在收到回避申请后二日以内作出决定并通知申请人;情况复杂的,经县级以上公安机关负责人批准,可以在收到回避申请后五日以内作出决定。

当事人及其法定代理人对县级以上公安机关负责人提出回避申请的,公安机关应当及时将申请移送同级人民检察院。

第三十七条 当事人及其法定代理人对驳回申请回避的决定不服的,可以在收到驳回申请回避决定书后五日以内向作出决定的公安机关申请复议。

公安机关应当在收到复议申请后五日以内作出复议决定并书面通知申请人。

第三十八条 在作出回避决定前,申请或者被申请回避的公安机关负责人、侦查人员不得停止对案件的侦查。

作出回避决定后，申请或者被申请回避的公安机关负责人、侦查人员不得再参与本案的侦查工作。

第三十九条　被决定回避的公安机关负责人、侦查人员在回避决定作出以前所进行的诉讼活动是否有效，由作出决定的机关根据案件情况决定。

第四十条　本章关于回避的规定适用于记录人、翻译人员和鉴定人。

记录人、翻译人员和鉴定人需要回避的，由县级以上公安机关负责人决定。

第四十一条　辩护人、诉讼代理人可以依照本章的规定要求回避、申请复议。

第四章　律师参与刑事诉讼

第四十二条　公安机关应当保障辩护律师在侦查阶段依法从事下列执业活动：

（一）向公安机关了解犯罪嫌疑人涉嫌的罪名和案件有关情况，提出意见；

（二）与犯罪嫌疑人会见和通信，向犯罪嫌疑人了解案件有关情况；

（三）为犯罪嫌疑人提供法律帮助、代理申诉、控告；

（四）为犯罪嫌疑人申请变更强制措施。

第四十三条　公安机关在第一次讯问犯罪嫌疑人或者对犯罪嫌疑人采取强制措施的时候，应当告知犯罪嫌疑人有权委托律师作为辩护人，并告知其如果因经济困难或者其他原因没有委托辩护律师的，可以向法律援助机构申请法律援助。告知的情形应当记录在案。

对于同案的犯罪嫌疑人委托同一名辩护律师的，或者两名以上未同案处理但实施的犯罪存在关联的犯罪嫌疑人委托同一名辩护律师的，公安机关应当要求其更换辩护律师。

第四十四条　犯罪嫌疑人可以自己委托辩护律师。犯罪嫌疑人在押的，也可以由其监护人、近亲属代为委托辩护律师。

犯罪嫌疑人委托辩护律师的请求可以书面提出，也可以口头提出。口头提出的，公安机关应当制作笔录，由犯罪嫌疑人签名、捺指印。

第四十五条　在押的犯罪嫌疑人向看守所提出委托辩护律师要求的，看守所应当及时将其请求转达给办案部门，办案部门应当及时向犯罪嫌疑人委托的辩护律师或者律师事务所转达该项请求。

在押的犯罪嫌疑人仅提出委托辩护律师的要求，但提不出具体对象的，办案部门应当及时通知犯罪嫌疑人的监护人、近亲属代为委托辩护律师。犯罪嫌疑人无监护人或者近亲属的,办案部门应当及时通知当地律师协会或者司法行政机关为其推荐辩护律师。

第四十六条 符合下列情形之一,犯罪嫌疑人没有委托辩护人的,公安机关应当自发现该情形之日起三日以内通知法律援助机构为犯罪嫌疑人指派辩护律师:

(一)犯罪嫌疑人是盲、聋、哑人,或者是尚未完全丧失辨认或者控制自己行为能力的精神病人;

(二)犯罪嫌疑人可能被判处无期徒刑、死刑。

第四十七条 公安机关收到在押的犯罪嫌疑人提出的法律援助申请后,应当在二十四小时以内将其申请转交所在地的法律援助机构,并在三日以内通知申请人的法定代理人、近亲属或者其委托的其他人员协助提供有关证件、证明等相关材料。犯罪嫌疑人的法定代理人、近亲属或者其委托的其他人员地址不详无法通知的,应当在转交申请时一并告知法律援助机构。

犯罪嫌疑人拒绝法律援助机构指派的律师作为辩护人或者自行委托辩护人的,公安机关应当在三日以内通知法律援助机构。

第四十八条 辩护律师接受犯罪嫌疑人委托或者法律援助机构的指派后,应当及时告知公安机关并出示律师执业证书、律师事务所证明和委托书或者法律援助公函。

第四十九条 犯罪嫌疑人、被告人入所羁押时没有委托辩护人,法律援助机构也没有指派律师提供辩护的,看守所应当告知其有权约见值班律师,获得法律咨询、程序选择建议、申请变更强制措施、对案件处理提出意见等法律帮助,并为犯罪嫌疑人、被告人约见值班律师提供便利。

没有委托辩护人、法律援助机构没有指派律师提供辩护的犯罪嫌疑人、被告人,向看守所申请由值班律师提供法律帮助的,看守所应当在二十四小时内通知值班律师。

第五十条 辩护律师向公安机关了解案件有关情况的,公安机关应当依法将犯罪嫌疑人涉嫌的罪名以及当时已查明的该罪的主要事实,犯罪嫌疑人被采取、变更、解除强制措施,延长侦查羁押期限等案件有关情况,告知接受委托或者指派的辩护律师,并记录在案。

第五十一条 辩护律师可以同在押或者被监视居住的犯罪嫌疑人会见、通信。

第五十二条 对危害国家安全犯罪案件、恐怖活动犯罪案件,办案部门应当在将犯罪嫌疑人送看守所羁押时书面通知看守所;犯罪嫌疑人被监视居住的,应当在送交执行时书面通知执行机关。

辩护律师在侦查期间要求会见前款规定案件的在押或者被监视居住的犯罪嫌疑人,应当向办案部门提出申请。

对辩护律师提出的会见申请,办案部门应当在收到申请后三日以内,报经县级以上公安机关负责人批准,作出许可或者不许可的决定,书面通知辩护律师,并及时通知看守所或者执行监视居住的部门。除有碍侦查或者可能泄露国家秘密的情形外,应当作出许可的决定。

公安机关不许可会见的,应当说明理由。有碍侦查或者可能泄露国家秘密的情形消失后,公安机关应当许可会见。

有下列情形之一的,属于本条规定的"有碍侦查":

(一)可能毁灭、伪造证据,干扰证人作证或者串供的;

(二)可能引起犯罪嫌疑人自残、自杀或者逃跑的;

(三)可能引起同案犯逃避、妨碍侦查的;

(四)犯罪嫌疑人的家属与犯罪有牵连的。

第五十三条 辩护律师要求会见在押的犯罪嫌疑人,看守所应当在查验其律师执业证书、律师事务所证明和委托书或者法律援助公函后,在四十八小时以内安排律师会见到犯罪嫌疑人,同时通知办案部门。

侦查期间,辩护律师会见危害国家安全犯罪案件、恐怖活动犯罪案件在押或者被监视居住的犯罪嫌疑人时,看守所或者监视居住执行机关还应当查验侦查机关的许可决定文书。

第五十四条 辩护律师会见在押或者被监视居住的犯罪嫌疑人需要聘请翻译人员的,应当向办案部门提出申请。办案部门应当在收到申请后三日以内,报经县级以上公安机关负责人批准,作出许可或者不许可的决定,书面通知辩护律师。对于具有本规定第三十二条所列情形之一的,作出不予许可的决定,并通知其更换;不具有相关情形的,应当许可。

翻译人员参与会见的,看守所或者监视居住执行机关应当查验公安机关的许可决定文书。

第五十五条 辩护律师会见在押或者被监视居住的犯罪嫌疑人时,看守所或者监视居住执行机关应当采取必要的管理措施,保障会见顺利进行,并告知其遵守会见的有关规定。辩护律师会见犯罪嫌疑人时,公安机关不得监听,不得派员在场。

辩护律师会见在押或者被监视居住的犯罪嫌疑人时,违反法律规定或者会见的规定的,看守所或者监视居住执行机关应当制止。对于严重违反规定或者不听劝阻的,可以决定停止本次会见,并及时通报其所在的律师事务所、所属的律师协会以及司法行政机关。

第五十六条 辩护人或者其他任何人在刑事诉讼中,违反法律规定,实施干扰诉讼活动行为的,应当依法追究法律责任。

辩护人实施干扰诉讼活动行为,涉嫌犯罪,属于公安机关管辖的,应当由办理辩护人所承办案件的公安机关报请上一级公安机关指定其他公安机关立案侦查,或者由上一级公安机关立案侦查。不得指定原承办案件公安机关的下级公安机关立案侦查。辩护人是律师的,立案侦查的公安机关应当及时通知其所在的律师事务所、所属的律师协会以及司法行政机关。

第五十七条 辩护律师对在执业活动中知悉的委托人的有关情况和信息,有权予以保密。但是,辩护律师在执业活动中知悉委托人或者其他人,准备或者正在实施危害国家安全、公共安全以及严重危害他人人身安全的犯罪的,应当及时告知司法机关。

第五十八条 案件侦查终结前,辩护律师提出要求的,公安机关应当听取辩护律师的意见,根据情况进行核实,并记录在案。辩护律师提出书面意见的,应当附卷。

对辩护律师收集的犯罪嫌疑人不在犯罪现场、未达到刑事责任年龄、属于依法不负刑事责任的精神病人的证据,公安机关应当进行核实并将有关情况记录在案,有关证据应当附卷。

第五章 证 据

第五十九条 可以用于证明案件事实的材料,都是证据。

证据包括:

(一)物证;

(二)书证;

(三)证人证言;

(四)被害人陈述;

(五)犯罪嫌疑人供述和辩解;

(六)鉴定意见;

(七)勘验、检查、侦查实验、搜查、查封、扣押、提取、辨认等笔录;

(八)视听资料、电子数据。

证据必须经过查证属实,才能作为认定案件事实的根据。

第六十条 公安机关必须依照法定程序,收集、调取能够证实犯罪嫌疑人有罪或者无罪、犯罪情节轻重的各种证据。必须保证一切与案件有关或者了解案情的公民,有客观地充分地提供证据的条件,除特殊情况外,可以吸收他们协助调查。

第六十一条 公安机关向有关单位和个人收集、调取证据时,应当告知其必须如实提供证据。

对涉及国家秘密、商业秘密、个人隐私的证据,应当保密。

对于伪造证据、隐匿证据或者毁灭证据的,应当追究其法律责任。

第六十二条 公安机关向有关单位和个人调取证据,应当经办案部门负责人批准,开具调取证据通知书,明确调取的证据和提供时限。被调取单位及其经办人、持有证据的个人应当在通知书上盖章或者签名,拒绝盖章或者签名的,公安机关应当注明。必要时,应当采用录音录像方式固定证据内容及取证过程。

第六十三条 公安机关接受或者依法调取的行政机关在行政执法和查办案件过程中收集的物证、书证、视听资料、电子数据、鉴定意见、勘验笔录、检查笔录等证据材料,经公安机关审查符合法定要求的,可以作为证据使用。

第六十四条 收集、调取的物证应当是原物。只有在原物不便搬运、不易保存或者依法应当由有关部门保管、处理或者依法应当返还时,才可以拍摄或者制作足以反映原物外形或者内容的照片、录像或者复制品。

物证的照片、录像或者复制品经与原物核实无误或者经鉴定证明为真实的,或者以其他方式确能证明其真实的,可以作为证据使用。原物的照片、录像或者复制品,不能反映原物的外形和特征的,不能作为证据使用。

第六十五条 收集、调取的书证应当是原件。只有在取得原件确有困难时,才可以使用副本或者复制件。

书证的副本、复制件,经与原件核实无误或者经鉴定证明为真实的,或者以其他方式确能证明其真实的,可以作为证据使用。书证有更改或者更改迹象不能作出合理解释的,或者书证的副本、复制件不能反映书证原件及其内容的,不能作为证据使用。

第六十六条 收集、调取电子数据,能够扣押电子数据原始存储介质的,应当扣押原始存储介质,并制作笔录、予以封存。

确因客观原因无法扣押原始存储介质的,可以现场提取或者网络在线提取电子数据。无法扣押原始存储介质,也无法现场提取或者网络在线提取的,可以采取打印、拍照或者录音录像等方式固定相关证据,并在笔录中注明原因。

收集、调取的电子数据,足以保证完整性,无删除、修改、增加等情形的,可以作为证据使用。经审查无法确定真伪,或者制作、取得的时间、地点、方式等有疑问,不能提供必要证明或者作出合理解释的,不能作为证据使用。

第六十七条 物证的照片、录像

或者复制品，书证的副本、复制件，视听资料、电子数据的复制件，应当附有关制作过程及原件、原物存放处的文字说明，并由制作人和物品持有人或者物品持有单位有关人员签名。

第六十八条 公安机关提请批准逮捕书、起诉意见书必须忠实于事实真相。故意隐瞒事实真相的，应当依法追究责任。

第六十九条 需要查明的案件事实包括：

（一）犯罪行为是否存在；

（二）实施犯罪行为的时间、地点、手段、后果以及其他情节；

（三）犯罪行为是否为犯罪嫌疑人实施；

（四）犯罪嫌疑人的身份；

（五）犯罪嫌疑人实施犯罪行为的动机、目的；

（六）犯罪嫌疑人的责任以及与其他同案人的关系；

（七）犯罪嫌疑人有无法定从重、从轻、减轻处罚以及免除处罚的情节；

（八）其他与案件有关的事实。

第七十条 公安机关移送审查起诉的案件，应当做到犯罪事实清楚，证据确实、充分。

证据确实、充分，应当符合以下条件：

（一）认定的案件事实都有证据证明；

（二）认定案件事实的证据均经法定程序查证属实；

（三）综合全案证据，对所认定事实已排除合理怀疑。

对证据的审查，应当结合案件的具体情况，从各证据与待证事实的关联程度、各证据之间的联系等方面进行审查判断。

只有犯罪嫌疑人供述，没有其他证据的，不能认定案件事实；没有犯罪嫌疑人供述，证据确实、充分的，可以认定案件事实。

第七十一条 采用刑讯逼供等非法方法收集的犯罪嫌疑人供述和采用暴力、威胁等非法方法收集的证人证言、被害人陈述，应当予以排除。

收集物证、书证、视听资料、电子数据违反法定程序，可能严重影响司法公正的，应当予以补正或者作出合理解释；不能补正或者作出合理解释的，对该证据应当予以排除。

在侦查阶段发现有应当排除的证据的，经县级以上公安机关负责人批准，应当依法予以排除，不得作为提请批准逮捕、移送审查起诉的依据。

人民检察院认为可能存在以非法方法收集证据情形，要求公安机关进行说明的，公安机关应当及时进行调查，并向人民检察院作出书面说明。

第七十二条 人民法院认为现有证据材料不能证明证据收集的合法

性,通知有关侦查人员或者公安机关其他人员出庭说明情况的,有关侦查人员或者其他人员应当出庭。必要时,有关侦查人员或者其他人员也可以要求出庭说明情况。侦查人员或者其他人员出庭,应当向法庭说明证据收集过程,并就相关情况接受发问。

经人民法院通知,人民警察应当就其执行职务时目击的犯罪情况出庭作证。

第七十三条 凡是知道案件情况的人,都有作证的义务。

生理上、精神上有缺陷或者年幼,不能辨别是非,不能正确表达的人,不能作证人。

对于证人能否辨别是非,能否正确表达,必要时可以进行审查或者鉴别。

第七十四条 公安机关应当保障证人及其近亲属的安全。

对证人及其近亲属进行威胁、侮辱、殴打或者打击报复,构成犯罪的,依法追究刑事责任;尚不够刑事处罚的,依法给予治安管理处罚。

第七十五条 对危害国家安全犯罪、恐怖活动犯罪、黑社会性质的组织犯罪、毒品犯罪等案件,证人、鉴定人、被害人因在侦查过程中作证,本人或者其近亲属的人身安全面临危险的,公安机关应当采取以下一项或者多项保护措施:

(一)不公开真实姓名、住址、通讯方式和工作单位等个人信息;

(二)禁止特定的人员接触被保护人;

(三)对被保护人的人身和住宅采取专门性保护措施;

(四)将被保护人带到安全场所保护;

(五)变更被保护人的住所和姓名;

(六)其他必要的保护措施。

证人、鉴定人、被害人认为因在侦查过程中作证,本人或者其近亲属的人身安全面临危险,向公安机关请求予以保护,公安机关经审查认为符合前款规定的条件,确有必要采取保护措施的,应当采取上述一项或者多项保护措施。

公安机关依法采取保护措施,可以要求有关单位和个人配合。

案件移送审查起诉时,应当将采取保护措施的相关情况一并移交人民检察院。

第七十六条 公安机关依法决定不公开证人、鉴定人、被害人的真实姓名、住址、通讯方式和工作单位等个人信息的,可以在起诉意见书、询问笔录等法律文书、证据材料中使用化名等代替证人、鉴定人、被害人的个人信息。但是,应当另行书面说明使用化名的情况并标明密级,单独成卷。

第七十七条 证人保护工作所必需的人员、经费、装备等，应当予以保障。

证人因履行作证义务而支出的交通、住宿、就餐等费用，应当给予补助。证人作证的补助列入公安机关业务经费。

第六章 强制措施

第一节 拘 传

第七十八条 公安机关根据案件情况对需要拘传的犯罪嫌疑人，或者经过传唤没有正当理由不到案的犯罪嫌疑人，可以拘传到其所在市、县公安机关执法办案场所进行讯问。

需要拘传的，应当填写呈请拘传报告书，并附有关材料，报县级以上公安机关负责人批准。

第七十九条 公安机关拘传犯罪嫌疑人应当出示拘传证，并责令其在拘传证上签名、捺指印。

犯罪嫌疑人到案后，应当责令其在拘传证上填写到案时间；拘传结束后，应当由其在拘传证上填写拘传结束时间。犯罪嫌疑人拒绝填写的，侦查人员应当在拘传证上注明。

第八十条 拘传持续的时间不得超过十二小时；案情特别重大、复杂，需要采取拘留、逮捕措施的，经县级以上公安机关负责人批准，拘传持续的时间不得超过二十四小时。不得

以连续拘传的形式变相拘禁犯罪嫌疑人。

拘传期限届满，未作出采取其他强制措施决定的，应当立即结束拘传。

第二节 取保候审

第八十一条 公安机关对具有下列情形之一的犯罪嫌疑人，可以取保候审：

（一）可能判处管制、拘役或者独立适用附加刑的；

（二）可能判处有期徒刑以上刑罚，采取取保候审不致发生社会危险性的；

（三）患有严重疾病、生活不能自理，怀孕或者正在哺乳自己婴儿的妇女，采取取保候审不致发生社会危险性的；

（四）羁押期限届满，案件尚未办结，需要继续侦查的。

对拘留的犯罪嫌疑人，证据不符合逮捕条件，以及提请逮捕后，人民检察院不批准逮捕，需要继续侦查，并且符合取保候审条件的，可以依法取保候审。

第八十二条 对累犯，犯罪集团的主犯，以自伤、自残办法逃避侦查的犯罪嫌疑人，严重暴力犯罪以及其他严重犯罪的犯罪嫌疑人不得取保候审，但犯罪嫌疑人具有本规定第八十一条第一款第三项、第四项规定情

形的除外。

第八十三条 需要对犯罪嫌疑人取保候审的,应当制作呈请取保候审报告书,说明取保候审的理由、采取的保证方式以及应当遵守的规定,经县级以上公安机关负责人批准,制作取保候审决定书。取保候审决定书应当向犯罪嫌疑人宣读,由犯罪嫌疑人签名、捺指印。

第八十四条 公安机关决定对犯罪嫌疑人取保候审的,应当责令犯罪嫌疑人提出保证人或者交纳保证金。

对同一犯罪嫌疑人,不得同时责令其提出保证人和交纳保证金。对未成年人取保候审,应当优先适用保证人保证。

第八十五条 采取保证人保证的,保证人必须符合以下条件,并经公安机关审查同意:

（一）与本案无牵连;

（二）有能力履行保证义务;

（三）享有政治权利,人身自由未受到限制;

（四）有固定的住处和收入。

第八十六条 保证人应当履行以下义务:

（一）监督被保证人遵守本规定第八十九条、第九十条的规定;

（二）发现被保证人可能发生或者已经发生违反本规定第八十九条、第九十条规定的行为的,应当及时向执行机关报告。

保证人应当填写保证书,并在保证书上签名、捺指印。

第八十七条 犯罪嫌疑人的保证金起点数额为人民币一千元。犯罪嫌疑人为未成年人的,保证金起点数额为人民币五百元。具体数额应当综合考虑保证诉讼活动正常进行的需要、犯罪嫌疑人的社会危险性、案件的性质、情节、可能判处刑罚的轻重以及犯罪嫌疑人的经济状况等情况确定。

第八十八条 县级以上公安机关应当在其指定的银行设立取保候审保证金专门账户,委托银行代为收取和保管保证金。

提供保证金的人,应当一次性将保证金存入取保候审保证金专门账户。保证金应当以人民币交纳。

保证金应当由办案部门以外的部门管理。严禁截留、坐支、挪用或者以其他任何形式侵吞保证金。

第八十九条 公安机关在宣布取保候审决定时,应当告知被取保候审人遵守以下规定:

（一）未经执行机关批准不得离开所居住的市、县;

（二）住址、工作单位和联系方式发生变动的,在二十四小时以内向执行机关报告;

（三）在传讯的时候及时到案;

（四）不得以任何形式干扰证人

作证；

（五）不得毁灭、伪造证据或者串供。

第九十条　公安机关在决定取保候审时，还可以根据案件情况，责令被取保候审人遵守以下一项或者多项规定：

（一）不得进入与其犯罪活动等相关联的特定场所；

（二）不得与证人、被害人及其近亲属、同案犯以及与案件有关联的其他特定人员会见或者以任何方式通信；

（三）不得从事与其犯罪行为等相关联的特定活动；

（四）将护照等出入境证件、驾驶证件交执行机关保存。

公安机关应当综合考虑案件的性质、情节、社会影响、犯罪嫌疑人的社会关系等因素，确定特定场所、特定人员和特定活动的范围。

第九十一条　公安机关决定取保候审的，应当及时通知被取保候审人居住地的派出所执行。必要时，办案部门可以协助执行。

采取保证人担保形式的，应当同时送交有关法律文书、被取保候审人基本情况、保证人基本情况等材料。采取保证金担保形式的，应当同时送交有关法律文书、被取保候审人基本情况和保证金交纳情况等材料。

第九十二条　人民法院、人民检察院决定取保候审的，负责执行的县级公安机关应当在收到法律文书和有关材料后二十四小时以内，指定被取保候审人居住地派出所核实情况后执行。

第九十三条　执行取保候审的派出所应当履行下列职责：

（一）告知被取保候审人必须遵守的规定，及其违反规定或者在取保候审期间重新犯罪应当承担的法律后果；

（二）监督、考察被取保候审人遵守有关规定，及时掌握其活动、住址、工作单位、联系方式及变动情况；

（三）监督保证人履行保证义务；

（四）被取保候审人违反应当遵守的规定以及保证人未履行保证义务的，应当及时制止、采取紧急措施，同时告知决定机关。

第九十四条　执行取保候审的派出所应当定期了解被取保候审人遵守取保候审规定的有关情况，并制作笔录。

第九十五条　被取保候审人无正当理由不得离开所居住的市、县。有正当理由需要离开所居住的市、县的，应当经负责执行的派出所负责人批准。

人民法院、人民检察院决定取保候审的，负责执行的派出所在批准被取保候审人离开所居住的市、县前，应当征得决定取保候审的机关同意。

第九十六条 被取保候审人在取保候审期间违反本规定第八十九条、第九十条规定,已交纳保证金的,公安机关应当根据其违反规定的情节,决定没收部分或者全部保证金,并且区别情形,责令其具结悔过、重新交纳保证金、提出保证人,变更强制措施或者给予治安管理处罚;需要予以逮捕的,可以对其先行拘留。

人民法院、人民检察院决定取保候审的,被取保候审人违反应当遵守的规定,负责执行的派出所应当及时通知决定取保候审的机关。

第九十七条 需要没收保证金的,应当经过严格审核后,报县级以上公安机关负责人批准,制作没收保证金决定书。

决定没收五万元以上保证金的,应当经设区的市一级以上公安机关负责人批准。

第九十八条 没收保证金的决定,公安机关应当在三日以内向被取保候审人宣读,并责令其在没收保证金决定书上签名、捺指印;被取保候审人在逃或者具有其他情形不能到场的,应当向其成年家属、法定代理人、辩护人或者单位、居住地的居民委员会、村民委员会宣布,由其成年家属、法定代理人、辩护人或者单位、居住地的居民委员会或者村民委员会的负责人在没收保证金决定书上签名。

被取保候审人或者其成年家属、法定代理人、辩护人或者单位、居民委员会、村民委员会负责人拒绝签名的,公安机关应当在没收保证金决定书上注明。

第九十九条 公安机关在宣读没收保证金决定书时,应当告知如果对没收保证金的决定不服,被取保候审人或者其法定代理人可以在五日以内向作出决定的公安机关申请复议。公安机关应当在收到复议申请后七日以内作出决定。

被取保候审人或者其法定代理人对复议决定不服的,可以在收到复议决定书后五日以内向上一级公安机关申请复核一次。上一级公安机关应当在收到复核申请后七日以内作出决定。对上级公安机关撤销或者变更没收保证金决定的,下级公安机关应当执行。

第一百条 没收保证金的决定已过复议期限,或者复议、复核后维持原决定或者变更没收保证金数额的,公安机关应当及时通知指定的银行将没收的保证金按照国家的有关规定上缴国库。人民法院、人民检察院决定取保候审的,还应当在三日以内通知决定取保候审的机关。

第一百零一条 被取保候审人在取保候审期间,没有违反本规定第八十九条、第九十条有关规定，也没有重新故意犯罪的，或者具有本规定第一百八十六条规定的情形之一的，在解除取保候审、变更强制措施的同时，公安机关应当制作退还保证金决定书，通知银行如数退还保证金。

被取保候审人可以凭退还保证金决定书到银行领取退还的保证金。被取保候审人委托他人领取的，应当出具委托书。

第一百零二条 被取保候审人没有违反本规定第八十九条、第九十条规定，但在取保候审期间涉嫌重新故意犯罪被立案侦查的，负责执行的公安机关应当暂扣其交纳的保证金，待人民法院判决生效后，根据有关判决作出处理。

第一百零三条 被保证人违反应当遵守的规定，保证人未履行保证义务的，查证属实后，经县级以上公安机关负责人批准，对保证人处一千元以上二万元以下罚款；构成犯罪的，依法追究刑事责任。

第一百零四条 决定对保证人罚款的，应当报经县级以上公安机关负责人批准，制作对保证人罚款决定书，在三日以内送达保证人，告知其如果对罚款决定不服，可以在收到决定书之日起五日以内向作出决定的公安机关申请复议。公安机关应当在收到复议申请后七日以内作出决定。

保证人对复议决定不服的，可以在收到复议决定书后五日以内向上一级公安机关申请复核一次。上一级公安机关应当在收到复核申请后七日以内作出决定。对上级公安机关撤销或者变更罚款决定的，下级公安机关应当执行。

第一百零五条 对于保证人罚款的决定已过复议期限，或者复议、复核后维持原决定或者变更罚款数额的，公安机关应当及时通知指定的银行将保证人罚款按照国家的有关规定上缴国库。人民法院、人民检察院决定取保候审的，还应当在三日以内通知决定取保候审的机关。

第一百零六条 对于犯罪嫌疑人采取保证人保证的，如果保证人在取保候审期间情况发生变化，不愿继续担保或者丧失担保条件，公安机关应当责令被取保候审人重新提出保证人或者交纳保证金，或者作出变更强制措施的决定。

人民法院、人民检察院决定取保候审的，负责执行的派出所应当自发现保证人不愿继续担保或者丧失担保条件之日起三日以内通知决定取保候审的机关。

第一百零七条 公安机关在取保候审期间不得中断对案件的侦查，对取保候审的犯罪嫌疑人，根据案情变化，应当及时变更强制措施或者解除取保候审。

取保候审最长不得超过十二个月。

第一百零八条 需要解除取保候审的,应当经县级以上公安机关负责人批准,制作解除取保候审决定书、通知书,并及时通知负责执行的派出所、被取保候审人、保证人和有关单位。

人民法院、人民检察院作出解除取保候审决定的,负责执行的公安机关应当根据决定书及时解除取保候审,并通知被取保候审人、保证人和有关单位。

第三节 监视居住

第一百零九条 公安机关对符合逮捕条件,有下列情形之一的犯罪嫌疑人,可以监视居住:

(一)患有严重疾病、生活不能自理的;

(二)怀孕或者正在哺乳自己婴儿的妇女;

(三)系生活不能自理的人的唯一扶养人;

(四)因案件的特殊情况或者办理案件的需要,采取监视居住措施更为适宜的;

(五)羁押期限届满,案件尚未办结,需要采取监视居住措施的。

对人民检察院决定不批准逮捕的犯罪嫌疑人,需要继续侦查,并且符合监视居住条件的,可以监视居住。

对于符合取保候审条件,但犯罪嫌疑人不能提出保证人,也不交纳保证金的,可以监视居住。

对于被取保候审人违反本规定第八十九条、第九十条规定的,可以监视居住。

第一百一十条 对犯罪嫌疑人监视居住,应当制作呈请监视居住报告书,说明监视居住的理由、采取监视居住的方式以及应当遵守的规定,经县级以上公安机关负责人批准,制作监视居住决定书。监视居住决定书应当向犯罪嫌疑人宣读,由犯罪嫌疑人签名、捺指印。

第一百一十一条 监视居住应当在犯罪嫌疑人、被告人住处执行;无固定住处的,可以在指定的居所执行。对于涉嫌危害国家安全犯罪、恐怖活动犯罪,在住处执行可能有碍侦查的,经上一级公安机关批准,也可以在指定的居所执行。

有下列情形之一的,属于本条规定的"有碍侦查":

(一)可能毁灭、伪造证据,干扰证人作证或者串供的;

(二)可能引起犯罪嫌疑人自残、自杀或者逃跑的;

(三)可能引起同案犯逃避、妨碍侦查的;

(四)犯罪嫌疑人、被告人在住处执行监视居住有人身危险的;

（五）犯罪嫌疑人、被告人的家属或者所在单位人员与犯罪有牵连的。

指定居所监视居住的，不得要求被监视居住人支付费用。

第一百一十二条 固定住处，是指被监视居住人在办案机关所在的市、县内生活的合法住处；指定的居所，是指公安机关根据案件情况，在办案机关所在的市、县内为被监视居住人指定的生活居所。

指定的居所应当符合下列条件：

（一）具备正常的生活、休息条件；

（二）便于监视、管理；

（三）保证安全。

公安机关不得在羁押场所、专门的办案场所或者办公场所执行监视居住。

第一百一十三条 指定居所监视居住的，除无法通知的以外，应当制作监视居住通知书，在执行监视居住后二十四小时以内，由决定机关通知被监视居住人的家属。

有下列情形之一的，属于本条规定的"无法通知"：

（一）不讲真实姓名、住址、身份不明的；

（二）没有家属的；

（三）提供的家属联系方式无法取得联系的；

（四）因自然灾害等不可抗力导致无法通知的。

无法通知的情形消失以后，应当立即通知被监视居住人的家属。

无法通知家属的，应当在监视居住通知书中注明原因。

第一百一十四条 被监视居住人委托辩护律师，适用本规定第四十三条、第四十四条、第四十五条规定。

第一百一十五条 公安机关在宣布监视居住决定时，应当告知被监视居住人必须遵守以下规定：

（一）未经执行机关批准不得离开执行监视居住的处所；

（二）未经执行机关批准不得会见他人或者以任何方式通信；

（三）在传讯的时候及时到案；

（四）不得以任何形式干扰证人作证；

（五）不得毁灭、伪造证据或者串供；

（六）将护照等出入境证件、身份证件、驾驶证件交执行机关保存。

第一百一十六条 公安机关对被监视居住人，可以采取电子监控、不定期检查等监视方法对其遵守监视居住规定的情况进行监督；在侦查期间，可以对被监视居住的犯罪嫌疑人的电话、传真、信函、邮件、网络等通信进行监控。

第一百一十七条 公安机关决定监视居住的，由被监视居住人住处或者指定居所所在地的派出所执行，办案部门可以协助执行。必要时，也可以由办案部门负责执行，派出所或者其他部门协助执行。

第一百一十八条 人民法院、人民检察院决定监视居住的，负责执行的县级公安机关应当在收到法律文书和有关材料后二十四小时以内，通知被监视居住人住处或者指定居所所在地的派出所，核实被监视居住人身份、住处或者居所等情况后执行。必要时，可以由人民法院、人民检察院协助执行。

负责执行的派出所应当及时将执行情况通知决定监视居住的机关。

第一百一十九条 负责执行监视居住的派出所或者办案部门应当严格对被监视居住人进行监督考察，确保安全。

第一百二十条 被监视居住人有正当理由要求离开住处或者指定的居所以及要求会见他人或者通信的，应当经负责执行的派出所或者办案部门负责人批准。

人民法院、人民检察院决定监视居住的，负责执行的派出所在批准被监视居住人离开住处或者指定的居所以及与他人会见或者通信前，应当征得决定监视居住的机关同意。

第一百二十一条 被监视居住人违反应当遵守的规定，公安机关应当区分情形责令被监视居住人具结悔过或者给予治安管理处罚。情节严重的，可以予以逮捕；需要予以逮捕的，可以对其先行拘留。

人民法院、人民检察院决定监视居住的，被监视居住人违反应当遵守的规定，负责执行的派出所应当及时通知决定监视居住的机关。

第一百二十二条 在监视居住期间，公安机关不得中断案件的侦查，对被监视居住的犯罪嫌疑人，应当根据案情变化，及时解除监视居住或者变更强制措施。

监视居住最长不得超过六个月。

第一百二十三条 需要解除监视居住的，应当经县级以上公安机关负责人批准，制作解除监视居住决定书，并及时通知负责执行的派出所、被监视居住人和有关单位。

人民法院、人民检察院作出解除、变更监视居住决定的，负责执行的公安机关应当及时解除并通知被监视居住人和有关单位。

第四节 拘 留

第一百二十四条 公安机关对于现行犯或者重大嫌疑分子，有下列情形之一的，可以先行拘留：

（一）正在预备犯罪、实行犯罪或者在犯罪后即时被发觉的；

（二）被害人或者在场亲眼看见的人指认他犯罪的；

（三）在身边或者住处发现有犯罪证据的；

（四）犯罪后企图自杀、逃跑或者在逃的；

（五）有毁灭、伪造证据或者串供可能的；

（六）不讲真实姓名、住址，身份不明的；

（七）有流窜作案、多次作案、结伙作案重大嫌疑的。

第一百二十五条　拘留犯罪嫌疑人，应当填写呈请拘留报告书，经县级以上公安机关负责人批准，制作拘留证。执行拘留时，必须出示拘留证，并责令被拘留人在拘留证上签名、捺指印，拒绝签名、捺指印的，侦查人员应当注明。

紧急情况下，对于符合本规定第一百二十四条所列情形之一的，经出示人民警察证，可以将犯罪嫌疑人口头传唤至公安机关后立即审查，办理法律手续。

第一百二十六条　拘留后，应当立即将被拘留人送看守所羁押，至迟不得超过二十四小时。

异地执行拘留，无法及时将犯罪嫌疑人押解回管辖地的，应当在宣布拘留后立即将其送抓获地看守所羁押，至迟不得超过二十四小时。到达管辖地后，应当立即将犯罪嫌疑人送看守所羁押。

第一百二十七条　除无法通知或者涉嫌危害国家安全犯罪、恐怖活动犯罪通知可能有碍侦查的情形以外，应当在拘留后二十四小时以内制作拘留通知书，通知被拘留人的家属。拘留通知书应当写明拘留原因和羁押处所。

本条规定的"无法通知"的情形适用本规定第一百一十三条第二款的规定。

有下列情形之一的，属于本条规定的"有碍侦查"：

（一）可能毁灭、伪造证据，干扰证人作证或者串供的；

（二）可能引起同案犯逃避、妨碍侦查的；

（三）犯罪嫌疑人的家属与犯罪有牵连的。

无法通知、有碍侦查的情形消失以后，应当立即通知被拘留人的家属。

对于没有在二十四小时以内通知家属的，应当在拘留通知书中注明原因。

第一百二十八条　对被拘留的人，应当在拘留后二十四小时以内进行讯问。发现不应当拘留的，应当经县级以上公安机关负责人批准，制作释放通知书，看守所凭释放通知书发给被拘留人释放证明书，将其立即释放。

第一百二十九条　对被拘留的犯罪嫌疑人，经过审查认为需要逮捕的,应当在拘留后的三日以内,提请人民检察院审查批准。在特殊情况下,经县级以上公安机关负责人批准,提请审查批准逮捕的时间可以延长一日至四日。

对流窜作案、多次作案、结伙作案的重大嫌疑分子,经县级以上公安机关负责人批准,提请审查批准逮捕的时间可以延长至三十日。

本条规定的"流窜作案",是指跨市、县管辖范围连续作案,或者在居住地作案后逃跑到外市、县继续作案;"多次作案",是指三次以上作案;"结伙作案",是指二人以上共同作案。

第一百三十条 犯罪嫌疑人不讲真实姓名、住址,身份不明的,应当对其身份进行调查。对符合逮捕条件的犯罪嫌疑人,也可以按其自报的姓名提请批准逮捕。

第一百三十一条 对被拘留的犯罪嫌疑人审查后,根据案件情况报经县级以上公安机关负责人批准,分别作出如下处理:

(一)需要逮捕的,在拘留期限内,依法办理提请批准逮捕手续;

(二)应当追究刑事责任,但不需要逮捕的,依法直接向人民检察院移送审查起诉,或者依法办理取保候审或者监视居住手续后,向人民检察院移送审查起诉;

(三)拘留期限届满,案件尚未办结,需要继续侦查的,依法办理取保候审或者监视居住手续;

(四)具有本规定第一百八十六条规定情形之一的,释放被拘留人,发给释放证明书;需要行政处理的,依法予以处理或者移送有关部门。

第一百三十二条 人民检察院决定拘留犯罪嫌疑人的,由县级以上公安机关凭人民检察院送达的决定拘留的法律文书制作拘留证并立即执行。必要时,可以请人民检察院协助。拘留后,应当及时通知人民检察院。

公安机关未能抓获犯罪嫌疑人的,应当将执行情况和未能抓获犯罪嫌疑人的原因通知作出拘留决定的人民检察院。对于犯罪嫌疑人在逃的,在人民检察院撤销拘留决定之前,公安机关应当组织力量继续执行。

第五节 逮 捕

第一百三十三条 对有证据证明有犯罪事实,可能判处徒刑以上刑罚的犯罪嫌疑人,采取取保候审尚不足以防止发生下列社会危险性的,应当提请批准逮捕:

(一)可能实施新的犯罪的;

(二)有危害国家安全、公共安全或者社会秩序的现实危险的;

(三)可能毁灭、伪造证据,干扰证人作证或者串供的;

(四)可能对被害人、举报人、控

告人实施打击报复的；

（五）企图自杀或者逃跑的。

对于有证据证明有犯罪事实，可能判处十年有期徒刑以上刑罚的，或者有证据证明有犯罪事实，可能判处徒刑以上刑罚，曾经故意犯罪或者身份不明的，应当提请批准逮捕。

公安机关在根据第一款的规定提请人民检察院审查批准逮捕时，应当对犯罪嫌疑人具有社会危险性说明理由。

第一百三十四条 有证据证明有犯罪事实，是指同时具备下列情形：

（一）有证据证明发生了犯罪事实；

（二）有证据证明该犯罪事实是犯罪嫌疑人实施的；

（三）证明犯罪嫌疑人实施犯罪行为的证据已有查证属实的。

前款规定的"犯罪事实"既可以是单一犯罪行为的事实，也可以是数个犯罪行为中任何一个犯罪行为的事实。

第一百三十五条 被取保候审人违反取保候审规定，具有下列情形之一的，可以提请批准逮捕：

（一）涉嫌故意实施新的犯罪行为的；

（二）有危害国家安全、公共安全或者社会秩序的现实危险的；

（三）实施毁灭、伪造证据或者干扰证人作证、串供行为，足以影响侦查工作正常进行的；

（四）对被害人、举报人、控告人实施打击报复的；

（五）企图自杀、逃跑，逃避侦查的；

（六）未经批准，擅自离开所居住的市、县，情节严重的，或者两次以上未经批准，擅自离开所居住的市、县的；

（七）经传讯无正当理由不到案，情节严重的，或者经两次以上传讯不到案的；

（八）违反规定进入特定场所、从事特定活动或者与特定人员会见、通信两次以上的。

第一百三十六条 被监视居住人违反监视居住规定，具有下列情形之一的，可以提请批准逮捕：

（一）涉嫌故意实施新的犯罪行为的；

（二）实施毁灭、伪造证据或者干扰证人作证、串供行为，足以影响侦查工作正常进行的；

（三）对被害人、举报人、控告人实施打击报复的；

（四）企图自杀、逃跑，逃避侦查的；

（五）未经批准，擅自离开执行监视居住的处所，情节严重的，或者两次以上未经批准，擅自离开执行监视居住的处所的；

（六）未经批准，擅自会见他人或者通信，情节严重的，或者两次以上未经批准，擅自会见他人或者通信的；

（七）经传讯无正当理由不到案，情节严重的，或者经两次以上传讯不到案的。

第一百三十七条 需要提请批准逮捕犯罪嫌疑人的，应当经县级以上公安机关负责人批准，制作提请批准逮捕书，连同案卷材料、证据，一并移送同级人民检察院审查批准。

犯罪嫌疑人自愿认罪认罚的，应当记录在案，并在提请批准逮捕书中写明有关情况。

第一百三十八条 对于人民检察院不批准逮捕并通知补充侦查的，公安机关应当按照人民检察院的补充侦查提纲补充侦查。

公安机关补充侦查完毕，认为符合逮捕条件的，应当重新提请批准逮捕。

第一百三十九条 对于人民检察院不批准逮捕而未说明理由的，公安机关可以要求人民检察院说明理由。

第一百四十条 对于人民检察院决定不批准逮捕的，公安机关在收到不批准逮捕决定书后，如果犯罪嫌疑人已被拘留的，应当立即释放，发给释放证明书，并在执行完毕后三日以内将执行回执送达作出不批准逮捕决定的人民检察院。

第一百四十一条 对人民检察院不批准逮捕的决定，认为有错误需要复议的，应当在收到不批准逮捕决定书后五日以内制作要求复议意见书，报经县级以上公安机关负责人批准后，送交同级人民检察院复议。

如果意见不被接受，认为需要复核的，应当在收到人民检察院的复议决定书后五日以内制作提请复核意见书，报经县级以上公安机关负责人批准后，连同人民检察院的复议决定书，一并提请上一级人民检察院复核。

第一百四十二条 接到人民检察院批准逮捕决定书后，应当由县级以上公安机关负责人签发逮捕证，立即执行，并在执行完毕后三日以内将执行回执送达作出批准逮捕决定的人民检察院。如果未能执行，也应当将回执送达人民检察院，并写明未能执行的原因。

第一百四十三条 执行逮捕时，必须出示逮捕证，并责令被逮捕人在逮捕证上签名、捺指印，拒绝签名、捺指印的，侦查人员应当注明。逮捕后，应当立即将被逮捕人送看守所羁押。

执行逮捕的侦查人员不得少于二人。

第一百四十四条 对被逮捕的人，必须在逮捕后的二十四小时以内进行讯问。发现不应当逮捕的，经县级以上公安机关负责人批准，制作释放通知书，送看守所和原批准逮捕的人民检察院。看守所凭释放通知书立即释放被逮捕人，并发给释放证明书。

第一百四十五条 对犯罪嫌疑人执行逮捕后，除无法通知的情形以外，应当在逮捕后二十四小时以内，制作逮捕通知书，通知被逮捕人的家属。逮捕通知书应当写明逮捕原因和羁押处所。

本条规定的"无法通知"的情形适用本规定第一百一十三条第二款的规定。

无法通知的情形消除后，应当立即通知被逮捕人的家属。

对于没有在二十四小时以内通知家属的，应当在逮捕通知书中注明原因。

第一百四十六条 人民法院、人民检察院决定逮捕犯罪嫌疑人、被告人的，由县级以上公安机关凭人民法院、人民检察院决定逮捕的法律文书制作逮捕证并立即执行。必要时，可以请人民法院、人民检察院协助执行。执行逮捕后，应当及时通知决定机关。

公安机关未能抓获犯罪嫌疑人、被告人的，应当将执行情况和未能抓获的原因通知决定逮捕的人民检察院、人民法院。对于犯罪嫌疑人、被告人在逃的，在人民检察院、人民法院撤销逮捕决定之前，公安机关应当组织力量继续执行。

第一百四十七条 人民检察院在审查批准逮捕工作中发现公安机关的侦查活动存在违法情况，通知公安机关予以纠正的，公安机关应当调查核实，对于发现的违法情况应当及时纠正，并将纠正情况书面通知人民检察院。

第六节 羁 押

第一百四十八条 对犯罪嫌疑人逮捕后的侦查羁押期限不得超过二个月。案情复杂、期限届满不能侦查终结的案件，应当制作提请批准延长侦查羁押期限意见书，经县级以上公安机关负责人批准后，在期限届满七日前送请同级人民检察院转报上一级人民检察院批准延长一个月。

第一百四十九条 下列案件在本规定第一百四十八条规定的期限届满不能侦查终结的，应当制作提请批准延长侦查羁押期限意见书，经县级以上公安机关负责人批准，在期限届满七日前送请同级人民检察院层报省、自治区、直辖市人民检察院批准，延长二个月：

（一）交通十分不便的边远地区的重大复杂案件；

（二）重大的犯罪集团案件；

（三）流窜作案的重大复杂案件；

(四)犯罪涉及面广,取证困难的重大复杂案件。

第一百五十条 对犯罪嫌疑人可能判处十年有期徒刑以上刑罚,依照本规定第一百四十九条规定的延长期限届满,仍不能侦查终结的,应当制作提请批准延长侦查羁押期限意见书,经县级以上公安机关负责人批准,在期限届满七日前送请同级人民检察院层报省、自治区、直辖市人民检察院批准,再延长二个月。

第一百五十一条 在侦查期间,发现犯罪嫌疑人另有重要罪行的,应当自发现之日起五日以内报县级以上公安机关负责人批准后,重新计算侦查羁押期限,制作变更羁押期限通知书,送达看守所,并报批准逮捕的人民检察院备案。

前款规定的"另有重要罪行",是指与逮捕时的罪行不同种的重大犯罪以及同种犯罪并将影响罪名认定、量刑档次的重大犯罪。

第一百五十二条 犯罪嫌疑人不讲真实姓名、住址,身份不明的,应当对其身份进行调查。经县级以上公安机关负责人批准,侦查羁押期限自查清其身份之日起计算,但不得停止对其犯罪行为的侦查取证。

对于犯罪事实清楚,证据确实、充分,确实无法查明其身份的,按其自报的姓名移送人民检察院审查起诉。

第一百五十三条 看守所应当凭公安机关签发的拘留证、逮捕证收押被拘留、逮捕的犯罪嫌疑人、被告人。犯罪嫌疑人、被告人被送至看守所羁押时,看守所应当在拘留证、逮捕证上注明犯罪嫌疑人、被告人到达看守所的时间。

查获被通缉、脱逃的犯罪嫌疑人以及执行追捕、押解任务需要临时寄押的,应当持通缉令或者其他有关法律文书并经寄押地县级以上公安机关负责人批准,送看守所寄押。

临时寄押的犯罪嫌疑人出所时,看守所应当出具羁押该犯罪嫌疑人的证明,载明该犯罪嫌疑人基本情况、羁押原因、入所和出所时间。

第一百五十四条 看守所收押犯罪嫌疑人、被告人和罪犯,应当进行健康和体表检查,并予以记录。

第一百五十五条 看守所收押犯罪嫌疑人、被告人和罪犯,应当对其人身和携带的物品进行安全检查。发现违禁物品、犯罪证据和可疑物品,应当制作笔录,由被羁押人签名、捺指印后,送办案机关处理。

对女性的人身检查,应当由女工作人员进行。

第七节 其他规定

第一百五十六条 继续盘问期间发现需要对犯罪嫌疑人拘留、逮捕、取保候审或者监视居住的,应当立即办理法律手续。

第一百五十七条　对犯罪嫌疑人执行拘传、拘留、逮捕、押解过程中,应当依法使用约束性警械。遇有暴力性对抗或者暴力犯罪行为,可以依法使用制服性警械或者武器。

第一百五十八条　公安机关发现对犯罪嫌疑人采取强制措施不当的,应当及时撤销或者变更。犯罪嫌疑人在押的,应当及时释放。公安机关释放被逮捕的人或者变更逮捕措施的,应当通知批准逮捕的人民检察院。

第一百五十九条　犯罪嫌疑人被逮捕后,人民检察院经审查认为不需要继续羁押,建议予以释放或者变更强制措施的,公安机关应当予以调查核实。认为不需要继续羁押的,应当予以释放或者变更强制措施;认为需要继续羁押的,应当说明理由。

公安机关应当在十日以内将处理情况通知人民检察院。

第一百六十条　犯罪嫌疑人及其法定代理人、近亲属或者辩护人有权申请变更强制措施。公安机关应当在收到申请后三日以内作出决定;不同意变更强制措施的,应当告知申请人,并说明理由。

第一百六十一条　公安机关对被采取强制措施法定期限届满的犯罪嫌疑人,应当予以释放,解除取保候审、监视居住或者依法变更强制措施。

犯罪嫌疑人及其法定代理人、近亲属或者辩护人对于公安机关采取强制措施法定期限届满的,有权要求公安机关解除强制措施。公安机关应当进行审查,对于情况属实的,应当立即解除或者变更强制措施。

对于犯罪嫌疑人、被告人羁押期限即将届满的,看守所应当立即通知办案机关。

第一百六十二条　取保候审变更为监视居住的,取保候审、监视居住变更为拘留、逮捕的,对原强制措施不再办理解除法律手续。

第一百六十三条　案件在取保候审、监视居住期间移送审查起诉后,人民检察院决定重新取保候审、监视居住或者变更强制措施的,对原强制措施不再办理解除法律手续。

第一百六十四条　公安机关依法对县级以上各级人民代表大会代表拘传、取保候审、监视居住、拘留或者提请批准逮捕的,应当书面报请该代表所属的人民代表大会主席团或者常务委员会许可。

第一百六十五条　公安机关对现行犯拘留的时候,发现其是县级以上人民代表大会代表的,应当立即向其所属的人民代表大会主席团或者常务委员会报告。

公安机关在依法执行拘传、取保

候审、监视居住、拘留或者逮捕中,发现被执行人是县级以上人民代表大会代表的,应当暂缓执行,并报告决定或者批准机关。如果在执行后发现被执行人是县级以上人民代表大会代表的,应当立即解除,并报告决定或者批准机关。

第一百六十六条 公安机关依法对乡、民族乡、镇的人民代表大会代表拘传、取保候审、监视居住、拘留或者执行逮捕的,应当在执行后立即报告其所属的人民代表大会。

第一百六十七条 公安机关依法对政治协商委员会委员拘传、取保候审、监视居住的,应当将有关情况通报给该委员所属的政协组织。

第一百六十八条 公安机关依法对政治协商委员会委员执行拘留、逮捕前,应当向该委员所属的政协组织通报情况;情况紧急的,可在执行的同时或者执行以后及时通报。

第七章 立案、撤案

第一节 受案

第一百六十九条 公安机关对于公民扭送、报案、控告、举报或者犯罪嫌疑人自动投案的,都应当立即接受,问明情况,并制作笔录,经核对无误后,由扭送人、报案人、控告人、举报人、投案人签名、捺指印。必要时,应当对接受过程录音录像。

第一百七十条 公安机关对扭送人、报案人、控告人、举报人、投案人提供的有关证据材料等应当登记,制作接受证据材料清单,由扭送人、报案人、控告人、举报人、投案人签名,并妥善保管。必要时,应当拍照或者录音录像。

第一百七十一条 公安机关接受案件时,应当制作受案登记表和受案回执,并将受案回执交扭送人、报案人、控告人、举报人。扭送人、报案人、控告人、举报人无法取得联系或者拒绝接受回执的,应当在回执中注明。

第一百七十二条 公安机关接受控告、举报的工作人员,应当向控告人、举报人说明诬告应负的法律责任。但是,只要不是捏造事实、伪造证据,即使控告、举报的事实有出入,甚至是错误的,也要和诬告严格加以区别。

第一百七十三条 公安机关应当保障扭送人、报案人、控告人、举报人及其近亲属的安全。

扭送人、报案人、控告人、举报人如果不愿意公开自己的身份,应当为其保守秘密,并在材料中注明。

第一百七十四条 对接受的案件,或者发现的犯罪线索,公安机关应当迅速进行审查。发现案件事实或者线索不明的,必要时,经办案部门负责人批准,可以进行调查核实。

调查核实过程中,公安机关可以依照有关法律和规定采取询问、查询、勘验、鉴定和调取证据材料等不限制被调查对象人身、财产权利的措施。但是,不得对被调查对象采取强制措施,不得查封、扣押、冻结被调查对象的财产,不得采取技术侦查措施。

第一百七十五条 经过审查,认为有犯罪事实,但不属于自己管辖的案件,应当立即报经县级以上公安机关负责人批准,制作移送案件通知书,在二十四小时以内移送有管辖权的机关处理,并告知扭送人、报案人、控告人、举报人。对于不属于自己管辖而又必须采取紧急措施的,应当先采取紧急措施,然后办理手续,移送主管机关。

对不属于公安机关职责范围的事项,在接报案时能够当场判断的,应当立即口头告知扭送人、报案人、控告人、举报人向其他主管机关报案。

对于重复报案、案件正在办理或者已经办结的,应当向扭送人、报案人、控告人、举报人作出解释,不再登记,但有新的事实或者证据的除外。

第一百七十六条 经过审查,对告诉才处理的案件,公安机关应当告知当事人向人民法院起诉。

对被害人有证据证明的轻微刑事案件,公安机关应当告知被害人可以向人民法院起诉;被害人要求公安机关处理的,公安机关应当依法受理。

人民法院审理自诉案件,依法调取公安机关已经收集的案件材料和有关证据的,公安机关应当及时移交。

第一百七十七条 经过审查,对于不够刑事处罚需要给予行政处理的,依法予以处理或者移送有关部门。

第二节 立 案

第一百七十八条 公安机关接受案件后,经审查,认为有犯罪事实需要追究刑事责任,且属于自己管辖的,经县级以上公安机关负责人批准,予以立案;认为没有犯罪事实,或者犯罪事实显著轻微不需要追究刑事责任,或者具有其他依法不追究刑事责任情形的,经县级以上公安机关负责人批准,不予立案。

对有控告人的案件,决定不予立案的,公安机关应当制作不予立案通知书,并在三日以内送达控告人。

决定不予立案后又发现新的事实或者证据,或者发现原认定事实错误,需要追究刑事责任的,应当及时立案处理。

第一百七十九条 控告人对不予立案决定不服的,可以在收到不予立案通知书后七日以内向作出决定的公安机关申请复议;公安机关应当在收到复议申请后三十日以内作出决定,并将决定书送达控告人。

控告人对不予立案的复议决定不服的,可以在收到复议决定书后七日以内向上一级公安机关申请复核;上一级公安机关应当在收到复核申请后三十日以内作出决定。对上级公安机关撤销不予立案决定的,下级公安机关应当执行。

案情重大、复杂的,公安机关可以延长复议、复核时限,但是延长时限不得超过三十日,并书面告知申请人。

第一百八十条 对行政执法机关移送的案件,公安机关应当自接受案件之日起三日以内进行审查,认为有犯罪事实,需要追究刑事责任,依法决定立案的,应当书面通知移送案件的行政执法机关;认为没有犯罪事实,或者犯罪事实显著轻微,不需要追究刑事责任,依法不予立案的,应当说明理由,并将不予立案通知书送达移送案件的行政执法机关,相应退回案件材料。

公安机关认为行政执法机关移送的案件材料不全的,应当在接受案件后二十四小时以内通知移送案件的行政执法机关在三日以内补正,但不得以材料不全为由不接受移送案件。

公安机关认为行政执法机关移送的案件不属于公安机关职责范围的,应当书面通知移送案件的行政执法机关向其他主管机关移送案件,并说明理由。

第一百八十一条 移送案件的行政执法机关对不予立案决定不服的,可以在收到不予立案通知书后三日以内向作出决定的公安机关申请复议;公安机关应当在收到行政执法机关的复议申请后三日以内作出决定,并书面通知移送案件的行政执法机关。

第一百八十二条 对人民检察院要求说明不立案理由的案件,公安机关应当在收到通知书后七日以内,对不立案的情况、依据和理由作出书面说明,回复人民检察院。公安机关作出立案决定的,应当将立案决定书复印件送达人民检察院。

人民检察院通知公安机关立案的,公安机关应当在收到通知书后十五日以内立案,并将立案决定书复印件送达人民检察院。

第一百八十三条 人民检察院认为公安机关不应当立案而立案,提出纠正意见的,公安机关应当进行调查核实,并将有关情况回复人民检察院。

第一百八十四条 经立案侦查,认为有犯罪事实需要追究刑事责任,但不属于自己管辖或者需要由其他公安机关并案侦查的案件,经县级以上公安机关负责人批准,制作移送案件通知书,移送有管辖权的机关或者并案侦查的公安机关,并在移送案件后三日以内书面通知扭送人、报案人、控告人、举报人或者移送案件的行政执法机关;犯罪嫌疑人已经到案的,应当依照本规定的有关规定通知其家属。

第一百八十五条 案件变更管辖或者移送其他公安机关并案侦查时,与案件有关的法律文书、证据、财物及其孳息等应当随案移交。

移交时,由接收人、移交人当面查点清楚,并在交接单据上共同签名。

第三节 撤 案

第一百八十六条 经过侦查,发现具有下列情形之一的,应当撤销案件:

(一)没有犯罪事实的;

(二)情节显著轻微、危害不大,不认为是犯罪的;

(三)犯罪已过追诉时效期限的;

(四)经特赦令免除刑罚的;

(五)犯罪嫌疑人死亡的;

(六)其他依法不追究刑事责任的。

对于经过侦查,发现有犯罪事实需要追究刑事责任,但不是被立案侦查的犯罪嫌疑人实施的,或者共同犯罪案件中部分犯罪嫌疑人不够刑事处罚的,应当对有关犯罪嫌疑人终止侦查,并对该案件继续侦查。

第一百八十七条 需要撤销案件或者对犯罪嫌疑人终止侦查的,办案部门应当制作撤销案件或者终止侦查报告书,报县级以上公安机关负责人批准。

公安机关决定撤销案件或者对犯罪嫌疑人终止侦查时,原犯罪嫌疑人在押的,应当立即释放,发给释放证明书。原犯罪嫌疑人被逮捕的,应当通知原批准逮捕的人民检察院。对原犯罪嫌疑人采取其他强制措施的,应当立即解除强制措施;需要行政处理的,依法予以处理或者移交有关部门。

对查封、扣押的财物及其孳息、文件,或者冻结的财产,除按照法律和有关规定另行处理的以外,应当解除查封、扣押、冻结,并及时返还或者通知当事人。

第一百八十八条 犯罪嫌疑人自愿如实供述涉嫌犯罪的事实,有重大立功或者案件涉及国家重大利益,需要撤销案件的,应当层报公安部,由公安部商请最高人民检察院核准后撤销案件。报请撤销案件的公安机关应当同时将相关情况通报同级人民检察院。

公安机关根据前款规定撤销案件的,应当对查封、扣押、冻结的财物及其孳息作出处理。

第一百八十九条 公安机关作出撤销案件决定后,应当在三日以内告知原犯罪嫌疑人、被害人或者其近亲属、法定代理人以及案件移送机关。

公安机关作出终止侦查决定

后,应当在三日以内告知原犯罪嫌疑人。

第一百九十条 公安机关撤销案件以后又发现新的事实或者证据,或者发现原认定事实错误,认为有犯罪事实需要追究刑事责任的,应当重新立案侦查。

对犯罪嫌疑人终止侦查后又发现新的事实或者证据,或者发现原认定事实错误,需要对其追究刑事责任的,应当继续侦查。

第八章 侦 查

第一节 一般规定

第一百九十一条 公安机关对已经立案的刑事案件,应当及时进行侦查,全面、客观地收集、调取犯罪嫌疑人有罪或者无罪、罪轻或者罪重的证据材料。

第一百九十二条 公安机关经过侦查,对有证据证明有犯罪事实的案件,应当进行预审,对收集、调取的证据材料的真实性、合法性、关联性及证明力予以审查、核实。

第一百九十三条 公安机关侦查犯罪,应当严格依照法律规定的条件和程序采取强制措施和侦查措施,严禁在没有证据的情况下,仅凭怀疑就对犯罪嫌疑人采取强制措施和侦查措施。

第一百九十四条 公安机关开展勘验、检查、搜查、辨认、查封、扣押等侦查活动,应当邀请有关公民作为见证人。

下列人员不得担任侦查活动的见证人:

(一)生理上、精神上有缺陷或者年幼,不具有相应辨别能力或者不能正确表达的人;

(二)与案件有利害关系,可能影响案件公正处理的人;

(三)公安机关的工作人员或者其聘用的人员。

确因客观原因无法由符合条件的人员担任见证人的,应当对有关侦查活动进行全程录音录像,并在笔录中注明有关情况。

第一百九十五条 公安机关侦查犯罪,涉及国家秘密、商业秘密、个人隐私的,应当保密。

第一百九十六条 当事人和辩护人、诉讼代理人、利害关系人对于公安机关及其侦查人员有下列行为之一的,有权向该机关申诉或者控告:

(一)采取强制措施法定期限届满,不予以释放、解除或者变更的;

(二)应当退还取保候审保证金不退还的;

(三)对与案件无关的财物采取查封、扣押、冻结措施的;

(四)应当解除查封、扣押、冻结不解除的;

(五)贪污、挪用、私分、调换、违反规定使用查封、扣押、冻结的财物的。

受理申诉或者控告的公安机关应当及时进行调查核实,并在收到申诉、控告之日起三十日以内作出处理决定,书面回复申诉人、控告人。发现公安机关及其侦查人员有上述行为之一的,应当立即纠正。

第一百九十七条 上级公安机关发现下级公安机关存在本规定第一百九十六条第一款规定的违法行为或者对申诉、控告事项不按照规定处理的,应当责令下级公安机关限期纠正,下级公安机关应当立即执行。必要时,上级公安机关可以就申诉、控告事项直接作出处理决定。

第二节 讯问犯罪嫌疑人

第一百九十八条 讯问犯罪嫌疑人,除下列情形以外,应当在公安机关执法办案场所的讯问室进行:

(一)紧急情况下在现场进行讯问的;

(二)对有严重伤病或者残疾、行动不便,以及正在怀孕的犯罪嫌疑人,在其住处或者就诊的医疗机构进行讯问的。

对已送交看守所羁押的犯罪嫌疑人,应当在看守所讯问室进行讯问。

对正在被执行行政拘留、强制隔离戒毒的人员以及正在监狱服刑的罪犯,可以在其执行场所进行讯问。

对于不需要拘留、逮捕的犯罪嫌疑人,经办案部门负责人批准,可以传唤到犯罪嫌疑人所在市、县公安机关执法办案场所或者到他的住处进行讯问。

第一百九十九条 传唤犯罪嫌疑人时,应当出示传唤证和侦查人员的人民警察证,并责令其在传唤证上签名、捺指印。

犯罪嫌疑人到案后,应当由其在传唤证上填写到案时间。传唤结束时,应当由其在传唤证上填写传唤结束时间。犯罪嫌疑人拒绝填写的,侦查人员应当在传唤证上注明。

对在现场发现的犯罪嫌疑人,侦查人员经出示人民警察证,可以口头传唤,并将传唤的原因和依据告知被传唤人。在讯问笔录中应当注明犯罪嫌疑人到案方式,并由犯罪嫌疑人注明到案时间和传唤结束时间。

对自动投案或者群众扭送到公安机关的犯罪嫌疑人,可以依法传唤。

第二百条 传唤持续的时间不得超过十二小时。案情特别重大、复杂,需要采取拘留、逮捕措施的,经办案部门负责人批准,传唤持续的时间不得超过二十四小时。不得以连续传唤的形式变相拘禁犯罪嫌疑人。

传唤期限届满,未作出采取其他

强制措施决定的,应当立即结束传唤。

第二百零一条　传唤、拘传、讯问犯罪嫌疑人,应当保证犯罪嫌疑人的饮食和必要的休息时间,并记录在案。

第二百零二条　讯问犯罪嫌疑人,必须由侦查人员进行。讯问的时候,侦查人员不得少于二人。

讯问同案的犯罪嫌疑人,应当个别进行。

第二百零三条　侦查人员讯问犯罪嫌疑人时,应当首先讯问犯罪嫌疑人是否有犯罪行为,并告知犯罪嫌疑人享有的诉讼权利,如实供述自己罪行可以从宽处理以及认罪认罚的法律规定,让他陈述有罪的情节或者无罪的辩解,然后向他提出问题。

犯罪嫌疑人对侦查人员的提问,应当如实回答。但是对与本案无关的问题,有拒绝回答的权利。

第一次讯问,应当问明犯罪嫌疑人的姓名、别名、曾用名、出生年月日、户籍所在地、现住地、籍贯、出生地、民族、职业、文化程度、政治面貌、工作单位、家庭情况、社会经历,是否属于人大代表、政协委员,是否受过刑事处罚或者行政处理等情况。

第二百零四条　讯问聋、哑的犯罪嫌疑人,应当有通晓聋、哑手势的人参加,并在讯问笔录上注明犯罪嫌疑人的聋、哑情况,以及翻译人员的姓名、工作单位和职业。

讯问不通晓当地语言文字的犯罪嫌疑人,应当配备翻译人员。

第二百零五条　侦查人员应当将问话和犯罪嫌疑人的供述或者辩解如实地记录清楚。制作讯问笔录应当使用能够长期保持字迹的材料。

第二百零六条　讯问笔录应当交犯罪嫌疑人核对;对于没有阅读能力的,应当向他宣读。如果记录有遗漏或者差错,应当允许犯罪嫌疑人补充或者更正,并捺指印。笔录经犯罪嫌疑人核对无误后,应当由其在笔录上逐页签名、捺指印,并在末页写明"以上笔录我看过(或向我宣读过)",和我说的相符"。拒绝签名、捺指印的,侦查人员应当在笔录上注明。

讯问笔录上所列项目,应当按照规定填写齐全。侦查人员、翻译人员应当在讯问笔录上签名。

第二百零七条　犯罪嫌疑人请求自行书写供述的,应当准许;必要时,侦查人员也可以要求犯罪嫌疑人亲笔书写供词。犯罪嫌疑人应当在亲笔供词上逐页签名、捺指印。侦查人员收到后,应当在首页右上方写明"于某年某月某日收到",并签名。

第二百零八条　讯问犯罪嫌疑人,在文字记录的同时,可以对讯问过程进行录音录像。对于可能判处无期徒刑、死刑的案件或者其他重大犯罪案件,应当对讯问过程进行录音录像。

前款规定的"可能判处无期徒刑、死刑的案件",是指应当适用的法定刑或者量刑档次包含无期徒刑、死刑的案件。"其他重大犯罪案件",是指致人重伤、死亡的严重危害公共安全犯罪、严重侵犯公民人身权利犯罪,以及黑社会性质组织犯罪、严重毒品犯罪等重大故意犯罪案件。

对讯问过程录音录像的,应当对每一次讯问全程不间断进行,保持完整性。不得选择性地录制,不得剪接、删改。

第二百零九条 对犯罪嫌疑人供述的犯罪事实、无罪或者罪轻的事实、申辩和反证,以及犯罪嫌疑人提供的证明自己无罪、罪轻的证据,公安机关应当认真核查;对有关证据,无论是否采信,都应当如实记录、妥善保管,并连同核查情况附卷。

第三节 询问证人、被害人

第二百一十条 询问证人、被害人,可以在现场进行,也可以到证人、被害人所在单位、住处或者证人、被害人提出的地点进行。在必要的时候,可以书面、电话或者当场通知证人、被害人到公安机关提供证言。

询问证人、被害人应当个别进行。

在现场询问证人、被害人,侦查人员应当出示人民警察证。到证人、被害人所在单位、住处或者证人、被害人提出的地点询问证人、被害人,应当经办案部门负责人批准,制作询问通知书。询问前,侦查人员应当出示询问通知书和人民警察证。

第二百一十一条 询问前,应当了解证人、被害人的身份,证人、被害人、犯罪嫌疑人之间的关系。询问时,应当告知证人、被害人必须如实地提供证据、证言和有意作伪证或者隐匿罪证应负的法律责任。

侦查人员不得向证人、被害人泄露案情或者表示对案件的看法,严禁采用暴力、威胁等非法方法询问证人、被害人。

第二百一十二条 本规定第二百零六条、第二百零七条的规定,也适用于询问证人、被害人。

第四节 勘验、检查

第二百一十三条 侦查人员对于与犯罪有关的场所、物品、人身、尸体应当进行勘验或者检查,及时提取、采集与案件有关的痕迹、物证、生物样本等。在必要的时候,可以指派或者聘请具有专门知识的人,在侦查人员的主持下进行勘验、检查。

第二百一十四条 发案地派出所、巡警等部门应当妥善保护犯罪现场和证据,控制犯罪嫌疑人,并立即报告公安机关主管部门。

执行勘查的侦查人员接到通知

后,应当立即赶赴现场;勘查现场,应当持有刑事犯罪现场勘查证。

第二百一十五条 公安机关对案件现场进行勘查,侦查人员不得少于二人。

第二百一十六条 勘查现场,应当拍摄现场照片、绘制现场图、制作笔录,由参加勘查的人和见证人签名。对重大案件的现场勘查,应当录音录像。

第二百一十七条 为了确定被害人、犯罪嫌疑人的某些特征、伤害情况或者生理状态,可以对人身进行检查,依法提取、采集肖像、指纹等人体生物识别信息,采集血液、尿液等生物样本。被害人死亡的,应当通过被害人近亲属辨认、提取生物样本鉴定等方式确定被害人身份。

犯罪嫌疑人拒绝检查、提取、采集的,侦查人员认为必要的时候,经办案部门负责人批准,可以强制检查、提取、采集。

检查妇女的身体,应当由女工作人员或者医师进行。

检查的情况应当制作笔录,由参加检查的侦查人员、检查人员、被检查人员和见证人签名。被检查人员拒绝签名的,侦查人员应当在笔录中注明。

第二百一十八条 为了确定死因,经县级以上公安机关负责人批准,可以解剖尸体,并且通知死者家属到场,让其在解剖尸体通知书上签名。

死者家属无正当理由拒不到场或者拒绝签名的,侦查人员应当在解剖尸体通知书上注明。对身份不明的尸体,无法通知死者家属的,应当在笔录中注明。

第二百一十九条 对已查明死因,没有继续保存必要的尸体,应当通知家属领回处理,对于无法通知或者通知后家属拒绝领回的,经县级以上公安机关负责人批准,可以及时处理。

第二百二十条 公安机关进行勘验、检查后,人民检察院要求复验、复查的,公安机关应当进行复验、复查,并可以通知人民检察院派员参加。

第二百二十一条 为了查明案情,在必要的时候,经县级以上公安机关负责人批准,可以进行侦查实验。

进行侦查实验,应当全程录音录像,并制作侦查实验笔录,由参加实验的人签名。

进行侦查实验,禁止一切足以造成危险、侮辱人格或者有伤风化的行为。

第五节 搜 查

第二百二十二条 为了收集犯罪证据、查获犯罪人,经县级以上公安机关负责人批准,侦查人员可以对犯罪嫌疑人以及可能隐藏罪犯或者犯罪证据的人的身体、物品、住处和其他有关的地方进行搜查。

第二百二十三条 进行搜查,必须向被搜查人出示搜查证,执行搜查的侦查人员不得少于二人。

第二百二十四条 执行拘留、逮捕的时候,遇有下列紧急情况之一的,不用搜查证也可以进行搜查:

(一)可能随身携带凶器的;

(二)可能隐藏爆炸、剧毒等危险物品的;

(三)可能隐匿、毁弃、转移犯罪证据的;

(四)可能隐匿其他犯罪嫌疑人的;

(五)其他突然发生的紧急情况。

第二百二十五条 进行搜查时,应当有被搜查人或者他的家属、邻居或者其他见证人在场。

公安机关可以要求有关单位和个人交出可以证明犯罪嫌疑人有罪或者无罪的物证、书证、视听资料等证据。遇到阻碍搜查的,侦查人员可以强制搜查。

搜查妇女的身体,应当由女工作人员进行。

第二百二十六条 搜查的情况应当制作笔录,由侦查人员和被搜查人或者他的家属,邻居或者其他见证人签名。

如果被搜查人拒绝签名,或者被搜查人在逃,他的家属拒绝签名或者不在场的,侦查人员应当在笔录中注明。

第六节 查封、扣押

第二百二十七条 在侦查活动中发现的可用以证明犯罪嫌疑人有罪或者无罪的各种财物、文件,应当查封、扣押;但与案件无关的财物、文件,不得查封、扣押。

持有人拒绝交出应当查封、扣押的财物、文件的,公安机关可以强制查封、扣押。

第二百二十八条 在侦查过程中需要扣押财物、文件的,应当经办案部门负责人批准,制作扣押决定书;在现场勘查或者搜查中需要扣押财物、文件的,由现场指挥人员决定;但扣押财物、文件价值较高或者可能严重影响正常生产经营的,应当经县级以上公安机关负责人批准,制作扣押决定书。

在侦查过程中需要查封土地、房屋等不动产,或者船舶、航空器以及其他不宜移动的大型机器、设备等特定动产的,应当经县级以上公安机关负责人批准并制作查封决定书。

第二百二十九条 执行查封、扣押的侦查人员不得少于二人,并出示本规定第二百二十八条规定的有关法律文书。

查封、扣押的情况应当制作笔录,由侦查人员、持有人和见证人签名。对于无法确定持有人或者持有人拒绝签名的,侦查人员应当在笔录中注明。

第二百三十条 对查封、扣押的财物和文件,应当会同在场见证人和被查封、扣押财物、文件的持有人查点清楚,当场开列查封、扣押清单一式三份,写明财物或者文件的名称、编号、数量、特征及其来源等,由侦查人员、持有人和见证人签名,一份交给持有人,一份交给公安机关保管人员,一份附卷备查。

对于财物、文件的持有人无法确定,以及持有人不在现场或者拒绝签名的,侦查人员应当在清单中注明。

依法扣押文物、贵金属、珠宝、字画等贵重财物的,应当拍照或者录音录像,并及时鉴定、估价。

执行查封、扣押时,应当为犯罪嫌疑人及其所扶养的亲属保留必需的生活费用和物品。能够保证侦查活动正常进行的,可以允许有关当事人继续合理使用有关涉案财物,但应当采取必要的保值、保管措施。

第二百三十一条 对作为犯罪证据但不便提取或者没有必要提取的财物、文件,经登记、拍照或者录音录像、估价后,可以交财物、文件持有人保管或者封存,并且开具登记保存清单一式两份,由侦查人员、持有人和见证人签名,一份交给财物、文件持有人,另一份连同照片或者录音录像资料附卷备查。财物、文件持有人应当妥善保管,不得转移、变卖、毁损。

第二百三十二条 扣押犯罪嫌疑人的邮件、电子邮件、电报,应当经县级以上公安机关负责人批准,制作扣押邮件、电报通知书,通知邮电部门或者网络服务单位检交扣押。

不需要继续扣押的时候,应当经县级以上公安机关负责人批准,制作解除扣押邮件、电报通知书,立即通知邮电部门或者网络服务单位。

第二百三十三条 对查封、扣押的财物、文件、邮件、电子邮件、电报,经查明确实与案件无关的,应当在三日以内解除查封、扣押,退还原主或者原邮电部门、网络服务单位;原主不明确的,应当采取公告方式告知原主认领。在通知原主或者公告后六个月以内,无人认领的,按照无主财物处理,登记后上缴国库。

第二百三十四条 有关犯罪事实查证属实后,对于有证据证明权属明确且无争议的被害人合法财产及其孳息,且返还不损害其他被害人或者利害关系人的利益,不影响案件正常办理的,应当在登记、拍照或者录音录像和估价后,报经县级以上公安机关负责人批准,开具发还清单返还,并在案卷材料中注明返还的理由,将原物照片、发还清单和被害人的领取手续存卷备查。

领取人应当是涉案财物的合法权利人或者其委托的人；委托他人领取的，应当出具委托书。侦查人员或者公安机关其他工作人员不得代为领取。

查找不到被害人，或者通知被害人后，无人领取的，应当将有关财产及其孳息随案移送。

第二百三十五条 对查封、扣押的财物及其孳息、文件，公安机关应当妥善保管，以供核查。任何单位和个人不得违规使用、调换、损毁或者自行处理。

县级以上公安机关应当指定一个内设部门作为涉案财物管理部门，负责对涉案财物实行统一管理，并设立或者指定专门保管场所，对涉案财物进行集中保管。

对价值较低、易于保管，或者需要作为证据继续使用，以及需要先行返还被害人的涉案财物，可以由办案部门设置专门的场所进行保管。办案部门应当指定不承担办案工作的民警负责本部门涉案财物的接收、保管、移交等管理工作；严禁由侦查人员自行保管涉案财物。

第二百三十六条 在侦查期间，对于易损毁、灭失、腐烂、变质而不宜长期保存，或者难以保管的物品，经县级以上公安机关主要负责人批准，可以在拍照或者录音录像后委托有关部门变卖、拍卖，变卖、拍卖的价款暂予保存，待诉讼终结后一并处理。

对于违禁品，应当依照国家有关规定处理；需要作为证据使用的，应当在诉讼终结后处理。

第七节 查询、冻结

第二百三十七条 公安机关根据侦查犯罪的需要，可以依照规定查询、冻结犯罪嫌疑人的存款、汇款、证券交易结算资金、期货保证金等资金，债券、股票、基金份额和其他证券，以及股权、保单权益和其他投资权益等财产，并可以要求有关单位和个人配合。

对于前款规定的财产，不得划转、转账或者以其他方式变相扣押。

第二百三十八条 向金融机构等单位查询犯罪嫌疑人的存款、汇款、证券交易结算资金、期货保证金等资金，债券、股票、基金份额和其他证券，以及股权、保单权益和其他投资权益等财产，应当经县级以上公安机关负责人批准，制作协助查询财产通知书，通知金融机构等单位协助办理。

第二百三十九条 需要冻结犯罪嫌疑人财产的，应当经县级以上公安机关负责人批准，制作协助冻结财产通知书，明确冻结财产的账户名称、账户号码、冻结数额、冻结期限、冻结范围以及是否及于孳息等事项，通知金融机构等单位协助办理。

冻结股权、保单权益的,应当经设区的市一级以上公安机关负责人批准。

冻结上市公司股权的,应当经省级以上公安机关负责人批准。

第二百四十条 需要延长冻结期限的,应当按照原批准权限和程序,在冻结期限届满前办理继续冻结手续。逾期不办理继续冻结手续的,视为自动解除冻结。

第二百四十一条 不需要继续冻结犯罪嫌疑人财产时,应当经原批准冻结的公安机关负责人批准,制作协助解除冻结财产通知书,通知金融机构等单位协助办理。

第二百四十二条 犯罪嫌疑人的财产已被冻结的,不得重复冻结,但可以轮候冻结。

第二百四十三条 冻结存款、汇款、证券交易结算资金、期货保证金等财产的期限为六个月。每次续冻期限最长不得超过六个月。

对于重大、复杂案件,经设区的市一级以上公安机关负责人批准,冻结存款、汇款、证券交易结算资金、期货保证金等财产的期限可以为一年。每次续冻期限最长不得超过一年。

第二百四十四条 冻结债券、股票、基金份额等证券的期限为二年。每次续冻期限最长不得超过二年。

第二百四十五条 冻结股权、保单权益或者投资权益的期限为六个月。每次续冻期限最长不得超过六个月。

第二百四十六条 对冻结的债券、股票、基金份额等财产,应当告知当事人或者其法定代理人、委托代理人有权申请出售。

权利人书面申请出售被冻结的债券、股票、基金份额等财产,不损害国家利益、被害人、其他权利人利益,不影响诉讼正常进行的,以及冻结的汇票、本票、支票的有效期即将届满的,经县级以上公安机关负责人批准,可以依法出售或者变现,所得价款应当继续冻结在其对应的银行账户中;没有对应的银行账户的,所得价款由公安机关在银行指定专门账户保管,并及时告知当事人或者其近亲属。

第二百四十七条 对冻结的财产,经查明确实与案件无关的,应当在三日以内通知金融机构等单位解除冻结,并通知被冻结财产的所有人。

第八节 鉴 定

第二百四十八条 为了查明案情,解决案件中某些专门性问题,应当指派、聘请有专门知识的人进行鉴定。

需要聘请有专门知识的人进行鉴定,应当经县级以上公安机关负责人批准后,制作鉴定聘请书。

第二百四十九条 公安机关应当为鉴定人进行鉴定提供必要的条件,及时向鉴定人送交有关检材和对比样本等原始材料,介绍与鉴定有关的情况,并且明确提出要求鉴定解决的问题。

禁止暗示或者强迫鉴定人作出某种鉴定意见。

第二百五十条 侦查人员应当做好检材的保管和送检工作,并注明检材送检环节的责任人,确保检材在流转环节中的同一性和不被污染。

第二百五十一条 鉴定人应当按照鉴定规则,运用科学方法独立进行鉴定。鉴定后,应当出具鉴定意见,并在鉴定意见书上签名,同时附上鉴定机构和鉴定人的资质证明或者其他证明文件。

多人参加鉴定,鉴定人有不同意见,应当注明。

第二百五十二条 对鉴定意见,侦查人员应当进行审查。

对经审查作为证据使用的鉴定意见,公安机关应当及时告知犯罪嫌疑人、被害人或者其法定代理人。

第二百五十三条 犯罪嫌疑人、被害人对鉴定意见有异议提出申请,以及办案部门或者侦查人员对鉴定意见有疑义的,可以将鉴定意见送交其他有专门知识的人员提出意见。必要时,询问鉴定人并制作笔录附卷。

第二百五十四条 经审查,发现有下列情形之一的,经县级以上公安机关负责人批准,应当补充鉴定:

(一)鉴定内容有明显遗漏的;

(二)发现新的有鉴定意义的证物的;

(三)对鉴定证物有新的鉴定要求的;

(四)鉴定意见不完整,委托事项无法确定的;

(五)其他需要补充鉴定的情形。

经审查,不符合上述情形的,经县级以上公安机关负责人批准,作出不准予补充鉴定的决定,并在作出决定后三日以内书面通知申请人。

第二百五十五条 经审查,发现有下列情形之一的,经县级以上公安机关负责人批准,应当重新鉴定:

(一)鉴定程序违法或者违反相关专业技术要求的;

(二)鉴定机构、鉴定人不具备鉴定资质和条件的;

(三)鉴定人故意作虚假鉴定或者违反回避规定的;

(四)鉴定意见依据明显不足的;

(五)检材虚假或者被损坏的;

(六)其他应当重新鉴定的情形。

重新鉴定,应当另行指派或者聘请鉴定人。

经审查,不符合上述情形的,经县级以上公安机关负责人批准,作出不准予重新鉴定的决定,并在作出决定后三日以内书面通知申请人。

第二百五十六条 公诉人、当事人或者辩护人、诉讼代理人对鉴定意见有异议,经人民法院依法通知的,公安机关鉴定人应当出庭作证。

鉴定人故意作虚假鉴定的,应当依法追究其法律责任。

第二百五十七条 对犯罪嫌疑人作精神病鉴定的时间不计入办案期限,其他鉴定时间都应当计入办案期限。

第九节 辨 认

第二百五十八条 为了查明案情,在必要的时候,侦查人员可以让被害人、证人或者犯罪嫌疑人对与犯罪有关的物品、文件、尸体、场所或者犯罪嫌疑人进行辨认。

第二百五十九条 辨认应当在侦查人员的主持下进行。主持辨认的侦查人员不得少于二人。

几名辨认人对同一辨认对象进行辨认时,应当由辨认人个别进行。

第二百六十条 辨认时,应当将辨认对象混杂在特征相类似的其他对象中,不得在辨认前向辨认人展示辨认对象及其影像资料,不得给辨认人任何暗示。

辨认犯罪嫌疑人时,被辨认的人数不得少于七人;对犯罪嫌疑人照片进行辨认的,不得少于十人的照片。

辨认物品时,混杂的同类物品不得少于五件;对物品的照片进行辨认的,不得少于十个物品的照片。

对场所、尸体等特定辨认对象进行辨认,或者辨认人能够准确描述物品独有特征的,陪衬物不受数量的限制。

第二百六十一条 对犯罪嫌疑人的辨认,辨认人不愿意公开进行时,可以在不暴露辨认人的情况下进行,并应当为其保守秘密。

第二百六十二条 对辨认经过和结果,应当制作辨认笔录,由侦查人员、辨认人、见证人签名。必要时,应当对辨认过程进行录音录像。

第十节 技术侦查

第二百六十三条 公安机关在立案后,根据侦查犯罪的需要,可以对下列严重危害社会的犯罪案件采取技术侦查措施:

(一)危害国家安全犯罪、恐怖活动犯罪、黑社会性质的组织犯罪、重大毒品犯罪案件;

(二)故意杀人、故意伤害致人重伤或者死亡、强奸、抢劫、绑架、放火、爆炸、投放危险物质等严重暴力犯罪案件;

(三)集团性、系列性、跨区域性重大犯罪案件;

(四)利用电信、计算机网络、寄递渠道等实施的重大犯罪案件,以及针对计算机网络实施的重大犯罪案件;

(五)其他严重危害社会的犯罪案件,依法可能判处七年以上有期徒刑的。

公安机关追捕被通缉或者批准、决定逮捕的在逃的犯罪嫌疑人、被告人,可以采取追捕所必需的技术侦查措施。

第二百六十四条 技术侦查措施是指由设区的市一级以上公安机关负责技术侦查的部门实施的记录监控、行踪监控、通信监控、场所监控等措施。

技术侦查措施的适用对象是犯罪嫌疑人、被告人以及与犯罪活动直接关联的人员。

第二百六十五条 需要采取技术侦查措施的,应当制作呈请采取技术侦查措施报告书,报设区的市一级以上公安机关负责人批准,制作采取技术侦查措施决定书。

人民检察院等部门决定采取技术侦查措施,交公安机关执行的,由设区的市一级以上公安机关按照规定办理相关手续后,交负责技术侦查的部门执行,并将执行情况通知人民检察院等部门。

第二百六十六条 批准采取技术侦查措施的决定自签发之日起三个月以内有效。

在有效期限内,对不需要继续采取技术侦查措施的,办案部门应当立即书面通知负责技术侦查的部门解除技术侦查措施;负责技术侦查的部门认为需要解除技术侦查措施的,报批准机关负责人批准,制作解除技术侦查措施决定书,并及时通知办案部门。

对复杂、疑难案件,采取技术侦查措施的有效期限届满仍需要继续采取技术侦查措施的,经负责技术侦查的部门审核后,报批准机关负责人批准,制作延长技术侦查措施期限决定书。批准延长期限,每次不得超过三个月。

有效期限届满,负责技术侦查的部门应当立即解除技术侦查措施。

第二百六十七条 采取技术侦查措施,必须严格按照批准的措施种类、适用对象和期限执行。

在有效期限内,需要变更技术侦查措施种类或者适用对象的,应当按照本规定第二百六十五条规定重新办理批准手续。

第二百六十八条 采取技术侦查措施收集的材料在刑事诉讼中可以作为证据使用。使用技术侦查措施收集的材料作为证据时,可能危及有关人员的人身安全,或者可能产生其他严重后果的,应当采取不暴露有关人员身份和使用的技术设备、侦查方法等保护措施。

采取技术侦查措施收集的材料作为证据使用的,采取技术侦查措施决定书应当附卷。

第二百六十九条　采取技术侦查措施收集的材料,应当严格依照有关规定存放,只能用于对犯罪的侦查、起诉和审判,不得用于其他用途。

采取技术侦查措施收集的与案件无关的材料,必须及时销毁,并制作销毁记录。

第二百七十条　侦查人员对采取技术侦查措施过程中知悉的国家秘密、商业秘密和个人隐私,应当保密。

公安机关依法采取技术侦查措施,有关单位和个人应当配合,并对有关情况予以保密。

第二百七十一条　为了查明案情,在必要的时候,经县级以上公安机关负责人决定,可以由侦查人员或者公安机关指定的其他人员隐匿身份实施侦查。

隐匿身份实施侦查时,不得使用促使他人产生犯罪意图的方法诱使他人犯罪,不得采用可能危害公共安全或者发生重大人身危险的方法。

第二百七十二条　对涉及给付毒品等违禁品或者财物的犯罪活动,为查明参与该项犯罪的人员和犯罪事实,根据侦查需要,经县级以上公安机关负责人决定,可以实施控制下交付。

第二百七十三条　公安机关依照本节规定实施隐匿身份侦查和控制下交付收集的材料在刑事诉讼中可以作为证据使用。

使用隐匿身份侦查和控制下交付收集的材料作为证据时,可能危及隐匿身份人员的人身安全,或者可能产生其他严重后果的,应当采取不暴露有关人员身份等保护措施。

第十一节　通　缉

第二百七十四条　应当逮捕的犯罪嫌疑人在逃的,经县级以上公安机关负责人批准,可以发布通缉令,采取有效措施,追捕归案。

县级以上公安机关在自己管辖的地区内,可以直接发布通缉令;超出自己管辖的地区,应当报请有权决定的上级公安机关发布。

通缉令的发送范围,由签发通缉令的公安机关负责人决定。

第二百七十五条　通缉令中应当尽可能写明被通缉人的姓名、别名、曾用名、绰号、性别、年龄、民族、籍贯、出生地、户籍所在地、居住地、职业、身份证号码、衣着和体貌特征、口音、行为习惯,并附被通缉人近期照片,可以附指纹及其他物证的照片。除了必须保密的事项以外,应当写明发案的时间、地点和简要案情。

第二百七十六条 通缉令发出后，如果发现新的重要情况可以补发通报。通报必须注明原通缉令的编号和日期。

第二百七十七条 公安机关接到通缉令后，应当及时布置查缉。抓获犯罪嫌疑人后，报经县级以上公安机关负责人批准，凭通缉令或者相关法律文书羁押，并通知通缉令发布机关进行核实，办理交接手续。

第二百七十八条 需要对犯罪嫌疑人在口岸采取边控措施的，应当按照有关规定制作边控对象通知书，并附有关法律文书，经县级以上公安机关负责人审核后，层报省级公安机关批准，办理全国范围内的边控措施。需要限制犯罪嫌疑人人身自由的，应当附有关限制人身自由的法律文书。

紧急情况下，需要采取边控措施的，县级以上公安机关可以出具公函，先向有关口岸所在地出入境边防检查机关交接，但应当在七日以内按照规定程序办理全国范围内的边控措施。

第二百七十九条 为发现重大犯罪线索，追缴涉案财物、证据，查获犯罪嫌疑人，必要时，经县级以上公安机关负责人批准，可以发布悬赏通告。

悬赏通告应当写明悬赏对象的基本情况和赏金的具体数额。

第二百八十条 通缉令、悬赏通告应当广泛张贴，并可以通过广播、电视、报刊、计算机网络等方式发布。

第二百八十一条 经核实，犯罪嫌疑人已经自动投案、被击毙或者被抓获，以及发现有其他不需要采取通缉、边控、悬赏通告的情形的，发布机关应当在原通缉、通知、通告范围内，撤销通缉令、边控通知、悬赏通告。

第二百八十二条 通缉越狱逃跑的犯罪嫌疑人、被告人或者罪犯，适用本节的有关规定。

第十二节 侦查终结

第二百八十三条 侦查终结的案件，应当同时符合以下条件：

（一）案件事实清楚；

（二）证据确实、充分；

（三）犯罪性质和罪名认定正确；

（四）法律手续完备；

（五）依法应当追究刑事责任。

第二百八十四条 对侦查终结的案件，公安机关应当全面审查证明证据收集合法性的证据材料，依法排除非法证据。排除非法证据后证据不足的，不得移送审查起诉。

公安机关发现侦查人员非法取证的，应当依法作出处理，并可另行指派侦查人员重新调查取证。

第二百八十五条 侦查终结的案件，侦查人员应当制作结案报告。

结案报告应当包括以下内容：

（一）犯罪嫌疑人的基本情况；

（二）是否采取了强制措施及其理由；

（三）案件的事实和证据；

（四）法律依据和处理意见。

第二百八十六条 侦查终结案件的处理，由县级以上公安机关负责人批准；重大、复杂、疑难的案件应当经过集体讨论。

第二百八十七条 侦查终结后，应当将全部案卷材料按照要求装订立卷。

向人民检察院移送案件时，只移送诉讼卷，侦查卷由公安机关存档备查。

第二百八十八条 对查封、扣押的犯罪嫌疑人的财物及其孳息、文件或者冻结的财产，作为证据使用的，应当随案移送，并制作随案移送清单一式两份，一份留存，一份交人民检察院。制作清单时，应当根据已经查明的案情，写明对涉案财物的处理建议。

对于实物不宜移送的，应当将其清单、照片或者其他证明文件随案移送。待人民法院作出生效判决后，按照人民法院送达的生效判决书、裁定书依法作出处理，并向人民法院送交回执。人民法院在判决、裁定中未对涉案财物作出处理的，公安机关应当征求人民法院意见，并根据人民法院的决定依法作出处理。

第二百八十九条 对侦查终结的案件，应当制作起诉意见书，经县级以上公安机关负责人批准后，连同全部案卷材料、证据，以及辩护律师提出的意见，一并移送同级人民检察院审查决定；同时将案件移送情况告知犯罪嫌疑人及其辩护律师。

犯罪嫌疑人自愿认罪的，应当记录在案，随案移送，并在起诉意见书中写明有关情况；认为案件符合速裁程序适用条件的，可以向人民检察院提出适用速裁程序的建议。

第二百九十条 对于犯罪嫌疑人在境外，需要及时进行审判的严重危害国家安全犯罪、恐怖活动犯罪案件，应当在侦查终结后层报公安部批准，移送同级人民检察院审查起诉。

在审查起诉或者缺席审理过程中，犯罪嫌疑人、被告人向公安机关自动投案或者被公安机关抓获的，公安机关应当立即通知人民检察院、人民法院。

第二百九十一条 共同犯罪案件的起诉意见书，应当写明每个犯罪嫌疑人在共同犯罪中的地位、作用、具体罪责和认罪态度，并分别提出处理意见。

第二百九十二条 被害人提出附带民事诉讼的，应当记录在案；移送审查起诉时，应当在起诉意见书末页注明。

第二百九十三条　人民检察院作出不起诉决定的，如果被不起诉人在押，公安机关应当立即办理释放手续。除依法转为行政案件办理外，应当根据人民检察院解除查封、扣押、冻结财物的书面通知，及时解除查封、扣押、冻结。

人民检察院提出对被不起诉人给予行政处罚、处分或者没收其违法所得的检察意见，移送公安机关处理的，公安机关应当将处理结果及时通知人民检察院。

第二百九十四条　认为人民检察院作出的不起诉决定有错误的，应当在收到不起诉决定书后七日以内制作要求复议意见书，经县级以上公安机关负责人批准后，移送人民检察院复议。

要求复议的意见不被接受的，可以在收到人民检察院的复议决定书后七日以内制作提请复核意见书，经县级以上公安机关负责人批准后，连同人民检察院的复议决定书，一并提请上一级人民检察院复核。

第十三节　补充侦查

第二百九十五条　侦查终结，移送人民检察院审查起诉的案件，人民检察院退回公安机关补充侦查的，公安机关接到人民检察院退回补充侦查的法律文书后，应当按照补充侦查提纲在一个月以内补充侦查完毕。

补充侦查以二次为限。

第二百九十六条　对人民检察院退回补充侦查的案件，根据不同情况，报县级以上公安机关负责人批准，分别作如下处理：

（一）原认定犯罪事实不清或者证据不够充分的，应当在查清事实、补充证据后，制作补充侦查报告书，移送人民检察院审查；对确实无法查明的事项或者无法补充的证据，应当书面向人民检察院说明情况；

（二）在补充侦查过程中，发现新的同案犯或者新的罪行，需要追究刑事责任的，应当重新制作起诉意见书，移送人民检察院审查；

（三）发现原认定的犯罪事实有重大变化，不应当追究刑事责任的，应当撤销案件或者对犯罪嫌疑人终止侦查，并将有关情况通知退查的人民检察院；

（四）原认定犯罪事实清楚，证据确实、充分，人民检察院退回补充侦查不当的，应当说明理由，移送人民检察院审查。

第二百九十七条　对于人民检察院在审查起诉过程中以及在人民法院作出生效判决前，要求公安机关提供法庭审判所必需的证据材料的，应当及时收集和提供。

第九章　执行刑罚

第一节　罪犯的交付

第二百九十八条　对被依法判处

刑罚的罪犯,如果罪犯已被采取强制措施的,公安机关应当依据人民法院生效的判决书、裁定书以及执行通知书,将罪犯交付执行。

对人民法院作出无罪或者免除刑事处罚的判决,如果被告人在押,公安机关在收到相应的法律文书后应当立即办理释放手续;对人民法院建议给予行政处理的,应当依照有关规定处理或者移送有关部门。

第二百九十九条 对被判处死刑的罪犯,公安机关应当依据人民法院执行死刑的命令,将罪犯交由人民法院执行。

第三百条 公安机关接到人民法院生效的判处死刑缓期二年执行、无期徒刑、有期徒刑的判决书、裁定书以及执行通知书后,应当在一个月以内将罪犯送交监狱执行。

对未成年犯应当送交未成年犯管教所执行刑罚。

第三百零一条 对被判处有期徒刑的罪犯,在被交付执行刑罚前,剩余刑期在三个月以下的,由看守所根据人民法院的判决代为执行。

对被判处拘役的罪犯,由看守所执行。

第三百零二条 对被判处管制、宣告缓刑、假释或者暂予监外执行的罪犯,已被羁押的,由看守所将其交付社区矫正机构执行。

对被判处剥夺政治权利的罪犯,由罪犯居住地的派出所负责执行。

第三百零三条 对被判处有期徒刑由看守所代为执行和被判处拘役的罪犯,执行期间如果没有再犯新罪,执行期满,看守所应当发给刑满释放证明书。

第三百零四条 公安机关在执行刑罚中,如果认为判决有错误或者罪犯提出申诉,应当转请人民检察院或者原判人民法院处理。

第二节 减刑、假释、暂予监外执行

第三百零五条 对依法留看守所执行刑罚的罪犯,符合减刑条件的,由看守所制作减刑建议书,经设区的市一级以上公安机关审查同意后,报请所在地中级以上人民法院审核裁定。

第三百零六条 对依法留看守所执行刑罚的罪犯,符合假释条件的,由看守所制作假释建议书,经设区的市一级以上公安机关审查同意后,报请所在地中级以上人民法院审核裁定。

第三百零七条 对依法留所执行刑罚的罪犯,有下列情形之一的,可以暂予监外执行:

(一)有严重疾病需要保外就医的;

(二)怀孕或者正在哺乳自己婴儿的妇女;

(三)生活不能自理,适用暂予监外执行不致危害社会的。

对罪犯暂予监外执行的,看守所应当提出书面意见,报设区的市一级以上公安机关批准,同时将书面意见抄送同级人民检察院。

对适用保外就医可能有社会危险性的罪犯,或者自伤自残的罪犯,不得保外就医。

对罪犯确有严重疾病,必须保外就医的,由省级人民政府指定的医院诊断并开具证明文件。

第三百零八条 公安机关决定对罪犯暂予监外执行的,应当将暂予监外执行决定书交被暂予监外执行的罪犯和负责监外执行的社区矫正机构,同时抄送同级人民检察院。

第三百零九条 批准暂予监外执行的公安机关接到人民检察院认为暂予监外执行不当的意见后,应当立即对暂予监外执行的决定进行重新核查。

第三百一十条 对暂予监外执行的罪犯,有下列情形之一的,批准暂予监外执行的公安机关应当作出收监执行决定:

(一)发现不符合暂予监外执行条件的;

(二)严重违反有关暂予监外执行监督管理规定的;

(三)暂予监外执行的情形消失后,罪犯刑期未满的。

对暂予监外执行的罪犯决定收监执行的,由暂予监外执行地看守所将罪犯收监执行。

不符合暂予监外执行条件的罪犯通过贿赂等非法手段被暂予监外执行的,或者罪犯在暂予监外执行期间脱逃的,罪犯被收监执行后,所在看守所应当提出不计入执行刑期的建议,经设区的市一级以上公安机关审查同意后,报请所在地中级以上人民法院审核裁定。

第三节 剥夺政治权利

第三百一十一条 负责执行剥夺政治权利的派出所应当按照人民法院的判决,向罪犯及其所在单位、居住地基层组织宣布其犯罪事实、被剥夺政治权利的期限,以及罪犯在执行期间应当遵守的规定。

第三百一十二条 被剥夺政治权利的罪犯在执行期间应当遵守下列规定:

(一)遵守国家法律、行政法规和公安部制定的有关规定,服从监督管理;

(二)不得享有选举权和被选举权;

(三)不得组织或者参加集会、游行、示威、结社活动;

(四)不得出版、制作、发行书籍、

音像制品；

（五）不得接受采访，发表演说；

（六）不得在境内外发表有损国家荣誉、利益或者其他具有社会危害性的言论；

（七）不得担任国家机关职务；

（八）不得担任国有公司、企业、事业单位和人民团体的领导职务。

第三百一十三条 被剥夺政治权利的罪犯违反本规定第三百一十二条的规定，尚未构成新的犯罪的，公安机关依法可以给予治安管理处罚。

第三百一十四条 被剥夺政治权利的罪犯，执行期满，公安机关应当书面通知本人及其所在单位、居住地基层组织。

第四节 对又犯新罪罪犯的处理

第三百一十五条 对留看守所执行刑罚的罪犯，在暂予监外执行期间又犯新罪的，由犯罪地公安机关立案侦查，并通知批准机关。批准机关作出收监执行决定后，应当根据侦查、审判需要，由犯罪地看守所或者暂予监外执行地看守所收监执行。

第三百一十六条 被剥夺政治权利、管制、宣告缓刑和假释的罪犯在执行期间又犯新罪的，由犯罪地公安机关立案侦查。

对留看守所执行刑罚的罪犯，因犯新罪被撤销假释的，应当根据侦查、审判需要，由犯罪地看守所或者原执行看守所收监执行。

第十章 特别程序

第一节 未成年人刑事案件诉讼程序

第三百一十七条 公安机关办理未成年人刑事案件，实行教育、感化、挽救的方针，坚持教育为主、惩罚为辅的原则。

第三百一十八条 公安机关办理未成年人刑事案件，应当保障未成年人行使其诉讼权利并得到法律帮助，依法保护未成年人的名誉和隐私，尊重其人格尊严。

第三百一十九条 公安机关应当设置专门机构或者配备专职人员办理未成年人刑事案件。

未成年人刑事案件应当由熟悉未成年人身心特点，善于做未成年人思想教育工作，具有一定办案经验的人员办理。

第三百二十条 未成年犯罪嫌疑人没有委托辩护人的，公安机关应当通知法律援助机构指派律师为其提供辩护。

第三百二十一条 公安机关办理未成年人刑事案件时，应当重点查清未成年犯罪嫌疑人实施犯罪行为时是否已满十四周岁、十六周岁、十八周岁的临界年龄。

第三百二十二条 公安机关办理未成年人刑事案件,根据情况可以对未成年犯罪嫌疑人的成长经历、犯罪原因、监护教育等情况进行调查并制作调查报告。

作出调查报告的,在提请批准逮捕、移送审查起诉时,应当结合案情综合考虑,并将调查报告与案卷材料一并移送人民检察院。

第三百二十三条 讯问未成年犯罪嫌疑人,应当通知未成年犯罪嫌疑人的法定代理人到场。无法通知、法定代理人不能到场或者法定代理人是共犯的,也可以通知未成年犯罪嫌疑人的其他成年亲属,所在学校、单位、居住地或者办案单位所在地基层组织或者未成年人保护组织的代表到场,并将有关情况记录在案。到场的法定代理人可以代为行使未成年犯罪嫌疑人的诉讼权利。

到场的法定代理人或者其他人员提出侦查人员在讯问中侵犯未成年人合法权益的,公安机关应当认真核查,依法处理。

第三百二十四条 讯问未成年犯罪嫌疑人应当采取适合未成年人的方式,耐心细致地听取其供述或者辩解,认真审核、查证与案件有关的证据和线索,并针对其思想顾虑、恐惧心理、抵触情绪进行疏导和教育。

讯问女性未成年犯罪嫌疑人,应当有女工作人员在场。

第三百二十五条 讯问笔录应当交未成年犯罪嫌疑人、到场的法定代理人或者其他人员阅读或者向其宣读;对笔录内容有异议的,应当核实清楚,准予更正或者补充。

第三百二十六条 询问未成年被害人、证人,适用本规定第三百二十三条、第三百二十四条、第三百二十五条的规定。

询问未成年被害人、证人,应当以适当的方式进行,注意保护其隐私和名誉,尽可能减少询问频次,避免造成二次伤害。必要时,可以聘请熟悉未成年人身心特点的专业人员协助。

第三百二十七条 对未成年犯罪嫌疑人应当严格限制和尽量减少使用逮捕措施。

未成年犯罪嫌疑人被拘留、逮捕后服从管理、依法变更强制措施不致发生社会危险性,能够保证诉讼正常进行的,公安机关应当依法及时变更强制措施;人民检察院批准逮捕的案件,公安机关应当将变更强制措施情况及时通知人民检察院。

第三百二十八条 对被羁押的未成年人应当与成年人分别关押、分别管理、分别教育,并根据其生理和心理特点在生活和学习方面给予照顾。

第三百二十九条 人民检察院在

对未成年人作出附条件不起诉的决定前,听取公安机关意见时,公安机关应当提出书面意见,经县级以上公安机关负责人批准,移送同级人民检察院。

第三百三十条 认为人民检察院作出的附条件不起诉决定有错误的,应当在收到不起诉决定书后七日以内制作要求复议意见书,经县级以上公安机关负责人批准,移送同级人民检察院复议。

要求复议的意见不被接受的,可以在收到人民检察院的复议决定书后七日以内制作提请复核意见书,经县级以上公安机关负责人批准后,连同人民检察院的复议决定书,一并提请上一级人民检察院复核。

第三百三十一条 未成年人犯罪的时候不满十八周岁,被判处五年有期徒刑以下刑罚的,公安机关应当依据人民法院已经生效的判决书,将该未成年人的犯罪记录予以封存。

犯罪记录被封存的,除司法机关为办案需要或者有关单位根据国家规定进行查询外,公安机关不得向其他任何单位和个人提供。

被封存犯罪记录的未成年人,如果发现漏罪,合并被判处五年有期徒刑以上刑罚的,应当对其犯罪记录解除封存。

第三百三十二条 办理未成年人刑事案件,除本节已有规定的以外,按照本规定的其他规定进行。

第二节 当事人和解的公诉案件诉讼程序

第三百三十三条 下列公诉案件,犯罪嫌疑人真诚悔罪,通过向被害人赔偿损失、赔礼道歉等方式获得被害人谅解,被害人自愿和解的,经县级以上公安机关负责人批准,可以依法作为当事人和解的公诉案件办理:

(一)因民间纠纷引起,涉嫌刑法分则第四章、第五章规定的犯罪案件,可能判处三年有期徒刑以下刑罚的;

(二)除渎职犯罪以外的可能判处七年有期徒刑以下刑罚的过失犯罪案件。

犯罪嫌疑人在五年以内曾经故意犯罪的,不得作为当事人和解的公诉案件办理。

第三百三十四条 有下列情形之一的,不属于因民间纠纷引起的犯罪案件:

(一)雇凶伤害他人的;

(二)涉及黑社会性质组织犯罪的;

(三)涉及寻衅滋事的;

(四)涉及聚众斗殴的;

(五)多次故意伤害他人身体的;

(六)其他不宜和解的。

第三百三十五条 双方当事人和

解的,公安机关应当审查案件事实是否清楚,被害人是否自愿和解,是否符合规定的条件。

公安机关审查时,应当听取双方当事人的意见,并记录在案;必要时,可以听取双方当事人亲属、当地居民委员会或者村民委员会人员以及其他了解案件情况的相关人员的意见。

第三百三十六条 达成和解的,公安机关应当主持制作和解协议书,并由双方当事人及其他参加人员签名。

当事人中有未成年人的,未成年当事人的法定代理人或者其他成年亲属应当在场。

第三百三十七条 和解协议书应当包括以下内容:

(一)案件的基本事实和主要证据;

(二)犯罪嫌疑人承认自己所犯罪行,对指控的犯罪事实没有异议,真诚悔罪;

(三)犯罪嫌疑人通过向被害人赔礼道歉、赔偿损失等方式获得被害人谅解;涉及赔偿损失的,应当写明赔偿的数额、方式等;提起附带民事诉讼的,由附带民事诉讼原告人撤回附带民事诉讼;

(四)被害人自愿和解,请求或者同意对犯罪嫌疑人依法从宽处罚。

和解协议应当及时履行。

第三百三十八条 对达成和解协议的案件,经县级以上公安机关负责人批准,公安机关将案件移送人民检察院审查起诉时,可以提出从宽处理的建议。

第三节 犯罪嫌疑人逃匿、死亡案件违法所得的没收程序

第三百三十九条 有下列情形之一,依照刑法规定应当追缴其违法所得及其他涉案财产的,经县级以上公安机关负责人批准,公安机关应当写出没收违法所得意见书,连同相关证据材料一并移送同级人民检察院:

(一)恐怖活动犯罪等重大犯罪案件,犯罪嫌疑人逃匿,在通缉一年后不能到案的;

(二)犯罪嫌疑人死亡的。

犯罪嫌疑人死亡,现有证据证明其存在违法所得及其他涉案财产应当予以没收的,公安机关可以进行调查。公安机关进行调查,可以依法进行查封、扣押、查询、冻结。

第三百四十条 没收违法所得意见书应当包括以下内容:

(一)犯罪嫌疑人的基本情况;

(二)犯罪事实和相关的证据材料;

(三)犯罪嫌疑人逃匿、被通缉或者死亡的情况;

(四)犯罪嫌疑人的违法所得及

其他涉案财产的种类、数量、所在地；

（五）查封、扣押、冻结的情况等。

第三百四十一条 公安机关将没收违法所得意见书移送人民检察院后，在逃的犯罪嫌疑人自动投案或者被抓获的，公安机关应当及时通知同级人民检察院。

第四节 依法不负刑事责任的精神病人的强制医疗程序

第三百四十二条 公安机关发现实施暴力行为，危害公共安全或者严重危害公民人身安全的犯罪嫌疑人，可能属于依法不负刑事责任的精神病人的，应当对其进行精神病鉴定。

第三百四十三条 对经法定程序鉴定依法不负刑事责任的精神病人，有继续危害社会可能，符合强制医疗条件的，公安机关应当在七日以内写出强制医疗意见书，经县级以上公安机关负责人批准，连同相关证据材料和鉴定意见一并移送同级人民检察院。

第三百四十四条 对实施暴力行为的精神病人，在人民法院决定强制医疗前，经县级以上公安机关负责人批准，公安机关可以采取临时的保护性约束措施。必要时，可以将其送精神病医院接受治疗。

第三百四十五条 采取临时的保护性约束措施时，应当对精神病人严加看管，并注意约束的方式、方法和力度，以避免和防止危害他人和精神病人的自身安全为限度。

对于精神病人已没有继续危害社会可能，解除约束后不致发生社会危险性的，公安机关应当及时解除保护性约束措施。

第十一章 办案协作

第三百四十六条 公安机关在异地执行传唤、拘传、拘留、逮捕，开展勘验、检查、搜查、查封、扣押、冻结、讯问等侦查活动，应当向当地公安机关提出办案协作请求，并在当地公安机关协助下进行，或者委托当地公安机关代为执行。

开展查询、询问、辨认等侦查活动或者送达法律文书的，也可以向当地公安机关提出办案协作请求，并按照有关规定进行通报。

第三百四十七条 需要异地公安机关协助的，办案地公安机关应当制作办案协作函件，连同有关法律文书和人民警察证复印件一并提供给协作地公安机关。必要时，可以将前述法律手续传真或者通过公安机关有关信息系统传输至协作地公安机关。

请求协助执行传唤、拘传、拘留、逮捕的，应当提供传唤证、拘传证、拘留证、逮捕证；请求协助开展搜查、查封、扣押、查询、冻结等侦查活动的，应当提供搜查证、查封决定书、扣押决定书、协助查询财产通知书、协助冻结财产通知书；请求协助开展勘验、检查、讯问、询问等侦查活动的，应当提供立案决定书。

第三百四十八条 公安机关应当指定一个部门归口接收协作请求，并进行审核。对符合本规定第三百四十七条规定的协作请求，应当及时交主管业务部门办理。

异地公安机关提出协作请求的，只要法律手续完备，协作地公安机关就应当及时无条件予以配合，不得收取任何形式的费用或者设置其他条件。

第三百四十九条 对协作过程中获取的犯罪线索，不属于自己管辖的，应当及时移交有管辖权的公安机关或者其他有关部门。

第三百五十条 异地执行传唤、拘传的，协作地公安机关应当协助将犯罪嫌疑人传唤、拘传到本市、县公安机关执法办案场所或者到他的住处进行讯问。

异地执行拘留、逮捕的，协作地公安机关应当派员协助执行。

第三百五十一条 已被决定拘留、逮捕的犯罪嫌疑人在逃的，可以通过网上工作平台发布犯罪嫌疑人相关信息、拘留证或者逮捕证。各地公安机关发现网上逃犯的，应当立即组织抓捕。

协作地公安机关抓获犯罪嫌疑人后，应当立即通知办案地公安机关。办案地公安机关应当立即携带法律文书及时提解，提解的侦查人员不得少于二人。

办案地公安机关不能及时到达协作地的，应当委托协作地公安机关在拘留、逮捕后二十四小时以内进行讯问。

第三百五十二条 办案地公安机关请求代为讯问、询问、辨认的，协作地公安机关应当制作讯问、询问、辨认笔录，交被讯问、询问人和辨认人签名、捺指印后，提供给办案地公安机关。

办案地公安机关可以委托协作地公安机关协助进行远程视频讯问、询问，讯问、询问过程应当全程录音录像。

第三百五十三条 办案地公安机关请求协查犯罪嫌疑人的身份、年龄、违法犯罪经历等情况的，协作地公安机关应当在接到请求后七日以内将协查结果通知办案地公安机关；交通十分不便的边远地区，应当在十五日以内将协查结果通知办案地公安机关。

办案地公安机关请求协助调查取证或者查询犯罪信息、资料的，协作地公安机关应当及时协查并反馈。

第三百五十四条 对不履行办案

协作程序或者协作职责造成严重后果的,对直接负责的主管人员和其他直接责任人员,应当给予处分;构成犯罪的,依法追究刑事责任。

第三百五十五条 协作地公安机关依照办案地公安机关的协作请求履行办案协作职责所产生的法律责任,由办案地公安机关承担。但是,协作行为超出协作请求范围,造成执法过错的,由协作地公安机关承担相应法律责任。

第三百五十六条 办案地和协作地公安机关对于案件管辖、定性处理等发生争议的,可以进行协商。协商不成的,提请共同的上级公安机关决定。

第十二章 外国人犯罪案件的办理

第三百五十七条 办理外国人犯罪案件,应当严格依照我国法律、法规、规章,维护国家主权和利益,并在对等互惠原则的基础上,履行我国所承担的国际条约义务。

第三百五十八条 外国籍犯罪嫌疑人在刑事诉讼中,享有我国法律规定的诉讼权利,并承担相应的义务。

第三百五十九条 外国籍犯罪嫌疑人的国籍,以其在入境时持用的有效证件予以确认;国籍不明的,由出入境管理部门协助予以查明。国籍确实无法查明的,以无国籍人对待。

第三百六十条 确认外国籍犯罪嫌疑人身份,可以依照有关国际条约或者通过国际刑事警察组织、警务合作渠道办理。确实无法查明的,可以按其自报的姓名移送人民检察院审查起诉。

第三百六十一条 犯罪嫌疑人为享有外交或者领事特权和豁免权的外国人的,应当层报公安部,同时通报同级人民政府外事办公室,由公安部商请外交部通过外交途径办理。

第三百六十二条 公安机关办理外国人犯罪案件,使用中华人民共和国通用的语言文字。犯罪嫌疑人不通晓我国语言文字的,公安机关应当为他翻译;犯罪嫌疑人通晓我国语言文字,不需要他人翻译的,应当出具书面声明。

第三百六十三条 外国人犯罪案件,由犯罪地的县级以上公安机关立案侦查。

第三百六十四条 外国人犯中华人民共和国缔结或者参加的国际条约规定的罪行后进入我国领域内的,由该外国人被抓获地的设区的市一级以上公安机关立案侦查。

第三百六十五条 外国人在中华人民共和国领域外对中华人民共和国国家或者公民犯罪,应当受刑罚处罚的,由该外国人入境地或者入境后居住地的县级以上公安机关立案侦查；该外国人未入境的，由被害人居住地的县级以上公安机关立案侦查；没有被害人或者是对中华人民共和国国家犯罪的，由公安部指定管辖。

第三百六十六条 发生重大或者可能引起外交交涉的外国人犯罪案件的，有关省级公安机关应当及时将案件办理情况报告公安部，同时通报同级人民政府外事办公室。必要时，由公安部商外交部将案件情况通知我国驻外使馆、领事馆。

第三百六十七条 对外国籍犯罪嫌疑人依法作出取保候审、监视居住决定或者执行拘留、逮捕后，应当在四十八小时以内层报省级公安机关，同时通报同级人民政府外事办公室。

重大涉外案件应当在四十八小时以内层报公安部，同时通报同级人民政府外事办公室。

第三百六十八条 对外国籍犯罪嫌疑人依法作出取保候审、监视居住决定或者执行拘留、逮捕后，由省级公安机关根据有关规定，将其姓名、性别、入境时间、护照或者证件号码、案件发生的时间、地点、涉嫌犯罪的主要事实、已采取的强制措施及其法律依据等，通知该外国人所属国家的驻华使馆、领事馆，同时报告公安部。经省级公安机关批准，领事通报任务较重的副省级城市公安局可以直接行使领事通报职能。

外国人在公安机关侦查或者执行刑罚期间死亡的，有关省级公安机关应当通知该外国人国籍国的驻华使馆、领事馆，同时报告公安部。

未在华设立使馆、领事馆的国家，可以通知其代管国家的驻华使馆、领事馆；无代管国家或者代管国家不明的，可以不予通知。

第三百六十九条 外国籍犯罪嫌疑人委托辩护人的，应当委托在中华人民共和国的律师事务所执业的律师。

第三百七十条 公安机关侦查终结前，外国驻华外交、领事官员要求探视被监视居住、拘留、逮捕或者正在看守所服刑的本国公民的，应当及时安排有关探视事宜。犯罪嫌疑人拒绝其国籍国驻华外交、领事官员探视的，公安机关可以不予安排，但应当由其本人提出书面声明。

在公安机关侦查羁押期间，经公安机关批准，外国籍犯罪嫌疑人可以与其近亲属、监护人会见、与外界通信。

第三百七十一条 对判处独立适用驱逐出境刑罚的外国人，省级公安机关在收到人民法院的刑事判决书、执行通知书的副本后，应当指定该外国人所在地的设区的市一级公安机关执行。

被判处徒刑的外国人，主刑执行期满后应当执行驱逐出境附加刑的，省级公安机关在收到执行监狱的上级主管部门转交的刑事判决书、执行通知书副本或者复印件后，应当通知该外国人所在地的设区的市一级公安机关或者指定有关公安机关执行。

我国政府已按照国际条约或者《中华人民共和国外交特权与豁免条例》的规定，对实施犯罪，但享有外交或者领事特权和豁免权的外国人宣布为不受欢迎的人，或者不可接受并拒绝承认其外交或者领事人员身份，责令限期出境的人，无正当理由逾期不自动出境的，由公安部凭外交部公文指定该外国人所在地的省级公安机关负责执行或者监督执行。

第三百七十二条　办理外国人犯罪案件，本章未规定的，适用本规定其他各章的有关规定。

第三百七十三条　办理无国籍人犯罪案件，适用本章的规定。

第十三章　刑事司法协助和警务合作

第三百七十四条　公安部是公安机关进行刑事司法协助和警务合作的中央主管机关，通过有关法律、国际条约、协议规定的联系途径、外交途径或者国际刑事警察组织渠道，接收或者向外国提出刑事司法协助或者警务合作请求。

地方各级公安机关依照职责权限办理刑事司法协助事务和警务合作事务。

其他司法机关在办理刑事案件中，需要外国警方协助的，由其中央主管机关与公安部联系办理。

第三百七十五条　公安机关进行刑事司法协助和警务合作的范围，主要包括犯罪情报信息的交流与合作，调查取证，安排证人作证或者协助调查，查封、扣押、冻结涉案财物，没收、返还违法所得及其他涉案财物，送达刑事诉讼文书，引渡、缉捕和递解犯罪嫌疑人、被告人或者罪犯，以及国际条约、协议规定的其他刑事司法协助和警务合作事宜。

第三百七十六条　在不违背我国法律和有关国际条约、协议的前提下，我国边境地区设区的市一级公安机关和县级公安机关与相邻国家的警察机关，可以按照惯例相互开展执法会晤、人员往来、边境管控、情报信息交流等警务合作，但应当报省级公安机关批准，并报公安部备案；开展其他警务合作的，应当报公安部批准。

第三百七十七条　公安部收到外国的刑事司法协助或者警务合作请求后，应当依据我国法律和国际条约、协议的规定进行审查。对于符合规定的，交有关省级公安机关办理，或者移交其他有关中央主管机关；对于不符合条约或者协议规定的，通过接收请求的途径退回请求方。

对于请求书的签署机关、请求书及所附材料的语言文字、有关办理期限和具体程序等事项，在不违反我国法律基本原则的情况下，可以按照刑事司法协助条约、警务合作协议规定或者双方协商办理。

第三百七十八条 负责执行刑事司法协助或警务合作的公安机关收到请求书和所附材料后，应当按照我国法律和有关国际条约、协议的规定安排执行，并将执行结果及其有关材料报经省级公安机关审核后报送公安部。

在执行过程中，需要采取查询、查封、扣押、冻结等措施或者返还涉案财物，且符合法律规定的条件的，可以根据我国有关法律和公安部的执行通知办理有关法律手续。

请求书提供的信息不准确或者材料不齐全难以执行的，应当立即通过省级公安机关请公安部要求请求方补充材料；因其他原因无法执行或者具有应当拒绝协助、合作的情形等不能执行的，应当将请求书和所附材料，连同不能执行的理由通过省级公安机关报送公安部。

第三百七十九条 执行刑事司法协助和警务合作，请求书中附有办理期限的，应当按期完成。未附办理期限的，调查取证应当在三个月以内完成；送达刑事诉讼文书，应当在十日以内完成。不能按期完成的，应当说明情况和理由，层报公安部。

第三百八十条 需要请求外国警方提供刑事司法协助或者警务合作的，应当按照我国有关法律、国际条约、协议的规定提出刑事司法协助或者警务合作请求书，所附文件及相应译文，经省级公安机关审核后报送公安部。

第三百八十一条 需要通过国际刑事警察组织查找或者缉捕犯罪嫌疑人、被告人或者罪犯，查询资料、调查取证的，应当提出申请层报国际刑事警察组织中国国家中心局。

第三百八十二条 公安机关需要外国协助安排证人、鉴定人来中华人民共和国作证或者通过视频、音频作证，或者协助调查的，应当制作刑事司法协助请求书并附相关材料，经公安部审核同意后，由对外联系机关及时向外国提出请求。

来中华人民共和国作证或者协助调查的证人、鉴定人离境前，公安机关不得就其入境前实施的犯罪进行追究；除因入境后实施违法犯罪而被采取强制措施的以外，其人身自由不受限制。

证人、鉴定人在条约规定的期限内或者被通知无需继续停留后十五日内没有离境的,前款规定不再适用,但是由于不可抗力或者其他特殊原因未能离境的除外。

第三百八十三条 公安机关提供或者请求外国提供刑事司法协助或者警务合作,应当收取或者支付费用的,根据有关国际条约、协议的规定,或者按照对等互惠的原则协商办理。

第三百八十四条 办理引渡案件,依照《中华人民共和国引渡法》等法律规定和有关条约执行。

第十四章 附则

第三百八十五条 本规定所称"危害国家安全犯罪",包括刑法分则第一章规定的危害国家安全罪以及危害国家安全的其他犯罪;"恐怖活动犯罪",包括以制造社会恐慌、危害公共安全或者胁迫国家机关、国际组织为目的,采取暴力、破坏、恐吓等手段,造成或者意图造成人员伤亡、重大财产损失、公共设施损坏、社会秩序混乱等严重社会危害的犯罪,以及煽动、资助或者以其他方式协助实施上述活动的犯罪。

第三百八十六条 当事人及其法定代理人、诉讼代理人、辩护律师提出的复议复核请求,由公安机关法制部门办理。

办理刑事复议、复核案件的具体程序,适用《公安机关办理刑事复议复核案件程序规定》。

第三百八十七条 公安机关可以使用电子签名、电子指纹捺印技术制作电子笔录等材料,可以使用电子印章制作法律文书。对案件当事人进行电子签名、电子指纹捺印的过程,公安机关应当同步录音录像。

第三百八十八条 本规定自2013年1月1日起施行。1998年5月14日发布的《公安机关办理刑事案件程序规定》(公安部令第35号)和2007年10月25日发布的《公安机关办理刑事案件程序规定修正案》(公安部令第95号)同时废止。

最高人民法院、最高人民检察院、公安部、国家安全部、司法部、全国人大常委会法制工作委员会关于实施刑事诉讼法若干问题的规定[①]

(2012年12月26日)

一、管 辖

1. 公安机关侦查刑事案件涉及人民检察院管辖的贪污贿赂案件时,应当将贪污贿赂案件移送人民检察院;人民检察院侦查贪污贿赂案件涉及公安机关管辖的刑事案件,应当将属于公安机关管辖的刑事案件移送公安机关。在上述情况中,如果涉嫌主罪属于公安机关管辖,由公安机关为主侦查,人民检察院予以配合;如果涉嫌主罪属于人民检察院管辖,由人民检察

[①] 《"六部委"规定》,刑事实务界俗称"小刑事诉讼法",在刑事诉讼法以外对实施法律中需要解决的涉及多个部门的问题作出了具体规定,有利于执法机关统一认识,保证刑事诉讼法正确实施。各级司法机关应当严格适用,一体遵循。从历史沿革来看,1996年修改刑事诉讼法后,根据实践的需要,全国人大常委会法工委会同最高人民法院等中央政法机关共同研究,针对《1996年刑事诉讼法》涉及人民法院、人民检察院、公安机关、国家安全机关、司法行政机关以及律师等词语刑事诉讼活动行使职权时出现的互涉问题,研究起草了《最高人民法院、最高人民检察院、公安部、国家安全部、司法部、全国人大常委会法工委关于刑事诉讼法实施中若干问题的规定》(以下简称《1998年"六部委"规定》,已失效),于1998年1月19日发布施行。《1998年"六部委"规定》对于正确实施刑事诉讼法,解决各部门互涉问题起了重要作用。2012年修改刑事诉讼法,《1998年"六部委"规定》中有些内容经进一步完善已纳入刑事诉讼法,有些规定已与《2012年刑事诉讼法》不相适应需要修改或者废止,而随着一些新的诉讼制度安排,又出现了一些新的互涉问题。为保障《2012年刑事诉讼法》的执行,法工委会同有关部门积极开展有关互涉问题的研究,在沟通协调,反复征求各部门意见,形成共识的基础上,起草了《关于实施刑事诉讼法若干问题的规定》,并继续沿用《1998年"六部委"规定》的办法,由最高人民法院、最高人民检察院、公安部、国家安全部、司法部、全国人大常委会法工委于2012年12月26日联合发文公布。参见全国人大常委会法制工作委员会刑法室编著:《〈关于实施刑事诉讼法若干问题的规定〉解读》,中国法制出版社2013年2月版,第1—2页。2018年修改刑事诉讼法施行以来,由于各种原因,《2012年"六部委"规定》未得到及时修改。但是,从实质层面而言,《2012年"六部委"规定》的绝大多数条文可以根据《2018年刑事诉讼法》的规定继续沿用。基于此,本书收录了《2012年"六部委"规定》,并通过脚注的方式对其中一些需要根据《2018年刑事诉讼法》作出相应理解的规定加以标注。

院为主侦查,公安机关予以配合。①

2. 刑事诉讼法第二十四条②中规定:"刑事案件由犯罪地的人民法院管辖。"刑事诉讼法规定的"犯罪地",包括犯罪的行为发生地和结果发生地。

3. 具有下列情形之一的,人民法院、人民检察院、公安机关可以在其职责范围内并案处理:

(一)一人犯数罪的;

(二)共同犯罪的;

(三)共同犯罪的犯罪嫌疑人、被告人还实施其他犯罪的;

(四)多个犯罪嫌疑人、被告人实施的犯罪存在关联,并案处理有利于查明案件事实的。

二、辩护与代理

4. 人民法院、人民检察院、公安机关、国家安全机关、监狱的现职人员,人民陪审员,外国人或者无国籍人,以及与本案有利害关系的人,不得担任辩护人。但是,上述人员系犯罪嫌疑人、被告人的监护人或者近亲属,犯罪嫌疑人、被告人委托其担任辩护人的,可以准许。无行为能力或者限制行为能力的人,不得担任辩护人。

一名辩护人不得为两名以上的同案犯罪嫌疑人、被告人辩护,不得为两名以上的未同案处理但实施的犯罪存在关联的犯罪嫌疑人、被告人辩护。

5. 刑事诉讼法第三十四条、第二百六十七条、第二百八十六条③对法律援助作了规定。对于人民法院、人民检察院、公安机关根据上述规定,通知法律援助机构指派律师提供辩护或者法律帮助的,法律援助机构应当在接到通知后三日以内指派律师,并将律师的姓名、单位、联系方式书面通知人民法院、人民检察院、公安机关。

6. 刑事诉讼法第三十六条④规定:"辩护律师在侦查期间可以为犯罪嫌疑人提供法律帮助;代理申诉、控告;申请变更强制措施;向侦查机关了解犯罪嫌疑人涉嫌的罪名和案件有关情况,提出意见。"根据上述规定,辩护律师在侦查期间可以向侦查机关了解犯罪嫌疑人涉嫌的罪名及当时已查明的该罪的主要事实,犯罪嫌疑人被采取、变更、解除强制措施的情况,侦查机关延长侦查羁押期限等情况。

---

① 《2018年刑事诉讼法》调整了人民检察院侦查职权,删去了人民检察院对贪污贿赂等案件行使侦查权的规定。本条所涉问题的处理规则应如何作出调整,尚须进一步研究。
② 《2018年刑事诉讼法》第二十五条。
③ 《2018年刑事诉讼法》第三十五条、第二百七十八条、第三百零四条。
④ 《2018年刑事诉讼法》第三十八条。

7. 刑事诉讼法第三十七条第二款①规定:"辩护律师持律师执业证书、律师事务所证明和委托书或者法律援助公函要求会见在押的犯罪嫌疑人、被告人的,看守所应当及时安排会见,至迟不得超过四十八小时。"根据上述规定,辩护律师要求会见在押的犯罪嫌疑人、被告人的,看守所应当及时安排会见,保证辩护律师在四十八小时以内见到在押的犯罪嫌疑人、被告人。

8. 刑事诉讼法第四十一条第一款②规定:"辩护律师经证人或者其他有关单位和个人同意,可以向他们收集与本案有关的材料,也可以申请人民检察院、人民法院收集、调取证据,或者申请人民法院通知证人出庭作证。"对于辩护律师申请人民检察院、人民法院收集、调取证据,人民检察院、人民法院认为需要调查取证的,应当由人民检察院、人民法院收集、调取证据,不得向律师签发准许调查决定书,让律师收集、调取证据。

9. 刑事诉讼法第四十二条第二款③中规定:"违反前款规定的,应当依法追究法律责任,辩护人涉嫌犯罪的,应当由办理辩护人所承办案件的侦查机关以外的侦查机关办理。"根据上述规定,公安机关、人民检察院发现辩护人涉嫌犯罪,或者接受报案、控告、举报、有关机关的移送,依照侦查管辖分工进行审查后认为符合立案条件的,应当按照规定报请办理辩护人所承办案件的侦查机关的上一级侦查机关指定其他侦查机关立案侦查,或者由上一级侦查机关立案侦查。不得指定办理辩护人所承办案件的侦查机关的下级侦查机关立案侦查。

10. 刑事诉讼法第四十七条④规定:"辩护人、诉讼代理人认为公安机关、人民检察院、人民法院及其工作人员阻碍其依法行使诉讼权利的,有权向同级或者上一级人民检察院申诉或者控告。人民检察院对申诉或者控告应当及时进行审查,情况属实的,通知有关机关予以纠正。"人民检察院受理辩护人、诉讼代理人的申诉或者控告后,应当在十日以内将处理情况书面答复提出申诉或者控告的辩护人、诉讼代理人。

三、证 据

11. 刑事诉讼法第五十六条第一款⑤规定:"法庭审理过程中,审判

---

① 《2018年刑事诉讼法》第三十九条第二款。
② 《2018年刑事诉讼法》第四十三条第一款。
③ 《2018年刑事诉讼法》第四十四条第二款。
④ 《2018年刑事诉讼法》第四十九条。
⑤ 《2018年刑事诉讼法》第五十八条第一款。

人员认为可能存在本法第五十四条①规定的以非法方法收集证据情形的,应当对证据收集的合法性进行法庭调查。"法庭经对当事人及其辩护人、诉讼代理人提供的相关线索或者材料进行审查后,认为可能存在刑事诉讼法第五十四条②规定的以非法方法收集证据情形的,应当对证据收集的合法性进行法庭调查。法庭调查的顺序由法庭根据案件审理情况确定。

12. 刑事诉讼法第六十二条③规定,对证人、鉴定人、被害人可以采取"不公开真实姓名、住址和工作单位等个人信息"的保护措施。人民法院、人民检察院和公安机关依法决定不公开证人、鉴定人、被害人的真实姓名、住址和工作单位等个人信息的,可以在判决书、裁定书、起诉书、询问笔录等法律文书、证据材料中使用化名等代替证人、鉴定人、被害人的个人信息。但是,应当书面说明使用化名的情况并标明密级,单独成卷。辩护律师经法庭许可,查阅对证人、鉴定人、被害人使用化名情况的,应当签署保密承诺书。

四、强制措施

13. 被取保候审、监视居住的犯罪嫌疑人、被告人无正当理由不得离开所居住的市、县或者执行监视居住的处所,有正当理由需要离开所居住的市、县或者执行监视居住的处所,应当经执行机关批准。如果取保候审、监视居住是由人民检察院、人民法院决定的,执行机关在批准犯罪嫌疑人、被告人离开所住的市、县或者执行监视居住的处所前,应当征得决定机关同意。

14. 对取保候审保证人是否履行了保证义务,由公安机关认定,对保证人的罚款决定,也由公安机关作出。

15. 指定居所监视居住的,不得要求被监视居住人支付费用。

16. 刑事诉讼法规定,拘留由公安机关执行。对于人民检察院直接受理的案件,人民检察院作出的拘留决定,应当送达公安机关执行,公安机关应当立即执行,人民检察院可以协助公安机关执行。

17. 对于人民检察院批准逮捕的决定,公安机关应当立即执行,并将执行回执及时送达批准逮捕的人民检察院。如果未能执行,也应当将回执送达人民检察院,并写明未能执行的原因。对于人民检察院决定不批准逮捕的,公安机关在收到不批准逮捕决定书后,应当立即释放在押的犯罪嫌疑人或者变更强制措

---

① 《2018年刑事诉讼法》第五十六条。
② 《2018年刑事诉讼法》第五十六条。
③ 《2018年刑事诉讼法》第六十四条。

施,并将执行回执在收到不批准逮捕决定书后的三日内送达作出不批准逮捕决定的人民检察院。

五、立案

18. 刑事诉讼法第一百一十一条①规定:"人民检察院认为公安机关对应当立案侦查的案件而不立案侦查的,或者被害人认为公安机关对应当立案侦查的案件而不立案侦查,向人民检察院提出的,人民检察院应当要求公安机关说明不立案的理由。人民检察院认为公安机关不立案理由不能成立的,应当通知公安机关立案,公安机关接到通知后应当立案。"根据上述规定,公安机关收到人民检察院要求说明不立案理由通知书后,应当在七日内将说明情况书面答复人民检察院。人民检察院认为公安机关不立案理由不能成立,发出通知立案书时,应当将有关证明应当立案的材料同时移送公安机关。公安机关收到通知立案书后,应当在十五日内决定立案,并将立案决定书送达人民检察院。

六、侦查

19. 刑事诉讼法第一百二十一条第一款②规定:"侦查人员在讯问犯罪嫌疑人的时候,可以对讯问过程进行录音或者录像;对于可能判处无期徒刑、死刑的案件或者其他重大犯罪案件,应当对讯问过程进行录音或者录像。"侦查人员对讯问过程进行录音或者录像的,应当在讯问笔录中注明。人民检察院、人民法院可以根据需要调取讯问犯罪嫌疑人的录音或者录像,有关机关应当及时提供。

20. 刑事诉讼法第一百四十九条③中规定:"批准决定应当根据侦查犯罪的需要,确定采取技术侦查措施的种类和适用对象。"采取技术侦查措施收集的材料作为证据使用的,批准采取技术侦查措施的法律文书应当附卷,辩护律师可以依法查阅、摘抄、复制,在审判过程中可以向法庭出示。

21. 公安机关对案件提请延长羁押期限的,应当在羁押期限届满七日前提出,并书面呈报延长羁押期限案件的主要案情和延长羁押期限的具体理由,人民检察院应当在羁押期限届满前作出决定。

22. 刑事诉讼法第一百五十八条第一款④规定:"在侦查期间,发现犯罪嫌疑人另有重要罪行的,自发现之

---

① 《2018年刑事诉讼法》第一百一十三条。
② 《2018年刑事诉讼法》第一百二十三条第一款。
③ 《2018年刑事诉讼法》第一百五十一条。
④ 《2018年刑事诉讼法》第一百六十条。

日起依照本法第一百五十四条①的规定重新计算侦查羁押期限。"公安机关依照上述规定重新计算侦查羁押期限的,不需要经人民检察院批准,但应当报人民检察院备案,人民检察院可以进行监督。

七、提起公诉

23. 上级公安机关指定下级公安机关立案侦查的案件,需要逮捕犯罪嫌疑人的,由侦查该案件的公安机关提请同级人民检察院审查批准;需要提起公诉的,由侦查该案件的公安机关移送同级人民检察院审查起诉。

人民检察院对于审查起诉的案件,按照刑事诉讼法的管辖规定,认为应当由上级人民检察院或者同级其他人民检察院起诉的,应当将案件移送有管辖权的人民检察院。人民检察院认为需要依照刑事诉讼法的规定指定审判管辖的,应当协商同级人民法院办理指定管辖有关事宜。

24. 人民检察院向人民法院提起公诉时,应当将案卷材料和全部证据移送人民法院,包括犯罪嫌疑人、被告人翻供的材料,证人改变证言的材料,以及对犯罪嫌疑人、被告人有利的其他证据材料。

八、审 判

25. 刑事诉讼法第一百八十一条②规定:"人民法院对提起公诉的案件进行审查后,对于起诉书中有明确的指控犯罪事实的,应当决定开庭审判。"对于人民检察院提起公诉的案件,人民法院都应当受理。人民法院对提起公诉的案件进行审查后,对于起诉书中有明确的指控犯罪事实并且附有案卷材料、证据的,应当决定开庭审判,不得以上述材料不充足为由而不开庭审判。如果人民检察院移送的材料中缺少上述材料的,人民法院可以通知人民检察院补充材料,人民检察院应当自收到通知之日起三日内补送。

人民法院对提起公诉的案件进行审查的期限计入人民法院的审理期限。

26. 人民法院开庭审理公诉案件时,出庭的检察人员和辩护人需要出示、宣读、播放已移交人民法院的证据的,可以申请法庭出示、宣读、播放。

27. 刑事诉讼法第三十九条③规定:"辩护人认为在侦查、审查起诉期间公安机关、人民检察院收集的证明

---

① 《2018 年刑事诉讼法》第一百五十六条。
② 《2018 年刑事诉讼法》第一百八十六条。
③ 《2018 年刑事诉讼法》第四十一条。

犯罪嫌疑人、被告人无罪或者罪轻的证据材料未提交的,有权申请人民检察院、人民法院调取。"第一百九十一条第一款①规定:"法庭审理过程中,合议庭对证据有疑问的,可以宣布休庭,对证据进行调查核实。"第一百九十二条第一款②规定:"法庭审理过程中,当事人和辩护人、诉讼代理人有权申请通知新的证人到庭,调取新的物证,申请重新鉴定或者勘验。"根据上述规定,自案件移送审查起诉之日起,人民检察院可以根据辩护人的申请,向公安机关调取未提交的证明犯罪嫌疑人、被告人无罪或者罪轻的证据材料。在法庭审理过程中,人民法院可以根据辩护人的申请,向人民检察院调取未提交的证明被告人无罪或者罪轻的证据材料,也可以向人民检察院调取需要调查核实的证据材料。公安机关、人民检察院应当自收到要求调取证据材料决定书后三日内移交。

28. 人民法院依法通知证人、鉴定人出庭作证的,应当同时将证人、鉴定人出庭通知书送交控辩双方,控辩双方应当予以配合。

29. 刑事诉讼法第一百八十七条第三款③规定:"公诉人、当事人或者辩护人、诉讼代理人对鉴定意见有异议,人民法院认为鉴定人有必要出庭的,鉴定人应当出庭作证。经人民法院通知,鉴定人拒不出庭作证的,鉴定意见不得作为定案的根据。"根据上述规定,依法应当出庭的鉴定人经人民法院通知未出庭作证的,鉴定意见不得作为定案的根据。鉴定人由于不能抗拒的原因或者有其他正当理由无法出庭的,人民法院可以根据案件审理情况决定延期审理。

30. 人民法院审理公诉案件,发现有新的事实,可能影响定罪的,人民检察院可以要求补充起诉或者变更起诉,人民法院可以建议人民检察院补充起诉或者变更起诉。人民法院建议人民检察院补充起诉或者变更起诉的,人民检察院应当在七日以内回复意见。

31. 法庭审理过程中,被告人揭发他人犯罪行为或者提供重要线索,人民检察院认为需要进行查证的,可以建议补充侦查。

32. 刑事诉讼法第二百零三条④规定:"人民检察院发现人民法院审理案件违反法律规定的诉讼程序,有权向人民法院提出纠正意见。"人民检察

---

① 《2018年刑事诉讼法》第一百九十六条第一款。
② 《2018年刑事诉讼法》第一百九十七条第一款。
③ 《2018年刑事诉讼法》第一百九十二条第三款。
④ 《2018年刑事诉讼法》第二百零九条。

院对违反法定程序的庭审活动提出纠正意见,应当由人民检察院在庭审后提出。

九、执 行

33. 刑事诉讼法第二百五十四条第五款①中规定:"在交付执行前,暂予监外执行由交付执行的人民法院决定"。对于被告人可能被判处拘役、有期徒刑、无期徒刑,符合暂予监外执行条件的,被告人及其辩护人有权向人民法院提出暂予监外执行的申请,看守所可以将有关情况通报人民法院。人民法院应当进行审查,并在交付执行前作出是否暂予监外执行的决定。

34. 刑事诉讼法第二百五十七条第三款②规定:"不符合暂予监外执行条件的罪犯通过贿赂等非法手段被暂予监外执行的,在监外执行的期间不计入执行刑期。罪犯在暂予监外执行期间脱逃的,脱逃的期间不计入执行刑期。"对于人民法院决定暂予监外执行的罪犯具有上述情形的,人民法院在决定予以收监的同时,应当确定不计入刑期的期间。对于监狱管理机关或者公安机关决定暂予监外执行的罪犯具有上述情形,罪犯被收监后,所在监狱或者看守所应当及时向所在地的中级人民法院提出不计入执行刑期的建议书,由人民法院审核裁定。

35. 被决定收监执行的社区矫正人员在逃的,社区矫正机构应当立即通知公安机关,由公安机关负责追捕。

十、涉案财产的处理

36. 对于依照刑法规定应当追缴的违法所得及其他涉案财产,除依法返还被害人的财物以及依法销毁的违禁品外,必须一律上缴国库。查封、扣押的涉案财产,依法不移送的,待人民法院作出生效判决、裁定后,由人民法院通知查封、扣押机关上缴国库,查封、扣押机关应当向人民法院送交执行回单;冻结在金融机构的违法所得及其他涉案财产,待人民法院作出生效判决、裁定后,由人民法院通知有关金融机构上缴国库,有关金融机构应当向人民法院送交执行回单。

对于被扣押、冻结的债券、股票、基金份额等财产,在扣押、冻结期间权利人申请出售,经扣押、冻结机关审查,不损害国家利益、被害人利益,不影响诉讼正常进行的,以及扣押、冻结的汇票、本票、支票的有效期即将届满的,可以在判决生效前依法出售或者变现,所得价款由扣押、冻结机关保管,并及时告知当事人或者其近亲属。

---

① 《2018 年刑事诉讼法》第二百六十五条第五款。
② 《2018 年刑事诉讼法》第二百六十八条第三款。

37. 刑事诉讼法第一百四十二条第一款①中规定:"人民检察院、公安机关根据侦查犯罪的需要,可以依照规定查询、冻结犯罪嫌疑人的存款、汇款、债券、股票、基金份额等财产。"根据上述规定,人民检察院、公安机关不能扣划存款、汇款、债券、股票、基金份额等财产。对于犯罪嫌疑人、被告人死亡,依照刑法规定应当追缴其违法所得及其他涉案财产的,适用刑事诉讼法第五编第三章②规定的程序,由人民检察院向人民法院提出没收违法所得的申请。

38. 犯罪嫌疑人、被告人死亡,现有证据证明存在违法所得及其他涉案财产应当予以没收的,公安机关、人民检察院可以进行调查。公安机关、人民检察院进行调查,可以依法进行查封、扣押、查询、冻结。

人民法院在审理案件过程中,被告人死亡的,应当裁定终止审理;被告人脱逃的,应当裁定中止审理。人民检察院可以依法另行向人民法院提出没收违法所得的申请。

39. 对于人民法院依法作出的没收违法所得的裁定,犯罪嫌疑人、被告人的近亲属和其他利害关系人或者人民检察院可以在五日内提出上诉、抗诉。

十一、其 他

40. 刑事诉讼法第一百四十七条③规定:"对犯罪嫌疑人作精神病鉴定的期间不计入办案期限。"根据上述规定,犯罪嫌疑人、被告人在押的案件,除对犯罪嫌疑人、被告人的精神病鉴定期间不计入办案期限外,其他鉴定期间都应当计入办案期限。对于因鉴定时间较长,办案期限届满仍不能终结的案件,自期限届满之日起,应当对被羁押的犯罪嫌疑人、被告人变更强制措施,改为取保候审或者监视居住。

国家安全机关依照法律规定,办理危害国家安全的刑事案件,适用本规定中有关公安机关的规定。

本规定自 2013 年 1 月 1 日起施行。1998 年 1 月 19 日发布的《最高人民法院、最高人民检察院、公安部、国家安全部、司法部、全国人大常委会法制工作委员会关于刑事诉讼法实施中若干问题的规定》同时废止。

---

① 《2018 年刑事诉讼法》第一百四十四条第一款。
② 《2018 年刑事诉讼法》第五编第四章。
③ 《2018 年刑事诉讼法》第一百四十九条。

最高人民法院、最高人民检察院、公安部关于办理刑事案件收集提取和审查判断电子数据若干问题的规定

(法发〔2016〕22号)

为规范电子数据的收集提取和审查判断,提高刑事案件办理质量,根据《中华人民共和国刑事诉讼法》等有关法律规定,结合司法实际,制定本规定。

一、一般规定

第一条 电子数据是案件发生过程中形成的,以数字化形式存储、处理、传输的,能够证明案件事实的数据。

电子数据包括但不限于下列信息、电子文件:

(一)网页、博客、微博客、朋友圈、贴吧、网盘等网络平台发布的信息;

(二)手机短信、电子邮件、即时通信、通讯群组等网络应用服务的通信信息;

(三)用户注册信息、身份认证信息、电子交易记录、通信记录、登录日志等信息;

(四)文档、图片、音视频、数字证书、计算机程序等电子文件。

以数字化形式记载的证人证言、被害人陈述以及犯罪嫌疑人、被告人供述和辩解等证据,不属于电子数据。确有必要的,对相关证据的收集、提取、移送、审查,可以参照适用本规定。

第二条 侦查机关应当遵守法定程序,遵循有关技术标准,全面、客观、及时地收集、提取电子数据;人民检察院、人民法院应当围绕真实性、合法性、关联性审查判断电子数据。

第三条 人民法院、人民检察院和公安机关有权依法向有关单位和个人收集、调取电子数据。有关单位和个人应当如实提供。

第四条 电子数据涉及国家秘密、商业秘密、个人隐私的,应当保密。

第五条 对作为证据使用的电子数据,应当采取以下一种或者几种方法保护电子数据的完整性:

(一)扣押、封存电子数据原始存

储介质;

（二）计算电子数据完整性校验值;

（三）制作、封存电子数据备份;

（四）冻结电子数据;

（五）对收集、提取电子数据的相关活动进行录像;

（六）其他保护电子数据完整性的方法。

第六条　初查过程中收集、提取的电子数据，以及通过网络在线提取的电子数据，可以作为证据使用。

二、电子数据的收集与提取

第七条　收集、提取电子数据，应当由二名以上侦查人员进行。取证方法应当符合相关技术标准。

第八条　收集、提取电子数据，能够扣押电子数据原始存储介质的，应当扣押、封存原始存储介质，并制作笔录，记录原始存储介质的封存状态。

封存电子数据原始存储介质，应当保证在不解除封存状态的情况下，无法增加、删除、修改电子数据。封存前后应当拍摄被封存原始存储介质的照片，清晰反映封口或者张贴封条处的状况。

封存手机等具有无线通信功能的存储介质，应当采取信号屏蔽、信号阻断或者切断电源等措施。

第九条　具有下列情形之一，无法扣押原始存储介质的，可以提取电子数据，但应当在笔录中注明不能扣押原始存储介质的原因、原始存储介质的存放地点或者电子数据的来源等情况，并计算电子数据的完整性校验值:

（一）原始存储介质不便封存的;

（二）提取计算机内存数据、网络传输数据等不是存储在存储介质上的电子数据的;

（三）原始存储介质位于境外的;

（四）其他无法扣押原始存储介质的情形。

对于原始存储介质位于境外或者远程计算机信息系统上的电子数据，可以通过网络在线提取。

为进一步查明有关情况，必要时，可以对远程计算机信息系统进行网络远程勘验。进行网络远程勘验，需要采取技术侦查措施的，应当依法经过严格的批准手续。

第十条　由于客观原因无法或者不宜依照第八条、第九条的规定收集、提取电子数据的，可以采取打印、拍照或者录像等方式固定相关证据，并在笔录中说明原因。

第十一条　具有下列情形之一的，经县级以上公安机关负责人或者检察长批准，可以对电子数据进行冻结:

（一）数据量大，无法或者不便提

取的；

（二）提取时间长，可能造成电子数据被篡改或者灭失的；

（三）通过网络应用可以更为直观地展示电子数据的；

（四）其他需要冻结的情形。

第十二条 冻结电子数据，应当制作协助冻结通知书，注明冻结电子数据的网络应用账号等信息，送交电子数据持有人、网络服务提供者或者有关部门协助办理。解除冻结的，应当在三日内制作协助解除冻结通知书，送交电子数据持有人、网络服务提供者或者有关部门协助办理。

冻结电子数据，应当采取以下一种或者几种方法：

（一）计算电子数据的完整性校验值；

（二）锁定网络应用账号；

（三）其他防止增加、删除、修改电子数据的措施。

第十三条 调取电子数据，应当制作调取证据通知书，注明需要调取电子数据的相关信息，通知电子数据持有人、网络服务提供者或者有关部门执行。

第十四条 收集、提取电子数据，应当制作笔录，记录案由、对象、内容、收集、提取电子数据的时间、地点、方法、过程，并附电子数据清单，注明类别、文件格式、完整性校验值等，由侦查人员、电子数据持有人（提供人）签名或者盖章；电子数据持有人（提供人）无法签名或者拒绝签名的，应当在笔录中注明，由见证人签名或者盖章。有条件的，应当对相关活动进行录像。

第十五条 收集、提取电子数据，应当根据刑事诉讼法的规定，由符合条件的人员担任见证人。由于客观原因无法由符合条件的人员担任见证人的，应当在笔录中注明情况，并对相关活动进行录像。

针对同一现场多个计算机信息系统收集、提取电子数据的，可以由一名见证人见证。

第十六条 对扣押的原始存储介质或者提取的电子数据，可以通过恢复、破解、统计、关联、比对等方式进行检查。必要时，可以进行侦查实验。

电子数据检查，应当对电子数据存储介质拆封过程进行录像，并将电子数据存储介质通过写保护设备接入到检查设备进行检查；有条件的，应当制作电子数据备份，对备份进行检查；无法使用写保护设备且无法制作备份的，应当注明原因，并对相关活动进行录像。

电子数据检查应当制作笔录，注明检查方法、过程和结果，由有关人员签名或者盖章。进行侦查实验的，应当制作侦查实验笔录，注明侦查实验的条件、经过和结果，由参加实验的人员签名或者盖章。

第十七条　对电子数据涉及的专门性问题难以确定的，由司法鉴定机构出具鉴定意见，或者由公安部指定的机构出具报告。对于人民检察院直接受理的案件，也可以由最高人民检察院指定的机构出具报告。

具体办法由公安部、最高人民检察院分别制定。

三、电子数据的移送与展示

第十八条　收集、提取的原始存储介质或者电子数据，应当以封存状态随案移送，并制作电子数据的备份一并移送。

对网页、文档、图片等可以直接展示的电子数据，可以不随案移送打印件；人民法院、人民检察院因设备等条件限制无法直接展示电子数据的，侦查机关应当随案移送打印件，或者附展示工具和展示方法说明。

对冻结的电子数据，应当移送被冻结电子数据的清单，注明类别、文件格式、冻结主体、证据要点、相关网络应用账号，并附查看工具和方法的说明。

第十九条　对侵入、非法控制计算机信息系统的程序、工具以及计算机病毒等无法直接展示的电子数据，应当附电子数据属性、功能等情况的说明。

对数据统计量、数据同一性等问题，侦查机关应当出具说明。

第二十条　公安机关报请人民检察院审查批准逮捕犯罪嫌疑人，或者对侦查终结的案件移送人民检察院审查起诉的，应当将电子数据等证据一并移送人民检察院。人民检察院在审查批准逮捕和审查起诉过程中发现应当移送的电子数据没有移送或者移送的电子数据不符合相关要求的，应当通知公安机关补充移送或者进行补正。

对于提起公诉的案件，人民法院发现应当移送的电子数据没有移送或者移送的电子数据不符合相关要求的，应当通知人民检察院。

公安机关、人民检察院应当自收到通知后三日内移送电子数据或者补充有关材料。

第二十一条　控辩双方向法庭提交的电子数据需要展示的，可以根据电子数据的具体类型，借助多媒体设备出示、播放或者演示。必要时，可以聘请具有专门知识的人进行操作，并就相关技术问题作出说明。

四、电子数据的审查与判断

第二十二条　对电子数据是否真实，应当着重审查以下内容：

（一）是否移送原始存储介质；在原始存储介质无法封存、不便移动

时,有无说明原因,并注明收集、提取过程及原始存储介质的存放地点或者电子数据的来源等情况;

(二)电子数据是否具有数字签名、数字证书等特殊标识;

(三)电子数据的收集、提取过程是否可以重现;

(四)电子数据如有增加、删除、修改等情形的,是否附有说明;

(五)电子数据的完整性是否可以保证。

第二十三条 对电子数据是否完整,应当根据保护电子数据完整性的相应方法进行验证:

(一)审查原始存储介质的扣押、封存状态;

(二)审查电子数据的收集、提取过程,查看录像;

(三)比对电子数据完整性校验值;

(四)与备份的电子数据进行比较;

(五)审查冻结后的访问操作日志;

(六)其他方法。

第二十四条 对收集、提取电子数据是否合法,应当着重审查以下内容:

(一)收集、提取电子数据是否由二名以上侦查人员进行,取证方法是否符合相关技术标准;

(二)收集、提取电子数据,是否附有笔录、清单,并经侦查人员、电子数据持有人(提供人)、见证人签名或者盖章;没有持有人(提供人)签名或者盖章的,是否注明原因;对电子数据的类别、文件格式等是否注明清楚;

(三)是否依照有关规定由符合条件的人员担任见证人,是否对相关活动进行录像;

(四)电子数据检查是否将电子数据存储介质通过写保护设备接入到检查设备;有条件的,是否制作电子数据备份,并对备份进行检查;无法制作备份且无法使用写保护设备的,是否附有录像。

第二十五条 认定犯罪嫌疑人、被告人的网络身份与现实身份的同一性,可以通过核查相关 IP 地址、网络活动记录、上网终端归属、相关证人证言以及犯罪嫌疑人、被告人供述和辩解等进行综合判断。

认定犯罪嫌疑人、被告人与存储介质的关联性,可以通过核查相关证人证言以及犯罪嫌疑人、被告人供述和辩解等进行综合判断。

第二十六条 公诉人、当事人或者辩护人、诉讼代理人对电子数据鉴定意见有异议,可以申请人民法院通知鉴定人出庭作证。人民法院认为鉴定人有必要出庭的,鉴定人应当出庭作证。

经人民法院通知,鉴定人拒不出

庭作证的,鉴定意见不得作为定案的根据。对没有正当理由拒不出庭作证的鉴定人,人民法院应当通报司法行政机关或者有关部门。

公诉人、当事人或者辩护人、诉讼代理人可以申请法庭通知有专门知识的人出庭,就鉴定意见提出意见。

对电子数据涉及的专门性问题的报告,参照适用前三款规定。

第二十七条 电子数据的收集、提取程序有下列瑕疵,经补正或者作出合理解释的,可以采用;不能补正或者作出合理解释的,不得作为定案的根据:

(一)未以封存状态移送的;

(二)笔录或者清单上没有侦查人员、电子数据持有人(提供人)、见证人签名或者盖章的;

(三)对电子数据的名称、类别、格式等注明不清的;

(四)有其他瑕疵的。

第二十八条 电子数据具有下列情形之一的,不得作为定案的根据:

(一)电子数据系篡改、伪造或者无法确定真伪的;

(二)电子数据有增加、删除、修改等情形,影响电子数据真实性的;

(三)其他无法保证电子数据真实性的情形。

五、附则

第二十九条 本规定中下列用语的含义:

(一)存储介质,是指具备数据信息存储功能的电子设备、硬盘、光盘、优盘、记忆棒、存储卡、存储芯片等载体。

(二)完整性校验值,是指为防止电子数据被篡改或者破坏,使用散列算法等特定算法对电子数据进行计算,得出的用于校验数据完整性的数据值。

(三)网络远程勘验,是指通过网络对远程计算机信息系统实施勘验,发现、提取与犯罪有关的电子数据,记录计算机信息系统状态,判断案件性质,分析犯罪过程,确定侦查方向和范围,为侦查破案、刑事诉讼提供线索和证据的侦查活动。

(四)数字签名,是指利用特定算法对电子数据进行计算,得出的用于验证电子数据来源和完整性的数据值。

(五)数字证书,是指包含数字签名并对电子数据来源、完整性进行认证的电子文件。

(六)访问操作日志,是指为审查电子数据是否被增加、删除或者修改,由计算机信息系统自动生成的对电子数据访问、操作情况的详细记录。

第三十条 本规定自 2016 年 10 月 1 日起施行。之前发布的规范性文件与本规定不一致的,以本规定为准。

最高人民法院、最高人民检察院、公安部、国家安全部、司法部关于办理刑事案件严格排除非法证据若干问题的规定

（法发〔2017〕15号）

为准确惩罚犯罪，切实保障人权，规范司法行为，促进司法公正，根据《中华人民共和国刑事诉讼法》及有关司法解释等规定，结合司法实际，制定如下规定。

一、一般规定

第一条 严禁刑讯逼供和以威胁、引诱、欺骗以及其他非法方法收集证据，不得强迫任何人证实自己有罪。对一切案件的判处都要重证据，重调查研究，不轻信口供。

第二条 采取殴打、违法使用戒具等暴力方法或者变相肉刑的恶劣手段，使犯罪嫌疑人、被告人遭受难以忍受的痛苦而违背意愿作出的供述，应当予以排除。

第三条 采用以暴力或者严重损害本人及其近亲属合法权益等进行威胁的方法，使犯罪嫌疑人、被告人遭受难以忍受的痛苦而违背意愿作出的供述，应当予以排除。

第四条 采用非法拘禁等非法限制人身自由的方法收集的犯罪嫌疑人、被告人供述，应当予以排除。

第五条 采用刑讯逼供方法使犯罪嫌疑人、被告人作出供述，之后犯罪嫌疑人、被告人受该刑讯逼供行为影响而作出的与该供述相同的重复性供述，应当一并排除，但下列情形除外：

（一）侦查期间，根据控告、举报或者自己发现等，侦查机关确认或者不能排除以非法方法收集证据而更换侦查人员，其他侦查人员再次讯问时告知诉讼权利和认罪的法律后果，犯罪嫌疑人自愿供述的；

（二）审查逮捕、审查起诉和审判期间，检察人员、审判人员讯问时告知诉讼权利和认罪的法律后果，犯罪嫌疑人、被告人自愿供述的。

第六条 采用暴力、威胁以及非法限制人身自由等非法方法收集的证人证言、被害人陈述，应当予以排除。

第七条 收集物证、书证不符合

法定程序,可能严重影响司法公正的,应当予以补正或者作出合理解释;不能补正或者作出合理解释的,对有关证据应当予以排除。

二、侦查

第八条 侦查机关应当依照法定程序开展侦查,收集、调取能够证实犯罪嫌疑人有罪或者无罪、罪轻或者罪重的证据材料。

第九条 拘留、逮捕犯罪嫌疑人后,应当按照法律规定送看守所羁押。犯罪嫌疑人被送交看守所羁押后,讯问应当在看守所讯问室进行。因客观原因侦查机关在看守所讯问室以外的场所进行讯问的,应当作出合理解释。

第十条 侦查人员在讯问犯罪嫌疑人的时候,可以对讯问过程进行录音录像;对于可能判处无期徒刑、死刑的案件或者其他重大犯罪案件,应当对讯问过程进行录音录像。

侦查人员应当告知犯罪嫌疑人对讯问过程录音录像,并在讯问笔录中写明。

第十一条 对讯问过程录音录像,应当不间断进行,保持完整性,不得选择性地录制,不得剪接、删改。

第十二条 侦查人员讯问犯罪嫌疑人,应当依法制作讯问笔录。讯问笔录应当交犯罪嫌疑人核对,对于没有阅读能力的,应当向他宣读。对讯问笔录中有遗漏或者差错等情形,犯罪嫌疑人可以提出补充或者改正。

第十三条 看守所应当对提讯进行登记,写明提讯单位、人员、事由、起止时间以及犯罪嫌疑人姓名等情况。

看守所收押犯罪嫌疑人,应当进行身体检查。检查时,人民检察院驻看守所检察人员可以在场。检查发现犯罪嫌疑人有伤或者身体异常的,看守所应当拍照或者录像,分别由送押人员、犯罪嫌疑人说明原因,并在体检记录中写明,由送押人员、收押人员和犯罪嫌疑人签字确认。

第十四条 犯罪嫌疑人及其辩护人在侦查期间可以向人民检察院申请排除非法证据。对犯罪嫌疑人及其辩护人提供相关线索或者材料的,人民检察院应当调查核实。调查结论应当书面告知犯罪嫌疑人及其辩护人。对确有以非法方法收集证据情形的,人民检察院应当向侦查机关提出纠正意见。

侦查机关对审查认定的非法证据,应当予以排除,不得作为提请批准逮捕、移送审查起诉的根据。

对重大案件,人民检察院驻看守所检察人员应当在侦查终结前询问犯罪嫌疑人,核查是否存在刑讯逼供、非法取证情形,并同步录音录像。经核查,确有刑讯逼供、非法取证情形的,侦查机关应当及时排除非法证据,不得作为提请批准逮捕、移送审查起诉的根据。

第十五条 对侦查终结的案件,侦查机关应当全面审查证明证据收集合法性的证据材料,依法排除非法证据。排除非法证据后,证据不足的,不得移送审查起诉。

侦查机关发现办案人员非法取证的,应当依法作出处理,并可另行指派侦查人员重新调查取证。

三、审查逮捕、审查起诉

第十六条 审查逮捕、审查起诉期间讯问犯罪嫌疑人,应当告知其有权申请排除非法证据,并告知诉讼权利和认罪的法律后果。

第十七条 审查逮捕、审查起诉期间,犯罪嫌疑人及其辩护人申请排除非法证据,并提供相关线索或者材料的,人民检察院应当调查核实。调查结论应当书面告知犯罪嫌疑人及其辩护人。

人民检察院在审查起诉期间发现侦查人员以刑讯逼供等非法方法收集证据的,应当依法排除相关证据并提出纠正意见,必要时人民检察院可以自行调查取证。

人民检察院对审查认定的非法证据,应当予以排除,不得作为批准或者决定逮捕、提起公诉的根据。被排除的非法证据应当随案移送,并写明为依法排除的非法证据。

第十八条 人民检察院依法排除非法证据后,证据不足,不符合逮捕、起诉条件的,不得批准或者决定逮捕、提起公诉。

对于人民检察院排除有关证据导致对涉嫌的重要犯罪事实未予认定,从而作出不批准逮捕、不起诉决定,或者对涉嫌的部分重要犯罪事实决定不起诉的,公安机关、国家安全机关可要求复议、提请复核。

四、辩护

第十九条 犯罪嫌疑人、被告人申请提供法律援助的,应当按照有关规定指派法律援助律师。

法律援助值班律师可以为犯罪嫌疑人、被告人提供法律帮助,对刑讯逼供、非法取证情形代理申诉、控告。

第二十条 犯罪嫌疑人、被告人及其辩护人申请排除非法证据,应当提供涉嫌非法取证的人员、时间、地点、方式、内容等相关线索或者材料。

第二十一条 辩护律师自人民检察院对案件审查起诉之日起,可以查阅、摘抄、复制讯问笔录、提讯登记、采取强制措施或者侦查措施的法律文书等证据材料。其他辩护人经人民法院、人民检察院许可,也可以查阅、摘抄、复制上述证据材料。

第二十二条 犯罪嫌疑人、被告

人及其辩护人向人民法院、人民检察院申请调取公安机关、国家安全机关、人民检察院收集但未提交的讯问录音录像、体检记录等证据材料,人民法院、人民检察院经审查认为犯罪嫌疑人、被告人及其辩护人申请调取的证据材料与证明证据收集的合法性有联系的,应当予以调取;认为与证明证据收集的合法性没有联系的,应当决定不予调取并向犯罪嫌疑人、被告人及其辩护人说明理由。

五、审判

第二十三条 人民法院向被告人及其辩护人送达起诉书副本时,应当告知其有权申请排除非法证据。

被告人及其辩护人申请排除非法证据,应当在开庭审理前提出,但在庭审期间发现相关线索或者材料等情形除外。人民法院应当在开庭审理前将申请书和相关线索或者材料的复制件送交人民检察院。

第二十四条 被告人及其辩护人在开庭审理前申请排除非法证据,未提供相关线索或者材料,不符合法律规定的申请条件的,人民法院对申请不予受理。

第二十五条 被告人及其辩护人在开庭审理前申请排除非法证据,按照法律规定提供相关线索或者材料的,人民法院应当召开庭前会议。人

民检察院应当通过出示有关证据材料等方式,有针对性地对证据收集的合法性作出说明。人民法院可以核实情况,听取意见。

人民检察院可以决定撤回有关证据,撤回的证据,没有新的理由,不得在庭审中出示。

被告人及其辩护人可以撤回排除非法证据的申请。撤回申请后,没有新的线索或者材料,不得再次对有关证据提出排除申请。

第二十六条 公诉人、被告人及其辩护人在庭前会议中对证据收集是否合法未达成一致意见,人民法院对证据收集的合法性有疑问的,应当在庭审中进行调查;人民法院对证据收集的合法性没有疑问,且没有新的线索或者材料表明可能存在非法取证的,可以决定不再进行调查。

第二十七条 被告人及其辩护人申请人民法院通知侦查人员或者其他人员出庭,人民法院认为现有证据材料不能证明证据收集的合法性,确有必要通知上述人员出庭作证或者说明情况的,可以通知上述人员出庭。

第二十八条 公诉人宣读起诉书后,法庭应当宣布开庭审理前对证据收集合法性的审查及处理情况。

第二十九条 被告人及其辩护人在开庭审理前未申请排除非法证据,在法庭审理过程中提出申请的,应

当说明理由。

对前述情形,法庭经审查,对证据收集的合法性有疑问的,应当进行调查;没有疑问的,应当驳回申请。

法庭驳回排除非法证据申请后,被告人及其辩护人没有新的线索或者材料,以相同理由再次提出申请的,法庭不再审查。

第三十条 庭审期间,法庭决定对证据收集的合法性进行调查的,应当先行当庭调查。但为防止庭审过分迟延,也可以在法庭调查结束前进行调查。

第三十一条 公诉人对证据收集的合法性加以证明,可以出示讯问笔录、提讯登记、体检记录、采取强制措施或者侦查措施的法律文书、侦查终结前对讯问合法性的核查材料等证据材料,有针对性地播放讯问录音录像,提请法庭通知侦查人员或者其他人员出庭说明情况。

被告人及其辩护人可以出示相关线索或者材料,并申请法庭播放特定时段的讯问录音录像。

侦查人员或者其他人员出庭,应当向法庭说明证据收集过程,并就相关情况接受发问。对发问方式不当或者内容与证据收集的合法性无关的,法庭应当制止。

公诉人、被告人及其辩护人可以对证据收集的合法性进行质证、辩论。

第三十二条 法庭对控辩双方提供的证据有疑问的,可以宣布休庭,对证据进行调查核实。必要时,可以通知公诉人、辩护人到场。

第三十三条 法庭对证据收集的合法性进行调查后,应当当庭作出是否排除有关证据的决定。必要时,可以宣布休庭,由合议庭评议或者提交审判委员会讨论,再次开庭时宣布决定。

在法庭作出是否排除有关证据的决定前,不得对有关证据宣读、质证。

第三十四条 经法庭审理,确认存在本规定所规定的以非法方法收集证据情形的,对有关证据应当予以排除。法庭根据相关线索或者材料对证据收集的合法性有疑问,而人民检察院未提供证据或者提供的证据不能证明证据收集的合法性,不能排除存在本规定所规定的以非法方法收集证据情形的,对有关证据应当予以排除。

对依法予以排除的证据,不得宣读、质证,不得作为判决的根据。

第三十五条 人民法院排除非法证据后,案件事实清楚,证据确实、充分,依据法律认定被告人有罪的,应当作出有罪判决;证据不足,不能认定被告人有罪的,应当作出证据不足、指控的犯罪不能成立的无罪判决;案件部分事实清楚,证据确实、充分的,依法认定该部分事实。

第三十六条 人民法院对证据收集合法性的审查、调查结论,应当在裁判文书中写明,并说明理由。

第三十七条 人民法院对证人证言、被害人陈述等证据收集合法性的审查、调查,参照上述规定。

第三十八条 人民检察院、被告人及其法定代理人提出抗诉、上诉,对第一审人民法院有关证据收集合法性的审查、调查结论提出异议的,第二审人民法院应当审查。

被告人及其辩护人在第一审程序中未申请排除非法证据,在第二审程序中提出申请的,应当说明理由。第二审人民法院应当审查。

人民检察院在第一审程序中未出示证据证明证据收集的合法性,第一审人民法院依法排除有关证据的,人民检察院在第二审程序中不得出示之前未出示的证据,但在第一审程序后发现的除外。

第三十九条 第二审人民法院对证据收集合法性的调查,参照上述第一审程序的规定。

第四十条 第一审人民法院对被告人及其辩护人排除非法证据的申请未予审查,并以有关证据作为定案根据,可能影响公正审判的,第二审人民法院可以裁定撤销原判,发回原审人民法院重新审判。

第一审人民法院对依法应当排除的非法证据未予排除的,第二审人民法院可以依法排除非法证据。排除非法证据后,原判决认定事实和适用法律正确、量刑适当的,应当裁定驳回上诉或者抗诉,维持原判;原判决认定事实没有错误,但适用法律有错误,或者量刑不当的,应当改判;原判决事实不清楚或者证据不足的,可以裁定撤销原判,发回原审人民法院重新审判。

第四十一条 审判监督程序、死刑复核程序中对证据收集合法性的审查、调查,参照上述规定。

第四十二条 本规定自2017年6月27日起施行。

最高人民法院、最高人民检察院、公安部、国家安全部、司法部关于适用认罪认罚从宽制度的指导意见

(高检发〔2019〕13号)

适用认罪认罚从宽制度,对准确及时惩罚犯罪、强化人权司法保障、推动刑事案件繁简分流、节约司法资源、化解社会矛盾、推动国家治理体系和治理能力现代化,具有重要意义。为贯彻落实修改后刑事诉讼法,确保认罪认罚从宽制度正确有效实施,根据法律和有关规定,结合司法工作实际,制定本意见。

一、基本原则

1. 贯彻宽严相济刑事政策。落实认罪认罚从宽制度,应当根据犯罪的具体情况,区分案件性质、情节和对社会的危害程度,实行区别对待,做到该宽则宽,当严则严,宽严相济,罚当其罪。对可能判处三年有期徒刑以下刑罚的认罪认罚案件,要尽量依法从简从快从宽办理,探索相适应的处理原则和办案方式;对因民间矛盾引发的犯罪,犯罪嫌疑人、被告人自愿认罪、真诚悔罪并取得谅解、达成和解、尚未严重影响人民群众安全感的,要积极适用认罪认罚从宽制度,特别是对其中社会危害不大的初犯、偶犯、过失犯、未成年犯,一般应当体现从宽;对严重危害国家安全、公共安全犯罪,严重暴力犯罪,以及社会普遍关注的重大敏感案件,应当慎重把握从宽,避免案件处理明显违背人民群众的公平正义观念。

2. 坚持罪责刑相适应原则。办理认罪认罚案件,既要考虑体现认罪认罚从宽,又要考虑其所犯罪行的轻重、应负刑事责任和人身危险性的大小,依照法律规定提出量刑建议,准确裁量刑罚,确保罚当其罪,避免罪刑失衡。特别是对于共同犯罪案件,主犯认罪认罚,从犯不认罪认罚的,人民法院、人民检察院应当注意两者之间的量刑平衡,防止因量刑失当严重偏离一般的司法认知。

3. 坚持证据裁判原则。办理认罪认罚案件,应当以事实为根据,以法律

为准绳,严格按照证据裁判要求,全面收集、固定、审查和认定证据。坚持法定证明标准,侦查终结、提起公诉,作出有罪裁判应当做到犯罪事实清楚,证据确实、充分,防止因犯罪嫌疑人、被告人认罪而降低证据要求和证明标准。对犯罪嫌疑人、被告人认罪认罚,但证据不足,不能认定其有罪的,依法作出撤销案件、不起诉决定或者宣告无罪。

4. 坚持公检法三机关配合制约原则。办理认罪认罚案件,公、检、法三机关应当分工负责、互相配合、互相制约,保证犯罪嫌疑人、被告人自愿认罪认罚,依法推进从宽落实。要严格执法、公正司法,强化对自身执法司法办案活动的监督,防止产生"权权交易"、"权钱交易"等司法腐败问题。

二、适用范围和适用条件

5. 适用阶段和适用案件范围。认罪认罚从宽制度贯穿刑事诉讼全过程,适用于侦查、起诉、审判各个阶段。

认罪认罚从宽制度没有适用罪名和可能判处刑罚的限定,所有刑事案件都可以适用,不能因罪轻、罪重或者罪名特殊等原因而剥夺犯罪嫌疑人、被告人自愿认罪认罚获得从宽处理的机会。但"可以"适用不是一律适用,犯罪嫌疑人、被告人认罪认罚后是否从宽,由司法机关根据案件具体情况决定。

6. "认罪"的把握。认罪认罚从宽制度中的"认罪",是指犯罪嫌疑人、被告人自愿如实供述自己的罪行,对指控的犯罪事实没有异议。承认指控的主要犯罪事实,仅对个别事实情节提出异议,或者虽然对行为性质提出辩解但表示接受司法机关认定意见的,不影响"认罪"的认定。犯罪嫌疑人、被告人犯数罪,仅如实供述其中一罪或部分罪名事实的,全案不作"认罪"的认定,不适用认罪认罚从宽制度,但对如实供述的部分,人民检察院可以提出从宽处罚的建议,人民法院可以从宽处罚。

7. "认罚"的把握。认罪认罚从宽制度中的"认罚",是指犯罪嫌疑人、被告人真诚悔罪,愿意接受处罚。"认罚",在侦查阶段表现为表示愿意接受处罚;在审查起诉阶段表现为接受人民检察院拟作出的起诉或不起诉决定,认可人民检察院的量刑建议,签署认罪认罚具结书;在审判阶段表现为当庭确认自愿签署具结书,愿意接受刑罚处罚。

"认罚"考察的重点是犯罪嫌疑人、被告人的悔罪态度和悔罪表现,应当结合退赃退赔、赔偿损失、赔礼道歉等因素来考量。犯罪嫌疑人、被告人虽然表示"认罚",却暗中串供、干扰证人作证、毁灭、伪造证据或者隐匿、转移财产,有赔偿能力而不赔偿损失,则不能适用认罪认罚从宽制度。犯罪嫌疑人、被告人享有程序选择权,不同意适用速裁程序、简易程序的,不影响"认罚"的认定。

三、认罪认罚后"从宽"的把握

8."从宽"的理解。从宽处理既包括实体上从宽处罚,也包括程序上从简处理。"可以从宽",是指一般应当体现法律规定和政策精神,予以从宽处理。但可以从宽不是一律从宽,对犯罪性质和危害后果特别严重、犯罪手段特别残忍、社会影响特别恶劣的犯罪嫌疑人、被告人,认罪认罚不足以从轻处罚的,依法不予从宽处罚。

办理认罪认罚案件,应当依照刑法、刑事诉讼法的基本原则,根据犯罪的事实、性质、情节和对社会的危害程度,结合法定、酌定的量刑情节,综合考虑认罪认罚的具体情况,依法决定是否从宽、如何从宽。对于减轻、免除处罚,应当于法有据;不具备减轻处罚情节的,应当在法定幅度以内提出从轻处罚的量刑建议和量刑;对其中犯罪情节轻微不需要判处刑罚的,可以依法作出不起诉决定或者判决免予刑事处罚。

9. 从宽幅度的把握。办理认罪认罚案件,应当区别认罪认罚的不同诉讼阶段,对查明案件事实的价值和意义、是否确有悔罪表现,以及罪行严重程度等,综合考量确定从宽的限度和幅度。在刑罚评价上,主动认罪优于被动认罪,早认罪优于晚认罪,彻底认罪优于不彻底认罪,稳定认罪优于不稳定认罪。

认罪认罚的从宽幅度一般应当大于仅有坦白,或者虽认罪但不认罚的从宽幅度。对犯罪嫌疑人、被告人具有自首、坦白情节,同时认罪认罚的,应当在法定刑幅度内给予相对更大的从宽幅度。认罪认罚与自首、坦白不作重复评价。

对罪行较轻、人身危险性较小的,特别是初犯、偶犯,从宽幅度可以大一些;罪行较重、人身危险性较大的,以及累犯、再犯,从宽幅度应当从严把握。

四、犯罪嫌疑人、被告人辩护权保障

10. 获得法律帮助权。人民法院、人民检察院、公安机关办理认罪认罚案件,应当保障犯罪嫌疑人、被告人获得有效法律帮助,确保其了解认罪认罚的性质和法律后果,自愿认罪认罚。

犯罪嫌疑人、被告人自愿认罪认罚,没有辩护人的,人民法院、人民检察院、公安机关(看守所)应当通知值班律师为其提供法律咨询、程序选择建议、申请变更强制措施等法律帮助。

符合通知辩护条件的,应当依法通知法律援助机构指派律师为其提供辩护。

人民法院、人民检察院、公安机关(看守所)应当告知犯罪嫌疑人、被告人有权约见值班律师,获得法律帮助,并为其约见值班律师提供便利。犯罪嫌疑人、被告人及其近亲属提出法律帮助请求的,人民法院、人民检察院、公安机关(看守所)应当通知值班律师为其提供法律帮助。

11. 派驻值班律师。法律援助机构可以在人民法院、人民检察院、看守所派驻值班律师。人民法院、人民检察院、看守所应当为派驻值班律师提供必要办公场所和设施。

法律援助机构应当根据人民法院、人民检察院、看守所的法律帮助需求和当地法律服务资源,合理安排值班律师。值班律师可以定期值班或轮流值班,律师资源短缺的地区可以通过探索现场值班和电话、网络值班相结合,在人民法院、人民检察院毗邻设置联合工作站,省内和市内统筹调配律师资源,以及建立政府购买值班律师服务机制等方式,保障法律援助值班律师工作有序开展。

12. 值班律师的职责。值班律师应当维护犯罪嫌疑人、被告人的合法权益,确保犯罪嫌疑人、被告人在充分了解认罪认罚性质和法律后果的情况下,自愿认罪认罚。值班律师应当为认罪认罚的犯罪嫌疑人、被告人提供下列法律帮助:

(一)提供法律咨询,包括告知涉嫌或指控的罪名、相关法律规定,认罪认罚的性质和法律后果等;

(二)提出程序适用的建议;

(三)帮助申请变更强制措施;

(四)对人民检察院认定罪名、量刑建议提出意见;

(五)就案件处理,向人民法院、人民检察院、公安机关提出意见;

(六)引导、帮助犯罪嫌疑人、被告人及其近亲属申请法律援助;

(七)法律法规规定的其他事项。

值班律师可以会见犯罪嫌疑人、被告人,看守所应当为值班律师会见提供便利。危害国家安全犯罪、恐怖活动犯罪案件,侦查期间值班律师会见在押犯罪嫌疑人的,应当经侦查机关许可。自人民检察院对案件审查起诉之日起,值班律师可以查阅案卷材料、了解案情。人民法院、人民检察院应当为值班律师查阅案卷材料提供便利。

值班律师提供法律咨询、查阅案卷材料、会见犯罪嫌疑人或者被告人、提出书面意见等法律帮助活动的相关情况应当记录在案,并随案移送。

13. 法律帮助的衔接。对于被羁押的犯罪嫌疑人、被告人,在不同诉讼阶段,可以由派驻看守所的同一值班律师提供法律帮助。对于未被羁押的犯罪嫌疑人、被告人,前一诉讼阶段的值班律师可以在后续诉讼阶段继续为犯罪嫌疑人、被告人提供法律帮助。

14. 拒绝法律帮助的处理。犯罪嫌疑人、被告人自愿认罪认罚,没有委托辩护人,拒绝值班律师帮助的,人民法院、人民检察院、公安机关应当允许,记录在案并随案移送。但是审查起诉阶段签署认罪认罚具结书时,人民检察院应当通知值班律师到场。

15. 辩护人职责。认罪认罚案件犯罪嫌疑人、被告人委托辩护人或者法律援助机构指派律师为其辩护的,辩护律师在侦查、审查起诉和审判阶段,应当与犯罪嫌疑人、被告人就是否认罪认罚进行沟通,提供法律咨询和帮助,并就定罪量刑、诉讼程序适用等向办案机关提出意见。

五、被害方权益保障

16. 听取意见。办理认罪认罚案件,应当听取被害人及其诉讼代理人的意见,并将犯罪嫌疑人、被告人是否与被害方达成和解协议、调解协议或者赔偿被害方损失,取得被害方谅解,作为从宽处罚的重要考虑因素。人民检察院、公安机关听取意见情况应当记录在案并随案移送。

17. 促进和解谅解。对符合当事人和解程序适用条件的公诉案件,犯罪嫌疑人、被告人认罪认罚的,人民法院、人民检察院、公安机关应当积极促进当事人自愿达成和解。对其他认罪认罚案件,人民法院、人民检察院、公安机关可以促进犯罪嫌疑人、被告人通过向被害方赔偿损失、赔礼道歉等方式获得谅解,被害方出具的谅解意见应当随案移送。

人民法院、人民检察院、公安机关在促进当事人和解谅解过程中,应当向被害方释明认罪认罚从宽、公诉案件当事人和解适用程序等具体法律规定,充分听取被害方意见,符合司法救助条件的,应当积极协调办理。

18. 被害方异议的处理。被害人及其诉讼代理人不同意对认罪认罚的犯罪嫌疑人、被告人从宽处理的,不影响认罪认罚从宽制度的适用。犯罪嫌疑人、被告人认罪认罚,但没有退赃退赔、赔偿损失,未能与被害方达成调解或者和解协议的,从宽时应当予以酌减。犯罪嫌疑人、被告人自愿认罪并且愿意积极赔偿损失,但由于被害方赔偿请求明显不合理,未能达成调解或者和解协议的,一般不影响对犯罪嫌疑人、被告人从宽处理。

六、强制措施的适用

19. 社会危险性评估。人民法院、人民检察院、公安机关应当将犯罪嫌疑人、被告人认罪认罚作为其是否具有社会危险性的重要考虑因素。对于罪行较轻、采用非羁押性强制措施足以防止发生刑事诉讼法第八十一条第一款规定的社会危险性的犯罪嫌疑人、被告人,根据犯罪性质及可能判处的刑罚,依法可不适用羁押性强制措施。

20. 逮捕的适用。犯罪嫌疑人认罪认罚,公安机关认为罪行较轻、没有社会危险性的,应当不再提请人民检察院审查逮捕。对提请逮捕的,人民检察院认为没有社会危险性不需要逮捕的,应当作出不批准逮捕的决定。

21. 逮捕的变更。已经逮捕的犯罪嫌疑人、被告人认罪认罚的,人民法院、人民检察院应当及时审查羁押的必要性,经审查认为没有继续羁押必要的,应当变更为取保候审或者监视居住。

七、侦查机关的职责

22. 权利告知和听取意见。公安机关在侦查过程中,应当告知犯罪嫌疑人享有的诉讼权利、如实供述罪行可以从宽处理和认罪认罚的法律规定,听取犯罪嫌疑人及其辩护人或者值班律师的意见,记录在案并随案移送。

对在非讯问时间,办案人员不在场情况下,犯罪嫌疑人向看守所工作人员或者辩护人、值班律师表示愿意认罪认罚的,有关人员应当及时告知办案单位。

23. 认罪教育。公安机关在侦查阶段应当同步开展认罪教育工作,但不得强迫犯罪嫌疑人认罪,不得作出具体的从宽承诺。犯罪嫌疑人自愿认罪,愿意接受司法机关处罚的,应当记录在案并附卷。

24. 起诉意见。对移送审查起诉的案件,公安机关应当在起诉意见书中写明犯罪嫌疑人自愿认罪认罚情况。认为案件符合速裁程序适用条件的,可以在起诉意见书中建议人民检察院适用速裁程序办理,并简要说明理由。

对可能适用速裁程序的案件,公安机关应当快速办理,对犯罪嫌疑人未被羁押的,可以集中移送审查起诉,但不得为集中移送拖延案件办理。

对人民检察院在审查逮捕期间或者重大案件听取意见中提出的开展认罪认罚工作的意见或建议,公安机关应当认真听取,积极开展相关工作。

25. 执法办案管理中心建设。加快推进公安机关执法办案管理中心建设,探索在执法办案管理中心设置速裁法庭,对适用速裁程序的案件进行快速办理。

**八、审查起诉阶段
人民检察院的职责**

26. 权利告知。案件移送审查起

诉后，人民检察院应当告知犯罪嫌疑人享有的诉讼权利和认罪认罚的法律规定，保障犯罪嫌疑人的程序选择权。告知应当采取书面形式，必要时应当充分释明。

27. 听取意见。犯罪嫌疑人认罪认罚的，人民检察院应当就下列事项听取犯罪嫌疑人、辩护人或者值班律师的意见，记录在案并附卷：

（一）涉嫌的犯罪事实、罪名及适用的法律规定；

（二）从轻、减轻或者免除处罚等从宽处罚的建议；

（三）认罪认罚后案件审理适用的程序；

（四）其他需要听取意见的情形。

人民检察院未采纳辩护人、值班律师意见的，应当说明理由。

28. 自愿性、合法性审查。对侦查阶段认罪认罚的案件，人民检察院应当重点审查以下内容：

（一）犯罪嫌疑人是否自愿认罪认罚，有无因受到暴力、威胁、引诱而违背意愿认罪认罚；

（二）犯罪嫌疑人认罪认罚时的认知能力和精神状态是否正常；

（三）犯罪嫌疑人是否理解认罪认罚的性质和可能导致的法律后果；

（四）侦查机关是否告知犯罪嫌疑人享有的诉讼权利，如实供述自己罪行可以从宽处理和认罪认罚的法律规定，并听取意见；

（五）起诉意见书中是否写明犯罪嫌疑人认罪认罚情况；

（六）犯罪嫌疑人是否真诚悔罪，是否向被害人赔礼道歉。

经审查，犯罪嫌疑人违背意愿认罪认罚的，人民检察院可以重新开展认罪认罚工作。存在刑讯逼供等非法取证行为的，依照法律规定处理。

29. 证据开示。人民检察院可以针对案件具体情况，探索证据开示制度，保障犯罪嫌疑人的知情权和认罪认罚的真实性及自愿性。

30. 不起诉的适用。完善起诉裁量权，充分发挥不起诉的审前分流和过滤作用，逐步扩大相对不起诉在认罪认罚案件中的适用。对认罪认罚后没有争议，不需要判处刑罚的轻微刑事案件，人民检察院可以依法作出不起诉决定。人民检察院应当加强对案件量刑的预判，对其中可能判处免刑的轻微刑事案件，可以依法作出不起诉决定。

对认罪认罚后案件事实不清、证据不足的案件，应当依法作出不起诉决定。

31. 签署具结书。犯罪嫌疑人自愿认罪，同意量刑建议和程序适用的，应当在辩护人或者值班律师在场的情况下签署认罪认罚具结书。犯罪嫌疑人被羁押的，看守所应当为签署具结书提供场所。具结书应当包括犯罪嫌疑人如实供述罪行、同意量刑建议、程序适用等内容，由犯罪嫌疑人、辩护人或者值班律师签名。

犯罪嫌疑人认罪认罚，有下列情形之一的，不需要签署认罪认罚具结书：

（一）犯罪嫌疑人是盲、聋、哑人，或者是尚未完全丧失辨认或者控制自己行为能力的精神病人的；

（二）未成年犯罪嫌疑人的法定代理人、辩护人对未成年人认罪认罚有异议的；

（三）其他不需要签署认罪认罚具结书的情形。

上述情形犯罪嫌疑人未签署认罪认罚具结书的，不影响认罪认罚从宽制度的适用。

32. 提起公诉。人民检察院向人民法院提起公诉的，应当在起诉书中写明被告人认罪认罚情况，提出量刑建议，并移送认罪认罚具结书等材料。量刑建议书可以另行制作，也可以在起诉书中写明。

33. 量刑建议的提出。犯罪嫌疑人认罪认罚的，人民检察院应当就主刑、附加刑、是否适用缓刑等提出量刑建议。人民检察院提出量刑建议前，应当充分听取犯罪嫌疑人、辩护人或者值班律师的意见，尽量协商一致。

办理认罪认罚案件，人民检察院一般应当提出确定刑量刑建议。对新类型、不常见犯罪案件，量刑情节复杂的重罪案件等，也可以提出幅度刑量刑建议。提出量刑建议，应当说明理由和依据。

犯罪嫌疑人认罪认罚没有其他法定量刑情节的，人民检察院可以根据犯罪的事实、性质等，在基准刑基础上适当减让提出确定刑量刑建议。有其他法定量刑情节的，人民检察院应当综合认罪认罚和其他法定量刑情节，参照相关量刑规范提出确定刑量刑建议。

犯罪嫌疑人在侦查阶段认罪认罚的，主刑从宽的幅度可以在前款基础上适当放宽；被告人在审判阶段认罪认罚的，在前款基础上可以适当缩减。建议判处罚金刑的，参照主刑的从宽幅度提出确定的数额。

34. 速裁程序的办案期限。犯罪嫌疑人认罪认罚，人民检察院经审查，认为符合速裁程序适用条件的，应当在十日以内作出是否提起公诉的决定；对可能判处的有期徒刑超过一年的，可以在十五日以内作出是否提起公诉的决定。

九、社会调查评估

35. 侦查阶段的社会调查。犯罪嫌疑人认罪认罚，可能判处管制、宣告缓刑的，公安机关可以委托犯罪嫌疑人居住地的社区矫正机构进行调查评估。

公安机关在侦查阶段委托社区矫正机构进行调查评估，社区矫正机构在公安机关移送审查起诉后完成调查评估的，应当及时将评估意见提交受理案件的人民检察院或者人民法院，并抄送公安机关。

36. 审查起诉阶段的社会调查。犯罪嫌疑人认罪认罚，人民检察院拟提出缓刑或者管制量刑建议的，可以及时委托犯罪嫌疑人居住地的社区矫正机构进行调查评估，也可以自行调查评估。人民检察院提起公诉时，已收到调查材料的，应当将材料一并移送，未收到调查材料的，应当将委托文书随案移送；在提起公诉后收到调查材料的，应当及时移送人民法院。

37. 审判阶段的社会调查。被告人认罪认罚，人民法院拟判处管制或者宣告缓刑的，可以及时委托被告人居住地的社区矫正机构进行调查评估，也可以自行调查评估。

社区矫正机构出具的调查评估意见，是人民法院判处管制、宣告缓刑的重要参考。对没有委托社区矫正机构进行调查评估或者判决前未收到社区矫正机构调查评估报告的认罪认罚案件，人民法院经审理认为被告人符合管制、缓刑适用条件的，可以判处管制、宣告缓刑。

38. 司法行政机关的职责。受委托的社区矫正机构应当根据委托机关的要求，对犯罪嫌疑人、被告人的居所情况、家庭和社会关系、一贯表现、犯罪行为的后果和影响、居住地村（居）民委员会和被害人意见、拟禁止的事项等进行调查了解，形成评估意见，及时提交委托机关。

十、审判程序和人民法院的职责

39. 审判阶段认罪认罚自愿性、合法性审查。办理认罪认罚案件，人民法院应当告知被告人享有的诉讼权利和认罪认罚的法律规定，听取被告人及其辩护人或者值班律师的意见。庭审中应当对认罪认罚的自愿性、具结书内容的真实性和合法性进行审查核实，重点核实以下内容：

（一）被告人是否自愿认罪认罚，有无因受到暴力、威胁、引诱而违背意愿认罪认罚；

（二）被告人认罪认罚时的认知能力和精神状态是否正常；

（三）被告人是否理解认罪认罚的性质和可能导致的法律后果；

（四）人民检察院、公安机关是否履行告知义务并听取意见；

（五）值班律师或者辩护人是否与人民检察院进行沟通，提供了有效法律帮助或者辩护，并在场见证认罪认罚具结书的签署。

庭审中审判人员可以根据具体案情，围绕定罪量刑的关键事实，对被告人认罪认罚的自愿性、真实性等进行发问，确认被告人是否实施犯罪，是否真诚悔罪。

被告人违背意愿认罪认罚，或者认罪认罚后又反悔，依法需要转换程序的，应当按照普通程序对案件重新审理。发现存在刑讯逼供等非法取证行为的，依照法律规定处理。

40. 量刑建议的采纳。对于人民检察院提出的量刑建议，人民法院应当依法进行审查。对于事实清楚，证据确实、充分，指控的罪名准确，量刑建议适当的，人民法院应当采纳。具有下列情形之一的，不予采纳：

（一）被告人的行为不构成犯罪或者不应当追究刑事责任的；

（二）被告人违背意愿认罪认罚的；

（三）被告人否认指控的犯罪事实的；

（四）起诉指控的罪名与审理认定的罪名不一致的；

（五）其他可能影响公正审判的情形。

对于人民检察院起诉指控的事实清楚，量刑建议适当，但指控的罪名与审理认定的罪名不一致的，人民法院可以听取人民检察院、被告人及其辩护人对审理认定罪名的意见，依法作出裁判。

人民法院不采纳人民检察院量刑建议的，应当说明理由和依据。

41. 量刑建议的调整。人民法院经审理，认为量刑建议明显不当，或者被告人、辩护人对量刑建议有异议且有理有据的，人民法院应当告知人民检察院，人民检察院可以调整量刑建议。人民法院认为调整后的量刑建议适当的，应当予以采纳；人民检察院不调整量刑建议或者调整后仍然明显不当的，人民法院应当依法作出判决。

适用速裁程序审理的，人民检察院调整量刑建议应当在庭前或者当庭提出。调整量刑建议后，被告人同意继续适用速裁程序的，不需要转换程序处理。

42. 速裁程序的适用条件。基层人民法院管辖的可能判处三年有期徒刑以下刑罚的案件，案件事实清楚，证据确实、充分，被告人认罪认罚并同意适用速裁程序的，可以适用速裁程序，由审判员一人独任审判。人民检察院提起公诉时，可以建议人民法院适用速裁程序。

有下列情形之一的，不适用速裁程序办理：

（一）被告人是盲、聋、哑人，或者是尚未完全丧失辨认或者控制自己行为能力的精神病人的；

（二）被告人是未成年人的；

（三）案件有重大社会影响的；

（四）共同犯罪案件中部分被告人对指控的犯罪事实、罪名、量刑建议或者适用速裁程序有异议的；

（五）被告人与被害人或者其法定代理人没有就附带民事诉讼赔偿等事项达成调解或者和解协议的；

（六）其他不宜适用速裁程序办理的案件。

43. 速裁程序的审理期限。适用速裁程序审理案件，人民法院应当在受理后十日以内审结；对可能判处的有期徒刑超过一年的，应当在十五日以内审结。

44. 速裁案件的审理程序。适用速裁程序审理案件，不受刑事诉讼法规定的送达期限的限制，一般不进行法庭调查、法庭辩论，但在判决宣告前应当听取辩护人的意见和被告人的最后陈述意见。

人民法院适用速裁程序审理案件，可以在向被告人送达起诉书时一并送达权利义务告知书、开庭传票，并核实被告人自然信息等情况。根据需要，可以集中送达。

人民法院适用速裁程序审理案件，可以集中开庭，逐案审理。人民检察院可以指派公诉人集中出庭支持公诉。公诉人简要宣读起诉书后，审判人员应当当庭询问被告人对指控事实、证据、量刑建议以及适用速裁程序

的意见，核实具结书签署的自愿性、真实性、合法性，并核实附带民事诉讼赔偿等情况。

适用速裁程序审理案件，应当当庭宣判。集中审理的，可以集中当庭宣判。宣判时，根据案件需要，可以由审判员进行法庭教育。裁判文书可以简化。

45. 速裁案件的二审程序。被告人不服适用速裁程序作出的第一审判决提出上诉的案件，可以不开庭审理。第二审人民法院审查后，按照下列情形分别处理：

（一）发现被告人以事实不清、证据不足为由提出上诉的，应当裁定撤销原判，发回原审人民法院适用普通程序重新审理，不再按认罪认罚案件从宽处罚；

（二）发现被告人以量刑不当为由提出上诉的，原判量刑适当的，应当裁定驳回上诉，维持原判；原判量刑不当的，经审理后依法改判。

46. 简易程序的适用。基层人民法院管辖的被告人认罪认罚案件，事实清楚、证据充分，被告人对适用简易程序没有异议的，可以适用简易程序审判。

适用简易程序审理认罪认罚案件，公诉人可以简要宣读起诉书，审判人员当庭询问被告人对指控的犯罪事实、证据、量刑建议及适用简易程序的意见，核实具结书签署的自愿性、真实

性、合法性。法庭调查可以简化,但对有争议的事实和证据应当进行调查、质证,法庭辩论可以仅围绕有争议的问题进行。裁判文书可以简化。

47. 普通程序的适用。适用普通程序办理认罪认罚案件,可以适当简化法庭调查、辩论程序。公诉人宣读起诉书后,合议庭当庭询问被告人对指控的犯罪事实、证据及量刑建议的意见,核实具结书签署的自愿性、真实性、合法性。公诉人、辩护人、审判人员对被告人的讯问、发问可以简化。对控辩双方无异议的证据,可以仅就证据名称及证明内容进行说明;对控辩双方有异议,或者法庭认为有必要调查核实的证据,应当出示并进行质证。法庭辩论主要围绕有争议的问题进行,裁判文书可以适当简化。

48. 程序转换。人民法院在适用速裁程序审理过程中,发现有被告人的行为不构成犯罪或者不应当追究刑事责任、被告人违背意愿认罪认罚、被告人否认指控的犯罪事实情形的,应当转为普通程序审理。发现其他不宜适用速裁程序但符合简易程序适用条件的,应当转为简易程序重新审理。

发现有不宜适用简易程序审理情形的,应当转为普通程序审理。

人民检察院在人民法院适用速裁程序审理案件过程中,发现有不宜适用速裁程序审理情形的,应当建议人民法院转为普通程序或者简易程序重新审理;发现有不宜适用简易程序审理情形的,应当建议人民法院转为普通程序重新审理。

49. 被告人当庭认罪认罚案件的处理。被告人在侦查、审查起诉阶段没有认罪认罚,但当庭认罪,愿意接受处罚的,人民法院应当根据审理查明的事实,就定罪和量刑听取控辩双方意见,依法作出裁判。

50. 第二审程序中被告人认罪认罚案件的处理。被告人在第一审程序中未认罪认罚,在第二审程序中认罪认罚的,审理程序依照刑事诉讼法规定的第二审程序进行。第二审人民法院应当根据其认罪认罚的价值、作用决定是否从宽,并依法作出裁判。确定从宽幅度时应当与第一审程序认罪认罚有所区别。

十一、认罪认罚的反悔和撤回

51. 不起诉后反悔的处理。因犯罪嫌疑人认罪认罚,人民检察院依照刑事诉讼法第一百七十七条第二款作出不起诉决定后,犯罪嫌疑人否认指控的犯罪事实或者不积极履行赔礼道歉、退赃退赔、赔偿损失等义务的,人民检察院应当进行审查,区分下列情形依法作出处理:

(一)发现犯罪嫌疑人没有犯罪事实,或者符合刑事诉讼法第十六条

规定的情形之一的,应当撤销原不起诉决定,依法重新作出不起诉决定;

(二)认为犯罪嫌疑人仍属于犯罪情节轻微,依照刑法规定不需要判处刑罚或者免除刑罚的,可以维持原不起诉决定;

(三)排除认罪认罚因素后,符合起诉条件的,应当根据案件具体情况撤销原不起诉决定,依法提起公诉。

52. 起诉前反悔的处理。犯罪嫌疑人认罪认罚,签署认罪认罚具结书,在人民检察院提起公诉前反悔的,具结书失效,人民检察院应当在全面审查事实证据的基础上,依法提起公诉。

53. 审判阶段反悔的处理。案件审理过程中,被告人反悔不再认罪认罚的,人民法院应当根据审理查明的事实,依法作出裁判。需要转换程序的,依照本意见的相关规定处理。

54. 人民检察院的法律监督。完善人民检察院对侦查活动和刑事审判活动的监督机制,加强对认罪认罚案件办理全过程的监督,规范认罪认罚案件的抗诉工作,确保无罪的人不受刑事追究、有罪的人受到公正处罚。

十二、未成年人认罪认罚案件的办理

55. 听取意见。人民法院、人民检察院办理未成年人认罪认罚案件,应当听取未成年犯罪嫌疑人、被告人的法定代理人的意见,法定代理人无法到场的,应当听取合适成年人的意见,但受案时犯罪嫌疑人已经成年的除外。

56. 具结书签署。未成年犯罪嫌疑人签署认罪认罚具结书时,其法定代理人应当到场并签字确认。法定代理人无法到场的,合适成年人应当到场签字确认。法定代理人、辩护人对未成年人认罪认罚有异议的,不需要签署认罪认罚具结书。

57. 程序适用。未成年人认罪认罚案件,不适用速裁程序,但应当贯彻教育、感化、挽救的方针,坚持从快从宽原则,确保案件及时办理,最大限度保护未成年人合法权益。

58. 法治教育。办理未成年人认罪认罚案件,应当做好未成年犯罪嫌疑人、被告人的认罪服法、悔过教育工作,实现惩教结合目的。

十三、附则

59. 国家安全机关、军队保卫部门、中国海警局、监狱办理刑事案件,适用本意见的有关规定。

60. 本指导意见由会签单位协商解释,自发布之日起施行。

最高人民法院、最高人民检察院、公安部关于办理信息网络犯罪案件适用刑事诉讼程序若干问题的意见

(法发〔2022〕23号)

为依法惩治信息网络犯罪活动,根据《中华人民共和国刑法》《中华人民共和国刑事诉讼法》以及有关法律、司法解释的规定,结合侦查、起诉、审判实践,现就办理此类案件适用刑事诉讼程序问题提出以下意见。

一、关于信息网络犯罪案件的范围

1.本意见所称信息网络犯罪案件包括:

(1)危害计算机信息系统安全犯罪案件;

(2)拒不履行信息网络安全管理义务、非法利用信息网络、帮助信息网络犯罪活动的犯罪案件;

(3)主要行为通过信息网络实施的诈骗、赌博、侵犯公民个人信息等其他犯罪案件。

二、关于信息网络犯罪案件的管辖

2.信息网络犯罪案件由犯罪地公安机关立案侦查。必要时,可以由犯罪嫌疑人居住地公安机关立案侦查。

信息网络犯罪案件的犯罪地包括用于实施犯罪行为的网络服务使用的服务器所在地,网络服务提供者所在地,被侵害的信息网络系统及其管理者所在地,犯罪过程中犯罪嫌疑人、被害人或者其他涉案人员使用的信息网络系统所在地,被害人被侵害时所在地以及被害人财产遭受损失地等。

涉及多个环节的信息网络犯罪案件,犯罪嫌疑人为信息网络犯罪提供帮助的,其犯罪地、居住地或者被帮助对象的犯罪地公安机关可以立案侦查。

3.有多个犯罪地的信息网络犯罪案件,由最初受理的公安机关或者主要犯罪地公安机关立案侦查。有争议的,按照有利于查清犯罪事实、有利于诉讼的原则,协商解决;经协商无法达成一致的,由共同上级公安机关指定有关公安机关立案侦查。需要提请批准逮捕、移送审查起诉、提起公诉

的,由立案侦查的公安机关所在地的人民检察院、人民法院受理。

4. 具有下列情形之一的,公安机关、人民检察院、人民法院可以在其职责范围内并案处理:

(1) 一人犯数罪的;

(2) 共同犯罪的;

(3) 共同犯罪的犯罪嫌疑人、被告人还实施其他犯罪的;

(4) 多个犯罪嫌疑人、被告人实施的犯罪行为存在关联,并案处理有利于查明全部案件事实的。

对为信息网络犯罪提供程序开发、互联网接入、服务器托管、网络存储、通讯传输等技术支持,或者广告推广、支付结算等帮助,涉嫌犯罪的,可以依照第一款的规定并案侦查。

有关公安机关依照前两款规定并案侦查的案件,需要提请批准逮捕、移送审查起诉、提起公诉的,由该公安机关所在地的人民检察院、人民法院受理。

5. 并案侦查的共同犯罪或者关联犯罪案件,犯罪嫌疑人人数众多、案情复杂的,公安机关可以分案移送审查起诉。分案移送审查起诉,应当对并案侦查的依据、分案移送审查起诉的理由作出说明。

对于前款规定的案件,人民检察院可以分案提起公诉,人民法院可以分案审理。

分案处理应当以有利于保障诉讼质量和效率为前提,并不得影响当事人质证权等诉讼权利的行使。

6. 依照前条规定分案处理,公安机关、人民检察院、人民法院在分案前有管辖权的,分案后对相关案件的管辖权不受影响。根据具体情况,分案处理的相关案件可以由不同审级的人民法院分别审理。

7. 对于共同犯罪或者已并案侦查的关联犯罪案件,部分犯罪嫌疑人未到案,但不影响对已到案共同犯罪或者关联犯罪的犯罪嫌疑人、被告人的犯罪事实认定的,可以先行追究已到案犯罪嫌疑人、被告人的刑事责任。之前未到案的犯罪嫌疑人、被告人归案后,可以由原办案机关所在地公安机关、人民检察院、人民法院管辖其所涉及的案件。

8. 对于具有特殊情况,跨省(自治区、直辖市)指定异地公安机关侦查更有利于查清犯罪事实、保证案件公正处理的重大信息网络犯罪案件,以及在境外实施的信息网络犯罪案件,公安部可以商最高人民检察院和最高人民法院指定侦查管辖。

9. 人民检察院对于审查起诉的案件,按照刑事诉讼法的管辖规定,认为应当由上级人民检察院或者同级其他人民检察院起诉的,应当将案件移送有管辖权的人民检察院,并通知移送起诉的公安机关。人民检察院认为需要依照刑事诉讼法的规定指定审判管辖的,应当协商同级人民法院办理指定管辖有关事宜。

10.犯罪嫌疑人被多个公安机关立案侦查的,有关公安机关一般应当协商并案处理,并依法移送案件。协商不成的,可以报请共同上级公安机关指定管辖。

人民检察院对于审查起诉的案件,发现犯罪嫌疑人还有犯罪被异地公安机关立案侦查的,应当通知移送审查起诉的公安机关。

人民法院对于提起公诉的案件,发现被告人还有其他犯罪被审查起诉、立案侦查的,可以协商人民检察院、公安机关并案处理,但可能造成审判过迟延的除外。决定对有关犯罪并案处理,符合《中华人民共和国刑事诉讼法》第二百零四条规定的,人民检察院可以建议人民法院延期审理。

三、关于信息网络犯罪案件的调查核实

11.公安机关对接受的案件或者发现的犯罪线索,在审查中发现案件事实或者线索不明,需要经过调查才能够确认是否达到刑事立案标准的,经公安机关办案部门负责人批准,可以进行调查核实;经过调查核实达到刑事立案标准的,应当及时立案。

12.调查核实过程中,可以采取询问、查询、勘验、检查、鉴定、调取证据材料等不限制被调查对象人身、财产权利的措施,不得对被调查对象采取强制措施,不得查封、扣押、冻结被调查对象的财产,不得采取技术侦查措施。

13.公安机关在调查核实过程中依法收集的电子数据等材料,可以根据有关规定作为证据使用。

调查核实过程中收集的材料作为证据使用的,应当随案移送,并附批准调查核实的相关材料。

调查核实过程中收集的证据材料经查证属实,且收集程序符合有关要求的,可以作为定案依据。

四、关于信息网络犯罪案件的取证

14.公安机关向网络服务提供者调取电子数据的,应当制作调取证据通知书,注明需要调取的电子数据的相关信息。调取证据通知书及相关法律文书可以采用数据电文形式。跨地域调取电子数据的,可以通过公安机关信息化系统传输相关数据电文。

网络服务提供者向公安机关提供电子数据的,可以采用数据电文形式。采用数据电文形式提供电子数据的,应当保证电子数据的完整性,并制作电子证明文件,载明调证法律文书编号、单位电子公章、完整性校验值等

保护电子数据完整性方法的说明等信息。

数据电文形式的法律文书和电子证明文件,应当使用电子签名、数字水印等方式保证完整性。

15.询(讯)问异地证人、被害人以及与案件有关联的犯罪嫌疑人的,可以由办案地公安机关通过远程网络视频等方式进行并制作笔录。

远程询(讯)问的,应当由协作地公安机关事先核实被询(讯)问人的身份。办案地公安机关应当将询(讯)问笔录传输至协作地公安机关。询(讯)问笔录经被询(讯)问人确认并逐页签名、捺指印后,由协作地公安机关协作人员签名或者盖章,并将原件提供给办案地公安机关。询(讯)问人员收到笔录后,应当在首页右上方写明"于某年某月某日收到",并签名或者盖章。

远程询(讯)问的,应当对询(讯)问过程同步录音录像,并随案移送。

异地证人、被害人以及与案件有关联的犯罪嫌疑人亲笔书写证词、供词的,参照执行本条第二款规定。

16.人民检察院依法自行侦查、补充侦查,或者人民法院调查核实相关证据的,适用本意见第14条、第15条的有关规定。

17.对于依照本意见第14条的规定调取的电子数据,人民检察院、人民法院可以通过核验电子签名、数字水印、电子数据完整性校验值及调取法律文书编号是否与证明文件相一致等方式,对电子数据进行审查判断。

对调取的电子数据有疑问的,由公安机关、提供电子数据的网络服务提供者作出说明,或者由原调取机关补充收集相关证据。

五、关于信息网络犯罪案件的其他问题

18.采取技术侦查措施收集的材料作为证据使用的,应当随案移送,并附采取技术侦查措施的法律文书、证据材料清单和有关说明材料。

移送采取技术侦查措施收集的视听资料、电子数据的,应当由两名以上侦查人员制作复制件,并附制作说明,写明原始证据材料、原始存储介质的存放地点等信息,由制作人签名,并加盖单位印章。

19.采取技术侦查措施收集的证据材料,应当经过当庭出示、辨认、质证等法庭调查程序查证。

当庭调查技术侦查证据材料可能危及有关人员的人身安全,或者可能产生其他严重后果的,法庭应当采取不暴露有关人员身份和技术侦查措施使用的技术设备、技术方法等保护措施。必要时,审判人员可以在庭外对证据进行核实。

20. 办理信息网络犯罪案件，对于数量特别众多且具有同类性质、特征或者功能的物证、书证、证人证言、被害人陈述、视听资料、电子数据等证据材料，确因客观条件限制无法逐一收集的，应当按照一定比例或者数量选取证据，并对选取情况作出说明和论证。

人民检察院、人民法院应当重点审查取证方法、过程是否科学。经审查认为取证不科学的，应当由原取证机关作出补充说明或者重新取证。

人民检察院、人民法院应当结合其他证据材料，以及犯罪嫌疑人、被告人及其辩护人所提辩解、辩护意见，审查认定取得的证据。经审查，对相关事实不能排除合理怀疑的，应当作出有利于犯罪嫌疑人、被告人的认定。

21. 对于涉案人数特别众多的信息网络犯罪案件，确因客观条件限制无法收集证据逐一证明、逐人核实涉案账户的资金来源，但根据银行账户、非银行支付账户等交易记录和其他证据材料，足以认定有关账户主要用于接收、流转涉案资金的，可以按照该账户接收的资金数额认定犯罪数额，但犯罪嫌疑人、被告人能够作出合理说明的除外。案外人提出异议的，应当依法审查。

22. 办理信息网络犯罪案件，应当依法及时查封、扣押、冻结涉案财物，督促涉案人员退赃退赔，及时追赃挽损。

公安机关应当全面收集证明涉案财物性质、权属情况、依法应予追缴、没收或者责令退赔的证据材料，在移送审查起诉时随案移送并作出说明。其中，涉案财物需要返还被害人的，应当尽可能查明被害人损失情况。人民检察院应当对涉案财物的证据材料进行审查，在提起公诉时提出处理意见。人民法院应当依法作出判决，对涉案财物作出处理。

对应当返还被害人的合法财产，权属明确的，应当依法及时返还；权属不明的，应当在人民法院判决、裁定生效后，按比例返还被害人，但已获退赔的部分应予扣除。

23. 本意见自 2022 年 9 月 1 日起施行。《最高人民法院、最高人民检察院、公安部关于办理网络犯罪案件适用刑事诉讼程序若干问题的意见》（公通字〔2014〕10 号）同时废止。

最高人民法院、最高人民检察院、公安部、国家安全部关于取保候审若干问题的规定

(公通字〔2022〕25号)

第一章 一般规定

第一条 为了规范适用取保候审,贯彻落实少捕慎诉慎押的刑事司法政策,保障刑事诉讼活动顺利进行,保护公民合法权益,根据《中华人民共和国刑事诉讼法》及有关规定,制定本规定。

第二条 对犯罪嫌疑人、被告人取保候审的,由公安机关、国家安全机关、人民检察院、人民法院根据案件的具体情况依法作出决定。

公安机关、人民检察院、人民法院决定取保候审的,由公安机关执行。国家安全机关决定取保候审的,以及人民检察院、人民法院办理国家安全机关移送的刑事案件决定取保候审的,由国家安全机关执行。

第三条 对于采取取保候审足以防止发生社会危险性的犯罪嫌疑人,应当依法适用取保候审。

决定取保候审的,不得中断对案件的侦查、起诉和审理。严禁以取保候审变相放纵犯罪。

第四条 对犯罪嫌疑人、被告人决定取保候审的,应当责令其提出保证人或者交纳保证金。

对同一犯罪嫌疑人、被告人决定取保候审的,不得同时使用保证人保证和保证金保证。对未成年人取保候审的,应当优先适用保证人保证。

第五条 采取保证金形式取保候审的,保证金的起点数额为人民币一千元;被取保候审人为未成年人的,保证金的起点数额为人民币五百元。

决定机关应当综合考虑保证诉讼活动正常进行的需要、被取保候审人的社会危险性、案件的性质、情节、可能判处刑罚的轻重、被取保候审人的经济状况等情况,确定保证金的数额。

第六条 对符合取保候审条件,但犯罪嫌疑人、被告人不能提出保证人也不交纳保证金的,可以监视

居住。

前款规定的被监视居住人提出保证人或者交纳保证金的，可以对其变更为取保候审。

第二章 决 定

第七条 决定取保候审时，可以根据案件情况责令被取保候审人不得进入下列"特定的场所"：

（一）可能导致其再次实施犯罪的场所；

（二）可能导致其实施妨害社会秩序、干扰他人正常活动行为的场所；

（三）与其所涉嫌犯罪活动有关联的场所；

（四）可能导致其实施毁灭证据、干扰证人作证等妨害诉讼活动的场所；

（五）其他可能妨害取保候审执行的特定场所。

第八条 决定取保候审时，可以根据案件情况责令被取保候审人不得与下列"特定的人员"会见或者通信：

（一）证人、鉴定人、被害人及其法定代理人和近亲属；

（二）同案违法行为人、犯罪嫌疑人、被告人以及与案件有关联的其他人员；

（三）可能遭受被取保候审人侵害、滋扰的人员；

（四）可能实施妨害取保候审执行、影响诉讼活动的人员。

前款中的"通信"包括以信件、短信、电子邮件、通话，通过网络平台或者网络应用服务交流信息等各种方式直接或者间接通信。

第九条 决定取保候审时，可以根据案件情况责令被取保候审人不得从事下列"特定的活动"：

（一）可能导致其再次实施犯罪的活动；

（二）可能对国家安全、公共安全、社会秩序造成不良影响的活动；

（三）与所涉嫌犯罪相关联的活动；

（四）可能妨害诉讼的活动；

（五）其他可能妨害取保候审执行的特定活动。

第十条 公安机关应当在其指定的银行设立取保候审保证金专门账户，委托银行代为收取和保管保证金，并将相关信息通知同级人民检察院、人民法院。

保证金应当以人民币交纳。

第十一条 公安机关决定使用保证金保证的，应当及时将收取保证金通知书送达被取保候审人，责令其在三日内向指定的银行一次性交纳保证金。

第十二条 人民法院、人民检察院决定使用保证金保证的，应当责令被取保候审人在三日内向公安机关指定银行的专门账户一次性交纳保证金。

第十三条　被取保候审人或者为其提供保证金的人应当将所交纳的保证金存入取保候审保证金专门账户，并由银行出具相关凭证。

第三章　执　行

第十四条　公安机关决定取保候审的，在核实被取保候审人已经交纳保证金后，应当将取保候审决定书、取保候审执行通知书和其他有关材料一并送交执行。

第十五条　公安机关决定取保候审的，应当及时通知被取保候审人居住地的派出所执行。被取保候审人居住地在异地的，应当及时通知居住地公安机关，由其指定被取保候审人居住地的派出所执行。必要时，办案部门可以协助执行。

被取保候审人居住地变更的，执行取保候审的派出所应当及时通知决定取保候审的公安机关，由其重新确定被取保候审人变更后的居住地派出所执行。变更后的居住地在异地的，决定取保候审的公安机关应当通知该地公安机关，由其指定被取保候审人居住地的派出所执行。原执行机关应当与变更后的执行机关进行工作交接。

第十六条　居住地包括户籍所在地、经常居住地。经常居住地是指被取保候审人离开户籍所在地最后连续居住一年以上的地方。

取保候审一般应当在户籍所在地执行，但已形成经常居住地的，可以在经常居住地执行。

被取保候审人具有下列情形之一的，也可以在其暂住地执行取保候审：

（一）被取保候审人离开户籍所在地一年以上且无经常居住地，但在暂住地有固定住处的；

（二）被取保候审人系外国人、无国籍人，香港特别行政区、澳门特别行政区、台湾地区居民的；

（三）被取保候审人户籍所在地无法查清且无经常居住地的。

第十七条　在本地执行取保候审的，决定取保候审的公安机关应当将法律文书和有关材料送达负责执行的派出所。

在异地执行取保候审的，决定取保候审的公安机关应当将法律文书和载有被取保候审人的报到期限、联系方式等信息的有关材料送达执行机关，送达方式包括直接送达、委托送达、邮寄送达等，执行机关应当及时出具回执。被取保候审人应当在收到取保候审决定书后五日以内向执行机关报到。执行机关应当在被取保候审人报到后三日以内向决定机关反馈。

被取保候审人未在规定期限内向负责执行的派出所报到,且无正当事由的,执行机关应当通知决定机关,决定机关应当依法传讯被取保候审人,被取保候审人不到案的,依照法律和本规定第五章的有关规定处理。

第十八条 执行机关在执行取保候审时,应当告知被取保候审人必须遵守刑事诉讼法第七十一条的规定,以及违反规定或者在取保候审期间重新犯罪的法律后果。

保证人保证的,应当告知保证人必须履行的保证义务,以及不履行义务的法律后果,并由其出具保证书。

执行机关应当依法监督、考察被取保候审人遵守规定的有关情况,及时掌握其住址、工作单位、联系方式变动情况,预防、制止其实施违反规定的行为。

被取保候审人应当遵守取保候审有关规定,接受执行机关监督管理,配合执行机关定期了解有关情况。

第十九条 被取保候审人未经批准不得离开所居住的市、县。

被取保候审人需要离开所居住的市、县的,应当向负责执行的派出所提出书面申请,并注明事由、目的地、路线、交通方式、往返日期、联系方式等。

被取保候审人有紧急事由,来不及提出书面申请的,可以先通过电话、短信等方式提出申请,并及时补办书面申请手续。

经审查,具有工作、学习、就医等正当合理事由的,由派出所负责人批准。

负责执行的派出所批准后,应当通知决定机关,并告知被取保候审人遵守下列要求:

(一)保持联系方式畅通,并在传讯的时候及时到案;

(二)严格按照批准的地点、路线、往返日期出行;

(三)不得从事妨害诉讼的活动;

(四)返回居住地后及时向执行机关报告。

对于因正常工作和生活需要经常性跨市、县活动的,可以根据情况,简化批准程序。

第二十条 人民法院、人民检察院决定取保候审的,应当将取保候审决定书、取保候审执行通知书和其他有关材料一并送交所在地同级公安机关,由所在地同级公安机关依照本规定第十五条、第十六条、第十七条的规定交付执行。

人民法院、人民检察院可以采用电子方式向公安机关送交法律文书和有关材料。

负责执行的县级公安机关应当在收到法律文书和有关材料后二十四小时以内,指定被取保候审人居住地派出所执行,并将执行取保候审的派出所通知作出取保候审决定的人民法院、人民检察院。

被取保候审人居住地变更的，由负责执行的公安机关通知变更后的居住地公安机关执行，并通知作出取保候审决定的人民法院、人民检察院。

人民法院、人民检察院决定取保候审的，执行机关批准被取保候审人离开所居住的市、县前，应当征得决定机关同意。

第二十一条　决定取保候审的公安机关、人民检察院传讯被取保候审人的，应当制作法律文书，并向被取保候审人送达。被传讯的被取保候审人不在场的，也可以交与其同住的成年亲属代收，并与被取保候审人联系确认告知。无法送达或者被取保候审人未按照规定接受传讯的，应当在法律文书上予以注明，并通知执行机关。

情况紧急的，决定取保候审的公安机关、人民检察院可以通过电话通知等方式传讯被取保候审人，但应当在法律文书上予以注明，并通知执行机关。

异地传讯的，决定取保候审的公安机关、人民检察院可以委托执行机关代为送达，执行机关送达后应当及时向决定机关反馈。无法送达的，应当在法律文书上注明，并通知决定机关。

人民法院传讯被取保候审的被告人，依照其他有关规定执行。

第二十二条　保证人应当对被取保候审人遵守取保候审管理规定情况进行监督，发现被保证人已经或者可能违反刑事诉讼法第七十一条规定的，应当及时向执行机关报告。

保证人不愿继续保证或者丧失保证条件的，保证人或者被取保候审人应当及时报告执行机关。执行机关应当在发现或者被告知该情形之日起三日以内通知决定机关。决定机关应当责令被取保候审人重新提出保证人或者交纳保证金，或者变更强制措施，并通知执行机关。

第二十三条　执行机关发现被取保候审人违反应当遵守的规定以及保证人未履行保证义务的，应当及时制止、采取相应措施，同时告知决定机关。

第四章　变更、解除

第二十四条　取保候审期限届满，决定机关应当作出解除取保候审或者变更强制措施的决定，并送交执行机关。决定机关未解除取保候审或者未对被取保候审人采取其他刑事强制措施的，被取保候审人及其法定代理人、近亲属或者辩护人有权要求决定机关解除取保候审。

对于发现不应当追究被取保候审人刑事责任并作出撤销案件或者终止

侦查决定的,决定机关应当及时作出解除取保候审决定,并送交执行机关。

有下列情形之一的,取保候审自动解除,不再办理解除手续,决定机关应当及时通知执行机关:

(一)取保候审依法变更为监视居住、拘留、逮捕,变更后的强制措施已经开始执行的;

(二)人民检察院作出不起诉决定的;

(三)人民法院作出的无罪、免予刑事处罚或者不负刑事责任的判决、裁定已经发生法律效力的;

(四)被判处管制或者适用缓刑,社区矫正已经开始执行的;

(五)被单处附加刑,判决、裁定已经发生法律效力的;

(六)被判处监禁刑,刑罚已经开始执行的。

执行机关收到决定机关上述决定书或者通知后,应当立即执行,并将执行情况及时通知决定机关。

第二十五条 采取保证金方式保证的被取保候审人在取保候审期间没有违反刑事诉讼法第七十一条的规定,也没有故意实施新的犯罪的,在解除取保候审、变更强制措施或者执行刑罚的同时,公安机关应当通知银行如数退还保证金。

被取保候审人或者其法定代理人可以凭有关法律文书到银行领取退还的保证金。被取保候审人不能自己领取退还的保证金的,经本人出具书面申请并经公安机关同意,由公安机关书面通知银行将退还的保证金转账至被取保候审人或者其委托的人提供的银行账户。

第二十六条 在侦查或者审查起诉阶段已经采取取保候审的,案件移送至审查起诉或者审判阶段时,需要继续取保候审、变更保证方式或者变更强制措施的,受案机关应当在七日内作出决定,并通知移送案件的机关和执行机关。

受案机关作出取保候审决定并执行后,原取保候审措施自动解除,不再办理解除手续。对继续采取保证金保证的,原则上不变更保证金数额,不再重新收取保证金。受案机关变更的强制措施开始执行后,应当及时通知移送案件的机关和执行机关,原取保候审决定自动解除,不再办理解除手续,执行机关应当依法退还保证金。

取保候审期限即将届满,受案机关仍未作出继续取保候审或者变更强制措施决定的,移送案件的机关应当在期限届满十五日前书面通知受案机关。受案机关应当在取保候审期限届满前作出决定,并通知移送案件的机关和执行机关。

第五章 责 任

第二十七条 使用保证金保证的

被取保候审人违反刑事诉讼法第七十一条规定,依法应当没收保证金的,由公安机关作出没收部分或者全部保证金的决定,并通知决定机关。人民检察院、人民法院发现使用保证金保证的被取保候审人违反刑事诉讼法第七十一条规定,应当告知公安机关,由公安机关依法处理。

对被取保候审人没收保证金的,决定机关应当区别情形,责令被取保候审人具结悔过、重新交纳保证金、提出保证人,或者变更强制措施,并通知执行机关。

重新交纳保证金的,适用本规定第十一条、第十二条、第十三条的规定。

第二十八条 被取保候审人构成《中华人民共和国治安管理处罚法》第六十条第四项行为的,依法给予治安管理处罚。

第二十九条 被取保候审人没有违反刑事诉讼法第七十一条的规定,但在取保候审期间涉嫌故意实施新的犯罪被立案侦查的,公安机关应当暂扣保证金,待人民法院判决生效后,决定是否没收保证金。对故意实施新的犯罪的,应当没收保证金;对过失实施新的犯罪或者不构成犯罪的,应当退还保证金。

第三十条 公安机关决定没收保证金的,应当制作没收保证金决定书,在三日以内向被取保候审人宣读,告知其如果对没收保证金决定不服,被取保候审人或者其法定代理人可以在五日以内向作出没收决定的公安机关申请复议。

被取保候审人或者其法定代理人对复议决定不服的,可以在收到复议决定书后五日以内向上一级公安机关申请复核一次。

第三十一条 保证人未履行监督义务,或者被取保候审人违反刑事诉讼法第七十一条的规定,保证人未及时报告或者隐瞒不报告的,经查证属实后,由公安机关对保证人处以罚款,并将有关情况及时通知决定机关。

保证人帮助被取保候审人实施妨害诉讼等行为,构成犯罪的,依法追究其刑事责任。

第三十二条 公安机关决定对保证人罚款的,应当制作对保证人罚款决定书,在三日以内向保证人宣布,告知其如果对罚款决定不服,可以在五日以内向作出罚款决定的公安机关申请复议。

保证人对复议决定不服的,可以在收到复议决定书后五日以内向上一级公安机关申请复核一次。

第三十三条 没收保证金的决定、对保证人罚款的决定已过复议期限,或者复议、复核后维持原决定或者变更罚款数额的,作出没收保证金的决定、对保证人罚款的决定的公安机关应当及时通知指定的银行将没收的保证金、保证人罚款按照国家的有关规定上缴国库,并应当在三日以内通知决定机关。

如果保证金系被取保候审人的个人财产,且需要用以退赔被害人、履行附带民事赔偿义务或者执行财产刑的,人民法院可以书面通知公安机关移交全部保证金,由人民法院作出处理,剩余部分退还被告人。

第三十四条 人民检察院、人民法院决定取保候审的,被取保候审人违反取保候审规定,需要予以逮捕的,可以对被取保候审人先行拘留,并提请人民检察院、人民法院依法作出逮捕决定。人民法院、人民检察院决定逮捕的,由所在地同级公安机关执行。

第三十五条 保证金的收取、管理和没收应当严格按照本规定和国家的财经管理制度执行,任何单位和个人不得擅自收取、没收、退还保证金以及截留、坐支、私分、挪用或者以其他任何方式侵吞保证金。对违反规定的,应当依照有关法律和规定给予行政处分;构成犯罪的,依法追究刑事责任。

第六章 附 则

第三十六条 对于刑事诉讼法第六十七条第一款第三项规定的"严重疾病"和"生活不能自理",分别参照最高人民法院、最高人民检察院、公安部、司法部、国家卫生计生委印发的《暂予监外执行规定》所附《保外就医严重疾病范围》和《最高人民法院关于印发〈罪犯生活不能自理鉴别标准〉的通知》所附《罪犯生活不能自理鉴别标准》执行。

第三十七条 国家安全机关决定、执行取保候审的,适用本规定中关于公安机关职责的规定。

第三十八条 对于人民法院、人民检察院决定取保候审,但所在地没有同级公安机关的,由省级公安机关会同同级人民法院、人民检察院,依照本规定确定公安机关负责执行或者交付执行,并明确工作衔接机制。

第三十九条 本规定中的执行机关是指负责执行取保候审的公安机关和国家安全机关。

第四十条 本规定自印发之日起施行。

代后记　司法实务理念探究与刑诉工具书的定位
——"小绿书"《刑事诉讼法修改与司法适用疑难解析》的编撰缘起

目　次

一、实体与程序相区别的理念
二、立法与司法相关联的理念
三、形式与实质相并重的理念
四、理论与实务相结合的理念

刑事实务工作者需要随时查阅法条规范，手头的工具书自是必不可少。从事司法工作十余年，笔者一直在琢磨一线实务同行所需刑事工具书的理想图景，于是自行编撰工具书的念头也就萦绕心头。《刑事诉讼法修改与司法适用疑难解析》因采用绿色封皮，被称为"小绿书"。与其说"小绿书"是一本学术专著，笔者更愿将其视为一部刑诉工具书。编撰"小绿书"，促使笔者得以梳理从事司法工作的点滴，进而在刑诉实务理念方面形成些许心得。可以说，"小绿书"不单是刑诉规范的堆集，笔者更祈望通过用心于工具书的风格定位与体系编排，向实务工作者呈现思维脉络，传导实务理念，以期对案件办理和难题解决有所裨益。

一、实体与程序相区别的理念

很长一段时期，我国存在"重实体轻程序"的现象，就连刑事工具书的编写都呈现出对实体法的偏重。随着法治建设的推进，程序保障的价值观念越来越被重视,程序与实体发展不均衡的现象有所改观。在此背景下,实务工作者也期盼能有更加得心应手的刑诉工具书。然而,"一把钥匙开一把锁",部门法之间的差异,决定了工具书的理想图景不尽相同,要求刑诉工具书的编写不应对刑法工具书亦步亦趋。作为刑法工具书,《实务刑法评注》采取对刑法条文逐条进行规范注解和案例规则编撰的进路,全面系统收录规范层面的规则和非规范层面的规则,形成"刑法规则集成";与之迥异,"小绿书"收录的刑诉规范,则围绕刑事诉讼法的贯彻实施,以"3+N"的体系集中呈现,保持各部规范的整体全貌。究其原因,上述现象就源于刑事实体法与程序法之间的差异:

其一,两部法律的贯彻实施体系存在不同。法律的生命在于实施。刑法的实施,有赖于众多司法解释、规范性文件加以细化。《实务刑法评注》收录了179部司法解释、163部规范性文件、105个指导性案例。即便如此,单就刑法分则而言,现有的483个罪名还有一半以上未对定罪量刑标准和有关法律适用问题作系统解释。即便有规范解释的,司法实务之中遇到的刑法适用问题仍层出不穷,还需要尚难完全统计的非规范层面的法律适用答复、复函等加以明确。《实务刑法评注》收录的法律适用答复、复函就有172个。

与之不同,刑事诉讼法的实施讲求一体遵循,更为强调程序的阶段性、接续性与整体性,业已形成通过"3+N"保障实施的规范体系。所谓"3",即为"高法解释+高检规则+公安部规定",此为刑事诉讼法贯彻实施的主干;①所谓"N",即为在此基础上再行制定的若干司法解释、规范性文件(数量虽亦不少,但与刑法司法解释、规范性文件的数量不可同

---

① 此外,中国海警局于2023年5月发布《海警机构办理刑事案件程序规定》(中国海警局令第1号),自2023年6月15日起施行。《海警机构办理刑事案件程序规定》多达12章、345条,系统规定了海警机构办理刑事案件的主要任务和基本原则、管辖分工、回避制度、律师参与刑事诉讼、证据规则、刑事强制措施适用、受案、立案、撤案、刑事侦查手段使用、特别程序以及办案协作等内容。故而,作为规范海警机构实施刑事诉讼法的规章,《海警机构办理刑事案件程序规定》亦应被纳入基本规范的范畴。司法实践中,在此之后采用"4+N"的表述更为准确。出于便携的考虑,为控制篇幅,"小绿书"未收录《海警机构办理刑事案件程序规定》全文。基于此,继续沿用"3+N"的表述。

日而语),此为刑事诉讼法贯彻实施的补充。公检法各家通过一部司法解释/部门规章系统规范刑事诉讼法的实施,渊源已久。以法院系统为例,为贯彻1996年刑事诉讼法,《最高人民法院关于执行〈中华人民共和国刑事诉讼法〉若干问题的解释》(法释〔1998〕23号)自1997年1月1日起试行,后经修改后重新发布,自1998年9月8日起施行;而后为贯彻2012年刑事诉讼法,发布《最高人民法院关于适用〈中华人民共和国刑事诉讼法〉的解释》(法释〔2012〕21号);现行为贯彻2018年刑事诉讼法而发布的《最高人民法院关于适用〈中华人民共和国刑事诉讼法〉的解释》(法释〔2021〕1号,以下简称《刑事诉讼法解释》),这是当前人民法院全面正确施行刑事诉讼法,规范刑事审判工作的基本规范依据。与之类似,《人民检察院刑事诉讼规则》(高检发释字〔1999〕1号)亦针对1996年刑事诉讼法,而后为针对2012年刑事诉讼法的《人民检察院刑事诉讼规则(试行)》(高检发释字〔2012〕2号),现行则为针对2018年刑事诉讼法的《人民检察院刑事诉讼规则》(高检发释字〔2019〕4号)。与之相比,《公安机关办理刑事案件程序规定》早在1987年3月18日即由公安部印发,最初针对1979年刑事诉讼法,后历经1998年(公安部令第35号)、2007年(公安部令第95号)、2012年(公安部令第127号)、2020年(公安部令第159号)多次修改,延续至今。

在刑事诉讼法"3+N"的贯彻实施体系之下,司法实务八成以上问题可以在刑事诉讼法及"高法解释+高检规则+公安部规定"之中找到依据;而在此基础上补充制定的其他司法解释、规范性文件,也以前者为基础。况且,绝大多数日常刑诉活动,也只需要随手查阅常用规范,其他规范必要时可以再行通过数据库查阅。这也是笔者和周边同事多年来使用刑诉规范的通常做法。遵循"二八定律",刑诉工具书不宜求全,而应讲求"实用""好用""管用",以解决绝大多数问题为目标。实际上,如囊括所有刑诉规范,导致冗余厚重,反而可能影响工具书的携带,不便日常使用。基于此,经多方听取意见,"小绿书"在收录刑事诉讼法、"六部委文件"(俗称"小刑事诉讼法")和三个立法解释,及"高法解释+高检规则+公安部规定"之余,从"N"之中选取电子数据规定、排非规定、认罪认罚意见等常用规范;同时,考虑到刑事诉讼与监察调查的衔接,特别是对相关刑事案件的审查需要,一并收录了《监察法》。作此处理,力争做到"一书"解决刑事程序的基本和常见问题。顺带提及的是,为了实用,北京大学出版社在"小绿书"的封面设计和内文用纸等方面花了心思;特别是,随书附赠不干胶标贴,印上规范简称,贴在规范右边,可供提讯、庭审、案件讨论时实现迅速定位、快速查询和极速翻阅。

其二,两部法律的条文解释空间存在不同。刑法与刑事诉讼法贯彻实施体系的差异,实则源于各自法条的解释空间限度有所不同。就刑法条文而言,每一个条文的每一个术语都存在解释的空间与必要,适用之中还会形成不同认识,且不少问题随经济社会形势变化而来,这就决定了无法在法律施行前或者施行不久通过一部或者数部基本司法解释、规范性文件加以明确。更为值得关注的是,刑法司法解释、规范性文件条文本身在施行之中也经常会遇到需作进一步解释的问题。例如,"两高"《关于办理危害药品安全刑事案件适用法律若干问题的解释》(高检发释字〔2022〕1号)第十三条第一款规定:"明知系利用医保骗保购买的药

而非法收购、销售,金额五万元以上的,应当依照刑法第三百一十二条的规定,以掩饰、隐瞒犯罪所得罪定罪处罚……"同步理解与适用对此作了进一步阐释,上述规定"在一定程度上系对刑法第三百一十二条所规定的'犯罪'作了更符合实际的解释,即不要求必须绝对查明上游行为已符合有关犯罪的入罪标准,只要非法收购、销售的金额累计在五万元以上即可(既收购又销售的,金额应以高者计)。这是因为,倒卖骗保药品的中间商,往往是'一对多'地从医保人员手中收购药品,其累计的危害重大;从实践看,要查明其上游行为人是否已达到诈骗罪的入罪标准,往往非常困难,也无必要……"[①]可见,上述司法解释条文实际将医保骗保购买药品领域适用的掩饰、隐瞒犯罪所得罪的上游"犯罪"解释为刑法分则规定的诈骗行为,即不要求达到入罪标准。

---

① 周加海、喻海松、李静:《〈关于办理危害药品安全刑事案件适用法律若干问题的解释〉的理解与适用》,载《人民司法》2022年第10期。

但在具体适用之中,司法实践又遇到新的困惑:如果上游利用医保骗保购买药品的行为系单个主体实施,且构成了诈骗罪,对下游非法收购、销售的行为是否仍应适用"金额五万元以上"的限制,是否可以直接适用掩饰、隐瞒犯罪所得罪的一般定罪量刑标准,即《最高人民法院关于审理掩饰、隐瞒犯罪所得、犯罪所得收益刑事案件适用法律若干问题的解释》(法释〔2015〕11号,经法释〔2021〕8号修改决定修改)的相关规定?对此,如果主张"金额五万元以上"是基于控制打击面的考虑,则对非法收购、销售医保骗保购买的药品行为不宜再适用掩饰、隐瞒犯罪所得罪的一般定罪量刑标准。当然,笔者在此举出这个例子,重在说明实体法领域遇到的法律适用问题层出不穷、难以穷尽。

与之有所不同,刑事程序问题多为操作层面的问题,有些当然也涉及法律适用,但更多则是如何结合实际情况贯彻执行的问题。例如,《刑事诉讼法》第二百三十四条第一款规定:"第二审人民法院对于下列案件,应当组成合议庭,开庭审理:……(二)被告人被判处死刑的上诉案件……"从法律适用层面而言,死刑缓期二年执行案件当然属于死刑案件。可见,死缓二审开庭实际不是法律适用问题,而是操作层面的问题,涉及人财物保障等诸多方面的问题。为严格落实刑事诉讼法的规定,《刑事诉讼法解释》第三百九十三条第一款第二项规定对"被告人被判处死刑的上诉案件"应当开庭审理,即将死缓二审案件包括在内。作此规定,意味着方方面面的准备、协调工作,故早在《刑事诉讼法解释》施行之前,最高人民法院于2020年12月17日发出通知,要求各高级人民法院、解放军军事法院严格依法做好死缓二审案件开庭工作,确保相关工作要求不折不扣、有条不紊落实到位,特别是"要在党委领导下,积极争取政府及有关部门的支持,切实解决死缓二审案件开庭所涉人、财、物保障及相关问题。要加强与检察机关、公安机关、司法行政部门的协调,争取支持和配合,保证公诉人和律师出庭,确保死缓二审案件开庭工作顺利进行"。①

---

① 《最高人民法院刑事诉讼法解释新闻发布会概况》,载李少平主编:《最高人民法院关于适用<中华人民共和国刑事诉讼法>的解释理解与适用》,人民法院出版社2021年版。

其三,两部法律的创制与适用模式存在不同。刑法的制定修改有其特定模式。相较于1979年刑法,1997年刑法作了体系性调整,从192条增加到452条。但是,对比可以发现,1997年刑法新增的多数条文系吸收1979年刑法施行期间的单行刑法和附属刑法的规定(当然不少作了调整),对此《实务刑法评注》逐条作了立法沿革的考证。而1997年刑法之后的历次修正,未涉及体系性调整,多数是对分则条文的增补。正是从此意义上而言,刑法修正、甚至修订,延续多于修改,沿用显然居多,调整限于局部。由此,1997年刑法施行后,虽然历经12次修改(11部修正案+1部单行刑法),但绝大多数原有司法解释、规范性文件所涉规范层面的规则可以沿用,无需"废旧立新",甚至不少非规范层面的法律适用答复、复函、《刑事审判参考》所载案例规则等仍然具有重要的参考价值。基于此,《实务刑法评注》设立"司法解释""规范性文件""立案追诉标准""指导性案例""法律适用答复、复函""刑参案例规则提炼"等诸多栏目,把迄今尚未明确废止的规则全部囊括其中,并采取了逐条注解的方式。

现行刑事诉讼法制定于1979年,先后于1996年和2012年作过两次全面修改。2018年所作的第三次修改,整体而言是一次应急性的局部修改,打破了此前刑事诉讼法"十六年改一回"的惯例,并首次由全国人大常委会审议通过(前两次修改由全国人大审议通过)。这次修改可谓"指向明确、内容特定",决定了其修改幅度整体有限,但即便如此,也明显超出了刑法修正所采取的"小修小补"限度。2018年刑事诉讼法修改,对18个条款作了修改,新增18个条款,从290条增加到308条,并增设"速裁程序""缺席审判程序"等章节。由此可以发现,虽然刑法修正案通常在保持原有条文序号的基础上采取增加"之一""之二"等进行增补,但是刑事诉讼法修改却难以采取同种模式,因为不少修改内容涉及章节体系而非仅是条文的增补。比较而言,对章节及条文序号重新编排,反而更为方便。受此影响,在刑事诉讼法修改之后,"3+N"的贯彻实施体系也须作相应系统调整,虽仍有不少条文可以沿用,但多数需要修改和补充。以《刑事诉讼法解释》为例,与2012年

《刑事诉讼法解释》相比,"增加'认罪认罚案件的审理''速裁程序''缺席审判程序'三章,增加107条,作了实质修改的条文超过200条",①新增和修改幅度占到全部条文的一半左右,实乃"废旧立新"。正是在此意义上,刑诉领域存在"刑事诉讼法配套司法解释、规范性文件"的说法,在刑事诉讼法修改后相应的司法解释、规范性文件须及时作出调整。而且,在刑事诉讼法修改之后"3+N"的系统调整过程之中,特别是"高法解释+高检规则+公安部规定",不仅会对相关司法解释、规范性文件加以梳理吸收,还会对此前法律适用答复、复函等非规范层面的规则进行筛选吸收。例如,《刑事诉讼法解释》起草过程之中,对自2017年开始在全国部分法院开展试点的"三项规程"(《人民法院办理刑事案件庭前会议规程(试行)》《人民法院办理刑事案件排除非法证据规程(试行)》《人民法院办理刑事案件第一审普通程序法庭调查规程(试行)》)予以逐条研究,并对实践反映良好的部分条文作了吸收。可以说,与刑法规则面广点多不同,刑诉规范可以而且应当聚焦于"3+N"。而且,经系统调整之后的"3+N",特别是"高法解释+高检规则+公安部规定",由于条文数量多达数百条,往往采取特定的内在逻辑机构加以编排。基于此,"小绿书"收录的刑事诉讼法及"3+N"规范,并未被肢解、打散,而是以全文、整体面貌出现,旨在提醒实务工作者关注其内在逻辑,注重程序的整体性。

还有必要提及的是,刑事实体法与程序法的适用模式亦存在较大差异。办理刑事案件,对实体法的适用大概率为是否构成犯罪、构成何种犯罪、如何裁量刑罚,这意味着具体运用的刑法条文、特别分则条文往往是特定的,集中于个别条文,故工具书采取逐条注解的方式,确保特定罪名所涉规则尽可能囊括,最为方便实用。与之不同,办理刑事案件,对程序法的适用则是全流程:即便是侦查机关,适用的也不限于特定条文,至少要囊括全部侦查程序的规范,特别是在推进以审判为中心刑事诉讼制度改革的背景之下,侦查阶段收集提取证据就应考虑审判

---

① 《最高人民法院刑事诉讼法解释新闻发布会概况》,载李少平主编:《最高人民法院关于适用〈中华人民共和国刑事诉讼法〉的解释理解与适用》,人民法院出版社2021年版。

阶段审查证据的要求，自不应无视侦查后续环节的相关程序规范；就检察机关和人民法院而言，全流程适用程序规范自不待言，这是证据审查和案件办理的起码要求。因而，针对刑诉规范的适用模式，"小绿书"没有采取针对刑事诉讼法逐条插入相关规范条文的方式，而是附后完整呈现"3+N"规范，实则提倡对相关规范的全流程掌握与体系化运用。

二、立法与司法相关联的理念

刑事诉讼法是规范刑事诉讼活动的基本法律。无论是侦查机关立案侦查，还是司法机关后续办理案件，都应当以刑事诉讼法为基本依据。尊重刑事诉讼法，认真对待法条，应当成为刑事实务工作者的基本理念。

首先，要防范法条虚无主义。如前所述，刑事诉讼法的贯彻实施业已形成"3+N"体系。单就"高法解释+高检规则+公安部规定"而言，相较于 308 条的刑事诉讼法，27 章 655 条的《刑事诉讼法解释》、17 章 684 条的《人民检察院刑事诉讼规则》、14 章 388 条的《公安机关办理刑事案件程序规定》确实不可不谓"庞大"，也就使得不少实务工作者陷入"只见司法解释，不见刑事诉讼法"状况。久而久之，法条虚无主义现象开始出现。刑事实务工作者始终不应忘记的是，"3+N"体系囊括的司法解释、规范性文件，条文再多、体系再完整，都是紧紧围绕刑事诉讼法而制定的，目的都是为了更好地落实刑事诉讼法的各项规定。刑事诉讼法是相关司法解释、规范性文件的本原。有鉴于此，《刑事诉讼法解释》有意避免在司法解释条文之中照抄法条，力求新纳入的法条尽量限于确需作进一步解释的情形。作此处理，既是为了控制司法解释的条文体量，更是为了提醒司法办案不能"只拿司法解释、不拿法条"。

基于此，"小绿书"取名"刑事诉讼法修改与司法适用疑难解析"，并采用"修法进程+司法适用+疑难解析+规范集成"的编排路径，即以刑事立法为起始和基点，旨在向实务工作者传导以立法为本原、认真对待法条的基本理念，倡导司法实务在任何时候、处理任何案件、遇到任何问题都应当回归法条这一应然取向。

顺带提及的是，回归法条本身，不仅是实施刑事诉讼法，也是适用刑法的应然立场。司法实践之中，个别实务工作者离开司法解释、规范性文件不会办案的现象客观存在。严格执行司法解释、规范性文件，本是严格司法的具体体现，不应苛责；但忘却本原法条、片面简单司法，却万万不可。1997年刑法施行至今已近二十五个年头，在此期间相继制定的司法解释、规范性文件落后于时代发展的现象难以完全避免。在此背景之下，机械适用相关定罪量刑标准，无视刑法条文的规定，可能会造成法理情相脱节，严重悖离民众的法感情。正是基于此，近些年来相关司法解释在规定定罪量刑标准的同时，会设法赋予司法实践一定的裁量空间。例如，《最高人民法院、最高人民检察院关于办理破坏野生动物资源刑事案件适用法律若干问题的解释》（法释〔2022〕12号）第十三条第一款规定："实施本解释规定的相关行为，在认定是否构成犯罪以及裁量刑罚时，应当考虑涉案动物是否系人工繁育、物种的濒危程度、野外存活状况、人工繁育情况、是否列入人工繁育国家重点保护野生动物名录，行为手段、对野生动物资源的损害程度，以及对野生动物及其制品的认知程度等情节，综合评估社会危害性，准确认定是否构成犯罪，妥当裁量刑罚，确保罪责刑相适应；根据本解释的规定定罪量刑明显过重的，可以根据案件的事实、情节和社会危害程度，依法作出妥当处理。"所谓"依法作出妥当处理"，就是依据刑法条文作出裁量，这实际上就是"最大的标准"。笔者想说，如果司法不需要裁量判断，也就不再需要实务工作者。换言之，刑事实务工作者就是与司法裁量相伴生的，依据法条进行裁量是我们的职责所在！而且，刑法分则483个罪名，一半以上缺乏司法解释、规范性文件对定罪量刑标准的明确规定，依法裁量自是必不可少。

其次，要回归法条解决实务争议。认真对待法条，回归法律规定本身，不仅仅是抽象的理念，更是解决司法实务问题的重要方法。刑事司法实务遇到难题，首先应从刑诉法条之中寻求答案，充分运用法解释学的规范方法，从文义解释、体系解释、立法目的解释等综合角度探明条文规则的意涵。例如，刑事诉讼法在规定典型缺席审判程序的基础上,还设立中止审理案件的缺席审判程序。这类缺席审判程序针对审判程序之中遇到的长期中止审理未结案件,直面刑事审判的难点,解决了长期困扰司法机关且无法通过司法解释解决的难题。但 2018 年刑事诉讼法施行后,司法实务对该类缺席审判程序的适用是否有罪名范围限制却产生困惑,即应否受"缺席审判程序"一章起始条文规定的"贪污贿赂犯罪案件""危害国家安全犯罪、恐怖活动犯罪案件"的限制。这绝非个案,问询不在少数。实际上,如果认真对待刑诉法条,理清"缺席审判程序"整章条文的逻辑结构,答案就不难得出:第二百九十一条至第二百九十五条针对犯罪嫌疑人、被告人在境外的缺席审判程序(典型缺席审判程序),而第二百九十六条、第二百九十七条针对中止审理和被告人死亡案件的缺席审判(非典型缺席审判程序),由此可以得出后者不受前者案件范围限制的结论。换言之,对于"因被告人患有严重疾病无法出庭,中止审理超过六个月"的案件适用缺席审判程序,不受罪名限制,只要符合其他条件即可。

不仅司法实务之中遇到问题,在相关司法解释、规范性文件起草过程之中遇到争议,亦应从法条之中寻找答案。例如,对于犯罪嫌疑人、被告人在境外的缺席审判程序案件,人民法院立案后,是否应当将起诉书副本送达被告人近亲属,刑事诉讼法未见明文规定。故而,在《刑事诉讼法解释》起草过程之中,对这一问题存有争议。但是,如果整体查看法条就不难发现,《刑事诉讼法》第二百九十三条明确规定了"被告人的近亲属可以代为委托辩护人",第二百九十四条第一款更是赋予被告人近亲属的独立上诉权,这就要求必须保证其对案件相关情况的知悉权,向其送达起诉书副本应为当然之义。基于此,《刑事诉讼法解释》第六百条明确要求人民法院"应当将起诉书副本送达被告人近亲属"。

最后,要关注修法进程厘清问题。司法实务之中的一些问题,通过关注修法进程,特别是相关条文变化情况,可以迎刃而解。例如,关于犯罪嫌疑人、被告人在境外的缺席审判程序,《刑事诉讼法》第二百九十一条有"犯罪嫌疑人、被告人在境外"的表述。对于此处规定的"在境外",乍一看文字,实际上难以作出准确把握。但是,如果对比一下修法过程之中的诸次审议稿,不难发现,草案三次审议稿均采用的是"犯罪嫌疑人、被告人潜逃境外"的表述,但最终通过的条文采用的是"在境外"的表述。两相对比,对于此处规定的"在境外"自然不能与"潜逃境外"作同一把握,而应当理解为两种情形:一是犯罪后潜逃境外;二是因其他原因出境后在境外不归。

基于便利司法实务准确把握修法进程的考虑,"小绿书"上编"刑事诉讼法立法修改与司法适用"在全面呈现2018年刑事诉讼法修改所涉条文修法背景与过程的基础上,在外编"刑事诉讼法立法资料与规范集成"特别收录"刑事诉讼法修改立法资料",便于实务工作者更好地了解本次刑事诉讼法修改全过程,更为妥当地处理相关实务问题。

行文至此,还需要指出的是,认真对待法条,并不是要排斥司法的自行探索。司法不能拒绝裁判,在法条规定不明的情形下应当交由司法进行个案妥处和经验总结,进而促进立法的发展与完善。例如,《刑事诉讼法》第五十条第一款规定:"可以用于证明案件事实的材料,都是证据。"该款对证据这一概念作了功能定义,司法实务判断某一材料是否属于证据,首先应当判断其"是否可以用于证明案件事实",这一判断主要是考察其相关性和实质性,所涵盖的证据类型是宽泛的、开放的。但是,该条第二款却对证据种类作了列举规定,从表面来看,似乎证据的类型范围又是有限的、封闭的。这就导致司法实践之中,不少可以用于证明案件事实的材料无法划入法定证据种类的范畴。基于司法办案的需要,必须突破法定证据种类的范畴,对证明案件的事实加以运用。例如,大量关于专门性问题的报告被用于证明案件事实,有些还被用于证明与定罪量刑直接相关的构成要件的事实,发挥着与鉴定意见同等重要的作用。从司法实务的操作出发,该类报告可以也已经作为证据使用。特别是,在盗窃、诈骗等侵财案件中,被广泛运用的价格认定报告就属于"报告"的范畴。现实中的专业性问题层出不穷,司法鉴定有限,无法一一涵盖,允许出具报告不仅仅是应急之策,而是已成为常态。基于此,早在2012年《刑事诉讼法解释》之前,不少司法解释、规范性文件即已突破法定证据种类的体系,对报告加以认定。根据笔者有限的阅读,《最高人民法院、最高人民检察院关于办理危害计算机信息系统安全刑事案件应用法律若干问题的解释》(法释〔2011〕19号)系较早对专门性问题报告作出专门规定(早期多采用"检验结论"的表述),即第十条规定:"对于是否属于刑法第二百八十五条、第二百八十六条规定的'国家事务、国防建设、尖端科学技术领域的计算机信息系统'、'专门用于侵入、非法控制计算机信息系统的程序、工具'、'计算机病毒等破坏性程序'难以确定的,应当委托省级以上负责计算机信息系统安全保护管理工作的部门检验。司法机关根据检验结论,并结合案件具体情况认定。"而2012年《刑事诉讼法解释》第八十七条对此作了第一次体系化,明确规定:"对案件中的专门性问题需要鉴定,但没有法定司法鉴定机构,或者法律、司法解释规定可以进行检验的,可以指派、聘请有专门知识的人进行检验,检验报告可以作为定罪量刑的参考。"在此基础上,考虑到该类证据的广泛运用,《刑事诉讼法解释》第一百条第一款作了进一步规定,明确:"因无鉴定机构,或者根据法律、司法解释的规定,指派、聘请有专门知识的人就案件的专门性问题出具的报告,可以作为证据使用。"这实际上就是在法律规定不明情形下司法实务的自行探索,进而对实务经验的总结。当然,这在未来可能会对立法完善起到推动促进作用。

三、形式与实质相并重的理念

刑事实务工作者认真对待法条,只是起点。探究法条背后的旨趣,准确把握法律精神,确保法条规定本身和所蕴含的立法精神在司法实践得到切实贯彻,方为实务不懈的追求。刑事诉讼看重程序正义,讲求规则公平和形式法治,但同样注重实质正义和结果真实,要求形式与实质相兼顾。换言之,正义不仅要实现,而且要以看得见的方式实现。可以说,解决刑诉实务之中遇到的问题,不能仅停留在法条表面,而是要从条文背后寻找答案。于实务工作者而言,这是实施刑事诉讼法的应然态度,也是适用相关司法解释、规范性文件的应有立场。基于此,"小绿书"下编"刑事诉讼司法实务与疑难解析"选取司法实务中关注度较高的若干疑难问题进行专题探讨,演绎解决实务难题应当坚持由表及里、内外结合的方法。对此,行政证据的使用问题即为适例。

《刑事诉讼法》第五十四条第二款规定:"行政机关在行政执法和查办案件过程中收集的物证、书证、视听资料、电子数据等证据材料,在刑事诉讼中可以作为证据使用。"这一法条最早出现在《2012年刑事诉讼法》(第五十二条第二款),应为首次通过法律对行政证据的证据资格问题作出规定。根据笔者有限的阅读,此前首次对行政证据的证据资格问题作出明确规定的当属"两高一部"《关于办理侵犯知识产权刑事案件适用法律若干问题的意见》(法发〔2011〕3号),即第二条"关于办理侵犯知识产权刑事案件中行政执法部门收集、调取证据的效力问题",规定:"行政执法部门依法收集、调取、制作的物证、书证、视听资料、检验报告、鉴定结论、勘验笔录、现场笔录,经公安机关、人民检察院审查,人民法院庭审质证确认,可以作为刑事证据使用。""行政执法部门制作的证人证言、当事人陈述等调查笔录,公安机关认为有必要作为刑事证据使用的,应当依法重新收集、制作。"这当然也可以视为立法与司法关联互动的典型例证,但笔者更想藉此讨论法条背后旨趣的问题。

关于"物证、书证、视听资料、电子数据等证据材料"的具体范围,从2012年至今一直没有联合规范性文件的统一规定,相关司法解释、规范性文件实际存在差异。理论研究和司法实践中,至少有狭义、广义和最广义三种观点:(1)狭义说主张对"等"只能作等内解释,即只包括物证、书证、视听资料、电子数据等实物证据;(2)广义说主张对"等"可以作适当等外解释,即除了明确列举的"物证、书证、视听资料、电子数据"外,可以包括笔录、鉴定意见等非言词证据在内;(3)最广义说主张对"等"可以作无限制的等外解释,即在广义说的基础上,还可以涵括言词证据。当然,从现行规定来看,最广义说已然被舍弃。

《刑事诉讼法解释》第七十五条采用"物证、书证、视听资料、电子数据等证据材料"的表述,与法条保持一致,未作明确"等外"解释,实际偏向于狭义说。究其原因,就在于对法条所作形式与实质的探究。《刑事诉讼法》第五十四条第二款只明确列举"物证、书证、视听资料、电子数据"(实物证据),而未将"鉴定意见""勘验、检查、辨认、侦查实验等笔录"(非言词证据)列明,就在于前一类证据的客观性较强,通常不会因为收集程序的不同而对证据本身产生影响,而后一类证据的客观性弱于实物证据(具有一定的主观性),加之行政机关收集勘验、检查等笔录、鉴定意见等证据的程序与刑事诉讼法存在差异,不少情形下可能影响证据本身,故直接承认其刑事证据资格应当持慎重态度。基于此,《刑事诉讼法解释》第七十五条"向法条看齐"是最为稳妥的办法。当然,根据案件具体情况,确有必要作"等外"解释,以将"鉴定意见""勘验、检查、辨认、侦查实验等笔录"涵括其中的,可以个案处理,但应当以相关证据无法重新收集为前提,且有证据证明取证程序合法、能与其他证据相印证。

关于行政证据的使用还有一个争议,就是公安机关在办理行政案件过程中收集证据材料的使用问题。公安机关具有行政执法和刑事司法的双重职能,对其在行政执法过程中收集的言词证据,在刑事立案之后是否需要重新收集,实践之中不无争议。这不是臆想的问题,早在2012年刑事诉讼法施行前后即有案件出现。被告人王某某、秦某某系夫妻关系,共同经营某浴室。2012年3月6日,公安机关查获2名浴客在该浴室嫖娼,后又查获19名嫖客和2名卖淫女,并对嫖客和卖淫女均分别按照治安管理处罚法的程序制作了询问笔录。同年5月2日,公安机关将该案作为刑事案件立案侦查,并对其中的9名嫖客和2名卖淫女的证言笔录按照刑事诉讼程序重新收集。一审法院认为,对公诉机关依据公安机关在查处卖淫嫖娼行为的行政执法过程中收集的证人证言等证据,不得直接作为刑事诉讼的证据使用。公诉机关依据刑事诉讼法规定重新收集的2名卖淫女及9名嫖客的证人证言等证据,与二被告人的供述相印证的王某某容留卖淫9次、秦某某参与容留卖淫2次的事实,可予以确认,公诉机关指控的其他10人、13次犯罪事实难予认定,不予支持。一审宣判后,检察机关抗诉认为,本案侦查主体是既有行政执法权又有刑事侦查权的公安机关。无论是查办与本案有关的卖淫的治安案件,还是查办王某某、秦某某介绍、容留卖淫案,均是同一组侦查人员依法进行的。虽然查办治安案件的询问笔录形式上使用的是"根据《中华人民共和国治安管理处罚法》的相关规定",但其实体内容、询问的程序与刑事诉讼过程中的询问要求是一致的。因此,起诉书依据2名卖淫女及全部19名嫖客的证言,指控被告人王某某、秦某某分别介绍或容留卖淫22人次和15人次并无不当。一审判决减少认定二被告人大部分犯罪事实属于认定事实错误,量刑明显不当。二审法院经审理认为,公安机关作为既有行政执法权又有刑事侦查权的国家机关,依据治安管理处罚法查办卖淫嫖娼等治安行政类案件时发现犯罪线索的,在刑事立案后,对行政执法中收集的言词证据,认为确有必要作为刑事证据使用的,应当由侦查人员依据刑事诉讼法的规定,在告知当事人权利与义务、相关法律后果后,对证人证言、当事人陈述等重新收集、制作证言笔录。对未经重新收集、制作的言词证据材料,非系公安机关中的侦查人员依法取得,不能作为刑事诉讼中证据使用。故而,抗诉机关称应以行政执法过程中取证认定的19人22次认定二原审被告人王某某、秦某某容留卖淫犯罪事实的抗诉意见不能成立,裁定维持原判。①

上述案件的审理经过,足显这一问题的争议之大。回归法条本身,刑事诉讼法之所以限制行政证据在刑事诉讼之中的使用,就是考虑到行政执法与刑事诉讼之间的差别。公安机关具有行政执法和刑事司法的双重职能,这就决定公安机关的取证活动未必就是刑事侦查,而可能是行政执法。根据《刑事诉讼法》第五十四条第二款的规定,对于行政机关在行政执法过程中收集的证据材料,实物证据可以直接作为刑事证据使用,但言词证据不得直接作为刑事证据使用。在2018年刑事诉讼法施行后,司法实务之中,有观点会举监察证据的例子。诚然,监察机关收集的证据材料,无论是实物证据还是言词证据,在刑事诉讼中都可以作为刑事证据使用。但其依据恰恰在法条本身,当然不是刑事诉讼法,而是《监察法》第三十三条第一款"监察机关依照本法规定收集

---

① 杜开林、陈伟:《行政执法中收集的言词证据不可直接作为刑事诉讼证据——江苏南通中院裁定维持王某某等容留卖淫罪抗诉案》,载《人民法院报》2013年8月15日第6版。

的物证、书证、证人证言、被调查人供述和辩解、视听资料、电子数据等证据材料,在刑事诉讼中可以作为证据使用"的规定。基于此,如果公安机关在行政执法过程中收集的言词证据也需要在刑事诉讼中直接使用,则需要在刑事诉讼法或者其他法律中作出专门规定。

四、理论与实务相结合的理念

理论联系实际,运用理论解决实务问题,是刑事法运用的基本方法。就刑诉实务而言,理论与实践相结合应属当然理念。刑事诉讼的基本理论融汇于刑诉法的条文内容、规则体系和发展脉络之中,而刑事司法实践则是贯彻理论并反哺理论的必由之路。然而,这一理念的落地并非易事,往往"喊口号容易,具体落实难"。在笔者看来,这一理念应当具体转化为如下两个方面:

一方面,理论与实务相结合,重在强调实务遵循理论的基本要求。刑诉理论不是无源之水,其源头离不开漫漫历史长河中刑事实务的经验提炼;由此抽象而成的刑诉理论反哺司法,促进实务更好地运行。刑事诉讼之中,遇到具体实务问题,应当考虑诉讼原理的基本要求,在遵循基本理论的前提下解决问题。

例如,司法实践之中存在漏判涉案财物的现象,对于二审期间发现一审判决未对随案移送的涉案财物及其孳息作出处理的,是在二审程序之中直接作出处理,还是应当发回重审,即存在不同认识。这实际涉及两个刑诉理论问题:一是上诉不加刑原则的把握,"不得加重被告人的刑罚"是否包括不得对涉案财物作出处理;二是二审终审原则的把握,二审直接处理涉案财物是否实际剥夺被告人的上诉权,对物之诉成为一审终审。经过慎重研究认为,第一个问题应当影响不大,对涉案财物的处理不应纳入"刑罚"的范畴;但是,第二个问题则事关重大,依据刑诉法理,二审终审是基本诉讼制度,不仅涉及对人之诉,也应涉及对物之诉,不允许违反。基于此,《刑事诉讼法解释》第四百四十六条第一款规定:"第二审期间,发现第一审判决未对随案移送的涉案财物及其孳息作出处理的,可以裁定撤销原判,发回原审人民法院重新审判,由原审人民法院依法对涉案财物及其孳息一并作出处理。"需要注意的是,此处"可以"意即可以改判,也可以视情不改判。但是,如需要改判的,应当发回重审后由一审法院改判,而不能由二审法院直接改判。

又如,与物证、书证等传统证据种类不同,电子证据以电子数据形式存在,难以见到电子数据的本身。电子证据有别于传统证据的最主要方面在于其易丢失特性(如境外主机上的数据、计算机内存的数据,一旦获取之后可能无法再次获取)及其易篡改特性(获取数据后极易进行篡改)。传统证据法理论主张证据的三性(真实性、关联性、合法性),对电子数据的规范还有不足。因此,司法实务之中探索出电子数据的"完整性"概念,即电子数据在获取之后未被篡改,保持完整状况。应该说,完整性概念的提出有其实践合理性和必要性。考虑到证据法理论的基本架构,无论是电子数据规定,还是《刑事诉讼法解释》,都将电子数据的完整性视为真实性的下位概念,要求通过完整性确保真实性。这实际是在电子数据领域对证据三性基本理论的遵循与适当发展。

另一方面,理论与实务相结合,更要依靠理论指引之下实务的自行运用。刑诉理论与司法实务侧重有所不同:理论偏重体系的构建,强调精细深邃,往往追求简单问题复杂化;实务侧重具体问题的解决,追求简单实用,通常要求复杂问题简单化。正所谓"理论要求把书由薄读厚,实务要求把书由厚读薄"。缘于此,要求司法实务遵循基本法理,并不是奢求所有刑诉实务问题都能在理论著述之中找到答案。相反,理论提供的只是基本原理与价值指引,具体问题的解决离不开实务的自力更生。司法的复杂情形一方面可以加深实务工作者对理论的准确理解,另一方面也可能促使理论在修正中更加趋于完善。对此,上诉不加刑原则即为范例。

《刑事诉讼法》第二百三十七条规定:"第二审人民法院审理被告人或者他的法定代理人、辩护人、近亲属上诉的案件,不得加重被告人的刑罚。第二审人民法院发回原审人民法院重新审判的案件,除有新的犯罪事实,人民检察院补充起诉的以外,原审人民法院也不得加重被告人的刑罚。""人民检察院提出抗诉或者自诉人提出上诉的,不受前款规定的限制。"理论上而言,上诉不加刑原则在于最大限度保障被告人的上诉权,让其免受因上诉而遭致的不利法律后果。所谓"万变不离其宗",只要把握住这一理论要义,实务就可以自行解决各类问题,不论所涉问题在刑法及相关司法解释、规范性文件之中是否明确规定(实际上,制定之时对不少具体问题也难以预见)。就对上诉不加刑原则,讨论的典型案例是:一审认定被告人自首,据此减轻处罚;二审经过审理查明自首不成立,但依据上诉不加刑原则的限制,除人民检察院提出抗诉外,不得加重被告人的刑罚。但是,司法实践的情形要远比此复杂:

例1是关于"加重被告人的刑罚"的操作争议。2012年《刑事诉讼法解释》第三百二十五条第二款第三项规定:"原判对被告人实行数罪并罚的,不得加重决定执行的刑罚,也不得加重数罪中某罪的刑罚"。实际上,这一规则过于绝对和繁琐,不利于司法操作,实际运行之中不时出现"两难"案件。例如,一审认定两个罪名,分别判处五年和三年有期徒刑,数罪并罚决定执行七年有期徒刑。按照上述规则,既不能加重总和刑期,也不能加重数罪中某罪的刑期。但是,具体案件之中经常遇到的困惑是,如果只认定其中一个罪名,但改判七年有期徒刑,甚至在五年以上七年以下处刑,是否可以? 依据上述规定,肯定不行;但改判实质有利于被告人,至少对其否定评价减少了一个罪名、甚至降低了处断刑,不允许却又不符合常理。回顾基本法理,上诉不加刑是指不能使上诉人遭致不利的刑罚,应站在被告人角度考虑改判的利与不利。把握住这一点,对"加刑"的理解应当偏重于决定执行的刑罚,在决定执行的刑罚不变和对刑法执行不产生不利影响的情况下,①应当允许加重数

---

① 《最高人民法院关于办理减刑、假释案件具体应用法律的规定》(法释〔2016〕23号)第七条第二款规定:"对被判处十年以上有期徒刑的前款罪犯,以及因故意杀人、强奸、抢劫、绑架、放火、爆炸、投放危险物质或者有组织的暴力性犯罪被判处十年以上有期徒刑的罪犯,数罪并罚其中两罪以上被判处十年以上有期徒刑的罪犯,执行二年以上方可减刑,减刑幅度应当比照本规定第六条从严掌握,一次减刑不超过一年有期徒刑,两次减刑之间应当间隔一年六个月以上。"可见,特定情形下,决定执行的刑期不变,但一罪改数罪,可能会对刑罚执行产生不利影响。

罪中某罪的刑罚。基于此,《刑事诉讼法解释》第四百零一条第一款强调"审理被告人或者其法定代理人、辩护人、近亲属提出上诉的案件,不得对被告人的刑罚作出实质不利的改判",并在第三项规定"原判认定的罪数不当的,可以改变罪数,并调整刑罚,但不得加重决定执行的刑罚或者对刑罚执行产生不利影响"。

例2是关于"新的犯罪事实"的范围争议。一审认定被告人诈骗数额四十九万元,二审发回重审,检察机关查明被告人的诈骗数额为五十二万元,故变更起诉。根据现行司法解释的规定,诈骗数额五十万元,是对诈骗罪升档量刑的标准(处十年以上有期徒刑或者无期徒刑,并处罚金或者没收财产),故本案涉及是否升档量刑的问题。对于发回重审后检察机关变更起诉的,是否受上诉不加刑原则的限制,在司法实践之中存在争议。这涉及对刑事诉讼第二百三十七条第一款规定的"新的犯罪事实"的把握。广义上作字面意义的把握,"新的犯罪事实"有两个含义:一是新的犯罪的事实,即已经起诉的犯罪以外的犯罪的事实;二是原起诉事实范围内的新事实。但是,如果把握住上诉不加刑原则旨在防止被告人因为上诉遭致实质不利后果这一基本法理,则应当严格解释,限于前一种情形的"新的犯罪事实"。基于此,《刑事诉讼法解释》第四百零三条第一款将"除有新的犯罪事实,人民检察院补充起诉的以外"调整为"除有新的犯罪事实,且人民检察院补充起诉的以外",旨在强调对发回重审加刑把握住实质和形式两个要件:实质要件为"有新的犯罪事实",形式要件为"补充起诉"。对于其他诸如变更起诉等情形,都不应加重被告人的刑罚。作此处理,旨在提醒司法实务侧重根据检察机关是否补充起诉对是否系"新的犯罪事实"作出判断。

例3是关于"人民检察院提出抗诉"的理解争议。一审宣判后,被告人提出上诉,人民检察院未提出抗诉的案件,二审发回重审后,人民检察院抗诉的,能否加重被告人的刑罚?这涉及对《刑事诉讼法》第二百三十七条第二款"人民检察院提出抗诉"的理解问题。从形式上加以把握,实践中有观点持肯定态度。但是,如果从上诉不加刑原则的基本法理出发,同样应当得出不能加刑的结论。此处规定的"提出抗诉",显然是指在原审程序中提出抗诉,而非在重审程序中提出抗诉。否则,《刑事诉讼法》第二百三十七条第一款的规定就将失去实际意义,很不合理:对发回重审的案件,如未发现被告人有新的犯罪事实,人民检察院未补充起诉,原审法院不得加重刑罚,但宣判后人民检察院抗诉的,二审法院即可加重,那么原审法院不得加重刑罚的规定还有何意义?何不由原审法院直接改判加重?基于此,针对《上海市高级人民法院关于上诉发回重审案件重审判决后确需改判的应当通过何种程序进行的请示》(沪高法〔2013〕279号),《最高人民法院研究室关于上诉发回重审案件重审判决后确需改判的应当通过何种程序进行的答复》(法研〔2014〕6号)提出:"根据刑事诉讼法第二百二十六条第一款规定,对被告人上诉、人民检察院未提出抗诉的案件,第二审人民法院发回原审人民法院重新审判的,只要人民检察院没有补充起诉新的犯罪事实,原审人民法院不得加重被告人的刑罚。原审人民法院对上诉发回重新审判的案件依法作出维持原判的判决后,人民检察院抗诉的,第二审人民法院也不得改判加重被告人的刑罚。"①《刑事诉讼法解释》吸收上述规定,明确:"对前款规定的案件,原审人民法院对上诉发回重新审判的案件依法作出判决后,人民检察院抗诉的,第二审人民法院不得改判为重于原审人民法院第一次判处的刑罚。"

顺带提及的是,在执行上诉不加刑原则的过程之中,不少法院、特别是二审法院实际存有顾忌,担心维持一审判决而未加刑极有可能招致检察机关抗诉。2012年《刑事诉讼法解释》第三百二十五条第一款第七项亦规定:"原判事实清楚,证据确实、充分,但判处的刑罚畸轻、应当适用附加刑而没有适用的,不得直接加重刑罚、适用附加刑,也不得以事实不清、证据不足为由发回第一审人民法院重新审判。必须依法改判的,应当在第二审判决、裁定生效后,依照审判监督程序重新审判。"需要注意的是,就司法操作而言,二审应当在裁判文书中写明一审

---

① 《最高人民法院研究室关于上诉发回重审案件重审判决后确需改判的应当通过何种程序进行的答复》,载最高人民法院研究室编:《司法研究与指导(总第5辑)》,人民法院出版社2014年版。

判决存在的适用法律错误，从而导致判处的刑罚畸轻、应当适用附加刑而没有适用的结果，但根据上诉不加刑原则的规定，维持一审判处的刑罚不变。此外，此种情形下，二审维持原判是根据上诉不加刑原则作出的裁定，依据刑事诉讼法的规定，并无错误。而根据刑事诉讼法关于审判监督程序的规定，针对生效判决、裁定的再审限于"确有错误"的情形。上述情形明显不符合这一规定，依法也难以启动审判监督程序。基于实事求是的考虑，《刑事诉讼法解释》第四百零一条第一款第七项作了微调，将依法通过审判监督程序进行改判限定为在"原判判处的刑罚畸轻，必须依法改判的"情形，对于原判漏判附加刑或者轻判尚未达到畸轻程度等情形，如对本应在"三年以上七年以下有期徒刑"的幅度内判处三年六个月有期徒刑的案件判处二年六个月有期徒刑的，基于裁判稳定的考虑，一般不宜再启动审判监督程序。

基于促使司法实务更好地落实理论联系实际的理念要求，"小绿书"下编"刑事诉讼司法实务与疑难解析"所涉及的证据一般规定、分类审查与认定、电子数据的审查与认定，证人、鉴定人、有专门知识的人出庭，庭前会议，一审、二审程序，自诉案件、单位犯罪案件的审理程序等诸多问题的专题探讨，就坚持将理论融入实务、用理论指导实务的基本方法。刑诉实务之中的问题自不限于此，但只要树立遵循理论的意识，自觉运用理论加以指导，解决问题的路径就会畅通无阻。

喻海松

2023 年 9 月补记于北京东交民巷

图书在版编目(CIP)数据

刑事诉讼法修改与司法适用疑难解析 / 喻海松著. —北京：北京大学出版社，2021.5
ISBN 978-7-301-32096-9

Ⅰ.①刑⋯　Ⅱ.①喻⋯　Ⅲ.①刑事诉讼法—法律适用—中国 ②刑事诉讼法—法律解释—中国　Ⅳ.①D925.205

中国版本图书馆CIP数据核字(2021)第058323号

书　　　名	刑事诉讼法修改与司法适用疑难解析 XINGSHISUSONGFA XIUGAI YU SIFA SHIYONG YINAN JIEXI
著作责任者	喻海松　著
责任编辑	杨玉洁　靳振国
标准书号	ISBN 978-7-301-32096-9
出版发行	北京大学出版社
地　　　址	北京市海淀区成府路205号　100871
网　　　址	http://www.pup.cn　http://www.yandayuanzhao.com
电子邮箱	编辑部 yandayuanzhao@pup.cn　总编室 zpup@pup.cn
新浪微博	@北京大学出版社　@北大出版社燕大元照法律图书
电　　　话	邮购部 010-62752015　发行部 010-62750672 编辑部 010-62117788
印　刷　者	南京爱德印刷有限公司
经　销　者	新华书店
	880毫米×1230毫米　A5　25印张　718千字 2021年5月第1版　2023年10月第5次印刷
定　　　价	98.00元

未经许可，不得以任何方式复制或抄袭本书之部分或全部内容。
版权所有，侵权必究
举报电话：010-62752024　电子邮箱：fd@pup.cn
图书如有印装质量问题，请与出版部联系，电话：010-62756370